唐蘭全集

三

論文集中編
（一九四九－一九六六）

上海古籍出版社

論文集中編（一九四九—一九六六）

目録

中編

一九四九
中國文字改革的基本問題和推進 文盲教育兒童教育兩問題的聯繫……八〇三
一九五〇
虢季子白盤的製作時代和歷史價值……八一四
輯殷芸《小説》並跋……八二五
一九五二
《劉賓客嘉話録》的校輯與辨僞……八五一
銅器……八九一
一九五三
從金屬工具的發明過渡到手工業脱離農業而分立的問題……八九七
一九五四
郲縣出土的銅器羣……八九九
一九五五
中國古代歷史上的年代問題……九〇二
玉器……九一二
中國文字的簡化和拼音化……九一四
一九五六
論馬克思主義理論與中國文字改革基本問題……九一六
宜厌夨毁考釋……九四一
在全國博物館工作會議上的發言……九四七
文字學要成爲一門獨立的科學……九五三
「蔑曆」新詁……九五六
一九五七
商虎紋磬……九六五
再論中國文字改革基本問題——關於「漢字拼音化」……九六七
行政命令不能解決學術問題……九七六
要説服不要壓服……九七九

《五省出土重要文物展覽圖録》序言……九八一
在甲骨金文中所見的一種已經遺失的中國古代文字……九九二
文字改革問題座談會記録……九九五
中國文字應該改革……九九九
關於商代社會性質的討論（對于省吾先生《從甲骨文看商代社會性質》一文的意見）……一〇〇三
祝賀漢語拼音方案草案的公佈……一〇一五

一九五八

石鼓年代考……一〇一七
多快好省，改進文風……一〇四四
新莽始建國元年銅方斗……一〇四六
朕簋……一〇四九

一九五九

中國古代文化藝術的寶庫
——介紹故宫博物院歷代藝術館……一〇五一
對曹操要有適當的評價……一〇六四
没有必要「替殷紂王翻案」……一〇七一
劉松年山水畫卷……一〇七七
「王朝史體系」應該打破……一〇七八
故宫今昔……一〇八二
中國古代社會使用青銅農器問題的初步研究……一〇八五

一九六〇

中國古代藝術的寶庫
——記故宫博物院的歷代藝術館……一一二七
故宫博物院叢話……一一三一
《陝西省博物館陝西省文物管理委員會藏青銅器圖釋》叙言……一一四七
論漢字簡化的方法問題……一一六三
從羣衆造字説起
——兼論新形聲字問題……一一六八
懷念毛公鼎、散氏盤和宗周鐘
——兼論西周社會性質……一一七一
漢字簡化座談會發言……一一七八

一九六一

毛公鼎「朱韍、蔥衡、玉環、玉瑹」新解
——駁漢人「蔥珩佩玉」説……一一七九
美帝國主義是盜竊文物的慣賊……一一八六
「鞞剢」新釋……一一八八
試論顧愷之的繪畫……一一九二
談談文字學……一二〇一
記錯金書鳥篆青銅器殘片銘……一二〇四

難字注上音有很多好處……一二〇六
論「用人」與「作俑」的關係……一二〇七
「下士」和「中流」……一二一五
文字學與文字改革工作……一二一八
晉王羲之書「蘭亭序」
——唐神龍時摹本……一二二二
語文教師應該有一些文字學的常識……一二二三
一九六二
西周銅器斷代中的「康宮」問題……一二二六
怎樣學習文字學……一二七一
評論孔子首先應該辨明孔子所處的是什麽樣性質的社會……一二七四
關於《盤中詩》的復原……一二八三
應該給孔子以新的評價……一二八五
什麽是甲骨文……一二八八
什麽是鐘鼎文……一二九〇
關於「夏鼎」……一二九二
寶晉齋法帖讀後記……一三〇〇
一九六三
春秋戰國是封建割據時代……一三〇五
「神龍蘭亭」辨僞……一三二五
《「以意逆志」辨》辨……一三六七
一九六五
殷大禾方鼎（人面鼎）……一三六九
一九六六
西周𧗪蝪紋尊……一三七二
對「清官」不要一概而論……一三七四
論「清官」的實質……一三七六

中國文字改革的基本問題和推進文盲教育兒童教育兩問題的聯繫

漢字是需要改革的，每個人，只要關心到目前廣大的工農勞動羣衆對於文化的需要，和漢字的難學，太費時間，就會要求改革的。但是改革漢字是一件艱鉅的工作，如其在事前，没有精密的計劃，是很難推進的。

文字改革的原則

改革漢字的主要目的是容易學習，那就是要容易認識、瞭解、記憶、表達和書寫。至於印刷、打字、打電報的方便，以及寫出來好看等，比較起來，總還是次要的。

另一方面，改革文字必須注意到中國具體環境。怎樣的改革，能使最大多數的羣衆——包括幼童到成人，文盲到知識分子，都能接受，怎樣能順利地改革，改革後没有很大的流弊；怎樣可以使改革的計劃不斷的發展，而不致於略爲改革，就停滯在某一階段上。

因此，改革漢字，必須先瞭解漢字的歷史，中國語言和文字的關係，接受過去一切經驗，針對目前情況，用新的觀點，新的方法，去研討這個問題。這裏不需要創造太理想的計劃，或死守什麽教條，而需要和實際聯繫起來。

新文字的性質——綜合文字

從技術方面來説，第一得先決定新文字的性質。聲符文字呢？符號文字呢？還是兩者兼用的綜合文字呢？漢字本來是綜合文字，由一小部分的符號文字和大部分的形聲文字混合起來的。由於長期的演化，許多形聲字變得和符號文字一樣，所以現代的漢字，幾乎完全要靠記憶。

如其單從容易認識或記憶等觀點來説，當然最好是直截痛快地改爲拼音文字。不過，要改革有幾千年的歷史而且在這樣廣大的地域裏曾經通用過的文字，不是一件簡單的事情，不容許這樣操切的辦法的。我們首先要考慮到中國語言的本質，同音字這樣多，現在立刻改用純粹的拼音文字，能不能容易瞭解和表達的問題。也還得考慮過去的歷史文化，完全建築在舊漢字上面，一般人無論文化程度的深淺，對於舊漢字的印象，一時不能改變。所以，突然的改變，完全廢棄漢字，一定要引起一種混亂，至少在目前是行不通的。

但是一個人記憶的力量是有限的，學習的時間是有限的，舊漢字在學習上太費時間，當然要妨礙其他的工作。完全廢棄漢字雖不可能，但是我們總可以把它限制一下，把最常用的最簡單的文字，選出幾百個，最多到一千個，作爲人人必須學習的基本文字。假定一天學兩三個字，最多一年也可以學會，比原來要學四五千漢字，費上四五年，六七年，就容易多了。

這些少數漢字，當然是不够用的。過去有人提創過基本漢字，機械地限定了只用一千多字，以致把「媳婦」寫成「兒子的老婆」，這是不能表達一切語言的。惟一的辦法，是接受漢字本來的組織，除了這些少數的符號字外，我們完全可以用新的聲符字來代替，這樣，就又回復到綜合文字的形式，可以表達出任何的語言了。

這樣的新形式，把舊漢字減到最少的數量，大大地減少了學習和記憶的困難。但由於這些漢字都是最常見，最通用的，在書籍或文件中普通佔百分之六十，甚至百分之百，此外，就用聲符文字來補充，這是狠容易瞭解的，也是能够表達一切的。所以，改革時，不會覺得突兀，改革的工作，將可以順利地進行。

這樣的新形式，雖則還是綜合文字，但和舊形式已完全不同。舊漢字既然大部分得到解放，改爲聲符，新的聲符文字又可以把舊漢字所不能代表的語言都寫了出來，這樣演化下去，新的發展，將是不可限量的。

新聲符字母的形式——民族形式

改易漢字的聲符，如其仍舊用舊形聲字的方法，或者不要偏旁，只寫別字，總是換湯不換藥。由於時代的不同，地域的不同，此時此地認爲是同音的字，異時異地，就完全不同，所以往往是不確切的。並且需要聲符太多，仍舊是不便記憶與學習的。

在容易學習的原則下，我們贊成用字母來拼綴。不過各種新文字方案的字母形式是很複雜的，主要可爲四類：

(一)用漢字系統的字母。

(二)用拉丁字母。

(三)用速記術代表拼音的字母。

(四)用意義符號的字母。

除了第四類以外，拼音的效果是同樣的。

在目前，大多數知識分子都還主張用拉丁字母，這是不必要的。當一九二三年以後，趙元任等創製了過於複雜、民衆不能接受的國語羅馬字後，一九三〇年，中共瞿秋白同志製定了簡單易學的拉丁化新文字，這在當時，完全是必要的，進步的。他毅然地放棄了聲調，在文字改革的歷史上是值得大書特書的。在革命工作裏，這種新文字運動，也曾起了鉅大的作用。

但是到了現在，全中國已將完全解放，經濟建設，文化復興，都是當前的重要任務，驟然改爲一種和人民習慣脱離很遠的新文字，就不很適宜。在羣衆裏面，民族形式比較容易接受，所以我們只有采用民族形式，才可以打破一部分的習慣。在目前固執外來的舊形式，只用拉丁字母，而不去創造適合於這個環境，這個民族的新形式，這不是實事求是的辦法。

由於中國的半殖民地性質，由於明朝的傳教士就用羅馬字拼音，養成了學者間只承認拉丁字母是最便利的，和「既然羅馬字母在西方完成了一個空前的工作，它必須也在東方完成同樣的工作」這種出自美國傳教師的誇大的想法。（見倪海曙《中國拼音文字概論》許多歌頌拉丁字母者，最大的理由，只是國際化。其實中國新文字即使用拉丁字母，所代表的還是中國的語音，那末，所謂國際化，也只是二十幾個字母的形式。可是在先進的蘇聯，就只用俄文字母而不用拉丁形式。我們無論用那一套字母，都可以拼音，又何必一定要用拉丁字母的形式呢？

目前改革文字主要是爲的實用。漢字是不能一下就廢棄的，假使單單學會一套拉丁化新文字，依然不會漢字，依然没有大批書報來閱讀，是没有用的。如果要用綜合文字，還保留一小部分的漢字，那末，所有大部分的新文字，只有用漢字系統的字母，才能配合。假定拉丁化新文字用 ZH 兩個字母來代表「知」的聲母，我們卻只用「之」字來代表；拉丁化用 BA 來代表「巴」字，我們卻寫做「北 Y」；這有什麽兩樣呢？從學過外國語文的人看來，當然容易覺得 ABCD 比較通行，但在初學的人是一樣的。因爲從字母所代表的語音來説，漢字字母和拉丁字母，完全是一樣的。

有人以爲拉丁化新文字用的是中國語言，就是民族形式，這完全是錯誤的。用中國的牛肉，做出美國式的半生不熟、血淋淋的牛排，難道不是番菜？難道能使中國人民大衆都愛吃嗎？

用外來形式的拉丁字母，和用民族形式的漢字系統字母，粗看起來，所差只在形式，但是發展下去，整個系統就不同了。用拉丁字母就和漢字對立起來，漢字不消滅，新文字就狠難發展，就講不到代替漢字。如其用漢字系統字母，就可以和一部分舊漢字結合起來，這種新文字將完全代替舊漢字，一切矛盾就完全統一了。

新文字的拼法——兩合音

一個字的拼法，在原則上是越簡單越好。中國語言的音素，有許多是很難分析的，例如：「之」、「尺」、「尸」、「日」，語音學家固然可以把它們分出一個韻母來，國語羅馬字就是這樣做，但這是語音學家的事情，一般民衆是完全不需要的。

在這一點上，注音字母因爲采用漢字系統的字母，就比拉丁化新文字和國語羅馬字簡單；王照的官話合聲字母，勞乃宣的簡字，因爲用的是幾千年來慣用的反切形式，所以更比注音字母簡單。注音字母受了音韻學家的影響，要分出四等，因而有介音字母，因而某些字要用三個字母來拼成。這種三合音的辦法，對於民衆是不習慣的，不容易學習的。王勞兩家把介音字母「乙」、「五」、「于」，包括在聲母裏面，因之字母要多些，但每一個字的拼法，只有兩個字母。這種世界上最簡單的拼法，如「不用」兩個字，可以讀做「甭」，是人人都會的，是最合於中國語言特質的。

中國舊式的反切，狠不容易學習。現在的兩合音，形式相同，但是本質上完全兩樣了。這是簡單易學而又十分確切的。這是中國兩千年來音韻學的結晶和近代科學結合起來的產物，再有了拉丁字母或國際音標作對照，這種拼法儘管簡單，決不怕有錯亂的危險了。

對於聲調的處理

漢字本就不注聲調，只有在特殊需要時注一下，或用圈號表示出來。王照、勞乃宣和注音字母才注上了聲調符號。國語羅馬字因爲用的是外來形式，裝不上國產的聲調符號，就只好在拼法裏出花樣，一個字構成的字母，有些是字音，有些是聲調。一個字母，忽而是字音，忽而是聲調。例如「使用法」三個字，寫成 SHYYYONQFAA，這裏有三個 Y，兩頭都是字音，（是兩個字的）中間乃是聲調。這種混淆不清的笨拙的寫法，是如何的難學啊！

拉丁化新文字放棄了聲調（只在幾個特殊例子上是有分別的），無論在學習的方面，在寫法的方面，都是高明的，英果的辦法。當然它本身有缺點，但就由於它的簡單，才能在普及的一點上獲有成效。

語言和文字是有距離的，說話時的神氣態度，以及語音的高低輕重快慢，在文字裏都是寫不出來的。語言的聲調，雖然普遍地存在着，但是各地方都不一樣，把聲調嚴格地規定在文字裏面，要人去學，是做不到的。從王照以來，一直到國語羅馬字，都走了這一條錯路，要人學北京語的聲調，所以就變成統一國語而不是改革文字了。

漢字不注聲調，同是這個上字，上樓的上是上聲，樓上的上是去聲，一唸出來自然有分別。王照以來，因爲要離開漢字的形式，全仗拼音，才不能不注聲調來避免同音字太多的難關，也因此就走上了一條歧路。

綜合文字保留了一部分的漢字，因之，它可以採取漢字和拉丁化新文字的長處，對於補充進去的新文字，只有拼音，不管聲調。由於漢字還是骨幹，所以不怕同音字的混淆。這種新文字的形式，將是最簡單的。但是，在必需時，它依然可以特別注上一些符號的。

新文字的兩種形式——基本形式與完全形式

初期的拉丁化新文字是有缺點的。由於中國語言的同音字太多，在談話時，有時間和環境的限制，所説的主題，大家都可以瞭解，説話的神氣態度，又都可以幫助瞭解，所以除了一部分特殊名詞或專門知識外，就不會發生多少困難。等到寫在紙上，對於一個陌生的讀者，地隔千里萬里，時過十年百年，如其只拼出一些聲符，而這種聲符有時要代表幾十個同音字，那就一定要莫明其妙了。固然有些地方是可以揣測出來的，但是讀者的時間是寶貴的，要他去東猜西想，就不如乾乾脆脆讀一目了然的另一種文字。

所以拉丁化新文字只在普及時是有顯著成績的，一到提高文化，就遇到許多實際的困難了。有些新文字工作者要補救這個缺點，把文字分化的例子擴大起來，主張定形化，主張變體字，這樣把初期的簡單的長處破壞了，又從新變成複雜。國語羅馬字是完全根據語音的，雖是複雜，還有條例可尋。到了新拉丁化，只是人工的分化同音字，字母的增加或改變，没有條例，没有意義，那就等於是新的符號，就全靠學者去死記了。

徐特立同志説：

> 新文字推行的困難，由於知識分子有漢字作工具，又知道外國語文。因此，贊成新文字者就企圖定形化，以便代替漢字，把新文字加上一些符號，增加文盲學習的困難。另一部分知識分子，以新文字本身有許多缺點，專用自己知識去找新文字的缺點來反對新文字。他們並不注意失學的貧民，只有不周密的文字才易學，才易普及。——張雁《中國新文字概論》

這一段話，從普及的觀點來看，是完全正確的。不過在目前中國環境裏，也不能只普及而不顧到提高。初期新文字不可諱言是有缺點的。新拉丁化儘管加上符號，增加文盲學習的困難，但也還不能完全代替漢字。

其實，舊漢字既然不容易廢除，就可以設法少學，用最經濟的時間，學一部分最簡單的漢字，而在漢字不够用時，再加上了一套簡單的拼音文字，那就成爲前面所説的綜合文字了。這樣的拼音文字，就不一定要代替漢字。只要把新文字的形式跟漢字取得一致，由拉丁字母改爲漢字系統字母就行了。這樣的綜合文字，很有些像日本文字，漢字和假名混合在一起。近年來，日本人已經把漢字逐漸限制和減少，我們一方面保留一部分漢字，一方面發展拼音文字，正可以接受這一項經驗。

這種綜合文字，對於初學文字的人是十分便利的。學幾百個漢字，再學一套拼音，就可以讀一切用綜合文字來寫印的書報了。在自己要用文字來表達時，有漢字就寫漢字，寫不出就寫拼音。總之，只有要學一部分漢字是比較要費時間的，此外就和初期拉丁化一樣的簡單，一樣的容易學習了。

這是這種新文字的基本形式，雖則有了一部分漢字做骨幹，比較已經容易瞭解，但是單用拼音的部分，仍舊有同音字的困難，有些時候，仍舊不能一目了然，不過比初期拉丁化完全靠拼音好一些罷了。在普及一點上，這已經是很好的工具，如果要提高文化，當然還是不够的。

爲了要配合高深的文化，這種基本形式，隨時可以改爲完全形式。舊漢字對於同音字的分化，本來全仗形符（即義符）的區别，「桐」是梧桐，「銅」是金屬，「筒」是竹筒，一見偏旁就可以明了字的意義，這是新拉丁化的變體字，隨意變换字母所不及的。我們的完全形式，就可以接受這種舊形式，並且接受了大部分舊形符，（當然有些不合理的形符是可以撤换的，）只是聲符部分改用了新的拼法。這樣的完全形式，幾乎分化了所有的同音字，也幾乎可以完全替代舊漢字。一切高度的文化學術，都可以用這種文字來發表，一切用舊漢字寫的著作文件，都可以用這種文字來轉譯。拉丁化新文字所有的缺點，在這裏幾乎完全取消了。但是它的拼法，依然是這樣簡單，這樣容易學習，絲毫不用變動。普及和提高，在這裏是完全統一了（這種文字的詳細計劃，見我所著的《中國文字改革的理論和方案》，開明書店代售）。

文字配合語言的問題——全國性的標準文字和方言文字

中國文字過去受封建社會文化停滯性的影響，和文人偏重古典的束縛，所寫的都是早已死亡了的語言，一般説起來，文字和語言好像是分離的。其實文字脱離語言，只是一部分的現象，雞還是雞，魚還是魚，肉還是肉；食字普通語言已不用，只説吃，但是鳥吃的東西，還叫食；作字普通已不用，但是泥水作，木作的作還通用。有些文字，如「厥」，如「矣」，已因語言的死亡而跟着僵化；有些文字，如「吧」，如「嗎」，也因語言的進化而産生。所以過去有些作品（像語録、詩歌、戲曲、小説等），未嘗不能代表活生生的語言。語文分家，只是文學家的過失，而不是作爲工具的文字本身的缺點。不過語言不斷的進化，文字往往趕不上，方言文學没有發展，許多方言還没有創造出文字來，有些原來有文字的，急切間也想不出怎麼寫，這些缺點是由於文字變成了符號的緣故，只要有了拼音文字，這種情形就完全可以改善的。

但是文字配合語言，決不能完全密切的。語言是容易變化的，容易受地域的限制，文字和語言配合得越密切，它的流行地域越窄隘；反之，越是能統一歧異語言的文字，從每一種方言來説，就距離更遠。舊漢字跟現代方言是有很大距離的，但是它能統一了廣大的區域，一個福州或廣州人，跟一個北京人，説話幾乎完全聽不懂，寫出字來是一樣的。自從改革漢字的運動盛行以後，文字配合語言的問題，就特别提出來了。拼音文字將選擇那一種活語言作標準呢？還是從若干方言裏綜合出一種標準呢？還是隨着紛歧的語言制定不同的方言文字呢？

注音字母和國語羅馬字是采用第一種辦法的。它有客觀的事實的根據，就是北京二百萬人的語言。但是太客觀了，配合得太密切了，要從聲調語氣各方面都講究起來，都合標準，就不僅是改革文字而先要人工的統一語言了，這是做不到的，是走上歧路了。拉丁化新文字主張在全國劃分幾個區域，把每個區域裏幾百種不同的方言綜合起來，製定方案，用文字來促進語言的統一。將來再把各區域的文字再融合成一種文字。（也有人主張先有全國統一的標準文字的。）這是第二種的辦法。這種文字和每種方言都不密切，因之，它是人工的，没有語言根據的。讀起來，每個小區域的人，就有懂有不懂，因之，對於選擇的基礎，就很容易起爭論。各種方言由於政治經濟和交通上的密切關係，將自然而然地諧合起來，但在一切客觀條件還没有成熟，先主觀地創造出某種標準語言，往往是有偏向的，或者是四不像。要把這種文字讓羣衆學習，也是搞不通的。

漢字原來是統一的，它雖只是文字的統一，而没有統一了語言，但是若干文字的讀音，（和語音是分歧的）往往是接近的。這種接近，和政治經濟交通等的關係是切不開的，因之，從宋元以來，作爲政治中心的官話區域一天一天地在擴大。這種歷史的事實，證明了用北京話做根據來統一文字讀音的運動是正確的。

現在，這種優越的條件，依然存在：由於中華人民共和國的首都是北京；由於北京話的語音成分比别種方言簡單，比較容易學習；由於幾十年來的統一國語運動的成果；因利乘便，用北京話來做新文字拼法的標準，總比沒有標準好，也總比創造出一個標準好。

但是我們不要要求嚴格的語音標準。文字終究只是文字，只要讀得差不多就行了。北京近郊就有些人把「安」唸做「囡」，儘可以你寫你的 AN 他説他的 NAN，這樣，文字和語言，依然會有某些距離。恩格斯曾經講到英文的寫法對於讀音的適合性，引一個法國人説：「你寫的是倫敦，但你讀的是君士但丁堡」；我們可以看見同樣一個字，倫敦人、蘇格蘭人、美國人所唸的是不一樣的；法國人、德國人、日本人唸的更不一樣；中國人唸英文，北京人跟廣東人也不會一樣；所以要用一種方言來强迫人人學習得完全合標準，是不可能的。對於文字，只是規定了拼法，規定了每個字母所代表的音素，唸的人不妨有一些參差，因爲，這是無礙文字的統一，也就是寫法（拼法）的統一的。

過去漢字是統一的，目前，我們還要要求文字的統一，並且要强調這一點。但在另一方面，我們主張任何方言，或少數民族的語言，都可以自由的發展，寫定爲文字，而不加以人工的統一。這裏是沒有矛盾的，只有技術上的問題。假如采用北京話作爲全國性的標準文字，它的字母將是最少的。有些官話區域能分尖團音，就要增加一些字母，吴語區域更要增加一些，閩語或粵語再增加一些，這樣可以製定一套包括全國各地方言的字母，在任何一個區域裏，都可以用他們自己的方言字母拼寫出文字來了。

文字是可以學習的，但是由於有些地域方言的顯著不同，用方言文字來作普及的工具，是十分需要的。在有些文學作品裏把方言的特徵描寫出來，讀的人將會覺得分外親切。但是完全用方言寫出來的作品，是要受地域的限制的，全國性的法令文件以及著作，依然只能用全國性的標準文字。

這樣，全國性的標準文字和方言文字可以同時發展，語言的分歧，也不會妨礙文字的統一。學會了方言文字，再去學習標準文字是很容易的，而由於標準文字是統一的文字，將通行到全國每一個角落裏去，所以更容易促進語言的統一。

新中國的政治經濟將有高度的發展，交通的聯繫，將要十分密切，各種方言將會很快地融合起來。作爲文化交通的文字工具，一定要十分靈活地配合這一個時代。發展新的，不要把舊的一脚踢開；發展最廣大地域可以流行的普通語言，也不要忘記了最小區域裏少數人的特殊語言；這樣，語言和文字的關係，才能真正地密切聯繫起來。

文字改革和實際聯繫起來——文盲教育和兒童教育的改進問題

改革文字是要行得通才行。徐特立同志説過，新文字「只有在文盲中有廣泛的基礎，才能鞏固」，是完全正確的。但是在目前改革文字的目的，僅僅限於失學貧民，還是不够的，我們更得注意到兒童識字的問題，也還得照顧到已經有漢字作工具的知識分子改造學習的問題，這才是更廣泛的基礎，才能使這種新文字更能鞏固。

所以改革文字，固然要爲的普及，卻同時要注意到從這個普及的基礎上去提高，而不是普及完了就撒手不管。學會了新文字，依然不能讀一切書報，不能在任何地方廣泛的運用，以致於普及是一事，提高是一事，把問題孤立起來，就是一種偏向了。

假如這種新文字是綜合文字，將會照顧到各方面的需要，一面改革舊漢字，一面創造新文字，而新舊之間又可以融合起來。它所用的完全是民族形式，所以是任何人所能接受的，但是它經過了科學的改造，所以又是容易學習，容易普及的。它是最簡單的，合乎大衆需要的，也是最完善、最周密的，可以擔任起發展最高度的文化的。

這樣的新文字，將不是紙上談兵，而立刻可以和教育問題聯繫起來。將用不着窮年累月地爭論那些對於語音聲調等等學究式的瑣碎問題，而可以立刻去實踐，在實踐中去發現問題、研究問題了。

教育問題很多，文盲教育和兒童教育是最基本的。目前的漢字，學習時十分困難，提倡簡字，没有解決這個困難，只選擇出一些常用漢字，限定用字數目，而不能配合語言，也不是澈底的辦法。離開漢字而用拉丁字母的新文字，又和漢字對立起來。學了新文字還得學漢字，嫌於叠床架屋，白費精力；學了新文字，不學漢字，又苦於没有許多書報可讀，用處太少。只有利用綜合文字，才能解決這個問題，使文字學習時間，減少到最低的限度，如果能够有步驟的推行，最多不過十多年，可以把文字改革的計劃澈底完成。

這個工作的第一步是選擇基本文字。首先是調查工人、農民，以及其他人民所最需要的是那些文字，再統計書報文件上所常見的是那些文字，再從教育家的立場來決定那些文字是人人必需要學習的。再由文字學家來選擇，那些常用文字是最簡單的，不可分析的，就把原來文字保留下來；有些常用的十分重要的字，而本字太複雜的，可以設法簡化，或原來簡化過的，就把簡字保留下來；這兩種就定爲人人必學的基本文字。這種字不宜過多，以免多費學習時間，所以限定至多不能過一千個。此外文字儘管簡單到不能分析，但不是日常必用的，可以放到字典裏去。還有常用的文字而太複雜，又無法簡化的，就改用拼音文字。當然拼音文字的字母，和文字的寫法，是要經過詳細討論的。標準文字所代表的語言，以及方言字母的規定，也要經過精密的研究和討論的。

經過這些整備工作後，就可以着手編輯教科書和一切讀物了。用綜合文字來編輯教科書，首先要注意的，是把所有的基本文字由淺入深，完全包括進去，每個基本文字應該把各種用法儘量的用到了。在另一方面，對於教育的對象，例如：小學生、工人、農人等各部分需要的知識，以及政治、經濟、科學、歷史等，必需都能照顧到，在基本文字外，可以儘量利用拼音文字，那就不會受到文字的拘束了。

當然，字典是必須要預備的。此外還得逐漸出版各種讀物，一直提高到討論專門知識的書籍。也需要小型報紙，逐漸發展到大型報紙和期刊。

在實行之前，對於各級教育人員，當然要加以技術上的訓練的。在實行以後，也一定要收集各方面的意見和工作經驗，隨時隨地來改進這一個計劃。

這個計劃，可以在華北地區裏面實驗，先組織一個機構去準備這個工作，準備完成後，從小學校和文盲補習學校開始，第一期小學完成後，立即在中學裏推行，到中學教育完成以後，就可以在全區裏全面推行，再進一步，就可以推行到全國了。在實行時必須有整個的計劃，即從最簡單的到最高深複雜的讀物，都得逐漸地預備好了，不致於到某一個時候，無書可讀，成爲文化斷流的現象。那末，最多有十幾年時間，舊漢字就一定可以推翻，新的綜合文字一定可以成功，這種文字將解決了識字的困難，推進在新民主主義下發展出來的新文化，也一定會配合着語言的發展而孕育出更進步的新文字。

改革文字和教育問題，需要聯繫起來。文字工具的改進，可以替教育工作者解決了一部分困難，使工作推進一步，但改革文字，又必須通過教育，才能實踐。目前，改革文字者應該認清實際的需要，不要太偏重理想，拘守教條，而提出一些不能立刻實行的辦法。教育工作者也不應該面對着一個嚴重的問題，不去設法解決。大家團結起來吧！創造出一種新文字，要一定能行得通，要一定能實踐，要一定能成功！年青的一代正期待着我們。

載《人民日報》一九四九年十月九日。

一九五〇

虢季子白盤的製作時代和歷史價值

虢季子白盤在周代銅器裏是一件有歷史價值的重器，跟盂鼎、曶鼎、散盤、宗周鐘、毛公鼎等同樣可貴。這次合肥劉肅曾先生把它捐獻給人民的國家，運到北京，在北海團城文物局預展。我承文物局約去參觀，曾和馬衡、郭沫若、于省吾先生等討論到它的製作年代的問題。現在把我的意見寫下來，請專家們指教，並希望能得到最後的而且是正確的結論。曶鼎久已銷毁，小盂鼎歸李姓（據陳介祺《毛公鼎釋文》），也没有踪迹，大盂鼎還在私人手裏。散盤、宗周鐘、毛公鼎等均運往臺灣。所以劉先生這回把這件歷史上的重器捐獻給人民，是有重大意義的。我覺得應該在這個時候，把這件銅器的正確年代和歷史價值弄清楚。一九五〇年四月三日。

一、盤的製作時代

虢季子白盤的製作時代，在銘辭上指明是「十有二年正月初吉丁亥」，問題是哪一個王的十二年。對於這個問題是曾經有過一些爭論的，大體上可以分做三種説法：第一是周夷王，第二是周宣王，第三是春秋時的周桓王或周莊王。我的考證結果，主張應該定爲周宣王十二年，就是紀元前八一六年，流傳到今年一九五〇年，已經經歷了二七六六年。正月初吉丁亥，據新城新藏的《周初至春秋月朔干支表》，應當是正月初二日。

這個盤是清道光年間常州人徐燮鈞在陝西郿縣做知縣時買到的，據他説，出土在寶鷄縣虢川司。據《嘉慶一統志》，這在寶鷄縣的東南一百二十里，正是虢國的故地。但是後來陳介祺根據劉燕庭的説法，卻又説出在郿縣禮村田間溝岸中，對岸土圮出二大鼎，一個重七百斤，一個重四百斤。劉燕庭到陝西，已經很晚，傳聞不一定可靠。所謂兩大鼎，實際就是大小盂鼎。本來虢川司就在郿縣和寶鷄縣交界的地點，所以在傳説裏就很容易把它説到郿縣去了。

虢盤出土後，一八三九年（道光十九年）就有張石匏一個釋文，把十二年釋成了十三年，推定做周宣王十三年正月七日。一八四三年（道光二十三年）張石洲又用四分周曆推定作周宣王十二年正月三日，比新城新藏所推的差一天。這一個説法，一直通行到現在。

一九三一年郭沫若先生作《兩周金文辭大系》，才提出另外一個説法。認爲定做宣王時只根據後起長術的推步，和與《六月》之詩相比附，别無他證。因此改定到夷王時。證據是《後漢書・西羌傳》所引《竹書紀年》有「夷王命虢公率六師伐太原之戎，至于俞泉，獲馬千匹」的故事，認爲虢季子白就是虢公，盤銘折首五百，獲馬自可多至千匹。郭先生又以爲虢盤的子白，就是不嬰簋的伯氏，不嬰簋的西俞，就是《後漢書》的俞泉，認爲他們是相照應的，所以應該都在夷王時。由於中國古史在共和以前年代還不能確定，假定：

夷王十六年——見《御覽》八十六及《史記・周本紀》正義引《帝王世紀》
厲王三十七年——見《史記・周本紀》
共和十四年——見《史記・周本紀》

就得比宣王十二年早六十七年（紀元前八八三年）。

但是另外有一種相反的説法。孫次舟在一九三七年出版的《歷史與考古》裏説到他有一篇《虢季子白盤年代新考》。這篇論文我不記得是否看見過，只知道他從文字書法比較，把虢盤和國差𦉢、邾公華鐘等放在一起，作爲春秋時代的代表。記得楊樹達先生也有一篇論文，主張虢盤在春秋初期。照這樣説法，就得比宣王時遲到百年以上。

這兩種説法，成爲兩個極端，相差將近二百年。我認爲這兩種新説，雖各有理由，但都不能成立。虢盤的製作時代，還應該是宣王十二年。現在分别討論如下：

第一，春秋時代的説法是顯然不對的。這個盤出土在陝西的虢地，吴雲説：「以其地考之，不必證以《六月》之詩，即可定爲西周之器。」這是很有見地的話。幽王死了以後,這塊土地早已在西戎所包圍的圈子裏,平王因爲力不能及,所以就把岐西的地方,很慷慨地送給了秦國。在這種情形下,這個小虢的君主怎麽能做這樣大的重器?假如是在外面的虢族,又怎樣能把這銅器送到這個地方去?這就證明了這件銅器一定是西周器了。

再從盤銘的年月來看,宣王以後,幽王没有十二年,只有平王十二年正月初三是丁亥。此外,桓王十二年正月是庚寅朔,丁亥在前三天,就没有可能。到莊王十年,就是秦武公的十一年,小虢被秦所滅。那末,莊王十二年也没有這種可能了。

平王十二年已經遠在春秋以前,但是這個年代也不可能。平王東遷,是避戎寇,怎麽能「薄伐玁狁」?況且平王跟虢族的關係是最惡劣的。據《國語・晉語》説:「褒氏有寵,生伯服,於是乎與虢石父比,逐太子宜咎而立伯服,太子出奔申,申人繒人召西戎以伐周,周於是乎亡。」《鄭語》説:「夫虢石父讒諂巧從之人也,而立以爲卿士。……王心怒矣,虢公從矣,凡周存亡,不三稔矣。」可見幽王末年的卿士是虢石父(《吕氏春秋・當染篇》作虢公鼓),那時虢公跟幽王褒姒伯服是一派,而平王就是逃出去的太子宜咎和申繒西戎是一派,兩派互相敵對。《左傳・昭公十六年》説:「至于幽王,天不弔周,王昏不若,用愆厥位,攜王奸命,諸侯替之。」孔穎達正義引《紀年》:「伯盤與幽王俱死于戲。先是申侯魯侯(當是曾侯,就是《晉語》的繒人)及許文公立平王於申,幽王既死而虢公翰又立王子余臣於攜,周二王並立,二十一年攜王爲晉文公所殺。」這裏的虢公翰,不知是不是虢石父,但虢族還是平王的敵對派,是明顯的。《漢書・地理志》注臣瓚曰:「鄭桓公寄孥與賄於虢會之間。幽王既敗,二年而滅會,四年而滅虢。」《國語・鄭語》史伯對鄭桓公説:「子男之國,虢鄶爲大,虢叔恃勢,鄶仲恃險,是皆有驕侈怠慢之心而加之以貪冒,君若以周難之故,寄孥與賄焉,不敢不許。周亂而弊,是驕而貪,必將背君,君若以成周之衆,奉辭伐罪,無不克矣。」可見平王初期,鄭國是用王朝的名義來伐滅東虢的。一直到二十一年攜王爲晉文公所殺。在此期間内,虢族總是攜王的黨羽,那就決不會在平王十二年重用虢族的人了。至於攜王一方面,只依靠虢族,而給别的諸侯所替,就更不會有薄伐玁狁的事情。所以就從年曆來看,宣王以後是決無可能的。

第二,這個盤雖然可以決定在西周,但也不會早到夷王時代。

首先從盤銘書法來説,一望而知是很晚的。有人拿來比石鼓文,説年代必相近。郭沫若先生説它們「結構之間,大有年代之懸隔,……置以百年左右斷無誇誕之處」。那時郭先生還把石鼓文認爲在秦襄公八年,即周平王元年,(公元前七七〇)所作,所以這樣説。但據我近年來的考證,石鼓文的製作,一直要到戰國初秦靈公三年(公元前四二二),從夷王時算起，相差要有四百六十多年了。其實石鼓文的時代還遠在秦公簋之後，秦公還只用「朕」字和「余」字，而石鼓文已不用「朕」字另外發現了「吾」字；秦公簋還用四畫來代表「四」字，而石鼓文已發生新的「四」字，這都是鮮明的證據。秦公簋據郭先生的考證，定爲秦景公（紀元前五七六—前五三七）所作，是十分正確的。所以，虢盤的文字，比起石鼓來，雖則大有懸隔，而比起秦公簋就十分相近了。

研究銅器的人，總覺得在西周時，銅器文字的書法變動得很快，幾乎每個王朝，都有不同的字體，所以看到虢盤和秦器太相似，有些人就一定要把它拉下來放到春秋時代，而不曉得從出土地點來説，這是不可能的。但是爲什麼這樣相像呢？我以爲這是應當注意它的地域的。因爲書法的變化和整個文化分不開，而整個文化又建築在一切政治經濟的基礎上。在西周時，周王朝的政治勢力還很强大，貴族們的生活很優裕、很清閑，所以常常有新奇的書法。到了西周傾覆以後，秦國是一個新興的民族，原來没有什麼文化，秦文公十三年（公元前七五三）才有記事的歷史，十六年把戎打敗，「收周餘民」。但是這些周餘民經過亂離，所保存的周文化，一定是很不完整的，而且秦民族在開始建國時，也還顧不到文化的發展。到紀元前六八七年才滅小虢，這個周王朝重臣的古國，是淪陷在西戎裏面的一個孤島。後來秦都的雍，就在它的附近。所以它的文化，是一個無盡的寶藏，秦民族就把它吸收來孕育出自己的文化，那就無怪秦文字和虢文字的特别相近了。

一般研究者只知道虢盤的和秦文字接近，而不明瞭秦民族的發展情形，由於它的地域關係而繼承了虢族的一部分文化。他們只想把虢盤拉下去和春秋時銅器看齊，而没有想到這是春秋時秦文字的遠祖。這都是錯誤的。但是反過來看，我們也必須注意虢盤和秦公簋書法特别相似的一點，必須注意這一個重要環節。那就是説，虢盤固然不會是東周器，更不是春秋時器，但必須是西周時在這個地域裏最晚出的書法，才能和秦系文字鬥起簡來。我們知道幽王是没有十二年的，最晚的一個十二年，就只有宣王了。

郭先生把虢盤放在夷王時，和不嬰簋在一起。但這兩件銅器的書法顯然是不同的。另外有虢仲盨和虢叔旅鐘，郭先生都定在厲王時，是十分正確的。但是它們的書法都和盤銘不同，也和秦系文字不同，這可見盤銘應該在厲王以後。還有虢文公的兒子所做的鼎，鼎的花紋和盤很相像，書法也比較最接近（尤其是人們認爲春秋時的特徵的「子」字的寫法），虢文公是宣王時人，他的兒子不是宣王時代，就是幽王時代，那就更可以證明盤銘應該是宣王時了。

再從盤銘年月來看，宣王時是和長曆適合的。夷王的年代雖不可考，但是盤銘和不嬰簋的月日不合，不嬰簋没有紀年，只説「九月初吉戊申」，郭先生假定爲夷王十一年的九月。但是十二年正月初吉如果有丁亥，十一年的九月初吉，就不可能有戊申。例如宣王十二年正月二日是丁亥，倒推上去，十一年九月戊申是二十一日。無論怎麼算，也不能是初吉，這至少可以證明它們不是同時所做的銅器。

再從事實來説，郭先生以爲《後漢書》的虢公，就是虢季子白，也就是不嬰簋的伯氏。我以爲虢季子白既然稱爲子白，就只是公子而不是公。頤和園舊藏有虢宣公子白鼎，可以證明子白是虢宣公的兒子，和子钕是虢文公的兒子一樣，當然不是虢公了。傳世還有虢季氏子組的器，白字和帛相通，子白和子組，可能是弟兄。至於不嬰簋的伯氏，應當屬於伯的一族，而不是仲叔季的任何一族。例如：召伯虎簋也有伯氏，他的父親是幽伯，土父鐘説到他的父親是叔氏。那末，如果要説到虢季，就只能稱季氏，而不能稱伯氏，可見不嬰簋的伯氏，不會是虢季子白了。

《西羌傳》説虢公率六師，但在盤銘裏，子白只是先行。《西羌傳》説「伐太原之戎，至於俞泉」，無論如何，總已到山西境內，（兮伯吉父盤的畧盧，王玉哲先生考爲太原附近的余吾是很正確的。）但盤銘只是「于洛之陽」，不管是哪一個洛水，都不合，《西羌傳》説「獲馬千匹」，但盤銘只是「折首五百，執訊五十」。那末，從史書來看，這個盤也不在夷王時。

再從文體來看，虢盤是詩篇的形式，在銅器裏是很突出的。「薄伐玁狁，于洛之陽」，顯然是由《六月》一類的詩套出來的。我們知道彝器銘辭是比較保守的，那就決不可能在厲宣之前，雅詩還没有成熟的夷王時代，就有了這種文體。

總之，虢盤從它的出土地點，和盤銘年月，就可以決定它不是東周的銅器。但是郭先生把它放在夷王時，又實在太早。上面根據書法、年月、史實、文體四點來觀察，都可以決定它不應該放在夷王時，並且也不能和不嬰簋在一起。反轉來，我們再從書法來看，它必須在厲王時虢仲盨、虢叔旅鐘之後，而在宣幽之間的虢文公子钕鼎之前。從文字結構來看，玁狁的寫法和宣王五年的兮伯吉父盤正相同，而和不嬰簋不一樣。從文體來看，顯然已受了《六月》詩的影響。從年月來看，放在宣王十二年又完全合適。那末，我們可以斷定舊説在宣王時是正確的。

二、盤的歷史價值

中國古代銅器是奴隸社會文化的一個代表，佔有了很多奴隸的貴族們爲了祭祀、受賞，以及稱伐自己的功績等，是不怕花費資財和奴隸們的時間精力的。所以那時代冶銅的技巧，和銅器的型式紋樣等，到現在看來，還值得歎賞。到了戰國晚期，奴隸社會已經漸漸解體，貴族們已經没有很多奴隸來生產，供他們的浪費。因之，他們已没有力量來養活很多工匠，能做大批銅器的人只限於少數王公，所做的東西，也一天一天地退化。所以跟着奴隸社會的消滅，銅器工業也就衰落，而在封建社會裏，就由新興的鐵器工業來替代了。

遠在漢朝就已經有人研究銅器，但截至最近，一般人總是把它當做古董來玩賞，這種觀點是錯誤的。我們研究銅器，第一是寶重這些古代工業藝術的結晶，這種三千年以前的古銅器是當時無數的優秀技術家和勞動工人的作品，是中國古代文化的寶貴遺産，我們必須要慎重地去保藏它，研究它。第二，是要發現這些器物裏所包藴的古代重要歷史材料，使我們對古代社會的歷史文化，知道得更清楚一些。

虢盤在這兩個方面，都是值得我們去寶貴它，去研究它的。它是西周王朝最後的一件重器，單從這樣鉅大的古器來説，已經值得寶貴。可是從它的銘辭裏，我們可以發現很多久已湮滅的歷史事實，那是更可寶貴的，更有價值的。

第一，我們由虢盤以及别的虢族所做的銅器，可以明瞭虢族歷史事實的一個大概。

虢族見於記載的，只有虢仲虢叔而没有虢季氏。《國語·晋語》説周文王「敬友二虢」，又説「詢于八虞而咨于二虢」，《左傳·僖公五年》：「虢仲虢叔，王季之穆也，爲文王卿士，勳在王室，藏於盟府。」那末，二虢就是虢仲和虢叔。但從銅器來看，除了虢仲虢叔之外，虢季顯然也是一個大族。虢季氏據現在所知道的，就已有子白和子組兩人，而且子白的父親是虢宣公，可見虢季氏在政治上的地位，决不低於二虢。《國語》《左傳》是春秋以後的記載，只知道有二虢，而不知道應該有三虢，這就説明了虢季這一族，在春秋時已經没有人知道了。

由於在國族方面，前人只知道有二虢而不知道有三虢，所以對於地理方面，歷來就没有使人滿意的解釋。《漢書·地理志》在弘農郡陝縣下注：「故虢國，有焦城，故焦國。北虢在大陽，東虢在滎陽，西虢在雍。」（原作雍州，據王念孫説删。）這裏一共有四個虢，但是實際上也只有三虢。一個是晋所滅虞虢的虢，因爲在成周以西，有時也就稱爲西虢；因爲它是跨着黄河兩岸的，所以河以北的下陽，就是大陽，又叫做北虢；河以南的上陽，就是弘農陝縣的虢，又叫做南虢。另一個是鄭所滅虢鄶的虢，因爲在成周以東，所以又叫做東虢。第三個是秦所滅的小虢，在三虢中，這是最西，所以《地理志》把它叫做西虢。虢族只有虢仲虢叔而虢地卻有三個，還可以算做四個，所以問題就複雜了。

其實，東虢應該屬虢叔，《國語·鄭語》説「虢叔恃險」，《左傳》説：「制巖邑也，虢叔死焉。」這都是明明白白的證據。可是賈逵《左傳》注偏要説「虢仲封東虢，制是也。虢叔封西虢，虢公是也」。韋昭《國語》注爲要附會這個説法，只好説「此虢叔，虢仲之後也」。他們不知道虢族的分做虢仲、虢叔、虢季，和晉國的趙孟，魯國的仲孫、叔孫、季孫等的情形一樣。虢仲的子孫永遠是虢仲，等於趙孟的子孫永遠是趙孟。在金文裏，虢叔旅的父親是惠叔，又有虢季氏，都是很好的證據，可見東虢始終只是虢叔的封地，和虢仲絲毫没有關係。

其次，小虢應該是虢季氏的封地，這可以由虢盤的出土來決定。因爲它在春秋初期，就給秦國滅掉，所以就没有人注意它。《尚書·君奭》只説到一個虢叔，假如没有《左傳》和《國語》，我們就不知道還有虢仲。同樣情形，假如没有這些銅器的發現，我們也決不會知道在仲叔之外還有虢季了。郭沫若先生説虢季是北虢，從出土地點來説是不合的。他又因陝西虢地所出還有城虢的器而把城虢氏當做小虢。但城虢氏只是虢族的支庶，郭先生説他們是虢城公的子孫，是可信的。那末，虢城公可能也是虢季氏，所以由他分出來的子姓也留居在那裏了。

把東虢小虢搞清楚以後，虞虢的虢就很容易推定了。《帝王世紀》和《後漢書·郡國志》都主張是虢仲的封地，應當是正確的。現在所成爲問題的，倒是爲什麽要分做南虢北虢的一點。《左傳》正義引馬融説：「虢叔同母弟，虢仲異母弟。虢仲封下陽，虢叔封上陽。」《水經·渭水注》對於雍縣故城説：「《晉書·地道記》以爲西虢地也。《漢書·地理志》以爲西虢縣。《太康地記》曰：虢叔之國矣，有虢宫。平王東遷，叔自此之上陽，爲南虢矣。」馬融所謂同母弟、異母弟，不知有没有根據。《太康地記》把西虢認爲是虢叔之國顯然是錯誤的。但是這兩種説法都説虢叔是南虢，虢仲是北虢，是值得注意的。《水經·河水注》陝城下又説：「昔周召分伯，以此城爲東西之别，東城即虢邑之上陽也。虢仲之所都爲南虢，三虢此其一也。」和上面的説法正相反。但這個説法顯然是錯的。因爲《漢書·地理志》在「陝故虢國」下説「有焦城，故焦國」。據《史記》「武王封神農之後於焦」，《水經注》又説：「其大城中有小城，故焦國也。武王以封神農之後於此。」《括地志》也説：「焦城在陝州城内東北百步古虢城中東北隅。」在這裏，我們可以明白兩點：第一，周初封國時，虢仲決不能封在焦的地方；第二，焦國故城既在虢城中，一定是虢國把焦國滅掉的。那末，虢仲的封地當然只有河北下陽的可能了。

從上面所説，綜括起來，虢仲、虢叔、虢季，西周時是和三虢的封地完全符合的。虢仲在河北下陽，虢叔是東虢，虢季是小虢。到了東周以後，這種情形變更了，小虢已經在西戎範圍裏和東土隔絶，不久被秦國滅掉。虢叔的東虢，在平王四年，就被鄭國滅掉。但是在春秋時，虢叔又重新執政，這時候是應該有封地的。《水經・渭水注》説：「平王東遷，叔自此之上陽爲南虢矣。」説虢叔從西虢遷到上陽是錯誤的，但是虢族的滅去焦國，建立南虢，一定在鄭滅掉了東虢，那個前一代的虢叔死了以後，是無可疑的。況且平王初年，虢族和携王是一黨，王朝的卿士是鄭武公莊公父子兩人，一直到平王末年，虢族的勢力，才慢慢地恢復，但還不能做卿士。一直到平王死後，虢公忌父才做卿士，那末，南虢的建立，最早也應在平王末年。《左傳・襄公二十九年》晉國的女叔侯説：「虞、虢、焦、滑、霍、楊、韓、魏，皆姬姓也，晉是以大，若非侵小，將何所取。」從焦城在虢城中間來説，原來的焦，應該是虢所滅的。況且《史記》説焦是神農之後，也就不能姓姬。那末，《左傳》「虞虢焦滑」的焦，就是南虢的别名，好像韓又稱爲鄭，魏又稱爲梁之類，而不是虢所滅的焦了。

由此可見三虢是西周的事情，到春秋以後，東虢和小虢，都被吞併，虢叔這一支卻又滅了焦國而建立南虢，於是變成北虢是虢仲，南虢是虢叔，後來人就只知道有二虢而不知道原來的三虢，並且對於這些國族和地理的關係，都越弄越糊塗了。

第二，我們由於虢族的歷史，和這個盤的銘辭，可以知道在奴隸社會裏，周王朝執政的若干情形。

虢族在周代，屢次得到政權，除了文王時「詢于八虞而咨于二虢」外，銅器裏有虢城公，只見於班簋，是在西周早年的。夷王時的虢公，見《後漢書》。（今本《竹書紀年》在懿王時就有虢公伐犬戎。）厲王時，虢仲征南淮夷，見於古本《竹書紀年》和虢仲盨。到厲王晚年染於虢公長父，見《吕氏春秋・當染篇》。銅器有虢叔旅鐘，旅和長父好像名號相應（虢叔旅的父親是惠叔）。虢季子白盤鑄於宣王十二年，據鼎銘他的父親是虢宣公，大概在厲宣之際。宣王時有虢文公，見《國語》，又見於虢文公子𨱇鼎：賈逵《國語》注説是虢仲之後，韋昭説是虢叔之後，由鼎銘作叔改鼎的稱謂來看，韋説虢叔大概是對的。到幽王時，執政是虢公石父，《吕氏春秋》稱爲虢公鼓。東周初期，輔佐携王的是虢公翰。平王時期，虢人没有執政。平王死後，虢公忌父做了卿士，後來有虢公林父。從魯桓公八年起有虢仲，也稱爲虢公，不知是不是林父（杜預《春秋釋例》有虢公仲郭），到桓公十年出奔虞。莊公十六年以後的虢公，也稱爲虢叔（《古今人表》把他和虢公醜分做兩人）。莊公三十年以後的虢公，大概就是亡國時的虢公醜了。

從虢族在周王室的政權來看，可以知道那時世臣制度的大概情形。西周時，至少在夷厲宣幽四個王朝，都由虢族做卿士，而且好像是仲叔季輪流執政的。到平王初年，因爲虢族和携王在一起，所以鄭武公鄭莊公做了五十多年的卿士。

桓王五年以後，又用虢族做卿士，以致於周鄭交惡。由此一直到惠王二十二年，爲晉所滅，一共有六十年，都由虢族做卿士，也像是虢仲虢叔輪流執政。

這種世臣制是根深柢固的，所以，雖然給鄭國排擠了五十多年，又復活了。但是虞虢是代表舊集團的，而周室東遷，晉鄭是依，他們代表了一個新的集團。周王室在東遷以後，已經沒有實力，所以鄭國滅了東虢，晉國又滅了北虢和南虢。這新舊集團鬥爭的結果，虢族終於完全消滅了。

奴隸社會裏的王朝，是由許許多多大小奴隸主集合起來的。除了奴隸和奴隸主的鬥爭外，又充滿了奴隸主與奴隸主之間的矛盾。鄭桓公把奴隸和資産寄給虢鄶，到西周滅亡時，虢鄶想截留下來，鄭國就假王朝的名義，把他們吞併了。這是明顯的例子。

由於這些奴隸主完全靠剥削奴隸來增加他們的財富，一方面是不勞而獲，一方面是驕奢淫佚，結果，原有的財富不够他們的揮霍，就不能不貪。所以在那時的歷史上，我們所看見的，儘是些爭奪奴隸、牲畜、土田、資財，和吞併别的國家的事情。虢族在周王室是這些驕而貪的奴隸主中間的一個典型。厲王因爲染於虢公長父而奔彘，幽王時的虢石父，據説是「讒諂巧從之人」，也因爲他而亡國。《國語》記史伯説虢叔鄭鄶仲的毛病是「驕而貪」，結果是給鄭國滅了。《左傳·莊公二十七年》晉國的士蔿也説「虢公驕」，卅二年有神降于莘，虢公還讓史祝去求土田，内史過説他「虐而聽於神」，隔四年就給晉滅了。可見虢族的君主們，一方面「讒諂巧從」，一方面「驕侈怠慢而加之以貪冒」，周王室世臣的嘴臉，就是這個樣子。所以周王室崩潰了，虢族也滅亡了，整個的奴隸社會也就很快完結了。

這班貴族們日常所注意的，只是容貌和行動的修飾，就是所謂威儀，這是使人喜歡寵愛的一種辦法。虢叔旅鐘説「旅敢啓帥刑皇考威儀龏御于天子」，虢季子白盤也説「王孔嘉子白儀」，王室世臣，對於這點上是最講究的，最有把握的，也就是他們所以能够讒諂巧從的方面。但他們對於人民向來是看不到的，《左傳·莊公二十七年》士蔿説虢公「必棄其民」；僖公二年，卜偃説他「不撫其民」；所以他們的亡國總是很容易的。

再説，單從虢盤來看，也可以反映出他們的生活。尹吉甫薄伐玁狁，至于太原，是比較重大的事情，所以有《六月》這一首詩。現在所見的兮伯吉父盤説：「唯五年三月既死霸庚寅，王初格伐玁狁于䧄盧，兮甲從王，折首執訊。」一般都相信吉父就是吉甫，年月和宣王時相合，䧄盧就是余吾，又正在太原附近，也都可以證明。那末，虢盤的「搏伐玁狁，于洛之陽」，顯然抄襲了前七年創作的這種詩體，因而在銅器銘辭裏成爲創格。但是他並没有追奔逐北，深入到太原附近，而只在敵人侵犯到洛水之陽的時候抵抗一下；他所炫耀的戰功，也不過「折首五百，執訊五十」，而居然做了這樣大的一個盤，比兮伯吉父盤要大幾十倍，這就可以看出他是怎樣的驕侈了。

總之，虢盤在傳世古物裏，屬於少數的重器一類。它一方面可以使我們看見中國古代工業藝術，發展到怎樣的程度，而一方面，又可以揭露出奴隸社會的一部分歷史文化。另外，從這種銅器上，還可以提高我們的警惕性。因爲這樣大的洗澡用具，我們所看見的有盤和鑑。拿時代説，首先是虢盤，它鑄成後，不過幾十年，西周顛覆，小虢跟着陷在西戎裏，給秦國吞併了。其次是春秋末年的攻吴王夫差鑑和戰國初的智君子鑑（這些銅器都給商人偷賣出國了）。攻吴王夫差就是吴王，智君就是知伯，他們也不久就亡國。這固然像是巧合，但這些君王們的驕侈暴虐，總都是一個模型裏出來的。他們只顧自己的炫耀和享受，而從來不顧到人民的利益。他們的滅亡，是必然的。我們現在固然要寶貴這些古代優秀工人所創造的工業藝術，一方面也必須知道凡是不顧人民利益的國家政權，是終究要滅亡的。那麽，這雖然是將近三千年的歷史文物，對於我們目前，還是有重大意義的。

附記

本文曾請郭沫若、馬叔平兩先生審閲，附此誌謝。關於虢宣公子白和虢文公子钕，我最初曾疑惑就是宣公和文公，近來郭沫若先生也有此意見。但《春秋》《左傳》《史記》等對於周王和諸侯，名字上没有一個冠以子字的。有子字的不是王子就是公子。銅器裏像蘇公子鼎，也是蘇公的兒子。況且虢季氏也還有一個子組，可見他們都是公子。所以還用郭先生的舊説，定爲宣公和文公的兒子。

還有銘文的十有二年，張石匏釋做十有三年，也許他以爲兩畫和年字合書，所以讀做三字。我覺得年字上畫較短，不能借用做一畫，所以仍舊釋做十二年。不過即使釋成十三年，和本文論旨也不矛盾，因爲宣王十三年正月初吉，還是可以有丁亥的（新城新藏在十二年末設一閏，如將閏月移後，則十三年正月初七日是丁亥）。

虢季子白盤器影

拓本

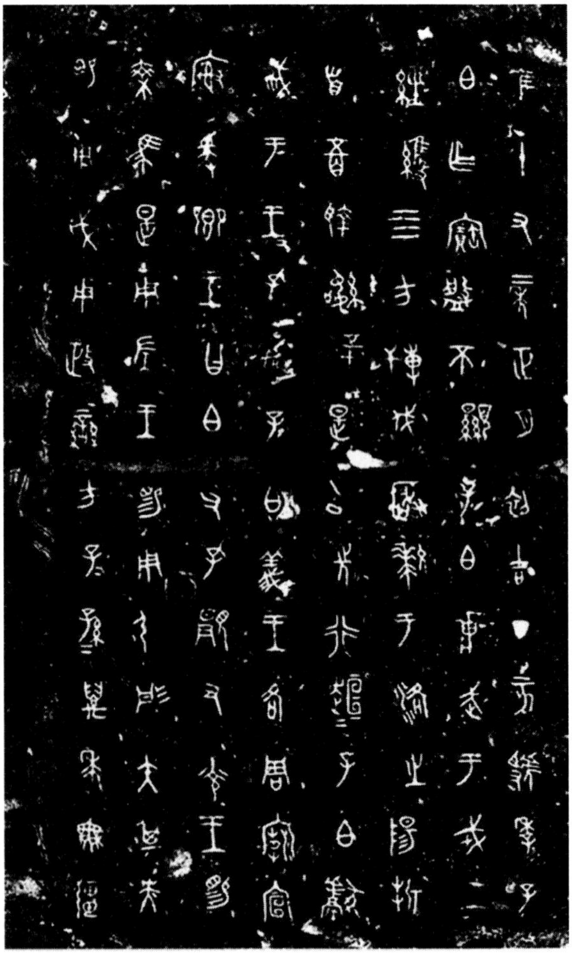

載《光明日報·學術副刊》第八期一九五〇年六月七日第三版。

又《唐蘭先生金文論集》第四一五至四二六頁　紫禁城出版社一九九五年十月。

輯殷芸《小説》並跋

卷一

紂爲糟匠酒池，一鼓而牛飲者三千人池可運船。（《説郛》六十六竇苹《酒譜》引《小説》）

齊鬲城（「鬲」《紺珠集》作「歷」，同音通借，《廣記》作「南」，誤。）東有蒲臺，秦始皇所頓處。時始皇在臺下，縈蒲以繫馬，至今蒲生猶縈。（以字據《廣記》增，縈《廣記》作榮。）俗謂之「始皇蒲」。（《紺珠集》無此句，《廣記》作「秦始皇」。）始皇作石橋，欲過海觀日出處，時有神人能驅石下海，石去不速，神人輒鞭之，皆流血，至今悉赤。（《紺珠集》作「神人鞭之流血，石皆赤色」。）陽城十一山石盡起東傾，（別本《説郛》作「陽城山上石皆起立東傾」。）如相隨狀，（《紺珠集》作「有趨赴之狀」。）至今猶爾。秦皇於海中作石橋，或云非人功所建，海神爲之竪柱，始皇感其惠，乃通敬於神，求與相見。神云：「我形醜，約莫圖我形，當與帝會。」始皇乃從石橋入海三十里，與神人相見。左右巧者潛以脚畫神形，神怒曰：「速去！」即轉馬，前脚猶立，後脚隨崩，僅得登岸。《三齊要略》（《説郛》二十五《太平廣記》四百八引至始皇蒲，《紺珠集》二引至有趨赴之狀，《類説》四十九節引。）

秦始皇時，長人十二，見於臨洮，皆夷服，於是鑄銅爲十二枚以寫之。蓋漢十二帝之瑞也。（《太平廣記》一百三十五引《小説》）。

滎陽板渚津原上（五字《廣記》作「南原上」。）有厄井，父老云：「漢高祖曾避項羽于此井也」。（《廣記》無「也」字。）爲雙鳩所救，故俗語云：「漢祖避時難，隱身厄井間。雙鳩集其上，誰知下有人？」漢朝每正旦輒放雙鳩，或《廣記》無或字。起於此。（《説郛》二十五《太平廣記》一百三十五引《小説》）

漢高祖手敕太子云：「吾遭亂世當秦禁學問，生不讀書，又不自喜，謂讀書無所益。洎踐祚以來，時方生書，乃使人知之者作之，追思昔所行多不是。」又云：「堯舜不以天下與子而與他人，此非爲不惜天下，但子不中立耳。人有好牛馬，尚惜，況天下耶？吾以汝是元子，早有立意，兼羣臣咸稱汝友四皓，吾所不能致而爲汝來，自爲汝大事也。今定汝爲嗣。」又云：「吾生不學書，但讀書問字而遂知耳。以此故不大工，然亦足自解。今視汝書，猶不如吾，汝可勤學習！每上疏宜自書，勿使吏人也。」又云：「汝見蕭、曹、張、陳諸公侯，吾同時人，年倍於汝者，皆拜。并語汝諸弟。」又云：「吾得疾遂困，以如意母子相累，其餘諸子皆足自立，哀此兒猶少也。」《説郛》二十五（《漢書高帝敕》）

高祖初入咸陽宫，周行府庫，金玉珍寶，不可稱言。其尤驚異者：有青玉九枝鐙，高七尺五寸，下作盤龍，以口銜燈，燈燃則鱗甲皆動，爛炳若列星而盈室。復鑄銅人十二枚，坐皆高三尺，列於筵上，琴瑟笙竽，各有所執，皆點綴華彩，儼若生人。筵下有二銅管，上口高數尺，出筵後，其一管空，一管有繩大如指，一人吹管，一人紉繩，則琴瑟笙竽等皆作，雖真樂不如。有琴，長六尺，安十三絃，二十六徽用七寶飾之，銘曰「璠璵之樂。」玉笛長二尺三寸，六孔，吹之則見車馬山林隱嶙相次，吹息則不復見，銘曰：「昭華之管。」有方鏡，廣四尺，高五尺九寸，表裏有明。直來照之，影則倒見。以手掩心而照之，則知病之所在，見腸胃五臟，歷然無礙。又女子有邪心，則膽張心動。始皇常以照宫人膽張者則殺之。高祖悉封閉以待項羽，羽併將以東，後不知所在。（《説郛》二十五、《紺珠集》二、《類説》四十九節引）

文帝自代還，有良馬九匹：一名浮雲，一名赤電，一名絶羣，一名逸驃，一名飛燕，一名緑螭，一名龍駒（「駒」一作「子」）一名驎駒，一名絶塵，號九駿。有求最能馬，（一作「有求宣能御馬」。）代王號王良，俱還代邸。《西京雜記》（《説郛》二十五）

漢武嘗微行，造主人家。家有婢有國色，帝悦之，乃留宿。夜與主婢卧。有一書生，亦寄宿，善天文，忽見客星將掩帝星甚逼，書生大驚，連呼咄咄，不覺聲高；仍又見一男子持刀將欲入，聞書生聲急，謂爲己故，遂縮走去，客星應時而退。如是者數遍。帝聞其聲，異而問之，生具説所見。帝乃悟曰：「此人必婢婿，將欲肆其凶惡於朕。」乃召集期門羽林，語主人曰：「朕天子也。」於是擒拏問之，服而誅。後，帝歎曰：「斯蓋天啓書生之心以扶佑朕躬。」乃厚賜書生。《幽明録》（《説郛》二十五）

武帝時，長安巧手丁緩者，爲恒滿燈，七龍五鳳，雜以芙蓉蓮藕之奇。又作卧褥香爐，一名被中香爐，本出房風，其法後絶，至綏始更爲之。機環運轉四周，而爐體常平，可致之被褥，故以爲名。又作九層博山香爐，鏤爲奇禽怪獸，窮諸靈異，皆能自然轉動。又作七輪扇，大輪皆徑尺，相連續，一人運之，則滿堂皆寒戰焉。（《説郛》二十五）

孫氏《應瑞圖》云：（原誤爲「六」，今正。）「神鼎者，文質精也。知吉凶，知存亡，能輕能重，能息能行，不灼自沸，不汲自滿，中生五味。王者興則出，衰則去。」《説苑》云：「孝武時，汾陰人得寶鼎，獻之甘泉宮。羣臣畢賀，上壽，曰：『陛下得周鼎。』侍中吾丘壽王曰：『非周鼎。』上召問之，有説則生，無説則死。壽王對曰：『周德者始於天授，成於文、武，顯於周公；德澤上暢於天，下漏三泉，上天報應，鼎爲周出。今漢繼周，德□顯行，六合和同，至陛下之身而逾盛，天瑞並至。昔秦始皇親求鼎於彭城而不得，天昭有德，神寶自至，此天所以遺漢，乃漢鼎，非周鼎也。』上曰：『善。』」魏文帝《典論》亦云。墨子曰：「昔夏后啓使飛廉折金以精神於昆吾，使翁乙灼自若之龜，鼎成，四足而方，不灼自烹，不舉自滅，不遷自行。」《拾遺録》云：「周末大亂，九鼎飛入天池。《末世書論》云入泗水，聲轉謬焉。」（《太平廣記》二百二十九引《小説》）（蘭按：此條與全書不類，且殷芸不見《拾遺録》，疑《廣記》引誤。）

漢武以雜寶粧、床、屏、帳等，設於桂宮，謂之「四寶宮」。（《紺珠集》二、《類説》四十九節引）

漢成帝好蹵鞠，羣臣以蹵鞠勞體，非尊者所宜。帝曰：「朕好之，可擇似而不勞者奏之。」劉向奏彈棊以獻，上悦，賜之青羔裘，紫絲履，服以朝覲。（《太平廣記》二二八引《小説》）或言始於魏文帝時宮中粧奩之戲，帝爲之特妙，能用手巾角拂之。有人自言能，令試之，以葛巾低頭拂之，更妙於帝。（《紺珠集》二、《類説》四十九節引）

成帝設雲帳、雲幄、雲幕，於甘泉宮紫殿，世謂「三雲殿」。《西京雜記》（《説郛》二十五《紺珠集》二）

漢帝及侯王送死，皆用珠襦玉匣。（《類説》四十九）

魏武少時，嘗與袁紹好爲遊俠。觀人新婚，因潛入主人園中，夜叫呼云：「有偷兒至。」廬中人皆出觀，帝乃抽刃刼新婦。與紹還出，失道，墜枳棘中，紹不能動，帝復大叫：「偷兒今在此！」紹惶迫，自擲出，俱免。魏武又嘗云：「人欲危己，己輒心動。」因語所親小人曰：「汝懷刃密來，我心必動，便戮汝，汝但勿言，當後相報。」侍者信焉。遂斬之。謀逆者挫氣矣。又袁紹年少時，曾夜遣人以劍擲魏武，少下，不著，帝揆其後來必高，因貼臥牀上，劍果高。魏武又云：「我眠中不可妄近，近輒斫人，亦不自覺，左右宜慎之。」後乃佯凍，所幸小人，竊以被覆之，因便斫殺。自爾，莫敢近之。（《太平廣記》一百九十引《小説》）

魏武將見匈奴使，自以形陋，不足懷遠國，使崔季珪代當之，自捉刀立牀頭。事畢，令間諜問曰：「魏王何如？」使曰：「魏王雅望非常，然牀頭捉刀人，乃英雄也。」王聞之，馳殺此使。（《太平廣記》一六九引《商芸小説》。按《直齋書録解題》云「或稱商芸者，宣廟未祧時避諱也。」）

晉咸康中，有士人周謂《類説》作興者，死而復生。言天帝召見，引升殿，仰視帝，紫氣鬱鬱（四字據《類説》補。）面方一尺。問左右曰：「是古張天帝耶？」答曰：「上古天帝，久已陞去，此近晉明帝也。」（《紺珠集》二《類説》四十九）

淩雲臺上樓觀極盛。初造時先秤衆材，俾輕重相稱，乃結構，故雖高而隨風動揺，終不壞。晉明帝登而懼其傾側，命以大木扶之。未幾頽壞。（《紺珠集》二、《類説》四十九）

晉明帝啓元帝：「臣紹言，伏蒙吉日沐頭，老壽多宜，謹拜賀表。」答云：「春正月沐頭，至今大垢臰，故力沐耳。得啓，知汝孝愛，當如今言，父子享禄長生也。」又啓云：「沐伏久勞極，不審尊體何如。」答曰：「去垢甚佳，身不極也。」出晉敕此卷並秦漢晉宋諸帝。（《續談助》四按《續談助》常於每卷所引第一條下注出此卷内容，今《説郛》所引正爲秦漢諸帝，故當在此條前同爲一卷也。《紺珠集》二《類説》四十九引作「晉明帝爲太子時，聞元帝沐，上啓云：「沐伏久勞極，不審尊體何如」答曰：「去垢甚佳，身不勞也。」）

晉成帝時，庾后臨朝，南頓王宗爲禁旅官，典管籥。諸庾數密表疏宗，宗駡言云：「是汝家門閤邪？」諸庾甚忿之，託黨蘇峻誅之。後帝問左右：「見宗室有白頭老翁何在？」答：「同蘇峻已誅。」帝聞之流涕。後頗知其事，每見諸庾道枉死。帝嘗在后前，乃曰：「阿舅何爲云人作賊，輒殺之。人忽言阿舅作賊，當復云何？」庾后以牙尺打帝頭，（《紀聞》有此字）云：「兒（本作鼠，依《紀聞》）何以作爾形語？」帝無言，唯大張目，熟視諸庾，諸庾甚懼。出《雜語》（《續談助》四《困學紀聞》十三節引）

宣帝問真長：「會王何如？」劉惔答：「欲造微。」桓曰：「何如卿？」曰：「殆無異。」桓温乃喟然曰：「時無許郭，人人自以爲稷契。」（出《雜記》《續談助》四）

簡文在殿上行，右軍與孫興公在後，右軍指謂孫曰：「此是噉名客。」簡文聞之，顧曰：「公豈不知（四字據《類説》補）天下自有利齒兒。」後王光禄作會稽，謝車騎出曲阿視之，孝伯時罷秘書丞，在坐，因視孝伯曰：「王丞齒似不鈍。」王曰：「不鈍頗有驗。」簡文集諸談士，以致後客前客，夜坐每設白粥，唯然燈，燈暗，輒更益炷。出《世説》（《續談助》四《類説》四

十九）

佛經以爲祛治神明則聖可致。簡文云：「不知便可登峯造極不？然陶冶之功，故不可經。」　出《郭子》《續談助》四）

簡文帝爲撫軍，所坐牀上塵，不令左右拂，見鼠行之迹爲佳。參軍見鼠白日行，以手板打殺之，意不悦。門下起彈，辭曰：「鼠被害，尚不能忘懷，今復以鼠損人，無乃不可乎？」　出《語林》《續談助》四）

晉孝武帝即位時，（原無「帝即位時」四字，據《御覽》增。）年十三四，（此下原有「時」字，據《御覽》删。）冬天晝日不着複衣，但着單絹裙衫五六重，夜則累茵褥。謝公云：「體宜有常，陛下晝過冷，夜過熱，非攝養之術。」帝曰：「夜静故也」（原無「故也」二字，據《御覽》增。）謝公歎曰：「上理不減先帝。」　出《世説》《續談助》四《太平御覽》二十七）

孝武未嘗見驢，謝太傅問曰：「陛下想其形當何所似？」孝武掩口笑云：「正當似猪。」　出《世説》《續談助》四）

武帝常於殿北窗下清暑，忽見一人着白□黄練單衣，舉身沾濕，自稱是華林園中池水神，名曰「淋涔君」。語帝：「若能見待，必當相祐。」帝時飲已醉。便取常佩刀擲之，刃空過無礙。神忿曰：「已不能佳士見接，乃至於此，當知之。」居少時而帝暴崩。　出《幽明録》《續談助》四）

宋國初建，參軍高纂啓云：「欲量作東西堂牀六尺五寸，並用銀度釘，未敢專輒。」宋武手答云：「牀不須局脚，直脚自足。釘不煩銀度，鐵釘而已。」　出宋武手敕（《續談助》四）

鄭鮮之王智傅亮啓宋武云：「伏承朝（一本作「明旦」）見南蠻，明是四廢日，來月朝（一本作「朔」）好，不審可從羣情遷來月否？」宋武手（《紺珠集》無此三字。）答云：「勞第（一無「第」字。）足下勤至，吾初不擇日。」帝親爲答，尚在其家。（本無此八字，據《紺珠集》增。）　出宋武手敕（《續談助》四、《紺珠集》二《類説》四十九）

卷二

介之推不出，晉文公焚林求之，（求《類説》作「逼」）終抱木而死。公撫木哀嗟，（《類説》作「撫之盡哀」。）伐樹制屐，每懷割股之恩，輒潸然流涕，視屐（原無「每懷」以下十三字，據《説郛》補。）曰（《類説》作「每俯視則流涕曰。」）：「悲乎足下！」足下之言，將起於此。　出《異苑》　此卷並周六國前漢人（《續談助》四《説郛》二十五《紺珠集》二《類説》四十九）

王子喬墓在京茂陵，國亂時有人盜發之，都無所見。唯有一劍，懸在空中，欲取之，劍便作龍鳴虎吼，遂不敢近，俄而飛上天。《神仙經》云：「真人去世而多以劍代其形，五百年後，劍亦能靈化。」此其驗也。 出《世説》（《續談助》四）

老子始下生來，（《説郛》無「來」字。）乘白鹿入母胎中，老子爲人：黄色美眉，長耳廣顙，大目疏齒，方口厚脣，耳有三門，鼻有雙柱，足蹈（《説郛》作踏。）五字，手把十（《説郛》作「千」）文。 出顧玄仙（《説郛》作「崔玄干」。）《瀨鄉記》（《續談助》四《説郛》二十五《類説》四十九）

襄邑縣南十八里曰瀨鄉，有廟中九井，或云：每汲一井而八井水俱動。有能潔齋入祠者，須水温，即隨事而温。

郭子（《説郛》二十五）

顔淵（《續談助》作「泉」，注云：「唐神堯諱淵」《廣記》作回）子路共坐于夫子之門，（《續談助》《廣記》並無「夫子之」三字，據《廣記》。）有鬼魅求見孔子，其目若日，（《廣記》日上有合字）其形（《廣記》作時）甚偉。 子路甚懼，（《廣記》《説郛》並無「甚懼」二字。）失魄口噤（《續談助》無此四字。）不得言，（《續談助》《説郛》並無此三字，據《廣記》增。）顔淵乃（《續談助》無「乃」字。）納履拔劍（「拔」《廣記》作「杖」。）而前，（《廣記》無「而」字。）捲捏其腰，（「捏」《廣記》作「握」，《續談助》無此四字。）於是化爲蛇，遂斬之。（《廣記》作「於是形化成蛇即斬之」。）孔子出觀，（《續談助》無「出觀」二字。）歎曰：「勇者不懼，仁（《廣記》作智。）者不惑，（《續談助》無此八字。）仁者必有勇，（《廣記》作「智者不勇」，《説郛》無「必」字。）勇者必有仁。」（《廣記》作智，《續談助》無此六字。 《太平廣記》四百五十六引《小説》《續談助》四《説郛》二十五）

孔子嘗使子貢，久而不返，占之，遇鼎，弟子皆言無足不來，顔回掩口而笑。孔子曰：「回笑，是謂賜必來也。」因問回何以知賜來，對曰：「無足者蓋乘舟而來，賜且至矣」。 明旦，子貢乘朝至。 （《説郛》二十五《紺珠集》四《類説》四十九節引）

子路顔回浴于洙水，見五色鳥。 顔回問子路曰：「由識此鳥否？」子路曰：「識。」回曰：「何鳥？」子路曰：（一本無此十六字。）「榮之鳥。」後日，顔回與子路又浴于泗水，更見前鳥，復問：「由識此鳥否？」子路曰：「識。」回曰：「何鳥？」子路曰：「同同之鳥。」顔回曰：「何一鳥而二名？」子路曰：「譬如絲絹，煮之則爲帛，染之則爲皂，一鳥而二名，（一本無此五字。）不亦宜乎？」 （《説郛》二十五）

孔子嘗遊于山，使子路取水，逢虎于水所，與共戰，攬尾得之，納懷中。 取水還，問孔子曰：「上士殺虎如之何」？子曰：「上士殺虎持虎頭。」又問曰：「中士殺虎如之何？」子曰：「中士殺虎持虎耳。」又問曰：「下士殺虎如之何？」子曰：（一本無此三十八字）「下士殺虎捉虎尾（一本無下虎字）」子路出尾棄之。因恚孔子曰：「夫子知水所有虎，使我取水，是欲死我。」乃懷石盤，欲中孔子。又問：「上士殺人如之何？」子曰：「上士殺人使筆端。」又問曰：「中士殺人如之何？」子曰：「中士殺人用舌端。」又問：「下士殺人如之何？」子曰：「下士殺人懷石盤。」子路出而棄之。于是心服。《衝波傳》（《説郛》二十五）

秦世有謡云：「秦始皇，何强梁！開吾户，據吾牀；飲吾漿，唾吾裳；餐吾飯，以爲糧；張吾弓，射東牆；前至沙丘當滅亡。」始皇既焚書坑儒，乃發孔子墓，欲取經傳，墓既起，遂見此謡文，刊在塚壁。始皇甚惡之。及東遊，乃遠沙丘而循别路。忽見羣小兒攢沙爲阜，問之：「何爲？」答曰：「此爲沙邱也。」從此，得病而亡。或曰：「孔子將死，遺書曰：『不知何男子，自謂秦始皇，上我之堂，據我之牀，顛倒我衣裳，至沙邱而亡。』」（《説郛》二十五）

安吉縣西有孔子井，吴（《説郛》作「吾」。）東校書郎施彦先復（《説郛》作「後」。）居井側。先云：「仲尼聘楚，爲令尹子西所譖，欲如吴，未定；逍遥此境，復居井側，因以名焉。」出山謙之《吴興記》（《續談助》四、《説郛》二十五）

鬼谷先生與蘇秦、張儀書云：「二君足下：功名赫赫，但春（《續談助》無「春」字。）華到秋，不得久茂；日數（《説郛》作「所」。）將冬，時訖（《説郛》作「説」。）將老。子獨不見河邊之樹乎？僕御折其枝，波浪激其根，此木非與天（《續談助》無「天」字）下人有仇怨，蓋所居者然。子見嵩岱之松柏，華霍之樹（《續談助》無「樹」字。）檀，上葉干青雲，下根通三泉；上有猿狖，下有赤豹麒麟；千秋萬歲，不逢斧斤之患（《説郛》作「伐」。）此木非與天下人有骨肉，（《説郛》作「血」。）亦所居者然。今二子好朝露之榮，棄（《續談助》作忽。）長久之功，輕喬松之永（《續談助》作「求」誤）延，貴一旦之浮爵。夫女愛（《續談助》脱「愛」字。）不極席，男歡不畢（《説郛》作「必」誤。）輪，痛夫，痛夫！二君，二君！」蘇秦、張儀答書云：「伏以先生秉德含和之中，遊心青雲之上；饑必噉（《説郛》作「啖」。）芝草，渴必飲玉漿；德與神靈齊，明與三光同；不忘將書，誠（《説郛》作「成」）以行事。儀以不敏，名聞（《續談助》作「問」。）不昭；入秦匡霸，欲翼時君。刺以河邊，喻以深山；雖復素闇，（《説郛》作「聞」誤）誠銜（《説郛》作「哉」）斯旨。」出《鬼谷先生書》（《續談助》四、《説郛》二十五）

張子房與四皓書云：「良白：仰惟先生，秉超世之殊操，（《説郛》作「參身」。）在六合之間，志淩造化之表。但自大漢受命，禎靈顯集，神母告符，足以宅兆民之心。先生當此時，輝神爽乎雲雷，濯鳳翼於天漢，使九門之外有非常之客，北闕之下有神氣之賓，而淵游山隱，竊爲先生不取也。良以頑薄，承乏忝（《説郛》作「參」誤。）官，所（《續談助》無「所」字。）謂絶景不御而駕服駑駘。方今元首，欽明文思；百揆之佐，立則延企，坐則引領，日昃而方丈不御，夜寢而閶闔不閉。蓋皇極須日月以揚光，后土待嶽瀆以導滯；而當聖世，鸞鳳林棲，不翔（《説郛》作「期」）乎太清，麒麟嶽遁，不步于郊莽（《説郛》作「艸」）非所以寧八荒慰六合也。不及省侍，展布腹心，略寫至言，想料（《説郛》作「望」。）翻然，不猜（《説郛》作「精」。）其意。張良白。」四皓答書云：「竄蟄幽藪，深谷是室，豈悟雲雨之使，奄然萃止。方今三章之命，邈殷湯之曠澤，禮隆樂和，四海克諧，六律及於絲竹，和聲應於金石，飛鳥翔於紫闕，百獸出於九門。頑夫固陋，守彼岩穴，足未嘗踐閶闔，目未曾見廊廟。野食于豐草之中，避暑於林木（《説郛》作「泉」。）之下；望月晦然後知三旬之終，覩霜雪，然後知四時之變，問射夫（《説郛》脱「然後知三旬」至此二十字）然後知弓弩之須，訊（《説郛》作「誶」。）伐木然後知斧柯之用。當秦項之艱難，力不能負干戈，携手逃走（《説郛》作「奔」。）避役山草，倚朽若立，循水（《説郛》作「木」誤。）以濟。遂使青蠅盜聲於晨（《續談助》作「長」誤。）鷄，魚目竊價於隋珠。公侯應靈挺特，神父授（《續談助》作援。）策，蓋無幽而不明也。豈有烹鼎和味，而願令菽麥厠（《説郛》作「側」。）方丈之御。被（《説郛》作「披」。）龍服衮，（《續談助》作「衣」。）而欲使女蘿上紺綾之緒？恐汨（《説郛》作「滑」）泥以濁白水，颺（《説郛》作「飄」）塵以亂清風。是以承命傾筐，聞寵若驚。謹（《説郛》無此字。）因飛龍之使，以寫鳴（《續談助》脱「鳴」字。）蟬之音，乞守兔鹿之志，終其書生之命也。」出《張良書》（《續談助》四《説郛》二十五）

晉簡文云：「漢世人物，當推子房爲標的，神明之功，玄勝之要，莫之與二。接俗而不虧其道，應世而事不嬰，玄識遠情，超然獨邁。」出《簡文談疏》（《續談助》四）

樊將軍噲問於陸賈曰：「自古人君，皆云受命于天，云有瑞應，豈有是乎？」陸賈應之曰：「有。夫目瞤得酒食；燈火花得錢財；午鵲噪而行人至；蜘蛛集而百事喜；小既有徵，大亦宜然。故曰：目瞤則呪之；燈火花則拜之，鵲噪則餧之；蜘蛛集則放之。況天下之大寶，人君重位，非天命何以得之哉？瑞寶信也，天以寶爲信，應人之德，故曰瑞應。天命無信，不可以力取也。」（《太平廣記》一百三十五引《小説》）

湘州有南寺，東有賈誼宅。宅有井，小而深，上斂下大，狀似壺，即誼所穿。井傍局脚食牀，容一人坐，即誼所坐也。出盛弘之《荆州記》（《續談助》四）

誼宅今爲陶侃廟，時種甘猶有存者。出庾穆之《荆州記》（《續談助》四）

漢文翁當起田，斫柴爲陂，夜有百十野豬，鼻載土，著柴中，比曉塘成，稻常收。嘗欲斷一大樹，欲斷處，去地一丈八尺。翁先呪曰：「吾得二千石，斧當著此處。」因擲之，正斫所欲，後果爲蜀郡守。（《太平廣記》一百三十七引《小説》）

漢董仲舒嘗夢蛟龍入懷中，乃作《春秋繁露》。（《太平廣記》一百三十七引《小説》）

漢武帝見畫伯夷叔齊形像，問東方朔：「是（《續談助》作「此」。）何人？」朔（《續談助》無此字）曰：「古之愚夫。」帝曰：「夫伯夷叔齊，（《續談助》無此五字。）天下廉士，何爲（《廣記》作「謂」。）愚夫（《廣記》無此字。）耶？」朔（《續談助》無此字。）對曰：「臣聞（《續談助》無此二字。）賢者居世，與時（《廣記》作「之」。）推移，不凝滯於物。彼（《續談助》無此字。）何不升其堂，飲其漿；（《續談助》無此六字。）汎汎如水中之鳧，與彼徂遊；（《續談助》作「與波俱逝」。）天子轂下，可以隱居：（《續談助》無此八字。）何自苦於首陽乎？」（《廣記》無「乎」字。）上喟然而歎。（《續談助》無此五字。）出《朔傳》（《續談助》四《太平廣記》一百七十三引《小説》）

漢武遊上林，見一好樹，問東方朔，朔曰：「名善哉。」帝陰使人落其樹。後數歲，復問朔，朔曰：「名爲瞿所。」帝曰：「朔欺久矣，名與前不同，何也？」朔曰：「夫大爲馬，小爲駒；長爲雞，小爲雛；大爲牛，小爲犢；人生爲兒，長爲老；且昔爲善哉，今爲瞿所，長少死生，萬物敗成，豈有定哉。」帝乃大笑。（《太平廣記》一百七十三引《小説》）

武帝（《廣記》作「漢武帝」。）幸甘泉宫，（《廣記》無「宫」字。）馳道中，有蟲赤色，頭目（《廣記》無「目」字。）牙齒耳鼻盡具，觀者莫識。帝乃使東方（《説郛》無此二字。）朔視之，還，對曰：「此『怪哉』也。（《廣記》作「此蟲名怪哉」。）昔秦時（《廣記》作「昔時秦」。）拘繫無辜，衆庶愁怨，咸仰首歎曰：『怪哉，怪哉！』蓋感動天上，（《廣記》作「上天」。）憤所生也。故名『怪哉。』此地必秦之獄處。」即按地圖，果秦故獄。（《廣記》此四字作「信如其言」。）又問：（《廣記》作「上又曰」。）「何以去蟲？」朔曰：「凡憂者得酒而解，以酒灌之當消。」于是使人取蟲置酒中，須臾果糜散矣。（《廣記》無「果矣」二字）《朔傳》（《説郛》二十五《太平廣記》四百七十三引《小説》）

漢武帝（原作《□□辛》今補正。）過李夫人就取玉簪搔頭，自此宫人（原作「白比言人」，今改正。）檢頭，皆用玉，玉價倍（此三字原脱，今補。）貴焉。又（原作「夫」，今改。）以象牙爲篦賜李夫人。（《太平廣記》二百二十九引《小説》。按：《廣記》原文多脱誤，今據《西京雜記》補改。然如「篦」字，今《雜記》下作「簟」疑象牙不可作簟，以「篦」字爲長。故不改。）

楊雄謂：「長卿賦不似人間來，歎服不已。」其友盛覽問：「賦何如其佳？」雄曰：「合纂組以成文，列錦繡以成質。」雄

遂著合組之歌，列錦之賦。（《紺珠集》二）

楊雄夢吐白鳳皇集於玄上。（《紺珠集》二）

卷三

俞益期，豫章人，與韓康伯道至交州，聞馬援故事云：「交州在合浦徐聞縣西南，窮日南壽靈縣界。傳云：『伏波開道，篙工鑿石，猶有故迹。』又云：『此道廢久壅塞，戴桓溝之，乃得伏波時故船。昔立兩銅柱於林邑岸。岸北有遺兵十餘家，居壽靈之南，悉姓馬，自相婚姻，今二百户，以其流寓，號曰馬流。言語猶與中華同。」』出俞益期箋。此卷並後漢人物（《續談助》四。）

袁安父亡，母（母字本在亡字上今正）使安以雞酒詣卜工問葬地。道邊三書生，安以雞酒禮之畢，告安地曰：「當此世爲貴公。」別行數步，顧視皆不見。因葬其地，後果位至司徒，子孫昌盛，四世三公焉。出《幽明録》（《續談助》四）

袁安爲陰平長，有惠化，縣先有雹淵，冬夏未嘗消釋，歲中輒出，飛布十數里，大爲民害。安乃推誠潔齋，引愆貶己，至誠感神，雹遂爲之沈淪，伏而不起，乃無苦雨淒風焉。（《太平廣記》一百六十一引《小説》）

崔駰有文才；其縣令往造之。駰子瑗年九歲，書門曰：「人雖干木，君非文侯，何爲光光，入我里閭？」令見之，問駰，□曰：「必瑗所書。」召瑗，將詰所書，乃曰：「君使臣以禮，臣事君以忠。」出《世説》（《續談助》四）

胡廣以惡月生（《類説》作「胡廣以五月生俗謂惡月」），父母惡之，藏之胡盧，棄之河流。岸側居人收養之。及長有盛名，父母欲之。廣以爲背所生則害義，背所養則忘恩，兩無所歸，以其託胡盧而生焉，乃姓胡。（《紺珠集》二《類説》四十九）

馬融歷二縣兩郡，（《廣記》作「二郡兩縣」誤）政務無爲，事從其約。在武都（《續談助》無此十一字）七年，在（《廣記》無「在」字。）南郡四年，未嘗按論（《續談助》無「按」字。）刑殺一人。性好音樂，善鼓琴吹笛，每氣出蜻蛚（《廣記》作「蜊」誤。）相和。（《續談助》於吹笛下作「笛聲一發，感得蜻蛪出吟，有如相和」。十四字是後人妄改，蓋由不知「氣出」「蜻蛪」，原是相和曲名也。）出《融列傳》（《續談助》四《太平廣記》二百三引《商芸小説》）

郭林宗來遊京師，當還鄉里，（《續談助》無「里」字。）送車千許（《續談助》無「許」字。）乘，李膺亦在焉。衆人皆（《續談助》無「李膺」以下八字。）詣大槐客舍而別，獨膺（《續談助》作「唯李膺」。）與林宗共載，（《續談助》無「載」字。）乘簿笨車，上大槐坂，（《續談助》無「槐」字）觀者數千人，（《廣記》作「數百人」。）引領（《續談助》無此二字。）望之，眇若松喬之在（《續談助》無「在」字。）雲漢。出《膺家傳》（《續談助》四《太平廣記》一百六十四引《商芸小説》）

陳仲舉雅重徐孺子，爲豫章太守，至，便欲先詣之，主薄曰：「羣情欲令府君先入拜。」陳曰：「武王軾商容之閭，席不暇暖，吾之禮賢，有何不可。」（《太平廣記》一百六十四引《商芸小説》）

徐穉亡，海内羣英，論其清風高致，乃比夷齊，或參許由。夏侯豫章追美名德，立亭於穉墓首，號曰「思賢亭」。出《穉別傳》（《續談助》四）

何顒妙有知人之鑒。初，同郡（《廣記》無「同」字。）張仲景總角造顒，顒謂曰：「君用思精密，而韻不能高，將爲良醫矣。」仲景後果有奇術。出《異苑》（《續談助》四《太平廣記》二百十八引《小説》）王仲宣年十七時，過仲景，仲景謂之曰：「君體有病，宜服五石湯。若不治，年及三十，當眉落。」仲宣以其賒遠，不治。後至三十，果覺眉落。其精如此。世咸歎顒之知人。（《太平廣記》二百十八引《小説》與上爲一條，疑《續談助》節録未竟耳。）

李膺恒（《續談助》作「常」）以疾不送（《續談助》無「送」字。）迎賓客，二十日乃一通客，唯陳仲弓來，輒乘轝出門迎之。出《李膺家録》（《續談助》四《太平廣記》一百六十四《類説》四十九）

李元禮謖謖如勁松下風。膺居陽城時，門生在門下者，恒有四五百人。膺每作一文出手，門下共爭之，不得墮地。陳仲弓初令大兒元方來見，膺與言語訖，遣厨中食。元方喜，以爲合意，當復得見焉。（《太平廣記》一百六十四引《商芸小説》）

膺同縣聶季寶，小家子，不敢見膺。杜周甫知季寶不能定名，以語膺。呼見，坐置砌下牛衣上，一與言，即決曰：「此人當作國士。」卒如其言。（《太平廣記》一百六十四引《商芸小説》）

膺爲侍御史，青州凡六郡，唯陳仲舉爲樂安視事，其餘皆病。七十縣並棄官而去。其威風如此。（《太平廣記》一百六十四引《商芸小説》）

膺坐黨事，與杜密荀翊同繫新汲縣獄。時歲日，翊引杯曰：「正朝從小起。」膺謂曰：「死者人情所惡，今子無恡色者何？」詡曰：「求仁得仁，又誰恨也。」膺乃嘆曰：「漢其亡矣！漢其亡矣！夫善人天地之紀，而多害之，何以存國。」（《太平廣記》一百六十四云出《李膺家録》，按此上四條均引《小説》，疑此條亦本《小説》也。）

張衡亡（《廣記》作「死」）月，蔡邕母方娠，（《廣記》作「始懷孕」）此二人才貌甚（《續談助》無「甚」字。）相類，時人云：「邕即衡之後身也。」（《廣記》作「邕是衡之後身」。）　出《世説》《續談助》四《太平廣記》一百六十四引《商芸小説》、《類説》四十九）　初，司徒王允數與邕會議，允詞常屈，由是銜邕。及允誅董卓，並收邕，衆人爭之，不能得。太尉馬日磾謂允曰：「伯喈忠直，素有孝行，且曠世逸才，多識漢事，當定十志，今子殺之，海内失望矣。」允曰：「無蔡邕獨當無十志，何損？」遂殺之。（《太平廣記》一百六十四引《商芸小説》，與上爲一條。）

漢王瑗遇鬼物，言蔡邕作仙人，飛去飛來，甚快樂也。（《紺珠集》二《類説》四十九）

鄭玄在徐州，孔文舉時爲北海相，欲其返郡，敦請懇惻，使人繼踵。又教曰：「鄭公久遊南夏，今艱難稍平，儻有歸來之思？無寓人於室，毁傷其藩垣林木，必繕治牆宇，以俟還。」及歸，融告僚屬：「昔周人尊師，謂之尚父，今可咸曰鄭君，不得稱名也。」袁紹一見玄，歎曰：「吾本謂鄭君東州名儒，今乃是天下長者。夫以布衣雄世，斯豈徒然哉！」及去，紹餞之城東，必欲玄醉，會者三百人，皆使離席行觴，自旦及暮，計玄可飲三百餘杯，而温克之容，終日無怠。（《太平廣記》一百六十四引《商芸小説》《類説》四十九節引）

鄭（原誤「郭」，今正。）玄葬城東，後基壞，改遷厲阜。縣令車子義爲玄起墓亭，名曰「昭仁亭」。出《玄别傳》《續談助》四）

漢末陳太丘寔與友人期行，過期不至，太丘捨去，去後乃至。其子元方年七歲，在門外戲。客問元方：「尊君在否？」答曰：「待君不至，已去。」友人便怒曰：「非人！與人期行，相委而去。」元方曰：「君與家君期日中時，過中不來，則是無信。對子罵父，則是無禮。」友人慙，下車引之，元方遂入門不顧。（《太平廣記》一百六十四引《商芸小説》。）有客詣陳太丘談論甚久（《類説》作「談鋒甚久」。），太丘乃令元方季方炊飯以延客。二子委甑，竊聽客語，飯落釜（此字據《類説》補。）成糜而進。客去，太丘將責之，具言其故，且誦客語無遺。太丘曰：「但糜自可，何必飯邪？」（《紺珠集》二《類説》四十九）

荀巨伯遠看友人疾，值胡賊攻郡，友人語伯曰：「吾且死矣，子可去。」伯曰：「遠來視子，今有難而捨之去，豈伯行耶？」賊既至，謂伯曰：「大軍至此，一郡俱空，汝何人，獨止耶？」伯曰：「有友人疾，不忍委之，寧以己身代友人之命。」賊聞其言，異之，乃相謂曰：「我輩無義之人，而入有義之國。」乃偃而退，一郡獲全。（《太平廣記》二百三十五）

卷四

謝子徵見許子政虔及弟紹曰：「平輿之淵，有雙龍出矣。」　出《世説》　此一卷後漢人物也（《續談助》四）。

汝南中正周裴表稱許劭高□遺風，與郭林宗、李元禮、盧子幹、陳仲弓齊名。劭特有知人之鑒，自漢中葉以來，其狀人取士，援引扶持，進導招致，則有郭林宗；若其看形色，目童齓，斷冤滯，摘虚名，誠未有如劭之懿也。嘗以簡别清濁爲務，有一士失其所，便謂投之潢污；雖負薪抱關之類，吐一善言，未曾不有尋究欣然。兄子政常抵掌擊節，自以爲不及遠矣。劭幼時，謝子徵便云：「此賢當持汝南管籥。」樊子昭幘責之子，年十五六，爲縣小吏，劭一見，便云「汝南第三士也，此可保之。」後果有令名。　出《劭列傳》（《續談助》四）

禰正平年少與孔文舉作爾汝交，衡年未滿二十，而融已五十餘也。　出《衡列傳》（《續談助》四《紺珠集》二《類説》四十九作「禰正平年未及冠，而孔文舉已逾五十，相與爲爾汝交」。）

蔡邕刻「曹娥碑」傍曰：「黄絹幼婦，外孫虀臼。」魏武見而不能曉，以問羣僚，莫有知者。有婦人浣於江渚曰：「第四車中人解。」即禰正平也。禰便以離合意解，云：「絶妙好辭。」《異苑》（《説郛》二十五）

孔文舉中夜暴疾，命門人鑽火，其夜陰暝，門人忿然曰：「君責人太不以道，今暗若漆，何不把火照我，當得鑽火具，然後得火。」文舉聞之，曰：「責人當以其方。」（原誤「文」，今正。）　出《俳諧文》（《續談助》四）

曹公與楊太尉書，論刑楊修云：「操白：　足下不遺，賢子見輔，今軍征事大，吾制鐘鼓之音，主簿應掌，而賢子恃豪父之勢，每不與吾同懷。念卿父息之情，同此悼楚。謹贈下錦裘二領，八節銀角桃枝一枚，官絹五百疋，錢六十萬，四望通幰七香車一乘，青牸牛二頭，八百里驊騮一疋，戎裝金鞍轡十副，鈴毦一具，□使二人，侍衛之。並遺足下貴室，錯綵羅縠裘一領，織成韡一量，有心青衣二人，長左右。所奉雖薄，以表吾意，足下便當慨然成（一作「承」。）納，不致往返。」楊太尉答書云：「彪白：　小兒頑鹵，常慮當致傾敗，足下恩矜，延罪迄今。聞問之日，心腸酷烈，省覽衆賜，益以悲懼。」曹公卞夫人與太尉夫人袁書：「卞頓首頓首：　貴門不遺，賢郎輔佐。方今戎馬興動，主簿股肱近臣，征伐之計，事須諮官，立金鼓之節，而聞命違制，明公□輒行軍法。伏念悼痛酷楚，情不自勝，夫人多容，即見垂恕。故送衣服一籠，文絹一百疋，房子官綿（原誤「錦」，據《困學紀聞》卷二十改正。）百斤，私所乘香車一乘，牛一頭。誠知微細，以達往意，望爲承納。」楊太尉夫人袁氏答書：「袁頓首頓首。路歧雖近，不展淹久，歎想之情，抱勞山積。小兒疏細，果自招罪戾，念之痛楚。明公所賜已多，又加重賚，禮頗非宜，荷受，輒付往信。」出魏武楊彪傳（《續談助》四）

司馬德操初見龐士元，稱之曰：「此人當爲南州冠冕。」時士元尚少，及長，果如徽言。出《徽傳》（《續談助》四）

司馬德操居荆州，以劉表不明，度必有變，思退縮以自全；人每與語但言佳。其妻責其無别。曰：「如汝所言，亦復甚佳。」終免禍。（《紺珠集》二《類説》四十九末句作「終免於難」）

潁川太守朱府君以正月初見諸縣史，燕，問功曹鄭劭曰：「昔在京師，聞公卿百僚歎述貴郡前賢後哲，英雄瓌瑋，然未覩其奇行異操，請聞遺訓。」對曰：「鄙潁川本韓之分野，豫之淵藪。其於天官，上當角亢之宿，下禀嵩少之靈，受嶽瀆之精，託晉楚之際，處陳鄭之末，少陽之氣，太清所挺。是以賢聖龍蟠，俊彦風舉。昔許由巢父，出於陽城；樊仲甫又出陽城；□侯張良又出於陽城；胡元安出於許縣；灌彪義山出於昆陽，審尋初出於定陵；杜安伯夷又出於定陵，蔡道（一作「遵」）出於潁陽。」府君曰：「太原周伯況、汝南周彦祖，皆辭徵禮之寵，恐貴郡未有如此者也。」劭公對曰：「昔許由恥受堯位，洗耳河濱；樊仲甫者，飲牛河路，恥臨濁流，回車旋牛。二周公但讓公卿之榮，以此推之，天地謂之咫尺，不亦遠乎？」出鄭劭公對潁川太守（《續談助》四）

卷五

劉楨以失敬罷，文帝曰：「卿何（原無「何」字，今補。）以不謹文憲？」答曰：「臣誠庸（原誤「痛」，今正。）短，亦緣陛下綱目不疏。」文帝出游，楨見石人曰：「問彼石人，彼服何麤？何時去衛，來遊此都？」出《世説》此卷並魏上人（《續談助》四）。

魏王北征蹹（按今《異苑》作「蹋頓」是也），升嶺眺矚，見一岡不生百草。王粲曰：「此必古冢，其人在世，服生礬石，熱蒸出外，故草木焦滅」。遽令鑿看，果是大墓，礬石滿塋。一説：粲在荆州從劉表登嶂山而見此異，曹武北征，粲猶在江南，以此爲然。出《異苑》（《續談助》四）

管甯避難遼東，還，泛海，遭船傾没，乃思其嚳過：「吾曾一朝科頭，三晨晏起，今天怒猥集，過必在此」。出《異苑》《續談助》四《紺珠集》二《類説》四十九）

王朗中年以識度推華歆，歆蜡日嘗與子姪宴飲，王亦學之，有人向張茂先稱此事，張曰：「王之學華蓋是形骸之外，去之所以更遠。」（《續談助》四）

華歆遇子弟甚整雅，閑室之內，儼若朝典。陳元方兄弟，恣柔愛之道。二門之中，兩不失其雍熙之軌度焉。出《世説》《續談助》四）

魏國初建，潘勗字元茂爲策命文。自漢魏以來，未有此制，勗乃依商周憲章，唐虞辭義，温雅與典誥同風。于時朝士，皆莫能措一字。勗亡後，王仲宣擅名於當時，時人見此策美，或疑是仲宣所爲，論者紛紜。及晉王爲太傅，臈日，大會賓客，勗子蒲時亦在焉。宣王謂之曰：「尊君作封魏君策，高妙信不可及，吾曾問仲宣亦以爲不如。」朝廷之士，乃知勗作也。《太平御覽》五百九十三引《殷洪小説》，「洪」字疑「芸」字之誤。）

中華佛法，雖始於漢明帝，然經偈故是胡音。陳思王登魚山，臨東阿，聞嵒岫有誦經聲，清婉遒亮，遠谷有流響，肅然靈氣，不覺斂襟祇敬，便有終焉之志。諸曹解音，以爲妙唱之極，即善則之。今梵咀音皆植依擬所造也。植亡，乃葬此土。　出《異苑》《續談助》四）

傅巽有知人之鑒，在房州，目龐統爲半英雄。後統附劉備，見待次諸葛亮，如其言。（《續談助》四《類説》四十九節引）

平原人有善治傴者，自云：「不善人，百一人耳！」有人曲度八尺，直度六尺，乃厚貨求治。曰：「君且□！」欲上背踏之。傴者曰：「將殺我。」曰：「趣令君直，焉知死事。」出《笑林》《續談助》四）

董昭爲魏武重臣，後失勢，文明之世，下爲衛尉。昭乃厚加意於侏儒，正朝大會，侏儒作董衛尉啼面，言其太祖時事，舉坐大笑。明帝悵然不怡。月中遷爲司徒。出《語林》《續談助》四）

淩雲臺至高，韋誕書榜，即日皓首。榜（紺無此字）有未正，募工整之。有鈴下卒，著屐登緣，如履平地。疑其有術，問之，云：「無術但（三字據《類説》補）兩腋各有肉翅長寸許。（《類説》作「數寸」。）」（《紺珠集》二《類説》四十九）

晉撫軍云：「何平叔巧累於理，嵇叔夜雋傷其道。」出《郭子》《續談助》四）

王輔嗣注《易》，笑鄭玄云：「老奴甚無意。」于時夜久，忽聞外閤有着屐聲，須臾即入，自云是鄭玄，責之曰：「君年少，何

以穿鑿文句，而妄譏老子。」極有怒色，言竟便退。而輔嗣心生畏惡，經少時，乃暴疾而卒。出《幽明録》（《續談助》四）

景王欲誅夏侯玄，意未決間，問安王孚云：「己才足以制之否？」孚云：「昔趙儼葬兒，汝來，半坐迎之；泰初後至，一座悉起。以此方之，恐汝不如。」乃殺之。出《語林》（《續談助》四《類説》四十九）

鍾毓、鍾會少有令譽，年十三，魏文帝聞之，語其父繇曰：「令卿二子來。」於是敕見。毓面有汗，帝問曰：「卿面何以汗？」毓對曰：「戰戰惶惶，汗出如漿。」復向會：「卿何以不汗出？」會對曰：「戰戰慄慄，汗不得出。」又值其父晝寢，因共偷服散酒，其父時覺，且假寐以觀之。毓拜而後飲，會飲而不拜。既問之。毓曰：「酒以成禮，不敢不拜。」又問會：「何以不拜？」會曰：「偷本非禮，所以不拜。」（《太平廣記》一百七十四引《小説》）

鍾會撰《四本論》始畢，甚欲嵇公看，致之懷中。既詣宅，畏其有難，懼不敢相示，出户遥擲而去。出《世説》（《續談助》四）

鍾士季向人道：「吾少年時一紙書，人云是阮步兵書，皆字字生義，既知是吾，不復道也。」出《語林》（《續談助》四）

阮德如每欲逸走，家人常以一細繩横繫户前以維之。每欲逸，至繩輒返。時人以爲名士狂。出《世説》（《續談助》四）

德如嘗於厠見一鬼，長丈餘，色黑而眼大，着白單衣，平上幘，去之咫尺。德如心安氣定，徐笑而謂之曰：「人言鬼可憎，果然如是」。鬼赧而退。出《幽明録》（《續談助》四）

魏管輅常夜見一小物，狀如獸，手持火，向口吹之，將爇舍宇。輅命門生舉刀奮擊，斷腰，視之，狐也。自此里中無火災。（《太平廣記》四百四十七引《小説》）

卷六

武侯與宣王治兵將戰，宣王戎服莅事，使人密覘武侯，乃乘素輿葛巾持白羽扇指揮三軍，隨其進止。宣王歎曰：「可謂名士。」（《類説》四十九）

桓宣武征蜀猶見諸葛亮（《説郛》作「猶見武侯」。）時小吏，年百餘歲，桓問：（《續談助》作「復聞」誤。）「諸葛丞相今與誰比？」（《説郛》作「今誰與比」。）意頗自矜。（《説郛》「頗」下有「欲」字。）答曰：「葛公在時，亦不覺異，自葛公歿後，（《説

郛》無後字）正不見其比。」　出《雜記》。　此卷並吴蜀人　（《續談助》四《説郛》二十五）

武侯躬耕於（《記聞》有「於」字。）南陽，南陽是襄陽墟名，非南陽郡（原誤「都」，今正）也。　出《異苑》（《續談助》四《困學紀聞》十）

襄陽郡有諸葛孔明故宅。故宅有井。深五丈廣五尺。堂前有三間屋地，基址極高，云是避水臺。宅西有山臨水，孔明常登之，鼓琴而爲梁甫吟，因名此山爲樂山。先有董家居此宅，衰殄滅亡，後人不敢復憩焉。　出《襄陽記》（《續談助》四）

孫策年十四，在壽陽詣袁術，始至，而劉豫州到，便求去。袁曰：「豫州何關君？」答曰：「不，英雄忌人。」即出，下東階，而劉備從西階上，但輒顧視之，行殆不復前。　出《語林》（《續談助》四）

顧邵爲豫章，禁淫祀，毁諸廟。至廬山廟。一郡悉諫，不從。夜忽有人開閤徑前，狀若方相，説是廬山君，邵要之入坐與談《春秋》，燈火盡，燒《左傳》以續之。鬼欲淩邵，邵神氣甚烈。鬼反和遜求復廟，笑而不答。鬼怒曰：「三年内，君必衰，當此時相報」如期，邵果病篤，咸勸復廟，邵曰：「邪豈勝正」終不聽，遂卒。　出《志怪》（《續談助》四節引《類語》四十九）

豫章太守顧劭，雍之子，集僚友圍棊，外啓書信至而無兒書，雖神意無變而心知有故，捉棊傷爪，指掌血流。客散，歎曰：「已無延陵之遺累，寧有喪明之深責。」於是割情，散哀自若。（《類説》四十九）

沈峻珩之弟也，甚有名譽，而性儉吝。張温使蜀，與峻别，峻入良久，謂温曰：「向擇一端布，欲以相送，而無麤者。」温嘉其能自顯其非。　出《笑林》（《續談助》四）

沈玠受風糧盡，從姚开貸鹽百斛。彪性峻直，得書不答，呼左右令覆鹽百斛於江中，曰：「明不惜，惜所與耳」　（《類説》四十九）

孫權時，有人獲大龜，欲獻吴王，夜泊越里，於大桑中。桑呼龜曰：「勤乎玄緒奚事爾？」龜曰：「我行不擇日，乃遭拘繫，然盡南山之薪，不能潰我。」桑曰：「諸葛元遜必致相困，求我之徒煮汝計將安出？」龜曰：「子無多言，禍將及汝。」既至建業，恪諭權烹之，龜乃立爛。　（《類説》四十九）

諸葛恪對南陽韓文晃誤呼其父字，晃曰：「向人子（子字據《類説》補。）前呼其父字，爲是禮耶？」恪笑而答曰：「向天穿針，不見天怒者，其輕於天？意有所在耳。　（《續談助》四《類説》四十九）

孫權塹巡狩武昌，語羣臣曰：「在後好共輔導太子。太子有益，諸君厚賞；如其無益，必有重責。」張昭薛綜並未能對。諸葛恪曰：「今太子精微特達，比青蓋來旋，太子聖叡之姿，必聞一知十，豈爲諸臣，虛當受賞。」孫權嘗問恪：「君何如丞相？」恪曰：「臣勝之。」權曰：「丞相受遺輔政，國富刑清，雖伊尹格於皇天，周公光於四表，無以遠過。且爲君叔，何宜言勝之耶？」恪對曰：「實如陛下明詔。但至於仕于污君，甘于僞主，闇于天命，則不如臣從容清泰之朝，讚揚天下之君也。」權復問恪：「君何如步騭？」恪答曰：「臣不如之。」又問：「何如朱然？」亦曰：「不如之」又問：「何如陸遜？」亦曰：「不如之。」權曰：「君不如此三人，而言勝叔者何？」恪曰：「不敢欺陛下，小國之有君，不如諸夏之亡，是以勝也。」（《太平廣記》一百七十引劉氏《小説》）

孫皓初立，治後園，得一金像，如今之灌頂佛。未暮，皓陰病不可堪，采女有奉法者，啓皓取像，香湯浴之，置殿上，燒香懺悔，痛即便止。出《志咸徹心記》（《續談助》四）

新淦聶友小兒貧賤，嘗獵，見一白鹿，射中之，後見箭著梓樹。《怪志》《説郛》二十五按《怪志》即《志怪》此吴時事，詳見《搜神後記》）

陸遜聞車浚令名，請與相見。謂曰：「早欽風彩，何乃龍蟠鳳峙，不肯降顧耶？」答曰：「誠知公侯敦公旦之博納，同尼父之善誘，然蜥蜴不能假重雲以升舉，鷃雀不能從激風以飛揚，是以無因爾。」時，坐上賓客，多是吴人，皆相顧謂：「武陵蠻夷郡，乃有此奇人也。」浚曰：「吴太伯端委之化，以改被髮文身之俗，今乃上挺聖主，下生賢佐，亦何常之有。」遜歎曰：「國其昌也，乃有斯人」（《太平廣記》一百七十三引劉氏《小説》）

孫皓問丞相陸凱曰：「卿一門在朝幾人？」對曰：「二相五侯，將軍十數人。」皓曰：「盛矣。」凱曰：「君賢臣忠國之盛，父慈子孝家之盛，今政荒民敝，覆亡是懼，臣何敢言盛也。」（《類説》四十九）

卷七

王安豐云：「山巨源初不見老易，而意闇與之同，」晉武帝講武於宣楊場，欲偃武修文。山公謂不宜爾，因與諸尚書言孫武用兵本意。後寇盜蜂合，郡國無備，不復能制，皆如公言。時以爲濤不學孫吴而闇與會。王夷甫亦歎其闇與道合。出《世説》。　此卷並晉江左人（《續談助》四）。

晉蔡洪赴洛中，人問曰：「幕府初開，羣公辟命，求英奇於仄陋，拔賢俊於巖穴，君吴楚之人，亡國之餘，有何異才，而應斯舉？」答曰：「夜光之珠，不必出於孟津之河，盈尺之璧，不必採於崑崙之山，大禹出於東夷，文王出於西羌，賢聖所出，何必常處？昔武王伐紂，遷頑民於洛邑，得無諸君是其苗裔乎？」又問洪：「吴舊姓何如？」答曰：「吴府君聖朝之盛佐，明時之俊乂；朱永長理物之宏德，清選之高望；嚴仲弼九皋之鴻鵠，空谷之白駒；顧彦先八音之琴瑟，五色之龍章；張威伯歲寒之茂松，幽夜之逸光；陸士龍鴻鵠之徘徊，懸鼓之待槌；凡此諸君，以洪筆爲鋤耒，以紙札爲良田，以玄墨爲稼穡，以義禮爲豐年，以談論爲英華，以忠恕爲珍寶，著文章爲錦繡，藴五經爲繒帛，坐謙虚爲席薦，張議意爲幃幕，行仁義爲室宇，循道德爲牆宅者矣。」（《太平廣記》一百七十三引劉氏《小説》）

杜預書告兒：古詩「有書借人爲可嗤，借書送還亦可。」（《類説》四十九）

杜預爲荆州刺史，鎮襄陽。時有讌集，大醉，閉齋獨眠，不聽人前。後嘗醉，外有（疑當作「聞」）齋中嘔吐，其聲甚苦，莫不悚慄。有一小吏，私開户看之，正見牀上一大蛇，垂頭牀邊吐，都不見人。出，密道如此。（《太平廣記》四百五十六引劉氏《小説》）

裴令公姿容爽儁，疾困，武帝使王夷甫往看之。裴先向壁臥，聞王來强回視之。夷甫出，語人曰：「雙眸爛爛如巖下電，精神挺動，故有小惡耳。」出《世説》。裴令公目王安豐：「眼爛爛如嵒下電。」出《語林》（《續談助》四跋）

衛瓘云：「吾前在中山郡，無事，高枕而已。」（《類説》四十九）

魏時，殿前鐘忽大鳴，震駭省署。華曰：「此蜀銅山崩，故鐘鳴應之也。」蜀尋上事，果云銅山崩，時日皆如華言。（《太平廣記》一百九十七引《小説》）

晉陸士衡嘗餉張華，於時賓客盈座，華開器，便曰：「此龍肉也。」衆雖素伏華博聞，然意未知信。華曰：「試以苦酒灌之，必有異。」試之，有五色光起。士衡乃窮其所由。鮓主曰：「家園中積茅下得一白魚，質狀殊常，以作鮓過美，故以餉陸。」（《太平廣記》一百九十七引《世説》，按此事實出《異苑》，疑世爲小字之誤，下三條均引《小説》，亦均出《異苑》，可證也。）

中朝時，有人畜銅澡盤，晨夕恒鳴，如人扣。以白張華，華曰：「此盤與洛鐘宫商相諧，宫中朝暮撞，故聲相應，可鑢令輕，則韻乖，鳴自止也。」依言即不復鳴。（《太平廣記》一百九十七引《小説》）

武庫内有雄雉，時人咸謂爲怪。華云：「此虵之所化也。」即使搜除庫中，果見蛇蜕之皮。（《太平廣記》一百九十七引《小説》）

吴郡臨平岸崩，出一石鼓，打之無聲。以問華，華曰：「可取蜀中桐材，刻作魚形，扣之則鳴矣。」即從華言，聲聞數十里。（《太平廣記》一百九十七引《小説》）

嵩高山北有大穴，空，莫測其深，百姓歲時每遊其上。晉初嘗有一人，悮墜穴中，同輩冀其儻不死，試投食於穴。墜者得之爲糧，乃緣穴而行。可十許日，忽曠然見明。又有草屋一區，中有二人，對坐圍碁，局下有一杯白飲。墜者告以饑渴，碁者曰：「可飲此。」墜者飲之，氣力十倍。碁者曰：「汝欲停此不？」墜者曰：「不願停。」碁者曰：「汝從西行數十步，有一井，其中多怪異，慎勿畏；但投身入中，當得出。若饑，即可取井中物食之。」墜者如其言。井多蛟龍，然其墜者，輒避其路。墜者緣井而行。井中有物，若青泥，墜者食之，了不復饑。可半年許，乃出蜀中因歸洛下。問張華，華曰：「此仙館所飲者玉漿，所食者龍穴石髓也。」（《太平廣記》一百九十七引《小説》《類説》四十九節引「龍穴」作「龍腦」。）

洛下有洞穴，深不可測。一婦人欲殺其夫，推墮穴中，此人顛倒，良久方甦。旁得一穴行百餘里，覺所踐如塵，聞秔米香，啖之芬美。復遇如泥有味，似向塵。入一都郭，雖無日月，明踰三光。人皆被羽衣，奏奇樂。凡遇此九處。有長人指柏下一羊，跪捋羊鬚，得二珠，長人取之。後一珠，令啖之，甚得療飢。請問九處，答曰：「問張華可知。」其人隨穴得出，詣華問之。云：「如塵者，黄河下龍涎，泥是崑崙山下泥。九處地仙，名九館。羊爲癡龍，初一珠，食之，壽等天地，次者延年，後一丸，充飢而已。」（《類説》四十九）

張華與友人飲九飲酒，頗同酣暢。華每醉，令左右轉側則必安泰。至明，華忽思友人夜來必死，急問之，果腹穿，腸流牀下，蓋不轉側耳。（《類説》四十九）

晉張華有鸚鵡。每出還，輒説僮僕好惡。一日，寂無言，華問其故，曰：「被禁在甕中，無由得知外事。」忽云：「昨夢不佳，所忌出外。」華强呼之至庭，果爲飛鷹所擊，僅獲見免。（《類説》四十九《鐵圍山叢談》六節引）

羊琇驕豪擣炭爲屑，以香和之，作獸形。出《列傳》（《續談助》四）

羊稚舒琇冬月釀酒，令人抱甕暖之，須臾復易其人，酒既速成，味仍嘉美。其驕豪此類。出《語林》（《續談助》四）

卷八

夏侯湛作《周詩》成，以示潘岳，岳曰：「此文非徒温雅，乃別見孝悌之性。」岳因此作《家風》詩。《世説》　此卷並晉江左人(《續談助》四)。

石崇與岳同刑東市。崇曰：「天下殺英雄，君復何爲爾？」岳曰：「壯士填溝壑，餘波來及人。」(《類説》四十九)

孫子荆新除婦服，作詩示王武子。武子曰：「不知文生於情，情生於文，覽之悽然，生伉儷之重。」出《世説》(《續談助》四)

卷九

裴僕射頠時人謂：「言談之林藪。」出《頠別傳》　此卷並《晉江左人》(《續談助》四)

蔡司徒説：「在洛陽見陸機兄弟，住參佐中三間瓦屋，士龍居東頭，士衡居西頭。」(《困學記聞》二十)

士衡在座，安仁來，陸便起去。潘曰：(《説郛》作「安云」。)「清風至，塵飛揚。」陸應聲答曰：「衆鳥集，鳳皇翔。」出《語林》(《續談助》四《説郛》二十五)

士衡爲(原無此字，今補。)河北都(原誤「郡」，今正。)督，已遭間構，内懷憂懣。聞其鼓吹，謂司馬孫遊(一作拯。)曰：「我今聞之，不如聞華亭鶴唳。」出史(《續談助》四一作「出小史」。)

阮瞻作無鬼論。忽有人謁阮曰：「鬼神之道，古今聖賢共傳，君何獨言無？即僕便是！」忽異其形，須臾消滅。後年餘，遇病而卒。出《列傳》(《續談助》四)

宋岱爲青州刺史，禁淫祀，著無鬼論，人莫能屈，鄰州咸化之。後有一書生詣岱，岱理稍屈，生乃振衣而起，曰：「君絶我輩血食二十餘年，君有青牛髯奴，所以未得相困耳。今奴已叛，牛已死，此自得相制矣。」言訖，失書生，明日而岱亡。出《雜記》(《續談助》四)

王武子左右人嘗於門中，就婢，取濟衣服。婢欲姦之，其人云：「不敢。」婢云：「若不從我，當大叫。」其人終不從。婢乃呼曰：「甲欲姦己。」濟令殺人。其人具述前狀，武子不信。其人曰：「枉不可受，當訟府君於天。」武子終年疾困，此人見形云：「府君當去矣。」遂卒。（《類説》四十九）

劉道真年（《説郛》作「言」）十五六，有門前，鼻上垂鼻涕至胸，洛下少年乘車從門前過，曰：「此少年甚坰塠。」（上呼回反，下扶推反。）劉隨車後，問：「此言爲善惡？」答以爲善。（《紺珠集》引作「道真問此言佳否云佳」。）劉曰：「若佳言令爾翁爾母亦坰塠。（二爾字《説郛》作你，《類説》作若。）」《雜記》（《説郛》二十五《紺珠集》二《類説》四十九）

海西時諸公每朝，朝堂猶暗，惟會稽王來軒軒如朝霞舉。（《類説》四十九）

卷十

昔傅亮北征，在河中流。或人問之曰：「潘安仁作《懷舊賦》曰：『前瞻太室，傍眺嵩丘。』嵩丘太室一山，何云前瞻傍眺哉？」亮對曰：「有嵩丘山去太室七十里。此是寫書人誤耳」（《文選·潘岳懷舊賦》注引《小説》，按：《藝文類聚》七引《俗説》，與此略同。）

齊（原作宋今正）宜都王鏗三歲喪母。及有識，問母所在，左右告以早亡，便思慕蔬食，祈請幽冥，求一夢見。至六歲，夢見一婦人，謂之曰：「我是汝之母。」鏗悲泣，旦説之，容貌衣服，事事如平生也。（《太平御覽》四百十一引《小説》按：《小説》十卷，今依《續談助》所注，每卷比次，只得九卷。第九卷爲《晉江左人》，《文選》《御覽》所引，下及齊世，則卷十所載，當是宋齊人也。）

跋

殷芸《小説》久佚，宋晁載之《續談助》鈔七十四條，元陶宗儀《説郛》鈔二十四條，魯迅先生《古小説鉤沈》輯本，凡一百三十四條。然周輯似未經詳覆，如：聶友爲吴人而入于晉，又如：馬融吹笛爲氣出精列相和，見於《長笛賦序》，而信《續談助》所言「笛聲一發，感得蜻蛪出吟，有如相和」之野言。又常引《海録碎事》，不知其實不足信。如：鄭餘慶蒸葫蘆事，見《太平廣記》引盧氏《雜説》，餘慶爲唐宰相甚有名，而《碎事》引此，標爲《商芸小説》，其虛誣可知。又如：「學者當取三多，看讀多、持論多、著述多」云云，一望即可知其非唐以前人語，尋檢所出，則王應麟《小學紺珠》云是楊文莊公。凡此豈可依據。今刊其重複，刪正謬誤，定著爲一百五十一條。

按殷芸字灌蔬，《梁書》有傳。《隋書經籍志》云：「《小説》十卷，梁武帝勑安右長史殷芸撰。梁目三十卷。」別有《小説》五卷，無撰人名。而新舊《唐書》則並有劉義慶《小説》十卷，考劉唯著《世説》及《幽明録》，不聞有《小説》，疑即因《世説》而誤。宋初有殷芸《小説》十卷，《崇文總目》及《遂初堂書目》並著録。《直齋書録解題》引《邯鄲書目》云：「或題劉餗，非也。」晁公武《郡齋讀書志》初録劉餗《小説》十卷云：「右唐劉餗撰，纂周漢至江左雜事，」而後志則改題殷芸《小説》十卷云：「右宋(「宋」字亦誤，當云「梁」。)殷芸撰。述秦漢以來雜事。予家本題曰劉餗，李淑以爲非。」據此則殷氏書在宋時有題爲劉餗者。豈即緣誤爲劉義慶，又傳之於劉餗耶？考《太平廣記》所引別有劉氏《小説》四條，亦是吴晉人雜事，似即一書，緣《廣記》成書不出一手，故或題殷芸，或題劉氏耳。然《宋史·藝文志》復有劉餗《小説》三卷，疑未能明也。

《漢志》小説十五家，千三百八十篇，今悉不傳。魏晉以後，月旦品藻，清談俊辯，雜史之流，多近小説。《隋志》雜史類有魏晉《世語》十卷，云是襄陽令郭頒撰。其後裴啓作《語林》十卷，《世説》云：「裴郎作《語林》始出，大爲遠近所傳，時流年少，無不傳寫，各有一通。載王東亭作《經黄公酒爐下賦》甚有才情。」又云：「庾道季詫謝公曰：『裴郎云：謝安謂裴郎乃可不惡何得爲復飲酒。裴郎又云：謝安目支道林如九方皐之相馬，略其玄黄，取其儁逸。』謝公云：『都無此二語，裴自爲此辭耳。』庾意甚不以爲好，因陳東亭《經酒爐下賦》。讀畢，都不下賞裁，直云：『君乃復作裴氏學。』於此，《語林》遂廢。今時有者，皆是先寫，無復謝語。」劉孝標注引《續晉陽秋》曰：「晉隆和中，河東裴啓撰漢魏以來，迄于今時，言語應對之可稱者，謂之《語林》。時人多好其事，文遂流行。後説太傅事不實，而有人於謝坐叙其黄公酒爐，司徒王珣爲之賦，謝公加以與王不平，乃曰：『君遂復作裴郎學。』自是衆咸鄙其事矣。」按謝氏不賞王賦，固緣與東亭交惡，然裴書要多掇拾傳聞，間出己意，難稱實録。但以雋語流傳，爲時人所共好耳。《隋志》又有「雜語五卷」未著撰人。「郭子三卷」注云：「東晉中郎郭澄之撰。」其後遂有宋劉義慶《世説新語》校諸古逸，直是掇拾各書，但以劉孝標爲之注，徵引詳悉，又頗匡其違失，用是獨行於世，而餘書俱亡佚矣。又若《漢書》記東方朔事，頗近俳諧。爾後《隋志》有「《笑林》三卷，」云是「後漢給事中邯鄲淳撰，」「《笑苑》四卷，」不著撰人。總集類有「《俳諧文》三卷」注云：「袁淑撰。梁有《續俳諧文集》十卷。又有《俳諧文》一卷沈宗之撰。」凡此皆小説之屬也。又《隋志》言魏文帝作《列異傳》以叙鬼物奇怪之事。晉干寶撰《搜神記》，《初學記》引其表曰：「聊欲撰記古今怪異非常之事，會聚散逸，使同一貫。」《世説》記劉真長語，稱爲「鬼之董狐。」其書既名重一時，劉昭補《漢志》，沈約著《宋書·五行志》，以及唐世所撰《晉書》，多采録其事。侈言怪異，復爲一時風尚。見於《隋志》者，如：「《搜神後記》十卷，陶潛撰；《述異記》十卷，祖冲之撰；《異苑》十卷，宋給事劉敬叔撰；《續異苑》十卷；（不著撰人）《志怪》二卷，祖台之撰；《志怪》四卷，孔氏撰；《齊諧記》七卷，宋散騎常侍東陽無疑撰；《續齊諧記》一卷吴均撰；《靈鬼志》三卷，荀氏撰；《幽明録》二十卷，劉義慶撰」等甚衆；要亦小説家之支流，《隋志》以入雜傳非也。又《隋志》舊事篇有「《漢武帝故事》二卷，《西京雜記》二卷」不著撰人。按《西京雜記》，託爲劉歆之辭，《漢武故事》，云是班固所撰，《雜記》見存，其後有葛洪序，述其抄録之意，又云：「洪家復有《漢武帝禁中起居注》一卷，《漢武故事》二卷，世人希有之者，今并五卷爲一帙，庶免淪没焉。」故昔人於《西京雜記》亦有題爲葛洪撰者。唐段成式《酉陽雜俎·語資》云：「庾信作詩，用《西京雜記》事，旋自追改，曰此吴均語，恐不足用也。」後人多信其説，以是或逕題爲吴均撰，而晁氏《郡齋讀書志》又引唐張柬之書《洞冥記》後云：「《漢武故事》王儉造。」今謂據《雜記》序，此兩書必是出於一手，又考殷氏此書每引《雜記》，則必非吴均所託也。據《梁書》均卒於普通元年（公元五二〇年）年五十二，而殷卒於大通三年，（公元五二九年）年五十九，是芸僅較均小兩歲。芸既博洽羣書，《雜記》如爲均僞託，安有不知耶？段氏所記庾信之説，時閲二百餘年，得諸傳聞，未足深信也。若王儉數歲襲爵，早年尚主，志在宰相，卒時僅三十八，其所撰有《七志》，《元徽四部書目》，及《古今喪服集記》等書，殆無暇於僞託古人，寫此巨帙也。余意此兩書實是葛洪所作。據《抱朴子》自序，寫序時爲建武元年，（公元三一七年）而《御覽》三百二十八引《抱朴子》云：「太安二年，（公元三〇三年）……余年二十一，」是寫序時年方三十五也。而已撰《抱朴子》七十卷，碑頌詩賦百卷，軍書檄移章表箋記三十卷，神仙傳隱逸傳各十卷，又抄五經七（疑當作三）史百家之言，兵事方技短雜奇要三百一十卷，云：「別有目録，」則此《漢武故事》，《西京雜記》，與《禁中起居注》并爲五卷，豈非即在三百一十卷之中乎？且《抱朴子·内篇》侈陳誕妄，所列方書，至數百種，則洪之年少好奇，敢於作僞，而文辭瑰麗，足以稱之。何必舍本書之自序，而别求僞中之僞，以實之哉？葛氏之後，僞書更多，如：東方朔《神異經》，《十洲記》，郭子横《漢武洞冥記》，王子年《拾遺記》，以及《漢武内傳》，《飛燕外傳》等，蓋皆好事者爲之。前史或入地理，或入雜傳，實則小説家之别一支流也。

齊梁之後，文競綺靡，事求新異，凡此衆流，盛行於時，故梁武勑殷芸撰此書，遂以小説爲名。殷既以博洽爲名，兼綜並採，旁及雜史詔令别傳地志之屬，上自周秦，下迄宋齊，以人物爲主，叙其雜事，間以荒誕，取廣異聞。《史通》譏「晉史所採多小書，若《語林》《世説》《搜神記》《幽明録》是也，」抑史傳與稗官界限不分，正是彼時之風尚也。《續談助》跋謂殷書「載自秦漢迄東晉江左人物，雖與諸史時有異同，然皆細事，史官所宜略。又多取劉義慶《世説》《語林》《志怪》等已詳事，故鈔之特略，然其目小説，則宜爾也。」今謂史料當問真僞，不當但言巨細。即如殷所引馬融事，「歷二縣兩郡，在武都七年，在南郡四年，皆《後漢書》本傳所不詳。范書融傳記載不實，且多疏漏，云：「對策，拜議郎，大將軍梁商表爲從事中郎，轉武都太守。時西羌反叛，征西將軍馬賢與胡疇征之而稽久不進，融知其必敗，上疏乞自効。……三遷，桓帝時爲南郡太守。」余嘗考融對策拜議郎後，曾出任許令，見劉昭注《五行志》，據此則嘗歷二縣矣。又馬賢征羌，事在永和五年八月，其敗在次年正月，則融在五年（公元一四〇年）已爲武都太守，及建和元年（公元一四七）冬融爲梁冀從事中郎作章奏誣李固，首尾已八年，即在武都七年之事矣。及元嘉以後，梁冀與其弟不疑及蒙有隙，融初除南郡謁不疑，冀以他事陷之而免官，今云在南郡四年，時被劾當在永壽元二年（公元一五五—一五六年）間，而被髡笞徙朔方，自刺不殊，得赦還，當即永壽三年（公元一五七年）之大赦矣。凡此雖亦細事，然以考馬融之生平行事，與諂事梁氏之本末，所關極重。寫作史書，自貴有識，事有輕重，不能周載，便當有所取舍。然若考覈鉤稽，實事求是，又必廣採博搜，雖瑣屑碎事，不能輕忽也。古書佚亡者多，其有存者，片紙隻字，或足爲研究之資。此人稽其年曆，彼或考其山川，或留心於一義一音，或致意於民生物價，取材多異，着眼不同，又或此時視同糞壤，他日寶爲珠玉，若憑私意爲輕重，逐時好爲廢興，即所失多矣。且《語林》《志怪》等書，今日久已亡佚，殷氏所抄，爲輯録者所取資，此外佚書，尤多罕覯，如鄭玄改葬，即昔所未知。其存於今者，如：《世説新語》《西京雜記》亦多與今本不同。則此書在當日雖只是鈔録，而以今視之，彌可貴重，甚惜晁陶諸家録之太少矣。

傳世古書，多有以綴輯而成者，今之《搜神記》《異苑》等，皆非原書。《寶顔堂秘笈》有《朝野僉載》，趙元方先生曾以舊抄見借，當出宋刊，然亦是輯之《太平廣記》者。蓋唐以前書，多由傳寫，既有鏤板，寫本遂廢，未經刊行者，遂多亡佚，故古書多亡於唐宋之際也。清代輯佚之風甚盛，然其事亦正非易易。不明本書體例，一難也。不明引書條例，二難也。知抄録而不知考校，三難也。讀書不廣，無以定其是非，四難也。若佚書續出，采獲增多，固人所優爲，不足異耳。余嘗念古書可輯者多，今或一書數録，或湮没無聞。既多偏重，不能見一時文籍之全；又多雜出單行，無由綜集。或更體例猥雜，校録粗疏，不能依據。安得大有力者，統籌兼顧，集數十百人，期以數年，創立條例，盡輯佚書，使往世文籍，得一大總結耶？方今以鉛槧代梨棗，舊本日以湮没，此又一唐宋之際也。今日可見之書，將來又必有不得見者，及今不圖，後無及焉。先民遺籍，瑕瑜互見，有待批判，又或零星瑣屑，非時急需，然要不應任其泯滅。綜合輯集，其功故當不在《永樂大典》《四庫全書》之下，若能體例精審，考訂周密，即更當超軼之矣。

余昔在天津，從周叔弢先生處借得鈔本《裴鉶傳奇》，以《太平廣記》校之，知亦輯本也。今已十餘年，此本不知尚在篋中否？頃令嗣一良兄弟以君六十壽辰，擬以論文集爲獻。會余行役西蜀，未遑執筆，因取此輯本，重加校録與之。君素喜典籍，爲刊傳之，當不謂余爲多事也。並述所感，拉雜書之。　一九五〇年冬唐蘭。

又按司馬光《資治通鑑·考異》卷九至卷十二引劉餗《小説》者凡七事，其中六事皆見於今本《隋唐嘉話》，惟爾朱煥等告楊文幹反一條注引劉餗《小説》云：「人妄告東宫。」今本無之，似《嘉話》亦非全本矣。又《詩話總龜》每引《小説》舊聞，亦見於今《隋唐嘉話》，則《宋志》所謂劉餗《小説》三卷者，即今本《隋唐嘉話》三卷無疑也。又按今《隋唐嘉話》首有小序云：「述曰：　余自髫丱之年，便多聞往説，不足備之大典，故繫之小説之末。」然則或題爲劉餗小説，非即以序文云然耶？《宋志》小説家云：「劉餗《傳記》三卷，又《隋唐嘉話》一卷，《小説》三卷。」似《嘉話》與《小説》非一書。蓋《嘉話》本或爲一卷，或如今本分爲上中下三卷，而别本又題爲《小説》，本只一書而誤爲二名，《宋志》因並收之，未深考也。

然則兩《唐志》所録劉義慶《小説》十卷者，《世説》之誤也。《太平廣記》所引劉氏《小説》者，實即殷芸《小説》，由劉義慶《小説》而誤題者也。宋人所見題劉餗《小説》十卷者，亦實是殷芸《小説》，更由劉氏而題改爲劉餗者也。若司馬光等所見，與《宋史·藝文志》之劉餗《小説》三卷，則又是今所傳之《隋唐嘉話》，與殷芸《小説》之述周秦至江左事者無涉矣。故今定劉氏《小説》四條，確即殷芸《小説》，非劉餗《小説》。古書舛錯，類此者衆，安得好事者，爲之一一爬梳，使讀者無復惑惑耶？　十一月終，唐蘭再記。

載《周叔弢先生六十生日紀念文集》第一九一至二二九頁　一九五〇年十一月。

《劉賓客嘉話録》的校輯與辨僞

一、今本存真

劉賓客嘉話録

江陵少尹韋絢録並序

絢少陸機入洛之三歲，多重耳在外之二年，（《説郛》節引，只有「絢」字。）自襄陽負笈，至江陵，拏葉舟，升巫峽，抵白帝城，投謁故贈兵部尚書賓客中山劉公二十八丈，求在左右學問。是歲長慶元年，蒙丈人許措足侍立，解衣推食，（《説郛》無「是歲」以下十八字。）晨昏與諸子起居，或因宴命坐，與語論，（《説郛》無「宴命坐與」四字。）大抵根於教誘，而解釋經史之暇，偶及國朝文人劇談，卿相新語，異常夢話，若諧謔卜祝，童謡佳句。（以上三十八字《説郛》節去，只存「劇談」二字。「文人」原作「丈人」，今改。）即席聽之，退而默記，或染翰竹簡，或簪筆書紳，其不暇記，因而遺忘者不知其數，在掌中梵夾者，百存一焉。（《説郛》無「或染翰」以下三十三字。）今悉依當時日夕所話而録之，不復編次，（《説郛》節爲「今録之」三字。）號曰《劉公嘉話録》，傳之好事，以爲談柄也。時大中十年（《説郛》無「時」字。）二月朝散大夫江陵少尹上柱國京兆韋絢序。（《説郛》二十一節引「韋絢序」三字。）

張巡之守睢陽，（《詩話總龜》卷一引無「之」字。）玄宗已幸蜀，（「玄」本作「元」，據《侯鯖録》及《説郛》改。《唐語林》《總龜》作「明皇」，《四六話》無此句。）胡羯方熾，（「胡羯」《唐語林》作「賊氛」，是清人所改。「羯」《侯鯖録》誤作「雛」。）城孤勢蹙，（「城孤」《唐語林》《侯鯖録》並作「孤城」。）人困食竭，（本脱「因」字，據《唐語林》《四六話》補。）以紙布切煮而食之，（「紙」本作「絺」，據《唐語林》《侯鯖録》《四六話》及《總龜》改，《四六話》無「切」字。）時以茶汁和之，（「之」《總龜》作食，芸窗本《侯鯖録》作「以馬渡昭之」，妄人所改，《四六話》無此句。）而意自如。其謝加金吾將軍表曰：（本無「將軍」二字，據《唐語林》《侯鯖録》《四六話》及《總龜》增。各本無「加」字，寫本《侯鯖録》「加」作「執」。）「想峨嵋之碧峯，豫遊西蜀，（「豫遊」《總龜》作「遊豫」。）追緑耳於玄圃，（「玄」本作「元」，據《四六話》《唐詩紀事》改。《唐語林》作「懸圃」，《四六話》作「囿」。）保壽南山。逆賊禄山，迷逆天地，（《唐語林》《四六話》《唐詩紀事》及《總龜》並無此四字，「逆」《説郛》作「違」。）戮辱黎獻，（「辱」《總龜》誤作「屏」，「戮辱」《四六話》《唐詩紀事》作「殺戮」。）羶臊闕近，（「羶臊」《唐詩紀事》作「羶腥」，《四六話》作「腥羶」。）臣被圍四十七日，（原作「臣被圍七旬」，據《唐語林》《四六話》《唐詩紀事》改，《總龜》作四十九日。）凡一千二百餘陣。（原作「親經百戰」，據《唐語林》改。《總龜》作「三千二百餘陣」，「三」字蓋誤。《四六話》《唐詩紀事》作「凡一千八百餘戰」。）主辱臣死，當臣致命之時，（「當」《總龜》作「迺」。「致」《唐詩紀事》作「效」。）惡稔罪盈，是賊滅亡之日。」其忠勇如此。又激勵將士，（《唐語林》《總龜》並無「又」字。）嘗賦詩曰：（本無「嘗」字。據《唐語林》《唐詩紀事》增。）「接戰春來苦，孤城日漸危。合圍侔月暈，（「侔」本作「殆」，誤；《説郛》作「如」，據《唐語林》《唐詩紀事》及《總龜》改。）分守效魚麗。（「效」本作「若」，據《唐語林》《唐詩紀事》及《總龜》改。）屢厭黄塵起，時將白羽揮。裹瘡猶出陣，（「陣」《唐語林》及《總龜》作「戰」。）飲血更登陴。忠信應難敵，堅貞諒不移。（「貞」《總龜》作「誠」，「諒」《唐詩紀事》作「自」。）無人報天子，（「子」本作「地」，依《唐語林》《唐詩紀事》《總龜》及《説郛》改。）心計欲安施。」（「計」《總龜》作「既」誤。）又《夜聞笛》詩曰：（《唐語林》無「夜」字，《唐詩紀事》《總龜》無「詩」字。）「岧嶤試一臨，虜騎俯城陰。（「虜」《唐語林》作「鐵」，亦清人所改。）不辨風塵色，安知天地心。營開星月近，戰苦陣雲深。旦夕更樓上，（「更」《説郛》作「高」。）遥聞横笛吟。」（「吟」《總龜》作「聲」，誤。）時雍邱令令狐潮以書勸誘，不納。其書有曰：「宋七昆季、衛九諸子，昔斷金成契，今乃刎頸相圖」云云。時劉禹錫具知宋衛，耳剽所得，濡毫有遺，所冀多聞補其闕也。又説：許遠亦有文，其祭纛文爲時所稱。（「稱」《侯鯖録》作「重」，《唐詩紀事》誤爲巡祭纛文。）所謂「太一先鋒，蚩尤後殿，蒼龍持弓，白虎捧箭」。又祭城隍文云：「眢井鳩翔，危堞龍攫。」（本作「護」，據《唐詩紀事》改，《四六話》作「攖」。）皆文武雄健，志氣不衰，（「志」本作「士」，據《侯鯖録》《四六話》《唐詩紀事》改。）真忠烈之士也。劉禹錫曰：此二公天贊其心，俾之守死善道，向若救至身存，不過是一張僕射耳，（《侯鯖録》無「是」字。）則張巡許遠之名，（《侯鯖録》無「張許」二字。）焉得以光揚于萬古哉。（《侯鯖録》無「揚于」二字。）巡性明達，不以簿書介意。爲真源宰，縣有豪華南金，悉委之。故時人語曰：「南金口，明府手。」及巡聞之，不以爲事。（原缺「時雍邱令」以下二百十三字，據《唐語林》卷五補。）

爲詩用僻事，（《唐語林》卷二首有「劉禹錫曰」四字，《總龜》五作「劉夢得云」。）須有來處。宋考功詩云：（《總龜》無「詩」字。）「馬上逢寒食，春來不見餳」，常疑此字，（《唐語林》《總龜》並作「常疑之」。）因讀《毛詩》鄭箋説簫處，（《唐語林》「簫」上有「吹」字。）注云：「即今賣餳者所吹」，（本作「即今賣餳人家物」，據《唐語林》改。）六經唯此注中有「餳」字。（《唐語林》無「注」字，《總龜》無「因讀」以下二十七字。）吾緣明日是重陽，（本無「吾」字，據《唐語林》及《總龜》增。《唐語林》無「是」字，《總龜》無「緣明日是」四字。）欲押一「餻」字，（《唐語林》無「欲」字。）續尋思六經竟未見有「餻」字，（本無「續」字，據《唐語林》增，此句《總龜》作「思索六經無糕字」。）遂不敢爲之。（本無「遂」字，據《總龜》增。）嘗訝杜員外「巨顙拆老拳」，（「嘗」本作「常」，據《唐語林》《總龜》改。「杜員外」三字《總龜》作「老杜詩有」四字。）疑「老拳」無據，（《唐語林》《總龜》無「疑老拳」三字，「無據」《總龜》作「無出處」。）及覽《石勒傳》云：（本無「云」字，據《唐語林》《總龜》增。「覽」《總龜》作「讀」。）「卿既遭孤老拳，孤亦飽卿毒手」，（「飽」《總龜》作「遭」。）豈虚言哉。後輩業詩，即須有據，不可率爾道也。

刑部侍郎從伯伯芻嘗言：某所居安邑里，巷口有鬻餅者，早過户，未嘗不聞謳歌而當爐，興甚早。一旦，召之與語，貧窘可憐。因與萬錢，令多其本，日取餅以償之。欣然持鏹而去。後過其户，則寂然不聞謳歌之聲。謂其逝矣。及呼乃至，謂曰：「爾何輟歌之遽乎？」曰：「本流既大，心計轉麤，不暇唱渭城矣。」從伯曰：「吾思官徒亦然。」因成大噱。

永徽中盧齊卿暴死，（《太平廣記》一百四十六引作「卒亡」。）及蘇，説：見其舅李某爲冥司判官，有吏押案，曰：「宇文融合爲宰相。」舅曰：「宇文融豈堪作宰相。」（「作」《廣記》作「爲」。）吏曰：「天符已下，（《廣記》作「天曹符已下」。）數日多少，即由判官。」舅乃判一百日。既拜，（《廣記》作「既而拜宰相」。）果百日而罷。公因曰：「官不前定，何名真宰乎？」（本無「乎」字，據《廣記》增。《廣記》此三句在「永徽中」前。「公因曰」三字作「劉禹錫曰」。）

崔丞相造布衣時，江左士人號爲「白衣夔」。時有四人：一是盧東美，（本無「一」字，據《廣記》一百五十一引增。）其二遺亡。（《廣記》作「其餘亡姓字」。）崔左遷在洪州，州帥曹王將辟爲副，（《廣記》作「倅」。）時德宗在梁，（《廣記》作「興元」，按唐人稱「興元」爲「梁」耳。）奏的合過，況曹王有功，且親也。（此兩句《廣記》作「以曹王有功，且親，奏無不允」。）時有趙山人，言事多中。崔問之，曰：「地主奏某爲副使，且的過否？」（《廣記》作「且得過無」。）對曰：「不過。」崔詰曰：「以時以事，（本無下「以」字，據《廣記》增。）必合得過也。」（《廣記》作「必合得時」。）山人曰：「卻得一刺史，不久敕到，更遠於此。」

崔不信，再問。曰：（《廣記》無「曰」字。）「必定耳。」州名某亦知之，不可先言。」且曰：「今月某日敕到，必先弔而後賀。」崔心懼久之，蓋言某日，（「某」《廣記》作「其」。）即崔之忌日也。謂趙山人曰：（此五字《廣記》作「即使呼趙生謂曰山人」九字。「言中奉百千，不中則輕撻五下，（本無「則」字，據《廣記》補。）可乎？」山人笑曰：（「笑」《廣記》作「哂」。）「不合得崔員外百千，（「不合」上《廣記》有「且某」二字，「崔」字本無，據《廣記》增。）只合得崔員外起一間竹屋。」（本無「崔員外」三字，據《廣記》增。）其語益奇。（本無此四字，據《廣記》增。）又問之：（《廣記》作「崔乃問之」。）「且我有宰相分無？」（「無」《廣記》作「否」。）曰：「有。」崔曰：「遠近？」（《廣記》無「崔曰」二字，作「即遠近」。）曰：「只隔一兩政官，不至三矣。」（本作「不至三年矣」，據《廣記》删「年」字。「至」《廣記》作「致」。）及某日私忌，（「及」《廣記》誤作「又」。）洪州諸僚（《廣記》作「同寮諸公」。）皆知其説，是日（《廣記》作「其日夕矣」。）悉之江亭，（「之」《廣記》作「至」。）將慰崔忌，衆皆北望人信。至酉時，見一人從北岸袒而招舟，（《廣記》作「入舟袒而招舟」似誤。）急使人問之，（《廣記》作「甚急，使人遥問之」。）乃曰州之脚力，將及岸，問曰：「有何除改，（「改」《廣記》誤作「政」。）且有崔員外奏副使過否？」（本無「且有」二字，又於「副使」下重出「員外」二字，《從廣記》改正。）曰：「不過。卻得虔州刺史，敕牒在此。」（「此」《廣記》作「兹」。）諸公驚笑。其暮，（本無此二字，據《廣記》補。）果先慰而後賀焉。明日説於曹王，曹王與趙山人鏹百千，不受，崔爲起竹屋一間，（「爲」《廣記》作「與」。）欣然徙居之。又謂崔曰：「到虔州後，須經大段恐懼，（本作「須大經一段恐懼」，據《廣記》改。）即必得入京也。」既而崔舅源休與朱泚爲宰相，崔憂間，（《廣記》無「崔」字，「間」作「悶」。）堂帖追入，甚憂惕。時故人竇參作相，拜兵部郎中，俄遷給事中平章事，與齊映相公同制。（本缺此七字，據《廣記》增。）

又曰：（《廣記》一百五十一引無此二字。）薛邕侍郎有宰相望，時有張山人善相，崔造相公方爲兵部郎中，（《廣記》無「相公」二字。）與前進士姜公輔同在薛侍郎坐中。薛問張山人曰：（《廣記》作「且」。）「坐中有宰相否？」心在己身多矣。張曰：「有。」薛曰：「幾人？」曰：「有兩人。」薛意其一人即己也。（本無此八字，據《廣記》增。）曰：「何人？」曰：「崔姜二人必同時宰相。」（《廣記》作「必宰相也，同時耳」。）薛訝忿之，（本無「訝忿之」三字，據《廣記》增。）嘿然不樂。（《廣記》「嘿」作「默」，「樂」作「悦」。）既而崔郎中徐問張曰：「何以同時？」意謂姜公始前進士，（「前進士」三字《廣記》作「披褐」。）我已正郎，（本無「我」字，據《廣記》增。）勢不相近也。曰：（《廣記》作「張曰」。）「命合如此，事須同時，（本無此四字，據《廣記》增。）仍郎中在姜之後。」後姜爲京兆尹功曹，（《廣記》無「尹」字。）充翰林學士。時衆知涇將姚令言入城的取朱泚，（《廣記》無「的」字。）泚曾帥涇，得其軍心。（《廣記》作「得軍人心」。）乃上疏令防虞之。（「令防虞之」四字《廣記》作「請察之」。）疏入十日，德宗幸奉天，悔不納姜言，遂於行在擢姜爲給事中平章事。崔後姜半年以夕郎拜相。（「夕郎」乃給事中，見《緗素雜記》。）果同時，（本無「時」字，據《廣記》增。）而崔在姜後，（《廣記》無「崔」字。）離虔州後第二改官拜官亦不差。（《廣記》無此十三字。）而薛侍郎竟終於列曹。《廣記》無「而侍郎」三字。）始知前輩不可忽後輩也。（《廣記》無「也」字。）

李丞相泌謂德宗曰：「肅宗師臣，豈不呼陛下爲㟚郎。」聖顏不悦。泌曰：「陛下天寶元年生，嚮外言改年之由，或以弘農得寶，此乃謬也。以陛下此年降誕，故玄宗皇帝（「玄」本作「元」，今正。《唐語林》作「明皇帝」。）以天降至寶，（「至」《唐語林》作「之」。）因改年號爲天寶也。」聖顏然後大悦。（本無「大」字，據《唐語林》增。）又韋渠牟曾爲道士及僧，德宗問：「卿從道門，本師復是誰？」渠牟曰：「臣師李仙師，仙師師張果老先生。肅宗皇帝師李仙師，爲仙帝。臣道合爲陛下師，由迹微官卑，故不足爲陛下師。」渠牟亦效李相泌之對也。（本缺「又韋渠牟以下」七十八字，據《唐語林》補。）

德宗降誕三日，玄（本作「元」，據《廣記》一百五十引改。）宗立於高階上，（《廣記》無「立於高階上」五字。）肅宗次之，代宗又次之，保母襁褓德宗來，呈色不白晳，（《廣記》作「德宗色不白晳」。）耳仆前，（《廣記》作「龍身仆前」。）肅宗代宗皆不悦。（《廣記》無「皆」字。）二帝以手自下遞傳呈上，（《廣記》作「呈上玄宗」。）玄宗一顧之，曰：「真我兒也。」謂肅宗曰：「汝不及他。」又謂代宗曰：（本無「又」字，據《廣記》增。）「汝亦不及他，髣髴似我。」既而在位二十七年，（「既」《廣記》誤作「完」。）壽六十三。（《廣記》作「年六十三崩」。）肅宗登位五年，代宗登位十五年。（本脱「五年代宗登位」六字。然德宗實二十五年。肅宗七年，代宗十七年，數字並有誤。）後明皇帝幸蜀，（《廣記》作「帝」。）至中路，曰：「㟚郎亦一遍到此來裏。」（「㟚」《廣記》誤作「岧」。）及德宗幸梁，是驗也。（本無「驗」字，據《廣記》增。）乃知聖人應天受命，（「受」《廣記》誤作「授」。）享國緜遠，（「緜遠」《廣記》作「年深」。）豈徒然哉。（《廣記》作「豈是徒然」。）按《分門古今類事》卷二引《松窗雜録》與此略同。）

劉希夷詩曰：（本無「詩」字，據《唐語林》五及《總龜》二十九增。「夷」《總龜》誤作「民」。）「年年歲歲花相似，歲歲年年人不同。」其舅宋之問（《唐語林》此下有「也」字，《説郛》二十一有「曰」字，誤。）苦愛此兩句，知其未示人，（本無此五字，據《唐語林》增，《總龜》作「知其未乞傳人」。）懇乞，（《唐語林》作「懇乞此兩句」。）許而不與。之問怒，以土袋壓殺之。（「袋」《唐語林》作「囊」。）宋生不得其死，（「宋」字上《唐語林》有「劉禹錫曰」四字，《總龜》無「生」字，《唐語林》無「其」字。）天報之也。（「也」《唐語林》作「矣」，《總龜》作「亦其報也」。）

逆胡將亂於中原，（《廣記》一百六十三引首有「劉禹錫曰」四字，「將」上有「之」字，無「於」字。）梁朝誌公大師（「大」本誤「太」，據《廣記》及《説郛》二十一改。）有語曰：（《廣記》作「已贈詞曰」。）「兩角女子緑衣裳，卻背太行邀君王，（「太」本誤「大」，依《廣記》及《説郛》改。）一止之月必消亡。」「兩角女子」「安」字也。（本無「也」字，據《廣記》增。）「緑」者「禄」字也。（《廣記》無「字」字。）「一止」正月也。果正月敗亡。聖矣，符誌公之寓言也。（《説郛》無「聖矣」以下。）

時，（本與上條連，今别之，《唐語林》卷五無「時」字。）張巡將雷萬春於城上與巡語次，被賊伏弩射之，（本無「之」字，據《唐語林》增。）中萬春面，不動。令狐潮疑是木人，詢問巡，（《唐語林》作「諜問之」。）知是萬春，（本無「是」字，據《唐語林》增。）乃言曰：「向見雷將軍，（「將軍」《唐語林》作「萬春」。）方知足下軍令矣。然其如天理何！」巡與潮書，曰「僕誠下材，亦天下一男子耳。今遇明君聖主，疇則屈腰。逢豺狼犬羊，今須展志」云云，「請足下多服續命之散，數加益智之丸，無令病入膏肓，坐親斧鑕也。」（本缺「然其」以下六十九字，據《唐語林》補。）

瓊州地名朐䏰，朐䏰是蚯蚓也，故土多此蟲，蓋其狀物也。常至夜，江畔出其身，半跳於空中而鳴，其形朐䏰。（原注：「上音屈，下音忍」。）

絢曰：「五夜」者甲乙丙丁戊更相送之，（《唐語林》二作「更迭之」。）今惟言「乙夜」與「子夜」（「與」《唐語林》作「或」。）何也？公曰：（《唐語林》無「公曰」二字。）「未詳。」

大司徒杜公在維揚也，嘗召賓幕閑語：「我致政之後，必買一小駟八九千者，飽食訖而跨之，著一麤布襴衫，入市，看盤鈴傀儡，足矣。」又曰：「郭令公位極之際，常慮禍及，此大臣之危事也。」司徒深旨，不在傀儡，蓋自污耳。司徒公後致仕，果行前志。諫官上疏言「三公不合入市」。公曰：「吾計中矣。」「計」者，即自污耳。

刑部侍郎從伯伯芻自王府長史三年爲新羅使，始得郎中，朱紱。因見宰相，自言此事。時宰不知是誰，曰：「大是急流。」

相國李司徒勉（《唐語林》六無「相國」二字。）爲開封知縣尉，捕賊。（《唐語林》作「爲開封縣尉，特善捕賊」。）時有不良試公之寬猛，乃潛納人賄，俾公知之。公召告吏卒曰：「有納其賄者，我皆知之，任公等自陳首，不可過三日，（「可」《唐語林》作「得」。）過則輿櫬相見。」其納賄不良故逾限，而欣然自賫其櫬至。（《唐語林》無「至」字。）公令取石灰棘刺置於櫬中，

（《唐語林》無「槻」字。）令不良入，命取釘釘之，送汴河訖，乃請見廉使。使歎賞久之。（《唐語林》「使」字上重出「廉」字。）後公爲大梁節度使，人問公曰：「今有官人如此，（「官」本作「害」，據《唐語林》改。）公如何待之？」（《唐語林》無「公」字。）公曰：「即打腿。」

上官昭容者，（《廣記》一百三十七引，首有「唐」字。）侍郎儀之孫也，（「孫」本作「孤」，據《廣記》及《唐語林》卷三改。）儀子有罪，（本無「子」字，據《廣記》增，《唐語林》作「之」。）婦鄭氏填宮，遺腹生昭容。其母將誕之夕，夢人與秤，曰：「持之秤量天下文士。」（本無「文士」二字，據《廣記》《唐語林》增。「之」《廣記》作「此」。）鄭氏冀其男也。及生昭容，母視之，（《唐語林》無「母」字。）曰：（本無「曰」字，據《廣記》增，《唐語林》作云」。）「秤量天下，豈是汝耶？」（本無「是」字，據《廣記》《唐語林》增。）口中嘔啞如應曰：「是。」（本無「口中」兩字，據《廣記》《唐語林》增。「嘔啞」《廣記》作「嘔嘔」，《唐語林》作「啞啞」。）

李丞相絳先人爲襄州督郵，（《唐語林》卷三無「丞」字。《廣記》一百七十九引，「郵」誤作「部」。）方赴舉，求鄉薦。時樊司徒澤爲節度使，（「司徒」《廣記》《唐語林》並作「司空」。）張常侍正甫爲判官，主鄉薦。張公知丞相有前途，（「丞相」《廣記》作「絳」。）啓司空，曰：「舉人中悉不如李某秀才，（本無「中」字，據《廣記》增。《廣記》無「某」字。）請只送一人，請諸人之資以奉之。」（《廣記》無下「請」字，「以」上有「悉」字。）欣然允諾。又薦丞相弟爲同舍郎。（「丞相」二字《廣記》作「絳」。）不十年而李公登庸，感司空之恩，以司空之子宗易爲朝官。（此二十三字《廣記》作「絳感澤殊常之恩，不十年登庸，澤之子宗易爲朝官」。人問宗易之文於丞相，（「丞相」《廣記》作「絳」。）丞相戲而答曰：（《唐語林》本無「丞相戲而」四字，《廣記》作「絳戲而答曰」，據增改。凡《廣記》稱「絳」，《唐語林》均作「丞相」，今依例改之。）「蓋代。」時人因以「蓋代」爲口實，（「因」《唐語林》作「用」。）相見論文，必曰：「莫是李三蓋代否？」丞相之爲户部侍郎也，（「丞相之」三字，《廣記》作「及絳」二字。）常侍爲本司郎中，因會，把酒請侍郎唱歌。（《唐語林》「會」下有「詩」字，無「請」字。）李終不唱而哂之，滿席大噱。（本缺「又薦丞相」以下一百〇七字，據《廣記》及《唐語林》補。）

菜之菠稜者，（本無「者」字，據《廣記》卷四百十一引補。「稜」《廣記》作「薐」。）本西國中，有僧自彼將其子來，（本無「自彼」二字，據《廣記》增。）如苜蓿蒲陶，（《廣記》作「葡萄」。）因張騫而至也。絢曰：「豈非頗稜國將來而語訛爲菠稜耶。」（「而」《説郛》二十一作「時」。「絢曰」以下，《廣記》作「菠薐本是頗陵國將來，語訛耳。多不知也」。）

杜丞相鴻漸，（《廣記》卷一百七十引作「丞相杜鴻漸」。）世號知人，見馬燧、李抱真、盧新州杞、（《唐語林》三無「新州」

二字。）陸丞相贄、（《廣記》無「丞」字，《唐語林》無「丞相」二字。）張丞相弘靖，（《唐語林》無「丞相」二字。）李丞相藩（《廣記》無「丞」字，《唐語林》無「丞相」二字。）皆云「並爲將相」，（「將」本作「宰」，據《廣記》《唐語林》改。）既而盡然，許郭之徒，又何以加也。（《唐語林》無此九字。大司徒杜公，（《廣記》無「又」字。）見張相弘靖，曰：（《唐語林》無「相」字。）「必爲宰相。」貴人多知人也如此。（本缺「又大司徒」下二十四字，據《廣記》及《唐語林》增。）

范希朝將赴鎮太原，辭省中郎官，既拜而言，曰：「郎中有事，但處分希朝。希朝第一遍不應，亦且恕，至第三遍不應，即任郎中員外下手插打得。」「插打」爲造箭者插羽打幹，言攢箭射我也。

公曰：（《廣記》四百十一引無此二字。）「諸葛所止，令兵士獨種蔓菁者何？」（《廣記》無「何」字。）絢曰：「莫不是（《廣記》無此五字。）取其才出甲，可生啗，（本無「可」字，據《廣記》增。「啗」《廣記》作「啖」。）一也；葉舒，可煮食，二也；久居則隨以滋長，（本無「則」字，據《廣記》增。）三也；棄去不惜，（《廣記》作「棄不令惜」。）四也；回則易尋而採之，五也；冬有根可斸食，六也；比諸蔬屬，其利不亦博乎。」（「乎」《廣記》作「哉」。）曰：（《廣記》作「劉禹錫曰」。）「信矣。」三蜀之人（「蜀」本作「屬」，據《廣記》改。「人」下《廣記》有「也」字。）今呼蔓菁爲諸葛菜，江陵亦然。

河東張嘉貞爲平姚，見河東碑爲文書甚佳。及過，面奏天后，天后對之。河東請去簾，曰：「臣出自寒微，今蒙召對，然咫尺天顏，猶隔雲霧，伏乞陛下去簾。」則天許之。事書史册。

蔡之將破，有水牛黑色入池浴，既出，身自白，皎然，唯頭不變。又有雀數百，同爲一窠，皆絲絮爲之。有羣鳥同巢，一旦盡棄擲其雛而去。有馬生牛蹄者。蔡州既平，憲宗命道士張某至境，置醮於紫極宮。宮本吴少誠生祠也，裴令公毁之爲宮，有道士院，階前種麻生高如墉，道士葺爲藩屏。其醮日霹靂麻屏兩片，下有穴五寸已來，有貍迹，尋之上屋，其蹤稍大如馬，亦如人足，直至屋上而滅。其韓碑石本吴少誠德政碑，世與狄梁公碑對立，其吴碑亦流汗成泥，狄梁公碑如故。不十日，中使至，磨韓之作而刊改制焉。

石季龍少好挾彈，（《廣記》一百七十引作「劉禹錫曰季龍挾彈彈人」，《唐語林》作「劉禹錫曰石季龍挾彈殺人」。）其父怒之，（「父」《唐語林》作「兄」。）其母曰：「健犢須走車破轅，（「須」《廣記》作「雖」。）良馬須逸鞅泛駕，然後能負重致遠。」（本無「能」字，據《廣記》及《唐語林》增。）蓋言童稚不奇不慧，（「蓋」《廣記》作「太」，誤。「慧」《廣記》《説郛》二十一作「惠」，《唐語林》無「不慧」二字。）必非異器定矣。（《説郛》「必」作「即」，《唐語林》作「即非異器矣」。）

人言鶴胎生，所以賦云「胎化仙禽」也。今鸕鷀亦是胎生，《抱朴子》、《本草》説同，此豈亦仙禽者乎？」絢曰：「但恐世只知鶴胎生，不知鸕鷀亦是胎生，鶴便謂胎生也。若緣鸕鷀食腥魚，雖胎生不得與鶴同，今見養鶴者説，其鶴食腥穢更甚於鸕鷀，若以色黑於鶴，則白鶴千萬年方變爲玄鶴，又何尚焉。」公笑曰：「是以君子惡居下流，其鸕鷀之謂乎。」絢曰：「鶴難見也，鸕鷀易見也，世人貴耳而賤目之故也。若使鸞鳳如鶴之長見，即鶴亦如鸕鷀矣。以少爲貴，世不以見爲聖爲瑞而貴之也。所以陳標詠蜀葵詩云：（《二老堂詩話》引作「進士陳標詠黄蜀葵詩云」。《總龜》二十「蜀葵」作「葵花」。）「能共牡丹爭幾許，得人憎處只緣多。」（「憎」《總龜》作「嫌」。）鸕鷀之謂也。」

劉僕射晏五鼓入朝，時寒，中路見賣烝胡之處，勢氣騰輝，使人買之。以袍袖包裙帽底啗之。且謂同列曰：「美不可言。美不可言。」

王承昇有妹（《實賓録》無「有」字。）國色，德宗納之，不戀宫室。德宗曰：「窮相女子。」乃出之。（《實賓録》無「之」字。）敕其母兄不得嫁進士朝官，（「得」《實賓録》作「聽」。）任配軍將作親情。（《唐語林》六《實賓録》並無「作」字。「軍將」《實賓録》作「將軍」。）後適元士會，因以流落，（《唐語林》作「以流落終」。）真窮相女子也。（《實賓録》無「子」字。《唐語林》無此句。）

韓十八愈直是太輕薄，（《唐語林》卷六首有「劉禹錫曰」四字。）謂李二十六程曰：「某與丞相崔大羣同年往還，直是聰明過人。」李曰：「何處是過人者？」韓曰：「共愈往還二十餘年，不曾共説著文章，（《唐語林》作「不曾過愈論著文章」。）此豈不是敏慧過人也。」（《唐語林》無「豈不」二字。）

韓十八初貶之制，席十八舍人爲之詞，曰：（《廣記》四百九十七引作「韓愈初貶之制，舍人席夔爲之詞曰」。）「早登科第，亦有聲名。」席既物故，友人曰：（《廣記》作「友人多言曰」。）「席無令子弟，豈有病陰毒傷寒而與不潔喫耶。」（《廣記》無「喫耶」二字。）韓曰：「席十八喫不潔太遲。」（《廣記》無「十八」兩字。人問之，（「之」《唐語林》作「曰」，《廣記》作「人曰」，無「問」字。）「何也？」曰：「出語不是。」（《廣記》作「不當」，《唐語林》作「不是當」。）蓋忿其責辭云「亦有聲名」耳。（「蓋忿其」《廣記》作「豈有忿」。）

元載將敗之時，（《唐語林》五作「元載敗」。）妻王氏曰：「某四道節度使女，十八年宰相妻，今日相公犯罪死，即甘心使妾爲春婢，不如死也。」主司上聞，俄亦賜死。（「俄」字下《唐語林》有「而」字。）

王縉之下獄也，問頭云：「身爲宰相，夜醮何求？」王答曰：「知則不知，死則合死。」

元載於萬年縣佛堂子中，謁主者乞一快死也。（「主者」本作「主官」，據《唐語林》五改。）主者曰：「相公今日受些子污泥，不怪也。」（《唐語林》無「子」字。）乃脱穢襪塞其口而終。

公曰：（《唐語林》六無此二字。）盧華州予之堂舅氏也，嘗於元載相宅門（《唐語林》無「相」字。）見一人，頻至其門，上下瞻顧。盧疑異人，（「異」《唐語林》作「其」。）乃邀以歸，且問元載相公如何？（《唐語林》作「且問元相何如」。）曰：「新相將出，舊者須去。吾已見新相矣，一人緋，一人紫，一人街西住，一人街東住，（本無此五字，據《唐語林》增。）皆慘服也。然二人俱身小而不知姓名。」（本無「不」字，據《唐語林》增。）不經旬日，王元二相下獄，德宗將用劉晏爲門下，（「將用」二字《唐語林》作「以」。）楊炎爲中書，外皆傳説必定，疑季子之言不中。（《唐語林》「疑其言不中」。）時，國舅吴湊見王元事訖，（本作「説」，據《唐語林》改。）因賀德宗而啓之，曰：「新相欲用誰？」（《唐語林》「誰」下有「人」字。）德宗曰：「劉、楊。」湊不語。上曰：「吾舅意如何；（「吾」《唐語林》作「五」。）言之無妨。」湊曰：「二人俱曾用也，行當可見，陛下何不用後來俊傑。」上曰：「爲誰？」吴乃奏常衮及某乙。翌日並命（「命」《唐語林》作「用」。）拜二人爲相，以代王、元，果如季子之説。（《唐語林》作「果如其説」。）緋紫短長，（「長」《唐語林》作「小」。）街之東西，無不驗也。（「也」《唐語林》作「者」。）

趙相璟之爲入蕃副使，（本無「爲」字，據《廣記》一百五十二引增。）謂二張判官曰：「前幾里合有河，河邊柳樹下，（《廣記》作「河之邊有柳樹樹下」。）合有一官人（本無「人」字，據《廣記》增。）着慘服立。」既而悉然，「官人」置頓官也。」（本無此六字，據《廣記》增。）二張問之，趙曰：「某年三十前，已夢此行，（本無「已」字，據《廣記》增。）亦不怨他時相。」（「亦」字《廣記》作「所以」二字。）趙相將薨時，（「薨」下《廣記》有「之」字。）長安諸城門金吾官（「官」《廣記》作「家」。）見一小兒衣豹犢鼻，（《廣記》無「衣」字。）攜五色繩子，覓趙相。其人見者知異，（本無此六字，據《廣記》增。）不經旬日，（「旬」《廣記》作「數」。）趙相薨。（《廣記》無「相」字。）

公曰：（《唐語林》五無此二字。）杜相鴻漸之父名鵬舉，父子而似兄弟之名，蓋有由也。鵬舉父嘗夢有所之，（本無「夢」字，據《唐語林》增。）見一大碑，云是宰相碑，已作者金填其字，未作者刊名於上。（《唐語林》誤作「於柱上」。）杜問曰：（《唐語林》作「因問」。）「有杜家兒否？」曰：「有。任自看之。」記得姓下是鳥偏傍曳脚而忘其字，（「是」《唐語林》作「有」。）乃名子爲鵬舉，（本無「子爲」二字。據《唐語林》增。）而謂之曰：「汝不爲相，即世世名鳥邊而曳脚也。」（《唐語林》

無「即」字。）鵬舉生鴻漸，而名字亦前定矣，（「亦」《唐語林》作「且」，「矣」《説郛》二十一作「也」。）況其官與壽乎。（《唐語林》無「其」字。）

袁德師給事中高之子也。九日出餻，謂人曰：「某不敢喫，請諸公破除。」且言是其先諱，良久低頭。然語多不可具載。

楊國忠（本誤作「中」，據《廣記》二百五十引及《唐語林》五改。又《廣記》首有「唐」字。）嘗會諸親，（「會」本誤作「謂」，據《廣記》《唐語林》改。《唐語林》無「諸」字。）時知吏部銓事，（《唐語林》無「時」字，《廣記》無「事」字。）且欲大噱以娱之。（本無「以娱之」三字，據《唐語林》增。《廣記》作「以誤之」。又《唐語林》無「大」字。）已設席，（《唐語林》《廣記》並無此三字。）呼選人名，引入於中庭，不問資序，短小者道州參軍，（《廣記》作「通道參軍」。）胡者湖州文學，（《廣記》「胡者」下有「云」字，《唐語林》有「與」字，又「胡」作「鬍」。）簾中大笑。（「中」《廣記》作「下」。）

盧新州爲相（「盧新州」《廣記》四百九十六引及《唐語林》四並作「盧杞」。又《唐語林》無「爲相」二字。）令李揆入蕃，揆對德宗曰：（「對」上本無「揆」字，據《廣記》《唐語林》增。）「臣不憚遠使，恐死于道路，（本無「于」字，據《廣記》《唐語林》增。）不達君命。」上惻然，欲免之，（本無「欲」字，據《唐語林》增。此句《廣記》作「帝惻然憫之」。）謂盧相曰：（《廣記》無「相」字，《唐語林》作「謂杞曰」。「李揆莫老無？」（《唐語林》作「李揆暮老無使」，乃不明文義者所改。）杞曰：「和戎之使，且須諳練朝廷事，（本無「且」字，據《廣記》《唐語林》增。《唐語林》無「朝廷事」三字。）非揆不可。且使揆去，向後差使小於揆年者，（「向後差使」《廣記》作「則羣臣」。又「小」《廣記》作「少」。）不敢辭遠使矣。」揆既至蕃，蕃長曰：（本無「曰」字，據《廣記》《唐語林》增。又《唐語林》少一「蕃」字。）「聞唐家有一第一人李揆，（「聞」本作「問」，據《廣記》《唐語林》改。《廣記》無「第」上「一」字。《唐語林》無「有一」二字。）公是否？」揆曰：「非也。他那箇李揆，（《廣記》無「箇」字。）爭肯到此。」恐其拘留，（「其」《廣記》作「爲」。）以此誣之也。（「誣」《廣記》《唐語林》作「謾」。又《廣記》無「此」字。）揆門户第一，（《廣記》《唐語林》無「户」字。）文學第一，官職第一。致仕東都，（《廣記》作「揆致仕歸東都」。《唐語林》作「揆致仕東都」。大司徒杜公（《廣記》作「司徒杜佑」。）罷淮海，（「海」下《唐語林》有「也」字。）入洛，見之，言及頭頭第一之説。（《廣記》無「頭頭」二字。揆曰：「若道門户，門户有所自，（《唐語林》少「門户」二字。）承餘裕也。官職遭遇爾。今形骸凋悴，（「悴」《唐語林》作「瘁」，《廣記》誤作「悻」。）看即下世，一切爲空，何第一之有。」

德宗降誕日，内殿三教講論，以僧監虚對韋渠牟，（「監」《唐語林》作「鑒」。）以許孟容對趙需，以僧覃延對道士郄惟素。諸人皆談畢。監虚曰：「臣請奏事，（「臣請奏事」《唐語林》作「諸奏事云」。）玄元皇帝。（「玄」《唐語林》作「元」。）我唐天下之聖人，（本無「之聖人」三字，據《唐語林》增。《唐語林》無「我唐」二字。）文宣王古今之聖人，釋迦如來西方之聖人，今皇帝陛下（本無「今」字，據《唐語林》增。）是南瞻部州之聖人，臣請講御製賜新羅銘。」講罷，德宗有喜色。（本無「臣請講以下」十六字，據《唐語林》增。）

飲酒四字，著於史氏，出於則天時，壁州刺史鄭弘慶者進之，人或知之。以三臺送酒，當未盡曉。蓋因北齊高洋毁銅雀臺，築三箇臺，宫人拍手呼上臺，因以送酒。

德宗誕日，（《唐語林》六「誕」上有「降」字。）三教講論。儒者第一趙需，第二許孟容，第三韋渠牟，與僧覃延嘲謔，因此承恩也。渠牟薦一崔阡，拜諭德，爲侍書於東宫，東宫順宗也。（《廣記》二百六十引以上作「唐順宗在東宫，韋渠牟薦崔阡，拜諭德，爲侍書」。）阡觸事面牆。對東宫曰：「臣山野鄙人，（《唐語林》無「鄙」字。）不識朝典，見陛下合稱臣否？」東宫曰：「卿是宫僚，（「宫」本作「東」，誤，據《廣記》《唐語林》改。）自合知也。」

李二十六丈丞相（《廣記》二百五十一引首有「唐劉禹錫云」五字，又無「丈」字，「相」下有「程」字，《唐語林》六作「李司徒程」。）善謔。爲夏口日，有客辭焉，相留更住三兩日。（《唐語林》無「更」字，《廣記》無「相留」字，作「李云且更三兩日」。）客曰：「業已行矣，舟船已在漢口。」曰：「此漢口不足信。」（《廣記》作「李曰，但相信住，那漢口不足信」。）其客掩口而退。（《廣記》「客」下有「盧胡」二字。《唐語林》無此六字。）又因與堂弟居守相石投盤飲酒，（本僅作「又因堂弟」四字，據《唐語林》增，《廣記》作「又因與裳以丞相留守石投店酒飲」，多誤字，蓋由不知「投盤」即「骰盤」，是酒令名也。）居守誤收骰子，（「骰」《唐語林》作「頭」，《廣記》作「石收頭子」。）糾者罰之。丞相曰：「何罰之有？」（「丞相」《廣記》作「石」，《唐語林》無此七字。）司徒曰：「汝向忙鬧時，（本無「忙」字，「鬧」誤作「閑」，據《廣記》《唐語林》增、改。《廣記》無「向」字。）把他堂印將去，（《唐語林》無「他」字。）又何辭焉。」飲酒家謂重四爲堂印，（《廣記》無「飲」字，《唐語林》無「酒」字。）蓋譏居守太和九年冬，（「九」本作「元」，據《廣記》《唐語林》改。「居守」《廣記》作「石」。）朝廷有事之際而登庸也。（本無「也」字，據《廣記》《唐語林》增。「庸」下《廣記》有「用」字。）又與石話服食，云：「汝服鍾乳否？」曰：「近服甚覺得力。」司徒曰：「吾一不得乳力。」蓋譏其作相日，無急難之效也。又嘗於街西遊宴，貪在博局，時已昏黑，從者迭報云：「鼓動。」司徒應聲曰：「靴！靴！」

其意謔鼓動似受慰之聲以弔客，靴靴答之，連聲索靴，言欲速去也。又在夏口時，官園納苧頭而餘者分給將校，其主將報之，軍將謝苧頭，司徒手拍頭云：「著他了也」。然後傳語，「此苧頭不必謝也」。（本缺「又與石以下」一百四十三字，據《唐語林》補。）

予與竇丈及王承昇同在朗州日，共歡宴。後三人相代爲夔州，亦異矣。

二、補遺

劉禹錫云：與柳八韓七詣施士匄聽《毛詩》，説「維鵜在梁」，「梁」人取魚之梁也。言鵜自合求魚，不合於人梁上取其魚，譬之人自無善事，攘人之美者，如鵜在人之梁，毛注失之矣。又説：「山無草木曰岵」，所以言「陟彼岵兮」，言無可怙也。以岵之無草木，故以譬之。（《唐語林》二。）

因言「罘罳」者復思也，今之板障屏牆也。天子有外屏，人臣將見，至此復思其所對敭、去就、避忌也。「魏」大，「闕」樓觀也，人臣將入，至此則思其遺闕。「桓楹」者，即今之華表也。桓、華聲訛，因呼爲桓。「桓」亦丸丸然柱之形狀也。（《唐語林》二。）

又説：古碑有孔，今野外見碑有孔。古者於此孔中穿棺以下於墓中耳。（《唐語林》二。）

又説：「甘棠」之詩，「勿剪」（原脱此二字，今補。）勿拜，召伯所憩」，「拜」言如人身之拜，小能屈也。（「能」《困學紀聞》三引《唐語林》作「低」。）上言「勿剪」，終言「勿拜」，（此兩句《困學紀聞》引作「勿拜則不止勿剪」。）明召伯漸遠，（「明」《困學紀聞》作「言」。）人思不得見也。（「不得見也」《困學紀聞》作「不可及」。）毛注「拜猶伐」非也。又言「維北有斗，不可挹酒漿」，言不得其人也。毛鄭不注。（《唐語林》二。「毛鄭不注」四字，齊之鸞本作「毛都不注此下」。）

按《唐語林》此下爲「爲詩用僻事」條。

韋絢曰：「司馬牆何也？」曰：「今唯陵寢繞垣，即呼爲司馬牆。而毬場是也，不呼之何也？」劉禹錫曰：「恐是陵寢，即呼臣下避之。」（《唐語林》二。）

《詩》曰「我思肥泉」者，源同而分之曰肥也。言我今衛女嫁于曹，如肥泉之分也。（《唐語林》二。）

魏文帝詩云：「畫舸覆緹」，（本作「堤」，今正。）即今淮浙間艙船篷子上帷幕耳。《唐書·盧藩傳》言之，（文淵閣本《唐語林》原注云：「案《唐書》無《盧藩傳》，韋絢唐人，亦無引《唐書》之理，疑有脱誤」。）船子著油□，比惑之，見魏詩方悟。（《唐語林》二。）

又曰：「旄邱」者上側下高曰旄邱，言君臣相背也。鄭注云：「旄當爲堥」，又言「堥未詳」，（齊之鸞本「又」上尚有一字，不清楚，似是「既」字。）何也？（《唐語林》二。）

郭璞《山海經》序曰：「人不得耳聞眼不見爲無。」非也，是自不知不見耳，夏蟲疑冰之類是矣。仲尼曰：「加我數年，五十以學易，可以無大過矣。」又韋編三絶。所以明未會者多於解也。（《唐語林》二。）

有楊何者有禮學，以廷評來夔州，轉雲安鹽官。因過劉禹錫，與之□□，何云：「仲尼合葬於防。」「防」地名，非也。仲尼以開墓合葬於防，「防」隧道也，且潸然流涕，是以合葬也。若謂之地名，則未開墓而已潸然何也。（《唐語林》二。）

按《唐語林》此下爲「五夜」條。

劉禹錫曰：（《總龜》作「劉夢得言」，《容齋隨筆》作「劉夢得云」。）茱萸二字，（《總龜》無「二字」二字。《隨筆》作「詩中用茱萸字者」。）更三詩人道之，（本作「經二詩人用」，據《總龜》改，《隨筆》作「凡三人」。）而有能否，（「而」本作「亦」，據《總龜》改，《隨筆》無此句。）杜甫云：（「云」本作「言」，據《隨筆》改，《總龜》作「杜子美云」。）「醉把茱萸子細看」，王右丞云：（本無「云」字，據《總龜》增，《隨筆》作「王維云」。）「偏插茱萸少一人」，（「偏插」《隨筆》作「插遍」。）朱倣云：（「倣」《隨筆》作「放」。）「學他年少插茱萸」，三君所用，（《總龜》無此四字。）杜公（《總龜》作「子美」。）爲優。（《唐語林》二本無「朱倣以下」至此，但存「最優也」三字，據《總龜》《隨筆》增。《詩話總龜》五《容齋隨筆》四。）

劉禹錫曰：（《總龜》無此四字。）牛丞相奇章公初爲詩，務奇特之語，（《總龜》作「矜奇特語」。）至有「地瘦草叢短」之句。（《總龜》無「之」字。）明年秋卷成，呈之，乃有「求人氣色沮」，（「乃有求人氣色沮」七字，《總龜》作「曰：有求色必赧」。）

憑酒意乃伸」，益加能矣。明年乃上第。（《唐語林》二。《詩話總龜》十四，與下條爲一條。）

因曰：（本無此二字，據《總龜》補。）楊茂卿云：「河勢崐崙遠，山形菡萏秋。」此詩題云：「過華山下作」，（「此詩」云云《總龜》作「此過華陰山下作」，）而用蓮蓬之菡萏，（《總龜》作「初用蓮峯作菡萏」。）極的當而暗静矣。（《唐語林》二。《詩話總龜》十四連上條，末句作「的當而暗盡矣」。）

按《唐語林》此下爲「石季龍」條。

又曰：爲文自鬬異一對不得。予嘗爲大司徒杜公之故吏，司徒冢嫡之薨於桂林也，柩過渚宫，予時在朗州，使一介具奠酹，以申門吏之禮。爲一祭文云：「事吴之心，雖云已矣。報智之志，豈可徒然。「報智」人或用之，「事吴」自思得者。」（《唐語林》二。）

柳八駮韓十八《平淮西碑》云：（《總龜》句首有「劉夢得曰」四字。「駮」誤「駿」，「十」誤「一」。）「『左飱右粥』何如我《平淮西雅》之云：『仰父俯子』。」（本無「之」字，依《總龜》增。《總龜》「俯」作「撫」。）禹錫曰：「美憲宗俯下之道盡矣。」（《總龜》無此十二字。）柳云：「韓碑兼有冒子，（「冒」《總龜》作「帽」。）使我爲之，便説用兵討叛矣。」（《唐語林》二。《詩話總龜》五，「便」誤作「使」。）

劉禹錫曰：（《總龜》無「禹錫」二字。）「韓碑柳雅」，（「柳」《總龜》誤作「劉」。）予爲詩云：（本無「爲」字，依《總龜》增。）「城中晨鷄喔喔鳴，（「晨」《總龜》作「早」，《臨漢隱居詩話》作「城中喔喔晨雞鳴」。）城頭鼓角聲和平」，美李尚書愬之入蔡城也，（《總龜》無「尚書城也」四字。）須臾之間，（《總龜》無此句。）賊都不覺。（《總龜》作「賊無覺者」。）又落句云：（本作「又詩落句言」，此依《總龜》改。）「始知元和十二載，四海重見昇平時」，（「時」《臨漢隱居詩話》作「年」。）所以言「十二載」者。（《總龜》無「所以」二字。）因以記淮西平之年。（《唐語林》二。《詩話總龜》五「記淮西平」作「見平淮西」。按《臨漢隱居詩話》約引前二句云：「爲盡李愬之美」後兩句云：「爲盡憲宗之美」，不知此文有脱誤，抑是魏泰誤記上節劉氏評《平淮西雅》之語也。）

段相文昌重爲《淮西碑》，碑頭便曰：「韓宏爲統，公武爲將。」用左氏「欒書將中軍，欒黶佐之」，文勢也甚善，亦是效班固《燕然碑》樣，別是一家之美。（《唐語林》二。）

又曰：薛伯鼻修史，爲愬傳，收蔡州徑入爲能。禹錫曰：「我則不然。若作史官，以愬得李祐，釋縛委心用之爲能。入蔡非能，乃一夫勇耳。」（《唐語林》二。）

劉禹錫曰：《春秋》稱「趙盾以八百乘」，凡帥能曰以，由也。由趙盾也。（《唐語林》二。）

又曰：王莽以羲和爲官名，如今之司天臺，本屬太史氏。故《春秋》史魚、史蘇、史亹，皆知陰陽術數也。（《唐語林》二。）

《南都賦》（「南」齊之鸞本《唐語林》作「蜀」，誤。）「春茆」音子卯之卯也。（「春茆」下本有「夏韭」兩字，而無「音」字，齊之鸞本有「音」字。按「音」字當接「子卯之卯也」五字，爲「茆」字作音耳。後人既增「夏韭」二字，遂以「音」字爲誤而删之。然《南都賦》自云「春卯夏筍，秋韭冬菁」，不云「夏韭」也。）而公孫羅云：「茆鳥卯」非也。且皆言菜也，何卯忽無言。（《唐語林》二。）

方書中「勞薪」，亦有「勞水」者，揚之使水力弱，亦勞也。亦用筆心，筆亦心勞一也。與薪勞之理，皆藥家之妙用。（《唐語林》二。）

又曰：近代有中正，中正鄉曲之表也。藻別人物，知其鄉中賢愚出處。晉重之。至東晉，吏部侍郎裴楷，乃請改爲九品法，即今之上中下，分爲九品官也。（《唐語林》二。）

王武子曾在夔州之西市，（齊之鸞本《唐語林》「在」誤作「爲」，《廣記》只有「夔州西市」四字。）俯臨江岸沙石，下看諸葛亮八陣圖。（「看」《廣記》作「有」，非。）箕張翼舒，鵝形鸛勢，（「鸛」本作「鶴」，據《廣記》改。）聚石分布，（「聚」《廣記》作「象」。）宛然尚存。峽水大時，三蜀雪消之際，澒涌滉瀁，（「澒涌」本誤作「瀕滂」，據《廣記》改，「滉」《廣記》作「混」。）可勝道哉。（本無此四字，據《廣記》增。）大樹十圍，枯槎百丈，破磑巨石，（「磑」本作「礶」，依《廣記》改。）隨波塞川而下，水與岸齊，雷奔山裂，（《廣記》作「人奔山上」，似誤。）則聚石爲堆者，斷可知也。（本無「則」字，據《廣記》增。）及乎水落川平，（本作「及乎水已平」，據《廣記》改。）萬物皆失故態，惟諸葛陣圖小石之堆，（本無「諸葛」二字，據《廣記》增。）標聚行列，依然如是者，僅已六七百年，（本作「垂六七百年間」，據《廣記》改。）年年淘灑推激，（本無「年年」二字，據《廣記》增。）迨今不動。

劉禹錫曰：「是諸葛公誠明，一心爲先主效死。況此法出《六韜》，是太公上智之材所構，自有此法，惟孔明行之，所以神明保持，一定而不可改也。」東晉桓温過此曰：「此常山蛇陣，擊頭則尾應，擊尾則頭應，擊其中則頭尾皆應。」常山者地名，其蛇兩頭，出於常山，其陣適類其蛇之兩頭，故名之也。温遂勒銘曰：「望古識其真，臨源愛往迹，恐君遺事節，聊下南山石。」陸法和亦曾征蜀，（「陸法和」以下本另起，今據齊之鸞本《唐語林》改。「亦曾」二字本作「嘗」，亦據齊本。）及上白帝城，插標，曰：「此下必掘得諸葛亮鏃。」既掘之，得箭鏃一斛。或曰：「當法和至此時，去諸葛亮猶近，應有人向説，故法和掘之耳。法和雖是異人，未必知諸葛亮箭鏃在此也。」（「未必」本作「必未」，據齊本改。《太平廣記》三百七十四引至「殆今不動」。《唐語林》二。）

按《唐語林》此下爲「諸葛亮令兵士獨種蔓菁」條。

禹錫曰：「『芍藥』和物之名也，此藥之性能調和物，或音『著略』，語訛也。」絢時獻賦，用此「芍藥」字，以「煙兮霧兮，氣兮靄兮」，言四時調和爲雲也。公曰：「甚善。」因以解之。（《唐語林》二。）

按《唐語林》所引，以上各條，似有次序，故首出焉。

劉□□云：（「劉」作「鄭」，今以意改。）「張燕公文逸而學奥，蘇許公文似古，學少簡而密。張有河朔刺史冉府君碑，序金城郡君云：『蕣華前落，藁瘞城隅，天使馬悲，啓滕公之室；人看鶴舞，閉王母之墳。』亦其比也。」公又云：「張巧于才，近世罕比。端午三殿侍宴詩云：『甘露垂天酒，芝盤捧御書。含丹同蝘蜓，灰骨慕蟾蜍。』上親解紫拂菻帶以賜焉。蘇嘗夢書壁云：『元老見逐，讒人孔多。既誅羣凶，方宣大化。』後十三年視草禁中，拜劉幽求左僕射制，上親授其意，及進本，上自益前四句，乃夢中之詞也。」（《唐語林》二。）

又曰：（「曰」本作「聞」，今以意改。）杜工部詩如爽鶻摩霄，駿馬絶地，其《八哀詩》，詩人比之大謝擬魏太子鄴中八篇。杜曰：「公知其一，不知其二。吾詩曰：汝陽讓帝子，眉宇真天人。虬髯似太宗，色映塞外春。八篇中有此句不？」或曰：「百川赴巨海，衆星拱北辰。所謂世有其人。」杜曰：「使昭明復生，吾當出劉曹二謝上。」杜善鄭廣文，嘗以花卿及姜楚公畫鷹示鄭，鄭曰：「足下此詩可以療疾。」他日鄭妻病，杜曰：「爾但言：子章髑髏血模糊，手提擲還崔大夫。如不瘥，即云：觀者徒驚帖壁飛，畫師不是無心學。未間，更有：太宗拳毛騧，郭家師子花。如又不瘥，雖和扁不能爲也。」其自得如此。（《唐語林》二。）

按此二條本爲一條，詳其文義，當亦出《嘉話録》。文中引「公又云」即韋書通例。末云「其自得如此」，按張巡守睢陽條云：「其忠勇如此」，杜丞相鴻漸條云：「貴人多知人也如此」，苗給事條云：「其父子之情切如此」，貞元末太府卿韋渠牟條云：「名場險巇如此」，均與此相類，故定爲《嘉話録》佚文。首言「鄭□□云」，疑本作「劉禹錫云」，既脱「禹錫」兩字，又誤「劉」爲「鄭」耳。按《觀林詩話》引《樹萱録》云：「杜工部詩世傳骨氣高峭，如爽鶻摩霄，駿馬絶地。」又《苕溪漁隱叢話》前集卷十一引《西清詩話》云：「《樹萱録》云：子美自負其詩，鄭虔妻病瘧，過之，云：當誦予詩，瘧鬼自避。初曰：日月低秦樹，乾坤繞漢宫。不愈則誦：子章髑髏血模糊，手提擲還崔大夫。又不愈則誦：虬鬚似太宗，色映塞外春。若又不愈則盧扁無如何矣。」又《唐詩紀事》卷十八引《詩話》云：「有病瘧者，子美曰：吾詩可以療之。病者曰：云何？曰：夜闌更秉燭，相對如夢寐。其人誦之，瘧猶是也。杜曰：更誦吾詩云：子章髑髏血模糊，手提擲還崔大夫。其人誦之果愈。」葛常之《韻語陽秋》引《古今詩話》曰：「子美因見病瘧者，曰：誦吾詩可療。令誦：子章髑髏血模糊，手提擲還崔大夫之句，病遂愈。」諸書傳説不一，但以《嘉話録》爲最早，且只是杜氏自得之意，並非其詩句真得療瘧疾，似爲近真也。

宣平鄭相之銓衡也，（《廣記》首有「劉禹錫曰」四字。）選人相賀得入其銓。（「入其」二字本誤倒，據《廣記》改。）劉禹錫曰：（本無「曰」字，據《廣記》增。）「予從弟某在鄭銓，（本無「予從」二字，據《廣記》增。「在」本作「爲」，據齊之鸞本《唐語林》改，《廣記》同。）注潮州尉，（「潮」《廣記》誤作「湖」，又「尉」字誤入下句「一字」下。）一唱唯唯而出。（《廣記》少一「唯」字。）鄭呼之卻迴，曰：（「曰」上本尚有一「鄭」字，據《廣記》删。）『如公所試，（「公」本作「此」，據《廣記》改。）場中無五六人，一唱便受之，（本無「之」字，據《廣記》增。）亦無五六人，（《廣記》無此句。）此而不獎，何以銓衡。公要何官，去家穩便？』曰：『家住常州。』乃注武進縣尉。人翕然畏而愛之。及後作相，選官又稱第一，（「選」《廣記》作「過」。）宜其有後於魯也。」（《廣記》無「宜」字。）又云：「陳諷、張復元各注畿縣尉，（《廣記》無「尉」字。）請換縣，允之。既而張卻請不換，鄭牓子引張，才入門，報已定，（《廣記》無「報」字。）不可改。時人服之。」（《唐語林》一《太平廣記》一百八十六。）

裴藻者延齡之子，應鴻辭舉。延齡于吏部候消息。時苗給事及杜黄門同時爲吏部知銓，將出門，延齡接見；探偵二侍郎口氣。延齡乃念藻賦頭曰：「是沖仙人。」黄門顧苗給事曰：「記有此否？」苗曰：「恰似無。」延齡仰頭大呼曰：「不得，不得。」敕下，果無名藻者。劉禹錫曰：「當延齡用事之時，不預實難也。非杜黄門誰能拒之。」（《唐語林》三。）

苗給事子纘應舉次，（「給事」二字《廣記》作「粲」，又脱「次」字。）而給事以中風語澀，（「給事」二字，《廣記》作「粲」。）而心中至切。（「中」《廣記》作「緒」。）臨試，又疾亟。纘乃爲狀，請許入試否。粲猶能把筆，淡墨爲書，曰「入！入！」（本少一「入」字，據《廣記》增。）其父子之情切如此。其年纘及第。（《唐語林》四《太平廣記》一百八十。）

元相載用李紓侍郎知制誥，元敗，欲出官。王相縉曰：「且留作誥。」待發遣諸人盡，始出爲婺州刺史。又曰：獨孤侍郎求知制誥，（「侍郎」《廣記》作「及」。）試見元相，（「相」《廣記》作「載」。）元相知其所欲，（《廣記》無此「相」字。）迎謂常州曰：（《廣記》無「迎常州」三字。）「知制誥阿誰堪？」（「阿誰」二字本作「可難」，誤。據《廣記》改。《廣記》無「知」字。）心知不我與也，（《廣記》作「及心知不我與而他也」。）乃薦李侍郎紓。（《廣記》無「侍郎」二字。）時楊炎在閣下，忌常州之來，（「常州」《廣記》作「及」。）故元阻之。（本無「故」字，據《廣記》增。）乃二人之力也。（《唐語林》五《太平廣記》一百八十七無「之」字。）

趙璟盧邁二相（《廣記》「相」下有「國」字。）皆吉州旅客，（《廣記》作「皆吉州人」。）人人呼爲趙七盧三。（「人人」《廣記》作「旅衆」。）趙相自微而著，蓋爲是姚廣女壻，（「廣」《廣記》作「曠」。）姚與獨孤問俗善，因託之，得作湖南判官，（《廣記》無「作」字。）累奏官至監察。（「奏」本作「授」，據《廣記》改。）蕭相復代問俗爲潭州，（「相復」二字原倒，據《廣記》改。）有人又薦於蕭，蕭留爲判官，至侍御史。蕭入，主留務，有美聲，聞於德宗，遂兼中丞，爲湖南廉使。及李泌入相，不知之，俄而除替。璟既罷任，遂入京。李元素知璟湖南政事多善，意甚慕之。（「俄而除替」以下二十六字，《廣記》作「俄而以李元素知璟湖南留務事而詔璟歸闕」十八字，蓋節引而多誤也。）璟閒居慕靜，（「閒居」《廣記》作「居京」。）深巷杜門不出，元素訪之甚頻。元素乃是泌相之從弟。（《廣記》無「是」字。）璟因其相訪，（《廣記》無「其相」二字。）引元素於青龍寺，（「引」《廣記》作「别」，誤。）謂之曰：「趙璟亦自合有官職，（本無「合」字，據《廣記》增。）誓不敢怨他人也。（《廣記》無「他也」二字。）誠非偶然耳，（本無「誠」字，據《廣記》增。）蓋得於日者焉。」（《廣記》無「焉」字。）遂同訪之。（《廣記》無此句。）仍密問元素年命，（本無「仍密」二字，據《廣記》增。）謂之曰：（《廣記》無「謂之」二字。）「據此年命，（本無此句，據《廣記》增。）亦合富貴人也。」（「亦合」本作「公亦」，據《廣記》改。）元素因自負，亦不言於泌相兄也。（《廣記》無「於」字。）頃之，（本無此二字，據《廣記》增。）德宗忽記得璟，賜對，（本無「對」字，據《廣記》增。）拜給事中，泌相不測其由。會有和戎使事，出新相關播爲大使，張薦張式爲判官，泌因乃奏璟爲副使，（「乃」《廣記》作「判」。）未至西蕃，（《廣記》無「西」字。）右丞有闕，宰相上名，德宗曰：「趙璟堪爲此官」，追赴拜右丞。（「追赴」二字本作「進」，據《廣記》改。）不數月，遷尚書左丞平章事。五年，（《廣記》「五年」上有「作相」二字。）薨於位。此乃吉州旅人趙七郎之變化也。（《唐語林》六《太平廣記》一百五十二。）

按此條下似當接今本「趙相璟之爲入蕃副使」一條。

司空曾爲楊丞相炎判官，故盧新州見忌，欲出之。公見桑道茂，道茂曰：「年内出官，官名遺忘，福壽。」果然。（按《唐語林》本不記出處，此條次盧華州條上，且文義近似，故録之。《唐語林》六。）

永寧王二十、光福王八二相，皆出於先安邑李丞相之門。安邑薨於位，一王素服受慰，一王則不然，中有變色，是誰過歟？又曰：李安邑之爲淮海也，樹置裴光德，及去則除授不同。李再入相，對憲宗曰：「臣路逢中人送節與吴少陽，不勝憤。」聖顔頳然。翌日罷李丞相蕃爲太子詹事，蓋與節是蕃之謀也。又論：征元濟時饋運使皆不得其人，數日罷光德爲太子賓客，主饋運者裴之所除也。劉禹錫曰：「宰相皆用此勢，自公孫弘始而增穩妙焉。但看其傳，當自知之。蕭曹之時，未有斯作。」（《唐語林》六。）

劉禹錫守連州，（「守」《廣記》作「牧」，「劉禹錫」《侯鯖録》六作「劉夢得」，蓋本作「公」字，各以臆改耳。）替高霞寓，（《廣記》脱「霞」字。）霞寓（本無此二字，據《侯鯖録》增。《廣記》只有「寓」字。）後入爲羽林將軍，自京附書，曰：（《侯鯖録》無「曰」字。）「以承眷，輒請自代矣。」（「輒」《侯鯖録》作「顧」，「請」《廣記》作「舉」。）公曰：「奉感。（本無「奉」字，據《侯鯖録》增。「公」字《廣記》作「劉」，下皆闕文。）然有一話。（《侯鯖録》無「然」字，《廣記》闕文。）曾有老嫗，（《侯鯖録》「有」下有「一」字。）山行見大蟲，（本作「見一獸如大蟲」，據《廣記》引，「見」《侯鯖録》作「遇」。）羸然跬步而不進，（「跬步」《侯鯖録》作

「懼」。)若傷其足者。(《廣記》無「者」字。)嫗因即之,(《廣記》作「嫗目之」,誤。)而虎舉前足以示嫗,(《廣記》作「而虎遂自舉足以示嫗」,《侯鯖録》作「乃舉足以視嫗」。)嫗看之,(《廣記》無此句。)乃有芒刺在掌下,(《廣記》無「下」字,《侯鯖録》無「乃」字。)因爲拔之。俄而奮迅闞吼,别嫗而去,(《廣記》作「俄奮迅闞吼」《侯鯖録》作「俄頃奮迅而去」。)似媿其恩者。(「似」《廣記》作「而」,無「者」字。「媿」《侯鯖録》作「感」。)及歸,翌日,(《侯鯖録》無此四字。《廣記》作「自後」二字。)自外擲麋鹿狐兔至於庭者,(《廣記》無「至者」二字,《侯鯖録》無「者」字。)日無闕焉。嫗登垣視之,乃前傷虎也,(「傷」下《侯鯖録》有「之」字。)因爲親族具云其事而心異之。(《侯鯖録》無此十二字。)一旦忽擲一死人入,(本無「入」字,據《侯鯖録》增。)血肉狼藉,乃被村人凶者呵捕(《廣記》作「嫗乃被村胥訶捕」,《侯鯖録》作「被村人所捕」。)云:殺人。(《侯鯖録》作「稱爲殺人」,《廣記》無此句。)嫗具説其由,(《侯鯖録》無「具」字。)始得釋縛。乃登垣,(《廣記》「乃」上有「嫗」字。)伺其虎至而語之,曰:(《廣記》《侯鯖録》並無「之」字。)『感則感矣,(《廣記》無「感則」二字。)叩頭大王,(「頭」《侯鯖録》作「首」。)已後更莫拋人來也。』」(《太平廣記》二百五十一「拋人」作「拋死人」。《侯鯖録》六「莫」作「不」,誤。《唐語林》六。)

劉禹錫曰:史氏所貴著作起居注,槖筆於螭首之下,人君言動皆書之,君臣啓沃皆記之,後付史氏記之,故事也。今起居惟寫除目,著作局可張羅,不亦倒置乎。(《唐語林》六。)

劉禹錫曰:大抵諸物須酷好則無不佳,有好騎者必畜好馬,曰好瑟者必善彈,皆好而别之,不必富貴而亦獲之。韋絢曰:蔡邕焦尾,王戎牙籌,若不酷好,豈可得哉。(《唐語林》六。)

貞元末有相骨山人,瞽雙目,人求相,以手捫之,必知貴賤。房次卿方勇於趨進,率先訪之。及出户時,後謁者盈巷,覩次卿已出,迎問之,曰:「如何?」答曰:「不足言,不足言。且道箇瘦長杜秀才位極人臣,何必更云。」或有退者。後杜循果帶相印鎮西蜀也。(《太平廣記》七六。)

權丞相德輿言無不聞,又善廋詞。嘗逢李二十六於馬上,廋詞問答,聞者莫知其所説焉。或曰:「廋詞何也?」曰:「隱語耳。語不曰:『人焉廋哉!人焉廋哉!』此之謂也。」(《太平廣記》一百七十四。)

侍郎潘炎進士牓有六異:朱遂爲朱滔太子;王表爲李納女婿,彼軍呼爲駙馬;趙博宣爲易定押衙,(「易」本作「異」,據《唐詩紀事》二十二改。)袁同直入番爲阿師;竇常二十年稱前進士;奚某亦有事;(《唐詩紀事》云:「其一爲奚陟。」)時謂之六差。竇常新及第,薛某給事宅中逢桑道茂,給事曰:「竇秀才新及第,早晚得官?」桑生曰:「二十年後方得官。」

一坐皆哂，不信。然果耳五度奏官，皆敕不下，即攝職數四，其如命何！（《太平廣記》一百七十九。）

通事舍人宣詔，舊例，（「例」本作「命」，據《近事會元》改。）拾遺團句把麻者，蓋謁者不知書，多失句度，故用拾遺低聲摘句以助之。（「聲摘」原作「摘聲」，誤，以意改。）及吕温爲拾遺，被唤把麻，不肯去，遂成故事。拾遺不把麻者，（《近事會元》無「者」字。）自吕始也。時柳宗元戲吕云：「幸識一文半字，何不與他把也。」（《近事會元》卷二引無「時柳宗元」以下。《太平廣記》一百八十七。）

開成末，韋絢自左補闕爲起居舍人。時文宗稽古尚文，多行貞觀開元之事。妙選左右史，以魏謩爲右史，俄兼大諫，入閣秉筆，直聲遠聞。帝倚以爲相者，期在旦暮，對敭（原作「剔」，今以意改。）進諫，細大必行，公望美事，朝廷拭目以觀文貞公之風彩。會文宗晏駕，時事變移，遂中輟焉。時絢已除起居舍人，楊嗣復於殿下先奏，曰：「左補闕韋絢新除起居舍人，未中謝，奏取進止。」帝頷之。李珏招而引之，絢即置筆札於玉階欄檻之石，遽然趨而致詞拜舞焉。左史得中謝，自開成中。至武宗即位，隨仗而退，無復簪筆之任矣。遇簪筆之際，因得密邇天顔，故時人謂兩省爲侍從之班，則登選者不爲不達矣。（《太平廣記》一百八十七。）

貞元末，（《紀事》作「貞元元年」，《總龜》作「貞元中」。）太府卿韋渠牟、金吾李齊運、度支裴延齡、京兆尹嗣道王實（《紀事》無「王實」二字，《總龜》無「度支」以下十一字。）皆承恩寵事（《總龜》作「皆寵貴」。）薦人多得名位。時劉師老、穆寂皆應科目，（「師老」《紀事》俱誤作「老師」。）渠牟主持穆寂，齊運主持師老。（《總龜》無二「持」字。）會齊運朝對，（《總龜》無「朝」字。）上嗟其羸弱，（「上」《總龜》作「順宗」。）許其致政而歸。（本無「歸」字，據《總龜》增。「其」《紀事》《總龜》作「以」，「政」《紀事》《總龜》作「仕」。）師老失據，（「據」本作「授」，據《紀事》《總龜》改。）故無名子曰：（《紀事》《總龜》無「故」字。）「太府朝天昇穆老，（「府」《紀事》《總龜》作「尉」，誤。）尚書倒地落劉師。」（「師」《紀事》作「郎」。）劉禹錫曰：「名場險巇如此。」（《太平廣記》一百八十八，本無「劉禹錫曰」以下十字，據《唐詩紀事》四十八引《古今詩話》《詩話總龜》三十六補。）

又渠牟因對德宗，德宗問之，曰：「我擬用鄭絪作宰相，如何？」渠牟曰：「若用此人，必敗陛下公事。」他日又問，對亦如此。帝曰：「我用鄭絪，定也，卿勿更言。」絪即昭國司徒公也。再入相位，以清儉文學號爲賢相，於今傳之。渠牟之毁，濫也。（本與上爲一條，今別。《太平廣記》一百八十八。）

韋延祐圍棊與李士秀敵手，士秀惜其名，不肯先，寧輸延祐籌，終饒兩路。延祐本應明經舉，道過大梁，其護戎知其善棊，表進之。遂因言江淮足棊人，就中弈棊明經者多解。（《太平廣記》二百二十八。）

貞元中有杜勸好長行，皆有佳名。各記有……（《太平廣記》二百二十八，本與下條相連，今析之。「各記有」三字似有脱誤。）

輕紗（本作「妙」，誤，據《唐語林》改。）夏中用者名爲泠子。（本無「名」字，據《唐語林》增。）取其似蕉葛（《唐語林》作「葉」。）之輕健而名之。（《太平廣記》二百二十八，本誤與上條相聯。《唐語林》八。）

劉禹錫言：司徒杜公佑視穆贊也，（《南部新書》無「也」字。）如故人子弟，（《南部新書》無「如」字，「弟」下有「也」字。）佑見贊爲臺丞，數彈劾，（本無「臺丞數彈劾」五字，而作四個方圍，據《南部新書》補。）因事戒之，曰：（本無「事戒」二字，作一方圍，據《南部新書》補。）「僕有一言，（「僕」字本空，據《南部新書》補。）爲大郎久計，（「大」本誤「入」，「計」字本空，據《南部新書》改。）他日少樹敵爲佳。」（本無「他日少樹」四字，作五方圍，又「敵」誤「蔽」，「佳」誤「珪」，據《南部新書》改正。）穆深納之，（「深」字本空，據《南部新書》補。）由是稍霽其威也。（《太平廣記》二百三十五，末句原作「友□□威也」，今據《南部新書》辛卷補正。）

崔清除濠州刺史，替李遜，清辭户部侍郎李巽。留坐與語。清指謂所替李遜，曰：「清都不知李遜渾不解官。」再三言之。巽曰：「李巽即可在，只是獨不稱公意。」清稍悟之，慙顧而去。（《太平廣記》二百四十二。）

楊茂卿客遊揚州，與杜佑書，詞多捭闔，以周公吐握之事爲諷。佑訝之。時劉禹錫在坐，亦使召楊至，共飲。佑持茂卿書與禹錫，曰：「請丈人一爲讀之。」既畢。佑曰：「如何？」禹錫曰：「大凡布衣之士，皆須擺闔以動尊貴之心。」佑曰：「休休！擺闔之事爛也。獨不見王舍乎，擺闔陳少遊，少遊刎其頸。今我與公飯吃，過猶不及也。」翌日，楊不辭而去。（《太平廣記》二百四十四。）

劉禹錫曰：崔護不登科，怒其考官苗登，即崔之三從舅也。乃私試爲判頭，毁其舅，曰：「甲背有猪皮之異，人問曰：何不去之，有所受。」其判曰：「曹人之袒重耳，駢脅再觀。相里之剥苗登，猪皮斯見。」初登爲東畿尉，相里造爲尹，曾欲笞之，袒其背，有猪毛，長數寸。故又曰：「當偃兵之時則隧而無用，在穴之□則摇而有求。」皆言其尾也。（《太平廣記》二百五十五。）

柳宗元與劉禹錫同年及第，題名於慈恩塔。談元茂秉筆，時不欲名字者，彰曰：「押縫版子上者率多不達，或即不久物故。」柳起草，暗斟酌之。張復已下，馬徵、鄧文佐名盡著版子矣。題名皆以姓望，而辛南容人莫知之。元茂閣筆，曰：「請辛先輩言其族望。」辛君適在他處。柳曰：「東海人。」元茂曰：「爭得知？」柳曰：「東海之大，無所不容。」俄而辛至，人問其望，曰：「渤海。」衆大笑。慈恩題名，起自張莒，（《緯略》引作「起自進士張莒」。）本於寺中閒遊而題其同年人，（《緯略》引作「遊寺中而題其姓名於塔下」。）因爲故事。（《緯略》卷五引「慈恩題名」以下，「因」作「遂」。《太平廣記》二百五十六。）

貞元中武臣常愿好作本色語。曾謂余曰：「昔在奉天爲行營都虞侯，聖人門（疑當作「問」）都有幾個賢郎。」他悉如此。且曰：「奉天城斗許大，更被朱泚吃兵馬楦爲如累雞子。今抛向南衙，被公措大偉齕鄧鄧把將化（疑當作「他」。）官職去。」至永貞初，禹錫爲御史監察，見常愿攝事在焉。因謂之，曰：「更敢道紇鄧否？」曰：「死罪死罪。」（《太平廣記》二百六十。）

于頔之鎮襄陽也，朝廷姑息，除其子方爲太常丞。頔讓之，表曰：「劉元佐兒（本作「倪」今正。）士榮，以佐之功，先朝爲太常丞，時臣與士榮同登朝列，見其凡劣，實鄙之。今臣功名不如元佐，某之凡劣不若士榮，若授此爵，更爲叨忝。」德宗令將其表宣示百寮。時士榮爲南衙將軍目覩其表。有渾鐻者錫之□也。（「錫」疑當作「鎬」。）鎬宴客飲酒，更爲令，曰：「徵近日凡劣，不得即雨。」□（疑當作「鐻」。）曰：「劉士榮。」鎬曰：「于方。」鎬謂席人曰：「諸公並須精除。」（《太平廣記》二百六十。）

竇羣與袁德師同在浙西幕，竇羣知尉，嘗嗔堂子，曰：「須送伯禽。」（按此所謂廋詞也。「伯禽」名鯉，諧「理」，或「李」指司法也。）問德師曰：「會否？」曰：「某乙亦不到如此，也還曾把書，□何乃相卿。」（「卿」疑當作「輕」。）詰之：「且伯禽何人？」德師曰：「只是古之堂子也。」滿座人哂。（《太平廣記》二百六十。）

劉禹錫云：道宣持律第一。忽一旦霹靂遶户外不絕。（「且」《類事》作「曰」。）宣曰：「我持律更無所犯，（《類事》無「更」字。）若有宿業則不知之。」於是褫三衣於户外，（「於是」《類事》作「乃」。）謂有蛟螭憑焉。（「謂」《類事》作「恐」。）衣出而聲不已。（「已」《類事》作「止」。）宣乃視其十指甲有一點如油麻者，（《類事》無「乃」字。）在右手小指上，疑之，乃出於隔子孔中，一震而失半指。黑點是蛟龍之藏處也。（「龍」《類事》作「螭」。）禹錫曰：（「曰」《類事》作「云」。）「在龍亦尤善求避地之所矣，（「在」《類事》作「斯」，「尤」《類事》作「可謂」。）而終不免，（「終」下《類事》有「猶」字。）則一切分定，豈可逃乎。」

（《太平廣記》三百九十三《分門古今類事》卷十八。）

湖南觀察使有夫人脂粉錢者，自顔杲卿妻始之也。柳州刺史亦有此錢，是一軍將爲刺史妻致，不亦謬乎。（《太平廣記》四百九十七。）

三、附録

蘭按：范攄作《雲谿友議》序云：「近代何自然《續笑林》，劉夢得撰《嘉話録》，或偶爲編次，論者稱美。」以是知《友議》卷中《中山悔》一篇中，多有出於《嘉話録》者。然范氏多竄易舊文，故僅附録於後。

襄陽牛相公赴舉之秋，每爲同袍見忽，及至昇超，諸公悉不如也。嘗投贄於劉補闕禹錫，對客展卷，飛筆塗竄其文，且曰：「必先輩未期至矣。」然拜謝讎礪，終爲怏怏乎。歷廿餘歲，劉轉汝州，隴西公鎮漢南，枉道駐旌旆，信宿，酒酣，直筆以詩喻之。劉公承詩意，方悟往年改張牛公文卷。因誡子弟咸元承雍等，曰：「吾立成人之志，豈料爲非。況漢上尚書，高識達量，罕有其比。昔主父偃家爲孫弘所夷，嵇叔夜身死鍾會之口，是以魏武誡其子云：「吾大忿怒、小過失，慎勿學焉。」汝輩修進，守忠爲上也。」

席上贈劉中丞　襄州節度牛僧孺詩曰：

粉署爲郎四十春，（《總龜》作「二十春」，又「署」誤作「飾」。）今來名輩更無人。（「今來」《總龜》作「向來」。）休論世上昇沈事，且鬬罇前見在身。（「鬬」《總龜》作「問」。）珠玉會應成咳唾，山川猶覺露精神。莫嫌恃酒輕言語，曾把文章謁後塵。

奉和牛尚書　汝州刺史劉禹錫

昔年曾忝漢朝臣，晚歲空餘老病身。初見相如成賦日，後爲丞相掃門人。（「掃」《總龜》作「倚」，誤。）追思往事咨嗟久，幸喜清光語笑頻。（「光」《總龜》作「風」。）猶有當時舊冠劍，待公三日拂埃塵。

牛公吟和詩，前意稍解，曰：「三日之事，何敢當焉。」（原注：「宰相三朝後，主印，可以昇降百司也。」）於是移宴竟夕，方整前驅也。（《詩話總龜》十四引《古今詩話紀事》略有不同。按《唐語林》引《嘉話録》有評牛丞相詩語，當與此節有關。）

中山公謂諸賓友曰：「予昔與權丞相德輿度詞，同舍郎莫之會也。（原注：「度詞隱語，時人罕知。」）與韓退之愈優劣人物，而浙（字當有誤。）袁給事同肩。與李表臣程突梯，而侮李兵部紳。與柳子厚宗元評修國史，而薄侍郎袞。與吕光化論制誥，而鄙席舍人夔。余二十八年在外，五爲刺史，（原注：「言遵道路知蘇杭五郡。」）而不復親臺省，以此將知清途隔絶，其自取乎。」（按《太平廣記》引「權丞相善度詞」，又今本《嘉話録》有「韓十八愈直是太輕薄」條，「李二十六丈善謔」條，「李二十六」即「李程」，皆與此有關。此必《嘉話録》語而略有潤飾耳。）

「或有淡薄相於，緘翰莽鹵者。每吟張博士籍詩云：（《總龜》作「劉夢得每吟張籍詩云」，無首十一字。）『新酒欲開期好客，朝衣暫脱見閒身。』（「新」《總龜》作「靳」。）對花木則吟王右丞詩云：（《總龜》作「又王維詩云」。）『興闌啼鳥换，坐久落花多。』則幽居之趣少安乎。余友稀，舊人各（原作「名」，今正。）爲異代。近日爲文都不愜。（「則幽居」以下二十七字，《總龜》無。）洛中白二十居易苦好余《秋水咏》曰：（「洛中白二十居易」七字，《總龜》作「嘗言樂天」四字。）『東屯滄海闊，南瀼（本作「壤」，據《總龜》改。）洞庭寬。』又《石頭城下作》云：『山圍（本作「連」，據《總龜》改。）故國周遭在，潮打空城寂寞迴。』余自知不及蘇州韋十九郎中應物詩曰：（「余自知」以下十六字，《總龜》作「自知不及韋蘇州」。）『春潮帶雨晚來急，野渡無人舟自横。』嘗過洞庭，雖爲一篇，静思杜員外甫落句云：（「嘗過」以下十七字，《總龜》作「又杜少陵過洞庭上云」。）『年去年來洞庭上，（《總龜》無此句。）白蘋愁殺白頭人。』鄙夫之言，有愧於杜公也。」（六字《總龜》作「亦媿杜公」。按《詩話總龜》卷五，此條未注出處，或即出《嘉話録》。然脱略過甚，故附於此。）

「楊茂卿校書《過華山詩》曰：（「茂」本作「危」，今正。）『河勢崑崙遠，山形菡萏秋。』此句實爲佳對。（按此見《唐語林》所引《嘉話録》，然文頗不同，足徵范氏改作。）又皇甫博士湜《鶴處雞羣賦》云：『若李君之在胡，但見異類；如屈原之相楚，唯我獨醒。』然二君矜衒，俱爲朝野之絶倫。余亦昔時直氣，難以爲制。因作一口號，贈歌人米嘉榮曰：『唱得梁州意外聲，（「唱」《總龜》作「吹」。）舊人唯有米嘉榮。近來年少輕前輩，（「輕」《總龜》作「欺」。）好染髭鬚事後生。』」（「事」《總龜》作「學」。按《詩話總龜》二十六引此詩爲韋應物，誤也。）

「夫人遊尊貴之門，常須慎酒。昔赴吴臺，揚州大司馬杜公鴻漸爲余開宴，醉歸驛亭，似醒，見二女子在旁，驚非我有也。乃曰：『郎中席上與司空詩，特令二樂伎侍寢。』且醉中之作，都不記憶。明旦修狀啓陳謝，杜公亦優容之，何施面目也。余郎署州牧，輕忤三司，豈不難也。詩曰：『高髻雲鬟宫様粧，春風一曲杜韋娘。司空見慣尋常事，（《總龜》作「渾閒事」。）斷盡蘇州刺史腸。（《詩話總龜》二十六引《唐宋遺史》記事頗不同。）

中山劉公（原注：「後以太子校書尚書令呼到爲州牧也。」）曰：「頃在夔州，少逢賓客，縱有停舟相訪，不可久留。而獨吟曰：『巴人淚逐猿聲落，蜀客舟從鳥道來。』忽得京洛故人書題，對之零涕。」

又曰「浮生誰至百年，倏爾衰暮，富貴窮愁，寔其常分，胡爲嗟惋焉。」

四、今本辨僞

蘭按：今本《嘉話録》已非原書，其間多爲後人以他書攙入。除卷首「韋絢序」至「蔡之將破」條，凡二十五條（文房本八葉半又三行），及「石季龍」條至「予與賓文」條，凡二十條（文房本第十五葉後半第五行起至二十葉盡，共五葉六行），總計四十五條（文房本共十三葉少一行），是真韋書外，前段攙入《尚書故實》二十七條，《續齊諧記》二條，後段攙入《尚書故實》十條，《隋唐嘉話》二十九條，總計六十八條（文房本共十六葉四行），皆别録於後，並辨之，庶真僞昭然。然僞增各條，雖非韋氏原文，以校今本《尚書故實》與《隋唐嘉話》頗有勝處，《隋唐嘉話》且可增佚文四條，以作僞者出北宋元祐以前，所見尚是善本也。則此在韋書視之，固爲土苴，而在李、劉之書視之，轉可貴重，固不可廢也。

公嘗於貴人家，見梁昭明太子脛骨，微紅而潤澤，豈非異也。又嘗見人腊長尺許，眉目手足悉具，或以爲僬僥人也。（見《尚書故實》。本爲兩條，「豈非異也」作「抑異於常也」。）

元公鎮南海日，疽生於鬢，氣息惙然。忽有一年少道士，直來房前，謂元公曰：「本師知病瘡，遣某將少膏藥來，可便傅之。」元公寵姬韓氏，家號静君，遂取膏疾貼之於瘡上，至暮而拔，數日平復。於蒼黄之際，不知道士所來。及令勘，中門至衙門十餘重，並無出入處，方知是其異也。盛膏小銀合子，韓氏收得，後猶在。（見《尚書故實》。首云：「進士盧融嘗説，盧元公鎮南海日」云云。末又云：「融即相國親密，目驗其事，因附於此。」按李綽數記盧元公事，僞本《嘉話録》截去「盧」字，只云「元公」，誤也。然韓氏之「家號静君」爲今本《尚書故實》所無，王性之作《補侍兒小名録》即引此，或作此僞本者，所見《故實》别本有之也。）

蜀王嘗造千面琴，散在人間，王即隋文之子楊秀也。（見《尚書故實》。）

李汧公勉取桐絲之精者，雜綴爲之，謂之百衲琴。用蝸殼爲徽。其間三面尤絶異，通謂之「響泉韻磬」。絃一上，可十年不斷。（見《尚書故實》。）

絳州《碧落碑》文乃高祖子韓王元吉四男（原注：「訓、誼、譔、諶。」）爲先妃所製，陳惟玉書。今不知者，皆妄有指説。（見《尚書故實》。今本無注四子名，此所據蓋亦别本也。）

荀輿能書，嘗寫貍骨方，（原注：「貍骨理勞方也。」）右軍臨之，謂之《貍骨帖》。（見《尚書故實》。今本無注，但云「嘗寫貍骨治勞方」，此亦據别本。「治」是唐高宗名，避諱故作「理」。）

昔中書令河東公開元中居相位，有張憬藏者能言休咎，一日忽詣公，以一幅紙大書台字授公。公曰：「余見居台司，此意何也？」後數日，貶台州刺史。（見《尚書故實》。按此及下條皆張賓護述其先世故並不書姓。「河東公」爲「張嘉貞」。《太平廣記》卷七十七以爲「裴光庭」，誤也。）

河東公出鎮并州日，上問有何事，但言之。奏曰：「臣有弟嘉祐，遠牧方州，（原注：「不記去處。」）手足支離，常繫念慮。」上因口敕「張嘉祐可忻州刺史」。忻州河東屬郡，上意不疑，公亦不讓，豈非至公無隱，出於常限也。（見《尚書故實》。）

王平南（原注：「廙」。）右軍之叔也。善書畫，嘗謂右軍曰：「諸事不足法，唯書畫可法。」晉明帝師其畫，右軍學其書。（見《尚書故實》。）

京國頃歲街陌中有聚觀戲場者，詢之，乃刺猬對打令。既合節奏，又中章程。（見《尚書故實》。今本末云：「時座中有前將作李少監韞，亦云曾見。」）

汲冢書蓋魏安釐王時，衛郡汲縣耕人於古冢中得之。竹簡，漆書科斗文字，雜寫經史，與今本校驗，多有同異。耕人忘其姓名。（見《尚書故實》。今本「衛郡」上有「晉時」二字，此有脱誤。又末注「耕人姓不」云云，亦與此云「忘其姓名」者不同。）

世謂牡丹花近有，蓋以前朝文士集中無牡丹歌詩。公嘗言楊子華有畫牡丹處，極分明。子華北齊人，則知牡丹花亦久矣。（見《尚書故實》。今本「公」作「張公」。）

王僧虔，右軍之孫也。齊高祖嘗問曰：「卿書與我書孰優？」對曰：「陛下書帝王第一，臣書人臣第一。」帝不悦。嘗以擨筆書，恐帝所忌故也。（見《尚書故實》。今本「臣書」句在「陛下書」句前，非是。）

陸暢嘗謁韋皋，作《蜀道易》一首，句曰：（疑當重一「首」字，作「首句曰」。）「蜀道易，易於履平地。」皋大喜，贈羅八百匹。皋薨，朝廷欲繩其既往之事，復開先所進兵器，其上皆刻「之秦」二字。不相與者欲窘成罪名。暢上疏理之云：「臣在蜀日見造所進兵器，『之秦』者匠之名也。」由是得釋。《蜀道難》李白罪嚴武作也，暢感韋之遇，遂反其詞焉。（見《尚書故實》。「開」當作「閲」，「之秦」當作「定秦」，此有誤。）

魏受禪碑，王朗文，梁鵠書，鍾繇鐫字，謂之三絶。（原注：「古鐫字皆須妙於篆籀，故繇方得鐫刻。」張懷瓘《書斷》曰：篆籀、八分、隸書、草書、章書、飛白、行書，通謂之八體，而右軍皆在神品。右軍嘗醉書，點畫類龍爪，後遂爲龍爪書。如：科斗、玉筯、偃波之類，諸家共五十二般。（見《尚書故實》。今本兩條，原注今本作大字。）

舒州灊山下有九井，其實九眼泉也。旱則殺一犬投其中，大雨必降，犬亦流出焉。（見《尚書故實》。今本前有「公曰」二字。）

南山久旱，即以長繩繫虎頭骨，投有龍處。入水，即掣不定，俄頃雲起潭中，雨亦隨降。（原注：「龍虎敵也，雖枯骨猶能激動如此。」見《尚書故實》，今本「南山」作「南中」。原注均作大字。）

五星惡浮圖佛像。今人家多圖畫五星，雜於佛事，或謂之禳災，真不知也。（見《尚書故實》。）

武后朝宰相石泉公。（原注：「王方慶，瑯邪王。」）后嘗御武成殿，閲書畫，問方慶，曰：「卿家舊法書帖乎？」方慶遂進自右軍已下至僧虔、智永禪師等二十五人，各書帖一卷，命崔融作序，謂之「寶章集」。亦曰「王氏世寶」。（見《尚書故實》。今本「舊法書存乎」，此誤「存」字爲「帖」。又「各書帖一卷」下，脱「進上後」三字。）

今延英殿，紫芝殿也，謂之小延英。苗韓公居相位，以足疾，步驟微蹇，上每於此待之。宰相傳小延英，自此始也。（見《尚書故實》。今本「紫芝」作「靈芝」。）

八分書起於漢時王次仲。次仲有道術，詔徵聘，於車中化爲大鳥飛去，遺翮於山谷間。今有大翮山。小翮山偶忘其處。(見《尚書故實》。按今本末云「大翮山在常山郡界」,與此稍有不同。)

李約嘗江行,與一商胡舟楫相次。商胡病,固邀與約相見,以二女託之,皆異色也。又遺一大珠。約悉唯唯。及商胡死,財寶數萬,約皆籍送官,而以二女求配。始殮商胡時,自以夜光含之,人莫之知也。後死胡親屬來理資財,約請官司發掘驗之,夜光在焉。其密行有如此者。(見《尚書故實》。按今本首云「兵部李約員外」。)

楊祭酒愛才公心,嘗知江表之士項斯,贈詩曰:「度度見詩詩總好,及觀標格勝於詩。平生不解藏人善,到處相逢説項斯。」項斯由此名振,遂登高科。(見《尚書故實》。今本作「楊祭酒敬之」。)

東都頃年創造防秋館,穿掘多得蔡邕鴻都學所書石經,至今,人家往往有之。(見《尚書故實》。按今本「至今人家」作「後洛中人家」。)

王内史《借船帖》,書之尤工者也。盧公尚書寶惜有年矣。張賓獲致書借之,不得。云:「只可就看,未嘗借人。」盧公除潞州,旌節在途,才數程,忽有人將書帖來就公求售,閱之,乃《借船帖》也。公驚異,問之。云:「盧家郎君要錢,遣賣耳。」公嗟訝移時,不問其價,還之。後不知落何處。(見《尚書故實》。按今本云:「故山北盧尚書匡寶惜有年,公致書借之。」所謂「公」者即序所謂「賓護張公」也。故作此者遂改爲「張賓護」,而又誤「獲」爲「護」耳。《太平廣記》卷二百九作「盧公致書借之」,以後諸「公」字均作「盧公」,誤也。)

飛白書始於蔡邕,在鴻都學見匠人施堊帚,遂創意焉。梁子雲能之。武帝謂曰:「蔡邕飛而不白,羲之白而不飛,飛白之間,在卿斟酌耳。」(見《尚書故實》。按今本「梁子雲」作「梁蕭子雲」,且末有「張賓護家蕭齋」一段,此誤脱。)

章仇兼瓊鎮蜀日,仇嘗設大會,百戲在庭,有十歲女童,舞于竿杪,忽有物狀如雕鶚,掠之而去。羣衆大駭,因而罷樂。後數日,其父母見在高塔上,梯而取之,則神形如癡。久之,方語,云:見壁畫飛天夜叉者將入塔中,日飼果食飲饌之類,亦不知其所自。四日,方精神如初。(見《尚書故實》。)

傳記所傳:漢宣帝以皂蓋車一乘,賜大將軍霍光,悉以金較具。至夜,車鎋上金鳳皇輒亡去,莫知所之,至曉乃還。如此非一,守車人亦嘗見。後南郡黄君仲北山羅鳥,得鳳皇子,入手即化成紫金,毛羽冠翅,宛然具足,可長尺餘。守車人列云:「今月十二日夜,車鎋上鳳皇俱飛去,曉則俱還,今日不返,恐爲人所得。」光甚異之,具以列上。後數日,君仲詣闕上金鳳皇子,云:「今月十二日夜,北山羅鳥所得。」帝聞而疑之,以置承露盤上,俄而飛去。帝使尋之,直入光家,止車鎋上。乃知信然。帝取其車，每遊行，輒乘御之。至帝崩，鳳皇飛去，莫知所在。嵇康詩云：「翩翩鳳轄，逢此網羅」，（「網」原誤「綱」，今正。）正謂此也。（見《續齊諧記》僅於首加「傳記所傳」四字，以掩飾其抄襲耳。）

昔東海蔣潛嘗至不其縣，路次，林中遇一屍已臭爛，鳥來食之，輒見小兒長三尺，驅鳥，鳥飛起。如此非一，潛異之。看見屍頭上着通天犀簪，揣其價可數萬錢，潛乃拔取。既去，衆鳥爭集，無通驅者。潛以此簪上晉武靈王晞，晞薨，以襯衆僧。王武剛以九萬錢買之，後落褚太尉處，復以餉齊故丞相豫章王，王薨後，內人江夫遂斷以爲釵。每夜輒見一兒，遶床啼叫，云：「何爲見屠割，天當相報。」江夫惡之，月餘乃亡。（見《續齊諧記》。今本「江夫」作「江夫人」，「天當相報」作「必訴天當相報」，此並誤脱。）

蘭按：以上二十九條今本插在卷中，《顧氏文房小説》本九葉後面四行起，至十五葉後面四行止。前爲《嘉話録》原本「蔡之將破」條，後爲原本「石季龍」條。

《晉書》中有飲食名寒具者，亦無注解處，後於《齊民要術》並《食經》中檢得，是今所謂鐶餅。桓玄嘗陳法書名畫，請客觀之，有客食寒具，不濯手而執書，因有污處。玄不懌，自此命賓，不設寒具。（見《尚書故實》。）

昌黎生，名父之子，雖教有義方而性頗暗劣。嘗爲集賢校理，史傳中有説「金根車」處，皆臆斷之，曰：「豈其誤與？必金銀車也。」悉改「根」字爲「銀」字。至除拾遺，果爲諫院不受。俄有以故人之子愍之者，因辟爲鹿門從事。（見《尚書故實》。）

今謂進士登第爲「遷鶯」者久矣。蓋自《毛詩·伐木篇》：「伐木丁丁，鳥鳴嚶嚶，出自幽谷，遷于喬木。」又曰：「嚶其鳴矣，求其友聲。」并無鶯字。頃歲試「早鶯求友」詩，又「鶯出谷」詩，別書固無證據，豈非誤與。（見《尚書故實》。）

東晉謝太傅墓碑，但樹貞石，初無文字，蓋重難製述之意也。（見《尚書故實》。）

《千字文》梁周興嗣編次，而有王右軍書者，人皆不曉其始。梁武教諸王書，令殷鐵石於大王書中撮一千字不重者，每字一片紙，雜碎無敘。武帝召興嗣，謂曰：「卿有才思，爲我韻之。」興嗣一夕編次進上，鬢髮皆白，而賞錫甚厚。右軍孫智永禪師自臨八百本，散與人外，江南諸寺各留一本。永公住永欣寺，積年學書，後有筆頭十甕，每甕皆數萬。人來覓書，兼請題頭者，如市，所居户限爲之穿穴，乃用鐵葉裹之。人謂之鐵門限。後取筆頭瘗之，號退筆塚，自製銘誌。（見《尚書故實》。按今本「散與人間」「間」字此作「外」；「皆數石」此作「皆數萬」；似並有誤。「住吳興永福寺」此作「住永欣寺」。）

鄭廣文學書而病無紙，知慈恩寺有柿葉數間屋，遂借僧房居止，日取紅葉學書，歲久殆遍。後自寫所製詩并畫，同爲一卷，封進玄宗，御筆書其尾，曰：「鄭虔三絶。」（見《尚書故實》。）

郭侍郎承嘏嘗寶惜法書一軸，每隨身攜往。初應舉，就雜文試。寫畢，夜色猶早，以紙緘裹，置於篋中。及納試而誤納所寶書帖。卻歸鋪，於燭籠中取書帖觀覽，則程試宛在篋中。遽驚嗟，計無所出，來往棘闈門外。忽有老吏詢其事，具以實告。吏曰：「某能換之。然某家貧，居興道里，儻換得，願以錢三萬見酬。」公悦以許之。逡巡賫程試入而以書帖出授公，公媿謝而退。明日歸親仁里，遽以錢送詣興道。款關久之，吏有家人出，公以姓氏質之，對曰：「主人死已三日矣，力貧未辦周身之具。」公驚嘆久之。方知棘闈所見，乃鬼也。遂以錢贈其家。（見《尚書故實》。按今本「及納所寶書帖」，有脱誤，此作「及納試而誤納所寶書帖」，是也。「悤遽驚嗟」，此脱「悤」字。「公悦而許之」，「而」此誤「以」。又末有「曾聞於盧公，今又得於張公」等語，此闕。）

張尚書牧弘農日，捕獲發墓盜十餘輩。中有一人請間，言事。公因屏吏獨問。對曰：「願以他事贖死。盧氏南川有堯女冢，近亦曾爲人開發，獲一大珠並玉盌，人亦不能計其直，餘寶器極多，世莫之識也。」公因遣吏發驗其冢，果有開處。旋獲其黨，考訊，與前通無異。及牽引其徒，皆在商州冶務中。時商牧名卿也。州移牒，公致書，皆怒而不遣。竊知者云：珠玉之器，皆入京國貴人家矣。然史傳及地里書並不載此冢，且堯女舜妃者，死於湘嶺，今所謂者，豈傳説之誤與。矧遺訓於茅茨土階，不宜有厚葬之事，即此墓果何人哉。（見《尚書故實》。按今本首作「公云：牧弘農日」，蓋李綽記張公語也。此改爲「張尚書」。《太平廣記》四百二作「張文規」，考李綽所稱「尚書」當是文規之子彦遠，《廣記》誤也。又按今本「入京國貴人家矣」下，有「公前歲徒步東出，過盧氏，復問邑中，具如所説」等語，此脱。）

聖善寺銀佛，天寶亂，爲截將一耳。後少傅白公奉佛，用銀三鋌添補，然猶不及舊者。（見《尚書故實》。按今本此下尚記「會昌拆寺」事，此脱。）

果州謝真人上升前，在金泉山道場，上帝錫以馬鞍，使安其心也。刺史李堅遺之玉念珠，後問：「念珠在否？」云：「已在玉皇之前矣。」一日，真人於紫極宮致齋，金母下降，郡郭處處有虹霓雲氣之狀。至白晝輕舉，萬目覩焉。（見《尚書故實》。）

舊官人所服唯黄紫二色。貞觀中，始令三品以上服紫，四品五品以朱，六品七品以緑，八品九品以青。（見《隋唐嘉話》卷中。按今本「五品」誤作「以上」。）

謝朓詩云：「芳洲多杜若。」貞觀中醫局求杜若，度支郎乃下坊州，令貢之。判司曰：「坊州不出杜若，應由謝朓詩誤。」太宗聞之大笑，改雍州司户。（見《隋唐嘉話》卷中。按今本作「判司改雍州司户，度支郎免官」。）

鄭公嘗出行，以正月七日謁見太宗。太宗勞之，曰：「卿今日至，可謂人日矣。」（此當是《隋唐嘉話》佚文。）

虞公之爲秘書，於省後堂，集羣書中事可爲文用事，號爲《北堂書鈔》。今北堂猶存，而《書鈔》盛行於世。（見《隋唐嘉話》卷中。末句今本脱「鈔」字。）

貞觀中西域獻胡僧，呪術能生死人。太宗令飛騎中揀壯勇者，試之，如言而死，如言而蘇。帝以告宗正卿傅奕，奕曰：「此邪法也，臣聞邪不干正，若使呪臣，必不能行。」帝令呪奕，奕對之初無所覺。須臾，胡僧忽然自倒，若爲物所擊，便不復蘇。（見《隋唐嘉話》卷中，「宗正卿」今本作「太常卿」。）

閻立本善畫，至荆州見張僧繇舊迹，曰：「定虚得名耳。」明日又往，曰：「猶近代佳手。」明日又往，曰：「名下定無虚士。」坐卧觀之，留宿其下，十日不能去。張僧繇遂作醉僧圖，每以此嘲之，於是諸僧聚錢十萬，資閻立本作醉道士圖，今並傳於世。（見《隋唐嘉話》卷中。「張僧繇」以下，此有脱誤。）

率更令歐陽詢行見古碑，晉索靖所書，駐馬觀之，良久而去。數百步，復還，下馬佇立，疲倦則布毯坐觀。因宿其下，三日而去。（見《隋唐嘉話》卷中。）

貞觀中彈琵琶，裴洛兒始廢撥用手，今俗爲搯琵琶是也。（見《隋唐嘉話》卷中。「搯」今本誤作「指」。）

許敬宗性輕傲，見人多忘，或謂之不聰。敬宗曰：「卿自難記，若遇何、劉、沈、謝，暗中摸索著，亦可識。」（見《隋唐嘉話》卷中。）

高陽許敬宗奏流其子昂於南，及敬宗死，博士袁思古議謚爲「繆」。昂子彦伯於衆中將擊之。袁曰：「今爲賢家君報仇讎，何爲反怒。」彦伯慙而止。（見《隋唐嘉話》卷中。今本作「許高陽敬宗」。）

褚遂良問虞監曰：「某書何如永師？」曰：「聞彼一字直五百金，豈得若此。」曰：「何如歐陽詢？」曰：「不擇紙筆，皆能如志。」褚恚曰：「既然，某何更留意於此。」虞曰：「若使手和筆調，遇合作者，亦深可尚。」褚喜而退。（見《隋唐嘉話》卷中。「五百金」今本作「五萬錢」，「皆能如志」下，此有闕文。）

盧承慶尚書總章初考内外官。有督運遭風失米，盧考之，曰：「監運損糧，考中下。」其人容色自若，無言而退。盧重其雅量，改注曰：「非所及，考中中。」既無喜容，亦無媿詞，又改曰：「寵辱不驚，考中上。」（見《隋唐嘉話》卷中。）

劉仁軌爲左僕射，戴至德爲右僕射，人皆多劉而鄙戴。有老婦陳牒，至德方欲下筆，老婦問其左右，「此是劉僕射？」曰：「戴僕射。」因急就前，曰：「此是不解事僕射，卻將牒來。」至德笑令授之。戴僕射在職無異迹，當朝似不能言。及薨，高宗歎曰：「自吾喪至德，無復聞讜言。在時有不是者，未嘗放我過。」因索其前後所陳，章奏盈篋，閱而流涕。朝廷始重之。（見《隋唐嘉話》卷中。）

高宗承貞觀之後，天下無事。上官侍郎獨持國政，常淩晨入朝，巡落水堤，步月，徐轡。詠云：「脈脈廣川流，驅馬入長洲。鵲飛山月曙，蟬噪野風秋。」音韻清亮，羣公望若神僊焉。（見《隋唐嘉話》卷中。「洛水」此誤「落水」。）

賈嘉隱年七歲，以神童召見。時長孫太尉無忌、徐司空勣於朝堂立語。徐戲之，曰：「吾所倚何樹？」嘉隱曰：「松樹。」徐曰：「此槐也，何言松？」嘉隱云：「以公配木，何得非松。」長孫復問：「吾所倚何樹？」曰：「槐樹。」公曰：「汝不能復矯對邪？」嘉隱曰：「何煩矯對，但取其鬼木耳。」徐嘆曰：「此小兒作獠面，何得如此聰明。」嘉隱曰：「胡頭尚爲宰相，獠面何廢聰明。」徐狀胡也。（見《隋唐嘉話》卷中。今本脱誤甚多。）

左史東方虬每云：「二百年後，乞你與西門豹作對。」（按此當是《隋唐嘉話》佚文，《太平廣記》《唐語林》並引之。）

昆明池者，漢孝武所制。蒲魚之利，京師賴之。中宗樂安公主請之。帝曰：「前代以來，不以與人，此則不可。」主不悦，因役人別鑿一池，號曰定昆池。既成，中宗往觀，令公卿賦詩。李黄門日知詩云：「但願暫思居者逸，無使時傳作者勞。」及睿宗即位，謂之曰：「定昆池詩當時朕亦不敢言，非卿忠正，何能若此。」尋遷侍中。（見《隋唐嘉話》卷下。「安樂公主」此誤「樂安」。）

徐彦伯常侍，睿宗朝以相府之舊，拜羽林將軍。徐既文士，不悦武職。及遷，謂賀者，曰：「不喜有遷，且喜出軍。」（見《隋唐嘉話》卷下。）

代有《山東士大夫類例》三卷，其非士類及假冒者不見録。署云：「相州僧曇剛撰。」時柳常侍冲亦明於族姓，中宗朝爲相州刺史。詢問舊老，云：「自隋以來，不聞有僧名曇剛。」蓋疾於時，故隱其名氏云。（見《隋唐嘉話》卷下。）

晉謝靈運鬚美，臨刑因施爲南海祇洹寺維糜詰像鬚。寺人寶惜，初不虧損。中宗朝，樂安公主五日鬭草，欲廣其物色，令馳騎取之。又恐爲他所得，因剪棄其餘，今遂無。（見《隋唐嘉話》卷下。「維摩詰」之「摩」，此作「糜」，「安樂公主」此作「樂安」，俱誤。）

洛陽畫匠解奉先爲嗣江王家畫像，未畢而逃。及見擒，乃妄云：「工直未相當。」因於像前誓曰：「若負心者願死爲汝家牛。」歲餘王家産一騂犢，有白文於背，曰是解奉先。觀者日夕如市，時開元二十年也。（見《隋唐嘉話》卷下。今本「歲餘」下有「奉先卒後歲餘」六字，此脱。「開元」今本作「今上」，此改。）

雲陽縣界多漢離宫，故地有似槐而葉細，土人謂之玉樹。楊子雲《甘泉賦》云：「玉樹青葱。」後左思以雄爲「假稱珍怪」，蓋不詳也。（見《隋唐嘉話》卷下。）

江寧縣寺有晉長明燈，歲久火色變青而不熱。隋文帝平陳，已訝其古，至今猶在。（見《隋唐嘉話》卷下。）

王右軍《告誓文》，今之所傳，即其藁本，不具年月日朔。其真本云：「維永和十年三月癸卯朔九日辛亥」而書亦是真小文。開元初年，閏月，江寧縣瓦官寺修講堂，匠人於鴟尾内竹筒中得之，與一沙門。至八年，縣丞李延業求得之，上岐王，岐王以獻帝，便留不出。或云：後借得岐王，十年王家失火，圖書悉爲煨燼，此書亦見焚。（見《隋唐嘉話》卷下，「閏月」誤，今本作「潤州」是也。「岐王以獻帝」今本脱剩一「獻」字。）

洛陽有僧房中磬子日夜輒自鳴，僧以爲怪，懼而成疾。求術士百方禁之，終不能已。曹紹夔素與僧善，夔來問疾，僧具以告。俄擊齋鐘，磬復作聲。紹夔笑曰：「明日設盛饌，余當爲除之。」僧雖不信紹夔言，冀或有効，乃力置饌以待紹夔。食訖，出懷中錯，鑢磬數處而去，其聲遂絶。僧問其所以，紹夔曰：「此磬與鐘律合，故擊彼應此。」僧大喜，其疾便愈。（今本《隋唐嘉話》無此條。按《太平廣記》二百三引《國史纂異》與「樂工衛道弼天下莫能以聲欺者。」云云共爲一條，緊接其後。《唐語林》卷五同。考「衛道弼」一條見今本《隋唐嘉話》下，又《廣記》所引《國史纂異》各條，均即《隋唐嘉話》，蓋同書而異名，則今本《隋唐嘉話》在「由是反歎服」下，脱去此一百三十字耳。）

隋末有河間人皻鼻酗酒，自號郎中。每醉必毆擊其妻，妻美而善歌，每爲悲怨之聲，輒摇頓其身。好事者乃爲假面以寫其狀，呼爲「踏摇娘」，今謂之「談娘」。（今本《隋唐嘉話》無此條。按崔令欽《教坊記》及《太平御覽》引《樂府雜録》均有此事而微異，當皆本此。）

故事，每三月三日、九月九日賜王公以下射中鹿鳴賜馬，第一賜綾，其餘布帛有差。至開元八年秋，舍人許景先以爲徒耗國賦而無益於事，罷之。（見《隋唐嘉話》卷下。「射中鹿鳴賜馬」，今本有脱誤。）

皇甫文備武后時酷吏也。與徐大禮論獄，誣徐黨逆人，奏成其罪。武后特出之。無何，文備爲人所告，有功許之，在寬。或曰：「彼曩時將陷公於死，今公反欲出之，何也。」徐曰：「汝所言者私怨，我所守者公法。安可以公容私耶？」（見《隋唐嘉話》卷下。「大禮」當作「大理」，「許之」當作「訊之」，此皆誤。今本脱「曩時」二字，末數句亦不同。）

武后以吏部選人多不實，乃令試日自糊其名，暗考以定等。判之糊名，自此始也。（見《隋唐嘉話》卷下。）

按以上三十九條見於今本卷末。即《顧氏文房小説》本從二十一葉第一行起至三十葉第三行止。前接《嘉話録》原本「予與賓丈」條。

五、跋

輯《劉賓客嘉話録》竟，爲之跋曰：今本《劉賓客嘉話録》有明《顧氏文房小説》刻本及清曹氏《學海類編》本，其後有跋云：

右韋絢所録劉賓客嘉話，《新唐書》採用多矣，而人罕見全録，圜家有先人手校本，因鋟版於昌化縣學，以補博洽君子之萬一云。乾道癸巳十一月旦海陵卞圜謹書。

按癸巳是宋孝宗乾道九年（公元一一七三年），則今本實出於南宋初刻本也。然此實非韋絢原書。余作辨僞，今本一百十三條中，其可考定爲確是本文者僅四十五條耳。清《四庫全書提要》亦曾指出其中「昭明太子脛骨」等條全與唐李綽《尚書故實》相同，而不知尚有兩條出於《續齊諧記》，二十九條出於《隋唐嘉話》，不僅以一書攙入也。編《提要》者未見《顧氏文房小説》本，遽武斷爲《學海類編》竄改舊本，以示新異，故四庫本遂刊去與《故實》相同諸條。然王楙《野客叢書》曾引

「昌黎生改金根」事，黄朝英《緗素雜記》曾引「辨遷鶯」條，亦俱見於《故實》，作《提要》者爲之惶惑，遂只得謂爲或一事而兩書互見，疑以傳疑，姑並存之矣。余考今本作僞，實出宋人，故《紺珠集》、曾慥《類説》與陶宗儀《説郛》所引已與今全同。按王楙《野客叢書》在慶元嘉泰間（公元一一九五—一二〇四年）所作，尚在卞圜刊本之後。《紺珠集》刊於紹興丁巳（公元一一三七年），《類説》刊於紹興庚申（公元一一四〇年），則均早於卞本三十餘年。黄朝英所作謂爲《靖康緗素雜記》，晁公武《郡齋讀書志》謂朝英爲紹聖後舉子，紹聖至靖康已三十餘年（公元一〇九四—一一二六年）則其書更當在前。今按《緗素雜記》卷五引「辨遷鶯」條，卷七引「三臺送酒」條，卷八引「許敬宗性輕傲」條，卷九引「爲詩用僻事」條，均與今本同。又《緗素雜記》今亦非完書，《説郛》九所載又有引「五夜」條及「千字文」條，《苕溪漁隱叢話》前集卷十九所載引「賈島」條，卷四十所載引「謝靈運鬚美」條，除「賈島」條當是黄朝英誤記外，亦均與今本同。其間「遷鶯」條及「千字文」條，並見於《尚書故實》，「許敬宗」條「謝靈運」條並見於《隋唐嘉話》，固並是作僞者所攙入也。又按《道山清話》云：

> 余少時嘗與文潛在館中，因看《隋唐嘉話》，見楊祭酒贈項斯詩云：「度度見詩詩總好，今觀標格勝於詩。平生不解藏人善，到處逢人説項斯。」因問諸公：「唐時未聞項斯有詩名也？」文潛曰：「必不足觀。楊君詩律已如此，想其所好者皆此類也。」

道山不知何人，末有建炎四年（公元一一三〇年）其孫名暐者跋，時高宗初即位，則道山者必北宋人也。由書中所記，知其人爲蘇黄之徒，此條云「與文潛在館中」，則當在元祐元年張文潛入史館以後，而紹聖初請郡以前也（公元一〇八六—一〇九四年）。其所舉「楊祭酒詩」，亦在今本《嘉話録》，而云《隋唐嘉話》者，兩書同名「嘉話」，又同爲「劉」姓，易致淆混，追述其事，因誤記耳。葛常之《韻語陽秋》所引，固不誤也。此事實出於《尚書故實》，亦是僞本所抄撮，則元祐時已有此僞本矣。

四庫本既删去若干條，遂謂：「雖殘缺之餘，非復舊帙，然大概亦十得八九矣。」其説殊妄。韋絢原書既不可考，以何爲準則而云十得八九耶？余考《太平廣記》撰集於太平興國三年（公元九七八年），所引《嘉話録》，多出今本外；又元祐間人王讜所作《唐語林》序目有《劉公嘉話》，其書中所言有「劉禹錫曰」或「公曰」者，亦多出今本外；凡此兩書所引，較今本多出五十六條；即今本所存四十五條，亦可增補闕文近七百字；則今本所佚，決不止十分之六。四庫館臣於《廣記》等書所引，熟視無覩，而遽云十得八九，自欺欺人，殊可笑也。

今本《嘉話録》共一百一十三條，其間所存原本僅四十五條，今以諸書所引，去其重複，别其謬誤，爲補遺五十六條，共一百零一條，不知於韋氏原書能得十分之幾也。《唐語林》所引最詳，然《語林》今亦非完書也。余唯以今本所存四十五條考之，其見徵引者，凡三十二條，占三分之二强，未見徵引者不及三分之一。若以此推之，所輯補遺五十六條，亦可能爲原書三分之二强，或尚當有佚文二十餘條耶？則此輯本雖不敢謂盡復舊觀，而云十得七八，當無愧怍。

文人喜作僞書，然此書今本之作僞，特爲惡劣。余嘗疑此僞本之作，當在元祐以前，時無大亂，原本何以遽佚，作此僞本又何所圖？及讀《道山清話》，前所引一條，乃恍然此僞本實出三館也。《玉海》藝文類引《宋兩朝藝文志》云：

祖宗藏書之所曰三館秘閣，在左昇龍門北，是爲崇文院，自建隆至祥符，著録總三萬六千二百八十卷。八年館閣火，移寓右掖門外，謂之崇文外院，借太清樓本補寫，既多損蠹，更命繕還，天聖三年成萬七千六百卷，歸於太清。九年冬新作崇文院，館閣復而外院廢，時增摹寫書史，專事全輯。景祐初命翰林學士張觀，知制誥李淑宋祁編四庫書，判館閣官覆視録校，二年上經史八千四百二十五卷，明年上子集萬二千三百六十六卷。差賜官吏器幣，詔求逸書。復以書有謬濫不全，始命定其存廢，因仿開元四部，録爲《崇文總目》，慶曆初成書，凡三萬六百六十九卷，然或相重，亦有可取而誤棄不録者。

於此可見宋初館閣之書，曾爲火焚，而借太清樓之書抄補。太清樓之書又有損蠹，故增摹寫書史，專事全輯。然館閣所藏，仍有謬濫不全之書，故景祐以後，又由張觀等覆視，定其存廢。《玉海》所謂「僞謬重複，並從删去，内有差漏者，令補寫校對」是也。然則《嘉話録》之殘闕，殆當在祥符八年（公元一〇一五年）館閣書被焚以後，所借太清樓書，只有殘本，校書者遂雜取他書以補之，覆視之時，既無别本可校，又爲小説家言，不甚經意，而此謬濫不全之本，遂爲館閣善本。後人又從館本録出，至卞圜刻之，流行於世。而韋絢原書雖尚有唐人寫本，宋初舊抄，流落人間，王讜作《唐語林》時，尚得徵引，南渡以後，遂泯滅而無聞矣。

《郡齋讀書志》謂韋絢字文明，執誼子也，咸通中節度義武。按絢所著有二書，一爲《戎幕閒談》，太和五年（公元八三一年）所作，記李德裕語，多涉怪異，今已不傳。又一即此書，大中十年（公元八五六年）所作，追記劉禹錫語。據序稱「絢少陸機入洛之三歲，多重耳在外之二年」，蓋二十一歲也。「自襄陽負笈至江陵，拏葉舟，升巫峽，抵白帝城，投謁劉公，是歲長慶元年（公元八二一年）」，則作書時絢已五十六歲矣。然絢所記劉語，實不僅幼年從學之時，「李程善謔」一條，謂程譏李石太和九年（公元八三五年）冬朝廷有事之時而登庸，又「開成末韋絢爲起居舍人」條，謂劉氏望魏謩善事朝廷，均已在文宗末年矣。按劉氏以開成元年（公元八三六年）爲太子賓客分司東都，始離外任，絢所記當有在此年以後之語也。《雲谿友議》所記劉語多與此書合，而云「余二十八年在外，五爲刺史」，皆非夔州時語，亦可證也。

韋絢此書，在當時實爲創作，蓋雜記之書，大抵述故事，陳怪異，而此書或討論經傳，評騭詩文，前所未有也。劉氏既以文學名重一時，故其書常爲人所稱道，爲《戎幕閒談》所不及。其間「用餳字」與「不敢題糕」一條，尤爲人所樂道，宋景文《九月詩》云：「劉郎不敢題糕字，虛負詩中一世豪」，即用此事。而黄朝英等摘其誤舉沈雲卿詩爲宋考功，此燕談之際，記憶容有未審耳。後李綽記張賓護語作《尚書故實》，與此書約略相類，張氏長於鑒别書畫，别是一家之美，然其名不著，故作僞者以之補葺，而隸事者往往用僞本《嘉話》，不知其出於《故實》也。

此書所引施士丐説詩，公孫羅《文選音》，以及張巡、許遠等詩文，均爲不經見之材料，僅藉此以傳。然古籍遺留，在在有裨考訂，初難較其輕重也。敦煌所出《守温韻學殘卷》首題「南梁漢比丘守温述」，昔人於「南梁」，或謂在今河南，或謂在今湖南，又或謂在今四川，紛紜不一，余昔嘗據《太平廣記》所引五代時王仁裕《玉堂閒話》考定爲興元，則當在今陝西。今以此書考之，「崔丞相造」條云：「時德宗在梁」，《太平廣記》引作「在興元」，又「德宗降誕」條云：「及德宗幸梁」，亦皆其證也。又按《劉夢得文集》卷六有《送令狐相公自僕射出鎮南梁詩》，又卷二十六有《山南西道節度使廳壁記》云「流盼屋壁，見前修之名氏列于坐右，第有梁州刺史鼎興元尹記，與今稱謂不合，因發函進牘於不佞，且曰我以飾東壁，以新志累子，於是按南梁故事，起自始登齋壇之後爲記云」，又外集卷九《唱和集》後引云「開成元年公鎮南梁」，則南梁之名劉禹錫久已稱之，不必徵之於五代王仁裕矣。余昔僅舉孤證，人或以爲疑，不期於此驟獲多證。且知守温爲興元人，即知其語音系統爲秦音，守温爲字母等子之學之祖，則考知其語音系統，在中國音韻學史上，豈不小有助耶？又宋樓鑰《攻媿集》（武英殿本）卷十三《跋姜氏上梁文藁》云：

上梁文必言「兒郎偉」，舊不曉其義，或以爲唯諾之唯，或以爲奇偉之偉，皆所未安。在敕局時，見元豐中獲盜推賞刑部例，皆節元案，不改俗語，有陳棘云「我部領你懣厮逐去」，邊吉云「我隨你懣去」，懣本音悶，俗音門，猶言輩也。獨秦州李德一案云「自家偉不如今夜去」云。余啞然笑曰：「得之矣。」所謂「兒郎偉」者，猶言「兒郎懣」，蓋呼而告之，此關中方言也。上梁有文尚矣，唐都長安，循襲之然。嘗以語尤尚書延之，沈侍郎虞卿，汪司業季路，諸公皆博洽之士，皆以爲前所未聞，或有云「用相兒郎之偉」者殆誤矣。

按此書「武臣常愿好作本色語」條云：「被公措大偉」，猶言措大輩也，則關中方言，唐世已然，信而有徵矣。趙璘《因話録》卷四「盧尚書弘宣」條云：「我弭當家没處得皮遐叔來」，「我弭」《唐語林》卷六作「我彌」，盧爲河中人，此當是其方言也。及宋代通作「懣」音，或寫作「滿」、「瞞」等，或又寫作「們」、「門」（語録多用之），金元俗文學用北方俗語，又作「每」字，至明季而始定爲「們」字矣。且「偉」爲于母（喻三等），「弭」、「每」、「懣」、「們」，俱是明母，然又同由「輩」字轉讀，分化其語。由「輩」而變爲「弭」、「每」，或爲「懣」、「們」，既顯於世，由「輩」爲「偉」，湮没無聞，故樓氏得見「秦中李德」一案始知之。今得此書證之，而樓説益明，是又談語法者所樂聞也。舉此二事，可例其餘，則予之沈沈永夜，輯録此書，使九百餘年來久已湮没之古籍，重顯於世，要不能謂爲無益之事也。　一九五〇年十二月唐蘭。

〔附記〕這是一九五〇年所輯的資料，最近整理抽屜時翻了出來，覺得它對研究唐代歷史還有一些用處，所以重新加一下標點，把它發表。由於擱下來已經十多年了，校輯工作儘管有不完備處，一時無法重新整理，只得暫存其舊。劉氏的哲學觀點基本上是唯物主義的，但他喜歡談天命，吉凶禍福，皆由前定，這是封建士大夫的局限性。讀這一類筆記，除了可以採用一部分有關史料外，對它的内容是必須有批判的眼光的。　一九六三年八月唐蘭記。

作者自注：寫成於一九五〇年十二月。

載《文史》第四輯第七五至一〇六頁，一九六五年。

銅器

一、銅器發展的歷史概要

（一）遠在三千多年前的殷商時代，中國銅器已經發展到這一門手工業的最高峯了。無論在冶鑄方面，在器物的型式與圖案方面，都已有最高的成就。在安陽出土的一千幾百斤重的大方鼎，具體説明了這一件事實。我們只要看那時的鎔銅器，每一個用土製的器，最多只能裝十幾斤銅液；鑄這樣一個鼎，需要一百多個溶銅器同時溶化，注入範型。就可以知道這是怎樣偉大的場面了。

這種進步的銅器工業，不是短短時期裏就能發展起來的。因此，我們估計中國銅器的歷史，大約有了三四千年之長了。就今天已發現的材料來看，中國銅器是就地鑄造的，是民族自發的工業。

（二）從經濟和社會方面來看銅器的發展。大家都知道由於金屬工具的發明，提高了生產力，人類才由原始的氏族社會進入了有大的生産組織的奴隸社會。所謂金屬工具，在中國就是青銅的工具。因爲我們決不能想象商代的青銅彝器還是用石製的工具來製造的。

由於青銅工具的發明，一方面使生産力提高，一方面也就使手工業和農業分了工，許多人脱離了農業生産而來專事於金工、木工等。這些專門手工業和農業的日漸發展，才產生了輝煌燦爛的青銅時代的文化。

我們所看到的商代的青銅彝器，顯然是青銅時代的文化高度發展以後的産物，這一方面是手工業技術的高度發展；

但另一方面，我們必須認識，由於生產力的發展，貴族們從剥削奴隸們得到的財富大量增加，才有可能來製造這些青銅彝器——這種彝器無論是用在宗廟裏的，或殉葬的，都是用在消費的目的上的。

商代銅器，有許多是飲酒器，可以看見那時農業已經很發展，能够用很多的糧食來做酒了。周代禁酗酒，因之鐘、鼎、盤、盂等重器就成爲時代的特徵，貴族們用它們來誇耀自己，所以還往往有長篇的銘刻。

由商代到春秋時代，銅器逐漸發展爲日常用具的一部分，而不單用在祭祀等典禮，因此有些銅器是專爲在旅行時携帶而製造的；西周末年後，有一種賸器具是專爲嫁女兒用的，有市上販鬻的成品，在銘辭裏只説「作寶彝」「作尊彝」之類。有些人覺得殉葬用普通銅器耗費太多，就出現了粗糙的、小型的、薄胎的明器。以後，由於政治、軍事、交通等的需要，有了符節，由於商業發達後的需要，有了貨幣、權量和公私璽印特別發展起來了；武庫裏的兵器大量地鑄造出來了；日常用品，如鏡子、匳、盒、帶鈎、熏爐、燈、錠之類，範圍更擴大了。這樣由於銅的需要多而來源少，價值昂貴；另外，或者係冶金技術的進步，人們才開始用鐵來做農具和一般工具。不久以後，由於冶鐵術的飛速的進步，鐵工具就替代了青銅工具成爲主要的生産工具。到漢以後，儘管在日常用品裏，銅器還佔有重要的位置，但新的時代是鐵器的時代，青銅文化，一去而不復返了。

（三）從技術方面來看銅器的發展。最原始的金屬器是用捶打自然金銀或銅而成的。從開採銅鑛，到把銅錫混合爲青銅鑄成堅硬的工具，是冶金術的最大的進步。

但商代的銅器是最精巧的彝器，已經不僅是工具了。一方面它們有許多奇詭的型式和瑰麗嚴肅的圖案。是全世界的古銅器中所没有的。例如一個方卣，腹中有十字形的穿孔，以現代的手工業要去仿製它，還是很困難的；而另一方面，又有了最偉大的製作，一千幾百斤的大鼎在古器物發現史上，没有前例。

周初還有商代的餘風，但不到兩百年，除了還有重器外，那種精巧瑰麗的作風漸漸遺失了。

戰國時代青銅器藝術又活躍起來，形式和花紋都有許多新樣，裝飾得特別美麗了。但這種情形並不很久，到戰國末年，金村東周墓所出方壺，和壽縣楚墓的銅器都不很出色，只能以多爲勝。直到漢以後，除了塗金器，除了鏡子和帶鈎，一般銅器就漸漸的衰落了。

二、銅器的出土區域

（四）黄河流域的陝西、河南、山東等省是銅器出土的最豐富的地域，北方的河北、山西等省，也常有發現。山西的渾源曾有大批戰國銅器發現，北京市南郊蘆溝橋在清末出土過商周之間的酒器，最近唐山市也發現戰國銅器，這是從前所不知道的。南方像安徽壽縣，湖南長沙，四川成都一帶，都有較多銅器出土，江蘇、浙江、湖北等省，也有發現，雲南北部常發現漢代銅器。此外南方各省常發現少數民族的銅鼓。

銅器出土，大部分在鑄造時的原地，例如安陽出土多商器，鳳翔、寶鷄、岐山、西安、洛陽等地出土多周器，山東多齊、魯器，河北多燕器，長沙、壽縣多楚器等。但不能拘泥。因古器物常有流轉，由於旅行的携帶，鄰國的餽贈，嫁女時的媵器，戰爭的俘獲，戰場上殘留的斷折兵器，以及其他不可知的因素，這個地域的銅器可能在另一個地域發現。例如洛陽金村是晚期的東周墓葬，但保存了戰國初年韓國的驫羌鐘，而攻吴王夫差的鑑曾發現在山西代縣。

過去銅器出土，除了少數是偶然發現外，大都是盗掘的，出土情況不明，而且估計人們還故意隱瞞。有許多大批的銅器羣，都已分散，很多被盗賣至國外。

三、關於銅器的一些常識

（五）關於冶鑄，鑄造銅器有三個方面：冶金、製範和鑄造。

在冶金方面，把銅和錫混合煎煉，經過一定的火候，才能成爲青銅。銅和錫有一定比例，稱爲「齊」（劑），在戰國兵器上最後總由「執齊」署名。鐘、鼎用錫較少，兵器的錫較多，硬度因之增加，我們所見戰國時代最好的兵器青湛湛的像鏡子一樣，鋒刃鋭利，從不生銹，這種配合的技術是可以佩服的。鏡子所含的錫最多，但更脆，更容易破裂了。

在製範方面，大抵先雕刻母範，再從母範製成土範，才灌進銅液去。許多銅器是用幾塊範拼合起來鑄的，所以在銅器上常有拼合的痕迹。

鑄造時，範的破裂損壞是不可免的。我們所見銅器，常有穿一個孔，後來補上一塊銅的。有時正在銘刻上，就在所補的銅塊上再鑄上文字。至於銘刻不清晰，用刀補刻，更是常見了。鑄成以後，顯然都經過磨鑢以及花紋的加工。

在裝飾方面，殷代已經在花紋中填漆，或填上了黄金的眼睛（所謂黄目），在銘刻裏嵌緑松石，兵器還往往鑲上玉的鋒刃。戰國時代的銅器又增加了錯金銀，銅鑲赤銅，貼金片銀片，嵌石珠等。漢以後還有塗金。

銲接的方法，在殷代已有發現。用純銅捶打而成的銅器，完全是漢以後的産品。

（六）關於製作的藝術：

1. 形製　商代一般銅器是從匋器來的。有很多奇異的器形，如虎食人形的卣，鳥尊，象尊，兕觥等，周代已不常見。周代新增加的器，如簠盨等大都模仿竹木器。戰國時多變形，如鼎耳變成環，圓柱形的足變爲馬蹄形之類。

2. 裝飾　商器的鋬耳或梁上常作種種的形象（獸首、鳥、蛇等），在器身上加鈕、稜角、乳丁等，往往和花紋相配合，有時還在器上加一些動物形的裝飾。周代的器上有時有鱗甲形、觚稜形。春秋以後的壺蓋有花瓣形，還有蓋中立一個仙鶴的。

3. 花紋　商及西周以回紋（雷紋）和饕餮紋（人面紋）爲最多，有時是回紋地加饕餮紋。還有鳥紋（鳳紋）、龍紋、象紋、蟬紋等，偶然也用文字來組成花紋（如殷代的一個簋，是用幾百個舟字組成花紋）。西周末的壺往往有波浪紋，戰國時多是蟠螭紋，有許多新樣的花紋，錯綜雜亂，常不能定名。

4. 圖象　商代銅器上就常有簡單的圖象，如鼃形（蝦蟆）、龍形、虎形、鳥形、鼃魚形等，戰國時代的狩獵燕樂或鳥獸的圖象是較普遍的，在鑑上、壺上、豆上都曾發現過。

5. 銘刻　把銘刻作爲圖案或夾在圖案中間（如殷代的一個觚，在花紋中夾了一個車字），或寫成帶圖案意味的鳥蟲書及其他形體，以及嵌金銀，嵌緑松石，也都爲的是美觀的目的。

（七）關於坑銹和整理。有些銅器出土已很久，古玩商稱爲熟坑，而把剛出土没有經過整理的稱爲生坑。熟坑銅器，往往打過蠟，這是舊時保護銅器的一種方法。但由於打蠟之先，總把銅器磨過，失去古物原來的精神，因此，一般對於熟坑是不滿意的。

生坑隨地域而不同，陝西坑、河南坑都比較好，山東坑大都很髒，長沙坑顏色很漂亮，但往往銅質朽爛，無法保存。由於帝國主義的偷盗古物者都喜歡生坑，所以奸商們有了生坑銅器都怕人看，據説用手拿過會變熟坑的，儘管有重要的銘刻也不肯把銹去掉，這種東西被盗運出國，使祖國文化遭受了很大的損失。還有一種把熟坑用藥品洗過冒充生坑，往往反把古器毁壞。

妨礙主要花紋或銘刻的斑銹是應該除去的，但必須注意保持它的本來面目。用針來剔銹是最危險的，尤其是交給不懂古文字的技工去做，對於古器物是嚴重的損失。除了用電解或藥品來去銹還需要很好研究外，最妥當最簡便的還是用蒸熟的山渣搗爛敷上去銹。

（八）關於鑑定。研究銅器跟鑑定分不開，發掘出來的資料只要鑑定時代，那可以從形式、花紋、銘刻等來決定，但如來源不清楚的銅器，就還是鑑定真假，如其根據一件假銅器來做研究，這研究基本上就失敗了。

《韓非子》有贋鼎的故事，可見假銅器自古有之，大體説來有三方面：

1. 舊仿　所謂宋仿、明仿、乾隆仿、濰縣造等，有些銅質不好，或銹不好，或分量過重，一望即知，但也有製作精工幾乎可以亂真的。但如果有銘刻，就很容易分別出來。就是形製花紋仔細比較，也一定有些不同。所以一般説來，舊仿比較容易認識。

2. 新仿　近幾十年的作假技術，一天比一天高。有名的銅器，常有翻版，和原來幾乎一樣，還有自出心裁，奇形怪狀，或加上長篇銘文，迎合某些人的心理，但多急於求售，銹色做不好。最普通的塗漆的方法，只要用火來一燒就發出臭味，也有用開水一煮就變樣的。

3. 改造　這種半真半假的東西，是最難辨的。在真器上刻假花紋或假字，有時刻得逼真（有用藥品腐蝕成的，呆板癡鈍，比較容易看），還有把只有一部分的殘破器做成一個完整的銅器，可以天衣無縫。有用舊銅器來拼凑新東西，例如用漢鏡來改成古兵器，用許多車飾之類來做成一個面具之類。還有加嵌金銀絲、緑松石之類。又有把一個平常的形式，改變爲十分奇特的形狀的。由於它本身一部或大部是真的，容易忽略，是必須細心辨别的（如其拼凑起來的，一定有銲接的痕迹，但總在器物的内部，在表面是看不出來的）。

總之，鑑别銅器，得先認識真的，其次也得知道一些各種作假的本領，但尤其緊要的是精密的研究。

對於開始研究的人，是最容易把假器認作真器的。但相反地，有些人略有一些常識就目空一切，不再仔細研究，就一定會造成絶大的錯誤。因爲最重要的精巧瑰麗的古物，往往反而像是假的，如果大意了把真的當假的，摒棄不要，或放到假東西堆裏，就可以使祖國寶貴的文化遺産遭受鉅大的損失。所以鑑定古物，必須十分審慎。

載《文物參考資料》一九五二年第四期第九二至九八頁。

從金屬工具的發明過渡到手工業脱離農業而分立的問題

人類從原始社會進入文明時代，主要的原因是由於金屬工具的發明和使用，發展了生産力。所謂金屬工具，有的地方是由冶鐵開始的，有的地方是由冶銅開始的。

我在「銅器」一文裏説道：

由於青銅工具的發明，一方面使生産力提高，一方面也就使手工業和農業分了工，許多人脱離了農業生産而專事於金工木工等。

有讀者來信認爲：

……有商討的地方。手工業和農業的分工，是原始社會第二次的大規模的勞動分工。依照恩格斯的意見，從鐵開始爲人類服務起，手工業和農業才開始脱離了。我們中國的情況也是一樣的。因而，正確的説法應該是「手工業成了一個特殊的生産部門」，並没有和農業脱離開。又何況「由於青銅工具的發明」，在原始社會發生的第一次勞動大分工是指遊牧部落的分化而言，這一點顯然是搞錯了。

這意見還有商討的必要，照他的説法「手工業成了一個特殊的生産部門」，那不是分了工了嗎？但他又説「並没有和農業脱離開」，難道那時所有的手工業生産者都是農民嗎？商代所有開鑛的（不論是玉石的鑛，金屬的鑛）鑛工，造船或車子的木工，鑄銅器的金工，雕刻玉器的玉工，做陶器的陶工，甚至於專門修理卜用甲骨的工人，難道都是農人嗎？顯然不是的。銅器銘刻裏有「木工」的氏族，還有「鍛金」的氏族，有「司工」的官名，還有把各項工業總稱起來的「百工」，顯然都是和農業分開的（關於農業的也還有很多記載）。由於那些行業都是父子相傳的，所以「木工」、「鍛金」等可以做氏族的名稱。

因此，中國的具體的歷史情況，並不像他所説的「我們中國的情況也是一樣的」，而是不完全一樣的。我想這位讀者的錯誤恐怕是把恩格斯的説法公式化了。

我們應該根據具體的歷史事實來尋出發展的規律，而不應該用一種公式强迫歷史事實來服從。中國的使用鐵工具很晚，一直到春秋時代，這是一個事實；但中國的手工業的多種多樣的發展，手工業和農業的分工，遠在其前，又是一個事實；我們不能由於用鐵工具較晚而强迫手工業和農業的分工也必須在春秋以後，因爲這是違反歷史事實的。

斯大林同志説：「過渡到陶器生産並與此相適應而有手工業的發展，手工業脱離農業而分立，獨立手工業生産以及後來手工業生産的發展。」如其强調必須到鐵開始爲人類服務後手工業才能脱離農業而分立，那麽，在中國的具體事實裏，在春秋以前，甚至商代以前的大批的陶器生産，又怎講呢？

恩格斯的意見，本來只注重在有了金屬工具的發明，才有農業和手工業的分工，他所以只提到冶鐵，那是由於他所根據的資料是這樣的。

這個問題的牽涉當然是很大的，因爲如果堅持只有用鐵以後，才有農業和手工業的分工，那就要在春秋以後才是奴隸社會或文明時代，而春秋以前，商和西周都還是原始社會，「未開化」的社會。這樣説法和我們所知道的商周歷史，所目覩的商周文物，都是不符合的，因而也是不正確的。

載《文物參考資料》一九五三年第七期第一二四至一二六頁。

郟縣出土的銅器羣

一九五三年春，河南郟縣太僕鄉出土了一批東周初期（約公元前七七〇—前六五〇年）的銅器（見《文物參考資料》一九五四年第三期圖刊）。由於它們的發現是偶然的，没有經過科學的發掘和整理，所以墓葬情況不清楚。但由於人民政府重視祖國文物遺産，幹部的努力，人民的熱愛祖國，全部出土文物已獻給政府。除了希望有關部門迅速搜集發現情況外，單從這批文物本身的價值來説，對於古代歷史與藝術的研究，也還是很重要的資料。

郟縣位於河南中部新鄭縣的西南。大家都知道一九二三年新鄭曾經有大批銅器的發現，由於地域相近，這次出土的有些器物，像兩層的方甗跟新鄭的形式很類似。但由於新鄭的主要墓葬，既深且大，銅器很多，應該是韓國滅鄭以後，遷都新鄭時的鄭侯或鄭王的墓。（新鄭墓葬在《新鄭出土古器圖志續編》裏有一張圖，雖不完全可靠，但是記載墓葬情況的惟一資料。）儘管其中有一部分銅器是春秋時代的，那只是古代的一些遺存，實際上最重要的文物，卻是戰國時代的那些重器（如立鶴壺等），才是和墓葬同時代的。總之，比郟縣的墓葬要晚三四百年。

郟縣銅器的特點，就是它們整個是屬於東周早期的。雖然没有像新鄭銅器羣那種偉大的氣魄、精巧的裝飾，但它們可以清晰地代表在那一時期裏某一地域的特徵，而這是很重要的。

這批銅器的花紋，大體上是一致的，有許多盤虺紋和鱗紋等，可定爲東周時期。有些地方顯得十分古樸，例如那個龍紋盤，盤的形式是西周末期的，圖案的筆法較粗率，但中間蟠曲一條龍，旁邊有十四條魚圍繞着，卻完全是商代的作風。日夭甗（原稱竊曲紋甗）器形也很遲，但「夭」字還是象形字，畫出一個人手舞足蹈的情形，也還是商代的作風。這都是從未發現過的，因之是很重要的。此外，有銘文的器還有收鼎和兩件八罍，「收」字跟「八」字都用陽文雙鈎，以及兩件人頭杖飾，都是很少見的。

龍紋盤

龍紋盤花紋拓片

日夭甗

文字較多的一個鼎，銘文卻説是「江小中母生自乍（作）甬（用）鬲」，可能在那時的江國，鬲和鼎的名稱是不很分的。江國在河南南部京漢鐵路確山東南的正陽縣一帶，離郟縣比較遠，這個鼎不是當地原有的器物，可能由於某種情況下轉移過去的。但在時間上説還是很接近的。

郟這個地方，在西周末年就被提到了。當鄭桓公想在成周附近建國的時候，曾經考慮過謝西九州的地方，而他的臣子史伯卻提出了「謝郟之間」，就是從郟縣到南陽的一帶。後來鄭國建都在新鄭，據杜預、韋昭等的説法，郟縣地區也屬於鄭。《左傳》魯成公十二年，楚國用汝陰的田來和鄭國講和。杜預説是汝水之南靠近鄭國的地方，楚國的北方邊境在汝河南，可見汝河北岸的郟縣是鄭的西南邊境了。但在春秋後期，郟縣已經是楚國的地方了。

從這批銅器的形態來説，應屬於東周早期，所以可以説是鄭器。但更恰當的應該説是郟器。因爲鄭國最初統治這塊地區，對邊境的控制力量是不强的，這批銅器可能是當地貴族所有，所以跟周文化很不同。這一帶地區的文化開闢較遲。南陽是周王朝南國的謝邑，是宣王時代才建立起來的。史伯對鄭桓公説，謝郟之間的君主奢侈而驕傲，人民看不起他，並且還没有接受周的文化，假使换一個君主並且用周文化來教育他們是很容易成功的（見《國語》卷十六）。可以説明這個地區的文化情況。這就可以説明，何以這裏所出的銅器既具有西周末期以後的一些特徵，而還保存着這樣淳樸的古代風格。這種風格，暫時雖被周文化所融化，過了三四百年，地方性充分發展起來，就成爲輝煌燦爛的戰國藝術了。因此，這批銅器的發現，在研究鄭文化的發展，以及周文化和南方文化的接觸諸問題上，將是有很大幫助的。

日夭甗銘文拓片

母生鼎

母生鼎的銘文拓片

載《文物參考資料》一九五四年第五期第三八至四〇頁。

一九五五

中國古代歷史上的年代問題

一、問題的提出

在中國古代史上存在着一些主要問題，年代問題是其中之一。大家都知道西周共和以前無紀年，那就是説中國古代有確實可靠的紀年是從西周後期共和元年，即公元前八四一年開始的。到周的滅亡即周赧王五十九年（公元前三一五年），是五百二十六年。到一九五九年是整整的二千八百年。

共和以前，還有西周初期和中期，從周武王到周厲王，一共有十個王，他們的歷史，除了文獻以外，在銅器銘文裏，大部分可以證明，但他們的在位年數，不能肯定。武王伐紂在那一年，更是「聚訟紛紜」。因此，我們不能明確地指出周代究竟該有多少年。

在武王伐紂以前，還有商代。它的後期歷史是由殷虚發掘所證實了的。它的前期歷史，也可以從殷虚所出甲骨卜辭裏得到間接證明。但是它的年代，就很難確切知道。

至於夏代，更在商代以前，地下考古還不能證明。只有卜辭裏講到商代的祖先，如：王亥、上甲等是屬於那個時期裏的。因此，它的年代就更難説了。

問題是中國歷史時期究竟有多麽長？夏、商、周三代是否有可靠的紀年。

二、比較可靠的夏商周三代的年數

要知道確切的夏、商、周三代的年數，至少在目前是不可能的。因爲要有絶對精確的年數，必須先確知所有的每一個王的在位年數，然後才可以計算出來。或者先知道一個天象的詳細記録，然後可用精密的科學方法推算出來。而這在目前都是做不到的。

在《孟子》上有過一個概括的年數，「由堯舜至於湯，五百有餘歲。由湯至於文王，五百有餘歲。由文王至於孔子，五百有餘歲。」那就是説從堯舜到孔子有一千五百多年，也就是説堯舜時代是公元前二千多年。〔一〕

當然這只是一個概括的年代，而大家對歷史年代的要求是要具體的，可以清楚地説出來夏代多少年、商代多少年、周代多少年。

在這個要求下，一般通用而又最不可靠的是距今約二千年前的劉歆的《世經》，《漢書・律曆志》引他的説法，把武王伐紂定在公元前一一二二年，因此周的總年數是八百六十七。加上商的六百二十九年，夏的四百三十二年，那末，夏的開始應當是公元前二一八三年。

這個年代之所以不可靠，首先是由於劉歆所説的年數並不是根據某一材料計算出來的，而是根據《三統曆》的推算方法來勉强求得歷史和曆譜的一致。但曆譜是固定的，不能改的，就只好把歷史材料推前挪後，加以變動。《後漢書・律曆志》載尚書令忠批評他説：「横斷年數，損夏益周，考之表記，差謬數百。」《晉書・律曆志》也説：「劉更三統以説《左傳》，辨而非實。」這種批評跟劉歆的時代相近，可以看出他的材料是不可靠的。其次由於「三統曆」法的精疏，計算冬至的時間，每年大約要差一天的千分之八，上推一千年就要差八天。計算朔日的時間，每一年大約要差一天的千分之三，上推一千年就要差三天。因之，劉歆所謂那一天是冬至，那一個朔日是甲子是乙丑，好像很精密，跟歷史相符合，結果没有不是錯誤的。

總之，劉歆《世經》的年數是捏造出來的，因此，是不能作爲根據的。

比較可靠的材料之一，應該是公元二八一年（晉太康二年）發現的、距今約二千二三百年前的《竹書紀年》裏的年代。

很可惜的是這本書已經失傳了，現在通行的是後人雜湊起來的，不能作爲根據。但在别的記載裏，還引到《竹書紀年》原本裏一些材料，如：

夏四百七十一年〔二〕——《史記·夏本紀》集解

商四百九十六年——《史記·殷本紀》集解

自盤庚徙殷至紂之滅七百七十三年〔三〕——《史記·殷本紀》正義

自武王滅殷，以至幽王，凡二百五十七年——《史記·周本紀》集解

這些十分寶貴的材料，可惜由於輾轉傳寫，已失掉一部分的價值。例如夏、商的總年數跟《孟子》所説很相近，因而是比較可靠的。〔四〕但在商代遷殷以後的年數和西周的年數，就都有問題。商代總年數不到五百年，遷殷以後，決不會有七百多年，這是很顯明的例子。前人把七百改爲二百，應該是可信的。

最成問題的是西周的年數。這個總年數太少了，一定有錯字。有些人過於天真了，以爲既然《竹書紀年》有了夏、商和西周的年數，就可以百事俱了，就可以有一張從夏開始到現代的年表了。但事實不如此簡單。第一，西周如果只有二百五十七年，那末武王伐紂應該是公元前一〇二七年。加上一般公認的盤庚遷殷後二百七十三年，那末，盤庚遷殷是公元前一三〇〇年。但卜辭裏有一個十二月庚申月食的記録，很清楚地是高宗時期的，董作賓和劉朝陽都斷定它是公元前一三一一年，英國人德效騫也證明了公元前一三一一年十一月二十四日辛酉的早上，即庚申的晚上，安陽可以看見月蝕（見董作賓：《殷曆譜》及《六同别録》）。這是一個重要的發現，可以證明在公元前一三一一年時必須已經經過盤庚，小辛、小乙，已是高宗武丁的時期了。如果説西周只有二百五十七年，那末在公元前一三一一年時比盤庚遷殷還要早上十一年，這是不可能的。第二，《晉書·束晳傳》引《竹書紀年》自周受命至穆王百年，由文王受命經過十二年才滅殷，那末由伐紂到穆王初就有八十八年，加上西周末期由共和到幽王一共七十一年就有了一百五十九年。假如西周只有二百五十七年，那末，除頭去尾以後，只剩九十六年是穆王、共王、懿王、孝王、夷王、厲王等六個王的年代。但據《史記》穆王有五十五年，厲王有三十七年，據銅器趞曹鼎，共王至少要有十五年，僅僅這三個王，就在一百零七年以上了。由此可見西周決

不止二百五十七年，這個數目字正和由盤庚遷殷到商紂滅亡的年代一樣，顯然是有錯誤的。

總之，《竹書紀年》應該是比較可靠的。但可惜西周的年代有錯誤，武王伐紂在那一年無法確定。因之，整個年代，仍舊搞不清楚。

另外一個比較可靠的材料是《殷曆》。《殷曆》曆譜的製定時期，據朱文鑫《曆法通志》的考定，應當在約二千三百年以前，比《竹書紀年》還要早一些。但是關於歷史年代部分，我們所能看到的，都只是漢人的記載。這些材料雖已經隱晦，但還可以整理出來。主要的是：

一、關於商的開始時期　「當成湯方即世，用事十三年（公元前一五六七年——蘭注）十一月甲子朔旦冬至。」——《漢書·律曆志》引

二、關於周的開始時期　「今入天元二百七十五萬九千二百八十歲（公元前一〇八八年——蘭注）昌以西伯受命。入戊午蔀二十九年（公元前一〇八三——蘭注）伐崇侯，作靈台，改正朔，布王號於天下，受録，應河圖」。注：「受命後五年乃爲此。」——《易緯·乾鑿度》

「文王比隆興始霸，伐崇，作靈台，受赤雀丹書，稱王制命示王意。」注：「入戊午蔀二十九年時（公元前一〇八三——蘭注）赤雀銜丹書而命之。」——《詩·大雅·文王》正義引《易緯·是類謀》

「周文王以戊午蔀二十九年（公元前一〇八三——蘭注）受命」。——《詩·大雅·文王》正義引《尚書緯·運期授》注

三、關於周的總年數　「河圖云：倉帝之治八百二十歲，立戊午蔀。」——《詩·大雅·文王》正義引《尚書緯·運期授》

四、由文王受命至魯惠公末年總年數　「數文王受命至魯公末年（即春秋前一年，公元前七二三——蘭注）三百六十五歲」。——《詩·大雅·文王》正義引《尚書中候·雒師謀》注

《殷曆》的年代是劉歆以外的惟一的説法，是漢代相傳的舊説，可能也是戰國以來相傳的舊説，因而是比較可靠的年

代。從這些説法裏可以看出：商的開始時期是由公元前一五六七年(湯的十三年)向上推十二年，即公元前一五七九年，到周文王伐崇那一年(公元前一〇八三年)正是四百九十六年，與《竹書紀年》的殷代年數相同。

但關於周代的開始，在漢人有兩種劃分法。文王以西伯受命是公元前一〇八八年，據鄭玄：《乾鑿度》注是「受洛書命爲天子」，而受赤雀丹書，改正朔，布王號，是在公元前一〇八三年。這本來是兩回事，其間相去五年。漢人從文王受命元年數起，如《尚書·大傳》：「一年斷虞夏之訟，二年伐邘，三年伐密須，四年伐畎夷，五年伐耆，六年伐崇」之類，就必須從天元二百七十五萬九千二百八十歲(公元前一〇八八年)算起，没有把伐崇作爲文王受命第一年的。而且武王伐殷的十一載和十三載也是從文王受命算起的。因此，鄭玄在《乾鑿度》注裏明明説到入戊午蔀二十九年(公元前一〇八三年)的改正朔布王號，是「受命後五年乃爲此」。而他在《雒師謀》的注裏數文王受命至魯公末年三百六十五歲也正是由公元前一〇八七數到公元前七二三。《運期授》的八百二十歲的總年數，也是從文王受命後十三年的公元前一〇七五算起。[五]這是一種算法。但還可以有另外一種算法。由於公元前一〇八七以後，西伯昌雖已受命，尚未稱王，稱王是伐崇以後的事情，也就是由公元前一〇八三開始的。有些人把稱王以前和稱王以後作爲劃時代的標識，因此《是類謀》和《運期授》注就直接説入戊午蔀二十九年受命。《竹書紀年》説商四百九十六年也正是把伐崇以後作爲周的年代的。這兩種算法，從漢人起已有時弄混，如《詩·文王》正義引《書序》十有一年武王伐殷的鄭玄注説：「十有一年，本文王受命而數之，是年入戊午蔀四十歲矣。」就把文王受命元年搞錯，放在入戊午蔀二十九歲了。跟他自己在緯書注裏的説法不同。唐孔穎達作《詩經正義》，更弄不清楚，因此首先要改《乾鑿度》的「入天元二百七十五萬九千二百八十歲」爲二百八十五歲，説一定要加上五年，才和入戊午蔀二十九年相符合。其次要改《雒師謀》的三百六十五歲，説它多了五年，説從文王受命到惠公末，只能有三百六十年。總之，他不懂得關於文王受命是有兩種算法的。[六]

但這兩種算法，無礙於商周兩代的總年數。由商湯元年(公元前一五七九)到周的亡(公元前二五六)，總數是一千三百二十四年。至於商周的分界，儘管過去有過不同的分法，例如《殷曆》和《竹書紀年》都把周的受命算是周的開始，[七]但在事實上應該以武王伐紂的公元前一〇七五作分界線。那末，商的總年代實際上是五百〇四年，周的總年代是八百二十年。而從伐紂到西周的滅亡是三百〇五年。

這是比較可靠的年代，由於：(一)它們是劉歆以外漢代唯一的通行的説法。(二)它們是有曆法的根據保存下來的，不會有數目字的錯誤，而在别的文字記載裏，數目字是最容易錯誤的。（三）它和《竹書紀年》的殷年數一致，和武丁時代的月食没有矛盾，和武王伐紂年在《武成》裏所記的月日也没有矛盾。

三、論《史記·魯世家》的不可依據和劉歆《世經》捏造的年代

關於周的年代，在漢時還有一種材料是《史記·魯世家》。劉歆的《世經》説：「春秋殷曆皆以殷魯自周昭王以下亡年數，故據周公伯禽以下爲紀。」但劉歆所用的《魯世家》年代，和現在《史記·魯世家》年代是不一致的。現在《魯世家》裏除去伯禽没有年代以外，由考公到春秋，一共是二百七十五年，但劉歆的總年數是三百八十六年，除去伯禽四十六年外，還有三百四十年，一共多出了六十五年，顯然有增加的地方。但《史記·魯世家》，伯禽無年數，其餘的年數也可能有錯字，因此不能用以作西周究竟有多少年的根據。

劉歆《世經》的年代，在上面已經説過是他捏造的了。他的捏造年代，一方面固然是要用以誇耀《三統曆》的精密，可以上推到一二千年前的歲星何在，冬至何日。而另一方面，又要牽合附會歷史的記載，使這種記載，可以增高它的價值。關於殷的年代，漢代一般的説法，都只有五百年左右，僅僅《左傳》魯宣公三年引王孫滿的話説過：「鼎遷於商，載祀六百。」這個「楚子問鼎」的故事，本來只是神話性的傳説，因此，這裏的年代本不是十分可靠的。但劉歆是第一個提倡《左傳》的，爲了要抬高《左傳》的價值，就用六百年作爲他的年數基礎。同時又利用了《殷曆》所説的「成湯方即世用事十三年十一月甲子朔旦冬至」去附會《伊訓》的「太甲元年十有二月乙丑朔」説應該是十二月乙丑朔旦冬至，而不應該是十一月甲子朔旦冬至（其實《伊訓》只説乙丑朔，並没有説是冬至）。因而説《殷曆》推算得不對，要把它重新推算過，由《殷曆》的公元前一五六七改到公元前一七三九，推前了一百七十二年。實際上只是在他的《三統曆》曆譜上找出在公元前一千七百年左右範圍内有這樣的朔旦冬至，就把它作爲定點，因而計算出殷年有六百二十九年。

關於周的年代，劉歆是以伐紂爲基點的。但他又要使《武成》月日和他的粗疏的曆譜一致，因此，選擇了曆譜中公元前一一二二的一年作爲武王伐紂年，比《殷曆》的公元前一〇七五年伐紂，多出了四十七年。因此，劉歆的周代總年數是八百六十七年，而《殷曆》是八百二十年，也多上四十七年。劉歆由伐紂到魯惠公末整四百年加伐紂前十二年爲四百十二

年，而《殷曆》由文王受命到魯惠公末年是三百六十五年，也多上四十七年。

由此我們可以推出劉歆《世經》所謂周公攝政五年爲公元前一一一一，在殷曆攝政五年當爲公元前一〇六四。劉歆所謂「凡伯禽至春秋三百八十六年」，伯禽元年即是成王元年，是公元前一一〇八，在《殷曆》由伯禽到春秋應該是三百三十九年，伯禽元年是公元前一〇六一。這都是可以用劉歆加四十七年來推算出來的。

如上所説，漢代殷曆家對周年代有兩種算法，除了從伐紂算起外還可以從伐崇（公元前一〇八三年）算起，因此周代總年數也可以算做八百二十八年。那末除了殷代總年數劉歆跟《殷曆》懸殊外，夏代應該是四百七十一而劉歆是四百三十二，少了三十九年。但周年代八百二十八年劉歆是八百六十七年，正增加了三十九年。劉歆在增加殷代年數時，説了許多理由，但減少夏代年數是毫無理由的，好像他因爲周年代增加了，有意去減損夏年代的。所以後漢人批評他是「横斷年數，損夏益周」。

夏商周三代的精確年數，現在雖還不能知道，但從戰國到漢代是有相傳的舊説的。經過劉歆的捏造，舊説被隱蔽了。現在大家都知道劉歆的年代靠不住，但苦於找不出一個比較可靠的年代去替代它，因之，往往只好還用他的年代。現在已經整理出《殷曆》的年代，那末，劉歆的年代是絶對不應該用了。

四、論漢以後所推的年代的不可信據

由漢以後，《殷曆》已没有人知道。晉皇甫謐曾企圖分配周王年代，把武王定位元年放在公元前一一一六年（見《史記·周本紀》集解），因之，他的周代總年數是八百六十一年。他所做的《帝王世紀》已失傳，詳細情形已不能知道，但他把昭王定爲五十一年（見《太平御覽》卷八十五引），和《竹書紀年》的十九年不合，顯然也是捏造的。〔八〕

唐代一行根據《尚書·武成》的月日，用他的《大衍曆》來推算，認爲伐紂應該是庚寅，即公元前一一一一年，因之，周代的實際年數是八百五十六年。一行的曆譜比較精密，但他推算《武成》月日在那一年，卻只是可能而不是必然。就是説按照《武成》所記的月日可能發生在公元前一一一一年，也可能發生在公元前一〇八五、一〇七五和一〇五四等。曆象本身是固定的，一一一一年所發生的現象在一一一〇年或一一一二年都不會發生。但在歷史時代不能固定時，可以上下其手，可以放在一一一一年，也可以放在一〇八五年。因此，這種片面的只以精密的曆譜作根據而推測出來的年代，根本就不可依據。近代日本人新城新藏説武王伐紂在公元前一〇六六，其方法的錯誤是相同的。我們不應該爲他的精密的曆譜所嚇倒，要知道他的曆譜本身固然是科學的，但他没有根據可靠的歷史年代還是不科學的。

清代姚文田作《周初年月日歲星考》，根據《顓頊曆》推算武王伐紂爲公元前一〇六五年。近人丁山根據西周二百五十七年的説法而仍照《三統曆》來推算《武成》的月日，定武王伐紂爲公元前一〇三〇年。不知道這種曆譜都是粗糙的，所推算出來的，不合於當時實際的月日，因之，這種推算都是不足爲據的。

近人吴其昌作《金文曆朔疏證》，完全依據不可靠的《三統曆》，又採用了劉歆的總年數八百六十七年，把它任意分配成各個王的年數而把銅器銘文的年代設法編排進去。他不知道《三統曆》和劉歆總年數都不可靠而又任意分配，先把恭王分配爲十二年，由於郭沫若先生根據趞曹鼎説至少要有十五年，他就改爲二十年，而把原來的懿王二十五年減爲十七年。這樣伸縮自如的年表，當然是絶端不科學的。

董作賓作《殷曆譜》，他知道《殷曆》是公元前三七〇年前後的産物，並推出這個曆法大約經過三百零七年就會多出一天。他根據這個原則來倒推公元前十四世紀到十一世紀的月日，結果和新城新藏用新的精密的曆法推算出來的曆譜，十分接近，這是很成功的。他發現了卜辭裏有公元前一三一一年的月蝕紀録是十分重要的。但他也犯了很大的錯誤，即抓住劉歆捏造的年代不能放手。因此，他的總年數是一千四百九十六年，成湯伐桀是公元前一七五一年，和劉歆相同。但他又採用一行的伐紂年月，把伐紂放在公元前一一一一，把一一二二作爲文王受命元年。因之，它表面上雖還是殷年六二九，周年八六七，實際上是殷年六四〇，周年八五六。他在殷代年曆上用了很大力氣，但由於根據了劉歆捏造的年代，儘管煞費苦心地去安排一切資料，而所定的年代完全是不可靠的。

總之，在劉歆以後的重定年代，有的是只由主觀推測的，有的是根據舊傳曆法而重新推測的，有的是根據比較精密的曆譜去推測的，還有的是根據劉歆捏造的年數重新安排的。由於找不到比較可靠的年數資料，除了空想外，就很容易被劉歆捏造的年數所束縛。這一切都是不可依據的。

五、結論

《竹書紀年》和《殷曆》的夏商周三代年數，是目前僅存的比較可靠的材料。《竹書紀年》西周年代有錯字，應該依據《殷曆》；《殷曆》對夏年代無明文，應根據《竹書紀年》。這兩個材料是可以互相補足的。由於《殷曆》起源和《紀年》同時，或在其前，這兩個材料裏的年數，很可能是同一系統的。「殷曆」裏沒有夏年，但據後漢人說劉歆「損夏益周」，可見夏年數一定比劉歆的多。「殷曆」常常從文王受命算起，《竹書紀年》據《晉書·束皙傳》所說也是從「自周受命」算起的，可以看見它們之間是一致的。

劉歆《世經》的年代是捏造的，不足依據的。後世所推也不足憑信。在沒有更新的材料發現時，我們只能根據這些從戰國到漢代相傳的材料。但在還沒有得到充分的證明前，我們還只能把它稱爲比較可靠的材料。

要確定歷史年代，必須有真實的歷史材料，不容許根據捏造的無稽的材料。同時也必須根據精確的材料，主要的要注意數目字的錯誤。違反了這兩點，這年代就是不可靠的。

有了可靠的材料，我們還可以加以檢查。（一）在用精密的曆法來檢查時要求基本上能密合。爲什麼只是基本上密合呢？因爲這樣悠久的歷史，不論在什麼地方會有一些小錯誤，就很難全部密合。例如我們用曆譜來檢查春秋日食時就很難完全密合的。（二）要儘量利用地下材料來證明。

根據《殷曆》年代，用精密的曆法來檢查公元前一〇七五年的伐紂月日，跟一行所解釋的《武成》月日是完全符合的。由伐紂年倒推上去二百七十三年，即《竹書紀年》盤庚遷殷的一年是公元前一三四八年。那末地下材料即殷虛卜辭所證明了的公元前一三一一年的月食記録，已經經過了三十八年，已經經過盤庚、小辛、小乙三代到了高宗武丁的時代，也是可能的。因此，我們有理由說《殷曆》的年代是比較可靠的。

那末，根據比較可靠的材料，夏商周三代的年數是：

夏代四百七十一年　　自公元前二〇五〇至公元前一五八〇

商代五百〇四年　　自公元前一五七九至公元前一〇七六

周代八百二十年　　自公元前一〇七五至公元前二五六

那末從夏禹元年到現在一九五五年已經是四〇〇五年。我們有文字可考的歷史時期是從夏代開始的，所以「中國已有了將近四千年的有文字可考的歷史」。

〔一〕《韓非子·顯學篇》：「殷周七百餘歲，虞夏二千餘歲，而不能定儒墨之真，乃欲審堯舜之道於三千歲，意者其不可必。」和一般説法不同。但如解釋爲殷周之際，離韓非時七百餘歲，虞夏之際離韓非時二千餘歲，還是可以講得通的。

〔二〕王隱《晉書》説：「汲冢紀年，夏年多殷」。但《史記》集解所引夏四百七十一年商四百九十六年，反比商少了二十五年。可能由於《竹書紀年》是從黃帝開始的，也可以把堯舜年數都算是夏年跟《尚書》把《堯典》、《舜典》都算《夏書》一樣，所以夏年多於殷。

〔三〕武昌書局翻刻明震澤王氏本改爲二百七十五年，朱右曾輯《竹書紀年》改爲二百七十三年。

〔四〕《易緯稽覽圖》：「禹四百三十一年，殷四百九十六年，周八百六十七年。」商年代跟《竹書紀年》一樣，周年代跟《三統曆》一樣，夏年代比《三統》少一年，比《紀年》多四十年。但《稽覽圖》有唐代紀年，顯然已經過唐人修改，不足爲證。

〔五〕文王受命在公元前一〇八八，但受命元年卻從公元前一〇八七算起。鄭玄已這樣算，見《詩經·文王》正義。

〔六〕如把這兩種算法弄錯了，就會把公元前一〇八三作爲文王受命，把公元前一〇七〇作爲武王伐紂，但這是不對的。首先和三百六十五年和八百二十年的總年數不合，其次和武王克殷的月日也不合。

〔七〕《晉書·束皙傳》引《紀年》：「自周受命至穆王百年」，可見也以文王受命爲周的開始。

〔八〕《通志》引作二年也不合。

載《新建設》一九五五年第三號第四八至五一頁又轉四四頁（現缺四四頁以《新華月報》本補足）。
又《新華月報》一九五五年第四期第二一〇至二一三頁。

玉器

編者按：蘇聯讀者柯馬羅夫·奥列格·巴夫洛維奇等人來信，希望在畫報上能够看到關於中國石雕刻的報導。爲了滿足這位讀者和其他讀者的要求，現在就介紹一下中國石雕刻中的玉器。

中國玉器是世界上最優美的美術工藝品之一。古代的玉器，大都從新石器末期的工具發展而成。在約三千三百年前的殷代，已經有很好的透空雕刻玉器，其中有鳥獸蟲魚的飾物，有象徵性的玉兵器和用緑松石鑲嵌的銅兵器和骨器。到了戰國時期（公元前四〇三—前二二一年），玉器雕刻又有了新的發展。那時的龍形鳥形等飾物，幾乎没有相同的形式，每一個都十分生動；玉器上往往有雲紋、穀粒紋、蟠螭紋等圖案。

戰國和漢代（公元前二〇六—公元二二〇年）的玉器，很多是日常生活用品，如帶鉤、印章、劍飾等。現存的戰國時代的玉燈和漢代的玉奩都是很突出的藝術品。六朝到唐代（公元三世紀—九世紀）遺存的玉器較少，但也可以反映當時的新的事物。

宋代以後，一般只注重仿古，但現今保存在北京團城裏的元代（公元一二七九—一三六八年）玉甕卻很有名。明代（公元一三六八—一六四四年）擴大了玉器的範圍，有了茶壺、花插一類的日常用品，也擴大了玉石的品種，如水晶、翡翠等。江蘇蘇州的陸子剛（公元十六世紀後期）在砂碾基礎上加以刀刻，成爲當時十分著名的雕刻家。

清代（公元一六四四—一九一一年）宫廷玉器雕琢的匀浄平滑和工整是從來未有的，精美的白玉和碧玉也有了豐富的來源。十八世紀的一個玉山，上面刻了大禹治水的故事，是世界上最大的玉雕刻。

玉石的堅緻温潤和它的光輝色澤，本來就爲人喜愛。中國藝術家更善於利用這些美麗的天然材料，創造出精美的藝術品。雕琢時需要特殊的技巧，必須用鐵製的旋盤和解玉砂來代替一般的刀鋸鑽鑿，這不是一般雕刻家所能掌握的。

目前的玉石器手工業正在隨着社會主義改造逐步走上合作化的道路，參加生產的人數和成品每年都有增加。就北京來説，從事玉器製作的已有四百餘人，半數以上都組織了生産合作社。因爲組織起來便於交流經驗，雕琢的技術也獲得了新的發展。

載《人民畫報》一九五五年第四期。

中國文字的簡化和拼音化

中國文字已經在開始簡化。這個簡化工作是在中國人民革命得到勝利，正在進行社會主義建設的第一個五年計劃時期，在中國共産黨和毛主席的正確領導下有計劃地進行的。這是中國歷史上的大事，是中國文化的一次巨大的革命。當然，簡化還僅僅是這個革命的起點，中國文字改革的最終目的是拼音化，毛主席説：「要走世界各國文字共同的拼音方向」，已經十分正確地提出我們應該奮鬥的目標了。

現在的問題，是怎樣從簡化轉變爲拼音化。

對這個問題，可以有兩種回答：一種是簡化只顧簡化，拼音另起爐竈，兩不相涉，各顯神通，眼前且仗簡化救急，將來另换一種拼音文字。另一種是從簡化過渡到拼音化是文字改革的兩個階段，是中國新文字的發展過程，没有達到拼音化，就是簡化尚未成功，不建立在簡化的基礎上就不容達到拼音化。總之，前者把簡化和拼音化看成是兩件孤立的事情，而後者看成只是一個運動的發展。

從中國文字的歷史發展規律來説，顯然，後者是正確的。

是不是應該在簡化的基礎上來進行拼音化呢？應該的。在中國人民獲得了自己的政權以後，在中國人民在共産黨的領導下正在用全部力量建設社會主義社會的時候，如果不想消滅現有文字並創立新文字來代替它，不想進行文字的突變，不想進行兩種或幾種文字的自由競賽，不想造成文字上的大混亂現象和社會生活中的無政府狀態，那末，從文字的簡化開始，逐漸地過渡到拼音化，就是應該的、必須的。

有没有這種可能，在簡化的基礎上來進行拼音化呢？完全可能。只要掌握中國文字的發展規律，接受文字改革運動裏過去一切經驗教訓，不變换文字的民族形式，有計劃地有步驟地進行改革，適應社會的要求，不使社會生活有所紛擾，這種自上而下的革命，就必然得到自下而上的支持，因之，這是完全可能的。

怎樣才能在簡化的基礎上來進行拼音化呢？

一、簡化時不要忘記了拼音化。如其一個筆畫簡單的文字，或一個簡化了的文字，可以代表某一個拼音字母，爲什麽不盡一切的可能，使它更有條件適合於拼音文字的字母呢？

二、應該認識到拼音化是簡化的高級階段。簡化是有限制的，有些文字本身很難簡化，即使簡化了也不够簡單。如其把完全不同形式的簡體字來代替繁體，那末，爲什麽不可以用一個拼音的簡體字來代替呢？依照北方語系統，有四聲的區別，可以拼出一千多個拼音簡字，那末，爲什麽不可以充分地利用這一千多個拼音簡字，使文字從簡化很快就過渡到拼音化呢？

三、文字從簡化到拼音化將是一個歷史過程，是性急不得的，不是能一下子徹底改變的。有些文字本身很簡單（如：一、二、三、上、下等），暫時既不需要簡化，也不需要拼音化；有些文字是可以簡化的；有些文字是可以用拼音簡字代替的；有些文字在拼音化以後會自己消滅的（如「蟋蟀」、「螳螂」等，只要用兩個拼音文字連寫就可以了）；在一個相當長的歷史時期内，必須儘量利用一切可能利用的各種形式（新形聲文字是不應該發展的，可以暫時利用其一部分，但不能作爲主要形式）。這種包括各種形式的綜合文字，將可以由只包含千分之幾的拼音文字，逐漸發展到基本上拼音化了的文字。

當然，這樣穩步前進是需要相當長的時間的，需要做很多的工作，還可能碰到很多的困難。但這樣的改革，不是空想，困難是可以克服的，成功是可以預計的。

如果只顧簡化而不顧拼音化，每一個字去計較一筆一畫的簡省而忘卻了主要目標還是在拼音化，那將是徒勞無功的。如果單獨創造拼音文字而不和簡化結合，要在平地上建築起適應中國語言的新文字，期待着中國文字的突變，這是空想，是非現實的。

中國語言是民族形式的語言，中國文字應該是民族形式的文字。在民族形式的基礎上的綜合文字，由文字的簡化逐步過渡到文字的拼音化，將是中國文字改革的全部過程。簡化時不要忘記拼音化，拼音應該建立在簡化的基礎上，簡化和拼音化是不可以機械地分割的，是不應該孤立的。

載《光明日報》一九五五年八月三十一日。

一九五六

論馬克思主義理論與中國文字改革基本問題

一九五五年一月中國文字改革委員會提出了《漢字簡化方案草案》，這是中國文字改革的第一步，作爲一個中國文字的研究者是十分熱烈地擁護這個改革而且熱烈地盼望它能從速實現的。

文字改革是全國人民的一件大事。簡化還僅僅是這個工作的第一步，以後應該怎樣呢？毛主席指示我們「要走世界各國文字共同的拼音方向」，方向是有的，但應該如何去實現呢？

在這一方面，有一些理論問題是應該提出來的。這些屬於根本性質的問題，屬於唯物主義與唯心主義劃清界限的問題，屬於文字改革的正確路綫問題，是應該不怕麻煩來反復討論的。

一、討論文字改革問題要不要根據馬克思主義理論

這個問題的提出，似乎是可笑的，大多數的同志可以簡單地答復，討論文字改革問題，必須根據馬克思主義理論。但事實並不如此簡單，很有一些人認爲文字改革屬於實際問題，用不着去提到馬列主義，認爲馬克思列寧主義裏没有講到文字改革，因之，把馬克思主義理論運用到文字改革問題上就是不恰當的。有的同志説：實事求是一些吧，不要講馬列主義了。有的同志認爲講馬列主義就是走彎路，使問題變得複雜了，不好解決。有的同志根本不願意提到唯物主義與唯心主義的區别。

當然，這些同志是錯誤了。（一）討論文字改革要根據馬克思主義理論，就因爲我們要避免盲目的實踐；文字改革如

果没有正確的理論來作指導，那種實踐就是盲目的。（二）馬克思主義裏固然没有現成的文字改革理論，可以供我們抄襲，但斯大林同志就是把馬克思主義理論運用到語言學上來的，米丘林、巴甫洛夫是把馬克思主義理論運用到生物學和生理學上來的。馬克思主義理論是一切科學的理論基礎，爲什麽就不能運用到文字改革上來呢？生硬的搬用，把馬列主義理論當作教條是錯誤的，但在任何科學上運用馬列主義理論是必須的。這兩者是必須分開來的。（三）馬克思主義是實事求是的，不以主觀願望和某些歷史成見爲轉移，既然要實事求是，就不應該避開馬克思主義。（四）根據馬克思主義來討論，爲的是用客觀真理作標準來解決問題，爲什麽認爲是彎路呢？（五）唯物主義和唯心主義是基本對立的體系，我們不能容忍在任何問題上的唯心主義思想，我們必須嚴格地劃清思想上的敵我界限，爲什麽在文字改革上不願意分清是非呢？文字改革必須在正確理論的指導下進行，必須根據馬克思主義理論來制定行動的綱領，這是原則。一切迴避着理論，緘口不談唯物主義和唯心主義的區别，是違反原則的，是錯誤的。

我們認爲馬克思主義的寶庫裏，雖然没有文字改革，但根據它的精神，在中國文字改革問題上是可以而且也是應該提出一些根本原則來的。

（一）文字跟語言一樣，是全民創造的，不是某一個階級的産物，它可以替奴隸社會、封建社會和資産階級文化服務，也可以替社會主義制度與社會主義文化服務。由此可見過去有些人把中國文字認爲是代表封建社會的，是落後的腐朽的東西，因而要求中國文字改革要消滅舊文字，另外創造新文字，是十分錯誤的。

（二）文字既然跟語言一樣不是上層建築，那末，在革命成功以後，要把現有文字和其結構，像對上層建築一樣消滅掉，另造新的來代替是没有必要的，對革命是没有好處的。正如斯大林同志所説：「在歷史上没有特别必要的時候，決不會作什麽重大的改革的。」消滅現成的文字，創立新的文字來代替它是會在社會生活中造無政府狀態並使社會受到崩潰的威脅的。由此可見有些人要求在若干年間消滅現有中國文字和其結構，另外創立新文字來代替它，這種唐吉訶德式的任務，顯然是無益而有害的。

（三）文字跟語言一樣是在不斷改變、不斷發展的。它直接反映了社會上的需要，用新的單字來充實自己的字彙並改進了書寫方法。例如：公元二世紀以前，即漢代還不知道「瓷」字和「茶」字，幾十年前的人就不會認識「鋅」、「鈾」、「鉚」、「泵」等字。幾千年來，中國文字從象形表意的文字發展爲以形聲字爲主的綜合文字，從繁難的圖畫文字發展的爲簡體字，可以證明它是在不斷地發展而且還在繼續發展的。由此可見有些人認爲中國文字已經不能改進，不能發展，必須另造新文字，是無稽的，是不正確的。

（四）文字跟語言一樣是工具和武器，語言是人們交際的工具，文字發生較語言晚得多，但是比語言複雜得多的工具。文字和語言的不同，僅僅是形式上的、結構上的，因爲他們是用不同的形式和結構表達出來的。但作爲工具和武器來説，是完全相同的。因此，文字和其結構也正和語言一樣用擴大和改進現存的基本要素的辦法；它從舊質到新質的轉化，不是經過爆發而是經過新質量新結構的逐漸積累、舊質量舊結構的要素的逐漸衰亡來實現的。由此可見有些人把文字説成只是簡單的工具，可以像一把破舊的笤帚一樣，隨便地拋棄舊的，另做新的；説文字只是表達語言，馬克思主義理論只能運用在像語言那樣的工具；而不能運用在像文字這樣的工具；説語言不能爆發，但文字是人造的，是要通過學習的（當然他們没有想到語言也是要通過學習，也不是天生的），所以是可以爆發的；因此，他們主張文字改革必須通過爆發的方式，這都是完全錯誤的。

（五）馬克思主義者認爲新東西總是戰勝舊東西的。但新東西是在舊東西的基礎上成長起來，並且還包括舊東西中的一切積極因素。「每一種新的社會經濟形態都保持和進一步發展前代人所創造的積極的東西，發展生産力、科學和文化」。在蘇聯曾經有過一種人硬説無産階級不應當利用舊的技巧成就，應當毁掉舊的資産階級的鐵路、建築物、機床和設備，一切需要重新創造，他們因此得到了「穴居野人」的封號。斯大林曾經引證過這故事來説明不應該斬斷兩個敵對階級的一切聯繫。由此可見有些人硬説舊文字一無可取，新文字不需要在舊文字的基礎上成長起來，不需要接受幾千年來千百萬羣衆積累下來的文字體系和它在發展中的經驗教訓，他們爲了消滅舊的，創造新的，不惜割斷一切歷史和文化的聯繫，跟氏族社會末期的人們一樣，重新在語言的基礎上憑空創造出一種原始的樸素的文字，這樣可憐的空想家，和「穴居野人」派又有什麽差别呢？

（六）馬克思主義者認爲由舊質態到新質態的轉化的過程，是以現象本身的性質、條件爲轉移而有兩種不同情況的。在分成敵對階級的社會里，「爆發」是必需的，但對於没有敵對階級的社會裏，在社會主義制度下，它就決不是必需的。在没有敵對階級的社會裏，社會的發展，由舊質態到新質態的轉化是逐漸進行的，是通過舊東西的逐漸克服和新東西的逐漸積累來實現的。蘇聯政府和共産黨領導蘇聯人民爲新東西的勝利而鬥爭，給他們指出了發展的前途，指出了在經濟、文化和科學領域内進行根本的質的改造的途徑與方法，蘇共第十九次代表大會制定了最近幾年内經濟建設和文化建設的宏偉綱領，由舊質到新質的轉化，就是排斥爆發，排斥革命而採取逐漸過渡的方式的。新東西的確立是一個漸進的過程。由此可見有些人認爲斯大林語言不能爆發的理論，僅僅只能用在語言的現象上而不能運用到一般的社會現象上去，因而强調文字可以爆發，要求在今天的中國，文字正在日益發展爲社會主義制度很好地服務的時候，用爆發的手段來消滅它，廢止它的工作，是違反人民利益的，是十分錯誤的。

總括起來，從馬克思主義觀點來説，文字跟語言性質是相同的，没有階級性，不是上層建築，它可以發展爲更好的新東西，它是社會上很重要的很複雜的工具之一。文字改革應該在舊東西的基礎上發展爲新東西，應該使新東西包括舊東西中間一切主要的優點，而不應該使新舊之間割斷聯繫。在人民獲到了政權正在進行偉大的社會主義改造的時期，文字改革更應該通過舊東西的逐漸克服，新東西的逐漸積累來實現，而不應該錯誤地採用爆發的方式。

二、中國文字改革能不能通過爆發方式

中國文字改革能不能通過爆發方式，這是目前中國文字改革問題上最主要的分歧點。很多文字改革工作者保持着一種傳統的觀點，認爲文字改革就是一下子消滅舊的，建立新的，認爲這是唯一的方法。他們認爲漢字是陳舊的、不能發展的，不好的文字，必須廢除掉而根據漢族語言來重新創造文字；因之，中國文字改革必須通過爆發的方式。另外一種意見則根據中國文字的性質和中國文字歷史的發展規律，認爲漢字儘管有嚴重的缺點，但還具有很大的優點，缺點是可以改造的，優點是可以而且應該繼續發展的。認爲從簡化漢字的基礎上進行拼音化是完全可以使中國文字轉化爲新的拼音文字，同時還可以保持着並進一步發展它的一切主要優點的。中國文字由簡化過渡到拼音化，是中國文字改革問題上的一個新的提法，是以馬克思主義「在社會主義制度下一切經濟文化的發展，舊質到新質的轉化是排斥爆發，是通過新質要素的逐漸積累和舊質要素的逐漸衰亡來實現」這一個原則爲根據的。因之，中國文字改革必須通過逐漸過渡的方式。

要就是根據傳統的觀點，像原始社會末期的祖先們一樣重新來創造文字，並選擇一個在某些人認爲適當的時機來廢

除漢字；要就是根據馬克思主義理論，斯大林在一九五〇年發表的論文裏所提出的最新的觀點，並根據中國文字的特點和它的歷史發展規律，在簡化漢字的過程内注入一些拼音的新質素；使它從量變到質變，逐漸過渡爲新的拼音文字，這是原則性的分歧，我們必須在兩者之間擇取其一。

過去常常有一種錯誤的解釋，認爲文字跟語言不同，語言是不能爆發的，而文字是可以爆發的。〔一〕因此，儘管斯大林所提出的原則已經解決了在社會主義制度下經濟文化和科學領域内的各方面的質的改造的途徑與方法，而很多人還醉心於「爆發」，醉心於唐吉訶德式的任務。這種錯誤的解釋，主要是由於看到越南、蒙古、土耳其等國家曾經實行拉丁化並獲得成果的表面現象而引起的。其實，文字跟語言一樣是不能爆發的。越南等國的拉丁化，或者是從頭創造文字，或者只是拼音文字的改進，都不是文字的爆發。

以越南來説吧，這是從頭創造文字的一個例子。越南跟日本、朝鮮一樣，都曾經借用過中國文字，但外來的文字用以寫出民族語言是有困難的，因之，他們各自創造了一套表音的方法，日本把若干漢字簡化了，成爲假名，並産生了用中國文字和假名結合起來的一種綜合文字。朝鮮在一四四六年創造了一種利用漢字形式實際是代表音素的字母，叫做諺文，並成爲漢字和諺文同用的綜合文字。越南的字喃是十三世紀時創造的，但它跟日本的假名、朝鮮的諺文都不同。它摹仿了中國形聲文字的方法，就在漢字上注上了本族的語音，字形比漢字還增加一倍，因之特别繁複。日本的假名是音節字母，比漢字進了一步；朝鮮的諺文是拼音字母，更進了一步；但越南的字喃還只是極爲複雜的形聲文字，比較起來是最落後的。假名諺文雖然還和漢字同用，但已構成了民族文字的體系，而字喃還没有構成什麽體系，並且也没有普及，因之，字喃還不能成爲真正的民族文字。這就是爲什麽朝鮮人民在民族壓迫中捍衛了自己的民族文字，並且在解放後，終於把綜合文字轉化爲基本上純粹拼音的民族文字，而越南人民卻只好選擇了十七世紀時法國傳教士爲學習安南話而制成的拼音羅馬字，把它發展爲民族文字。

事實證明，不但本來無文字或只借用外族文字的民族，可以從頭創造文字，就是有些有過文字的民族，由於文化發展十分緩慢，而文字還停留在十分少數的祭司之類的手中，没有發展爲全民的工具，完全不能適應現代文化，這種僵死的文字和没有文字差不多，在這種情況下，有時也可以從頭創造文字。

顯然，這些從頭創造的文字，跟文字不能爆發的理論是不能混爲一談的。至於像蒙古和土耳其的拉丁化，則只是從這樣的拼音字母轉化爲那樣的拼音字母，變更不大，没有動摇文字的基本結構，這種簡單的改變，只屬於改進的範圍，更根本説不上爆發了。

我們怎麽説文字也是不能爆發呢？

應該指出，斯大林説語言不能爆發，並不是指某些個别的將要衰亡的語言而説的。歷史上曾經有過某些語言被另外一些語言所戰勝，所代替，這並不是什麽爆發的問題。斯大林説語言不能爆發，是指那些在千百年中生存着的並發展着的民族語言，例如：俄羅斯語言、白俄羅斯語言等等而説的。文字跟語言一樣，我們説文字不能爆發，也正是指在千百年中生存着的並不斷發展着的，現在也還在繼續發展的民族文字而説的。

以中國文字來説，「它的歷史是世界上最完整的一部記録，但在它的歷史上就從來没有過爆發。」它從圖畫文字到形聲文字，從篆到隸，從隸到楷，都是一個漸進的過程。有人認爲文字可以依人們意志爲轉移，可以由少數人創造，依靠國家權力來使它成俗，這在首創文字的時候，即這個民族還没有文字或近似於没有文字的時候，是可以的；可以由少數人創造得到羣衆的支持而約定俗成的，如日本的假名、朝鮮的諺文及蒙古文字、滿洲文字等都是經過這個過程，不能與文字的爆發混爲一談。但是有人舉「秦始皇命李斯罷六國文字的不與秦文同者」來作證明，那是不對的。秦始皇的統一六國文字，是以秦部族的文字作爲勝利者的文字來出現的，既没有創造，更不是爆發，要把這來證明中國文字能爆發是徒勞的。

斯大林説：「歷史表明，語言有巨大的穩固性和抗拒强迫同化的極大的抵抗性。」在文字的歷史上也有同樣的現象。幾千年來在中國歷史裏，别的民族文字曾經不斷地輸入，南北朝時代盛行過梵文和鮮卑語等。唐代，在敦煌古文書裏，我們可以看到很多外族文字。許多民族如：吐番、回紇、契丹、女真、西夏、蒙古、滿洲等都曾創造自己的文字。明代天主教徒大量傳播了歐洲文字，並在十七世紀初葉時就爲學習中國文字而創造了「注音羅馬字」。鴉片戰爭以後，西方資本主義國家爲了文化侵略的目的所派遣教士們曾經創造了十幾種專爲教徒們用的方言羅馬字，並且大吹大擂地説：「這種文字只要幾個星期就可以學會」，説：「中國文字的繁難的書寫方法，必須澈底讓位給用羅馬字來代替的拼音制度」，説：「除了羅馬字拼音以外，再没有别的道路」，[二]並且有過一些不識字的基督徒曾用這種文字來寫信、記賬。這班十九世紀的資產階級預言家的主觀謬論，後來竟成爲中國文字改革家的傳統觀點。但是從一八四七年出版上海話羅馬字《聖經》以來，已經一百多年了，這種幾個星期可以學會的羅馬字，雖借助於洋人的力量，終於没有流行，繁難的中國文字並没有讓位給「本能的是外國的羅馬字制度」。[三]中國人民在近百年中在被帝國主義壓迫的半封建半殖民地社會的重重苦難中，給這班侵略者以無情的打擊，堅決不移地捍衛了自己的民族文字。

十九世紀末，中國人才自己創造拼音方案。方案大體上分爲兩類，一類是民族形式的拼音文字，一類是歐洲形式的拼音文字。前一類經過王照、勞乃宣而發展爲注音字母，爲祁建華速成識字法所用的「拐棍」。後一類主要爲一九二六年資産階級提出的國語羅馬字和一九三一年瞿秋白同志等提出的新文字，即拉丁化新文字。拉丁化新文字曾配合當時的救亡運動和民族解放運動，有一定的政治作用，在掃盲工作中也有一些成績，但經過二十五年它還是不能通行。

爲什麽這些新文字在推行時都可以得到一些成績，但總不能戰勝漢字，取而代之。爲什麽法國人在十七世紀時所制的安南話羅馬拼音字能在二十世紀爲越南人民所接受，而同樣在十七世紀初期意大利人利瑪竇和法國人金尼閣所制的中國話注音羅馬字始終不被中國人接受呢？是推行的力量不够嗎？不是的。真正爲人民大衆願意接受的文字是不需要大力推行的，秦漢之間的隸書，唐宋之間的簡字又是誰在推行呢？是由於知識分子的抗拒嗎？是由於統治階級的壓迫嗎？還是由於它還有一些缺點需要修正嗎？都不是的。知識分子是會跟着人民大衆走的。統治階級現在已推翻了，而且一種流行着的文字，統治階級是壓不住的。至於缺點是大家早就知道了的，統一方言的問題、同音字的問題等等，爲什麽注音羅馬字開始了三百五十年，教會羅馬字開始了一百多年，國語羅馬字三十年，拉丁化新文字二十五年，而這些缺點還是原封不動，不能及時改正呢？顯然，這不是一般性的缺點，而是根本的缺陷了。

由此可見，在文字改革問題，只看見容易學習，單單從配合政治宣傳，單單爲掃盲着想，是不行的。任何拼音文字都可以做到這一點，但決不是任何拼音文字可以適合民族的需要。如果單單注意容易學習而不注意民族需要，學的時候是容易的但學成無所用；文盲像是掃除了，但只能在一小部分人中間或只在個别的區域，超出了這個限界以後，文盲依舊是文盲，這樣的文字是行不通的。漢字是有悠久的歷史的民族文字，在人民大衆的生活裏，任何方面都需要這種文字，它正在很好地被使用着，中華人民共和國的憲法就是用這種文字寫的，毛主席的著作就是用這種文字寫的，魯迅的小説雜文，也是用這種文字寫的，成千上萬的科學著作，各式各樣的文告條約都是用這種文字寫的。用漢字寫出來的東西，北京人能懂得，上海人能懂得，福建廣東人也同樣能懂得。作爲一種民族文字，主要的功能，它已經完全具備了。但是還有缺點，因爲它没有進一步轉化爲拼音文字，學習不容易，書寫印刷不容易，表達某些特殊語音不容易，這些缺點是應該改造的而且也是可以改造的，很簡單，只要拼音化就行了。我們已經有這樣一個民族文字，有一些缺點但爲人民須臾不可離的文字，還要從頭另造嗎？從頭另造，豈是容易的事，儘管容易學習，容易書寫和印刷，容易表達語音，可是還不能適應到人民日常生活的各方面，還不能應用在全國各個區域，它就不能戰勝這個有悠久歷史的民族文字。儘管這個民族文字有缺點，它還没有改好，它也是不能被戰勝的。中國文字的巨大穩固性和抵抗性，在千百年來歷史中的具體事實裏已無可爭辯地證明了這一點了。

中國文字爲什麽能有這樣巨大的穩固性和抵抗性呢？從馬克思主義者看來是由漢字的結構所決定的。文字的結構是文字的基礎，是文字特點的本質。大家知道，中國文字是有幾千年歷史的，但它的字彙不多。《康熙字典》四萬多字，其中異體和廢字佔百分之八十以上。每個人需要的字彙，一般地只有五六千個字，其中尤其重要的基本字彙，不過兩三千個字。一個人認識這兩三千基本上就可以看一切書報，可以寫作。中國文字是不斷發展的，某些文字不斷新生，某些文字不斷衰亡，但基本字彙的很大一部分，例如：一、二、三、四、十、百、千、萬、年、月、日、時、水、火、草、木、牛、羊、魚、肉、大、小、上、下等字是千百年中積累下來的，是漢字的基礎。朝鮮人民共和國已改用拼音文字，但從一到十仍舊沿用漢字没有改爲拼音。日本到現在還有一千幾百個漢字。可見不但在中國，就是在朝鮮和日本，有些文字也已成爲他們的基本字彙了。這些文字既然各有幾千年歷史，用這種文字的各地方言已經十分分歧，例如「肉」字如其寫爲拉丁化新文字，在北方話里讀爲rhou，江南話裏讀爲ngyoq，而廣州話里讀爲jug，(四)顯然是很不同的；在某些區域裏，還有語音和讀音的分歧，但無論語音如何分歧，文字只是一個，並没有跟着分化，因此，中國的文字到目前基本上還是統一的。中國有六億人口，這樣一個大國，方言十分分歧，要求語言很快就統一起來是十分困難的。那末，漢字的穩固性，漢字的統一毫無是疑問地是社會穩定與鞏固的最重要條件之一。如果破壞這些基本字彙，破壞文字的統一，試問將對革命事業、對社會主義建設事業帶來多麽大的損害。

中國文字結構的另一方面，是它的書寫方法。中國文字是音節文字，一個字只代表語言裏的一個音節，和朝鮮、越南、日本等文字是一個體系。中國音節文字的特點是不管語言的單音節或複音節，單音節語言，它就是一個字，如果是兩音節的語言，就寫爲兩個字。這樣就構成了中國文字的一個最大特點，只要有幾千個字，就可以構造出無窮的詞彙。因此，中國文字雖然還没有改爲拼音，學習時有一些困難，但需要記住的單字，卻遠比外國文字要少得多。在漢字的基本字彙裏，幾乎每個字可以獨立，也可以被結合爲其他詞兒的，我們在語言裏儘管説：「猪肉」、「羊肉」、「牛肉」、「驢肉」、「狗肉」、「駱駝肉」、「鷄肉」、「鴨肉」、「猪頭肉」、「羊頭肉」、「肥肉」、「瘦肉」、「裏脊肉」、「生肉」、「熟肉」、「鮮肉」、「臭肉」、「肉絲」、「肉片」、「肉丸子」、「肉湯」、「肉餅」、「肉包子」、「肉饅頭」、「肉皮」、「肉骨頭」、「肉麻」、「肉痛」、「肉癢」等等的複音節的詞兒，可是在文字裏「肉」字還是一個獨立的單位。在有必要時，我們固然可以有連寫的方法，例如加符號或把詞兒和詞兒之間留一些空隙等，但一般説，詞兒没有連寫，也没有很大的不便。音節文字和以詞兒爲單位的文字是不同的體系，它們各有優缺點，但中國人民幾千年來既然用慣了音節文字，要改爲以詞兒爲單位的文字，既没有必要，也没有可能。中國語言有難以想象的豐富的詞彙，如何確定詞兒既没有科學的標準，即使驟然制定了幾萬到幾十萬的詞兒，也無法教人去一一學習與應用，那末要創造以詞兒爲單位的文字，只能是某些人的空想，是經不起考驗的，是無法實踐的。

中國文字是綜合文字，它在最古的時候，就是以圖畫文字和表音文字結合起來的綜合文字。到圖畫文字發展爲形聲文字時，很多原始文字是保存下來了，並且還加入了一些新的會意文字，如：上小下大爲「尖」，不上不下爲「卡」等，因此成爲以形聲字爲主的更爲複雜的綜合文字。中國文字寫法的複雜性是有它的歷史原因的，同時也有它的一定功用。中國語言裏有很多同音詞，這一個困難在中國文字裏是基本解決了的。如其只用拼音文字，就無法解決這一個困難。如其用「詞兒定型化」，那就必須死記一些定型了的詞兒，那末，跟死死記幾個漢字又有什麽不同呢？況且一些最基本的最簡單的漢字如：一、二、上、下等字，比任何拼音文字還要簡單，一定要把這些基本字也改作拼音，是没有必要的。

中國文字的字彙與書寫方法，構成中國文字的特徵。要拋棄中國文字的基本結構，不顧它的特徵，而直接從中國語言來創造新的拼音文字，就不可避免地要碰到方言與統一文字的矛盾問題，同音字問題和詞兒連寫等問題，這些問題是曾經談了又談，討論來，討論去，而問題還是問題，可是在漢字本身卻從來没有這些問題。幾千年來，億萬人民不斷發展着的漢字在處理漢語上有這些好的經驗，爲什麽不去接受呢？漢字的主要缺點，是没有成爲拼音文字，那末，只要拼音化了就行，而漢字是可以拼音化的。廢除漢字，另造新字，有什麽必要呢？難道爲了自找麻煩嗎？如果認爲文字改革，必須通過爆發方式，那末，除了自找麻煩以外，不會更有别的。

中國文字是有自己的特點的，基本上能適應於中國語言，因此它是不能消滅，不能廢止的。通過過渡的方式使它拼音化，通過新質的逐漸積累，舊質的逐漸衰亡，使它轉化爲拼音文字，是比較容易做到的，是可以即時收效的。費力小而收效大，對人民是有利的，對建設社會主義偉大事業是有幫助的。

有些人把「逐漸過渡」誤解爲只是爆發時間的延長而不是舊質到新質的轉化。他們認爲文字必須爆發，不過時間可以拉長一些；讓漢字多活幾年，但不必去加以澈底改造，改得越少越好，深怕漢字改造好了，就没有提倡新文字的機會了。他們主張有一個新舊文字並用的時期，逐漸消滅舊的，發展新的來達到完全用新文字的目的。他們這種理論，並不是新的，在二十五年前提出來的《中國拉丁化新文字的原則》裏已經説過了。原則第十二條規定「實行新文字並不是立刻廢除漢字，而是逐漸把新文字推行到大衆生活中間去，到了適當的時候，才可取消漢字」。〔五〕這個過去的《中國拉丁化新文字的原則》是錯誤的，因爲它是根據馬爾派的錯誤學説，認爲漢字是古代與封建社會的産物，因而是必須廢除的。現在，有了斯大林的語言學説而還牢牢地抓住這一條原則，這是爲什麼呢？尤其是他們對於逐漸過渡的誤解，是應該特别指出的。馬克思主義理論所説的「逐漸過渡」是和「爆發」相對的。是指舊質到新質的轉化。用在農業改造方面，是指由小農經濟通過合作化過渡到集體農莊，是把個體農民組織起來，而不是排斥個體農民而另外去普遍建立國營農場。用在文字改革方面，是指由非拼音的文字通過拼音化過渡到拼音文字，是應該把漢字澈底改造而不應該排斥漢字而另外去創造新文字。必須指出，「爆發」決不能同時是「逐漸過渡」，「逐漸過渡」決不能通過「爆發」的方式。如果説讓爆發延長一下，那也還是爆發。讓舊文字多活幾年，那總還是消滅，還是要取而代之。我們認爲文字是不能爆發的，因此決不爲漢字可能被廢除而擔心。漢字在目前還是唯一的重要工具，它也還没遭受像中醫那樣，曾被排斥爲封建醫的經過。但是主張文字的爆發，對人民羣衆是無益的，對社會主義建設事業是不利的。從利瑪竇創造注音羅馬字以來，已經三百五十年了，人們對於用羅馬字拼音的辦法，領教已經很多了。它的主要缺點，過去那樣，現在還是那樣。十七世紀創造的安南話拼音羅馬字早已成爲越南的民族文字了，而比它切爲久遠的中國拼音羅馬字還没有一個切實可行的方案，難道今後在十年八年中間就忽然可以推行了嗎？大家知道，在中國的特殊情況下要另造新文字，應該有三個條件，即：（一）語音標準化，（二）語彙固定化，（三）語法規範化，這些條件能在較短時期内，即十年八年内實現嗎？如果新文字不能創出來，而又不進行漢字的澈底改造，不進行漢字的拼音化，那末，事實上將不是延長文字的爆發時期而是延緩漢字的改造，延緩中國文字的拼音化，延緩了中國文字的改革。因之，對人民羣衆無益，對社會主義建設事業不利。

在簡化漢字的基礎上進行拼音化，是極簡單的。例如：用三筆的「ㄞ」字來代替十筆的「挨」字，用七筆的「ㄓㄚ」字來代替十二筆的「渣」字，用三筆的「ㄩ」字來代替三十二筆的「籲」字，在大家還没有習慣的時候，可以少改幾個，習慣了，多改幾個。用拼音文字來代替繁難的漢字爲的是簡化漢字，同時在簡化裏面，注入了新的拼音的質素。新的拼音的成分一天一天地增加，舊的繁難的漢字就衰亡下去了。這樣簡易的步驟，只有肯不肯這樣做的問題，没有能不能這樣做的問題。這樣拼音化是即時可行的，簡化了一個字，人民大衆就受一個字的利益。簡化一千多個字，最多也不過三五年的時間，而到那時，在漢字中間就有了整套的拼音文字了，這對於第二個五年計劃將有巨大的貢獻。

億萬人民是在期待着中國文字改革的，在三五年時間内基本上改造漢字是符合全體人民的利益的。如果醉心於文字的爆發，抱着和十九世紀外國傳教士們同樣的信念，認爲「除了羅馬字拼音以外，再没有别的道路」，一心一意地創造新文字而不願進行只要一舉手之勞的漢字拼音化，看不見在事物的運動中已經呈現在我們眼前的新的康莊大道而還硬拉着時代的車輪倒退，這是違反人民的利益的，是錯誤的道路。

總之，文字改革只應該用逐漸過渡的方式，不應該錯誤地採用爆發的方式。

三、漢字能不能發展爲拼音文字

漢字能不能發展爲拼音文字呢？在一個座談會上曾經聽到過這樣的意見，漢字拼音化等於是在帆船上加上馬達，比帆船也許好一些，但受帆船性質的限制，總不如另外去造一條大輪船。顯而易見，這些同志們把漢字看成是固定的，不能向前發展的，因之，覺得改造漢字，没有多大意思而只願意看見它的廢除了。

這種錯誤的意見是有它的歷史根源的，五四運動以後，資産階級知識分子失去了民族自信心，主張全盤西化，因此痛罵漢字是「牛鬼蛇神的文字」，「野蠻根性太深」，「阻礙文化進步，吃人害人的文字」而主張「廢止中國字」。〔六〕大革命失敗以後，部分中國共産黨員提創的拉丁化新文字運動曾經錯誤地認爲「中國漢字是古典封建社會産物，已變成了統治階級壓迫勞動羣衆工具之一，實爲廣大人民識字的障礙，已不適合於現在的時代」，〔七〕因而要求把漢字作爲上層建築來廢除。他們的出發點是不同的，但完全否定漢字，要求廢除是相同的。

自從斯大林關於語言的論文發表以後，沒有人再説語言和文字有階級性，是上層建築了。但既然文字和語言一樣，不是上層建築，爲什麽要廢止呢？難道爲了「全盤西化」嗎？當然不是的。唯一的可以勉强提出的理由，只是漢字不好吧。

漢字怎樣不好呢？在《漢字簡化方案草案》説明裏説：「主要的缺點是漢字使文字和語言分離，不能從字面上讀出音來，而人民口頭的語言，又很難寫成文字；字數繁多，結構複雜，一字多音，同音異體」。這個批評是完全正確的。「如果我們原封不動使用這種文字，不加改革」，當然是十分錯誤的。改革是必需的。但我們在這些主要缺點裏實在得不出必須廢除的原因，漢字有缺點，應該改進，爲什麽要廢除呢？

草案説明也曾正確地提出漢字在歷史上的偉大功績，但僅僅緬懷過去是不够的。漢字還活着，還沒有蓋棺論定，我們必須承認它在當前並且在將來所起的巨大作用。難道它不能用以闡述馬列主義嗎？難道它不能用以發布政策法令嗎？難道它不能用以記録最新的科學和技術嗎？難道它不能用以創造爲工農大衆熱愛的文藝作品嗎？我想沒有一個人能説它是不能够的。那末，我們能説它對正在進行中的社會主義建設事業服務得不好嗎？它有缺點，缺點是應該克服的，但總不能因此就抹殺它在現在還在進行中的鉅大作用，而這種鉅大作用，比起歷史上任何時期的偉大功績還要偉大得多。

如果我們從兩方面來看問題：一方面，漢字是有功績的，過去有功，現在還在立功，我們沒有任何理由去廢除它。另一方面，漢字是有缺點的，缺點還很嚴重，但總可以克服。「字數繁多，結構複雜」，是可以簡化的。「文字和語言分離」，是可以用拼音化來使它密切聯繫的。那末，還有什麽理由要廢除它呢？

當然，我們也應該考慮到人們的思想意識往往會落後於客觀事物的發展，因此，對於客觀事物的估價，難免沿襲着傳統的觀點。五四運動以來，各種對漢字的錯誤看法，業已深入人心，不易消除。説漢字不好，就根本不去考察漢字的好處，説除了廢除漢字，另造新字，沒有其他道路，就不去尋找其他道路，甚至眼前有康莊大道而不肯相信。因此，這種用陳舊觀點來處理中國文字改革問題，是可以理解的，但總是不正確的。

漢字是世界上很少幾種古代文字中唯一還活着的文字，經過了三四千年之久，還能爲中國廣大人民服務而且服務得很好，這是世界歷史上的一個奇迹，是中國人民所應引以自豪的。假如它沒有優點，只有缺點，是不能存在，不能發展的。

假如它没有自己的特點，是不能抵抗新的形式，即三百五十年前最粗糙的拼音羅馬字也是不能抵抗的（越南文字就是一個例子）。漢字活下來了，並且還在不斷的發展，它是幾千年來億萬人民在日常生活實踐中的産物，這是客觀存在的事實，是不以人們的好惡而轉移的。難道它過去能發展，今後就停止發展了嗎？難道它過去能抵抗别的形式，今後就不能抵抗了嗎？僅僅從若干人的主觀願望想廢止有幾千年歷史的漢字，顯然是不可能的。

我們深深地相信漢字是可以發展的，它將繼續發展下去，但決不是説應該「原封不動，不加改革」。如果漢字是不能改革的，它就不能活到現在。所以我們説漢字是能發展的，也就是説漢字是能改革的，並且一定能改革得很好。那些同志把漢字拼音化比作帆船裝馬達，而把創造新文字比作造輪船是不恰當的。漢字不是和拼音文字對立的，表音的漢字是帆船，在漢字旁邊注上音符是機帆船，到了拼音的漢字，爲什麽不能是輪船呢？漢字簡化可以説是改良現有農具，漢字拼音化，就顯然是使用拖拉機了。

馬克思主義者認爲自然界和社會現象都是在不斷變化不斷發展的。把今天還在廣泛應用的漢字看成是永恒不變，不堪改造；對待有幾千年歷史的優秀的民族文字像敵人一樣地深閉固拒，不給以改造的機會；這種感情和觀點，是我們永遠不能瞭解的。

四、漢字拼音化呢還是漢語拼音？

主張廢止漢字的人，還有一個理由，他們認爲文字的功用就是反映語言，漢字和漢語分離，那就應該根據漢語來創造能精密地反映漢語的新文字。這個理由，同樣是不正確的。

第一，文字是用圖畫或記號和某一部族（或民族）裏的共同語言相結合的。因此文字具有形音義三方面。聲音意義是和語言共有的，但形體是文字所獨有的。文字用它自己的形體來表達人的思維活動、認識活動。當人們寫一個文字的時候，目的在寫它的思想而不僅僅爲的是寫語言；當人們看文字的時候，也只是看它所包含的内容，不一定把它當作語言；只有把它讀出來的時候，才由文字轉化爲語言。因此，文字是人類作爲交際用的、社會斗爭和發展的另一種工具，而不是語言的復製品。文字是較語言應用更爲廣泛、更爲複雜的工具，是人類文明的劃時代的標幟，它和文化是不可分割的，民族文字是民族文化的形式之一。顯然，文字不僅僅是爲了反映語言的，反映語言只是它的功用的一部分。如果它能發揮其他功用而僅僅和語言聯繫的不够密切，那我們可以要求它聯繫得更密切一些，而不應當就去廢止它而另造一種文字。

第二，漢字和語言不完全一致，説它使文字和語言脱離，也是可以的。但必須弄清它脱離到什麼程度。如果完全脱離或大部分脱離，那漢字早已僵死了，不能應用了。漢字到今天還活着，就證明它基本上没有和語言很脱離，而只是某些地方不一致，不協調，那是應該盡力使它更一致一些的。

文字與語言一致，當然是最理想的，但也不可能完全一致。由於文字只能代表共同的語言，而不可能完全代表各種個別的分歧的語言；只能代表主要的語音，不能代表細微曲折的語音；而且文字寫定以後，不容易很快改變而語言變化得比較快，文字總比較落後；這些缺點是任何民族文字都是一樣的。但文字可以補助語音的缺點，同音異義的詞兒，可從用字形把它區别開來，混淆不清的語音也可以從寫法把它固定起來，總之，作爲一種文字，總不能和語言完全一致，總有文字自己的形式。

爲了漢字和語言脱離而要另造新文字，那末，新文字應該是和語言一致的。但這種一致能達到什麼程度呢？要做到語文比較能一致，必須創造方言文字，那末在全國將有數百種的方言文字，但就是這樣，也不見完全一致。如其創造比較能應用得廣泛一些的標準語文字，那勢必更不能一致了。可見文字的共同性愈大，就跟實際語言距離得愈遠。那末與其另造新文字，使文字不能統一，還不能得到語文的真正一致，爲什麼不把這原來統一的文字，即漢字改造得更和語言聯繫得密切一些呢？

單單爲了更好地反映語言，就要取消漢字，是非現實的，事實上爲了語文一致，漢字也常常在改變的，古代只有「華」字，後來創造了「花」字；古代没有「打」字，只有「攩」字，這都是隨語彙的改變而改變的。只要百尺竿頭更進一步，使漢語拼音化，那末，一切難讀的字都能有一定的讀音，一切寫不出來的語音都可以寫得出來。凡是拼音文字所能解決的問題，漢字拼音化，照樣可以解決，爲什麼要廢除漢字呢？

我們認爲漢字可以改造，主張漢字拼音化。主張廢止漢字的人就一定反對漢字拼音化而主張漢語拼音，這就是我們的分歧所在。

廢除漢字，用漢語拼音，是五四以後提出來的口號。黎錦熙先生説：「在用漢字作普及工具的時代，真正的白話文學簡直不能成立。」又説：「漢字與科學又是一套枘鑿不相入的東西。要把漢字來强迫今後的科學專家作翻譯的工具，那只有兩條路可走：不是將漢字譯的科學書弄得模糊影響，就只好把漢字一脚踢開，率性用外國文作專門科學傳授發表的工具。〔八〕」當時的知識分子們把文化落後的一切罪過都推在漢字身上，現在事實證明，這些議論都變成笑談了。那末爲什麽還要廢止漢字，用漢語拼音呢？

有人説：「反對另造新文字，主張漢字拼音化，難道漢字是最好的文字了嗎？」當然不是的。如果我們認爲漢字是最好的文字，那就不必改革不必拼音化了。但作爲一個中國人，應該不抹殺客觀事實，説漢字是世界上最優秀的文字之一。當我們想到祖國一切偉大創造與發明時，我們是充滿了自豪之感的。我們祖國的語言是優秀的，我們祖國的文學是偉大的，我們祖國的文化是燦爛的，難道我們祖國的文字，跟語言、跟文學、跟文化都有密切聯繫的文字，倒是不優秀、不偉大、不燦爛嗎？難道只有過去偉大，今天就不偉大，甚至於應該廢止嗎？我們必須記住，它在今天依然還被毛主席用來寫一切偉大的著作啊！

我們説漢字好，就在這里，我們是現實主義者，漢字在今天能爲社會主義服務，這就是好。能爲我們利用，這就是好。是的，它有一些缺點，但它總還是好。没有改造，可以用，一面改造，一面也照樣可以用，改造好了當然更好用。它可以用在任何方面，可以供全國人民來使用，爲什麽不好？它有自己的結構，有數千年豐富的經驗，有整套的祖國文化遺産的儲藏，還有精美的書法藝術，爲什麽不好呢？

我們説另造新文字不好，就因爲它是非現實的。直至現在爲止，還没有提出一個比較可用的方案，還没有能解决設計上的困難。即使到了一九五六年一九五七年設計出來了，還必須試行一個時期，還必須培養一大批師資，還必須翻譯出一大批文獻，總之，没有十年八年的籌備，是不能開始推行的。但能够行得通或行不通還在未定之天。如其進行漢字拼音化，三五年内就可完成第一階段，而漢語拼音呢，坐等十年八年，還不會有頭緒，這有什麽好呢？

一切延遲了漢字拼音化，延遲了漢字的改造，使人民大衆不能在很短時間内就收到實惠，這就是不好的。

還有人説：「認識和使用漢字的不過一億人，不認識漢字而使用漢語的有五億人，漢字拼音化只對少數人有利，根據漢語拼音才能對大多數人有利。」這是不確實的。魯迅在二十多年前説過「識字的大概只有全人口的十分之二」，〔九〕難道二十多年後識字的反而減少了嗎？一九五五年九月二十九日《人民日報》上李庚的一篇《給少年兒童出版更多的書》中說：「一億二千萬少年兒童中，現在識字的有七千萬。」那末，目前全國的識字人數決不止一億或一億二千萬，是可以肯定的。自從推廣了速成識字法以後，軍隊裏已經幾乎没有文盲了，工人、農民和城市居民也大都補習了文化，識字的人數是在急劇地增加的。我們對於在社會主義建設期間的一切事物，是需要用發展的眼光的。難道過去在某一年識字的只有一億人，就永遠只有一億人嗎？不是的。全國有五十萬個小學，現在的七千萬少年兒童不久就要成爲青年和成人，不消五六年時間又要增加出七八千萬識字的少年兒童，而在這期間補習文化的人數也在逐年增加，老年的文盲在逐漸死亡，只有少數人認識漢字的話，很快就要成爲歷史上的陳迹了。文字改革工作者是應該看得見這個時代的飛躍的。我們所以要主張漢字拼音化，就爲的要加速這種飛躍，使在很短時期内，用很簡便的方法，促使全國人民都能掌握漢字這樣的工具。

況且，一種民族文字決不是僅僅識字的人在使用這種工具，就是不識字的人也同樣在使用。許多文盲是能認識一二三四和自己的姓名的。使用鈔票就會辨别壹圓與伍角，上戲院就可以找到入口與出口，每個人的日常生活跟漢字分不開，如何能説只是少數人使用漢字呢？民族文字是全民的工具，決不是少數人所能專有的。我們説要把文字還給人民，那就得普及漢字。應該普及而不普及，還要等待專家們創造新文字，人民是等不及的。改造漢字是普及漢字的唯一道路，因此，我們主張漢字拼音化而反對漢語拼音。

五、論中國文字的民族形式問題

民族文字是民族文化的形式。漢字是世界上有獨立的體系的文字之一，它是中華民族幾千年來億萬人民日常生活中不可缺少的工具，它是中國人民所愛好，因而具有巨大的穩固性與抵抗性的文字，因此，它不能不是民族的形式。馬克思主義者之所以提出社會主義内容民族的形式是從實際出發的，是因爲幾千年來的好的傳統和習慣是不應該也不可能一齊推翻的。漢字是漢民族形式，拉丁文字是拉丁民族的形式，斯拉夫文字是斯拉夫民族的形式，這是客觀存在的事實，要叫漢民族取消漢字跟讓拉丁民族斯拉夫民族取消拉丁文字、斯拉夫文字是同樣困難的。因此，中國文字改革必須在民族形式的基礎上來進行改革。中國文字改革要使表音表意的文字轉化爲世界各國共同方向的拼音文字是一場艱苦的斗爭，是需要實踐而不是空想的，必須尊重民族習慣，發揚民族文化的優秀傳統，不變民族文字的基本體系而逐漸進行的。

但要求漢語拼音的人們是反對這一公式的，他們不承認漢字是民族文字，是民族文化的形式，而要在漢語的基地上憑空建築起一個新文字的烏扎邦，因此，他們雖也説民族形式，卻不是民族形式基礎上的新文字，而是在民族文字以外另外找出所謂「中國拼音文字的民族形式」。

我們説民族形式的拼音文字，是在民族文字的基礎上發展出來的，不變民族文字的基本體系。因爲民族文字是有整個體系的，漢字有漢字的體系，拉丁文字和斯拉夫文字也各有它自己的體系。而建築烏托邦的人們的理解民族形式卻是在用爆發手段推翻民族文字和其結構，因此它們所謂民族形式只是構成二十多個字母的表面形態，是從形式主義出發來理解民族形式這一個公式的。

漢字的基本結構是什麽呢？是方塊字，是音節文字，是以形聲字爲主的綜合文字，是有兩三千個字的基本字彙（其中包括一千左右的核心字），是篆書隸楷行草等字體。這些都是幾千年中億萬人民努力創造而積累下來的。包括在這種民族形式裏面的内容，有祖國幾千年來寶貴的文化遺産，而尤其重要的是現代的社會主義的文化。

我們相信漢字可以發展而且客觀事實上它是在不斷發展的。但我們也必須認識到文字的自然發展的過程是十分緩慢的，因此漢字跟語言有一些脱節的現象。我們的改革就是要加一把火使它發展得更快一些。形聲文字是漢字的基本結構之一，但已不能適合我們的需要，我們需要拼音文字，因此就得爲漢字拼音化努一把力。

當然，漢字完全具有發展爲拼音文字的因素。漢字在將近兩千年前就有了爲它服務的反切，北齊濟南王把「跡」字説是「足亦反」，那就等於把「足」「亦」兩字作爲字母，拼出了「跡」的字音。清末王照、勞乃宣曾經利用這種反切方法來創造拼音文字，是民族形式的拼音文字的創始者。繼之而起的是注音字母，仍舊是漢字的附屬品。黎錦熙先生等把注音字母固定在漢字旁邊稱爲注音漢字，這樣繁重的形式跟安南的字喃差不多，因此它不能成爲文字。但注音字母終究是有利於人民的，它相當普遍地推行了。解放後，祁建華的速成識字法就用注音字母作爲拐棍，靠拐棍來走路，用注音字母來減少學習漢字的困難。

所有這些，都是存在於漢字内部可以發展爲拼音文字的因素。我們只要善於利用這種新質要素，培養它、擴大它。

注音字母已經通行，就不需要另造字母；王照、勞乃宣等創造過拼音文字的形式，就利用這種形式；加上了簡單的和簡化了的基本字彙，組成以拼音文字爲主的綜合文字。基本字彙的漢字是現成的，簡化運動是現成的，注音字母及其拼法是現成的，我們只要從新部署一下，把簡化的範圍放寬一下，不單收録同音通假字還收録用字母拼音的簡字；把簡化表少少調整一下，把那些經過簡化依然十分繁複的簡字，索性改爲拼音簡字；把注音字母從作爲拐棍用的工具轉變爲汽車輪船；把拼音文字組成方塊字形式，並暫時規定爲某些漢字的簡體字，以與基本字彙相結合而成爲綜合文字。總之，要利用一切可能利用的條件來創制拼音文字，來使漢字拼音化。這樣，漢字拼音化是在民族形式的基礎上進行的。

有的同志説，中國文字改革主要是拼音化，至於形式，不是主要問題。這種提法是要慎重考慮的。不同形式代表着不同的體系，有中國民族形式的拼音文字，有歐洲形式的拼音文字，這是有原則上的區別的。如果是民族形式的拼音文字，就可以不動漢字的基本體系用逐漸過渡的方式來實現拼音化的，但如果只要拼音，不問形式，那就可以容許民族形式，容許推翻整個民族文字體系，建立新的體系，在社會主義建設時期中來一次文字的爆發運動。

有的同志説：只要文字所反映的是民族語言，那末不論採取什麽形式都可以叫做民族形式。這種邏輯是非常奇怪的，非常不科學的。據他們看來，文字自己没有形式，只以語言的形式爲形式，但在客觀實際上如果没有文字的形式，就没有文字。語言有語言的形式，文字也有文字的形式，在没有這種文字以前，根本就没有存在過這種文字的形式。所以我們説「民族形式的新文字」是指繼承過去的民族形式而發展出來的新文字，決不是隨隨便便創造一種文字形式都可以叫做民族形式的。如果可以説：「中國話的民族形式就是中國拼音文字的民族形式」，那就可以説：「中國話就是中國拼音文字」，難道這是事實嗎？他們還説：「中國拼音文字是中國的拼音文字，不是外國的拼音文字」，想用以證明只要是中國話的拼音文字就一定是民族形式。我們必須指出在擬制中的某些文字跟真正的文字是大有區别的，不能混爲一談。我們説中國文字是中國的文字，那是因爲它已經用了幾千年，現在還在用着，是客觀事實上的中國文字。但事實上，中國還未曾有過拼音文字，從利瑪竇以來，擬製的中國拼音文字何啻數百種，它們是没有任何資格稱爲中國的拼音文字的。我們現在可以擬制民族形式的中國話拼音文字，也可以擬制歐洲形式的中國話拼音文字，但既然現在中國還没有過中國的拼音文字，當然，就不可能有所謂「中國拼音文字的民族形式」。

這些同志雖没有公開否認漢字形式是民族形式，但他們不要漢字形式，而要找漢字以外的民族形式。因此，他們所謂「中國拼音文字的民族形式」，只是在字母上裝上一些幌子罷了。但既然他們推翻了民族文字和其結構，既然是漢語拼音，那就根本上取消了民族形式，那末，裝上幾個民族形式的字母是多余的，反不如老老實實地用拉丁字母了。

常常有人説民族形式就是抱殘守缺。他們説飛機、電燈、拖拉機都不是我們民族固有的東西，人們不反對飛機、電燈、拖拉機，爲什麽要反對拉丁字母呢？他們認爲廢止漢字，另造新字，只是把步犁换成拖拉機，主張民族形式等於主張用步犁來反對拖拉機。他們不知道民族形式的文化，並不是一成不變的，而是在不斷發展的；不是全無批判地接受民族遺産，而是吸收精華，吐棄糟粕，發揚優點，改正缺點，加入進步的因素，淘汰落後的東西。表音文字已經落後了，拼音文字是進步的；表音文字好比步犁，拼音文字就等於拖拉機，漢字拼音化就是要把步犁换成拖拉機。「民族的形式，社會主義内容的文化」是十分迫切地需要拖拉機和拼音文字的，十分迫切地需要有利於人類社會的一切進步的東西的。如果民族形式的文字而不要拼音化，如果民族形式的文化而排斥拖拉機，那我們就應該恢復「穴居野人」的生活而不必來作「民族形式」的討論了。

所以問題不在於要不要拖拉機而在於要不要馬克思主義的民族形式。

六、在漢字簡化的基礎上進行拼音化

進行中國文字改革，應該做到四點：正確，有效，及時，方便。如果在馬克思主義理論的基礎上，根據中國文字歷史發展規律和現時使用漢字的具體情況來規定改革的路綫，那一定是正確的。如果不採取爆發手段，不推翻民族文字和其結構，在漢字簡化的基礎上進行拼音化，由新質要素的逐漸積累和舊質要素的逐漸衰亡，使漢字轉化爲拼音文字，那將是有效的。如果把拼音文字作爲簡字來代替漢字，在三五年的時間内，插入一千多個拼音簡字，一方面簡化了漢字，一方面具備了拼音文字的新質素提供進一步發展的條件，在很短的時間内就能有利於社會主義建設，這將是及時的。如果沿用注音字母和其拼法，不變漢字結構，用逐漸過渡的辦法，對人民的日常生活，没有阻礙，這將是方便的。

在漢字簡化的基礎上進行拼音化，將是民族形式的中國拼音文字的發展過程，没有簡化基礎不能達到拼音化，没有拼音化是簡化尚未成功，這是一個運動的兩個階段，不能把它們獨立地看成爲兩件事情。

如果簡化只是簡化，不要拼音，那是不澈底的。簡字的來源有很多種，有傳統的簡字，有近來十分流行的簡字，那是羣衆最容易接受的。它們的創造方法不一樣，有簡省偏旁、簡省筆畫、草字楷化、用古字代替、用會意字代替、用同聲字代替，以及新形聲字等等，但它們的數目是有限的。要想大規模簡化，就得創造一些新的簡體字，一種是類推的方法，一種是繼續用草書楷化的方法，還有種是簡省筆畫的方法。這種新簡字，人民大衆還是不習慣的，而且由於字體的限制，難免簡化得不恰當或簡化得無用。例如「鼈」簡化爲「鱉」，還要二十二筆，「顯」簡化爲「顕」，「饞」簡化爲「饞」，都還要18筆，對於學習和書寫來説，好處是不大的。如果用注音字母拼音來代替這些字，把「ㄅㄧㄝ」來代替「鼈」，是五筆；把「ㄒㄧㄢˇ」來代替「顯」，「ㄔㄢˊ」來代替「饞」，都只要六筆；要簡單到三四倍。注音字母是大多數人已經學習過的，把不認識的字用注音字母來代替是很平常的事情，（我的在小學二年級的孩子，就曾把「風景」寫作「風ㄐㄧㄥˇ」，「規則」寫作「ㄍㄨㄟㄗㄜˊ」），所以這樣簡化是完全可行的。

如果拼音只是拼音，而不在簡化的基礎上進行拼音化，那一定是行不通的。王照和勞乃宣的拼音文字就是前車之鑒。漢字是現在還在應用的民族文字，要一下子把它撤換是不可能的。漢字又是有獨立的體系，它的結構是適應於漢語的特殊性的，如其完全拼音就是得拋棄漢字而另外創造一種文字，那就不能避免一切由漢語拼音來創造新文字的必然的困難。王照主張用官話，勞乃宣就主張用方言，這就有方言跟統一文字的矛盾；王勞都只把這種拼音文字作爲輔助的工具而不能替代漢字。由此可見，要使新文字能够替代舊文字，就必須讓這種新文字是從舊文字内部孕育出來的，新文字必須是舊文字的親骨肉。因此，只有在簡化漢字的基礎上來進行拼音化，才能不變漢字的基本體系而拼音化也就成爲可能的了。

簡化和拼音化是不能分割的，因此在進行簡化的時候，就應該作拼音化的打算而不應該盲目的簡化。首先應該確定人民在日常中究竟有多少字是必需的。在那些必需字里，可以分成四類，一、筆畫最簡單的，二、可以用簡字來代替的，三、需要簡化的，四、適於用拼音簡字來替代的，那末，在簡化時就不必爲某些不容易簡化的字勉强去簡化。當然，適於用拼音簡字的字是很多的，在開始簡化時爲了避免混亂，一個拼音簡字一般地説應該規定只替代某一個漢字，此外暫時還只好用漢字，但在那些專爲複音節語言而造的文字是可以例外的。例如：「齷齪」兩個字，既不能單用「齷」，也不能單用「齪」，那就可以用兩個拼音字中間加一聯寫記號ㄨㄛ—ㄔㄨㄛ來代替，而跟「ㄨㄛˋ」是「握」的簡體字，「ㄔㄨㄛˋ」是「綽」的簡體字没有衝突。「嘍囉」可以寫爲「ㄌㄡ—ㄌㄨㄛ」,「囉嗦」可以寫爲「ㄌㄨㄛ—ㄙㄨ」,而一切「齷」、「齪」、「嘍」、「囉」、「嗦」等並不簡單的簡體字可以完全作廢了。

漢字拼音化應該有一個方案,但這個方案將是十分簡單的。因爲它並没有自己的特殊體系,並没有變更漢字的體系,它只有部分字彙的改變,因此只要有一個這種綜合文字的字彙就行了。漢字拼音化將以簡化的方式出現,因之,可以逐漸進行的。可以一年换一兩百個字,也可以一年换三四百個字。而且經過全盤的計劃後,現在簡化的漢字,有許多可以直接改用拼音簡字,那末漢字簡化包括一千多個拼音簡字在内,也不過一千五六百個,在三五年内初步改造完成,是没有很大困難的。

漢字拼音化初步完成以後,中國文字將變成以拼音文字爲主的綜合文字,這種拼音文字的性質跟朝鮮的諺文有些近似,但它一切都是原有的,所以依然是民族的文字。有人懷疑這種改造要有新舊兩種文字並用的期間,實際是不會有的。因爲拼音簡字是逐漸插入的,而且主要的核心的字彙,仍舊是漢字,例如「文字必須在一定的條件下加以改革」這十五個字中間將仍舊是漢字和簡體字,又如「要走世界各國共同的拼音方向」這十五個字中間,也只有一個「拼」字將用拼音簡字「ㄆㄧㄣ」來代替,因此,即使只認識漢字完全没有學過注音字母的人,對這樣的改革也不會感覺有多少困難。因此,這種綜合文字將可以完全代替現行的漢字。

這種改造初步完成以後,每個人將只需要學習兩三千個簡單的文字而其中一千多個是可以用字母拼音的,這樣就大大減少了學習和書寫的困難。並且有了拼音文字,許多不能寫出的語音可以寫出來了,是有利於文學創造和科學研究的。當然這兩三千個文字除了拼音文字以外還是要繼續縮減的,拼音文字的功用也將會不斷發展的,我們不能斷言完全轉化爲拼音文字將在什麽時候,但這是不會很遠的,在一切條件都成熟後,將迅速地轉變完全拼音的文字。

民族文字是民族文化的形式,拋棄民族文字就必然要拋棄民族文化遺産。吴稚暉、傅斯年之類固然可以説:「六經三史當柴火燒,《爾雅》《説文》糊窗子用,對這種情景,没有什麽顧惜。」〔一〇〕這決不是無産階級的看法,無産階級文化必然是儘量保存過去時代的優秀文化遺産並使它繼續發展的。漢字拼音化既然没有改變漢字的體系,没有拋棄民族文字,那末,一切過去的文化遺産,當前的政策、法令、科學和文學著作都可以繼續保存下來,任何人都有可能直接讀祖國偉大的作品如屈原的《離騷》、杜甫的《石壕吏》、施耐庵的《水滸》、曹雪芹的《紅樓夢》等,而不用去看譯本,既不用對翻譯有没有錯誤發愁，更可以直接欣賞原作文字的美麗，而這是在文化日漸高漲時期每個人民所需要的。

有人爲過渡時期的印刷業耽心而説拼音化是不好的，這種理由是不充分的。拼音化是以簡化的方式出現的，分批簡化既然行得通，難道把簡字變爲拼音簡字後就行不通了嗎？八百字的簡化既然可行，一千六百字的簡化就不行了嗎？就改得太多了，太過火了嗎？當然在簡化過程裏是有一些麻煩的，今天印的書，過幾個月，新的簡字一公布，就覺得陳舊了。但是過渡時期總有過渡時期的特徵，這種小麻煩是免不了的。已經印的書，讓它去了，不去追改，新印的書再改用新字，這種困難也是可以解決的。文字改革是幾千年中間的一件大事，有些人還在爲創造新文字，不惜把過去的文化遺産完全不要，讓考古專家和翻譯家去鑽研，不惜把當前的政策法令和一切科學文學著作完全不要，重新寫過或翻譯過，這種空想當然是不能實行的，如果實行將使天下大亂；但如果認爲文字改革要連一點麻煩都没有，這是不可能的，這種想法是十分可笑的。

漢字拼音化在打字、印刷、電報上暫時還有一些困難，但在科學和技術日益發展的情況下應當是可以設法解決的。漢字拼音化爲的是使漢字得到進一步的發展，使它能更好爲社會主義建設服務，但在改造過程中當然不能處處合我們的理想的。拼音化是主要的目標，因爲可以使人民大衆容易掌握文字的工具，我們要集中力量，突破這一個環節，至於打字印刷等問題，是還可以等待一下的。文字改革既不以這種問題爲主要目標，那末，只强調這些問題，對改革是不會有好處的。

七、採取從漢字直接過渡的方式呢還是新舊兩種文字競賽的方式？

漢字拼音化是根據馬克思主義「逐漸過渡」的方式來進行的。主張漢語拼音，另造新文字的人們有另一種過渡的方式，即新舊文字並用的過渡時期，「一方面繼續使用漢字，一方面逐步推行新的拼音文字，使漢字的使用的範圍逐漸縮小，拼音文字的使用範圍相應地擴大，以達到最後完全使用拼音文字」。這樣的方式實際上是爆發，是革命，而不是過渡，用「過渡」這個名辭是不恰當的。這樣的方式實際上是採取新舊兩種文字競賽的方式。

歷史上曾經有過「逐漸過渡」的方式，朝鮮和日本就是很好的例子。朝鮮和日本都曾經用漢字，都創造了自己的字母用以和漢字同用而成爲綜合文字；現在朝鮮已經基本排除了漢字轉化爲民族形式的拼音文字，日本雖也在排擠漢字，並且許多文學作品已完全用假名，但在其他方面，還保留了一千多個漢字。漢字拼音化是可以吸取這些成功的經驗的。可以看出在漢字裏插入一些拼音文字組成綜合文字，然後逐漸排擠漢字最後轉化爲完全拼音的文字是完全可能的。

王照、勞乃宣等所創造的拼音文字是用民族形式的字母、拼法和寫法的，它們有一定的優點，但正因爲它們没有跟漢字同用成爲綜合文字，而只想跟漢字並行，成爲輔助的文字，給一般民衆用的文字，結果，地主士紳們因爲它没有較高的文化内容，不去使用它，一般民衆雖則初步可以使用而不能提高，也只好不去使用它，終於失敗了。漢字拼音化也吸收了這個失敗的教訓，就是只創造拼音文字而不和漢字相結合，拋棄了漢字，也就拋棄了與漢字密切聯繫的民族文化，要拿這種文字來和漢字並用是必然失敗的。

因此，漢字拼音化，是從漢字内部孕育出來的拼音文字。一方面繼續使用漢字，一方面逐步推行新的拼音文字，使漢字使用範圍逐漸縮小，拼音文字的使用範圍相應的擴大以達到最後完全使用拼音文字，如其用逐漸過渡的方式是完全可能的。

如其用漢語拼音，另造新文字就不一樣了。王照、劳乃宣的失敗是没有吸取日本朝鮮的經驗，而五四以後國語羅馬字和拉丁化新文字的失敗是硬要把民族文字的體系改變爲歐洲文字的體系。因爲它們都是直接根據漢語而制成的拼音文字，所以，後者必然要重複前者的道路。

根據漢語拼音而創造出來的新文字要跟漢字並行將會有什麽情況呢？將有兩種情況：

第一，這種新文字將是十分原始的，質樸的，伸縮性很大，但是很粗糙的，不精密的，這種文字是容易創造的，容易學習的，也是容易推行的。但是它還有無數缺點，它是十分幼稚的。當然在一個本無文化或文化很低的社會裏這種新文字是可以成長起來的，經過幾十年幾百年人民的生活實踐是可能進步爲很好的文字的。但是它不能作爲一個戰士來和有幾千年的歷史經驗和豐富的文化内容的老戰士作戰。因此，這種新文字要和漢字來競賽是必然失敗的。

第二，另外一種新文字，可能是十分精密的。他們不妨仿效外國文字的體系，在語音語彙語法各方面都定出精密的條例以創造出新文字，這種新文字如其創造出來將是很合理的，但是不容易創造，不容易學習，也不容易推行。當然專家們可以瞭解，但人民大衆因爲和自己的民族習慣没有聯繫，没有很多的時間來深入研究，它們將没有實踐的機會，因之，對於在人民日常生活實踐中的漢字也是不能競賽的。

要使兩種文字相敵對，並要使新文字取得優勢，是要使用政治壓力的。但是不是就爲了使用兩種文字，就使社會上分隔爲兩個陣營呢？一方面是被認爲落後的行將被廢除的漢字，而另一方面則被認爲新的將要擴大的拼音文字，是不是這兩個陣營中間將掀起尖鋭的新舊的斗爭呢？在社會主義建設的時期内製造這樣的分歧是不好的，將是原則的錯誤。

要使新文字在競賽中取得優勢，必須準備一切條件。除了語音標準化、語彙固定化、語法標準化之外，新文字總不應該是一個没有文化内容的文字，它必須準備很多的書籍。但由於新文字跟漢字是不同的體系，用字用詞的不同，每一本書籍，必須像翻譯外國文一樣地重寫一本。古老的經典是可以緩一下的，像《毛澤東選集》總不應該没有吧！那末，還是請毛主席自己來重寫一遍呢？還是由别人來翻譯呢？翻譯的本子是不是能符合毛主席的本意呢？除了《毛澤東選集》以外，馬克思、恩格斯、列寧、斯大林的經典著作，契訶夫、高爾基、魯迅等的文學作品，科學哲學等書籍是不是都要翻譯呢？這種翻譯是否可能，是否妥當，姑且不説，即使下決心去翻譯，這樣的準備工作，已經非十年二十年不可，那時，中國的社會主義社會已經建成了，漢字已經在爲社會主義社會服務，準備進入共産主義社會了。

新舊文字並用的計劃在社會主義建設時期内，會使社會分爲兩個敵對的陣營，會造成不可饒恕的錯誤。並且新舊文字並用，只能是這個文字戰勝那個文字而不可能是過渡。爲要創造新文字推翻舊文字還必須準備好一切更好的客觀條件，一切空想是非現實的。

八、結語

中國文字改革應該根據馬克思主義理論，採取逐漸過渡的形式，在簡化漢字的基礎上進行拼音化，由新質要素的逐漸積累舊質要素的逐漸衰亡來轉化爲完全的拼音文字。文字是没階級性的，它不是上層建築，因之是不能爆發的。主張文字的爆發，主張廢除漢字，另外創造新字，是錯誤的。

黨號召我們在學術領域内展開自由討論，反對資産階級的唯心主義思想是十分正確和必要的。我們的學術領域内，承襲過去的資産階級唯心主義思想，粗暴地對待民族文化遺産的民族虚無主義，還是很廣泛的，應該高舉馬列主義旗幟，不顧權威與地位，破除情面，不斷展開無情的尖銳的思想斗爭，斗爭一定會取得勝利，勝利是屬於工人階級的。

〔一〕我過去也有這種錯誤的看法，見一九五五年五月所作《中國文字改革今後方向上的一些理論問題》（未公開發表）。

〔二〕並見林漢達《漢語拼音方案採用歐洲形式的經過和問題》一文中所引。

〔三〕見上文引蘇底爾的話，這個外國人還直説這是「本能的是外國的」，不像現在有些人説這可以算是民族形式。

〔四〕注音據倪海曙《北方話拉丁化常用漢字聲音字彙》。

〔五〕見吴玉章《新文字與新文化運動》第四十二頁。

〔六〕並見傅斯年《漢語改用拼音文字的初步談》及彭學沛《廢止中國字，用拼音文字》。

〔七〕見吴玉章《新文字與新文化運動》引《中國拉丁化新文字的原則》第一條。

〔八〕黎錦熙：《全國國語運動宣言》。

〔九〕魯迅：《中國語文的新生》。

〔一〇〕傅斯年：《漢語改用拼音文字的初步談》。

載《中國語文》一九五六年第一期第二八至三九頁又第十二頁。

宜侯夨殷考釋

一、釋文

隹三月辰才丁未[王]省珷王

成王伐商圖，徃省東或圖。

王卜于宜入土，南[鄉]。王令

虞侯夨曰："□侯于宜。"易䰌

鬯一卣，商鬲一□，彤弓一，彤矢百，

旅弓十，旅矢千。易土：氏川

三百□，氏□百又□，氏宅邑卅

又五，[氏]□百又卅。易才宜

王人[十]又七生。易奠七白，

氏甪[千]又五十夫。易宜庶人

六百又□六夫。宜侯夨揚

王休，乍虞公父丁障彝。

第一行「省」字下半清晰可辨，「省」上當缺「王」字，詳下。

第三行「王卜于宜入土，南□」，「入土南」三字很清晰。「南」下一字，各家都釋「鄉」，文字殘損，只右旁卩形明顯，由文義推測，應該是「卿」字，就是宜子鼎「造西方」的造字。王卜入土于宜，因之在造南方時，令夨侯于宜。

第四行「虞」字，各家都釋成「虔」，如果是虔，下半應該從文。這個字上從虍，下從夨，夨字頭向左傾，頭部中間爲銹隔斷，但筆畫還很清楚。從夨虍聲，應該是虞字的早期寫法。

「易豋一卣」，豋字所從的豆即豈字。

第五行「⿰矢彡弓一，⿰弓彡矢百」，應該讀爲「⿰弓彡弓一，⿰矢彡矢百」，也就是彡（彤）弓和彡（彤）矢。殷銘的范把⿰弓彡⿰矢彡兩字排顛倒了，所以錯成了「⿰矢彡弓」和「⿰弓彡矢」。

第六行「氏川三百□」，郭沫若先生認爲川就是甽，同畎，是對的。但「川」字在這裏應該是名詞而不是數量詞。《禹貢》：「岱畎絲枲」，「羽畎夏翟。」《廣雅・釋山》：「畎谷也。」《釋名・釋山》：「山下根之受霤處曰甽，甽吮也，吮得山之肥潤也。」這裏的「川」，應指山下肥沃的土地，如散盤「濕田牆田」之類。「三百」下可能是「田」字。

第七行「氏宅邑卅又五」，是說所居住的有三十五個邑。

第九行「易才宜王人□又七生」，「生」郭沫若讀爲「姓」，并說所缺當是十字，是對的。《左傳》定公四年傳説成王分給唐叔的有「懷姓九宗」，可證。

「錫奠七白，氏因□又五十夫」。應當是千又五十夫，盂鼎所錫奴隸，一批是王臣十又三白，人鬲千又五十夫，和這一節同；另一批自馭至于庶人六百又五十又九夫，和下一節易宜庶人六百又□六夫相近，可以互證。因讀如盧，趞曹鼎作[字形]，師湯父鼎作[字形]，均從因從虍。《詩・公劉》：「京師之野，于時處處，于時盧旅，于時言言，于時語語。」毛傳：「盧寄也。」從文義說，「盧旅」跟「處處」、「言言」、「語語」是一樣的，可以寫作「盧盧」或「旅旅」。《管子・小匡》：「狄人攻衛，衛人出旅于曹」，《齊語》作「衛人出盧于曹」。《左傳》閔公二年傳：「立戴公以盧于曹。」可見盧旅相通。《詩・信南山》：「中田有盧。」《左傳》襄公二十年傳：「盧井有伍。」《漢書・食貨志》：「在野曰盧。」可見盧在田野。《易・剥卦》：「小人剥盧。」《左傳》襄公十七年傳：「吾儕小人皆有闔盧以辟燥濕寒暑。」可見盧是小人所住的。這種小人可以稱爲「旅」，也可以稱爲「盧」。《漢書・鮑宣傳》：「蒼頭盧兒，皆用致富。」漢代的盧已從田舍引申爲值宿的盧，但「盧兒」還是奴隸的名稱。這裏所說「易奠七白，氏因千又五十夫」，是指由鄭地的七伯所率領的旅寄在宜地的農業奴隸。

二、毁的時代、地域、作者及其歷史價值

宜矦毁的形制的特點，是四耳而不垂珥。商器往往不垂珥，但大豐毁已經垂珥了。宜矦毁不會比大豐毁（武王時）還早，但從它的形制、花紋，毁銘的文體書法來看，都應該在西周初期。

銘文説「□省珷王成王伐商圖，徃省東或圖」，「省」字是動詞，「圖」字是圖象，《國語・周語》「省其典圖刑法」，文例相同。「省」既是動詞，上面所缺的應該是主詞，應該是人稱。根據下文「王卜」和「王令」，這裏應該是「王省」。周王㝬鐘「王肇遹省文武堇彊土」，文例也相近。這裏所説的王既然可以省珷王成王的伐商圖，顯然已在成王以後。西周初年，王號是可以生稱的，但不能有兩個王號同時生稱，在成王時，武王已死，如果説武王成王連書時，成王可以是生稱，那就成爲一個死了的王和一個活着的王連着説了，這在文例上是不應該有的。小盂鼎説「啻周王、武王、成王」，作册大鼎説「公來鑄武王成王異鼎」，都是康王時的銅器，都連説武王成王，可見這是康王時期的特點。在康王以前，只説到「文武」，在康王以後，除了「文武」外，還可以説「成康」，連説武王成王，可以證明這個宜矦夨毁應在康王時期。武字寫作珷，跟盂鼎一樣；賞錫奴隸也跟盂鼎相近，都可以證明是康王時期的銅器。

銘文説「易才宜王人十又七姓」，這是一個隆重的賞賜。《春秋》莊公六年「王人子突救衛」，僖公八年「公會王人、齊侯、宋公……盟于洮」，僖公二十九年「會王人、晉人、宋人……盟于翟泉」，可見王人跟晉人宋人一樣是王國的人。盂鼎作王臣，井矦毁説「易臣三品，州人、重人、𩫏人」，可見王人就是王臣，井矦毁也是康王時期的銅器。

成王封伯禽，賞給他殷民六族，封康叔賞殷民七族，都是殷民，那時剛克殷不會用王人來作賞賜。但賞盂用王臣，賞夨用王人，這顯然是康王時期的特點。《左傳》昭公二十六年傳：「昔武王克殷，成王靖四方，康王息民，并建母弟，以藩屏周。」可見西周初年有三次大規模的封建，除了武王和成王時以外，還有康王時期。周公的兒子除了伯禽是在成王時就封魯以外，其他凡、蔣、邢、茅、胙、祭六國，在文獻裏看不出是什麼時候封的。井矦毁明明説「乍周公彝」，可見就是周公兒子邢侯，這個銅器是康王時的，那末，這六國可能都是康王時封的。虞矦夨的封于宜，是這次大封建里面的一件事。銘文

說：「王省珷王成王伐商圖，徃省東或圖」，也可以證明這不僅僅是封宜医矢一件事情。

西周初有三個虞：一個是媯姓的虞，見《逸周書・王會解》和《左傳》，由于虞胡公滿是武王的女壻，後來改封在陳，原來的土地（山西省西南部）改封姬姓，因此，虞医矢不可能是媯姓的虞。

還有兩個是姬姓。《史記・吳世家》：「周武王克殷，求太伯仲雍之後，得周章，周章已君吳，因而封之。乃封周章弟虞仲于周之北故夏虚，是爲虞仲，列爲諸侯。」《漢書・地理志》：「太伯初奔荆蠻……號曰句吳。太伯卒，仲雍立。至曾孫周章而武王克殷，因而封之。又封周章弟中于河北，是爲北吳，後世謂之虞。」根據《史記》《漢書》，好像一個是吳，一個是虞，或者兩個都是吳而後來才把「北吳」叫成「虞」。這是不對的。《左傳》僖公六年傳：「大伯、虞仲、大王之昭也。大伯不從，是以不嗣。」《逸周書・世俘解》：「王烈祖自大王、大伯、王季、虞公、文王、邑考、以列升。」可見仲雍又叫虞仲、虞公，那末，南方的吳，本來應該是「虞」，北方的虞，本來可以稱爲「 虞」。春秋時期，北方的虞稱爲「虞」，南方的虞，因爲方言的緣故，稱爲「ユ𢿋」、「攻敔」、「攻吳」（稱爲邗，是所指地名不同，像魏的又稱梁，與吳無關），古書稱爲「句吳」，一般只稱「吳」，實際「吳」跟「虞」是一樣的。

𣪘銘說「作虞公父丁隩夔」，應當是姬姓的虞公，但據《史記》，不論周章或虞仲都是仲雍的曾孫，所以這個虞公不是仲雍。據周公的後世，代代都稱爲周公，那末虞公父丁可能是《史記》的叔達，是周章和虞仲的父親。

虞侯矢一定是姬姓之虞，但他也不能是北虞，銘文說到「東或」和「南鄉」，都説明這一點。這個𣪘出土在丹徒，它在春秋時是「朱方」，正是吳國的地域。《皇覽》所説太伯的墳墓在無錫梅里，在它的東南；後來給吳國吞并了的邗國，在它的對面，長江北岸。那末，𣪘銘所説的「宜」，可能就在丹徒或其附近地區。

虞医矢的爵是医，又改封爲宜医，也可以説明他不是「北虞」。過去歷史家對周初的兩個「虞仲」是不能解釋的，《史記・吳太伯世家》索隱説是祖孫同號。其實虞仲是氏名，太伯是伯，虞仲是仲，跟虢伯、虢仲、虢叔、虢季一樣，虞仲的子孫永遠可以稱爲虞仲。周初封虞仲于北虞，是作爲畿内的諸侯來封的，跟周公的子孫，世代稱爲周公一樣，虞公的子孫，世代稱爲虞公，《春秋》僖公五年「晉人執虞公」，還稱爲公可證。但四方的諸侯就不一樣了，伯禽是魯公，他的子孫卻只是魯医，匽侯、齊侯等都只稱侯，所以虞侯矢的父親是虞公而他本人是虞医，他的改封爲宜侯，可能爲了和北方的虞有所區別。

由于吳語跟中原不同，人名從來有很多紛歧，例如《春秋》襄公十二年的「吳子乘」，《左傳》作「壽夢」，《世本》作「孰姑」，故宮博物院藏有邗王是埜戈，郭沫若先生認爲「是埜」就是「壽夢」是很正確的。那末，虞矦夨應該就是周章，「夨」和「周章」的聲母是很接近的。周章在武成之間封爲虞侯，隔三十多年到康王時封爲宜矦，他的年齡跟魯公伯禽大概差不多。他是仲雍的曾孫，伯禽是王季的曾孫，他們是兄弟的關係。

這個古墓是偶然發現的，不僅器銘遭受損壞，出土情況也不清楚。同出的兩個盉、兩個觥等，可能是同時的，但那個附耳的盤，有蟠虬紋，只能是春秋早期。有人主張這是兩個墓葬的混淆，也有人主張這是春秋時的墓葬，保存着西周初期流傳下來的古器，關于這一點還有待於判明。

但無論如何，這個毁的發現，總是十分重要的。它的製作在公元前一千多年，它是吴國的最早的銅器，而且是在吴地發現的。它記載了周初分配給領主們奴隸和土地，即所謂「受民受彊土」的一些史料，跟盂鼎可以互相比較。過去有些人曾經懷疑吴國不是周的同姓，懷疑周王的勢力不能達到吴地等等，由于這個毁的發現，使古書上這一部分的史料復活了。

我們希望這個地區的考古發掘工作，將提供出更多的新材料來充實這一方面的古代史料。

宜侯夨簋圖

宜侯夨簋拓

這個毁的復原工作是不能令人滿意的。毁的四耳本没有珥，爲它加上了珥。銘文經過重新配合，但仍未恰當，第九行的「易」字如果能綴合起來，就可以適合原狀。有些文字也還可以把銹去掉。爲了使這樣重要的資料更加完善，這是值得再加一番工的。

一九五六年四月于故宫博物院。時正籌備五省重要出土文物展覽，這個毁亦將展出。

附記：《左傳》定公四年傳説到分伯禽康叔唐叔的事實後説：「三者皆叔也而有令德，故昭之以分物，不然，文武成康之伯猶多而不獲是分也，唯不尚年也。」可見康王時還封建諸侯。大概到昭王以後，土地奴隸都已分配出去，封建諸侯就成爲極偶然和個别的事情了。

作者自注：寫成於一九五六年四月。

載《考古學報》一九五六年第二期第七九至八三頁一九五六年六月。

又《唐蘭先生金文論集》第六六至七一頁紫禁城出版社一九九五年十月。

在全國博物館工作會議上的發言

一九五六年春在社會主義建設高潮中，黨和政府號召全國人民向科學進軍，我們博物館的主要任務是爲科學服務。這個任務是光榮的，但由於我們博物館過去在科學研究方面的基礎是很薄弱的，因此，要實現這個任務，將是很艱巨的事業。

故宫博物院爲了響應黨和政府的號召，根據本院的具體經驗，在業務幹部十分缺乏的困難情況下，大力抽調人力來開展科學研究工作，在陳列部下面初步建立了歷代藝術組、繪畫組、雕塑組、陶瓷組、織繡組、宫廷藝術組等七個研究組（銘刻墨迹研究組正待成立）。而撤銷了原來一攬子工作的陳列組。工藝美術的研究歸併在歷代藝術組裏面。由於宫殿修繕工作的急迫需要，並單獨成立了建築研究室。現在除建築研究室有工作人員十五人外，較大的組有工作人員七至八人，最少的有四人。雖然人力還遠遠地不能趕上工作的需要，但已經有了一些基礎了。在團結各方面專家共同進行研究工作的方面，除了正在計劃改組學術委員會，加强原有繪畫館專門委員會雕塑館籌備委員會的活動外，正在建立銅器、陶瓷、織繡等各種專門委員會。

博物館的科學研究工作跟其他研究機構的性質有一些區别。博物館要把它自己的藏品和蒐集來的資料進行廣泛深入的研究和科學加工，然後拿研究的成果利用科學宣傳教育工作，進行陳列，發表專門的科學性的出版物。因此，我們根據故宫博物院的性質、特點和三年的經驗，在科學研究方面，提出了下列十二項具體工作：

一、掌握藏品，博物館的科學研究工作是從實物出發的，因此，掌握藏品是研究工作的基礎。故宫博物院所藏各項文物，數量很多，僅古代銅器有三千多件，磁器有四十多萬件，去掉重複還有十多萬件。每個研究組必須掌握屬於自己研究範圍内藏品的具體情况，必須首先用大力做好這一工作。例如：繪畫組已掌握古代繪畫的基本情况。銅器組今年六月可將全部古銅器照成相片，預計今年内可出版故宫博物院古銅器藏品目録。一九五七年將擴展到各組都做好這一工作，才能對院藏文物真正有底有數，才能供給院内外科學工作者研究上的需要。

二、計劃徵集，博物館的藏品應該十分豐富，並應該不斷地充實。故宫博物院雖藏有很多文物，但大多數是重複的，在供給研究與陳列方面還很不够，還需有計劃的徵集。例如：我們今年要舉辦雕塑館，在這方面，我們還是空白，目前正在進行徵集工作，希望各方面大力支持。歷代藝術館方面，六朝、隋、唐、宋、元各時期的藝術品特别缺少，也需要徵集。徵集工作包括捐獻、調撥、收購等等，還需要參加考古發掘工作。徵集工作需要很專門的知識，因此，必須由各個研究組根據具體情況來進行。

以上兩項關於藏品的瞭解和徵集是博物館研究工作中最基本的工作。

三、展開調查，在研究工作裏不能忽略了各種調查工作，我們的陶瓷組每年都到各地調查窰址，对古代瓷器的發展和各地區的特徵等有很多重要發現。雕塑組從去年到今年不斷調查各地洞窟藝術和其他雕塑品。各組也都需要展開這一工作。此外，參觀考古發掘地區，參觀國内外博物館等，也都是調查工作。

四、蒐集資料，研究工作不能離開資料，故宫博物院最近兩年來已經加强了圖書資料的蒐集（雖則已經太晚了），各個研究組還分别蒐集實物資料、照片、拓本、復製品等，例如：陶瓷組已經搜集了很多磁片和破損磁器，有重要研究價值，已建立了小型的資料室。雕塑組已收集了很多的照片資料，銅器組收集了拓片資料，建築研究室正在繪製故宫建築上各種彩畫的小樣。

以上兩項是研究工作中必不可缺少的部分，並且必須由科學工作者親自主持的。

五、進行鑑定，鑑定是博物館科學研究工作中最主要的工作之一。對傳世古文物的區别真僞，需要各方面的專門知識，不僅僅靠經驗。例如：鑑别繪畫，必須熟悉每一時期繪畫的風尚，每一類繪畫的特點，每一種畫派的源流，每一個畫家的特性和他一生中的發展等，還必須研究紙、絹、筆、墨、顔料、圖章、印泥、裝璜等等，而這些知識的獲得，還可以借助科學儀器，例如紫外線燈光等。鑑定工作，還不僅僅局限於鑑别真僞，還需要確定文物的時代、地域、作者、名稱、用途等等，才能寫出很好的科學記録。尤其重要的是需要具體地指出它的科學價值，歷史價值，不應該僅僅抽象地提出「優」、「劣」等評語，這裏就必須根據馬列主義藝術理論，涉及藝術史、考古學和其他科學，才能做好這一工作。

故宫博物院過去做過一些鑑别工作，在一九五六年開始進行科學鑑定，這項工作是結合院外各方面專家進行的。除繪畫方面，由專門委員會每兩星期進行一次外，銅器方面，因專家分散各地，擔任教學，將利用暑假期間，邀請來京，集中鑑定。陶瓷、雕塑、織繡等方面，也正在計劃進行。

六、深入研究，博物舘研究工作的特點是從實物出發的。每一類文物都有內在聯繫和外部的聯繫。例如：研究銅器陶磁等，必須牽涉到它的原料和制法，而這些問題和自然科學工業技術是分不開的。各種器物之間的關係，器物的名稱與用途等，是和當時的社會，當時的歷史，分不開的。藝術品的風格、造型或裝飾等，每一時代都有新的製造和發展，這就必然涉及藝術史，分時代的藝術史或各種專門性質的藝術史，如：繪畫史、雕塑史等。尤其重要的是在説明我國優秀藝術傳統的時候，還必須分清精華與糟粕，這就必須很好的掌握馬列主義理論，要懂得馬列主義的美術理論。

博物館的科學研究工作須不斷提高，深入到各個方面，因此，我們的研究是多種多樣的，但研究的範圍，主要和藏品及正在舉行或籌備的陳列有關，例如：我們今年要成立雕塑舘，就研究了我國雕塑藝術的發展史，展覽五省出土重要文物，就研究了其中重要的銅器，如宜侯夨𣪘等。專題研究應該根據各組的條件和需要來具體提出。

很多研究工作，需要和各方面共同進行，例如：陶瓷方面，我們和陶瓷研究所及各陶瓷工業機構，緊密聯繫。銅器的冶鑄知識，需要和鋼鐵學院共同研究。最近民族音樂研究所和我們合作研究古代鐘磬音律，五省出土文物展覽裏的編鍾將都録音以供研究。我們的織繡和工藝品，更常常爲手工業部門服務，最近我們專爲他們開過兩次小型的織繡展覽，一次工藝品展覽。我院所藏的十七世紀到十八世紀的中國科學儀器，也都請專家來研究。

以上六項都是科學研究工作，五、六兩項是最主要的。只有經過藏品的鑑定和深入研究以後，博物館的一切工作，才真正是站在科學研究的基礎上的工作。

七、改進保管，每一類古文物的性質不同，需要有各種不同的科學保管方法，例如：古代書畫、漆器、絲織品、竹、木、象牙雕刻等，必須總結過去經驗，會同各方面科學家共同研究保護方法，並隨時研究文物的自然變化。故宫博物院是一座有很高藝術價值的古建築層，如何用科學方法來保護石欄、彩畫等，也是重要的研究工作。

八、指導修複，修複古文物，如裱字畫、修書、修銅器、漆器、家具、鐘表等，我們都有專門技術人員，應該總結各種專門技術的經驗，從理論上予以提高。同時還需要從科學藝術的角度上去指導修複。故宫博物院已成立了繪畫和銅器的修複小組，由專家和技師合作來決定繪畫和銅器的修複辦法。安徽壽縣出土的一大批蔡侯墓銅器，正由我們擔任修複工作。

藏品的保護修複是博物館的重要工作，因之，以上兩項是必須在科學研究的基礎上來做好的。

九、設計陳列，陳列是博物館最重要的工作，陳列的好壞，可以看出博物館工作的水平。陳列必須在科學研究的基礎上進行，應該有理論根據，有系統，有組織，並且能注意到各方面聯繫，就是説應該有高度的科學性。尤其重要的是陳列的思想性，必須考慮這個陳列要解決什麽問題，給觀衆什麽樣的教育意義，首先明確主題思想，然後考慮給觀衆看哪些東西，必須突出哪些重點，然後考慮怎樣來實現。必須根據陳列思想來指導美術工作，來寫出説明文字，來編寫導引手册；也必須注意陳列的藝術性，和説明文字的深入淺出，使能够大衆化，才能加强陳列的效果，才能是一個完整的陳列。

進行陳列需要有正確的精密的計劃，要有整個博物館的長期性的全面規劃，也要有每一陳列的具體計劃；要有説明陳列内容的學術性計劃，也要有實現陳列的步驟和做法，包括美術加工在内的詳細計劃。計劃要經過各方面的專家共同討論，主要的計劃，要經過學術委員會審查。我院今年準備成立的雕塑館，如何確定計劃，正在徵求各方面專家的意見。

已經有的陳列，需要不斷地改進和提高。故宫博物院的繪畫館，在一九五五年改陳時，初步批判了一些錯誤思想，如：中國繪畫没有形式主義，繪畫没有階級性和美惡、没有標準等，我們認爲千篇一律的「畫八股」就是中國繪畫裏的形式主義。一九五六年將重點改陳歷代藝術館商周戰國部分，使它的思想性、科學性和藝術性能提高一步。

十、編輯出版，博物館爲科學服務，不單是陳列，還在於出版很多的刊物。故宫博物院有責任編輯各種藝術品的精美圖録。如：繪畫、銅器、陶瓷、織繡、玉器、漆器等，以及故宫建築圖譜，這些圖譜要有高度的攝影藝術和精美的印刷，並且不單可供欣賞，還必須有高度的科學性。這在提供科學研究資料和宣傳祖國優秀藝術傳統方面，具有重大的意義。院内各種科學研究的結果應該隨時發表，並將於今年出版一種定期刊物。

以上兩項是博物館作爲文化教育機構和羣衆見面的最重要的工作。只有在科學研究的基礎上，才能不斷地改正缺點，提高自己，以達到更高的水平。

十一、組織講演，博物館在進行陳列時可以配合陳列，利用幻燈圖片等爲輔助，組織内外專家舉行學術講演或討論會，這對科學研究和羣衆宣傳都是有益的。故宫博物院今年將就五省出土重要文物展覽舉行一次講演。

十二、訓練幹部，現在各方面十分缺乏熟悉業務的幹部，要做到爲科學服務的巨大任務，存在着很大的困難，因此，訓練幹部是十分迫切的。我們過去也曾上過業務課，組織過講演，派人到學校去聽課，以及其他的培養，但没有很好的組織，不是系統的而且是斷斷續續的。現在，我院陳列部青年們已經向全國博物館陳列工作者提出保證在十二年裏提高自己，向科學進軍，已經有了良好的思想基礎。我們認爲每個幹部應該從掌握實物和資料，在調查、研究、陳列、出版等具體工作中來提高自己。對每一個有成就的專家和技師，應該多給他們一些助手，最少有三個到五個人，不要一個人只帶一個徒弟。領導研究的同志應該規定出幹部的研究範圍，根據幹部的具體情況，個别的加以指導和幫助。其中有條件的，還可以作考試學位的準備。所有幹部都應該很好地學習馬列主義理論，各組可以根據具體情況舉行一些業務報告（銅器組今年打算做十次到十二次報告），提高一般幹部的業務水平。

以上兩項是關於宣傳和教育的，要使科學研究工作不斷地前進，這也是必須注意的。

以上是我們提出來的十二項具體工作。過去有些同志認爲博物館只應該搞保管、陳列，不應該做研究工作；有些同志認爲只有到科學院去才能研究，博物館不是研究機構，只能提供資料，不能做研究工作，都是錯誤的。有些同志錯誤的認爲博物館的研究工作，只是坐在這里著書立説；有些同志錯誤的認爲整理庫房，抄寫卡片，佈置陳列櫃等等都算是研究工作，把研究工作庸俗化，實際上也就取消了研究工作。我們認爲博物館應該進行，也必須進行科學研究工作，但博物館的研究工作是有它的具體特點的。故宫博物院在過去三年中摸出了一些經驗，在黨和政府提出了向科學進軍的號召和博物館應該爲科學服務的任務後，使我們的奮斗目標更明確了。我們提出這十二項具體工作，並不是齊頭並進的，各個組可以根據具體情況，分别緩急輕重來決定那一時期内研究工作的重點，總起來説，這些工作的特點是從實物出發，通過調查研究來爲博物館的各項重要業務，如：徵集、保管、陳列、宣傳等工作，奠定科學的基礎。同時，我們和各方面專家緊密地配合，除了盡量提供科學研究資料，供給研究者以便利外，根據我們的可能條件，參加美術科學規劃，和各方面專家共同來研究和解決中國造型藝術史上的一些重要問題。

我們的科學研究工作，現在還只走了第一步，我們的經驗還很少，還有很多困難，需要克服。在幹部少和幹部水平低的基礎上，在中國造型藝術史還是科學研究中最薄弱的一環的時期内，我們博物館的陳列，面臨着戰斗中的最前綫，我們應給人民羣衆看什麽，向他們介紹什麽，這是我們科學工作的試金石，是我們工作中急待解決的問題。在黨和政府的號召下，我們有信心做好這一工作，我們需要創造條件，突破一切困難，大踏步前進，爲做好博物館爲科學服務這一個光榮的任務而奮斗。

載《全國博物館工作會議與全國地志博物館工作經驗交流會議匯刊》第一五七至一六一頁一九五六年五月。

文字學要成爲一門獨立的科學

文字學是研究文字的科學。

文字學研究一切文字發生和發展的規律，各種文字的歷史及其特點，各種文字的類屬，各種文字之間的比較，文字跟社會文化發展的關係，文字和語言跟思維的關係，文字跟藝術的關係，文字和書寫工具跟印刷技術的關係等。

文字學研究各式各樣的文字：既需要研究古代中國文字（如甲骨文、金文等），也需要研究現在使用着的漢字；既需要研究早已不用的少數民族文字（如突厥文、女真文、西夏文等），也需要研究現存的西藏文、蒙古文、維文、彝文等；既需要研究埃及、蘇馬連等象形文字，也需要研究印第安人的象形文字；既需要研究希臘、拉丁、梵文、希伯來文等，也需要研究俄文、英文、法文、德文等。

有些人錯誤地把文字學包括到語言學裏去，其實這是兩門完全不同的科學。語言學的對象是口頭説的而用耳朵聽的語音，文字學的對象則是手寫的而用眼睛瞧的字體。語言和文字，各有它自己的發生和發展的規律，各有它自己的歷史——語言史和文字史。當文字還没有産生以前早就有語言，但在語言死亡已久的時候，還可以存在着文字。人們完全可以只懂那種語言而并不認識代表它的文字，也盡可以只認識那種文字而不知道它所代表的語言。總之，這兩門科學儘管血肉相關，是不可分割的，但究竟是兩門科學，研究的對象不同，方法不同，不能混而爲一。

固然，文字學，除了中國外，還没有很好發展，但這不等於文字學不需要發展。研究埃及巴比侖的象形文字學，研究古抄本的古文字學在西方國家也早就建立了。所可惜的是没有把各種文字作比較研究，并建立起研究一切文字發展的一般規律的新的文字學。我們知道新的語言學是在十九世紀以後發展起來的，文字學是落後了。但語言學的發展不能代替文字學。世界上一切具有悠久歷史文化的民族所值得自豪的是他們保存着用文字記載下來的大量文獻，但在過去，任何優美的語言是不能保存下來的。我們研究古代語言，還得倚仗用文字記載下來的文獻，没有古文字的研究，就不可能研究已經死亡的古代語言。另一方面，就是反映現代語言的拼音文字，文字學的研究也跟語言學不一樣，例如：各種字母的歷史，符號的歷史，文字的結構方式，文字配合語言的方式，書寫形式和印刷體的發展等等，都不能是語言學上的問題。假如只有語言而還没有成爲文字，也就没有這些問題。

文字和語言在社會發展的過程裏所起的作用，有很大的不同。一切民族都有自己的語言，但并不都有文字。文字的産生是人類文化前進的一個里程碑。文字是由原始社會發展到文明社會的橋梁，除了生産力發展之外，文字是積累經驗，擴大智慧，推動人類進步的主要工具之一。如果把語言這一工具比作遠古人類最初利用的「火」，那末，文字這一工具，可以比爲近代的「蒸汽機」。人們不難看出研究文字不同於研究語言，正如研究蒸汽機不同於研究火。如果因爲文字反映語言，就説語言可以包括文字，那就該説火可以包括蒸汽機了。前者忘記了文字是一種特殊的工具，後者也恰恰忘記了蒸汽機是劃分整個時代的新工具。

如果懂得文字這一種工具的特殊性，也就不難看出文字學這一門科學的重要性。文字反映語言和思維，不是像影子一樣不可捉摸而是一種工具。既然是工具，就有它自己的特點。研究每一種文字的性質和特點，研究每一種文字的歷史發展和其規律，研究各種文字之間的相互關係，研究文字發展的一般規律，研究文字這一種工具的特殊規律，將使文字這一種工具能够不斷地發展和改進，能够更廣泛地爲人類利用，爲人類社會的向前發展，做出更大的貢獻。文字是文明社會裏每個人的日常生活中不可缺少的工具，語言學不能代替文字學，人們不應該也不可能只研究語言而不研究文字，研究文字的科學一定會充分發展起來。隨着語言學的發展，愈加顯示了文字學的重要性，一個輪子是走不遠的，在二十世紀裏，新的文字學一定會建立起來。

顯然，像梵語的研究在近代語言學發展中所起的作用一樣，在建立新的文字學時，中國文字學將能提供一些經驗，起一定的作用。中國文字在世界上是一個奇迹，也是一個寶庫。它是世界上最古老的文字之一，但也是使用最廣泛，保存文化遺産最豐富的文字之一。跟它同輩的埃及、蘇馬連等文字都早已死亡了，但它還存在着、使用着。它有它自己的獨有的體系，幾千年來，它只用幾千個常用的單字就可以表達出中國語言中無比豐富的語彙。幾千年中我國億萬人民在日常生活中創造了、豐富了、并巧妙地運用了自己的工具，有一套十分完整的歷史經驗。

由於這些特點，中國一向是文字學研究最發達的國家。遠在兩千五六百年前，就已經有了文字學的萌芽。公元前一世紀漢朝的統治者曾經召集過兩次討論小學的會議。公元一世紀末出現了中國文字學的經典著作——《説文解字》。從八世紀起，尤其是近三百年内，數以千計的文字學者曾經整理和研究這部著作。六世紀以後文字學者們的「正字」運動，使得中國文字的楷書體得到長期的穩定。十世紀以後，郭忠恕等開展了古代文字研究，十九世紀以後得到了巨大的發展，在目前已成爲很重要的一門科學，跟古代歷史、文化、語言、文學等研究，有密切的關係。十二世紀以後的六書學，展開了中國文字發生和發展的規律的研究，在近百年來古文字資料大量發現後有更大的進步。十七世紀以後漢字拼音的問題提出來了，三百多年中已積累了很豐富的經驗。關於别體字、簡體字、方言字等研究，在近兩百年内也是十分發展的。

有兩千多年經驗的中國字典的形式是多種多樣的。可以分爲從字形，從筆畫，從聲音，從意義來編輯的四大類。有綜合各種字體的字典，也有專録那些器物（如璽印、錢幣等）上的文字的字典，更有專録那一類字體（如隸書、草書）的字典。中國書法藝術的歷史更爲悠久，歷代有不少研究書法的理論和技巧，書法的歷史等專門著作。

當然，從事中國文字學的研究的，還有很多外國學者。遠在九世紀時日本僧空海的《萬象名義》，昌住的《字鏡》，都是中國文字學的重要資料。一直到現代，日本學者不斷地研究中國文字，有很多貢獻。從十七世紀以後，西方學者對中國文字的研究也是很努力的。最近，德意志民主共和國漢學家愛吉士先生正在領導着編輯一部中國古文字字典。

中國文字學反映出中國人民在幾千年的長時期裏利用和發展文字的一些經驗，將是新的文字學研究裏很重要的一部分。任何民族的文字發展歷史各有自己的重要的和豐富的經驗。文字學家需要致力於個别文字的深入研究，也需要研究一切文字的共同規律。無論研究中國文字、埃及、蘇馬連文字、印度文字、希臘、拉丁文字、阿拉伯文字或印第安文字等的文字學家，都應該認識到文字學是一門十分重要的獨立的科學。全世界的文字學家應該團結起來，互相學習，豐富知識，交流經驗，共同爲建立二十世紀新的文字學而努力。

載《人民日報》一九五六年十月六日。

「蔑曆」新詁

金文中最常見的「蔑曆」一語，作過解釋的和寫過文章的已經很多了。于省吾先生作「釋蔑曆」一文，引了十五家，連他本人就有十六家，也還有遺漏。〔一〕衆說紛紜，莫衷一是。本文目的，只在解決問題。酌取舊說，不復多所徵引。實事求是，力祛鑿空之說。作「蔑曆」新詁。

首先，蔑曆之見於金文是從殷末開始的，直至西周中期；西周末年，已經不見。

其次，蔑曆在金文中的用法，主要是兩種：

一、×蔑×曆　如：王𥢶段曆（段簋）。君蔑尹姞曆（尹姞鼎）。侯蔑遇曆（遇甗）。白雒父蔑录曆（录尊、录卣）。王才（在）奠（鄭）𥢶大曆（大簋）。用天子寵，蔑沕其曆（沕其鐘）等等。（圖一）

二、×蔑曆　如：小臣謎蔑曆（小臣謎簋）。師遽蔑曆（師遽方彝）。師艅蔑曆（師艅尊）等等。（圖二）

以上第一例是上級對下屬的蔑曆，由作器者說是被蔑曆的。而第二例則是作器者的自我蔑曆。這兩種例都是常見的。個別的，像𢍰衛鼎說「屯蔑曆于𢍰衛」和保卣說「王……蔑曆于保」。𢦏簋說：「王使𤇾（榮）蔑曆，令𢦏邦。」以及師望鼎說「王用弗謹（忘）聖人之後，多蔑曆易（錫）休」等，雖都說蔑曆，但還是自上而下，和第一例相同，從作器者說是屬於被蔑曆的。

從這些用法看，阮元把它當作黽没、密勿、黽勉等連語是不恰當的。孫詒讓已經舉王蔑敔曆等例來說明蔑曆二字各有本義了。〔二〕有人釋蔑爲元，也被指出蔑爲動詞，說明其不合詞例了。〔三〕就是翁大年訓蔑爲懋勉，劉師培訓蔑爲嘉勞，也只能在蔑×曆時較爲通順，而於×蔑曆就不能適合。因爲這是下屬們自己的蔑曆。如果說這個作器者當周王或其大臣們對他册命或錫休時，他不去對揚厥休，而卻自己勉勵，自己嘉勞，就未免太可笑了。可見對古代銘刻，不先辨明詞例，是不容易理解它的本來意義的。

第三，從蔑曆兩字的形體來説：

一、蔑字　《説文》「蔑，勞，目無精也。從苜，人勞則蔑然，從戍」。是因爲小篆把蔑字所從之苋，分成兩截，許慎就認爲上半從苜，而把下半人形和戈連起來作爲戍字。其解釋也就游離於兩者之間，從苜爲目無精，而戍爲勞，「人勞則蔑然」。桂馥《説文義證》想改爲戌亥之戌，説是戌聲，與古文字不合。孔昭孔、朱駿聲等認爲從伐聲，〔四〕從字形説，和許慎是同樣的錯誤。但伐和蔑，還是有密切的關係的。伐字古作□作□，象用戈斫人之頸，而蔑字在甲骨文裏作□，又作□，從萝。又作□或□，不從戈而從夸。不管從戈或從夸，都象斫人之脛。（圖三）早期金文如保卣（成王時）作□，還和甲骨文一樣，穆王時期就已淆混，如競卣蔑字還象斫足脛，而同一人所作的競簋作□就斫在頸上，象是伐字了。伐和蔑都是圖畫文字，其不同之處，在於伐爲斬首，卜辭常説伐多少人，就是説殺多少人。殷墟墓葬和建築遺址發現的許多被殺的奴隸遺骸，可見其殘酷。而蔑爲刖足之刑，比之斬首是輕微的刑罰。而被斫的是苋或萝。苋字《説文》所無，過去釋爲眉字是不對的。苋是瞢的原始字。《説文》瞢字也在苜部，「目不明也，從苜，從旬，旬目數摇也。」這也是把苋字上下分開，把人形和目連起來成爲旬字。其實瞢是從目苋聲的後起形聲字，《説文》裏所有從瞢省聲的字，如：夢、甍、薨等，實際都應從苋聲。只是由於《説文》失收苋字，就增加出這些曲折了。正如𤇾字是熒字的原始字，熒是從火𤇾聲，而《説文》失收𤇾字，因而從𤇾得聲的字，如：　禜、瑩、營、謍、鶯、𢍉、罃、榮、縈、褮、營、褮、榮、煢、嫈、塋、鎣、犖、醟等十九字全是熒省聲了。《説文》「㝱，寐而有覺也，從宀，從疒，夢聲」。但甲骨文只作𡪧，從苋，可證夢字應從夕苋聲，而不是從瞢省聲。從瞢訓目不明來看，苋的本義，可能是失明的人，就是《詩經・靈台》「矇叟奏公」和《國語・晉語》「矇叟不可使視」的矇，毛傳和韋昭注都説「有眸子而無見曰矇」。《周禮・春官》「瞽矇」，鄭司農注：「有目眹而無見謂之矇。」蔑字象用戈斫盲瞽者的脛，字或從萝，是由於瞽者是男女都有的，戈或變作夸，也是一種兵器。伐和蔑的不同，正由於伐是斬首，在戰功中殺敵是很重要，所以伐有夸大功勞的意思。而蔑只是對眼失明的人傷斷其足脛，在戰功中，是微不足道，爲人輕蔑的。甲骨文的蔑字，字形還没有固定，是用圖畫方式來表達的象意文字，而不是後起的形聲文字是無疑的。但象意字在當時往往只讀其主要部分的音，我們對這種現象，稱爲象意字的聲化。那末，蔑音和苋音應該相近。《春秋》昭公二十年，「公孫會自鄸出奔宋」，《穀梁傳》本作夢，《經典釋文》説「本或作蔑」可見苋或夢是可以轉爲蔑音的。金文蔑曆字或作穫，從禾蔑聲，見《説文》「禾也」。《廣韵・十六屑》「穫，《莊子》謂之禾也」。《玉篇》秣字下有蔑，説「同上」。《萬象名義》秣上注「又蔑」，《新撰字鏡》在秣字下説「穖、䬴，二上同。」那末，穖和《説文》的䬴，實際是一個字，作爲谷物是「穖，禾也。」作爲飼養，是「䬴，食馬以谷也」。穖金文又作機，則爲譌字。

二、曆字　從阮元以來，都讀爲歷，是對的。《説文》甘部有曆字，「和也。從甘，從麻，麻調也。甘亦聲。讀若函」。徐鉉徐鍇各本篆文并從麻。只因徐鍇《説文繫傳》説：「厤音歷，稀疏勻調也。」段玉裁等紛紛改爲從厤。研究金文的也跟着上了當，以爲就是金文的曆字，有些人把蔑曆解爲調和美和等等，有些人則議論從甘聲和讀若函爲誤。其實《説文》篆文作曆，從絲麻之麻，并不誤。從麻甘聲，與漢以後的馦字正相類，從甘和從香差不多。從甘可以作調和的意義，甘聲當然可以讀若函。這和從厤治之厤的曆，顯然是兩個字，只由隸書形近而有此誤會。那末，金文的曆是《説文》所無的。曆或作曆，從甘（甘）和從口（口）是經常通用的。口是盛物之器，不是口舌的口，有時其中加一點就是甘字。曆字從甘厤聲，而戜簋作𤰈，從田厤聲；嬴氏鼎和卬史競簋并作曆，從日厤聲，也都是《説文》所無的。《説文》「厤，治也，從厂秝聲」。這里所從的厂，是石字之省。但《説文》又有磿字，「石聲也，從石厤聲」，是厤字的後起形聲字。那末，從形聲字的厤，再孳乳出來的歷、㽁、𤰈、曆、曆等，也都是比較後出的，而從歷得聲的字，如：櫪、瀝、𡾊、轣、藶、靂、礰、䥶等字就更晚了。金文有厤字，又有歷字，見禹鼎，而甲骨文只作歴；金文有𤰈字，而甲骨文只作𤰈；（圖四）金文常見的曆，友簋只作曆；這説明在較早的時代裏，這些字都還只從秝。《説文》「秝，稀疏適也。從二禾，讀若歷」。在圖畫文字裏，畫兩個禾是代表很多禾的意思。歴字在秝下畫止，止是足趾，就是人的脚經過許多禾，所以秝（歷）訓經過。𤰈字代表許多禾在田中，所以卜辭又作𤰈，王襄《簠室殷契類纂》釋爲嗇，商承祚、孫海波都採用，是錯的。卜辭自有嗇字從來從亩，與此絶無關係。《説文》「稀疏適」的解釋，用在𤰈字才是合適的。因爲他没有收𤰈字，所以在秝下説「讀若歷」。種禾要稀疏調適，也就是很均匀。禾在田中歷歷可數，古詩説「衆星何歷歷」，就是疏而匀的意思。曆或曆則象許多禾在器中的意思。《爾雅·釋詁》「歷、秭、算、數也」。禾在器中，可以計算，那末，曆應該是曆數之歷的本字。《詩經·載芟》「萬億及秭」，關於秭的具體數目，異説很多，但一定比億還多。秭字從禾，可見古人以禾來記數，所以曆應是記數的意思。歴、𤰈和曆，都還是用圖畫來表達的意符文字，在當時的習慣裏都讀秝音，也就是象意字的聲化，隨後，就變爲形聲字的一部分，在後起的六書説裏就是會意兼形聲。而由從秝聲發展爲從厤聲的歷、𤰈、曆、曆等，就是純粹的形聲字。因此，金文曆字的秝，有時譌作林，有的甚至從埜了。

第四，從聲音訓詁方面來看蔑和伐的關係。

曆字讀爲歷，是經歷的意思，清代學者大都舉《尚書・盤庚》的今文「優賢揚歷」爲證，訓爲厤行、厤試和功績，大體上是對的。所以這裏只論蔑字。

蔑是斫足之象。《周易・剥》：「初六，剥牀以足，蔑貞凶。」注：「蔑猶削也。」象傳説「剥牀以足，以滅下也」。顯然是用滅來解釋蔑的。蔑滅聲相近，《剥卦》的六二，是「剥牀以辨，蔑，貞凶。」鄭玄注「足上稱辨，謂近膝之下」。可見蔑的本義是削滅足和足脛。但蔑和伐的意義，究竟是相近的。《國語・周語》説「而蔑殺其民人」，蔑殺連用，和《孟子・滕文公》引《泰誓》的「殺伐用張」，殺伐連用，顯然是同一詞例。

由此可見，蔑字雖然不像朱駿聲等所説的從伐聲，它們之間的關係是十分密切的。在字音上，蔑古讀爲末，和伐都是祭部入聲，又都是脣音。所以蔑與從蔑聲的字和末與從末聲的字常常相通。《説文》鬻的或體作粖。《玉篇》秣的或體作䅼。《論語・子罕》「雖欲從之，末由也已」。《史記・孔子世家》末作蔑。《春秋》隱公元年左氏本「盟于蔑」，《公羊傳》和《穀梁傳》的本子都作昧。文公七年「晉先蔑奔秦」，《公羊傳》本作先眛。《商子・弱民》的唐蔑，《戰國策・楚策》作唐昧。就是韈字一作靺，現在還寫作襪。均可證。末字通旆，《儀禮・士喪禮》「緇末」，鄭注「今文末爲旆也」。而旆字與從伐聲的字相通。《詩經・六月》「白旆央央」，《釋文》旆作茷。《左傳》定公四年：「倩茷」，《禮記・雜記》鄭注引作「倩旆」。《詩經・泮水》「其旂茷茷」，《釋文》「本又作伐。」又《出車》「被旐旆斯，胡不旆旆」，旆旆即茷茷、伐伐，并可證。

在字義上，蔑和伐在周代古書裏常通用。《尚書・君奭》「文王蔑德」，蔑是形容詞。鄭玄注「蔑小也」是錯的。周公要用文王之德來爲教，怎麽用小德呢？僞孔安國傳説是「精微之德」，也很牽强。孫星衍《尚書今古文注疏》把蔑讀爲散，散與孅通，亦美也。轉了許多彎而解爲文王美德，不知道這裏的蔑，應讀作伐。《小爾雅・廣詁》「伐美也」。本是很容易解釋的。《逸周書・祭公解》「追學于文武之蔑」，蔑是名詞。孔晁注把蔑解爲微德，是所謂「增字釋經」，蔑可以訓微，怎麽能是微德呢？在這裏，把蔑訓爲滅、末、無、輕等義都是講不通的。只有讀作文武之伐，才講得通。《左傳》莊公二十八年和《國語・晉語一》都説「且旌君伐」，注「功也」，也是名詞，文例正相同。以上是蔑讀伐的例子。《詩經・賓之初筵》「既醉而出，并受其福。醉而不出，是謂伐德。」鄭玄箋解爲「誅伐其德」，顯然是不通的。伐應讀爲蔑，即《詩經・板》「喪亂蔑資」的蔑，毛傳「蔑，無也」。蔑德是無德。這是伐讀蔑的例子。

在銅器銘文裏，長由盉説「穆王蔑長由以逨（來）即井白」，是穆王稱美長由。免盤在記王錫鹵百隆後，説「免蔑靜女王休」，是免向静女夸美王的錫休。沈子它簋説：「乃沈子妹克蔑見猒（厭）于公休」，姑克等于不克，是説沈子它能夸美他被滿足于公的錫休。這些蔑字都是動詞，凡是被蔑的是他人的稱美，而自蔑的就是自我的夸美。朕簋（即大丰簋）説「惟朕（滕）有蔑」，蔑舊釋慶，于省吾先生改釋蔑是可取的。蔑是名詞，應讀爲伐，是滕叔繡自稱其有功。總之，金文裏單用蔑字的地方，也都應讀爲伐。

第五，根據上面這些分析，我們可以對商周銅器銘文中的這一慣語作出解答。正如孫詒讓所説的，「各如其字釋之，則古金所謂蔑曆蔑某曆者，不致鉏鋙而不合矣」。蔑讀爲伐，曆讀如歷，蔑曆是伐其經歷，蔑×曆，是伐×的經歷，用以解釋所有銅器銘文中這一慣語，文從字順，本是十分簡單的。有的人過于求深，就把自己陷入迷魂陣中去了。所有舊説中只有《釋古銘辭蔑曆爲叙勳的專用辭》一文讀蔑爲伐是對的，但跟着朱駿聲説蔑從伐聲是錯的，〔五〕作者受朱駿聲所引了《説文・新附》「閥自序也」的影響，把蔑當作叙。説：「蔑曆連用，施之于稱人，則爲叙功，施之于叙己，則爲叙績，其間字用者則爲叙某之功績，若美某之功績也。」從詞例看，基本上是對的。但一則朱駿聲所引《新附》脱了一字，原作「閥閲，自序也」，是唐代人的慣語，用以解釋金文的蔑，是錯的。二則人的經歷，不一定都是有功績的。尤其在奴隸制社會裏，只要他出身於某一高貴的奴隸主貴族家庭的經歷，就是可以稱美或夸美的。段簋説「王蔑段曆念畢中孫子」；師望鼎説：「王用弗諲（忘）聖人之後，多蔑曆錫休」，都是明顯的例子。所以把蔑曆説成叙功叙績，甚至於説是「叙勳的專用詞」，那就是錯誤的。這是由於不知道考查這種慣語的社會背景，而只查查文獻資料，糾纏在典禮方面，因之，這種看法是不全面的，没有解決問題的。

第六，爲此，研究蔑曆一語，還必須深入一步來考查這一慣語的歷史。蔑曆是商末到西周中期銅器銘文裏的用語，人們不禁要問爲什麽《尚書》和《詩經》裏没有得到反映呢？這是因爲《尚書》所記都是商末周初的大事，而彝銘裏被蔑曆或自我蔑曆的人都不是奴隸主貴族中的最上層。蔑字通伐，《左傳》襄公十九年臧文仲説：「夫銘，天子令德，諸侯言時計功，大夫稱伐。」儘管是春秋時的説法，但明明指出在鐘鼎盤盂的一類銘文裏稱伐的，只是大夫一級罷了。所以金文裏大篇銘文像盂鼎、毛公鼎等等是没有説蔑曆的。那末，《尚書》的記載中没有蔑曆一語是不足爲怪的。《詩經》裏的大小雅，凡是長篇作品，都是厲宣以後的。有些詞句，可以和彝銘對照，但在這個時期裏，就在彝銘中，也已不説蔑曆了。因此，蔑曆一語只見於這一時期的彝銘中。但是既然是一種慣語，就不可能突然消滅，它是隨着每個時代的社會關係而變化的。春秋時期，蔑字已經只用於輕、微、無等意義，而用伐字來代替蔑字，并成爲功伐（名詞）和自伐的專用詞，前所引的「且旌君伐」,「大夫稱伐」,以及《晉語四》的「軍伐有賞」,《齊語》的「期而書伐」,說的都是功伐。這是由於春秋時已經是隸農的時代。《晉語一》郭偃在議論驪姬時說「其猶隸農也,雖獲沃田而勤易之,將不克饗,爲人而已」。說這話時相當於公元前六六〇年左右,這種農奴制度已經通行。新興的封建領主階級猛烈地衝擊舊的奴隸主貴族階級。稱霸一方的各國諸侯,爲了富國强兵,就需要引用新興階級的人物,舊的奴隸主貴族不能適應新的時代,儘管自矜門第,而他們的功能遠不如人。齊桓公的「期而書伐」,就是從鄉里去選拔新的人材,這些人的出身經歷,往往是微不足道的。所以在奴隸制社會裏,上級稱美下級的經歷這種蔑某人的曆,已經用不着了,但是自我夸美功伐還是盛行的。《左傳》成公十六年,晉國的郤至「驟稱其伐」,《國語·周語》記他的話是「我有三伐」,是伐可曆數。「期而書伐」,是說經過一年把功伐都寫下來,那就得有多少和上下之別。《左傳》昭公二年晉鄭鐵之戰,趙鞅自稱爲上,衛太子蒯聵看見鄭軍太衆,幾乎墮車,可是還自詡爲右之上,郵良(即王良)說他是御之上。而臧文仲說「大夫稱伐」,批評季武子說,「以伐,則下等也」,是伐有等次的明證。而舊貴族嫉忌新人,罵他們是「篳門圭竇之人」,鬥爭不斷爆發。《左傳》襄公十三年說:「君子稱其功以加小人,小人伐其技以馮君子,是以上下無禮,亂虐滋生,由爭善也。」注「自稱其能曰伐」。因此,出身於舊貴族的所謂君子就是提倡不伐,他們既然在才能上爭不過別人,就索性主張不爭,以保持其舊貴族身份的尊嚴。所以《老子》說「不自伐,故有功」。《論語·雍也》記孔子稱道孟之反的「不伐」。《憲問》說:「克伐怨欲不行焉。」《公冶長》說「願無伐善,無施勞」。而郤至自伐,單襄公就說「君子不自稱也」。但到了奴隸主貴族完全没落以後,情況又有不同,戰國時的法家就提倡功伐,不管這一套假惺惺的東西了。《管子·明法》說:「羣臣相推以美名,相假以功伐。」《韓非·孤憤》反對「不以功伐決智行」,《亡徵》反對「不以功伐課試」。在《顯學》裏主張「試之官職,課其功伐,則庸人不疑于愚智」。所以《孤憤》又說「可以功伐借者以官爵貴之」。《五蠹》說「賞其功伐,禁無用,故民盡死力以從其上」,《外儲說左》說「爵禄旂章所以異功伐,別賢不肖也」。而《六反》則提倡「盡力致死則功伐可立而爵禄可致」。《吕氏春秋·務本》也說:「故榮富非自至也,緣功伐也。」就是儒家的《荀子》,在《臣道》篇中也說:「功伐足以成國之大利謂之拂。」總之,那時的統治階級以功伐作爲爵禄的依據,而想在封建政治制度裏想爬到這個階級上層的人就必需有功伐。所以秦漢以後就定爲制度。《史記·高祖功臣侯者年表》說:「古者人臣功有五品,以德立宗廟定社稷曰勳,以言曰勞,用力曰功,明其等曰伐,積日曰閱。」前面三品就是所謂太上立德,其次立言,其次立功,而德言是封建貴族的最上層所佔有的,功伐以下才是課試官吏將士的標準。功伐既分成兩品,伐可以分等,而又加上閱的一品，雖然没有什麽顯著的功伐，而卻以年資來計算，老資格，老經驗，也是被重視的。因之，漢代除了功伐以外，又出現伐閲這個新的慣語。《漢書·車千秋傳》「又無伐閲功勞」，顔師古注：「伐，積功也。閲，經歷也。」又《朱博傳》「齎伐閲詣府」，顔注：「伐，功勞也。閲，所經歷也。」伐既與蔑同義，閲又是經歷，那末，伐閲一語，就是蔑歷一語的變異，但時代不同，社會性質不同，它們的内容也就不一樣了。既然叫本人齎伐閲，可見伐閲是用文字記載而由本人持有的。王充《論衡·謝短》説「吏上功曰伐閲名籍墨狀」，[六]顯然已是簿籍的一種了。東漢以後，伐字變成閥，就在《論衡》卷十二的《程材》篇，説「儒生無閥閲」，就作閥。王符《潛夫論·交際》説「貢薦則必閥閲爲前」，可見東漢時期，封建統治政權延長至上百年以後，官僚階層爲了鞏固其既得利益，排斥新進，没有家世資歷就不容易鑽入統治階級的上層，因而這種統治階級的内部鬥爭又起來了。《後漢書·章帝紀》「每屬前世舉人貢士，或起畎畝，不繫閥閲」。又《韋彪傳》「士宜以才行爲先，不可純以閥閲」，就反映了這種斗爭。統治者既不能拔擢真正的人材，就經常依靠官僚階層，子以父貴，閥閲的慣語，就變成了門閥。《三國志·張紘傳》注引《吴書》説張紘寫了孫權父親孫堅的紀頌，孫權讀了以後，感嘆説：「君真識孤家門閥閲也。」以孫權的地位，還這樣重視門閥，可見當時門閥的高貴。《説文》是没有閥字的，就是梁陳時期，顧野王作的《玉篇》，原來也不收閥字。所以日本僧空海依據《玉篇》所作的《萬象名義》以及僧昌住的《新撰字鏡》，也都還没有閥字。隋陸法言作《切韵》，才收閥字，注爲「閥閲自序」。徐鉉《説文新附》是根據《切韵》收入的，説：「閥閲自序也。」唐代慧琳《一切經音義》八十五引《考聲》「閥閲表功業也」。又引《文字典説》「閥閲者今門閥爲高貴也」。所謂門閥，即：門户、門第、門地、門望、門資、門祚等等的同意語。他們是可以托祖父的余蔭，不經過任何勞動而坐得官職的。《宋書·劉湛傳》「階籍門蔭，少叨禄位」，而《唐書·馬璲傳》璲的兒子繼祖，只有四歲，就以所謂門功而做太子舍人。那末，閥字的從門，顯然是由於漢以後重視門閥的風氣，又因受閲字的影響而出現的。至於唐孫强等新加字的《大廣益會玉篇》説：「在左曰閥，在右曰閲」，則恐怕是由於唐以後所謂烏頭閥閲的制度，在門外設兩柱而加以附會了。[七]由於門閥的引申，近世有軍閥、學閥等稱，則指某一種有權勢的集團了。閥閲一語既變爲門閥的意義，它的作爲記功伐簿籍的意義已經喪失，於是宋以後又有履歷這一慣語，其初起不知何時，宋王明清《揮麈餘話》説「詢其履歷，乃同年生」。這個慣語，一直沿用到現代。履歷也就是蔑曆的曆。當然，其内容是不一樣的。

那末，蔑曆是奴隸制社會裏，奴隸主貴族們的一個慣語，正如斯大林同志所説的：這類「階級的習慣語、同行話、雅語，是貴族和資産階級上層分子等創造的。」「這些習慣語和同行話只是在某一階級上層分子的狹窄範圍中應用。」〔八〕因此，當奴隸主階級瓦解的時候，這種慣語就隨之而消失，但封建社會又有新的貴族階級，就又産生了新的慣語，而其内容就和過去不一樣了。

總起來説，蔑曆一語的曆是家庭出身和本身經歷，當然包括功績在内的。就是伐是美的意思，上面以下面的歷來稱美，本人則以此來夸美。曆有些像現在的履歷。儘管時代不同，内容不同，但這種形式是不難瞭解的。研究古代歷史，固然要通曉古代的語言文字，但這只是一把鑰匙，通過它還要作進一步的考查。如果被清代的所謂漢學家，以至近世的羅振玉、王國維等的一些考證方法束縛住了，對問題的本身不求甚解，就很容易把本來不難解釋的問題，搞得支離曼衍，愈説愈糊涂。我對蔑曆一語，往來心目中，將五十年了，未敢輕於下筆。最近以語高亨先生，他認爲蔑讀爲夸伐之伐甚好，并在其近著《古字通》中提供蔑伐兩字古音通用數例。因而促成此篇，并以求教益於對此老大難問題有興趣的同志們，希望對其中的錯誤加以指正。

本文可能寫成於一九五六年。

〔一〕於所引有阮元、吴東發、徐同柏、翁大年、孫詒讓、鄭業斆、劉師培、吴雲、許瀚、劉心源、郭沫若、劉節、戴君仁、陳小松、李亞農等十五家，但對《攈古録金文》所引何子毅説和吴大澂《説文古籀補》就没有提到。此外恐怕還有遺漏。

〔二〕見《古籀拾遺》卷中十四頁。

〔三〕見《中和》月刊三卷十二期《釋古銘辭蔑曆爲叙勳之專用詞》。

〔四〕孔説見孔廣居《説文疑疑》。

〔五〕同注三。

〔六〕「狀」字原誤「將」。遼僧希麟《讀一切經音義》卷四閥閲下注「自序功狀也」，可見上功是要有狀的。

〔七〕徐灝《説文段注箋》「唐宋以後，遂于門外作二柱，謂之烏頭閥閲，見《册府元龜》。戴氏侗曰：今品制有爵者，其門爲烏頭閥閲」。戴是元代人，作《六書故》。

〔八〕見斯大林《馬克思主義與語言學問題》。

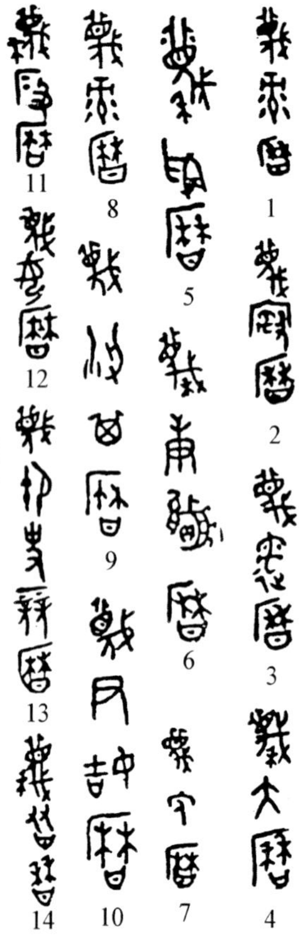

圖一

1. 录簋，《三代吉金文存》8，3，5。 2. 𢿢鼎，同上4，13。 3. 遇甗，同上5，12。 4. 大簋，同上8，44。 5. 再簋，同上6，48。 6. 庚嬴卣，同上13，45。 7. 免卣，同上13，43。 8. 录卣，同上13，14。 9. 沕其鐘，《商周金文録遺》三。 10. 同上九十七。 11. 段簋，《三代古金文存》8，54。12. 𦓐卣，同上13，42。 13. 卯史竞簋，同上8，36。 14. 孖簋，同上8，51。

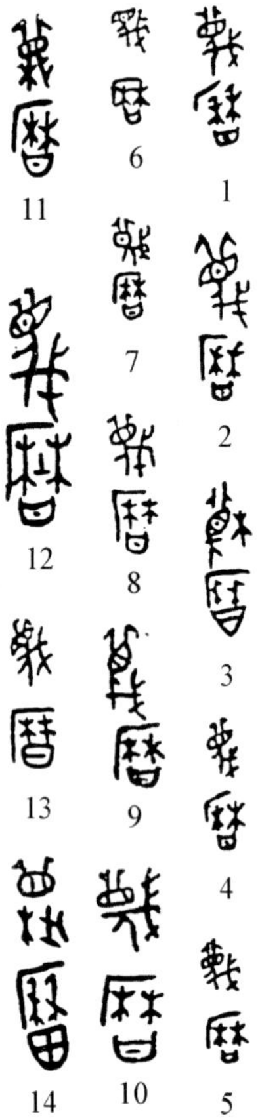

圖二

1. 長白盉，《商周金文録遺》二百九十三。 2. 小臣謎簋，《三代吉金文存》9，11。3. 爰尊，同上11，36。 4. 夅衛鼎，同上3，27。 5. 競卣器，同上13，44。 6. 競卣蓋，同上。 蔑作罭。 7. 師遽方彝蓋，同上11，37。 8. 趩尊，同上11，38。 9. 師艅簋，同上9，19。 10. 師望鼎，同上4，35。 11. 次尊，同上11，35。 12. 保卣蓋《商周金文録遺》二百七十六。 13. 嬴氏鼎，拓本。 14. 戠簋《三代吉金文存》8，49。

圖三

蔑字見《甲骨文編》（中華書局版）卷四，字號0509。 㦰字見上書卷十二，字號1468，原釋孅。 𢦏字見上書附録上，原不釋，字號4936，又附録下，字號5617。 𢦏字見上書附録上，原不釋，字號4966。

圖四

䅘讀如歷，見《甲骨文編》卷五，原誤釋嗇，字號0697。原書又把嗇（㐭）也釋成嗇，都是錯的。

載《文物》一九七九年第五期第三六至四二頁。
又《唐蘭先生金文論集》二二四至二三五頁
紫禁城出版社一九九五年十月。

商虎紋磬

商虎紋石磬（故宮博物院藏）

莫斯科的廣播電臺，一九五六年有一次廣播了三千多年前中國古代石磬的録音，音值較C調高半音，振動數爲二百八十點七，琤瑽悦耳，這就是現在在故宮博物院太和殿上陳列着的商虎紋磬。

這個磬是一九五〇年中國科學院考古研究所發掘殷虚時，在武官村的大墓裏發現的。在非正式發掘裏，殷虚過去雖也發現過磬，但這樣完好無缺的大磬，卻是從未見過的。磬長八十四公分，廣四十二公分，厚二點五公分，作淺灰色，面上雕刻虎紋，跟青銅器上的圖紋差不多。背面有朱筆描繪和一些刻畫，似乎也要刻虎紋而没有刻成。刻虎頭處磬面寬廣，虎尾處較窄，在虎耳上方有一孔，孔内可穿繩索，將磬掛起。由於穿孔偏近虎頭，掛起後磬身斜側，虎頭在上，虎尾在下。古代的編鐘編磬都是這種掛法，稱爲「側懸」。用這樣的掛法，可以便利於敲擊樂器的下部。

磬是很原始的打擊樂器，《説文》裏磬字的籀文寫作「殸」，甲骨文裏也這樣寫。「殸」字左邊的「聲」字，原是畫出用繩索掛起一塊石頭，右邊的「殳」字是手裏拿小棒去打這塊石頭，總之，就畫出擊磬的形狀。聲音的「聲」字，就是耳聞磬聲，所以又加畫一個耳字。由此可見在圖畫文字産生的時候，我們的祖先就已經把磬列爲樂器之一了。在石器時代裏，人們爲了把石頭製成各種工具，成天需要打擊石頭，在工作中偶然發現某些石頭打起來很好聽，可以用做樂器，這就是所謂「樂石」（據説山東省泗河旁出「磬石」，所以説「泗濱浮磬」）。古代人就用這種樂器在歌舞時打出節拍，所以説「予擊石拊石，百獸率舞」。擊石是把大石頭掛起打擊，就是磬的形式，拊石是用小石頭拊拍，就有些像後來的拍板了。

磬又叫做「球」，古書上的「鳴球」就是擊磬，不過球和磬也略有不同，球是接近於半圓形的，又稱爲磬，安陽也曾出過這種形式的磬。照理説，球是玉磬，但古代對於玉的界限很寬，所以實際只是堅硬細緻類似於玉的石磬而已。周朝王室的寶物，有所謂「天球河圖」，實際這個「天球」，也只是比較精美的大磬。

安陽還出過三個編磬，現在陳列在故宫博物院歷代藝術館，形式跟虎紋磬相近，但比較小。磬上都刻有文字，「永啓」、「永余」和「夭余」，我們還不知道這些文字的確切意義，但可以看出這些較小的磬是用若干個編爲一組，分别音的高低的，所以叫做「編磬」。虎紋磬這樣的大磬，用時只有一個，稱爲「特磬」，在奏樂時，特磬和編磬是配合起來的。

中國音樂有優秀的傳統，遠在商代，就已經有很多樂器，如「磬」、「鐃」、「塤」、「鼓」等，並且從特磬和編磬的相配合來看，那時已經有很複雜的音律。虎紋磬和其它石磬的發現，有助於古代音樂的研究，它們在文化藝術史上佔有重要的地位。虎紋磬的雕刻圖紋，也是很重要的典型作品。

載《光明日報》一九五七年三月九日。

再論中國文字改革基本問題

——關於「漢字拼音化」

《中國語文》一九五六年一月號用批判的形式發表了我的《論馬克思主義理論與中國文字改革基本問題》，同時，編者組織了十八位同志討論我的主張。照編者的説法是「希望通過這次討論，能够把某些對文字改革的不正確的看法澄清一下」。

對我個人來説，通過這次批判，得到很多益處，特别由於對自己的一孔之見的沾沾自喜因而在某些問題上看得不全面，應該受到嚴正的批判。但在科學真理面前，儘管編者早就判決「漢字拼音化」的主張是不正確的，我卻認爲可以不服判決，申述一下自己的意見。我認爲中國文字改革是關係到中國六億人民文化生活中最重要的問題之一，應該充分貫徹「百家爭鳴」的精神，讓一切不同意見都提出來，應該不害怕自由爭論。因爲真理愈辯愈明，如果是真理，是禁得起爭辯的；經過熱烈爭辯，讓大家心悦誠服，總比簡單地命令號召來得好些。相反地，如果本來不見得完全正確，由於害怕批評，以致没有人敢於提出不同意見，豈不將「鑄成一個大錯」。因此，我誠懇地建議《中國語文》編者在這樣重大問題上「休休有容」，容許大家提出各種各樣的意見，不要忙於「澄清一下」，不要剛一開始，還没有弄清楚，就忙於做出結論。要知道，經過一個時期真正的自由討論以後總會得出比較正確的結論來的。

對於中國文字改革，是有很多不同意見的。有人根本反對任何改革，雖然近於保守，但他們所以反對改革的理由有很多可以供我們參考，如其我們能够糾正改革中的缺點，消除了他們的疑慮，他們中間的大部分人也總會贊成改革的。有人雖也努力改革，實際上只限於改良，例如「減筆字」、「替用字」、「新形聲字」之類，雖然不是根本性質的改革，但總都有一定的用處。在文字改革工作中也應該承認他們的優點，鼓勵他們再前進一步。毛主席提出中國文字改革的方針，「要走世界各國共同的拼音方向」，這將是中國文字歷史上從來未有的改革，是根本性質的改革。走拼音方向和不走拼音方向是有原則上的分歧的。但同樣走拼音方向，也還有不同意見，有人把漢字當做「扶不起的阿斗」，必須根據漢語，利用國際通用字母，另外建立新體系，創造新文字；而另一種意見，則是應該對漢字的優點和缺點作出正確的估計，發揮它的優點，克服它的缺點，從漢字本身逐漸發展爲拼音文字。我認爲前一種意見在目前是不現實的，因之，主張「漢字拼音化」，在現階段裏用一種綜合文字——在簡單漢字裏加入一些漢字形式的拼音文字——通過這種形式使漢字逐漸過渡到完全的拼音文字。

必須指出，中國文字改革只要把意符或注音文字改變爲拼音文字，就是質的變化；走這樣方向，就是根本性質的改革。同走這樣方向而有不同看法，不應該認爲是原則上的分歧。這好像在曠野中迷途的時候，遠處有一個高塔是需要走到的目標，有人主張從東過去，有人主張從西過去，各有各的理由，因而引起爭論；儘管事實上也許一條路好走，一條路不好走，或者簡直走不通；也許兩條路都好走，也許兩條路都不好走；但無論如何，他們都對着同一目標，没有原則上的分歧。可是有些同志善於「深文周納」，把「漢字拼音化」的主張説成「反對漢字拼音化」，「反對文字改革」，「要提出階級立場的問題」，這樣「歪曲現實」的討論，顯然無助於科學問題的解決。

如果平心静氣來討論問題，分歧點是很清楚的。我主張「漢字拼音化」，不變漢字體系，在漢字原有的基礎上，利用它的固有形式，逐漸發展爲拼音文字。有些同志主張「漢語拼音」，撇開漢字，根據漢語，從新創造拉丁化新文字。「漢字拼音化」把拼音文字作爲簡字放在漢字裏面去，一切條件都很現成，跟簡字一樣，如果討論通過，見諸實行，只要刻好銅模鑄成鉛字，就可以在漢字内部出現拼音文字。因之，隨時可以使拼音文字爲廣大人民服務，爲社會主義建設服務。「漢語拼音」則必須創造有利的新條件，做好推廣普通話和漢語規範化工作。這些工作是性急不得的，十年八年未必能收大效。即使普通話已經推廣，漢語已合乎規範，創造一個完整體系的新文字也不是輕而易舉。創造出來，試行過後，也未必就適宜於推廣。因之，另造新文字固然是有可能的，但問題還在於能否變爲現實。

這樣，我强調現在就用綜合文字，在漢字中間加入拼音文字，而指摘「漢語拼音」的主張在目前行不通，勉强推行而不讓漢字發展是有害處的。「漢語拼音」的主張者則批判我的主張，認爲加上一千多個拼音字，不是他們所主張的文字改革。説我「把實現完全拼音的文字拖延到遥遥無期」，因而懷疑我「擁護拼音文字是否有誠意」，再進一步「臆斷」我的「真正目的，是要使漢字不作根本的改革」。〔一〕

但懷疑只能是懷疑，臆斷終究是臆斷，我主張現在就使用拼音文字，總是事實。我主張在漢字裏加入一千多個拼音字，如果做到，至少可以使每一個學習漢字的人縮減幾個月的時間和精力，目前至少有幾千萬人在學習漢字，能够節省這麼多的時間精力，對社會主義建設將有多大幫助！可是有些同志反對這樣做，他們説這樣不徹底，不完全，不是根本改革；他們習慣於「望梅止渴」，必須等待到體系完整的新文字創造出來以後，才能使用拼音文字。這對於當前人民大衆進行社會主義建設是不是有利呢？有一次座談會上我呼吁過，即使在漢字簡化過程裏加進一兩個拼音簡字，也是新時代的一個標志，説明了漢字已經在走拼音方向了。這像在農村中建立互助組一樣，可以使人們看一看拼音化的好處。但是座談會的主席同志在結論裏堅決拒絶這個意見，即使一個拼音字也不能加入。我真想不通爲什麼一定要把漢字加上一道鐵箍，我更想不通如果在漢字裏出現了拼音文字，大之對於社會主義建設，小之對於文字改革，究竟會有什麼害處。當然，在漢字裏加進了一千多拼音文字，還只是綜合文字，不能立刻變爲完全的拼音文字，但事情總是要逐漸發展的，新加進去的一千多拼音文字，總是拼音文字，終究要爲完全拼音開辟道路。假使認爲現在不能立刻達到完全拼音，就危害了文字改革；假使真像王力先生所説包括拼音文字在内的綜合文字，絶對不是拼音文字；那末，難道變工隊、互助組妨害了農業合作化，人民民主專政就絶對不是無産階級專政了嗎？誰都明白，有些一步登天思想，要合作，就必得是集體農莊，搞革命，就得立刻建成共産主義，是不現實的；但不現實的想法，往往阻塞了當前可以迅速前進的道路。

我們十分尊重某些文字改革工作者的辛勤勞績，他們過去强調了漢字缺點的一面，認爲漢字是糟粕，不堪改造，必須廢除，必須另搞一套的心理是可以理解的。他們要替漢語創造完整系統的新文字，是一種很好的理想，我們希望他們努力實現這種理想。但是在目前，當人民大衆在建設社會主義的高潮中需要迅速使用拼音文字的時候，爲什麼不可以先讓漢字實現「拼音化」呢？

還是在座談會上，同志們説「漢字拼音化」是在帆船上裝發動機，而「漢語拼音」是製造遠洋巨輪；批評我的主張是把舊建築翻修，白費手脚，而他們主張一下子就造百層大廈。這些比喻是很好的，但請不要爲了設計家建築家的傑作思想而忽略了人民大衆當前的急迫需要！我們認爲當新的萬噸輪船、百層大厦連圖樣還没有畫齊全，而小划子、茅草房，還是人民大衆急迫需要的工具的時候，爲什麼不應該在帆船上裝發動機，爲什麼不應該把舊建築改造一下呢？我不想把戴過的帽子照單璧還，説什麽「反對拼音化」，「反對文字改革」；但事實上，并不是我在「把實現完全拼音的文字拖到遥遥無期」，事實上卻是有些同志不允許人民大衆迅速獲得拼音文字。事實勝於雄辯，儘管現在人民把文字改革工作，認爲只是專家們的事情；儘管大多數人還没有看出問題的嚴重性；但歷史學家將會記載着爲什麽在人民大衆迫切需要，拼音文字有可能實現的時候，連一兩個最起碼的拼音文字遲遲不能出現。

我完全相信那些專家們的主觀願望也是渴望着迅速實現拼音文字的，但爲什麽對於「漢字拼音化」的主張，要不惜用獅子搏兔之全力來「澄清一下」呢？這個主張竟觸怒了專家們，以致王力先生認爲「唐蘭先生的文章將引起反對漢字拼音化的人們的共鳴」。不錯，我重複了一些人們説過千百次的真理，中國方言複雜，同音字太多，文化遺産轉譯有困難，在目前抛開漢字推行另外創造的新文字將會引起社會秩序的混亂等等。這些話當然是逆耳的，我説得確實有過火的地方，「情緒鬧得很凶」，有些「危言聳聽」，所以王力先生説我在支持「反對漢字拼音化的人們」。但應該看看問題的實質。我主張在漢字裏加入一千多個拼音文字，是可以實現的，實現後中國文字將起怎樣的變化，對人民大衆將有多少利益！這叫做「反對漢字拼音化」嗎？熱心文字改革的專家們爲什麽不替人民大衆的利益想一想呢？羣衆的意見，有時是逆耳的，專家們爲什麽不肯徹底思考一下對方的理由和自己的缺點呢？

如果大家都爲人民大衆的利益着想，努力走拼音方向，那末，我們的出發點是一致的。我們可以有爭論，不該鬧宗派。固然，「漢字拼音化」强調了民族形式，對於主張用國際通用字母的同志們來説是不會感覺到太舒服的。我們應該想一想，人民大衆熱愛自己的民族形式，總不是錯誤。一樣可以發展拼音文字，爲什麽一定要用國際通用字母呢？走拼音方向，使用民族形式，人民大衆不更樂於使用，發展起來不更容易嗎？千千萬萬的人民大衆現在正在學習漢字，而有些同志卻説只有使用A、B、C、D才是未來的民族形式，這是人民大衆所能普遍接受的嗎？

這裏有兩種基本不同的看法：我們認爲根本性質的改革，是由不是拼音的文字改變爲拼音的文字。走拼音方向是應當堅決的，但是要有步驟地進行；拼音方向是世界各國文字所共同的，但文字形式是每一個國家或民族有它自己的歷史條件的。「漢語拼音」論者的所謂根本改革，是要把漢字連根拔，必須根據漢語另外創造體系完整的拼音文字，不是這樣做就不徹底，不完全，並且也不能叫做拼音文字，因此，他們是徹底改革論者；不是文字的改革，而是换一種文字的改革。由於目的不同，論點當然不會一致。「漢語拼音」論者顯然有一種顧慮，惟恐漢字裏加入了拼音漢字，漢字發展了，可以暫時適應社會的需要，一般羣衆就不再想把漢字改變爲完全拼音的文字，文字改革就不徹底了。他們也承認民族形式的拼音文字如果達到了完全拼音以後，跟用國際通用字母的拼音文字，實質上是一樣的；但是他們不相信由綜合文字的形式可以過渡到完全拼音的文字，所以他們要叫喊，這將拖延文字的根本改革。其實只要懂得新生的東西必然戰勝陳舊的東西這一規律，這種顧慮是完全不必要的。「星星之火，可以燎原」；新生的嫩芽，雖然很微弱，很快就會開花結子；中國文字裏如果出現了拼音文字，儘管只有一兩個字，這個風氣一開，就會迅速發展起來。中國文字的歷史上有過這樣的例子，它本來只有象形字、意符字，在殷商文字裏有了注音字，就是形聲字，但在那時還不到百分之三十，到了漢代，就幾乎占全部文字的百分之九十了。在那個時代裏，注音比意符進步，但由於這是自然發展，拖了一千多年，時間是十分長的；現在拼音文字比注音更進步了，在社會主義建設時期裏，有組織有領導地進行文字改革，難道進步的文字反會不能發展嗎？不錯，「漢字拼音化，現在還要抱住漢字」，讓它孕育新文字，這正如土地改革分給農民三畝地一頭牛，是一個辯證發展過程，不應該要求一下子全部土地國有化，搞國營農場，也不應該期望漢字立刻完全拼音，難道這是「不肯放手改革」嗎？當然由漢字發展出來的拼音文字跟另外創造的拼音文字，將來總有很多不同，有些同志會堅持另外創造體系完整的新文字比漢字發展成拼音文字更好，那末，他們盡可以另外去創造，兩不耽誤。儘管廣大人民羣衆是熱愛民族形式文字的，這只是事情的一個方面，在另一方面，既然還有很大一部分人喜歡拉丁化形式，中國也未嘗不可以有兩種文字。如果甲文字確實比乙文字好，那末，也未嘗不可以戰勝乙文字。兩種文字并行是完全可行的，問題在於不要遏止漢字的進步和發展。如果只許「漢語拼音」，絕對不許「漢字拼音化」，不許漢字發展爲拼音文字，不但對於當前的人民大衆的急迫需要是不能配合的，對於社會主義建設是有阻礙的，就是僅僅對於爲中國人民已經服務了幾千年的漢字本身來說，也是十分不公平的。

我再鼓起熱情來寫這篇文章的目的，只是爲了全國人民大衆由於要建設社會主義迫切需要進步的工具，需要拼音文字，迫使我不能不再呼吁一下。我懇切地希望一切文字改革工作者能合舟共濟，團結在一起。在曠野中找到目標以後，不論主張從東去，從西去，都應該讓他們説明理由，並且不妨勘探一下，到底哪一條路最合適。通向共産主義的道路；不只一條，通向拼音文字的道路，也不止一條，大家平心静氣地來研究研究，總是有好處的。

由於這樣目的，我不想在這裏作過多的枝節的辯論，有些理論問題，是可以緩一下再討論的，但是爲了避免誤解，對我的「漢字拼音化」的主張略作補充和修正還是有必要的。

「漢字拼音化」跟「漢語拼音」是截然不同的。「漢字拼音化」從字形上來看還是漢字，但是其中的一部分已經是拼音文字。所以稱爲「拼音化」就是要把漢字逐漸過渡到完全拼音文字。爲了避免改革時有太多的阻力，使它能「潛移默化」，需要保持漢字的形式，並且在很長一個時期裏還需要保持這種形式，但實質上它已逐漸走拼音方向，拼音部分的功用擴大發展，漢字部分的使用範圍相對地縮小，這樣就逐漸轉化到完全拼音的文字。至於「漢語拼音」排斥漢字，直接從漢語創造拼音文字，當然不能叫做「漢字拼音」。〔二〕我過去爲了强調「漢字拼音化」，過於反對「漢語拼音」是不必要的，但把我的反對「漢語拼音」硬説成是「反對漢字拼音化」的新奇説法實在使我「莫測高深」。

「漢字拼音化」的最後階段將和「漢語拼音」一樣，是完全拼音的文字。所不同的，只是「漢字拼音化」由量變到質變，由新質（拼音部分）的逐漸積累，舊質（漢字部分）的逐漸衰亡，最後飛躍爲完全拼音的文字。這是由漢字的內部引起矛盾而發展出來的新文字。有些同志機械地認爲「漢字拼音化」只是量變，不是質變，是錯誤的。「漢字拼音化」從開始拼音化起，就屬於拼音文字的體系，但也必須經過一個從量到質的發展過程才能成爲完全的拼音文字。「漢語拼音」論者主張另創新文字跟漢字並行，逐漸推廣新文字，縮減舊漢字，雖則也是由量變到質變，但必須用一種文字來戰勝另一種文字。我主張「漢字拼音化」是漢字有良好的歷史基礎，容易行得通，當時就可以爲社會主義建設服務；在別的新文字還没有創造出來以前，不如先把漢字改造，先充分利用，到創造出來以後，照樣可以兩種文字並行。我過去只强調「漢字拼音化」，反對兩種文字並行，這是原則性的錯誤的看法，是有片面性的。

「漢字拼音化」現在要保持漢字的基本形式而將來要發展到完全拼音的文字，這樣的辯證發展過程，同志們往往是不瞭解的。有些同志機械地認爲既然是綜合文字，就絶對不能是拼音文字；有些同志認爲既然要保持漢字的基本形式，就干脆不要改革，既然要發展到完全拼音，就不可能保持漢字的基本形式。他們認爲「漢字拼音化」的提法是自相矛盾的。他們不懂得事物的發展是從矛盾産生的，漢字裏加入了拼音文字以後，在漢字內部發生了兩種對立的要素，一種是脆弱的新生的力量，就是拼音的傾向，一種是傳統的强大的力量，就是漢字。兩種力量相互排斥，相互影響，最後得到解決，將是一種新的文字。漢字歸根結底是要退休的，但在它退休以前要作很多的安排，不應該因爲急於要改換文字而使六億人民在文化生活上受到任何方面的不可彌補的損失。只有經過較長時期的發展，一切現在所碰到的困難問題逐漸在實踐中得到解决後，才能保證順利地由漢字轉化爲完全拼音的文字。因此，我們完全可以這樣説，現在保持漢字基本形式就是爲的將來發展爲民族形式的但又完全拼音的中國新文字。我們説新文字應該從舊文字内部孕育出來，就是要從新舊矛盾對立裏得到解決，决不像韋慤同志所理解的是單純地減少和增加。封建糟粕固然要剔除，但如果把漢字瞭解爲只是封建糟粕，不能再從中吸收民族文化的精華，那就必然回復到「廢除漢字」的陳腐觀點。

「漢字拼音化」在開始時是綜合文字的性質，漢字和拼音文字的比例，是需要因時制宜，逐漸發展的。我從前説一兩千個簡單漢字加上一千多個拼音文字是爲掃除文盲，暫時還只需要兩三千字程度的情況而説的。其實，在第一階段裏，盡可以先把一千多個複雜困難而又常用的漢字改爲拼音文字，利用簡字的形式，一個拼音只代替一個漢字，以避免同音字的混淆。此外照舊使用漢字。經過四五年或六七年以後進入第二階段，可以逐漸擴大拼音文字的使用範圍。例如：有些復音詞可以改用拼音文字，但需要加上聯寫符號以避免與單音詞裏面的同音字引起混淆；許多用音譯的外來名詞，科學名詞，也可以採用這個辦法；有一些同音字在日用實踐中能够不致混淆的，也可以改用拼音文字。就是這樣，讓拼音文字的使用範圍日漸擴大，漢字的使用範圍日漸縮小，經過六億人民在日常生活中的實踐，逐漸學會如何更好地使用拼音文字。從漢字發展成爲拼音文字是一件十分艱巨的工作，要從長期的不斷地斗爭裏逐漸成長起來的，要從斗爭中獲得經驗積累起來并提高到理論，再來指導進一步的改革。凡是想一下子制定一個盡善盡美的方案，徹底、完全、一勞永逸，都是不能實現的。

在綜合文字裏的拼音文字只有一千多個，從表面上看，它的數目確是不多，但它們將起巨大的作用，所以説是「以拼音文字爲主的綜合文字」。這種綜合文字的性質跟日本文字完全不同。日本的假名只代表音節，并非拼音；日本文字裏的假名和漢字，無論在形式上，在性質上都是截然不同的。王力先生説「日本人用漢字加假名，并没有人稱日本文字爲拼音文字」，可是假名不是拼音，加上漢字，怎麽能有人想把它叫做拼音文字呢？我們只説在漢字裏加入了拼音文字是綜合文字；只説這種綜合文字屬於拼音文字體系，將來可以發展爲完全拼音的文字；只説利用綜合文字的形式可以使人民大衆立刻就使用拼音文字；可是從來没有過這樣混亂的思想，會説「綜合文字能够算是拼音文字」。

「漢字拼音化」的最重要的一點，就是從形式上看來完全是漢字。至於拼音字母，只要它們能符合這個原則就都可以採用。我們所以暫時選擇了注音字母，那只是因爲過去已經使用過，更方便一些；注音字母和拉丁字母也不妨并行。拼音簡字採用自左到右的拼寫方法，是因爲在漢字形式裏用三拼音，横列比直列更自然一些，但是它總得保持方塊的形式。《中國語文》在發表我的文章時，用了過去注音字母的排法，和其他漢字不一致，這就有些像日本文字而不是「漢字拼音化」裏的綜合文字了。

「漢字拼音化」形式上繼承漢字的傳統，但發展了拼音的一方面，把漢字的難學、難記、難寫等缺點，盡可能地克服，而繼續保存着漢字的基本優點。在推廣普通話、漢語規範化還没有收到顯著成效以前，它總還可以很好地爲社會主義建設服務。有些同志嫌這樣改革不徹底，改得太少，但改得少總還比不改好；改得少，改革時的阻力也比較小一些。但就是改得這樣少，有的同志還害怕高級知識分子不肯接受，怕改起來麻煩。當然，麻煩是會有一些的，我們的文字改革是幾千年曆史裏從來未有的一件大事，要一點麻煩都没有是不可能的。但這種麻煩不會比推廣簡字多，高級知識分子的接受拼音簡字也將和接受一般簡字差不多。有些人過份夸大了推行拼音簡字的困難，用以反對「漢字拼音化」的實現，實際上是「是不爲也，非不能也」。如果説在漢字裏加入一些拼音簡字尚且不可能，而説可以把文字全部改换，這是可以想象的嗎？反對現在就使用拼音文字而要等待遥遥無期的「漢語拼音」，難道是熱心文字改革的同志們應取的態度嗎？

新建一所房子總比改建一所舊房子困難得多。我們是六億人民有幾千年歷史的大國，我們的文字已經積累了幾千年的歷史經驗，保藏着極其豐富的文化遺産；拋棄這樣的現成基礎，另外再蓋百層大厦以取而代之，雖不是完全不可能，然而談何容易。一刀兩斷，舍其舊而新是謀，固然痛快，但總應該愛惜一下人力物力，争取時間盡量在現在基礎上充分發揮潛在的力量。現在，我們很高興地已經聽到這樣的提法，漢字在過去和現在都有一定的功績，它還可以長期存在，不用害怕取消等等。那末，讓我們再呼吁一次吧！漢字既然可以存在，還可以爲人民服務，那就應該容許它進一步改造，容許它發展爲拼音文字。就漢字來説，要求進步，總不是什麽原則的錯誤。改造它可能有些麻煩，但它在目前總還有很大的用處。「漢語拼音」論者也不必爲改造漢字而感到不安，因爲這對另外創造體系完整的新文字，不但不會有所妨礙，並且還會起一定的推動作用。在一定的歷史階段裏，我們六億人民的國家，不妨同時發展着兩種拼音文字。那末，讓我們一切文字改革工作者捐除成見，共同携手前進吧！我們在同一條戰綫上，大家來爭取早日完成中國文字改革，迅速走上世界各國文字共同的拼音方向吧！

〔一〕韋慤：《對唐蘭先生文字改革論的批判》，見《中國語文》一九五六年一月號。

〔二〕漢語拼音：漢字——簡化

漢語——拼音——拼音文字

漢字拼音化：漢字—簡化—簡字—綜合文字

漢字—拼音化—拼音文字—綜合文字

——拼音文字

載《中國語文》一九五七年第三期第七至十一頁。

行政命令不能解決學術問題

一九五六年我們黨提出了「百花齊放、百家爭鳴」的方針，是十分正確的方針。只有馬列主義的黨才能提出這個正確的方針，因爲真金不怕火煉，馬列主義經得起鬥爭的考驗，真理愈辯而愈明，儘管「道高一尺，魔高一丈」，到了馬列主義的真理赤日當空，一切邪魔，自然斂迹。因此，也只有馬列主義的黨，才敢於提出這樣的方針。

但是有些同志是害怕這個方針的。我曾聽見有人在發愁，説：「唯心主義在抬頭了。他們在大學裏當過教授，有一套，有一部分羣衆。我們呢？明明知道他們是錯誤的，但是干巴巴地説不過他們。現在進行鬥爭，我們還没有準備。」因此，覺得「放不得，爭鳴不得」。他們不懂得在鬥爭中不斷學習，反而害怕鬥爭。

另外一些同志壓根兒不願意有這樣的方針，口頭擁護，陽奉陰違，説這個方針，將使天下大亂。他們習慣於一花獨放，一家獨鳴，高高在上，唯我獨尊的思想。自己的思想僵化了，不肯虚心學習，不去瞭解别人，不能容納不同意見，不願意聽到任何批評。提出「百花齊放、百家爭鳴」，傷害了他們的自尊心，妨礙了他們樹立威信，那就難怪他們要阻礙、要反對了。

中國過去的文化遺産是十分輝煌的，可惜近百年來受帝國主義的打擊，人們幾乎「數典忘祖」了。有些國粹主義者看不見事物的發展，不肯承認一切現代的進步的東西，固然是錯誤的。但爲什麽不要我們祖先的優秀的遺産呢？有些文學家不承認我國有偉大的文學作品；有了十九世紀外國新興的語言學，就不要中國獨立發展了兩千年的文字學；改革中國文字，處心積慮要推翻有幾千年歷史經驗的通用文字而創造拉丁化新文字。

可怕的是「月亮也是外國好」的信徒們有些往往還處於領導地位，他們一家獨鳴，羣衆的意見只好「萬籟俱寂」。可怕的是重要問題只用行政命令來解決。

從中國文字發展的歷史來説，我始終堅持中國文字有很大優點，它的繁複難學等缺點是可以逐漸克服的。中國文字改革，要走世界各國共同的拼音方向，是正確的，但應該根據中國文字的發展規律，有它自己的民族形式，保留它的一切優點，不去驟然改變它的體系。解放以來，我的意見遭受過很多壓抑和歧視。一九五五年由於黨號召在科學範圍内展開自由討論，我向領導提出自己的意見，這些意見轉到中國語文社，發表在《中國語文》一九五六年第一期。中國語文社曾組織了二十多人來批判和澄清我的論點。後來，陳夢家先生説中國語文社曾派人約他批判，説是「政治任務」。别的朋友説，外省大學，接到我的文章的打印本，要求批判。因此，陳先生曾勸我，「這是政策，不要爭論了。」「百家爭鳴」的方針提出後，中國語文社約我筆談，我認爲「應該容許爭論。如果一有不同意見就加以當頭棒喝，那就更噤若寒蟬，萬事大吉了」。但《中國語文》的社論除了表示忠誠擁護并決心貫徹「百家爭鳴」的政策外，還提出了一些清規戒律，例如説：「引經據典，脱離實際的教條主義，或者不敢面對現實，企圖引用權威的言論，爲自己的不正確的見解辯護的做法，都是對於爭鳴的進展没有好處的。」又説：「絶大多數同意做出臨時結論的時候，少數人可以放棄或者保留自己的意見。」以及「防止敵人混進我們的隊伍裏，借口『百家爭鳴』來進行反動宣傳」，等等。這種瞻前顧後的態度，似乎還不能説是在決心貫徹「百家爭鳴」的政策的。

我始終認爲語言學重要，文字學也重要，不應該歧視。文字固然反映語言，但不應該僅僅是反映語言。尤其是中國文字，有幾千年的歷史經驗，藴藏着無數的豐富的文化遺産，是每個人民習慣了的形式，是日常生活裏必不可少的工具。要把它全部撇開，重起爐竈，根據語言來造文字；要摹仿外國文字，不但造單字，還得造單詞，一下子要造幾萬乃至幾十萬個不同的單詞，這些單詞如爲了避免同音，還需要分化；人民大衆要從頭學習幾萬乃至幾十萬個的新詞；這種移山倒海的氣魄是宏偉的，能否做到，是否值得去這樣做，都還是要很好考慮的。

奇怪的是用拉丁字母來擬制的「漢語拼音方案」的草案還没有經國務院批准，而在北京一些中學裏已經布置學習了。對於中學生來説這不是輕而易舉的。如果這種方案還有重新商討的必要，那末，過早的推廣是不是有益呢？

文字改革是複雜的科學問題，同時也是有關國計民生，影響十分重大的政治工作，應該考慮時間、條件、歷史環境和民族特點，應該從現有基礎上逐漸發展，而不應該取決於一部分人的主觀願望，全部重來；應該慎重討論，深入鑽研，而不應該急於求成，草率從事。應該讓大家毫無顧慮，暢所欲言，擇及芻蕘，而不應該只靠會議上的決定，行政上的簡單命令。

「百花齊放、百家爭鳴」的方針，在目前貫徹得還是很不够的。應該徹底貫徹，只有徹底貫徹，才能把各式各樣的思想逐漸獲得統一，才能使人民大衆更能認識馬列主義真理。

載《人民日報》一九五七年四月十八日。

要説服不要壓服

貫徹「百花齊放，百家爭鳴」的方針，目的是「同歸而殊塗，一致而百慮」；我們可以有各式各樣的道路，但條條道路都可以通到共産主義，我們也可以有各式各樣的想法，但最後可以在馬列主義基礎上獲得一致。

每個人通過獨立思考，發表出來的言論，不可能符合於一種公式，當然會有一些是非，有了是非就一定要爭，經過爭而是非明，這種爭是必要的，是有好處的。

黨決定放手貫徹「百花齊放，百家爭鳴」的方針，我對毛主席所説「要説服，不要壓服」，感觸最深。説服是讓人「心悦誠服」，壓服只是「以力服人」。

要説服别人，自己得有理。有的時候，固然好像「公説公有理，婆説婆有理」，但是你也説，我也説，許多人來説，日久天長，水落石出，旁觀者也可以指出誰有理，誰無理來了。所以只要「言之成理，持之有故」，不妨讓他爭一爭，鳴一鳴。俗語説得好，「有理不怕年高」，只要你的理由充足，兒子可以説服父親，徒弟可以説服師傅，羣衆可以説服黨員，干部可以説服領導，爲什麽不應該這樣呢？

不願意用「説服」的方法，而採取「壓服」，爲什麽呢？首先是害怕自己的理由不充足，怕説不過别人。

當然，要説服别人，不是一件容易事。首先要深入調查研究，瞭解客觀環境，掌握具體情況，要會分析，會思考。尤其在科學問題上，需要豐富的專業知識和經驗，必須掌握事物發展的歷史規律，才能講得出道理，才能説服别人。不懂裝懂，搬弄教條，是不能説服别人的。

「百家爭鳴」，固然可以你鳴你的，我鳴我的，「船多不礙港」，但有時「狹路相逢」，就必須爭一下。爭論是互相説服的過程，我的理由對，你得聽我的，你的理由對，我就聽你的。在科學研究中，爭論時常有，有些是很容易解决的。兩方都知彼知己，有客觀事物作標準，是非容易定。有時本想説服人，結果被人家説服了：證據確鑿，不容不信，只好服輸。這種爭論，正是「勝固可喜，敗亦可嘉」。

即使自己的理由很對，别人的理由，也未必完全都錯。一個人的知識和經驗都是有局限的，看問題往往只看見一個方面，因此，必須虚心向對方學習，很好的研究别人的意見。别人的意見裏即使只有極小一部分是正確的，對於解决問題，未必没有益處；即使全部是錯的，也未嘗不可以給自己某些啓發。真正的科學家，總是「從善如流」，在爭論中間可以從對方學到很多東西來補充自己的理論，使更加完滿，使真理由於爭論而更加發展。那些裝腔作勢，把自己看成百分之百的正確，明明知道有錯誤還要加以掩飾，不研究别人的意見，甚至并不懂得，而一概抹殺别人的人們，在爭論中永遠是裹足不前的。

對科學家來説，他必須堅持真理。官高權力大，他不怕，人多勢衆，他不怕；給他扣大帽子，他也不怕。你要有理，你可以説服他，壓制是没有用的。

對人民大衆來説，你得講道理，你有道理，講得清楚，教人心服口服，就行得通。單靠行政命令，也是没有用的。「要説服，不要壓服」，在貫徹「百家爭鳴」的方針中，是一個重要的關鍵。

載《光明日報》一九五七年四月二十四日。

《五省出土重要文物展覽圖録》序言

解放以後，我國在進行大規模社會主義建設中，發現了很多重要遺址與墓葬。一九五五年曾由文化部文物管理局組織在北京歷史博物館舉行全國基本建設工程中出土文物展覽，並將重要文物編成圖録。在一九五五年後又陸續有不少新的重要發現。一九五六年組成了五省出土重要文物展覽籌備委員會，由夏鼐、郭寶鈞、姚鑒、張珩、唐蘭等人負責，在故宫博物院展出了陝西、江蘇、安徽、山西及原熱河等五省出土的重要文物。這次展覽不是普遍地介紹各地新發現的情況，而只選擇最重要的地區，如陝西西安半坡村的新石器時代遺址（約公元前二〇〇〇年），江蘇丹徒煙墩山的西周古墓，原熱河淩源馬廠溝的西周穴藏（并約公元前一〇〇〇年），陝西西安普渡村的周穆王時墓葬（約公元前十世紀），安徽壽縣西門内的蔡昭侯墓（公元前四九一年），山西長治分水嶺的戰國墓葬（約公元前四—三世紀），陝西西安的王家墳、十里鋪、小土門村和韓森寨等四處唐墓（約公元八世紀），原熱河赤峰大營子村的遼駙馬衛國王墓（公元九五九年）等，但每一地區都將全部發掘品運來陳列，尤其是壽縣蔡侯墓的全部器物在北京得到整理和修復，這是在考古發掘工作中各方密切聯繫的一個良好的開端。由於工業建設的發展太快，新發現的文物太多，印刷事業還來不及配合，要把全部材料印出是不可能的，所以在這本圖録裏也只能選擇一部分重要文物的圖片收入。至於這些遺址或墓葬的發現經過、文物情況，已大都有過報導，也不再一一詳細介紹了。

一九五六年終，我曾有機會參觀了半坡新石器時代遺址。這個遺址將建成一個博物館，發掘和整理工作，正在繼續進行。遺址中許多房屋是層累地建築的，在舊址上蓋新屋，像蜂房一樣地簇聚着。屋内面積不很大，一般長和寬都是三、四米。遺址是整個村落，外周有一道溝環繞着這個村落。爲了製造陶器，還有若干窰址。

從發掘品中，我們可以看到那時人應用石器、陶工具和骨製工具。骨工具中有很進步的帶有倒刺的魚鈎。他們已經儲藏穀類食物。

我最感興趣的是幾件彩陶上的圖案。半坡文化屬於仰韶文化的晚期，他們的圖案已經和商周以來的藝術傳統很接近。過去在彩陶上看到的圖案都是幾何紋，而商代青銅器上的圖案大都是描寫生物的，很難看出其中的關係，但在半坡發現的彩陶盆上的魚紋圖案，卻和商代的象形文字及青銅製龜魚盤上的圖案十分類似。這或者由於西安地區跟商部族很接近，還需要更多的證明，但總是彩陶文化和商周文化之間的一個重要環節。這些陶器上有關生物的圖案很生動，有很高的藝術價值，人面紋陶盆把人面畫得像太陽一樣，而以魚紋爲裝飾，它的意義是很難解釋的。

丹徒煙墩山和淩源馬廠溝兩處的發現都是很偶然的，由於農民們在生産中掘土而得到一些銅器，自動送交政府，所以没有詳細的科學記録。以後雖曾有工作隊覆查，已很難掌握全部情況了。據説煙墩是一個古墓，發現的銅器中有長篇銘文的是宜侯夨毁，我已經寫過一篇考釋，説明宜侯夨是周王朝的族人虞仲的子孫，也就是吴國的祖先。由此可見商周之際，周部族的勢力已經達到長江下游的南岸。過去有些人要推翻文獻記録，懷疑吴國不是周的同姓，是錯誤的。吴地的人民跟周王朝顯然不是一個部族，周部族在那里是統治者。由於吴地跟周王朝距離很遠，時代久了，統治階級逐漸被當地的語言習慣所同化，所以在春秋時，吴國是以蠻夷的狀態出現的。但在追溯歷史時，常常提到和周的關係。在那個時代，夷夏的分别很嚴，如果吴國的統治者不是同姓，周王朝也不會隨便冒認這個本家的。因此，這個銅器的發現，對吴地區的古代文化，可以提供很多重要的綫索。

煙墩銅器有它們自己的特殊風格，跟一般的商周器不同，除了宜侯夨毁以外，兩個盉和兩個兕觥都是很突出的。兕頭一般都在蓋上，但這對兕觥卻有些像犧尊，只是在兕背上有個小蓋，並且器下有四個脚。由此可見兕觥和犧尊實際是一類，而後來發生了很大的區别。觥的造型很美，裝飾並不多，只有胸部有鳥紋圖案，簡單而生動，在其他銅器上是看不到的。

尤其感到奇特的是一個盤和一個盉，都是附耳，都是較複雜的圖案，令人一看就覺得是春秋戰國時期的型式。我們過去曾經懷疑過這個墓葬，認爲可能由於清理時的疏忽，把别一墓葬混在一起了。但經過仔細研究，盤的圖案上下方都有一行用小圓圈排列的邊，而像藤蔓似地連續不斷的主要圖案，用回紋鋪地，這些風格都還是沿襲商代的，那末，它們還應該是同一時代的遺物，我們應該承認江蘇省文物管理委員會的清查結果是正確的。

這種誤會是由於長江下游的青銅器的地方特點，過去没有發現過。長江下游地帶，在古代是揚州，是産銅的地區，銅器製造工業應該很早就發展，所以從這些出土器物來看，那時的匠師們顯然已有高度的技術水平。

凌源銅器中最主要的匽侯盂，從器形和銘刻都可以判斷屬於西周初期（約公元前一〇〇〇年），很繁縟的鳥紋圖案，顯然還具有殷代的風格。鴨形尊製作不很精，紋飾很簡單，但造型很美，頭部尤其生動。鳥紋附耳鼎，腹淺足短。帶紋貫耳壺，下半截較粗。金文的匽，就是歷史上的燕國，這些銅器可以看出西周初期燕地區的特殊風格。至於其他有銘文的銅器，如魚父癸毁、史戍卣等，很可能是較早時期的作品而被保留下來的。

一九五六年東北博物館文物工作隊在出土地點進行了清理，認爲這批銅器是埋藏而不是殉葬，[一]我們現在還無法瞭解這樣埋藏是由於什麼樣的動機，但從出土遺物中最晚的時代應該屬於西周初年這一點來説，可能不是後來埋入的。那末，凌源地區在西周初應該是燕國的疆土。因此，在這些地區内繼續考查是有必要的。

西安普渡村的古墓中發現長甶所製的盉、毁和盤，可見這個墓應當就是長甶的墓。此外，有銘刻的銅器，如䩙罍、伯亩父卣等都是別人做的器而爲長甶曾經使用過的。長氏就是後來的張姓。甶字在卜辭裏和其他銘刻裏都和囟字一樣，讀如人頭頂上顖門的「顖」。長甶盉上的長篇銘刻，過去雖有考釋，但有些地方有錯誤，它們應該是：

隹（唯）三月初吉丁亥，穆王
才（在）下減应（位），穆王卿豐（饗醴），即
井白（邢伯）大祝射。穆王蔑長
甶以逨（來）即井白，井白氏彌不
姦。長甶蔑曆，敢對揚天
子不𠀚（丕丕）休，用肇乍（作）隮（尊）彝。

「下減应」是下減地方的行朝（臨時朝廷），「应」就是「位」，凡朝廷裏，不論君臣都有固定的位，王到一個地方，需要舉行典禮，就得建立臨時的位，所以周成王要到新建的洛邑去，召公就「以庶殷攻位於洛汭」，攻是製作的意思，[二]到第五天位建成了，王才去看洛邑（見《尚書・召誥》），過去把「攻位」解釋成規畫新建城郭、宗廟、朝市的位置是錯誤的。金文裏常見到

那個地方的位，一般釋成居字，也是錯誤的。

這裏説周穆王在下淢的行朝舉行饗醴的典禮，並到邢伯太祝那裏舉行射禮，長甶跟穆王到邢伯那裏去，邢伯那裏的人都不壞，穆王誇奬了長甶，長甶也自己誇美功績，以天子的贊語爲榮而開始作彝器。

周穆王時代的銅器很多，但在銘刻中説明是穆王時代的，過去還只有一件遹段。長甶盉之發現確定了這個墳墓是穆王時代的，具有十分重要的意義。丹徒煙墩古墓裏發現了有釉陶器，長甶墓也有這種陶器，可見西周前期，黄河和長江流域都已存在着釉陶了。長甶墓中的玉器跟殷代的不同，跟春秋戰國的也不同，到現在爲止，我們所見的西周玉雕刻還不多，這是很重要的資料。但更爲重要的是陝西省文物工作隊在繼續清理時發現的三個鐘。這是有甬側懸的鐘裏面時代最早的。它比後來厲王、宣王時代的鐘要簡單得多，以致有人誤認爲是戰國、秦、漢時代的。商代的鐃，也是三個一組，但那是手持柄，口向上的。這三個一組的側懸鐘，在青銅打擊樂器的發展歷史中，佔極重要的地位。

安徽壽縣在解放前就曾發現大批的楚國器物，可惜那時先經過盜掘，大部重要器物都流散。一九五五年進行治淮工程，在壽縣西門内挖溝取土時所發現的蔡侯墓是歷年來發現古墓中較完整的一個，出土器物約六百件，其中銅器將近五百件。很多銅器有銘刻，除了一般只説太（蔡）侯鬴（䶊）作什麽器外，長篇銘文共有四種：一、蔡侯䶊盤和尊。二、蔡侯䶊編鎛和編鐘。三、吴王光鑑。四、龢鐘。

盤銘和尊銘，除了器名外，是完全相同的：

元年正月，初吉辛亥，蔡侯䶊虔共大命，上下陟祏。𢼛敬不惕，肇𨓢（佐）天子。用乍大孟姬嫖彝盤（盤），禋享是台（以）。肅（祇）盟嘗啻（禘），祐受無已。齋諕整謏（肅），䇎（類）文王母。穆穆亹亹（亹亹），悤宔訢（訢）禓。㦰義遊，靈頌韵商。康虢穆好，敬配吴王。不諱考壽，子孫蕃昌，永保用之，千歲無疆。

盤字從酉盤聲，就是盤字，另外一個「蔡侯䶊之隮盤」，字迹很清楚。郭沫若先生因舟旁不清楚而認爲鹵，因之釋成盧，是不確的。盤本以盛水，但也可以盛酒漿，所以從酉。尊在銘文裏自稱「鑑」，未明。這兩件器都是爲大孟姬作的。此外還有一個尊説「蔡侯䶊乍大孟姬嫖隮」，一個缶説「蔡侯䶊乍大孟姬嫖盥缶」。

編鎛同銘的有四件，另外有四件，沒有見到銘刻。另有五件編鐘也同銘，但其中一件只有銘文後段二十二字。銘文是：

隹五月初吉孟庚，蔡侯䜌曰：余唯（雖）末小子，余非敢寧忘（妄寧），有虔不易，𨑀（左）右楚王。寉寉豫（爲）政，天命是遥（匡）。定均庶邦，休有成慶。既悤於心，延（誕）中𠩺（厥）德（德）。均子大夫，建我邦國。豫（爲）命祗祗（祗祗），不愆（愆）不貣（忒）。自乍訶（歌）鐘，元鳴無碁，子孫鼓之。

以上這些編鎛和編鐘都自名爲歌鐘，銘中蔡侯的名字都已剷去，但還留下一些痕迹。另外還有五件編鐘，銘文都是「蔡侯䜌之行鐘」，顯然是別一組樂器，行鐘上的蔡侯名字都還保留。大概這兩組鐘早就混亂，放在墓裏時更不去注意這種區別了。

吴王光鑑有兩件，銘文是：

隹王五月，既字白（伯）期，吉日初庚，吴王光睪（擇）其吉金玄銧、白銧，台（以）乍弔（叔）姬寺吁宗𣪕薦鑑。用亯用孝，釁（眉）壽無疆。往巳（矣）弔姬，虔敬乃后，孫孫勿忘。

「伯期」是吴王光長子的字，《禮記·檀弓》説：「幼名，冠字，五十以伯仲，周道也。」《士冠禮》有字辭：「令月吉日，昭告爾字……曰伯某甫。」可見行冠禮的時候，加上伯某或仲某的字，到了五十以後，就不稱字而只稱伯仲了。吴王光爲他兒子舉行了冠禮，字爲伯期，以後又爲他女兒叔姬做了這兩個鑑。過去都把「字」字釋成「子」，有人把「子白」解釋爲生魄，有人疑惑「子白」是王僚的字，説吴王光爲王僚服期服的喪禮，都是不對的。

在這批鐘裏面，有一個甬鐘，銘文是特殊的，全文大約八九十字，但可惜被鏽掩住了。經過馬子雲先生幾次努力去鏽，也只能隱約地看見字迹，鐘的前面鼓右約三行，只有第一行中間有一個其字可以認識。鉦銘三行，每行五字，根據其他碎片，可以讀的是：

□嚴天之□
入成不賡□
沓念歲吉日

此外即有筆畫，也不能通讀了。

有銘文的碎片很多，跟這個鐘可以相互證明。有一個殘片説明是「龢鐘」。有些碎片可以復合起來，文字最多的一段是：

……敔□䂃□……　　鼓右
□嚴天之入成不□　鉦文
□念歲吉日□庚吴
王光穆曾□□□㞹
吕專皇台□□□□
……□昜沐□既……　鼓左

此外也還有許多片段是可以比較的。

從這四種長篇的銘刻看來，這次所發現的銅器，有兩組，一組是蔡侯鬴的，而另一組是吴王光的。

由於這羣銅器在壽縣發現，壽縣是春秋時代的州來，蔡昭侯二十六年（公元前四九三年）遷都到這裏，而且這羣銅器裏除了少數和吴王光有關外，所有銘刻都是蔡侯鬴的，並且將近六十件，所以大家都把它定爲蔡侯墓，這是無庸懷疑的。

但是這個蔡侯墓是誰的呢？自稱爲蔡侯鬴的又是誰呢？郭沫若先生把「鬴」讀如「𤔲」，説是蔡聲侯産（公元前四七一——前四五七年），孫百朋先生認爲是昭侯（公元前五一八——前四九一年），陳夢家文内也認爲「可能爲昭侯或成侯，而終於以昭侯爲最宜」，史樹青先生説〓字從四個甫，即甫聲，甫和朔同韻，所以認爲就是蔡成侯朔（公元前四九〇——前四七二年），我還聽見商承祚先生説過是蔡平侯廬（公元前五三〇—前五一九年）。

從文字來説，史樹青説是甫聲是對的，所以我一度曾同意這個説法，但甫聲不一定和「朔」相通，只靠同韻相通，不足令人信服。尤其是蔡國在昭侯和吴國一起伐楚以後（公元前五〇六年），和楚國的關係已經斷絶，蔡的遷於州來，就爲的是避楚就吴，如果成侯時鑄銅器，決不可能説到「左右楚王」，以此可見蔡侯龤決不是成侯。

蔡聲侯的時代也是不可能的。第一，爲大孟姬所作的器説「敬配吴王」，而在聲侯元年，吴已滅亡。吴之被圍，將近三年，遠在晉國的趙孟尚以爲憂，何況近鄰的蔡國，在圍困之時，當非從容燕爾之日。第二，吴王光即位於公元前五一四年，卒於公元前四九六年，和昭侯同時，鑑銘明明説「虔敬乃後」（讀做「虔敬乃後孫」是錯的），那末，叔姬只有嫁給昭侯的可能。第三，聲侯時是否復附於楚，也没有法子證明。

從吴王光和蔡侯的關係來看，那個娶叔姬的蔡侯，確實是昭侯，但蔡侯龤卻不一定就是昭侯。蔡侯龤盤和尊銘上説「元年正月初吉辛亥」，在這裏是一個關鍵性的問題。過去一般都認爲這是蔡侯的元年，這是不對的。因爲蔡侯剛即位，還要服喪，如何就嫁女呢？何況蔡平侯元年蔡國還没有恢復，《春秋》説「蔡侯廬歸於蔡」是在平侯二年。蔡悼侯元年是魯昭公二十一年。據《春秋》七月壬午朔日食，逆推正月是甲申或乙酉朔，那末辛亥將爲二十七八日。蔡昭侯元年是魯昭公二十四年，據《春秋》五月乙未朔日食，逆推正月是丁酉朔，那末辛亥是十五日。總之，無論悼侯、昭侯的元年正月辛亥全不是初吉。

春秋時各國都還尊重周王朝，銅器銘刻中一般都用周正朔，一直到戰國初的驫羌鐘還如此。何況蔡國是周的同姓諸侯，在銘文裏又明明説到「肇佐天子」，應該是周王元年，但如果説這個元年是周景王元年（公元前五四四年），即蔡景侯四十八年，還在楚滅蔡以前，比吴王光的即位還早三十年，顯然是不可能的。如果説是周元王元年（公元前四七五年）那是蔡成侯的十六年，此時吴王光已死二十多年，吴已衰微，楚亦隔絶，也不能符合。因此，這裏只有一個可能，就是周敬王元年（公元前五一九年），也就是蔡悼侯三年，魯昭公的二十三年。據《春秋》，前一年的十二月癸酉朔日食，那末，正月朔應該是癸卯或壬寅。據《左傳》則昭公二十三年正月壬寅朔，那末，辛亥這一天是初十，跟器銘所説初吉是符合的（初吉是初一至初十的十天裏面所遇到的吉日）。

從魯昭公二十二年四月周景王死後，王室就亂了，王子猛、王子朝和敬王爭立，但在諸侯方面，只要前一個王死了，就是新王的元年。至於蔡悼侯，是在蔡平侯死後攻平侯子而自立的。《春秋》魯昭公二十一年冬「蔡侯朱出奔楚」，二十三年夏六月又説：「蔡侯東國卒於楚。」這兩條是矛盾的。蔡侯朱出奔楚既無下文，蔡侯東國爲什麽死於楚，又顯得很突然。按《穀梁傳》本經文蔡侯朱作蔡侯東，《穀梁傳》：「東者東國也。」那末，昭公二十一年蔡悼侯就奔楚，二十三年死在楚國，就講得通了。《史記·蔡世家》没有所謂蔡侯朱，《十二諸侯年表》在這一年裏説「東國奔楚」，都與《穀梁傳》合。所以歷來講《春秋》三傳異同的人，大都主張《穀梁傳》的説法。我們可以推測蔡悼侯的奔楚，是由於攻平侯子而自立以後，不能安於其位，奔楚以後，他顯然是親楚的，所以鐘銘説「左右楚王」，由於他寓居楚國所以還鑄了一套行鐘。但是楚國曾滅過蔡，蔡國人對楚不滿，吴楚是宿讎，所以想拉攏吴王，締結婚姻，當然，在表面上還得用蔡悼侯來出面，所以周敬王元年，就是蔡悼侯的三年，他本人雖在楚國，不妨有人用他的名義來做叔姬的媵器。但就是這一年的六月，悼侯就死了，七月的雞父之役，吴國人把「頓、胡、蔡、陳、許」等國的軍隊打敗了，大孟姬可能因此就没有嫁過去。在那時吴王是王僚，再隔四年，是魯昭公二十七年（公元前五一五年），王僚被公子光所弑，公子光就是吴王光，此時，蔡還跟楚在一起，一直到公元前五〇六年召陵之會，蔡才和楚分裂，所以大孟姬的銅器就始終留在蔡國了。

蔡侯黼的黼字跟金文的⿰黹重字很相像，甫本作甾，又十分像東字，戰國時𠭯成侯鐘「重十鈞十八益」的重字作甾可證。那末，蔡悼侯本名黼，六國時人誤讀爲東，不知又因爲什麽變成了東國。編鎛、編鐘是宴會時常用的樂器，蔡昭侯時大概要利用這些樂器，所以把黼字剷去了。從蔡侯的名字被剷滅的一點來看，這些樂器一定是經過兩個主人的。

那末，蔡侯墓的遺物應該分兩組：一組是蔡悼侯也就是蔡侯黼的時期所做的，在公元前五二一—前五一九年；而另一組是和吴王光有關的銅器，應當在蔡昭侯跟吴王一起伐楚（公元前五〇六年）的時期，一直到吴王光的死（公元前四九六年）。當然，還有一些没有銘刻的銅器的製作時代，應相當於這一段的時間。

再從遺物中以昭侯時的銅器爲最晚的一點來看，這個墓葬應該是蔡昭侯墓。春秋魯哀公四年（公元前四九一年）：「春三月庚戌盜殺蔡侯申，……冬，十有二月，葬蔡昭公。」由於蔡昭侯和吴通婚，害怕楚國，遷到州來，造成國内貴族間的矛盾，以致被殺，但貴族們總還要假惺惺地「誅賊利以解過」，並且立昭侯的兒子朔爲君，所用葬禮的隆重是可以想象得到的。何況昭侯墓是遷州來以後的第一個墓，殉葬的東西應該特别多一些。

根據上面所論，我認爲壽縣發現的蔡侯墓是蔡昭侯的墓，是在公元前四九一年十二月埋葬的。墓内遺物大概當在公元前五二一—前四九一年的三十年以内。我們可以斷定這個墓葬一定在公元前四九三年蔡遷州來以後，但如果强調墓中遺物都要在公元前四九三年以後就十分錯誤了。只要看吴王光的東西，就至少是在公元前四九六年以前鑄造的。

這一個銅器羣在考古學上有很高的價值。它們大都有銘文，可以看見器物的名稱和形制。在鼎類裏有「飤𪔂」和「鼏（䊦）𪔂」，前者是一個大鼎，後者有七個，依次略小，侈口淺腹，鼎内都有一個匕，是用於升牲的鼎。鄭玄注《士冠禮》説「煮於鑊曰亨，在鼎曰升，在俎曰載」，所以有了從鼎升聲的專名。九個長足深腹的鼎稱爲「飤鼎」。我們還發現了兩個鼎蓋，自稱爲「頭鼎」。

段都有方座，蓋頂作蓮瓣形，自名爲「鼏（䊦）毁」。簠自稱爲「飤匿」，匿就是胡字，所以《左傳》説「胡毁之事」（哀公十年）。春秋時把「胡毁」作爲禮器的代表，這個銅器羣裏有四個簠和八個毁，可見原來是很好地組合着的。

方壺自名爲「鼏壺」，蓋頂作鏤空的蓮花瓣形，獸耳獸足，都跟新鄭出土的方壺相類似。一個扁壺，自名爲「鎰」，就是《廣雅·釋器》的「甇」。圓缶、方缶各兩件，略似戰國以後的「鍾」和「鈁」，都自稱爲「隮（尊）缶」。據説出土時圓缶放在吴王光鑑裏，方缶卻放在方盂裏面，但缶與鑑非同時製作，這種出土時的位置，可能是偶然的現象。

爲大孟姬所作的盤，附有四個獸耳。此外，還有一個盤，四個環耳，腹嵌銅花紋，自稱爲「尊盤」。還有遍身嵌銅花紋、有環耳的方盂，則自名爲「尊匜」。

「盥缶」與「尊缶」不同，腹大而短頸，有提梁，共兩件，一件是爲大孟姬作的。還有一個「盥鍲（匜）」，無足，無鋬，流作管狀，上部爲鏤空的花紋。

稱爲「尊缶」、「尊盤」、「尊匜」等器，跟「盥缶」、「盥匜」，顯然是有區别的。凡稱爲「尊」的器，是指在行禮時放置在一定的位置的器。《左傳》昭公十二年説：「以文伯宴，樽以魯壺。」《士冠禮》「側尊一甒醴在服北」，鄭玄注「置酒曰尊」，胡培翬《儀禮正義》説：「置酒謂之尊，猶布席謂之筵，皆是陳設之名，非謂酒器。『側尊一甒醴』，猶言特設一甒醴耳。」這個説法是很正確的，鼎在銘刻裏有時稱爲「尊鼎」，可見即使並非盛酒之器，也可以稱尊，「尊鼎」等於是陳設用的鼎；「飤鼎」則是食用的。「尊缶」、「尊匜」是陳設用的缶和匜，「盥缶」、「盥匜」則是盥洗用的。這正如在鐘裏面有「龢鐘」、「歌鐘」、「行鐘」之别。功用不同，名稱也就不同。

兵器中有一個戈，自名爲「用戈」。

此外，有很多器物是没有銘刻的，有八個鬲，出土時還都附有匕。有一個釜（原稱爲炊器），小口鼓腹，圓底，肩上有兩高耳，底下還有煤烟痕迹。有兩個敦，較大的一件，身上嵌銅花紋。還有兩件「豆」和兩件「鋪」，豆作圓球形而有柄足，鋪很像後世的高脚盤子。有一個方壺，長喙上昂，首作龍形，頗華美。在樂器裏還有鉦和錞于。此外還有很多兵器、車飾，有爲潤澤車輪用的帶蓋的小油壺。

除了這大批銅器外，有一組珮玉和其他珠玉飾物，還有漆槨的漆皮殘片。

蔡侯墓古器羣具有十分重要的科學價值和歷史價值；很多遺物都是極精美的工藝品；三篇完整的長篇銘刻，是春秋時代很好的文學作品；所用的文字趨向於繁複，和《史籀篇》接近，也是文字發展史裏很好的資料。這批遺物，目前還只是初步的清理，需要作深入的研究。

長治分水嶺的戰國墓羣中，第十四號墓的遺物是最豐富的。除了鼎、鬲和鑑而外，有兩個甬鐘，八個編鐘，二十二個石磬，可見墓主是備有金石之樂的貴族。有四個銅戟，戟胡作鋸齒形，上面安刺，跟矛差不多，銘文是「宜無之棗戟」。車馬飾很多，較突出的是「車蓋」，在柱頂上綴有八個帶插榫的環，這可以據以推測整個車蓋的形狀，是很重要的發現。車飾中有銅鸚鵡和猴兒上竿的立體雕刻，都是極精美的藝術品。尤其重要的是那些小陶俑和一個陶虎。解放前輝縣曾出土過一些類似的陶俑，不法商人曾大批仿作，收藏家受騙的很多，流布於國内外，有些人因而疑惑這種陶俑是古董商人無中生有地杜造出來的。這次發現，對於這類陶俑的鑑别與研究，將有很大的裨益。

如其從藝術家欣賞的眼光來看，西安近郊許多唐墓的發現是特别值得珍視的。王家墳唐墓發現的三彩女俑，是一個高髻婦人穿着梅花紋的長背心坐在那裏照鏡子。鏡子已遺失，但凝眸微笑的神情，表現得十分生動。一個三彩櫃，據説出土時就在婦人的前面。此外如一對三彩獅子及完好的攪胎陶碗等都是唐代器物中很稀見的。

東郊十里鋪唐墓中發現有三彩馬、三彩駱駝等，臥駱駝和小驢是很少見的。三彩男女俑各一，還有三彩的春、磨、井、竈等。西郊小土門村唐墓出土的女俑都是很美麗的。

東郊韓森寨唐雷府君夫人宋氏墓，有墓誌，是天寶四載安葬的（公元七四五年）。由於雷府君是宦官，墓内遺物很豐富，有很多的女俑、侍者俑和馬夫俑。有一個女俑是匍匐在地下的。有十二辰俑和很大的鎮墓俑。還有許多金花和金飾，在考查唐代服飾時是很重要的資料。

赤峯發現的遼駙馬衛國王墓，有墓誌，是應曆九年（公元九五九年）安葬的。據金毓黻先生的意見，駙馬是蕭曲律。遺物甚多，有比較完整的鍍金銅馬具一套，共四組，還有銀鞍四組。鐵製日用品很多，這在其他時代的墓葬裏没有看見過，是遼墓的一個特點。瓷器大都是精美的白瓷，其中有契丹民族特有的馬蹬壺，但也有一部分是中原地區的産品。一套較完整的金飾蹀躞帶，還有大量紫色繡金絲織品，都是工藝美術史上十分重要的資料。

關於這些重要出土文物，我們的研究還是很不够，但新的發現又陸續而來。最近在郿縣和西安所出的銅器和全套車馬飾，晉寧的滇國銅器，信陽的有幾百件漆器和竹木簡的戰國墓等，都是動人心魄的發現。由於這種不斷的新發現，我們的歷史學家將必須不斷地改寫我們的古代歷史；我們的藝術家將接受這些優秀傳統，推陳出新，創造出更多的更好的新藝術品。這些都是十分興奮的事情，但也將是十分艱巨的工作。

這本圖録的編輯，于善浦、許彦濤等同志曾協助工作，馬子雲、張廣泉等同志曾進行傳拓，記此以示感謝。

一九五七年六月一日寫於北京。

〔一〕《文物參考資料》一九五七年第三期八十頁。

〔二〕《詩經·靈臺》「庶民攻之」，傳「攻，作也」。

作者自注：寫成於一九五七年六月一日。

載《五省出土重要文物展覽圖録》第一至八頁文物出版社一九五八年三月。

又《唐蘭先生金文論集》第七二至八五頁紫禁城出版社一九九五年十月。

在甲骨金文中所見的一種已經遺失的中國古代文字

當公元前一千多年時，我國黄河流域，除了商周民族共同應用的文字以外，還存在着一種古代文字。這種文字早就遺失，從來没有人知道，雖還存着一些材料，我們對它很難瞭解。現在我只是初步地介紹一下，希望考古學者重視這一件事。

一九五〇年中國科學院考古研究所發掘了安陽的四盤磨。出土了一塊卜用大骨，上面有隨便刻的詞句，但有些文字不能認識（《考古學報》第五册）。承郭寶鈞先生曾給我一個拓本，我也跟大家一樣，認爲這不過是「習契之辭」，没有給以深刻的注意。

一九五六年陝西省文物管理委員會在西安市稱爲豐鎬遺址的區域内，發現了一塊有文字的卜骨。當時大家很重視。在舉行考古會議時曾經傳觀，我只驚異於西安地區也能發現有文字的卜骨，未作更進一步的觀察。五六年冬，因事到西安，承何漢南同志告訴我後來又發現了一塊，並把兩塊卜骨見示。我才對這兩塊卜骨上都有這種難認識的文字而引起注意。後來又經文管會給我拓本，（圖一）使我能重新研究這個問題。

圖一　西安地區發現的甲骨

這三塊卜骨没有發現以前，在銅器銘刻裏已經出現過這種文字。最早的要算宋代在麻城發現六件銅器裏的一件中方鼎。鼎銘敘述王賞給中以福土的事情，銘末有兩字，宋人把它們釋成赫字是錯的。按銅器銘刻的一般規律，這兩個字在銘文最後，應該是氏族的名稱。近代著録的銅器裏面，中斿父鼎説「中斿父乍寶隩鼎」，在鼎字下有字（三代吉金文存卷三，十八），堇伯簋説「堇白乍肇隩彝」，彝字下有字（三代吉金文存卷六，四十頁），效父彝説「休王易效父吕三，用乍寶隩彝」彝字下有字（《懷米山房吉金圖》上廿二），都是在氏族徽號的地位上寫的。還有故宫博物院藏，現存臺灣的一個卣，銘兩字，下面是召字的複寫體，上面是倒寫的字。召字顯然是氏族名，所以這個字也應該是氏族徽號。

在豐鎬遺址裏發現的卜骨，一塊有兩字，另一塊有兩字。在四盤磨發現的卜骨，除了一個字外，還有「曰魄」（當即隗字），「曰䰢」兩句，每句前一字也屬於這一類文字。

在這些材料裏，可以知道這種文字是用數目字當作字母來組成的，在這裏已經發現的，有一、二、五、六（∧）、七（十）、八等，在四盤磨的卜骨和中方鼎裏都有字，把七和六字連起來，不知是代表七和六的相加數還是相乘數，還是另有意義，但其它數目字很清楚。我們知道五字寫作×，是原始形式，在小屯的獸骨上有時刻一個×的符號，但在卜辭裏多用字。在豐鎬遺址裏的卜骨只用×，而四盤磨的卜骨卻用，可能用×的形式要早一些。至於銅器上一般寫作則是較晚的形式，似乎因字形長而横了過來。卜骨裏常由四五個甚至六個數字來組成，但有些周銅器，卻只用三個數字，可能是簡化了。

以上，包括甲骨金文共只十三個字，材料儘管不多，但已經可以看出來：（一）這都是文字，而且是有特殊形式的文字。（二）周代這些文字已經僅用於氏族名稱。由於氏族徽號最能保留古老的形式，所以即使這種文字當時已經不使用，也還可以在某些銘刻中保留着。（三）在豐鎬遺址裏找到了兩塊有這種文字的卜骨，但事實上不論在殷虚或在西周銘刻裏，一般不用這種文字，周國從文王以後才到豐鎬，所以説這既不是殷文字，也不是周部族先世的文字，但可能是曾經住過現豐鎬地域的一個民族（例如古豐國之類）的文字。（四）從四盤磨卜骨把殷文字和這種文字對照，如：就是殷商文字的魄（隗）來看，至少殷代還有人熟悉這種文字。

這種文字的最大特點是用數目字構成的，雖然，現在没有看見三和四，但這些都是直線，不是不可能的。九字近於圖畫，在這種字體裏就不相容了。中國文字的數目字裏，從一到八，本就是特殊的系統，都是直線條，可能是根據刻契來的。

這種奇特的文字所組成的數目字，恰巧和商周古文一樣。那末，不是這種文字取法於商周，就是商周文字裏從一到八的數目字取法於它。從數目字往往最先發展並且容易傳布這一特點來看，後面的假設的可能性比較要大一些。如果這樣，那就是説曾經有過一個民族，創造了從一到八的寫法，並且就用這八個數目字錯綜拼合成爲文字，而創造商周文字系統這個民族採取圖畫造成文字，卻接受了那個民族的從一到八八個數目字的原有形式，或者再加上一些仌跟㐅之類。

由於西安出土卜骨和安陽四盤磨卜骨有對照文字，我們可以推測這個民族商代還存在，而且他們可能住過西安一帶。由於西周初年銅器銘刻裏還保留這種氏族徽號，而不見於殷虚銅器，我們也可以推測這個民族是西北方面的，跟周部族也許還有一些關係。

以上有些論斷，主要是推測。但這種文字的發現，無疑地將有助於揭開歷史上新的一頁。過去安陽甲骨的寶藏沒有發現以前，誰也不能把商代歷史文化搞得很清楚。那末，如果能更多地掌握這種已經遺失的文字材料，很可能再發現更多更重要的史實。尤其值得考古學家們重視的是豐鎬遺址裏的兩塊卜骨，如其根據這個線索，窮追下去，可能會得到更多的更重要的材料。

在銅器銘刻裏還可以看到戰國時代的成都一帶地區的民族文字，材料也不多，也還沒有蒐集與整理。以中國疆域的廣大，歷史的悠久，已經遺失的古代文字，一定不只這些。但西安和安陽發現的這種有特殊體系，時代最古的卜骨文字，在考古學上將是極爲重要的一個環節。

最近在西安中國科學院考古研究所西安研究室，又看到了一九五六年出土的一塊卜骨，上面有一個[illegible]字，使我更加相信在這一個地區内，可能會發現這種文字的更多的料材。

大字在卜辭裏爲六十合文，可能也是由這種文字裏沿用的。

一九五七年六月由西安歸京後補記。

作者自注：寫成於一九五七年六月。

載《考古學報》一九五七年第二期第三三至三六頁。

文字改革問題座談會記録

我說的話由我個人負責，但是可以說其中一大部分話代表了一大部分人的意見。前天在某一個展覽會上，一位政府負責同志對我說：對於文字改革你要嗚嗚。他還說：一、漢字與拼音文字這兩種文字是兩個系統。用這個系統去改那個系統是不妥當的。二、中國有很多的文化遺産，我們不要抹殺過去。假若我們文化遺産少，不用漢字，問題還不大。可是我們的文化遺産很豐富，把老的文字不要了，會不會新的學不好，老的接不上，使文化中斷。我們和這位負責同志有同感。

文字要不要改革，這是基本的問題。我認爲文字要改革。因爲中國文字有許多缺點，如筆畫繁多，學習不方便，難讀、難認、難寫等。而且文字向來是發展的，應當改一下，改革漢字是天經地義，我并不反對文字改革，問題在於怎麽改革。簡化一下漢字就算完了，不要大改，這是一種改法。也有人主張從音韻學觀點出發，選出一些標準漢字把形聲字統一起來，這也是一種改法。我認爲要改的話還是要走拼音方向。因爲這樣可以「以簡馭繁」。在這兩點上，我跟文改會的意見是一樣的。不過有些意見與文改會還不一致，就是通過什麽道路走向拼音文字。現在主要的趨向有三方面：一、不改或小改，像弄點簡體字什麽的。二、徹底地改，另造一套文字，不要原來的文字了。這裏所説的不要了，當然也并不是説消滅，已經存在的當然還是要存在下去。只是漢字不再作爲日常應用的文字了，不再成爲「執政的」文字了，要把它推翻，取而代之，來個新政。三、從漢字本身去發展。我是趨向於第三種意見的，我認爲要改，要走拼音的方向，但是要從漢字本身的發展中去改，也就是説逐漸地去改，不是全部地改。改革文字不等於另外創造一種文字。基本上是把漢字發展下去，將其中的一部分弄成拼音的，看看將來的發展情況再逐步改下去。

漢字現在是正在當權，應用的文字，如果没有用漢字記載下來的豐富的文化遺産，把它推翻了没多大問題，可是事實不是如此。正因爲它現在正在當權，所以容易看到它的缺點。它雖有缺點，可是問題不大，因此應該改革；可是要説推翻它，不要它，就值得考慮。不要漢字了，想讀李白、陶淵明的詩就不行了。過去文字改革研究委員會開成立會時有人發言説：喜歡李白、陶淵明的詩是小資産階級思想。我們不能倒洗脚水連小孩子也一起給倒出去。我們希望逐漸地改，先在容易解決的地方先解決一下。如從漢字五、六千字中檢出其中最繁的最難的一些字改爲拼音字，改千把字或幾百字都可以，少改些對我們整個文字的影響不大。我們希望文字改革要有計劃，有步驟、逐漸地改，不妨訂十年、廿年的計劃，不要主觀，要慢慢地看發展情況再來改，這種改法很自然，掌握了發展規律，就不會發生問題。我主張改，不主張一下子完全改。注音字母已在全國推行了幾十年，我有個小孩子作文裏有不會寫的字就用注音字母拼寫。我所説的改法就類似這樣夾用注音字母，這没什麼問題。

有些同志，如韋慤同志提出新舊文字并行，漢字是舊文字，慢慢縮小；拉丁化的新文字逐漸擴大。我認爲這種意見不妥當。這裏邊産生了一個哪一種文字當家、執政的問題。目前是要讓新文字當家，漢字退位。這就要起矛盾。比如一位老先生只會舊文字，年青人只學會了新文字，這樣兩個人交往起來，是不是就産生了矛盾，至少説是有了摩擦。有人説知識分子不願改，工農要改，那麼將來兩者之間也會有摩擦。假如新舊兩種文字不這樣并行，而採取另外的辦法并行，就是讓當家的漢字按它的規律繼續發展，那麼另外創造新文字，如果創造得好，誰也不反對。首先不應當忘記在今天漢字還處在當家地位，不能否定它。不能把剛創造出來的新文字作爲當權文字、正式文字下命令來推行，要小學生非學它不可，不去學老文字。如果拉丁化的新文字不作爲正式文字，而是作嘗試，我并不反對。目前已經要中學生、小學生學拉丁字母拼音，我想不通的地方就在這裏。我所講的是兩種文字雖可并存，但是不能新舊對立。

我爲什麼主張從漢字發展出新文字來，而不主張從頭另創新文字，用國家的命令來推行呢？我認爲文字不等於録音、速寫、記録。有的同志把創造文字看得太簡單了，以爲只要用若干符號把語音拼寫出來就行了。語音記録不是文字，文字乃是一種歷史的積累。原來没有文字的少數民族可以從頭創造文字。已有文字的就不同。比如維吾爾族已有文字，他們還要從博物舘找出舊典籍來翻印，豐富他們的詞彙。我國漢字已經有三、四千年的歷史，記載了豐富的文化遺産，保存了許多詞匯，用漢字寫可以和古文接上氣。也可以減少方言的隔閡。例如「鳮」，儘管方言有的讀ㄐㄧ，有的讀ㄍㄞ，但文字一致。中國文字幾千年來，一天天在變化，我們現在所用的文字絶不和幾十年前、幾百年前的一樣。我們用了幾千年，已有習慣和豐富的經驗。我們要創造一種文字，没大量用過，一大量用問題就出來了，這樣要不斷的修改，十年二十年才可以完善的。我們如没有文字，從無到有，吃點苦頭還不要緊，但是我們已經有文字，大家就不願意去喫苦頭。有位作家説，新文字一出來，我這作家不能當了。有人説還可以用漢字寫，給你翻譯。有一次談話中，我説「心裏」「心中」「心内」是否都可以翻譯，喬木同志説可以翻譯。將來的新文字是否用無窮無盡的詞來組成詞匯呢？用詞總有限制，不能包羅萬象。如果用五十萬個詞，各有定型寫法，又有一定文法規律，這種新的文字恐怕比漢字還要難。我有許多精通外國文的朋友説，拼音的文字并不見得比漢字更簡易。蘇聯兒童學本國文字也很少得五分，不少人會説不會寫。過去拉丁化新文字的規律還不太多；可是我想將來的新文字要完善，規律就不會太少了。與其費盡千辛萬苦去創造新文字，用了還要發生問題，慢慢的修改，還不如先把漢字改好，加以利用。拉丁化新文字能不能用還在未定之天，目前我們不能宣傳漢字必須撤退。

其次是文字的形式問題。民族形式總是民族形式。當然我們説的民族形式不是一成不變的。這是歷史習慣造成的。章伯鈞在中國畫院成立會上説：「去阿爾巴尼亞，人家請他吃最好的菜他吃不慣；同樣阿爾巴尼亞議會代表吃我們的菜也不習慣。這是習慣問題，工人、農民都喜歡中國畫。」我認爲農民也喜歡漢字，新年也要貼春聯，福字，結婚要貼喜字。如果把這些都用拉丁化代替，總會格格不入。我這可能是成見，但就我接觸的人來説，很多人對拉丁字母并無好感。

假如把拉丁字母綜合組織到漢字中去，逐漸地，慢慢地改，我也贊成。只要慢慢地在漢字中間加一些拼音文字，就是用拉丁字母也可以，不過這是不是組織得進去，能够調和，使人看了習慣？如果像西方畫報上把「O」印成像漢字「口」一樣當然可以。問題不在於幾個字母而在於系統。現在的基本問題是用民族系統，還是用外國系統？換文字系統，是一種徹底改革，民衆不易接受。過去招牌上用外國字的很多，後來不用了，爲什麽偏偏又要在大家使用的文字上用外國字母呢？用注音字母還是可以的，過去也推行過。有人説注音字母不能分析音素，字母太多，這我們可以改一下，去掉些。如把拉丁字母寫得和漢字一樣我也不反對，一定要用拉丁字母，就得把它組織到漢字中去。爲了對國際聯繫方便，一方面有一套民族形式，再有一套拉丁字母形式平行使用，我也不反對。但是我認爲拼音化基本上仍然應當用民族形式。

關於漢語規範、方言調查我完全擁護，對文字改革有幫助。簡化漢字如無條件地簡化下去，簡得很多，并不太好。

漢字不全是意符，其中聲旁（如「唐」）也是聲符。但多數漢字有變成意符的傾向。如果一味簡化，變成無意義的符號就不好。簡化漢字最好是限於歷史通用的，歷史上没有的不要簡化，類推的方式并不恰當。簡化字可以少一些，還是從漢字中發展拼音文字。我過去創造過一些拼音方案，并不重要。有人批評過我。我覺得創造愈少愈好，創造愈多，阻力愈大。我今天聲明一下，我過去創造的方案完全取消。採用什麽拼音方式，應該從新討論。我并不是推銷自己的方案。

載《文字改革》一九五七年第七期第一至三頁。

中國文字應該改革

我一向主張：中國文字具有優良傳統，中國文字應該改革。

有些人覺得奇怪，既然具有優良傳統，爲什麽又要改革。其實不用奇怪。一切事物都在發展，尤其是幾千年來束縛在階級壓迫的社會裏，近百年來又被帝國主義侵略者重重壓迫的六億中國人民在中國共産黨領導下獲得解放，八年來，我們已經基本上獲得社會主義革命的勝利，在這基礎上正在進行大規模的社會主義建設，一切事業，正在空前發展，經濟高潮和文化高潮一個接一個地滔滔涌進，那末，在社會主義建設中占重要地位的文字工具，能原封不動，裹足不前嗎？

我説中國文字具有優良傳統，它有很多優點，我認爲中國人民應該爲祖國有這様優秀文字而自豪，但我堅决主張中國文字應該改革。中國文字幾千年來是在不斷發展的，但只有經過改革，才能加速并擴大它的發展，才能配合社會主義建設的發展。可以把知識分子作比喻，我們國家把知識分子當作寶貴的財産，但當社會主義革命時期，知識分子必須自我改造，才能過社會主義的關，不前進就會落後。

我説中國文字具有優良傳統，正因爲它是不斷發展的，是可以繼續發展的。它有優點，但也有缺點，有些缺點很嚴重是不能不改革的。它即使有很多優點，如果不能適應新社會的一切巨大發展，優點也可以轉化爲缺點，這更是不能不改革的。只有進行改革，才能繼續發展，才能保持并發揚它的優良傳統。

社會主義新文化是包括過去時代裏一切優秀的東西的，我們指出中國文字有很多優點，希望進行改革時盡量保存并發揚這些優點。我認爲中國文字改革，如果因利乘便，在原有的基礎上進一步發展，將比較容易一些。我們指出它的優點，決不是用以掩蓋它的缺點，更不允許用來反對或阻礙中國文字改革。

我研究中國文字，我堅决主張文字改革，但在舊社會裏，我是没有信心的。解放前夕，我寫的中國文字學對文字改革問題，説過「我們也明知道，合理的未必能行得通，通行的未必合理」。解放以後，我堅決相信在中國共産黨領導下，任何事業都可以完成。通行的逐漸會合理，合理的一定會行得通。在黨的教育下，我對於文字改革的方法和步驟的意見，不斷在改變，儘管有時候，我和有些同志有不同意見，在學術討論中堅持自己的意見，但堅持不等於不變，如果别人的意見比我正確，我一定糾正自己的錯誤。我願意看到中國文字改革在黨的領導下早日實現，穩步前進。我是文字改革者，和反對改革的人們是對立的，我堅決地站在文字改革的旗幟下面。學術上不同意見可以從容討論，文字改革的大旗，是必須保衛的。

我主張文字改革要走拼音方向。我決不認爲中國文字已到了「山窮水盡」。我認爲除非人不走，決不會無路可走，至多是不知道怎樣走而有「無路」之「疑」罷了。我反對把中國文字説得一文不值，因爲這不符合事實。但我堅決主張要開辟出康莊大道，不單單是「柳暗花明又一村」，而爲的是千千萬萬的新興都市。對待民族文化遺産採取虚無主義態度是不應該的，但更重要的是我們必須向前看，向遠處、大處看，那就是説：必須集中力量加速和擴大中國文字的發展，必須走社會主義道路。

過去，文字改革的主張者，往往只强調漢字的缺點，難學、難寫，以及印刷、打字、電報等現代技術上利用的困難。我認爲如果只片面地調强缺點而不去估計它的優點，是不足以服人的，是容易造成某些人的抵觸情緒而給反對者以種種借口的。我認爲改革文字不應只着眼於消極方面，不是由於漢字完全要不得而必須改革。應該肯定漢字基本上是好的，是可以爲社會主義服務的，但在社會主義建設的高度發展中，它必然不够用。例如「鉚釘」、「水泵」之類的新字新詞，以後將層出不窮。各地的方言土話，外來的翻譯名詞，都使得漢字很難適應這些新的發展。所以中國文字必須改革，中國文字必須作史無前例的新發展和大發展。中國文字歷史上有過一次大發展，是從圖畫文字中出現了聲符文字，那是幾千年前的事情了。那一次大發展，出現了無數的專門的語彙是屬於牧畜、種植、礦冶各方面的。今天的新的情勢，迫切需要寫出新的大量的語彙，就必需使中國文字作出新的巨大的發展，就必須出現另一種新文字，即拼音文字。

就是這樣，我一方面肯定中國文字具有優良傳統，有很多優點，一方面完全擁護毛主席的指示，「文字必須改革，要走世界文字共同的拼音方向。」有人以爲是矛盾，我認爲一點不矛盾。古老的、美麗的北京城，一點也不會妨礙我們把它建設成爲更偉大的新式的都市，它將是全國政治經濟文化的中心，還將是一個工業都市。我們的生活裏，新的發展是主要的，保存和發揚民族文化的優秀傳統也是必須做的。

我主張文字改革必須走拼音方向，這是社會主義的方向。漢字在現階段裏還在起積極作用，我們不妨在充分發揮它的作用的同時，逐漸發展拼音文字，在中國文字史上是有這樣先例的，新生的質素逐漸擴大，舊的質素逐漸縮小，就會産生一種完全新的文字。

漢字是有優點的，但有些人用以扯文字改革的後腿，我堅決反對。我們説：漢字儘管有很多優點，但爲了它的前途，爲了要大發展，文字必須改革，必須走拼音方向。

我們黨爲了改進工作而提出整風的時候，右派野心家卻要來興風作浪大舉進攻。階級敵人是無孔不入的。事實證明，凶惡的章羅聯盟早就蓄意在文字改革這個題目上打開缺口，向黨進攻。右派分子陳夢家是他們的急先鋒，早在今年一月，他爲《光明日報》寫了一篇《略論文字學》，同時介紹《光明日報》記者韓洪文（也是右派分子）來向我訪問，給我講了許多文字改革委員會的内部矛盾，挑撥我跟《中國語文》的關係。我當時雖未覺察他的企圖，但由於我願意與《中國語文》在和解精神的基礎上進行爭論，没有同意他用「圍攻」等有刺激性的字眼，後來他索性把這一段取消了。三月間文字改革委員會邀我和陳夢家作講演，我因故拖延未做，他害怕羣衆反對，還没有敢做公開報告，但到大鳴大放期間就原形畢露了。他把文字改革工作全面否定，惡毒歪曲，甚至要求文改會收回簡化字表，并强迫《中國語文》刊登一封十分荒謬的來信。在五月十六日文改會召集的座談會上肆無忌憚地向黨進攻，和右派記者劉光華交頭接耳，會後對我説「現在形勢變了，你不要盡説什麽拼音方向，那是没有用的」。我當時也還没有覺察他的别有用心，只勸告他「不要這樣肆無忌憚，這樣提意見的方式是不好的」。

在陳夢家渲染「圍攻」我的文章和韓洪文訪問我的新聞刊載後，我得到《光明日報》轉來貴陽一個中學裏的來信，借文字改革問題大駡黨和政府，十分反動。我在這事件上懂得任何地方敵人都會鑽空子，但我没有覺察到肘腋之間就隱藏着像陳夢家之類披着學者外衣的右派分子，到處借我爲題來興風作浪，我實太麻痹了。

四月十八日在人民日報上發表的我的筆談，很多地方是有偏激情緒的。爾後，得到黨的教育和幫助，隨着局勢的發展，使我逐漸懂得儘管是學術問題，也可能轉化爲敵我矛盾。反對黨的領導是錯誤的。一直到章羅聯盟的陰謀暴露以後，我才更擦亮了眼睛，真正分清了敵我。黨給我的幫助，我將終生不會忘記。我以後對黨還本着「知無不言，言無不盡」

的精神，提出自己的意見，同時，必須加强改造自己，鍛煉自己，堅定立場，永遠和右派分子作堅決的斗爭。

我始終相信黨的領導是正確的，只有在黨的領導下進行文字改革，走拼音方向，中國文字才能得到歷史上從未有過的新發展，才能成爲社會主義的中國新文字。讓我們一切擁護文字改革的同志都在黨的領導下團結起來吧！

載《人民日報》一九五七年九月二七日。

關於商代社會性質的討論

（對于省吾先生《從甲骨文看商代社會性質》一文的意見）

于省吾先生《從甲骨文看商代社會性質》一文在東北人民大學召開科學討論會時，我曾提出過不同的看法，現在于先生的論文已在《人文科學學報》上發表。于先生説：「展開自由辯論是符合於百家爭鳴的精神的。」根據這個精神，我願意也提出自己的看法，跟于先生辯論一下。

首先我認爲這篇論文的題目與内容是不相符的，按照題目應該把甲骨文中有關材料攤出來，從材料本身顯示出商代社會的性質。但于先生儘管强調甲骨文的利用問題，遺憾的是甲骨文的利用並不能説明什麽，而賴以推定社會性質的，反倒是柯斯文和彼爾希茨的關於原始社會分期問題、尼科爾斯基著的《原始社會史》和林耀華的北京大學《原始社會史》講義中有關亞齊克部落的叙述。于先生根據亞齊克部落一些片斷情況，按方配藥，找一些類似的例子來作注脚，那末，這篇文章應該稱爲「從亞齊克部落看商代社會」，才是名實相符。

于先生承認馬克思主義的社會發展學説是我們所歡迎的，但可惜他所用的方法是舊的考證學，是資産階級學者們竭力渲染的史料學。當然，馬克思主義歷史科學是要掌握資料的，馬克思説：「研究必須搜集豐富的材料，分析材料的種種發展形態，並探究這種種形態的内部關係。」（《資本論・序言》）但「研究必須把握事實的總和，不應該摘引單個的例子和單個的事實」，因爲「在極複雜的社會生活現象中，我們隨時都可以找得任何數量的例子，或單個的事實以證實任何的論見」。（列寧：《帝國主義論・序言》）我們承認舊時代的考證學在整理資料時起一定的作用，但在今天，如果没有馬克思主義觀點作指導，就很可能成爲資産階級的消遣品；就會根據片面的錯誤論斷成爲資産階級的偏見；甚至於成爲資産階級向工人階級進攻的工具。潘光旦、向達把土家族考證爲巴人，就用這種荒誕無稽的考證來歪曲民族政策。雷海宗抱住一本《漢穆拉比法典》就説：「世界歷史上没有一個奴隸社會階段」，説馬克思主義「停留在一八九五年的地方。」資産階級史學有一個共同特點，就是强調史料學。

當然，于先生的學術討論跟反對馬克思主義的史學，完全是兩種性質，不能混爲一談。但于先生過分强調了考證，十四條考證就可以得出這樣的結論，「如果没有人否認第一手材料甲骨文的真實性，如果我個人對於甲骨文的分析與利用是可靠的話，那末，不以我們意志爲轉移的客觀史料就證實了商代係原始氏族社會的後期，即父權制的發展期——軍事民主主義」。這樣地强調史料是很不恰當的。資産階級學者往往只追求史料，以爲有了史料就能解決一切問題，事實上，他們總是在史料上施展了翻雲覆雨，指鹿爲馬的伎倆，以偷販他們的主觀的種種謬論。我們決不否認第一手材料的真實性，科學研究必須利用真實史料是不成爲問題的，問題在於如何去分析和利用。決不能把材料本身的真實性和怎樣分析和利用這兩點混同起來。同樣的史料，在分析與利用的方面，既有馬克思主義者的觀點與方法，也有各式各樣的資産階級學者的觀點和方法，客觀史料的利用是依人們的意志爲轉移的。如果只强調史料的真實性而不問觀點與方法的是否正確，那就只是資産階級學者的欺人之談。所以，根據于先生的説法，就好像只要甲骨文是真實的，分析和利用就一定可靠，這是十分危險的。我們認爲如果分析和利用的方法是不正確的，那就是不可靠的，這和史料的真實性，甲骨文的真實性，完全是兩回事。

馬列主義者對待古代史的分期問題主要是要弄清人類在什麼樣的條件下進入文明社會；社會生産力是怎樣發展起來的；由於生産力的發展，生産關係又是怎樣地隨之而變更而發展的；以及這種變更與發展，具體到這個民族那個國家裏，是在什麼時候。用馬克思主義歷史科學方法來研究中國古代社會，決不是找一個公式來硬套，找别的民族的歷史發展來對比，而是首先注意社會生産力的發展。關於這一點既可以從生産工具的發展來看，又可以從農業和手工業的分工，各種手工業的分工，商業的興起，貧富的分化，階級的壓迫，國家機關的形成等等來看；更可以從文字的發明和利用，成文歷史的開始，科學的發明，文化藝術的高度發展等等來看。馬克思主義者認爲這一切是互相關聯的，不可以孤立起來，所以看見各種手工業的發展，尤其是青銅器的發展，就不能説那時還没有青銅工具；看見有了國家，有了法律，就不能説那時還没有階級鬥爭；看見了文字和歷史，就不能説那時還没有進入文明社會。

于先生則不然，他説上古史分期問題所以不能解決，是由於「説服力不够」，由於「證據不足」，由於「不能掌握具體材料」，由於「分析與瞭解的不徹底，尤其是對於甲骨文的引用，若没有具體的掌握和分析，也就無法利用來説明問題」。于先生把掌握甲骨文材料過於重視了，而對於社會發展史的研究過於簡單化了，只消找一個樣子比一比。不揣其本而齊其末。因此，他既没有搞清楚什麽才是軍事民主主義，也没有真正去研究甲骨文的材料。

所謂「軍事民主主義」，是在氏族社會末期，一方面有了軍事領袖，一方面卻還存在着民主政體，這在莫爾根的《古代社會》裏是反覆闡述過的。馬克思説：「basileia 這個詞，希臘著作家用以表示荷馬詩篇中有酋長議事會和人民大會相並立的所謂皇權，它的意思不過是軍事民主而已。」恩格斯説：「軍事首長除有軍事的權限以外，還有祭祀的和裁判的權限；……關於民政、行政權限從没有講過，但是軍事首長在職務上也是議事會的成員。……亞里斯多德説，英雄時代的 basileia 是對自由人的統率，而 basileus 則爲軍事首長，法官和最高祭司；可見 basileus 並未握有後來所謂的執政權力。」（並見《家庭、私有制和國家的起源》）莫爾根和恩格斯都盡力把軍事首長和後世王公分開，就因爲那時還是民主政體。現在，于先生説商代是軍事民主主義，但奇怪的是于先生從來也没有想到過民主的一方面，既没有説明那時有没有酋長議事會和人民代表大會之類的機構，也没有説明軍事首長的權力的如何被限制，他們的如何選舉和罷免；總之，他把軍事民主主義的最重要的一面完全閹割了。請問，假使只有軍事而無民主，又怎麽能稱爲軍事民主主義呢？

在另一方面，于先生是怎樣去利用甲骨文材料呢？在他的十四項考證裏，一、先公先王的八遷和五遷，七、衆的身分，十四、典籍八徵，都只根據文獻資料。〔一〕十一、軍事民主主義和十三、軍事民主制的亞齊克人社會，都是抄録別人的東西。第二項生産工具只抄了一些考古發掘材料。這六項都和甲骨文材料如風馬牛的無關。第十二項軍務酋長的權限也只找到卜辭的「王⿰耳口」或「王⿰耳吕」的例子，解釋爲「王聽」作爲軍事首長兼理裁判權的例子。可見在十四條考證中，幾乎有一半的考證並没有利用甲骨文材料。

于先生的利用卜辭主要是爲軍事民主制找出證據，所以在公社方面，除了把「邑」字作爲農村公社外，他説鄉村公社，「在卜辭裏還尋不到任何直接證據」。（此處及下引文的着重點是我加的——唐蘭）在土地方面，他説：「家族公社的公有土地以及小家庭的私有小塊土地，只能在很少見的間接材料上加以合理的推測。」在水利方面，又説：「還尋不出任何直接材料。」而在軍務酋長的權限方面，則説：「兼理裁判權也可由卜辭中尋出證驗。」可以看見他是在努力「尋」的，如果「尋」不出，就「只能加以推測」。

因此，他到處用主觀推測的方法，例如：有關洹水的問題，他就説：商朝人「不知團結力量來征服此一道小河流，這是原始社會屈服於自然的一種表現，決不是奴隸制時代驅使大批奴隸向自然作鬥爭所會產生的現象」。卜辭常見的「告麥」，他説是「商王在外邊的臣屬刺探鄰近部落所種和所收穫的麥子來報告於商王，商王根據這種情況去進行武力掠奪」。「關於殺人以祭祀」，他説「如果商人懂得利用戰俘充作生產奴隸，可以大肆剥削的話，那決不會當作祭牲去大量屠殺」。「王命衆人⿱劦口田」或者「命衆黍」，在他看來，就成爲「大家族公社的集體耕作制度」。王要是「萑耤」或「省黍」，〔二〕那就是「王與臣僚有時也從事生產」。甚至於跟「王田」同樣是娛樂性質的「王漁」，也被認爲是從事生產。卜辭中有了「王族」、「子族」、「三族」和「五族」，那就成了「王的部落組織」。並且把卜辭中一些王公侯伯，毫無根據地分成三强部落和其他部落。把「多羌」、「多馬羌」、「王羌」之類説成是「家内奴隸」。

這些推測，在甲骨文材料的本身中是看不出來有任何「證據」的，除了我們承認于先生有豐富的「想象力」之外，還有什麽「説服力」呢？

于先生把與他自己的主觀想法相違反的方面是丢開不管的。他講到「自契至於成湯八遷」，可就不管同時代的夏王朝。他推諉説：「有關夏代的史料極爲缺乏，無由立論。」難道文獻上有關夏代的史料比殷代的先公還缺乏嗎？如果説單憑文獻不足爲證，那末，爲什麽他在「八遷五遷」，「衆的身分」，以及「典籍八證」等，又都根據文獻呢？大家都知道，堯、舜禪讓的事情跟氏族社會末期差不多，那時是有民主政體的。從母系轉爲父系，正在那個時期。建立國家，奠定疆域，興築城郭，經營溝洫，都從夏代開始。夏禹在歷史傳説裏是治水的英雄，又是伐有苗，伐共工的軍事首長。有年代可考的歷史也是從夏代開始的。總之，中國從傳説時代的太昊、炎帝、蚩尤、黄帝、少昊、顓頊、帝嚳等英雄們到唐虞夏后之際，正在跨入文明時代，虞夏之際正符合於馬克思、恩格斯跟莫爾根等所説的軍事民主時代，而這些歷史事實，正是于先生所要極力避開，一筆抹殺的。

他不但説商朝是軍事民主主義，並且要拉上西周初期。據説：「從早期典籍所看到的商和周初一些部落酋長的行動，無一處不與父權制發展期相適應。因爲武王滅商在分封諸侯，分化遺民，處理降軍以後，不久就回返宗周，只是轉移了政權，決不會驟然間改革爲奴隸制，並且當時的社會發展情況，周人較爲落後。」那末，奴隸制從什麽時候開始呢？據説：「從西周中葉的金文每言錫田，並附以臣幾家或臣妾來看，當時的生産奴隸確實是存在的。因爲它不像雅典和羅馬的奴隸制那樣突出，於是惹起大家的爭辯。」那末，這到底算不算奴隸制呢？于先生可没有説明。如其西周中葉是奴隸制，就應該説明爲什麽在這時候有了奴隸制。于先生説武王伐紂只轉移了政權這是很對的，但西周中葉爲什麽「驟然間改革爲奴隸制」了呢？西周初期金文裏有大批奴隸的賞賜，爲什麽于先生就不引了呢？西周中葉的社會發展情況，到底是「發展」了，還是「落後」了，爲什麽于先生就不管了呢？顯然于先生只要把商和西周初期説成是軍事民主主義就心滿意足了，至於奴隸制應該在什麽時候，或者中國有没有奴隸制，就好像與他無關了。因此，他雖然用少數民族誌來證明應該有奴隸制，但對中國古代卻只説西周中葉存在過生産奴隸，而且不像雅典羅馬那樣突出，果真如此，要在中國歷史上劃出一個奴隸制社會這個階段，倒是值得懷疑了。這樣的考證，對於主張世界史上没有奴隸制的人像雷海宗之流供給了他們最需要的武器，他們一定會因增多一部分甲骨文資料而感到十分滿意的。

于先生在生産工具方面，引用了馬得志等一九五三年安陽大司空村發掘報告的三個石鐮，但對同一篇報告中極爲重要的青銅生産工具，一把剷土用的銅鏟，視而不見。他引用《左昭六年傳》的「商有亂政而作湯刑」。可就是把上面一句「夏有亂政而作禹刑」，隱藏不説。他用「邑」字來解釋爲農村公社，用「族」字來解釋爲血緣氏族，而對於卜辭中的「方」，也就是周人所謂「國」，例如：「人方」、「鬼方」、「土方」等，以及盂鼎所説的「唯殷邊侯甸」，就是説殷王國的邊疆有侯服和甸服，這些問題，完全擱在一邊不睬不理。難道這種隨意取捨的考證，就是于先生所説的「客觀史料」嗎？

《共産黨宣言》：「迄今存在過的一切社會的歷史都是階級鬥爭的歷史。」恩格斯注説：「即有文字可考的全部歷史。在一八四七年間關於社會史前狀態即關於全部成文史以前的社會組織，幾乎還完全無人知道。」莫爾根《古代社會》講到「古代文明的主要貢獻」時説：「文字的使用或在石頭上刻記象形文字，這是表示文明開始之最適切的標準。」（楊譯本上册四六頁）恩格斯在論野蠻高級階段時説：「經過發明文字和利用文字記載語言創作而轉入文明期。」（《家庭、私有制和國家的起源》）每一個馬克思主義者對於文字的發明和利用是人類進入有階級的社會的標幟這一真理是從不懷疑的。最近劉少奇同志在慶祝十月革命四十週年時，就也説過：「人類已經生活了幾十萬年，但是有文字記載的人類社會歷史還不過幾千年。這幾千年的歷史，正是人類階級社會和階級鬥爭的歷史。」（見十一月七日《人民日報》）具體到中國，毛主席説：「中國已有了將近四千年的有文字可考的歷史。」（《中國革命和中國共産黨》）那末，這四千來年中，不正都是階級社會嗎？四千年前，不正是虞夏之際嗎？

我在參加東北人民大學的科學討論會上曾根據《共産黨宣言》來證明《尚書》所謂「惟殷先人，有册有典」的商代社會，不應該還是氏族社會。別的同志也曾提出過《左傳》所謂「商有亂政而作湯刑」，認爲有了刑法的商代，不應該還是氏族社會。于先生對這些意見又怎樣答覆呢？他找到了恩格斯的一段話，「自從有了家長制的家庭，我們便進入成文歷史的領域，同時也進入那比較法學能給我們以巨大幫助的領域了」（《家庭、私有制和國家的起源》，一九五五年，莫斯科版），歪曲原意以牽就自己的錯誤的説法。于先生説「惟殷先人，有册有典」，不過是指着簡略的文獻記録而言，與恩格斯所説的「有了家長制便進入成文歷史的領域」顯然是符合的。同時，他説「商之刑法稍有可述」，也引了恩格斯所説「進入那比較法學能給我們以巨大幫助的領域」以爲軍事民主主義的根據。可惜的很，恩格斯原意只是説家長制以前的情況，在成文歷史上不容易找到，比較法學家也没有研究過。[三]大家知道，恩格斯在《共産黨宣言》的注裏把氏族社會稱爲「全部成文史以前的社會組織」，可見恩格斯只是説「有了家長制的家庭」，我們可以在成文歷史裏找到資料而已。至於「比較法學」顯然是十八世紀才有的，我想恩格斯總還不致於想入非非，在原始氏族社會裏去發現「比較法學」吧！

如上所述，于先生所用的觀點和方法是不科學的，非馬克思主義的，因之，他所得結論是錯誤的，違反歷史事實的。下面只在犖犖大者的五個問題上提出我的意見。

第一，商王朝很明顯地是一個强大的國家，她的疆域是很大的，至少包括現在的陝西、山西、河南、河北、山東、江蘇等省的大部分土地。這樣大的疆土，難道是突然而來的嗎？齊靈公時代的叔夷鎛説到「虩虩成唐（湯）」，是「咸有九州處禹之堵」；《商頌·長發》説「禹敷下土方，外大國是疆，幅員既長」，下面説到湯是「帝命式於九圍」；《玄鳥》説武丁時代是「邦畿千里，維民所止，肇域彼四海」。我們隨便舉一些例子，都説明了商的疆域是從夏的疆域來的。中國之所以稱爲「中國」，就因爲她是對「四國多方」而説的。從虞夏之際到商周之際，將近千年，可見這是逐漸發展和擴張起來的。于先生硬要把商代説成不過是一些部落聯盟，是氏族社會末期的軍事民主主義，他的根據只是用亞齊克部落來比較，「商人的規模要大的多，亞齊克部落係一幅縮影」，于先生説這是「具體而微」。但據莫爾根《古代社會》，「阿兹忒克聯合（即亞齊克——唐蘭）的領域，不能越墨西哥峽谷而擴張到一百英里」，這個「縮影」，這個「具體而微」，難道能和佔整個黄河下流的鉅大王國相比嗎？由野蠻高級階段過渡到文明時期，本是一個迅速的發展過程，把軍事民主主義時代的某些情況跟奴隸社會相比，本來，就可以是「具體而微」，就可以是「一幅縮影」。在奴隸制社會裏甚至於到封建社會，都會或多或少地存在一些氏族社會的痕迹。中國從夏朝起就是洋洋大國，于先生卻把西周初期還説成是一些部落，比之於西班牙殖民主義者所吞併的未開化部落，把中國國家的建立和文明時期的開始，壓遲一千幾百年，這難道是一個小錯誤嗎？

第二，商代顯然是一個奴隸社會，奴隸數目之多是驚人的。侯家莊的殷陵有九個大墓，每一個大墓，殺了約四百個人來殉葬；祭祖先的時候，一次殺一百個羌，或三百個羌，在卜辭裏有好幾處。這些被殺的人當然不屬於同一階級的。商王紂征服東夷，《左昭二十四年傳》引《太誓》説：「紂有億兆夷人，亦有離德；余有亂臣十人，同心同德。」這幾十萬幾百萬的夷人能和商王國的自由民同等待遇嗎？《逸周書·世俘解》説武王伐紂時「馘磿億有七萬七百七十有九，俘人三億萬有二百三十」，這裏的「人」和「磿」在盂鼎裏總稱爲「人鬲」；盂鼎説：「錫汝邦司四伯，人鬲自馭（御）至於庶人六百又五十又九夫；錫夷司王臣十又三伯，人鬲千又五十夫。」「人鬲」有等級，御是最高一級，庶人是最低一級。據郭寶鈞先生所説「濬縣辛村西周墓，發見御夫一，兩手背縛，俯身，在車旁」。（《光明日報》一九五〇年三月十九日學術副刊）顯然是殺以爲殉。可見御夫也是奴隸的一種。「禮不下庶人」，《左襄九年傳》「庶人力於農穡」，可想而知，最低一級的庶人應該是農業奴隸了。近年出土的宜侯夨簋説：「錫在宜王人□（十）又六姓；錫鄭七伯，厥盧□（千）又五十夫；錫宜庶人六百又□（十）六夫。」「盧」應該是客居的農業奴隸，「庶人」是當地的農業奴隸，可見當時的農業奴隸，數目是不少的。西周初，武王、成王和康王，三個王都曾進行過大封建，據《左傳》定公四年説：成王封伯禽時賞以殷民六族，封康叔時賞以殷民七族，封唐叔時賞以懷姓九宗；而上面所舉康王賞給盂和宜侯夨的奴隸都有一千六七百人；可是這些還不過是當時分封賞賜中的一小部分。根據《左傳》二十八年説：「武王克商，光有天下。其兄弟之國十有五人，姬姓之國四十人。」就算都像康王時的賞法，就得五萬多人了，何況還有異姓之國，像吕伋的齊國，嬀胡的陳國，微子的宋國等也不在少數。那時奴隸數目如此之多，如果説奴隸不事生産而倚靠奴隸主和他們氏族成員共同生産來養活奴隸，這不是地主階級和資産階級紳士們的讕言嗎？

但是于先生偏要説商代和西周初期都是氏族社會末期，「主要生産承擔者是氏族成員」，並且「商王與臣僚們有時還親自參加生産」，那末，商王和他的官僚機構都還是勞動者，他所謂「貴族與平民間的階級矛盾以及貧富分化日益加深」，還有什麼意思呢？難道階級矛盾的加深不等於奴隸制嗎？難道，階級矛盾加深可以到幾百年永遠停留在氏族社會末期嗎？這樣説法，實際上就等於説階級矛盾跟奴隸制無關，等於在中國歷史上抹殺大量歷史事實，從而否定古代社會中這一個重要的歷史階段。

第三，商代已有了商人，已有了貨幣。《尚書・盤庚》説：「朕不肩好貨，敢恭生生，鞠人謀人之保居叙欽。」又説：「無總于貨寶，生生自庸。」可以看出那時已有商人階級。「鞠人」是窮人，「謀人」是富人，窮富之分是懸殊的。《酒誥》説：「肇牽車牛，遠服賈。」這時周剛滅商，可見車牛服賈不只是周代。《説文》説：「古者貨貝而寶龜，周而有泉。至秦廢貝行錢。」商代甲骨文跟銅器銘刻有關貝的記載很多，殷墟發掘有很多貝，大司空村的墓葬裏還有三枚青銅貝。商代甲骨文和銅器銘刻都有「買」字，以「受」字後代分爲「授受」兩字，「學」字後代分爲「斅（教）學」兩字的例子來比較，「買」字可兼「買賣」兩義。卜辭的「寶」字，是在屋子裏有貝有玉，《盤庚》説，「具乃貝玉」，可見這都是當時貴族們貴重的東西。「㝵」字，「負」（疑即賄）字，「貯」字，「貣」字，「賫」字，「具」字，「賏」字等的文字還有很多。《周易・震卦》六二説：「震來厲，億喪貝。」六五説「震往來厲，億无喪。」《論語》説子貢做生意「億則屢中」，那末「億喪貝」是做生意賠了錢。《損卦》六五、《益卦》六二都説：「或益之十朋之龜。」崔憬注「元龜價值二十大貝」。麇伯睘簋説：「麇伯睘作寶隮彝，用貝十朋又四朋。」這個有方座的簋當時價值十四朋的貝，可見用貝既能買到大龜，也能買到銅器。《周易・旅卦》六二説：「旅即次，懷其資，得僮僕貞。」《九家易》説：「即就次舍，資財也。」這是説旅人到寄宿地點帶了資財，買到僮僕。「資」跟「齎」通用，《周禮・外府》「共其財用之幣齎」，注：「齎，行道之財用也。」所以《周易・旅卦》九四説「旅於處，得其資斧」，《巽卦》上九卻説「巽在牀下，喪其齊斧」，資斧就是齊斧，可見旅人所懷的資除了一般的「貝」，還可以帶着「斧」，而「斧」後來就變成爲「布」，旅人雖不一定就是商人，但「遠服賈」的商人，同時也必然是旅人。商朝人的交通是很發達的，可以説「四海來假」，殷墟發掘中所見的許多熱帶動物的骨骼，科學家認爲是遠方運來的，卜用的龜也是外地來的，可見殷代的商賈們是十分活動的。

于先生自己也明明知道「只有在國家形成之後，隨着商品貨幣的發達，才會産生商人這一寄生階級」，但他雖然寫了《貨貝和貨賄》一章，雖然承認商朝有流通貨幣，而且有金屬貨幣，但他總還要勉强説成「發達的迹象只見於晚期，不過爲走向奴隸制提供了有利條件」。但是我們總可以問他，爲什麽把「肇牽車牛遠服賈」的時代放在國家形成之前夕呢？在這種歷史事實面前，他還能隨心所欲地自圓其説嗎？

第四，商代的社會生産力已經發展得很高，是奴隸社會的極盛時期。由於青銅工具的使用，由於奴隸制的殘酷剥削，使得財富大量集中。由於農業收穫多，大大小小的貴族們可以把穀物做成酒，「惟殷邊侯甸，雩殷正百辟，率肆於酒」，就是成天地狂飲。由於畜牧的繁盛，才可以天天祭祀，每次的犧牲從百牛百羊甚至於三百牢、五百牢。銅主要是從遠處交易得來的，但由於貴族們掌握得太多了，人人都做銅器，甚至於鑄了一千五百斤的大鼎，並且很大方地把這些銅器埋到地下去，化有用爲無用。奴隸也是太多了，所以一殺可以好幾百。于先生説：「如果商人懂得利用戰俘充作生産奴隸可以大肆剥削的話，那決不會當作祭牲去大量屠殺。」這是因爲于先生只從剥削者起家致富的資産階級心理去推測，而沒有看到奴隸制社會高度發展後的紈絝子弟，敗家子奢侈淫泆的行動。奴隸主把奴隸和牛馬一樣看待，是他們所佔有的財富之一，既然可以屠殺成千論百的牛羊，當然也可以殺戮大批的無辜的奴隸，于先生也引過「國之大事，在祀與戎」的話，那時一個國家中的上層人物，除了祭祀，除了畋獵和征伐，還有什麼事呢？一切生産的事情，當然只有讓奴隸們去做了。奴隸們從事生産，但備受壓迫，甚至於被屠殺，當然要起來反抗；另一方面貴族們奢侈淫樂成爲習慣，絲毫不愛惜社會的財富，消耗了大量的生産資料，例如銅。破壞了生産力，殺戮生産奴隸，這樣發展下去，奴隸制哪能不衰退，哪能不消滅，所以西周中葉以後奴隸社會就黯然無色了。于先生的説法則不然，商代和周初這樣繁榮，在他看來，還不能跨入文明社會，還只是野蠻高級，等到他所提出奴隸制社會時，提出國家的創立時期時，卻已是日見衰退的西周中葉，這難道合乎社會發展規律嗎？

馬克思主義者把社會生産力的發展推源於金屬工具的發明和利用，由於金屬工具的利用和發展推動了社會生産力的發展，從而使生産關係發生巨大變化，階級分化，形成奴隸制社會。奴隸主倚靠大批奴隸來從事生産，才能有各種分工，才能累積大量財富，貴族們才能窮奢極欲。因此，我們只要看見貴族和富人們這樣地窮奢極欲，就可以看到奴隸們曾經付出多少勞力和血汗，犧牲過多少性命；同樣，只要看見生産力這樣大發展，就可以知道金屬工具已經發明和利用。現在，這些馬克思主義者所公認的歷史規律是于先生所不同意的，他認爲貴族們的奢侈浪費跟奴隸制的發展社會生産力無關。他認爲生産力的發展跟青銅工具無關，因此，商王和他的臣僚，是在靠一些極爲原始的氏族成員的耕種來養活他的百官、百工，甚至於他們的奴隸。而這些耕種，都只能用一些木頭石頭做的工具，生産力是很低微的。那末，商朝人所吃的牛羊肉，所喝的酒，所做的青銅器等等，難道都是自天而降嗎？自己部族不能生産，除非掠奪別人，但別的部族，又如何積累起這大批財富來了呢？

現在，除了傳世器物以外，從科學發掘也證明了商代有青銅製的農業工具。那些反對商代有青銅工具的人説那時人只會做奢侈用品不會做青銅工具，很明顯地只是反馬克思主義的讕言而已。爲什麽在那個時期裏的青銅工具發現還不很多，是歷史學家需要説明的問題，但青銅工具的存在則是歷史學家必須重視的一個關鍵性的問題。爲什麽不可以説中國古代和其他東方國家一樣，在青銅工具的發明和利用後就發展爲奴隸社會呢？于先生一定要把青銅器如此發展的時代，説成只有幾百個或千把個氏族成員用唯一的簡單工具石鐮來經營農業，難道符合於歷史發展規律嗎？

第五，誰都知道，殷虛卜辭的時代，不是始製文字的時代，也不是開始有歷史的時代。卜辭裏所用文字已極簡單，武丁時代（約公元前十四世紀）的卜辭裏所用鼎字，已經不是鼎的形象，鼎的圖畫文字，而是寫作，把筆畫變得整整齊齊的，但是没有道理的一個簡單符號了。在同時代裏的銅器銘刻裏，尤其是用爲氏族徽號的文字，卻是十分繁複的圖畫文字。氏族徽號是古代遺留下來的，因此，保留着原始的寫法，由此，可以看出商代文字和原始文字已經有很大的差别。在另一方面，原始文字是以圖畫爲主的，例如干支共二十二字，就没有一個形聲字，但商代文字中已經有很多形聲字，形聲字的發展到漢代才到頂點，它是越晚越發展的，也可見商代不是原始文字時期。歷史是用文字來記載的，《尚書·多士》説：「惟殷先人，有册有典，殷革夏命。」可見「殷革夏命」，是殷先人所有的典册上記載着的，也是周初人所讀過的。《尚書》上像《多方》、《召誥》之類説殷就説到夏，就因爲夏朝的歷史是殷人最熟悉的。但夏以前就很少説到。《周易·革卦》説「湯武革命」，可見「周革殷命」跟「殷革夏命」，性質相同，正如于先生所説，不過「轉移了政權」，那末，夏商周三代應該作爲一個整體來研究。所以孔子之徒總是以夏商周三代並稱。歷法學家和紀年學家從夏代起有了世系和年代，歷史文獻上有很多夏代的紀事，春秋戰國時人總是把夏商周三代的文化互相比較，可見夏以前的太昊、少昊、炎帝、黄帝一直到帝堯、帝舜都還是傳説時代，而夏商周三代是有歷史的時代了。從武王伐紂上溯到虞夏之際，將近一千年，都應該認爲有歷史的時期，那末，文字也應該發生在虞夏之際，甚至還要早一些，從卜辭時代所用文字的發展情況看來，這是完全符合的。過去有些人看見商代還保存着圖畫文字，就認爲文字由茲而興，看見卜辭大量發現，就認爲甲骨文就是典册，更没有其他。這種錯誤論點，早就被駁斥，早就没有市場了。于先生由於要把商代説成氏族社會，只好把這些謬論重新利用，這是我們爲于先生所不取的。難道春秋時期郟縣的銅器裏没有圖畫文字嗎？難道現在人刻印不還在用篆書嗎？那時還保存有圖畫文字如何就能説就是文字的原始時期呢？甲骨金文固然都簡短，跟典册何關，于先生根據什麽説「商朝只有簡單的文獻記録」呢？如果于先生只看見戰國時的璽印，是不是又將説戰國時只有不到十個字的文獻記録呢？有了文字，有了典册，爲什麽只能簡短，不能繁長。難道就拿文字記録的短長來區别氏族社會和奴隸制社會嗎？于先生作這種種推論，大概是没有經過反覆考慮的。

于先生提出了仰韶文化和龍山文化，我認爲這方面的考古發掘現在還不能和歷史文獻銜接起來，生拉硬扯，是没有益處的。假如説仰韶、龍山應在史前，假如它們能和夏殷文化相聯繫，它們究竟離現在多少年，還是需要從後面的歷史時代來斷定的。我們相信一切用文字記録下來的歷史都是階級鬥爭的歷史，中國文字、中國歷史既然都興起於虞夏之際，那末，奴隸制的形成，應當在夏初，也可能晚到少康中興，即夏的中葉。到了商代，已經是奴隸社會的極盛時期；西周初年，雖因政權轉移，奴隸主曾一度執行勤儉政策，「刑措四十餘年」，所以仍爲盛時，但到昭、穆以後的西周中葉就歸於衰落了，而後「周餘黎民，靡有孑遺」，不得不出現了農奴制社會。但是于先生偏偏要把西周中葉作爲文明時期的開始，而把商周之際的高度文明作爲野蠻時代的高級階段，這難道不是顛倒歷史事實嗎？

我們很尊重于先生過去在甲骨文的個别文字研究方面所獲得的很多成就，但瞭解文字不一定就瞭解卜辭。當然把已經發現的卜辭做一次全面的考釋、整理與研究，是十分重要的，將會對研究商代歷史有很多幫助。這件工作是巨大的，艱難的，所以到現在還没有人去做。但如果要想在甲骨文裏看出一些商代社會性質，就必須老老實實地走這一條路，其它捷徑是没有的。現在于先生所用的方法並不如此，他首先對商代社會性質有一些主觀的看法，而後在甲骨文裏找一些合用的例子，不合用的就不管了，這樣做只能用甲骨文來做見證，而並不能從甲骨文裏看到什麽現象。所以于先生這篇文章裏即使完全取消了這些甲骨文的引證，還是有它自己的、根據亞齊克社會所做成的匡廓的，加上了一些卜辭，也只能表現引此證淵博，使不懂甲骨文的人莫測高深而已。

其實，商代的社會性質是很明顯的，就是没有卜辭的幫助，也可以看出一個輪廓。她是一個很强大的國家，有很多被殘酷壓迫的奴隸，有商人階級，有刑法、青銅器和其它手工業都十分發達，有流傳已久的文字和典册，這些互相聯繫着的彰明顯著的事實，難道還不能肯定那時是奴隸制社會嗎？現在大多數學者都承認商朝是奴隸社會，爭論較多的只是奴隸制的下限在什麽時候，而于先生卻認爲「大家都不認爲這一問題已經獲得解決」，而要利用甲骨文來解決。他片面地强調了甲骨文的真實性，實際卻只以甲骨文作點綴。事實又一次證明，只强調史料而不學習馬克思主義的觀點和方法是不能解決歷史上任何重要問題的。

過去學者文人寫史論的老辦法，是走偏鋒，出奇制勝，獨樹一幟，現在必須拋棄了。有人説這篇文章首先提出軍事民主主義的看法，我想問題在乎正確與否，如果是不正確的，那不過是第一次有這種錯誤看法而已。我認爲于先生以甲骨學專家來提出這個看法，他的肯鑽研的精神是值得佩服的，但由於他過於輕率，没有很好地學習馬克思主義，將會在某些人中造成不好影響，錯誤地認爲只要史料是真實的，不管得出什麽結論都是可靠的，這是不適宜的。馬克思主義是戰鬥的科學，我們不應該拘束於撝謙，相安於緘默。于先生爭鳴了，我們也應該爭鳴，真理將愈辯而愈明。我的錯誤意見，更希望于先生和别的同志指出。在「百家爭鳴」的號召下，反復爭辯的精神是必須提倡的，是有利於科學研究的進一步發展的。

一九五七年十月於北京。

〔一〕衆的身分一節雖引了一條卜辭，但殘缺不全，不能作爲資料。

〔二〕「萑耤」我的意見讀爲「觀籍」，和「省黍」是同樣意義，王去觀或省，只是視察一下而已。于先生要把它讀爲「穫耤」，但是卜辭的「獲」字只作「隻」，爲什麽「穫」字就要作「萑」呢？我們知道，「獲」字從「萑」作「蒦」是從石鼓文開始的，是秦篆系統，鄭國的銅器和齊國的匋器上是從艸從隻聲的「蒦」字。于先生的讀法，未必恰當，「穫耤」兩字連用，也費解。

〔三〕李膺揚譯《家族、私有財産及國家之起源》作：「跟着家長制家族的發生，我們就進於成文歷史的領域，在這領域上，比較法學是能給我們以多大援助的。」（一九三六年新生命書局版）可供比較。

作者自注：寫成於一九五七年十月。

載《歷史研究》一九五八年第一期第一七至二七頁。

祝賀漢語拼音方案草案的公佈

漢語拼音方案草案已經由國務院全體會議通過，並且登報公佈。這個方案的制定和推行，毫無疑問地將使我國建設社會主義的新文化取得良好的條件。用拼音方案來爲漢字注音，既能使幾億文盲迅速地認識文字，提高文化；又可以統一文字的讀音，爲推廣普通話奠定基礎。少數民族可以利用這個方案來制定自己的文字，並且在學習漢語時將更爲便利。

新的方案只用極爲通用的拉丁字母二十六個，比原草案裏用特殊的音標符號，和夾用俄文字母等，方便多了。「V」一般是不用的，實際上只有二十五個字母，比過去用三十七個注音字母也簡單多了。

由於過去有些學者們把漢語拼音方案和廢除漢字混淆起來，所以很多人對原草案懷疑，甚至於反對。我個人在漢字的根本改革問題上是主張由漢字直接拼音化的，但是我認爲用拉丁字母來進行改革，也不妨并行。現在，中國文字改革委員會關於漢語拼音方案草案的說明，首先指出當前文字改革的任務，制定和推行漢語拼音方案，只是幫助教學漢字、統一讀音和推廣普通話，不應該與漢字的根本改革問題混淆起來。這樣可以消釋一般羣衆的不必要的疑慮，將更有利於這個方案的推行。

在目前，根本改革漢字的條件還未具備，而普遍地掃除文盲，推廣普通話是當前的主要任務，任何能完成這個任務的拼音方案，都會被人民羣衆所歡迎。這個新草案經過長期的研究和討論，反映了參加討論的大多數人的意見，因而它一定是容易推行的。

但是，一件新事物的出現，人民羣衆一定會有各式各樣的看法，有人覺得方便，也一定有人會覺得不方便。我們主要應爲大多數人的利益着想，如果大家都覺得方便，那末，對於自己儘管有一些不方便，就應該設法克服。拼音字母是一種工具，包含着各種拼法，對文盲來說，從頭學起是比較容易的，但學過漢字的人，或者學過其他拼音方法的人要改學這種新的工具，是有一些困難的。當然，困難并不太大，如果不是思想有抵觸，懶得去學，這一點困難是很容易克服的。我個人儘管對這個新工具很生疏，但是我一定要學會而且有信心能學好如何掌握并使用這個新的工具。

我認爲中國文字應該進行根本改革，應該改革爲拼音文字，關於這個問題的不同意見，以後還可以從容討論。今天，漢語拼音方案草案的公佈是中國文字改革前進過程中的一大步；推行了漢語拼音方案，將爲中國文字的根本改革創造條件；在實踐過程中，這個方案將更逐漸完善，也可以從中吸取經驗；總之，這對於根本改革中國文字是有利的。我主張文字的民族形式，但民族形式不僅僅在字母的形式上面，蘇聯的有些刊物上往往把拉丁字母寫成漢字形式，注音字母的「ㄩ」，跟新方案的「ü」，相去是無幾的，「ㄧ」跟「i」，更没有什麽不同，如果喜歡漢字形式，也未嘗不可用拉丁字母寫得跟漢字仿佛。所以，我認爲不應該只着眼於字母的形式問題，而應該看整個方案的是否便利於學習和應用。新方案能做到這一點，這是它遠勝過去其它方案的地方。

漢語拼音方案草案的公佈是在中國共産黨的領導下，在反右派斗爭勝利的基礎上的一件大喜事。當章羅聯盟猖狂向黨進攻時，他們是想借文字改革問題來作烟幕的。右派分子陳夢家更是到處放火，挑撥黨和羣衆的關係，極其煽動的能事。但是，事實總是事實，黨的政策從來没有脱離過羣衆，就以漢語拼音方案來説，也是經過長期羣衆討論的。在討論中有過分歧複雜的意見，最後才獲得一致，這就使得新方案能够比較完善。我們通過這個方案的公佈，也可以體會到黨的偉大和正確。在我國六億多人民中，文盲還占百分之七八十，這個方案的制定和推行，將有助於提高全民的文化水平，使我國更快地建成社會主義。國務院決議登報公佈，讓全國人民事先知道，讓人民都可以表示意見，以備提請全國人民代表大會討論時有充分的準備，我完全擁護這個嚴肅慎重的措施。我從幾億文盲需要迅速提高文化的立場上，祝賀這個方案草案的公佈，并預祝它將在全國人民代表大會上順利地獲得全體人民代表們的批准。

載《人民日報》一九五七年十二月二十日。

石鼓年代考

一、前言

石鼓是我國最早的刻石，是篆書之祖，是三百篇之外以十首爲一組的組詩，無論在歷史考古方面、在文學史上、在文字發展史上、在書法藝術史上都佔十分重要的地位。從公元七世紀初在雍縣發現以後，當時的書法家虞世南、褚遂良、歐陽詢等就都推崇它的書法，唐詩人杜甫詩説過「陳倉石鼓久已訛」，韋應物、韓愈和宋代的蘇軾，都專爲它做過詩，所以它和文學家的關係，也是極其密切的。在金石學裏面，從歐陽修的《集古録》起，都把它作爲刻石中最重要的遺物。

這樣一件歷史上最重要也是最珍貴的文物，在過去曾經有過很多的遭遇。從發現之後，一直在原地風吹日曬，任人損毀，到了宋代，司馬池才把它移到鳳翔府學，[一]其中一個不是原物，經向傳師訪求，才把它配齊。蘇軾寫《鳳翔八詠》就是在府學裏的時候。宋徽宗愛搜集古物，把它取到汴京，先由蔡京放在辟雍，後來取入禁中，放在宫中保和殿旁邊的稽古閣，據説曾用金來填字，以示珍貴。金人破汴京，把它劫掠北運，元朝初年把金朝的樞密院改爲國子學，王檝把石鼓放在廡下，後來遷都北城，另立國子學於城東，經虞集的建議，又把它遷到新的國子學大成門内左右壁下，下面用磚壇植立，外面加欄桿保護，這樣經過了六百多年。日本帝國主義者進行侵略，在前故宫博物院院長馬衡先生主持下，曾經南遷，輾轉萬里，日本投降後始運回，藏故宫博物院。現在已經重行陳列出來。

石鼓文從唐代就有了拓本，唐高宗時的碧落碑就顯然引用過石鼓上的文字，蘇勖在石鼓打本上題過《敘記》，韓愈的《石鼓歌》就説到「張生手持石鼓文」，又説「公從何處得紙本」，韋應物《石鼓歌》説「今人濡紙脱其文，既擊既掃白黑分」，都證明當時已經有拓本盛行。但是蘇勖説「歲久訛缺」，杜甫説「久已訛」，韋應物説「風雨缺訛苔蘚澀」，可見當時原石已有剥泐。後來岐下有翻刻本，宋代如鄭樵、薛尚功等所見的都是翻刻本。北宋時從司馬池、向傳師以後又有了拓本，但到南宋時原石已北遷，當然不可能傳拓了。元初移入國子學以後，又有拓本，但經過舟車運載，剥泐更多了。此後，六百年間由於拓得太多，「既擊且掃」剥泐的地方一天比一天多，清初康熙時「氐鮮」五字尚未損壞，後來就只剩半個「氐」字了。現在有一鼓已經一字無存。最近一次遷移，由於馬衡先生等的謹慎包裝幸未繼續損壞。

由於石鼓的盛名，明代楊慎之流假造了一本唐拓石鼓文，一個字不少，當時曾迷惑過一班人。〔二〕但是一般學者都没有看見過北宋拓本，所謂宋拓本，實際上也只是元拓本。一直到清乾隆末（公元一七八九年），張燕昌用明范欽天一閣所藏的元趙松雪舊藏的北宋拓本重模上石，於是盛傳，阮元等又把它翻刻了約十次。一直到二十多年前，明安國藏的三個北宋拓本，中權、前茅、後勁，才先後發現。這四個北宋拓本各有優點，對於石鼓的研究，有很大幫助。

石鼓的年代，歷來是學者們爭論不休的。唐代學者都認爲是周宣王時代，太史籀所書，把它作爲籀文的代表（公元前八二七—前七八二年）。宋代董逌、程大昌認爲是成王時（約公元前十一世紀），但翟耆年《籀史》卻認爲「字畫無三代醇古之氣，……非史籀迹」，鄭樵更進一步根據石鼓所用「殹」、「烝」等字定爲秦篆，根據銘文的「嗣王」，定爲惠文王之後，始皇之前（公元前三三七—前二二一年），鞏豐則認爲襄公後，獻公前（公元前七七〇—前三六二年）。

鄭樵定爲秦篆是對的，但後來有些作者卻由種種推測而把石鼓定爲漢代以後。金人馬定國認爲是西魏大統十一年（公元五四五年），西狩岐陽時宇文泰所作。清代武億説是漢代，王闓運説是晉代，俞正燮説是北魏太平真君七年（公元四四六年），這些説法中以宇文泰説爲最流行，但在銘刻本身上都找不出什麽證據。

近代金石家大都相信它是秦刻石，但究竟應該在什麽年代還没有一致的意見。清代震鈞認爲是秦文公東獵時所作（公元前七六三年），馬衡先生認爲是秦穆公始霸西戎，天子致賀時所作（公元前六五九—前六二一年），郭沫若先生則認爲是秦襄公八年立西畤時所作（公元前七七〇年），這些説法中以文公時説最流行。

這三種説法有一個共同點，就是都認爲在春秋前期（公元前八—前七世紀），而據鄭樵的説法則應該放到戰國後期。

鄭説是有缺點的，因爲銘文裏秦君還稱公，嗣王是指周天子，所以應該在惠文稱王以前。但放到春秋時代，無論從文體、字體、書法上都是不合的，所以我認爲應在戰國時期。在一九四七年曾寫過一篇《石鼓文刻于秦靈公三年考》（公元前四二二年），認爲是秦靈公作吴陽上下畤所作。但根據最近的研究，這個年代也還是不正確的，經過銘文内容的詳細分析，應該是秦獻公十一年（公元前三七四年）。

確定石鼓的年代無論在考古、歷史、文學、文字、書法那一方面都有重要關係，可惜，由宋至今，八百多年，聚訟不決，各家所定年代，又上至公元前十一世紀，下至公元六世紀，上下差一七〇〇年。這是由於學者都只從一個角度來推測，没有經過全面的仔細分析的原故。因此，這裏將從八個方面來研究石鼓的正確年代。

二、石刻的發展

刻石的開始，遠在金刻之後。古代的器物中，如商罄有「永攺」等銘，和刻石的性質迥不相同。石鼓是我們所知道的石刻裏最早的一個，它的特點是本身并非器物。石鼓的形象，并不象鼓，叫做石鼓是錯的，唐代蘇勖因爲它記載打獵的事，把它叫做獵碣，近馬衡先生定爲「秦刻石」是對的。銅器銘刻有一定的器銘形式，刻石的體例很自由，幾乎和竹帛一樣。銅器可以垂永久，但春秋以後，銅是難得了，鑄器也很麻煩。書于竹帛既不永久，也不能公之於大衆。刻石的興起，可以彌補這些缺點。費一些人力去開採一些大石塊，略加琢磨，在經濟上是上算的。不怕風雨，不怕鎔毁，不怕掠奪，可以保存永久。體積大可以刻大字，便利於許多人來看。總之，刻石的興起是銘刻的一個大發展。古代没有把金石并稱的，只有《墨子·天志》説「書於竹帛，鏤之金石，琢之盤盂」，又見《明鬼篇》，還有《吕氏春秋》、《淮南子》等以及《史記》的《秦始皇本紀》，都在戰國以後。金石刻辭雖可以并稱，但刻石盛行以後，金刻就逐漸衰微了。

刻石顯然是秦文化，除了石鼓，還有詛楚文（公元前三一〇年），到秦始皇時更有嶧山、泰山、琅琊、之罘、碣石等刻石（公元前二一九—前二一五年），可見發展得很快。如果説石鼓要放在公元前八—前七世紀，即春秋前期，那末，這樣十個一組的刻石，僅僅曇花一現，要遠隔三四百年後才有詛楚文的出現，將是不可理解的。如果説石鼓和詛楚文，都是公元前四世紀的作品，始皇諸刻石屬於公元前三世紀，就比較入情入理，所以從銘刻發展來説，石鼓應列于戰國中葉。

三、三百篇的摹仿者

石鼓是十首一組的組詩，每首約十八九句，是征旅漁獵的詠歌，這種新的體裁，是三百篇裏從没有見過的。《秦風》十篇，《車鄰》、《晨風》，表示希望見君子，《蒹葭》説「所謂伊人」，《小戎》説「言念君子」，《權輿》對比今昔不同的待遇，《黄鳥》悲痛良人的被殲，《渭陽》是「我送舅氏」，《無衣》是「與子同仇」，都是一些抒情詩，只有《終南》歌頌君子的「錦衣玉佩」兩章，共十二句，《駟驖》稱美「公之媚子」的從公狩獵，有三章，也是十二句，都遠不如石鼓的冗長。《小戎》最長，也只有三十句，而且分爲三章，每章反復説「言念君子」；而象石鼓那樣，如其作一篇詩來看，分爲十章，每章十六七句，這樣大的篇幅，顯然不是《詩經》時代的作品了。

從文學的發展過程來説，《史記》：秦文公十三年「初有史以紀事」（公元前七五三年），襄公時和文公初年既然還没有紀事的歷史，就不可能發生象石鼓那樣只描寫征旅漁獵，篇幅冗長的敍事詩。《吕氏春秋·音初》篇説秦穆公時才有《秦風》，《吕氏春秋》是吕不韋的門客們編的，所説秦事，應該可靠。但《秦風·黄鳥》，相傳是穆公死後所作，《車鄰》據説是「美秦仲」，《駟驖》、《小戎》、《蒹葭》、《終南》四篇，據説都爲襄公作，獨獨没有穆公時的詩。這是什麽原因呢？如果説這是穆公時人所做的稱美秦仲襄公的詩是比較合理的。在秦國，詩的興起既比較晚，那末，象石鼓之類詩體的興起，當然就更晚了。

石鼓詩體冗長，但比之三百篇是枯燥無味的，尤其是模仿十分突出。例如「吾車既工，吾馬既同，吾車既好，吾馬既駘」，顯然承襲了《詩經·車攻》篇的「我車既攻，我馬既同」，和「田車既好，四牡孔阜」；如「其魚維何，維鱮與鯉」承襲了《采緑》的「其釣維何，維魴及鱮」，如「□弓孔碩，彤矢□□……徒禦孔庶，鄜□宣搏」，承襲了《泮水》的「角弓其觩。束矢其搜。戎車孔博。徒禦無斁」，如「原隰陰陽」，承襲了《公劉》的「相其陰陽，度其隰原」，如「吾水既清，吾道既平，吾口既正，嘉樹則里，天子永寧」，承襲了《黍苗》的「隰原既平，泉流既清，召伯有成，王心則寧」。至於「騂騂角弓」，就是《角弓》的「騂騂角弓」；又「亞箬其華」就是《隰有萇楚》的「猗儺其華」，更是整句襲用了。石鼓文的模倣三百篇跟詛楚文的模倣春秋時代晉國的《吕相絶秦》，[三]是差不多的，是戰國中葉的風氣。

從另一方面來看，石鼓儘管模仿，可是跟《秦風》絶無相同之點，在漁獵方面的許多詳細描寫，在整部三百篇裏也是看不到的，韓愈把《詩經》裏不見石鼓，認爲是「孔子西行不到秦」的緣故，但石鼓如和《詩經》是同一時代，爲什麽在《詩經》裏看不見類似的體裁和風格呢？唯一的答案，是春秋時代還没有這一種類型的詩。

四、新的語彙

新的語彙的應用，可以證明一個作品産生的時代。在卜辭和春秋以前的金文裏，第一人稱的代名詞，有「余」、「我」和「朕」三個字，這是大家都知道的。文獻資料中，《尚書・周書》用「予」代「余」，《禮記・曲禮》鄭玄注「余予古今字」，我們看金文在春秋時代還不見「予」字，可見今本《尚書》是戰國時人寫的。金文在東周時出現了「辝」字，見于晉姜鼎、邾公牼鐘、齊國的叔夷鐘等；也寫做「⿰台司」，見于齊國的𦅫氏鐘、徐國的王孫遺者鐘、南彊鉦等；也寫做「⿰台司」，見于徐王義楚耑，這些字從台聲（從厶和台同），《尚書・商書》以「台」第一人稱，大概是春秋時人寫《商書》時用自己的方言來寫的。

無論在《尚書》和《詩經》裏都還没有用「吾」字，金文裏有「吾考」，跟「缶考」一樣，不是人稱代名詞。金文用「⿱虍魚」字，見杕氏壺和𦅫鎛，又作「⿰⿱虍魚攴」，見徐國的沇兒鐘，王國維説：「⿱虍魚」就是「吾」是對的。文獻裏面，春秋末葉以後的《儀禮》、《論語》、《墨子》、《左傳》、《孟子》等，「吾」字就常見了。向上去，只有《周易》裏有過一個「吾」字，《中孚・九二》「我有好爵，吾與爾靡之」，爻辭來源是很古的，但它的寫定，顯然在春秋末年，那末，它的有「吾」字，正如《尚書》《詩經》用「予」字一樣，是受時代影響的原故。

石鼓文裏的第一人稱代名詞跟甲骨、金文、《尚書》、《詩經》裏的系統有顯著的不同，它有兩個「余」字，兩個「我」字，十四個「𨕖」字，這是一個新的現象。「朕」字消失了，而新加入一個「𨕖」字，這個字雖然跟春秋末年金文的「⿱虍魚」或「⿰⿱虍魚攴」相通，但在人稱代名詞方面寫這個字，石鼓是最早的，詛楚文簡化爲「⿰彳吾」，小篆更簡化爲「吾」。

「朕」字在《詩經》裏，只有《大雅》和《周頌》裏還用過，《大雅》和《周頌》是西周時代的，春秋時代的《國風》没有「朕」字，可見春秋時的口語已經不用這個字了。但在銅器銘文裏還保留着這種書面上的用法，齊靈公時代的叔夷鐘（公元前五八一——前五五四年），秦景公時代的秦公鐘、秦公簋（公元前五七六——前五三七年），越王勾踐十九年的者沪鐘（公元前四七八年）等都還用「朕」字，但齊國的⿰黍命鎛用「虘」字，秦國的石鼓用「⿺辶⿰彳吾」字，⿰黍命鎛不可能早于叔夷鐘，石鼓當然也不可能早于秦公鐘、秦公簋。石鼓的「⿺辶⿰彳吾」最繁複，詛楚文（公元前三一〇年）的「⿰彳吾」簡單了，小篆的「吾」更簡單了，這個寫法奠定了兩千幾百年，一直到現在。可見石鼓應在秦公簋之後，詛楚文之前（公元前五三七——前三一〇年）。

無論在甲骨金文上都没有用過「予」字，但是石鼓的《鑾車》一石裏説「迃□如虎，獸鹿如□」，這裏可惜有兩個闕文，如果用《詩經》的《簡兮》所説「有力如虎，執轡如組」來比較，應該是「迃力如虎，獸鹿如兔」，[四]那末，「迃」字也是第一人稱。「吾」字既寫作「⿺辶⿰彳吾」，「予」字也可以寫作「迃」，這更可以證明石鼓在春秋以後了。

語尾助詞的「也」字，在《詩經》裏已經很多，但是在春秋時代金文裏還没有見過，石鼓兩見「殹」字，鄭樵舉詛楚文和平陽斤都有「殹」字，證明石鼓是秦物是正確的。近代出土的新郪虎符也有「殹」字，詛楚文是公元前三一〇年，新郪虎符約公元前二三〇——前二二一年，平陽斤爲公元前二二一年，石鼓的時代和這些器物應該是很接近的。

五、字形的發展

從字形發展來檢查銘刻年代最可靠。

「四」字春秋時一般作「亖」，齊國從國差⿰金詹（公元前五八九年前後）一直到陳侯午錞（公元前三六一年）都還用「亖」字，晉國的晉公锥簋（公元前五一一——前四七四年）和令瓜君壺，秦國的秦公鐘、秦公簋（公元前五七六——前五三七）也都用「亖」字，而石鼓文却不只一次用「四」字，它的年代，顯然不能在秦公鐘、秦公簋之前。

《秦風》有「駟驖」，齊靈公時的庚壺也有「駟」字，「駟」是四馬，「驂」是三馬，數目字的「三」，一般不寫作「參」，那末數目字的「亖」，本來也不應該寫做「四」。在金文裏最早把「四」作數目字用的是吴國的者減鐘，者減據鐘銘可知是工⿰虞攴王皮難之子，過去郭沫若先生認爲是太伯以降十五世的「柯轉」，但據《史記·吴太伯世家》從太伯到壽夢是十九世，「壽夢立而吴始强大，稱王」，那末，在柯轉頗高的時代，第一，吴國未强大。第二，未稱王。而且鐘的圖案銘文和時代都不能合。我以爲「皮䵍」是「壽夢」的長子「諸樊」，「䵍」就是「然」，「皮然」的合音是「樊」，等於「壽夢」的合音是「乘」，那末，者減鐘的時代應該在公元前五四八年，諸樊死的前後。此外，戰國時代的郾孝子鼎、邵鼎、梁鼎也都有了「四」字。由此可見公元前五四八年前後吳國已用「四」字，而秦國還用「亖」字，戰國時期，一般已用「四」字，但齊國還用「亖」字（公元前三六一），石鼓文既爲秦物，應該屬于戰國時期是無疑的。

石鼓文中很多是籀文，例如：中、囿、皮、則、員、樹、栗、嗣、癸等字，〔五〕《説文》都列爲籀文；「㳄」是籀文，爲石鼓「盜」字所從，「辝」是籀文，爲石鼓「𩞁」字所從，「若」字是籀文，爲石鼓「箬」字所從，「黽」字是籀文，爲石鼓「竈」字所從。此外「草」、「薦」等五字從茻，跟《説文》所説小篆從艸，大篆從茻符合。還有很多字的結構特别繁複，也符合於籀文的特點。因此，唐代人都認爲石鼓是史籀所書，王國維《史籀篇疏證》甚至於説籀文上承石鼓文。王國維的説法是錯誤的，《史籀篇》的成書，大約在春秋戰國之際，我根據周壽昌的意見，認爲「史籀」就是《漢書・古今人表》上的「史留」，是周元王（公元前四七六—前四六九）的太史而不是周宣王。〔六〕《説文》「四」字的籀文是「亖」，可見《史籀篇》也還作「亖」，不作「四」，《説文》「車」字的籀文作「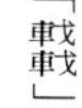」，而石鼓只作「車」，可見石鼓文應該在《史籀篇》之後。它的許多文字和籀文合只是承襲《史籀篇》和與《史籀篇》同時代的一些文字，例如最近出土的蔡侯墓銅器，也和籀文接近，在春秋末期。

金文只有字，没有「予」字，從字引長筆勢，成爲「予」及「幻」字，顯然是新的分化。石鼓「迓」字從「予」，已單獨加一垂筆，這是時代很晚的確證。「射」字在金文裏還能看到張弓注矢的形象，石鼓作，已看不見弓的形狀。「丞」字在春秋末期的叔夷鐘和令瓜君壺裏都還作，人形下面可以畫出腳來，腳形可以作，〔七〕不是山字，但石鼓變成從山，和卩字分開了，秦權量的「丞」字，正是這種寫法，可見石鼓和權量時代接近。「宣」字見虢季子白盤，在秦公簋的「趄」字偏旁裏，還象回紋，但石鼓作，已失了迴旋的形象，詛楚文就乾脆寫做了。「獸」字從單，上面兩個口，本系聯着，石鼓文已和下面脱開。這一切都可以證明石鼓是很晚的作品。「陰」字敔簋作「隂」，驫羌鐘作「陰」，而石鼓作「陰」跟小篆同；「隻」字本象手裏捉到一隻鳥，戰國時齊國等地發展爲「蒦」字，從艸，而石鼓作「蒦」，是小篆「獲」字所從；但「草」字下面從「十」，不作，可證明比小篆還早，那末，從籀文發展到小篆，石鼓應該屬於這種性質，即離小篆已經不很遠的一個過渡時期。

六、篆書之祖

石鼓在中國書法藝術史上占十分重要的地位，唐初蘇勗説「虞、褚、歐陽共稱古妙」，〔八〕那時石鼓發現不久，在這些有名書法家裏已經轟動了。張懷瓘《書斷》説：「折直勁迅，有如鏤鐵，而端姿旁逸，又婉潤焉。」唐代銅器銘刻還没有被人注意，一般只看到石鼓和秦刻石，而這兩者是一脈相承的，石鼓是大篆，秦始皇刻石是小篆，所以石鼓可以説是篆書之祖。

用銅器銘刻的書法來衡量石鼓時，就會有另外一種看法，宋翟耆年《籀史》説：

篆畫行筆當行於所當行，止於所當止，今位置窘澀，促長引短，務欲取稱，如：「柳」、「帛」、「君」、「庶」字是也。意已盡而筆尚行，如：「以」、「可」字是也。十鼓略相類，姑舉一隅，識者當自神悟。以器窾「惟」字，參鼓刻「惟何」、「惟鯉」之「惟，」則曉然可見矣。蓋字畫無三代醇古之氣，吾是以云。……僕於此書，直謂非史籀迹也。

這個看法是很正確的，石鼓文跟戰國以前的金文不能相提并論，就拿秦系的文字來比較，象秦公簋所重出的「公」、「不」、「受」、「又」、「之」、「天」、「事」、「余」、「帥」、「是」、「乍」、「以」、「各」、「多」、「竈」、「方」等十六字以及其他偏旁相同的字，除了書法大致近似外，石鼓就比較方整，大小匀稱，佈局緊密板滯，遠不如秦公簋的自然。象「碩」字偏旁的「頁」，寫作，末筆的詰曲，秦公簋就不這樣；「禽」字下半的「内」，末筆向外，秦公簋向内；「竈」字所從的穴，已作，秦公簋還作，都是石鼓晚于秦公簋的鐵證。「舟」字右邊一筆上面弧形特別長，「䜌」字所從的「叀」，作，不作，從「食」、從「皀」等字的末筆都是如此；「趍」字所從的「多」作不作，末筆曳長了，這些寫法在春秋時代都是看不見的。而象「爲」字之類，跟秦始皇刻石和陶量卻特別相似，可見石鼓時代決在春秋以後。翟耆年由於相信「史籀」是周宣王時，所以説：「直謂非史籀迹」，但如果説「史籀」是春秋戰國間人，石鼓雖不是史籀所書，但是籀書系統，卻是無疑的。

我認爲石鼓書法就是大篆。《説文·序》説秦書有八體，一曰大篆，二小篆。班固《漢書·藝文志》在《倉頡》、《爰曆》、《博學》三篇下説：「文字多取《史籀篇》，而篆體復頗異，所謂小篆者也。」許慎則説：「皆取史籀、大篆，或頗省改，所謂小篆者也。」可見篆書和史籀是一個系統，但大小篆都是「秦書」，大篆又在小篆之前，《説文》所説從艸字，大篆從茻，又與石鼓吻合，可見石鼓所用是大篆。

《説文》「篆，引書也」，是説引筆作書，跟描畫有所不同，篆書横直粗細如一，所以可以引筆爲書。但篆書之所以稱篆，還跟鐘帶的稱「篆」，和圭璧上的「兆瑑」有關。鐘帶是鐘上所作方格，是隆起的綫條，《説文》「瑑，圭璧上起兆瑑也」，是玉器上的隆起綫條；鄭玄注《周禮·典瑞》「渠眉玉飾之溝瑑」，是玉器上陰刻綫條。玉器堅硬，難於用刀，一般用金剛砂砣成，「瑑」大概就是現在玉工所稱的「砣」。玉器上的綫條，由於是砣出來的，圓渾光潤，不見鋒芒，正和純用綫條構成的篆書相等，所以唐代的和尚詩人齊己就把李斯到李陽冰的小篆稱爲「玉筯篆」。而這種篆書的特點，實際上從石鼓起已開始具備了。石鼓是大篆，秦刻石是小篆，他們的關係是十分密切的，石鼓既晚于秦系文字的秦公簋，也晚於春秋戰國之交的《史籀篇》，那末，他的時代，也就很明顯了。

七、石鼓的發現地點

《法書要録》竇蒙的《述書賦》注引蘇勖的石鼓打本《敘記》説「世咸言筆迹存者李斯最古，不知史籀之迹近在關中」，蘇勖是唐初人，那時石鼓大概剛發現，竇蒙説在岐州雍城南，李吉甫《元和郡縣圖志》則説「在天興縣南二十里許」，天興縣是原來雍縣的改名，可見這是原來發現的地點，有人説陳倉，有人説岐山，都是不對的。雍縣是現代的鳳翔縣，在汧水之東，渭水之北，石鼓文中兩次説到汧水，可見發現地點，也就是它原來的地點。

清雍正《陝西通志》卷七十三引《賈志》説「石鼓在鳳翔縣南二十里之石鼓原」；康熙《鳳翔縣志》卷一説「石鼓原在城南二十里之石鼓鎮」；雍正《鳳翔府志》卷九有王又樸的《追懷太學石鼓歌》，説「獨有南原四十里，石鼓雖去名未捐」，可見「石鼓原」，就是現在的「南原」。南原既長達四十里，面積很廣，乾隆《岐山縣志》卷一説：「積石原一名南原，在縣南十五里，南北當雍渭之間，西界汧水（即寶鷄底店——原注），東界大横水（即武功川口——原注）。」那末，南原位於武功、扶風、岐山、鳳翔之南，從鳳翔來看是南原，《水經·渭水注》因爲它在渭水之北，所以稱爲北原。清順治《寶鷄縣志》卷二説「石鼻寨治東四十里，即古天興縣」；卷三「石鼓寺，治東三十五里石鼻寨故城内，即故天興縣地」；又説「底店鎮治東三十里」；《陝西通志》卷三十六「寶鷄縣底店鋪迤北至鳳翔縣連村鋪二十里」；可見石鼓寺也是和石鼓原有關的，地在寶鷄東北，鳳翔之南。正由於這些地方的交界，所以有人説出土於岐山，也有人説出於陳倉（即寶鷄）。

石鼓原在唐代稱爲三畤原，《史記・秦本紀》正義引《括地志》「三畤原在岐州雍縣南二十里」，郭沫若先生據此説三畤原就是石鼓所在地，是十分正確的。《元和郡縣圖志》「三畤原在武功縣西南二小里，高五十丈，西入扶風縣界」，這是三畤原的東界，和乾隆《岐山縣志》完全符合，它的西界一直到汧水，鳳翔縣和寶鷄縣底店鋪的交界處，就是現在的「南原」。

爲什麽叫做三畤原呢？據《括地志》説「《封禪書》云：秦文公作鄜畤，襄公作西畤，靈公作吴陽上畤，并此原上，因名也」。這個説法是有錯誤的，《秦本紀》「作鄜畤」下，正義同樣引《括地志》，卻説「漢有五畤，在岐州雍縣南，則鄜畤、吴陽上畤、下畤、密畤、北畤」。就没有説到「西畤」。《括地志》是根據《封禪書》的，《封禪書》明明説「秦襄公既侯，居西垂，自以爲主少皞之神，作西畤祠白帝」，可見西畤在西垂。《封禪書》説「其後十六年，秦文公東獵汧渭之間，……於是作鄜畤，用三牲郊祭焉。自未作鄜畤也，而雍旁故有吴陽武畤，雍東有好畤，皆廢無祠」，可見汧渭之會的鄜畤，在西畤之東，襄公居西垂用西畤來祭白帝，文公東徙雍則用鄜畤來祭白帝，後來獻公又東徙櫟陽，則用畦畤來祭白帝，每東遷一次都新立一個祭白帝的畤，如果照《括地志》那樣説法，鄜畤、西畤通在這三畤原上，那就不應該都祭白帝。據《封禪書》，文公作鄜畤時，在雍旁只有已廢的武畤、好畤，没有别的畤。作鄜畤後七十八年秦德公都雍，用三百牢於鄜畤，也還没有别的畤。後來秦宣公作密畤于渭南，祭青帝，秦靈公作吴陽上畤祭黄帝，作下畤祭炎帝，雍地就有了四個畤，所祭是白、青、黄、炎四帝，所以《封禪書》説「唯雍四畤，上帝爲尊」，又説「西畤、畦畤祠如其故」，那是由於西畤在西垂，畦畤在櫟陽，不能在雍四畤之列。漢王二年「立黑帝畤，命曰北畤」，這樣雍就有了五畤，所以《封禪書》又説：「有司議增雍五畤路車各二乘，……西畤，畦畤禺車各一乘。」路車二乘跟禺車一乘既相懸殊，可見西畤、畦畤與雍五畤確有尊卑之别。那末，《括地志》在三畤原的解釋上「襄公作西畤」一語，原意應該是「宣公作密畤」，可能是給後人改錯了。

實際上，密畤在渭南，也不可能爲三畤之一，鄜畤在汧渭之會，也不能和吴陽上下畤在一起；三畤原上的三畤，應該是吴陽武畤和吴陽上下畤，吴陽武畤在文公時已廢，到靈公時，作吴陽上畤和下畤，顯然是根據武畤説的，上畤在武畤之上，下畤在武畤之下，由於都在吴陽，所以可以總稱爲三畤。

石鼓所在的三畤原上，既没有西畤和鄜畤，那末，襄公或文公作石鼓的説法，顯然都是不可能的。三畤原由武功到鳳翔長達四十里，原上固然有三時，三時并不能把這個大原占遍，那末，石鼓儘管在三時原上發現，卻未必即在時中，即使在時中，跟時的建立年代也没有必然的關係，先立時而後刻石是完全有可能的。所以，我過去僅僅從靈公三年作上下時來推斷石鼓的年代是不可靠的，要推斷石鼓的正確年代，還必須分析銘文的具體内容。

八、石鼓文十篇的次序和内容的分析

石鼓文雖殘缺，但主要内容是整治道塗，遊觀漁獵，是很清楚的，由於講到畋獵的特别多，所以竇蒙《述書賦》注稱爲「獵碣」。十首詩的次序，鄭樵、薛尚功跟施宿都有不同，後世一般採用施宿的次序，并列爲兩行，一行五石，即：

一、吾車（鄭三、薛八）
二、汧殹（鄭一、薛五）
三、田車（鄭四、薛三）
四、鑾車（鄭五、薛四）
五、霝雨（鄭八、薛九）
六、作原（鄭二、薛七）
七、而師（鄭九、薛一）
八、馬薦（鄭七、薛六）
九、吾水（鄭十、薛二）
十、吴人（鄭六、薛十）

此外，宋皇祐四年的向傳師跋，以「作原」石爲第十鼓。

鄭樵跟薛尚功都只看見翻刻本，次序是靠不住的。施宿《石鼓音》是根據王厚之的《石鼓詛楚音》寫的，王厚之説「紹興己卯歲予得此本於上庠，喜而不寐」，紹興己卯是二十九年，離宋的南渡，才三十多年，是可以得到故家藏本的。石鼓從司馬池取入鳳翔府學後，蔡京取入辟雍，北宋時人多有見者，程大昌《雍録》載：紹興壬子（紹興二年——蘭注）福唐鄭昂的自跋説「貢隸辟雍時常徘徊鼓下」，王厚之的本子既得於上庠，可見也是那班曾隸辟雍的人留下來的舊本，它的次序是有根據的。府學和辟雍性質相同，蔡京所定的位置，應該是鳳翔府學的位置，司馬池所定的位置，可能是原野中的位置，至於向傳師把一般的第六鼓稱爲第十鼓，只是由於數法的不同，按照兩行分列，如果把第五鼓作第一鼓、第十鼓作爲第六鼓，那末，現在的第六鼓當然可以列爲第十鼓了。

王檝、虞集等把石鼓仍舊列入學宫，排列的方法，大概還是宋代鳳翔府學和汴京辟雍的原式。潘迪《音訓》也用施宿次序，但從内容來考慮，認爲：「舊説第五鼓言漁獵而歸，第六鼓治道塗，似失先後次序，若左右相易，始於西北，以第六爲第一，第五爲第十，則先後之序得矣。」這是一個很有見解的説法。把修治道塗的「作原」石放在第一，在内容次序上就完全講得通，而顛倒數過來時，第一也可以作爲第十，也就和向傳師的次序符合了。依照潘迪的説法，我們就可以完全不變原來的排列位置而只要重定一下次序就行了。

六、吾車（施一）
七、汧殹（施二）
八、田車（施三）
九、鑾車（施四）
十、霝雨（施五）
一、作原（施六、向十）
二、而師（施七）
三、馬薦（施八）
四、吾水（施九）
五、吴人（施十）

「作原」篇上半殘缺，被人取作臼，可見在原野中，它是位在靠邊的一個，所以首先被人盜竊。但石鼓在唐時就有盛名，常常有人慕名訪求，尋覓拓本，所以在亂離的時代中被竊去一個以後，到有人注意了，訪求了，就有人另外找一塊石刻來補空闕，一直到皇祐四年（公元一〇五二）向傳師才「尋訪於閭里，果獲一鼓，易而置之」。由此我們可以看出司馬池移置鳳翔府學時完全可以依據原來位置的。九百多年間石鼓雖屢經遷移，基本上還保存着原來的位置面貌，它的次序前後左右可以根據内容來重新排定，但由於位置的固定，在不變亂原位置的基礎上來重排，就只有四種可能的排法：

施宿	一、吾車	二、汧殹	三、田車
	四、鑾車	五、霝雨	六、作原
	七、而師	八、馬薦	九吾水
	十、吴人		
潘迪	六、吾車	七、汧殹	八、田車
	九、鑾車	十、霝雨	一、作原
	二、而師	三、馬薦	四、吾水
	五、吴人		
向傳師	五、吾車	四、汧殹	三、田車
	二、鑾車	一、霝雨	十、作原
	九、而師	八、馬薦	七、吾水
	六、吴人		
?	十、吾車	九、汧殹	八、田車
	七、鑾車	六、霝雨	五、作原
	四、而師	三、馬薦	二、吾水
	一、吴人		

在這四種可能的次序中，潘迪的説法顯然是正確的，而不是象他自己所懷疑的，「然亦未可必也」。作原篇首先説「作原作□，□□□道」，是敘説修治道塗之事，「原」就是後文「吾以隮于原」的「原」，也就是「三時原」，又名「南原」，又名「石鼓原」。後面説「□□□栗，柞棫其□，椶椐祇祇」，是種植樹木。最後説到「盩道」，又説「二日樹□，□□五日」。指出所治的是「盩道」，時限是二日至五日。説「徵我嗣□，□□□除，帥被阪□，□□□草，爲卅里」。嗣字下所缺一字和除字爲韻，應該是「徒」字，阪字下所缺一字，可能是「尹」字，「阪尹」官名見《周書·立政》。「司徒」和「阪尹」兩個官都是率領徒隸來整治道塗的。

吾水篇説「吾水既清，吾道既平，吾□既正，嘉樹則里」，可見它在作原篇之後，因爲這是説道已平，樹已里了。而師篇所説的「天子□來，嗣王始□，古我來□」，吾水篇所説的「天子永寧」，都可以證明那時周天子有使者來秦國，吾水篇又説「日維丙申，翌□吾其夬道，吾馬既迪」。顯然是丙申這一天準備出遊。最後説到「公謂大□」，潘迪作「公謂天子」是錯的。莊述祖《石鼓然疑》讀作「公謂太史」，從與下文「友」字葉韻來説，是很合理的，太史可能就是周天子的使者。

吳人篇説「吳人憐亟，朝夕敬□，載西載北，勿竈（掩）勿代（弋）」，〔九〕吳人有兩種解釋，鄭樵説「汧水出吳山，故漁於汧而狩於吳也」，是説吳山的人；王厚之説「吳通作虞」，是管山澤苑囿的「虞人」。我認爲在這裏讀吳人是對的。三時原本有吳陽武時和上下時，吳陽是吳山之陽。《漢書·地理志·汧縣》下説：「吳山在西，古文以爲汧山、雍州山。」《周禮·職方氏》「嶽山」，鄭玄注「嶽吳嶽也」。吳山既在雍的西北，雍州的人把它看爲「嶽」，是「神明之虚」，那當然是禁止畋獵的地方，所以説「載西載北，勿掩勿弋」。後面説到太祝，可能是秦公在這裏遙祭吳嶽。説「中囿孔□，麀鹿麌麌，吾其□□，麀鹿麣麣」，可見那裏有鹿囿，但秦公至此還未進行畋獵。一直到吾車篇説「吾車既工，吾馬既同，吾車既好，吾馬既駘。君子云獵，云獵云遊，麀鹿速速，君子之求」，才是遊獵的開始，所以這兩章是應該啣接的。

吾車篇説在中囿打獵，汧殹篇説在淖淵打漁，到了田車篇「吾以隮于原」，那就在原野上來畋獵了。「宮車其寫，秀弓寺射，麋豕孔庶，麀鹿雉兔」，可見所射的不僅僅是「麀鹿」，而有「麋豕」，有「雉兔」了。「執而勿射，多庶趣趣，君子攸樂」，可見打獵的人也包括了衆庶了。

鑾車篇到的鄘地，在那裏進行了大獮，所以説「徒騪孔庶，鄘□宣搏」，又説「眚（獮）車載行，□徒如章，原隰陰陽」。

霝雨篇「□□□癸，霝雨□流」，第一句的「癸」，應該是日名，從丙申第二天出遊以後，已經七天了。下雨以後汧水漲了，有些地方還可以騎馬横渡，有些地方可以行舟，所以既説「君子即涉，涉馬□流」，又説「汧殹洎洎，萋萋□□，舫舟囪逮。□□自鄜，徒馭湯湯，維舟以行，或陰或陽」。從「□□自鄜」一句來看，這是已從鄜地回來了。

從上面所分析的各篇内容來看，除了馬薦篇太殘缺外，前後次序是很清楚的，内容是連貫的，主要由於天子有使臣來，公和他一起出遊，首先修治道塗，到了吴陽以後，先射鹿，次打漁，再上高原打獵，又到鄜地大獮，從鄜地回來，再經汧水。總之，這種遊獵的盛況，不僅不會是襄公時剛平戎亂的景況，也不可能是文公東獵汧渭之會時的情形。

九、石鼓文内地望的分析

由内容的分析，我們可以看到這是一首修治道塗，行役獮獵的詩，但作詩時，秦公如果住在雍縣，那末，只在雍縣周圍的畋獵，就不需這樣費事，所以再分析一下詩内的地望是有必要的。

作原石説到「盩道」，過去没有人注意過。趙烈文《纂釋》説「盩道，盩厔之道也」，是很對的。盩厔還在武功的東南，由武功而西，經過扶風岐山才到鳳翔，就是古代的雍縣，這一帶就是所謂「南原」；過了雍縣，才到汧水，再向西北，才到吴山，那末秦公的出遊，是由東往西的。

石鼓詩裏比較難解釋的是「鄜」這個地方。在鑾車篇裏，這是大獮的地區，在霝雨篇裏，可以看出到這地方去要經過汧水。過去王國維先生曾經想把它讀做「雍」字，但字從虜得聲，無從讀爲雍。趙烈文把它讀做「雩」，一直在渭水南的長安附近，離汧水太遠了。郭沫若先生讀成蒲穀鄉的「蒲」，就一直要到汧水起源處的隴縣，又怎麽能「維舟以行，或陰或陽」呢？馬敘倫先生讀爲鄜，也和虜聲不合。只有張政烺先生《獵碣考釋》疑即「鄜」，是值得注意的。從鹿聲跟從虜聲是很接近的，「鄜」字舊讀爲「敷」，〔一○〕是很難理解的，《説文》作「鄜」，從麃聲，也講不通，但如果本是「鄜」字，那就講得通了。《説文》「臚」字的籀文作「膚」，《周易》「剥牀以膚」的「膚」，京房作「簠」； 從虜聲和從盧聲同，讀爲敷跟讀爲膚或簠同，可見「鄜」可以説爲「敷」。

徐廣把鄜畤當作漢代左馮翊的鄜縣，司馬貞《史記索隱》用這個説法，都是錯的。左馮翊的鄜縣在西安之北好幾百里，右扶風之雍縣，遠在西安之西二三百里，如何能是一地。據《封禪書》鄜畤明明在雍。《封禪書》説「秦文公東獵汧渭之間，卜居之而吉」，司馬貞索隱説：「地理志：汧水出汧縣西北入渭。皇甫謐云：文公徙都汧也。」皇甫謐作《帝王世紀》，所以《玉海》和《通鑑地理通釋》都引《括地志》説「《世紀》：文公居汧」，「汧」就是《漢書·地理志》的「汧縣」，在現在陝西省西部汧水上游，隴縣之南，汧陽之西，寶鷄之北，東面是汧水，西面是隴水脈，南面是渭水。那末，秦文公東獵於汧渭之會，是在汧水之西，渭水之北，因而定都於「汧」。顯然，他所作的鄜畤，不可能遠到《漢書·地理志》的鄜縣去的。

《史記·秦本紀》説周孝王使非子主馬於汧渭之間，後來孝王賜非子姓嬴，説「朕其分土爲附庸，邑之秦」，《秦本紀》又説：「三年，文公以兵七百人東獵，四年至汧渭之會，曰：昔周邑我先秦嬴於此，後卒獲爲諸侯，乃卜居之，占曰：吉。即營邑之。」由此我們可以看出，汧渭之間是非子養馬的故地，文公就因爲它是秦嬴的故邑，所以卜居，這個新邑就叫做「汧」。《元和郡縣圖志》説：「汧源縣本漢汧縣，地屬右扶風，在汧水之北。隴山在縣西六十二里，汧山在縣西六十里，北與隴山接。秦城在州東南二十五里，秦非子養馬於汧渭之間有功，周孝王命爲大夫。」這是很對的。但過去地理學家有很多錯誤的説法，例如《秦本紀》集解引徐廣把非子所封的秦，認爲是「天水隴西縣秦亭」，正義引《括地志》和《十三州志》也一樣，他們就没有注意秦文公所説「昔周邑我先秦嬴於此」的這句話了。《秦本紀》正義在襄公二年下又引：「《括地志》云：故汧城在隴州汧源縣東南三里；《帝王世紀》云：秦襄公二年徙都汧，即此城。」添出了一個秦襄公徙都汧來是毫無根據的，而且顯然跟《史記》的文公四年「營邑於此」是牴牾的。到了文公居汧渭之會時，《秦本紀》正義所引《括地志》卻説成：「郿縣故城在岐州郿縣東北十五里，毛萇云『郿地名也』。秦文公東獵汧渭之會卜居之，乃營邑焉，即此城也。」這是更錯誤了。第一，作者忘了秦文公營邑的地方就是非子養馬的地方。第二，秦襄公十二年「伐戎而至岐卒」，秦文公十六年「文公以兵伐戎，戎敗走，於是文公遂收周餘民有之，地至岐，岐以東獻之周」，郿縣在岐山以東，一直到文公十六年才到岐，文公三四年時如何能在郿縣營邑。第三，文公由西垂東獵，所謂汧渭之間，顯然是東鄰汧水，如其到了郿縣，那就成爲雍渭之間了。第四，文公由西垂遷到「汧」，是東進，所以隨着就伐戎而地至岐，一直到德公才遷到雍，又是東進，這是因爲武公時已經伐彭戲氏于華山下的原故，如果文公時就定居在郿縣，那末德公時的遷雍倒反而是向西遷了。由此可見文公的東獵汧渭之間實際是汧水之西，渭水之北，是非子的故居，文公所營的邑是「汧」。

確定了文公所營的邑，鄜畤的地望也就容易解决了。《封禪書》説「文公夢黄蛇自天下屬地，其口止於鄜衍，於是作鄜畤」，那末，鄜衍、鄜畤應該就在鄜邑附近。以後「文公獲若石云于陳倉北阪城祠之，號曰陳寶」。也在汧邑之南，可見鄜畤也不會在別處。《封禪書》説：「自未作鄜時也而雍旁故有吴陽武時，雍東有好時，皆廢無祠。或曰自古以雍州積高神明之隩，故立時郊上帝，諸神祠皆聚云。」那末，鄜時在雍邑之西，吴陽武陽在雍旁，好時在雍東（在乾縣東北）。

石鼓的𨟻，正在汧水之西，所以𩂣雨石既説「汧殹洎洎」，又説「□□自𨟻，徒馭湯湯，維舟以行，或陰到陽」。秦公從東來，最後到達了𨟻地，而𩂣雨石已經從𨟻地回來了，這十首詩顯然是從𨟻地回來後，在三時原上休息時所寫的。由此可以證明「𨟻」應該讀爲敷，就是「鄜衍」或「鄜時」的「鄜」。

根據地望的分析，秦公的來是經過「盩道」的，到了「吴陽」，在汧水打漁，又到了鄜衍或者鄜時。秦公的出遊是曾經整治道塗，種植樹木，煞費周章的。這就證明了秦公那時已不住在汧或雍。因爲如果還住在汧或雍，吴陽、鄜衍都是近郊，既不需如此周章也不需經過盩道，而且也不能採取這樣自東而西的路綫。據《秦本紀》，文公元年居西垂宫，四年卜居「汧渭之會」，寧公二年徙居平陽，德公元年初居雍城大鄭宫，獻公二年城櫟陽，再後就是孝公十二年徙都咸陽了。據《秦始皇本紀》則把德公居雍以後，靈公居涇陽而孝公十三年始都咸陽。根據石鼓所記路綫來看和靈公居涇陽或獻公都櫟陽以前的情況是不合的，就是説它至少應在公元前四二四（靈公元年）以後。

十、石鼓文的製作年代

從上面所作的分析來看，石鼓文的年代是很清楚的。一、從銘刻的發展説，它應該在戰國中葉，和詛楚文秦始皇刻石相近。二、從文學史的發展視，它跟三百篇，尤其是《秦風》不是同時作品，它的新創風格應在戰國時期，善於模仿，和詛楚文接近。三、從新語彙的應用來説，「吾」字的出現，「朕」字的消失，晚于秦公簋。「吾」字作「避」，略早於詛楚文。「迂」字的使用，應該在戰國，「殹」字的使用和詛楚文等接近。四、從字形的發展説，尤其可以證明它屬于戰國時期，「四」字已經不作亖，在秦公簋和史籀篇之後，屬於籀文到小篆的過渡時期。五、從書法的發展説，石鼓的寫法晚于秦公簋而早於始皇刻石，也只能是戰國時代。六、從石鼓的發現地點來説，三時原只是吴陽武時和上下時，與遠在西縣的西時和在汧水西的鄜時無關，所以襄公、文公等説都是不可靠的。七、從十篇的次序和內容分析説，遊獵的盛況，也不會是襄公、文公時代。八、從地望説，秦公的出遊，由東至西，經過「盩道」，到「吴陽」、最後到「鄜」，可證秦公已不在汧、雍，而在靈公居涇陽或獻公遷櫟陽之後。

從這八方面來分析，我們都可以斷定它應該在戰國中葉，秦公簋之後，詛楚文之前。在十篇中既有「公」，又有「天子」和「嗣王」，所以鄭樵把它定爲惠文王之後是錯的。稱「嗣王」，顯然是新即位的周天子。從十篇裏可以看出那時周天子和秦有了接觸。

戰國前期，秦國的君位變動頻繁，厲共公死後是躁公，躁公死後立其弟懷公，懷公自殺後，立其孫靈公，靈公死後，子獻公不得立而立靈公的季父簡公，簡公子惠公，惠公子出子，出子二年被殺，才立獻公，所以《秦本紀》說：「秦以往者數易君，君臣乖亂，故晉復彊，奪盡河西地。」一直到獻公時，秦才重新强起來，後來秦孝公下令說：「昔我穆公自岐雍之間，修德行武，東平晉亂，以河爲界，西霸戎翟，廣地千里，天子致伯，諸侯畢賀，爲後世開業，甚光美。會往者厲、躁、簡公、出子之不寧，國家内憂，未遑外事，三晉攻奪我河西地，諸侯卑秦，醜莫大焉。獻公即位，鎮撫邊境，徙治櫟陽，且欲東伐，復穆公之故地。」那末在獻公以前「諸侯卑秦」，周天子也不會對秦有所接觸，我過去把石鼓製作年代和靈公三年作吴陽上下時混同起來，顯然是錯誤的，那時是周威烈王四年，跟嗣王的稱號也不合。

石鼓應該屬于戰國時代，但秦還没有稱王，獻公以前周和秦没有接觸，那末，只有獻公以後到惠文王未稱王以前（公元前三八四—前三二四）的六十一年中是可能的。但是獻公以後的孝公和惠文王初期都在周顯王時，没有遇到周王剛即位的機會，所以，只有獻公時期是可能的。

據秦孝公下的令，獻公是秦穆公以後使秦國重新强大的一個君，跟十鼓的遊獵盛況是符合的，他的都邑在櫟陽，跟由東往西的路綫也是符合的。據《史記》獻公時和天子有過兩次接觸，第一次是獻公十一年，周太史儋見獻公，曰：「周故與秦國合而別，別五百歲復合，合七十七歲而霸王出。」又一次是獻公二十一年「與晉戰於石門，斬首六萬，天子賀以黼黻」。按第二次的周天子來賀是周顯王五年，（公元前三六四）不能稱爲嗣王，那末，只有第一次的太史儋來見，是周烈王二年（公元前三七四），還可以稱嗣王，所以只有這一年，公元前三七四年，才是石鼓製成的時代。

《秦本紀》「獻公元年止從死，二年城櫟陽」，這是兩件大事，由於止從死，最後革除了奴隸社會遺留下來的這一種惡習，緩和了一部分的階級矛盾，秦國才能又重新發展，〔一一〕而城櫟陽就是爲的「鎮撫邊境，且欲東伐，復穆公之故地」。這已經可以看出獻公的雄心。據《六國表》，獻公十一年又「縣櫟陽」，那末，就在這年的太史儋的來見，跟「縣櫟陽」，不會是無關的。根據石鼓文，太史儋的來見也還是周天子所遣，而不是私人的聘問，至於所說五百歲復合等話，不過是奉承的話，與史迹不合，〔一二〕本没有多大意義的，但至少我們也可以看出，太史儋以前周和秦已經長期没有接觸了。

石鼓的製作確定爲秦獻公十一年，即公元前三七四年，可以充實秦國的歷史。它後於秦公簋約一百六七十年（作秦公簋的秦景公卒於公元前五三七），而早于詛楚文（公元前三一〇）六十四年，〔一三〕早于秦始皇的繹山刻石（公元前二一九）有一百五十五年，由此我們可以看出那一時期的銘刻、文學、文字、書法等的發展過程，在這幾方面的歷史研究上，也有一定的關係。

附：明孫克宏藏石鼓舊拓本跋

石鼓好拓本很難得，四明范氏天一閣所藏北宋拓本，經張燕昌摹刻後，風行一時，但天一閣所藏是剪裱本，闕字很多，張燕昌做過一些復原工作，有不少誤刻，不是宋拓的本來面目。清末發現的明安國十鼓齋中的前三本，都是北宋拓，分題爲中權、先鋒、後勁，已被奸商盜賣至日本。中權本有上海藝苑真賞社印本，僞稱爲中甲本，那時有些人硬説是假的，我曾經用印本復原過。抗戰前郭沫若先生在日本得到後勁本照片，當時誤稱爲前茅本，由中華書局印行，有我和馬衡先生的跋。後來郭先生的《石鼓文研究》出版，又把先鋒本發表了。這三種北宋拓本的發表，對石鼓文的研究，有很多的幫助。

在北宋末，石鼓被金人劫掠北上，一直到元代才放在學宫，在南宋時期，没有拓過，所以要就是北宋拓本，要就是元拓本。過去收藏家總想誇耀自己所藏，常把元拓本、明拓本稱爲宋拓，就没有想到石鼓是不會有一般宋拓的。石鼓經過金人劫掠，長途運送，已受到嚴重損壞，所以元拓本和北宋拓本是不能對比的。藝苑真賞社所印安國所藏另一種宋拓本，實際上就是元拓本，把現在還保存着的元代潘迪《石鼓文音訓》一對照就很清楚。第八鼓在北宋拓本中還有十幾個字，到元拓本就只剩一個「⿰山攴」字。

元代以後，拓得太多了，文字繼續損壞，據明末趙宧光所説，「吴人」石的「是」字在嘉靖、隆慶後已損壞，但「汧殹」石的「汧」字還存在，再後一些，「汧殹」石的「汧」字，「鰒」字也都損壞了。據馬驌《繹史》，清初「汧殹」石的「以」字已損壞，但鑾車石的「⿲彳山亍」字還存在，一般所謂「氐鮮五字未損本」實際只是清初拓，收藏家把它説成明拓，是不對的。

這本是明孫克宏舊藏，有陳眉公、徐處柔等印，每鼓前有孫氏用硃筆所標的次序，清代有翁方綱、吴雲等題跋，「汧殹」石的「擠」字，還剩下幾筆，「吴人」石的「是」字，也還大致可見，應當是嘉靖、隆慶以後的拓本。這也是剪裱本，三十七面，九十七行。拓本用墨太濃，有些地方經過描改，但許多殘字未剪去，所以是很可寶貴的。

這是朱文鈞先生藏本，朱氏原題爲元拓，不知有什麽根據，「吴人」石有「趙氏子昂」一印是假的，那末，朱氏所題恐怕還是收藏家習慣，没有經過仔細的研究。這個拓本由朱氏後人捐獻給人民政府，現藏故宫博物院。

〔一〕司馬池是司馬光的父亲，歐陽修説是唐代鄭餘庆所移是錯的。

〔二〕故宫博物院藏元周伯温至正二十二年（公元一三六二）所書石鼓文真迹，并未全録原文，但第五鼓開頭卻有「吾來自東」一句，跟僞本一樣，那末楊慎等僞本，可能是有來源的。南宋時石鼓已没有蹤迹，好事之徒，也許就作了假了。

〔三〕參考容庚《石刻零拾》。

〔四〕此石最後一句爲「避蒦（獲）允異」，但鄭樵、薛尚功都有「兔」字，鄭、薛所據翻刻本，行次多顛倒，這個「兔」字可能是「獸鹿」句的末字而誤次在此的。兔與虎韻。

〔五〕中、皮兩字籀文，《説文》有誤筆。

〔六〕見唐蘭《中國文字學》一五五頁。

〔七〕見《殷虚文字甲編》三九四一片羌字可證。

〔八〕見《元和郡縣圖志》類二。

〔九〕秦公簋「竈囿亖方」即《詩》「奄有四方」。《曲禮》「大夫不能掩羣」，《淮南子·主術訓》「田不掩羣」。《詩》「弋鳧与雁」，弋《説文》作「隿」，「繳射飛鳥也」。

〔一〇〕《史記·秦本紀》索隱「音敷」，《漢書·地理志》注引孟康「音敷」，《史記·封禪書》集解引李奇「音孚」。

〔一一〕秦國在春秋戰國之際，還保留若干奴隸制。一直到獻公、孝公、商鞅變法，才完全建立起封建制。

〔一二〕秦穆公時，周天子和秦就有接觸，比此不過早三百年，不會別五百年，獻公十一年後隔七十年或七十七年都没有出什麽霸王。

〔一三〕一般把詛楚文的嗣王認爲是惠文王，但惠文即位時不稱王，不得稱嗣王，從穆公到惠文十七世，和文中十八世也不合，所以我定爲惠文王之子武王元年，公元前三一〇年。

圖一　石鼓之一

圖二　石鼓之二

圖三　石鼓之三

圖四　石鼓之四

圖五　石鼓之五

圖六　石鼓之六

圖七　石鼓之七

圖八　石鼓之八

圖九　石鼓之九

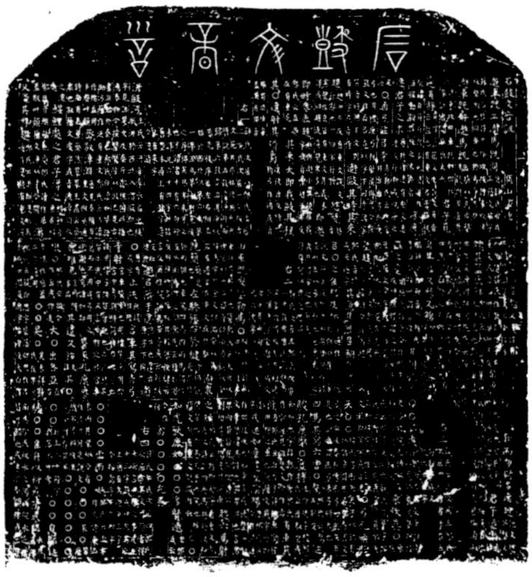

圖一一　石鼓文音訓之一

圖一〇　石鼓之十

圖一二　石鼓文音訓之二

圖一三 （1—19） 明孫克宏藏石鼓舊拓本

1

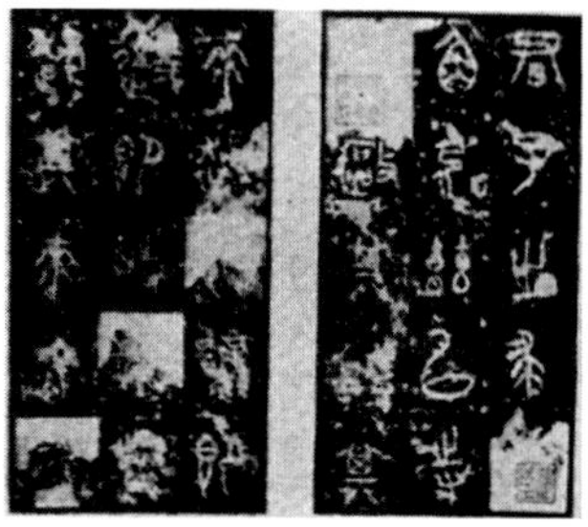
2

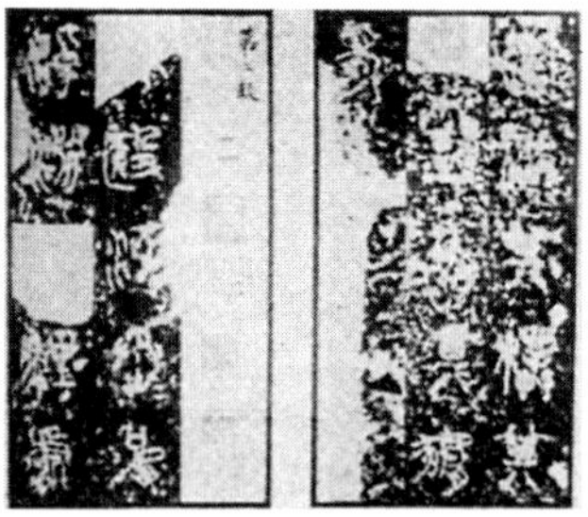
3

4

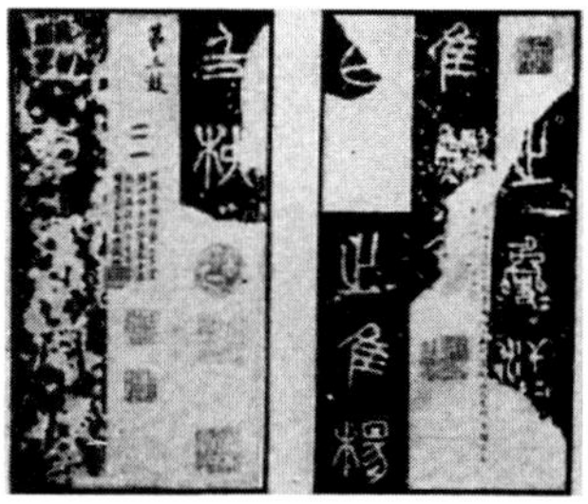
5

6

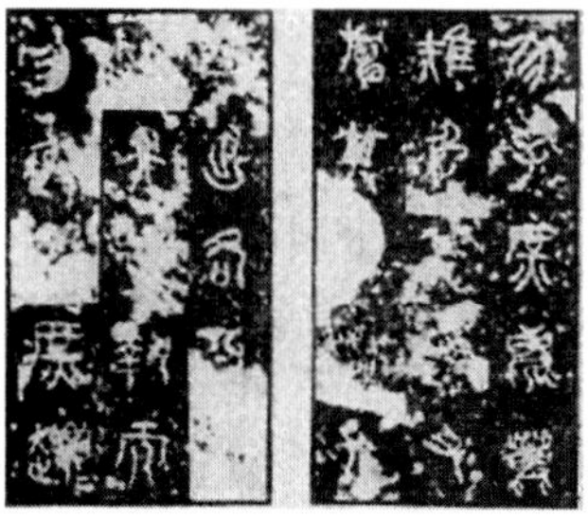
7

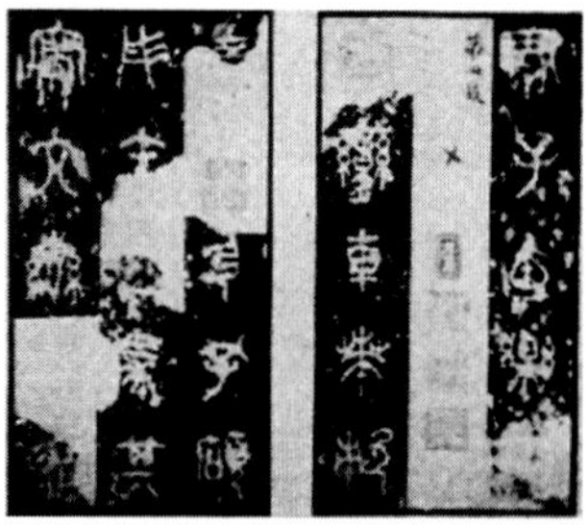
8

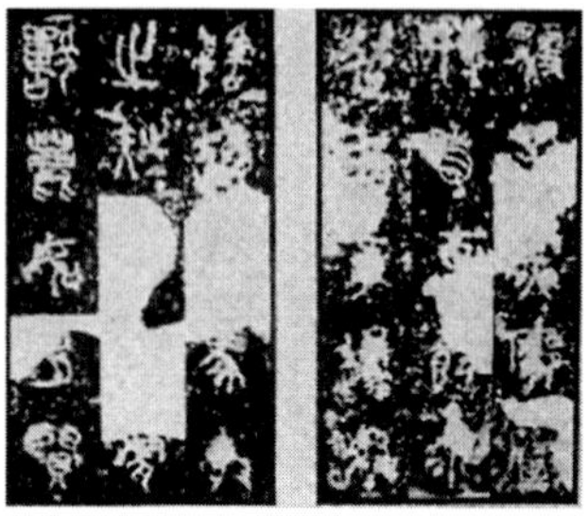
9

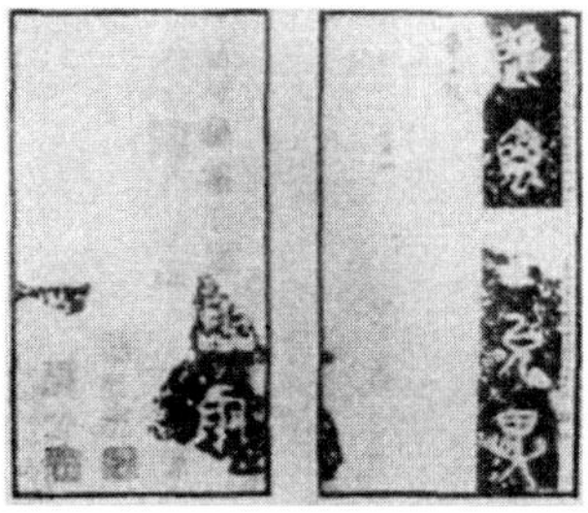
10

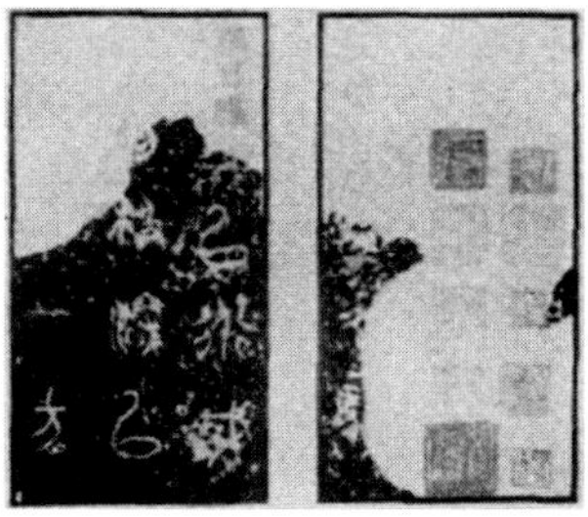
11

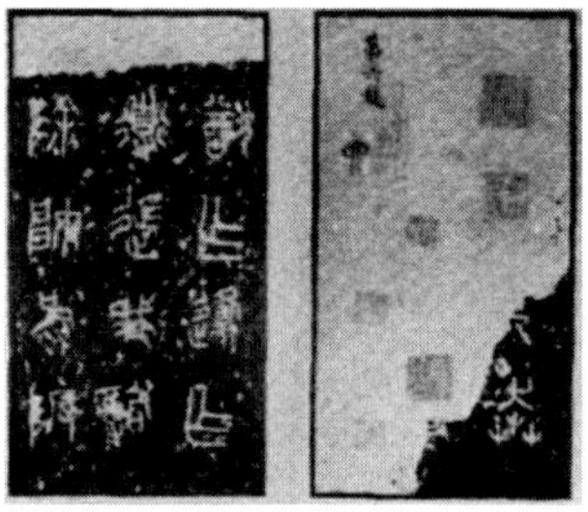
12

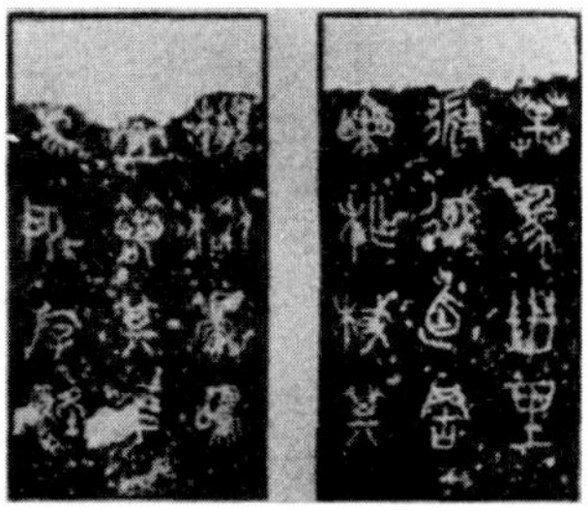
13

14

15

16

17

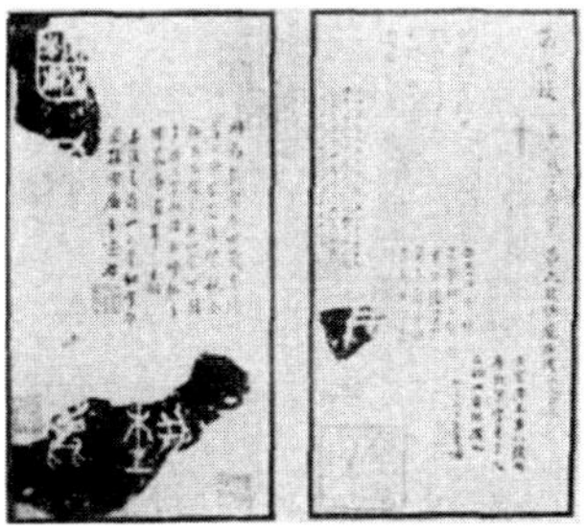
18

19

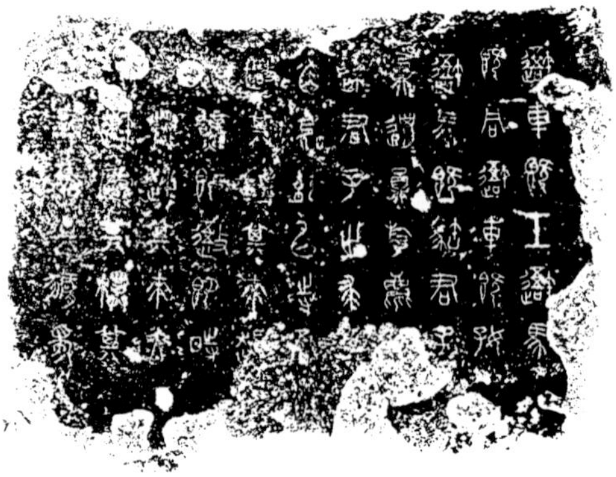

圖一四　石鼓文拓本之一

圖一五　石鼓文拓本之二

圖一六　石鼓文拓本之三

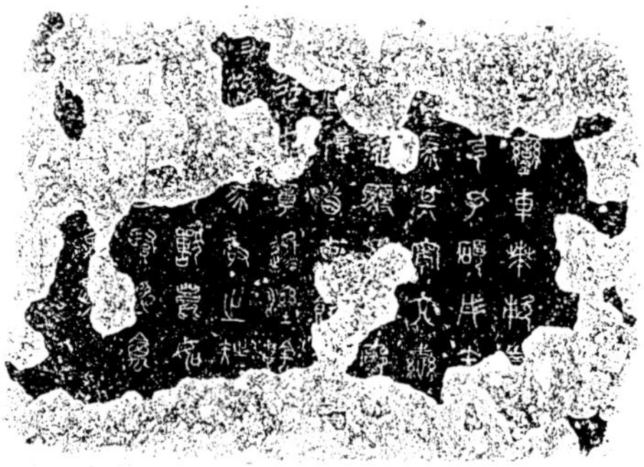

圖一七　石鼓文拓本之四

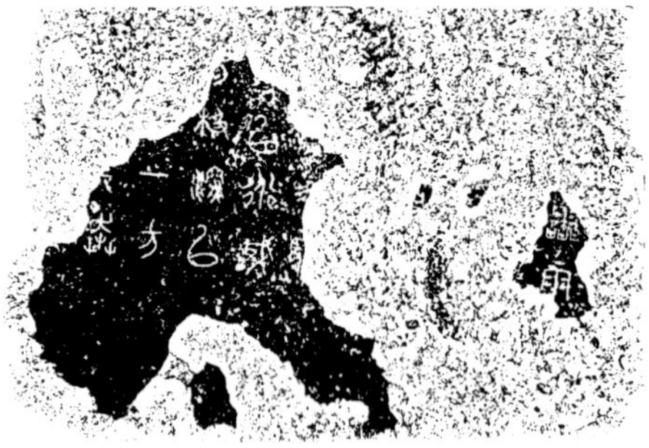

圖一八　石鼓文拓本之五

圖一九　石鼓文拓本之六

圖二〇　石鼓文拓本之七

圖二一　石鼓文拓本之九

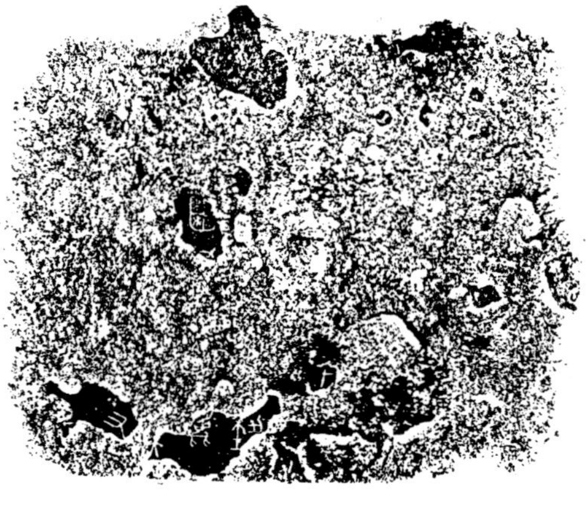
圖二二　石鼓文拓本之十

載《故宮博物院院刊》一九五八年第一期第四至三四頁。

多快好省，改進文風

全國人民在轟轟烈烈地建設社會主義，每個人都在飛躍前進，力求又紅又專，我們應該多寫、快寫文章，多發表自己意見，多抒寫個人經過困難，在斗爭中前進的愉快心情；多議論世界上、國内、人民中所發生的一切大事情，多記載生産上的大發展、大躍進、科學技術上的大革新；多描寫英雄們英勇斗爭的史迹和工人農民們的忘我勞動熱情；多歌頌在中國共産黨領導下的新社會的光明，多批判社會上遺留下來的舊習慣、壞思想與惡劣作風，……總之，需要寫的東西很多，也很迫切，我們應該想到就寫，看見就寫，提起筆來就寫；要快人快語，無畏無懼，越多越好，越快越好，不要瞻前顧後，怕狼怕虎，惜墨如金；不要盡想寫大部頭，藏之名山，看不起小文章，不屑動筆；巧而遲不如拙而速，必須學會能趕上社會主義建設的速度。

當然，在有些人看來，多快還容易，好省卻困難。壞文章常常碰到，種類很多，舉例説明，有如：

（一）寫不了，硬要寫。「臨淵羨魚，不如退而結網」；應該多學習，多調查研究，但是有些人不肯虚心，不肯老老實實下些工夫；只爲賺稿費，爲出風頭，於是無中生有，東抄西襲，改頭换面，生搬硬凑，辭句不通，文理不順。寫的人也曾抓耳撓腮爲凑成字數而奮斗，讀的人卻無法終篇。

（二）油腔滑調，花言巧語，言之無物，根本不爲什麼，只爲寫文章而寫，仗着一套鬼聰明，表面上也説得頭頭是道，可是没有具體内容，没有中心思想，儘管寫了萬兒八千，但空空洞洞一無所有。

（三）公式化與教條氣，永遠老一套。搬弄一些名詞，引用一些詞句，講一些簡單大道理，不結合當前的具體内容。一九五八年的總結，可以挪到一九五九年或六十年去用也無妨礙，乍看上去也是夸夸其談，像有一些道理，兩篇如此，三篇也如此，久看起膩，久聽生煩。

（四）言不由衷，隨聲附和，心裏尚未了了，筆下依樣葫蘆。或者勉强敷衍，了草塞責；或者轉彎抹角，委婉曲折，有意叫人莫名其妙，但實際在字裏行間，總在自相矛盾。

（五）文不對題，表面説東，實際説西，表面馬列主義，實際老一套，越古越好。題目是現代的，一讀內容是陳芝麻、爛穀子，是中外舊書店裏抄來的。

（六）言過其實，故意誇張，矯揉造作，不切實際；讚揚時捧入雲霄，毁損時百般挑剔，使人感覺到不真實，没有力量。

（七）拼命修飾，堆砌字眼，塗朱擦粉，語句生硬，想要美化，反而丑態百出，支離破碎，讓人讀不下去。

（八）垃圾馬車，又臭又長，下筆萬言，滔滔不絶。像老太太上街買菜，碰見熟人，聊起閑天，没結没完；或者像破爛舊貨攤，樣樣都要，拼命抄書，以示淵博，越長越好，用以嚇人。

諸如此類，都應該算是壞文章，壞而長的文章，固然是費，但即使不長，文章既壞，印了出來，浪費紙張人力，浪費讀者時間精力，也都是費。壞文章裏有時還有毒素，更不宜於傳播。

今天，一篇文字刊布以後，就有千千萬萬人閱讀，必須堅持好而省的方針。又要多快，又要好省，首先必須改進文風，才能繁榮作品，爲社會主義建設大躍進而努力。

載《中國語文》一九五八年第五期第二一〇頁。

新莽始建國元年銅方斗

斗作正方形，有短柄，通長 21.5 公分，斗身 13.81×13.81 公分，高 10.8 公分，斗内深 10.4 分，容 1940 公分，口上横刻銘文篆書爲：

律量斗，方六寸，深四寸五分，積百六十二寸，容十升。
始建國元年正月癸酉朔日制。

斗正面，即和柄相對的一面作鳳紋突起，左側有嘉禾、嘉麻，後面柄下有嘉黍，右側有嘉麥、嘉豆等圖形，圖極淺不可拓，不是鑄的，也不是刻的，竭目力才能辨認，可能是由化學作用腐蝕而成的。羅福頤主張原來用漆繪，在地下埋藏日久，無漆處被腐蝕，漆又脱落，遂呈此狀。圖形下底邊上各標嘉禾、嘉麻等名。用新莽貨布尺來量這個斗，方六寸，深四寸五分，正合銘文所記。

此斗曾在鄒安所輯的《藝術類征・金類》中著録，據鄒説原藏山東，他僅見拓本，出土地點和時間均不詳，一九五〇年古董商人於北京曉市中作廢銅買得，售與于省吾先生，今歸故宫博物院，在太和殿陳列。

傳世莽量，今所知者：莽斛一，故宫博物院藏，解放前夕爲蔣介石反動集團刼運臺灣；又莽斛殘片一，文字極精，今在上海博物館；新莽圜升一，被盜賣至日本，見《白鶴吉金圖》；一九五七年中國科學院黄河水庫考古工作隊，在河南陝縣唐代劉偉墓中發現莽撮一個，現在黄河水庫發掘展覽中陳列。傳世五器中以此爲最精美，五穀的圖象是他器所没有的。

銘文説「方六寸，深四寸五分，積百六十二寸，容十升」，這個算法是比較簡單的。

銅方斗拓片

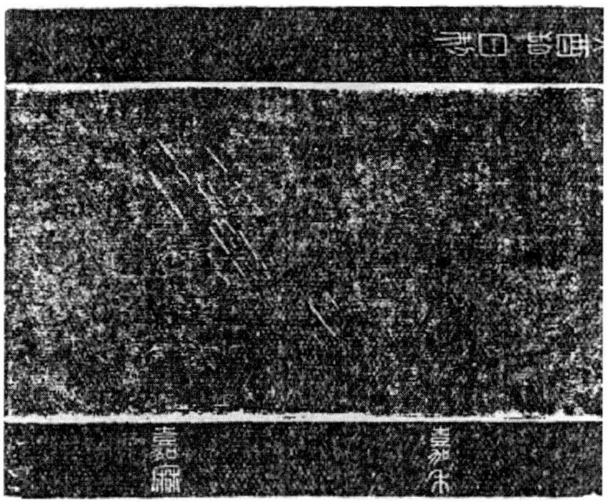

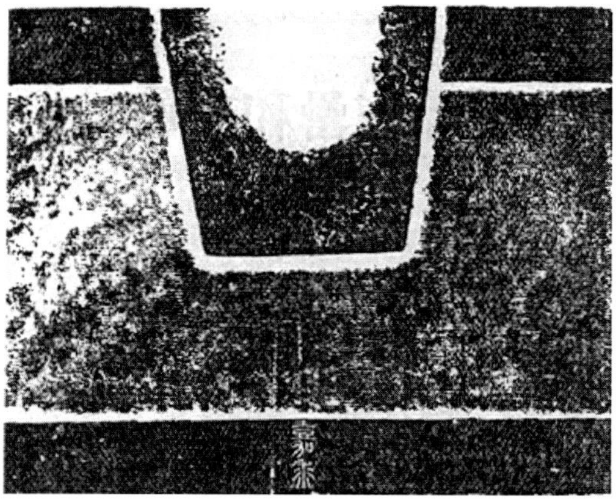

一、銅方斗

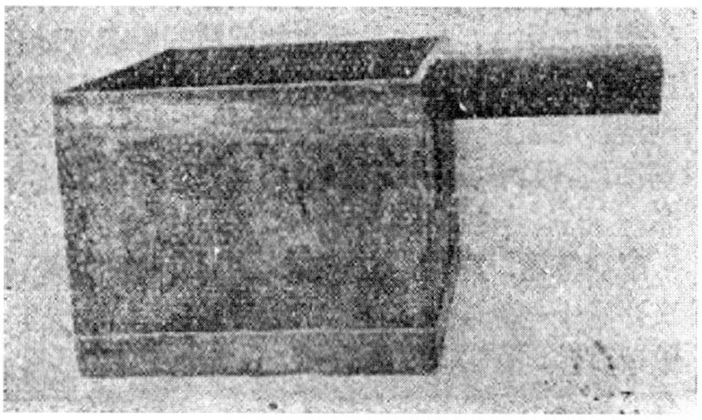

二、銅方斗柄部花紋摹圖——嘉黍

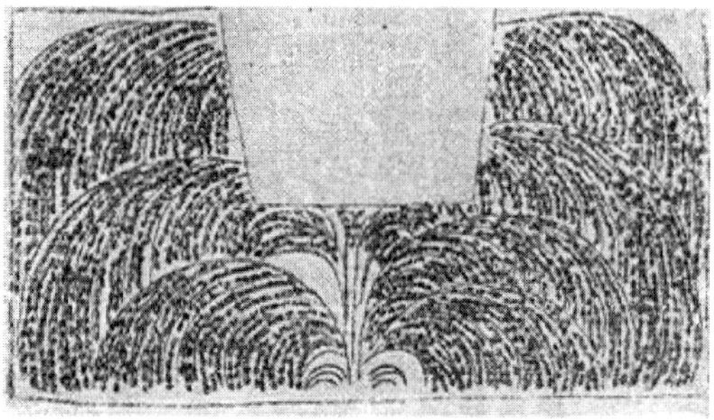

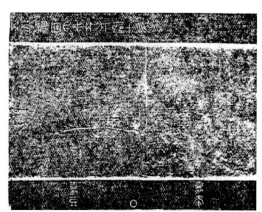

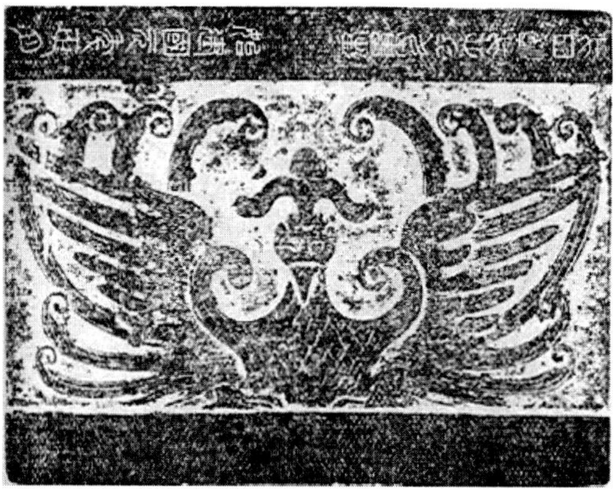

圖——嘉麻、嘉禾

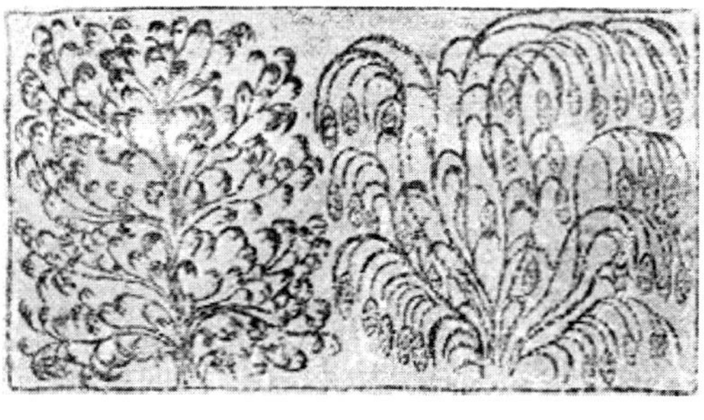

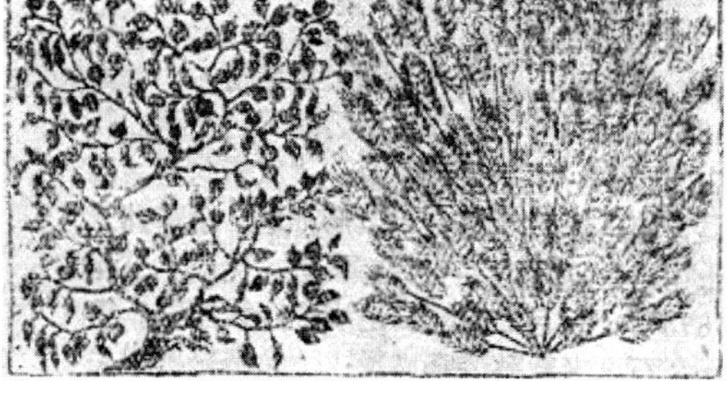

四、銅方斗左側花紋摹圖——嘉豆、嘉麥

傳世有秦孝公時的商鞅量是一個長方形的升，銘文説「積十六尊(寸)五分尊(寸)壹爲升」，唐蘭也曾用新莽尺量過，是：

$$6 \times 6 \times 4.5 = 162\text{寸}$$

$$5.4 \times 3 \times 1 = 16.2\text{寸}$$

跟這個斗的算法完全一樣，可見這個斗的算法是根據秦量來的，更可以看見新莽的尺也是根據秦尺來的。莽斛説「方尺而圜其外，庣旁九氂五毫，冥百六十二寸，深尺，積千六百二十寸，容十斗」，由於是圓斛，算法就比較複雜了。

五穀之名，據《周禮·天官·疾醫》鄭玄注是「麻、黍、稷、麥、豆」。此斗有嘉禾而無稷，略有不同。由於此斗不但有名而且有圖，對於研究古代穀物的名稱是有益處的。但是這個五穀圖是屬於祥瑞圖的性質，例如嘉禾，一本上竟有三十六穗，是一種幻想，但也可以反映農業社會里人民對於豐收的一種願望。這種願望，只有在今天，人民自己作了主人的時候，才真正達到了。漢代的植物圖案是不常見的，在青銅器上有這樣細緻的圖案，更是難得。

這件銅器上的五谷圖是過去收藏家所不知道的，歸故宫博物院後因摹繪器形，發現器身隱約有小花紋類似唐器物，有人疑爲用後代器物所改作，經用紫外綫燈檢查，確爲原作，才聯想到底邊上的五穀名稱，推測這些圖案可能有關，因重加洗滌，始發現這個五穀圖。但由於筆畫微細，無法摹拓，所以只能把它臨摹下來。

故宫博物院前院長馬衡先生曾得此斗的拓本，認爲這件器，和學術研究，關係很多，特爲復制模型，有木的，也有銅的，那時大家傳説這個銅器已經流出國外了。現在才知道它轉輾流傳，幾乎入熔銅之爐，而始終無人發現這上面所刻的五穀圖，可見收藏家的目的，只在賞玩，甚至作爲商品來販賣，而無心去仔細研究，現在回到人民手中，才能有這樣的新發現，僅此一端，也可以見私有制的必需廢除了。

載《故宫博物院院刊》一九五八年第一期第五〇至五一頁(署名：羅福頤、唐蘭)

朕簋

故宫博物院藏

朕簋，清道光末年（約一八四〇年至一八五〇年）出土於陝西的岐山，舊爲山東濰縣陳介祺所藏，陳氏定名爲聃敦，説是周文王的兒子聃季所做。但陳氏認爲是「聃」字的，實際是「朕」字，銘文「惟朕有慶」，朕字顯然是做這件銅器的主人的名字，所以應該稱爲「朕簋」。劉心源把前面「降天亡尤」（意思是從天室下來没有愆尤）一句讀錯了，把「降」字連在上句，又誤連下句的「王」字讀成「天亡又王」，所以叫做天亡敦，文理不順。有些人根據銘文説到「王又大豐」，就把它叫做大豐敦。也有些人就把它叫做四耳敦。

這個簋四耳方座，上面有一種獸頭鳥身的怪鳥花紋，銘文將近八十字，是商代銅器所没有的。從銘文裏可以看出它是武王時代所做，約在公元前十一世紀。銘文中所記是武王滅殷以後祭他的父親文王，而朕這個人是當時幫助祭祀的，所以做了這件銅器。過去銅器學家常常把商代跟周代劃分得很機械，把陝西出土的銅器都定爲周代器，但事實上有些銅器的製作是遠在武王伐紂以前的。就其地域來説，是周王國的地區，但就其時代來説，卻還是商代。這件朕簋因爲是西周最初年代，武王剛伐商時做的，所以可以證明，在商代後期西北地區的周王國已經發展了自己的青銅工藝。這件銅器無論在器形上、圖案上、銘刻上、書法上都有自己的特點，和一般商代銅器不同。主要是它没有商代銅器那樣流麗和工致。而到了成王時代的銅器，風格又顯然起了變化，顯得整齊和雅致了。那是由於周公成王建立了東周洛陽，遷了殷的遺民，跟商代文化藝術有了很多接觸，而且已經融合在一起的緣故。

朕簋的重要就在於它能證明是西周最早時代的，因而説明了遠在商代末年，周王國的文化藝術已經十分發展，可以製作這樣的很高級的銅器了。

朕簋高二十四、徑二十點五釐米，很久以來，已經失去踪迹，一九五六年忽在上海發現，今歸故宫博物院藏。

朕簋拓

朕簋圖

載《文物參考資料》一九五八年第九期第六九頁。

中國古代文化藝術的寶庫

——介紹故宫博物院歷代藝術館

國慶節前開幕的歷代藝術館，是故宫博物院中國古代藝術品陳列的中心。全館共分三個陳列室：第一室在保和殿。陳列着原始社會晚期與奴隸社會的藝術品；東廡是第二室，由戰國時代到宋代；西廡是第三室，由元代到「五四」以前。集中了院内最重要，最有代表性的文物四千多件，按時代順序作有系統的綜合陳列。使參觀者可以用很少的時間，對祖國四五千年來文化藝術的歷史發展，得到一個全面的概括的瞭解；同時，對故宫博物院的珍貴收藏，也可以看到它的菁華。

保和殿，這個封建王朝作爲考試狀元、進士和宴飲王公大臣的地方，現在，除了寶座外，從殿的西頭開始了歷代藝術的陳列。我們首先看到的是新石器時代裏的磨得很平滑，拿在手裏很合適的石工具；在考古學家的採集品裏，還常有玉質的。人類用石頭來做工具，這是幾萬年以前的事情了。在四五千年前，我們的祖先，不但善於到處去選擇堅硬而又很美觀的礦石，並且已經獲得磨製、穿孔等技術，爲後來的玉器工藝奠定了基礎。古代的文化藝術的發展是很緩慢的。但毫無疑問地説明了藝術起源於勞動。這些比較原始的工具，斧頭、鑿子之類，雖然早就被銅器、鐵器以及複雜與精密的機器所代替，但依然能唤起參觀者濃厚的興趣。

古代遺物，除了勞動工具，就是日常生活中的用具。《禮記・禮運篇》描寫説：「夫禮之初，始諸飲食，其燔黍，捭豚，汙尊而抔飲，蕢桴而土鼓，猶若可以致其敬於鬼神。」是説那個時代還没有烹煮器和食器，也没有容器和飲器。喫飯、吃肉要用燒熱了的石頭來弄熟的。喝水是從土坑裏用兩手捧起來喝的。從這樣的時代發展到有土制的用具，更發展到用高的温度燒製的堅硬的陶器，是需要經過上萬年的不斷的進步的。

發現於河南、甘肅等地的仰韶文化遺址裏的彩陶罐，顯然已經是很進步的陶器，並且已經是很好的藝術品。陶質很細膩，顯然是用澄净了的細泥經過捶擊後捏製與燒造的。由於用了一千多度的高温，所以很堅硬。造型很匀稱，表面很光滑。再加上用紅黑色的鑛物所畫的圖案，整個陶器是很美觀的。有動物的圖案，也有象徵性的比較整齊、對稱的圖案。這種陶器是需要高度的製作技術的。可能在那時已經有專門的製陶工人了。

在山東、河南等地發現的龍山文化裏的陶器，在技術上有進一步的發展。它們已經是輪製，胎很薄，各種器物的造型很豐富，三足有流的紅陶鬶，有把的黑陶杯等，已經不僅僅限於容器而發展爲烹煮器或飲器了。黑陶器不用采繪，器面烏黑光亮，也很美觀。

我國從青銅時代開始，就進入奴隸社會。人們由於到處採集鑛石而發現了各種金屬，由於獲得一千度以上高温度的知識而熔煉了純銅，更進一步發明了銅錫合金并鑄造了青銅工具，使生産力得到空前的發展。奴隸主們役使了大批奴隸，利用新的工具，爲他們積累了很多財富。爲了誇示豪侈，用青銅來鑄造日常生活用具，如烹煮器的鼎甗，食器的簋、豆，飲器的觚、觶、爵、斝，容器的壺、卣，水器的盤、盂，以及樂器和車馬飾等，作爲宴會、祭祀、饋贈等用途，甚至於在死後埋在地下。鄭州、安陽等地的商代文化，已經是奴隸社會的極盛時期。青銅彝器有了高度的發展。這些青銅器的鑄造是需要綜合各方面的成就的。冶煉金屬，配合合金成色，鎔化爲銅液以供鑄造，是一個方面；製造陶範，在範上加以彫刻，是另一個方面；把銅液灌注到陶範裏，以及鑄成以後的各種加工，如磨鑢、鑲嵌（玉、石或鑲别一種金屬）、填漆等工藝，又是一個方面；但最重要的，應該是器物的造型與裝飾的設計，圖案的繪製，銘文的書寫與物像的雕刻。前者是屬於技術範圍的，而這是屬於藝術的水平的。商代的青銅工藝水平顯然是很高的。青銅器的造型取材於玉、石、骨、角、竹、木等器與陶器，但發展得很快。它的形式的繁富是很突出的。不但是種類多，而且在每一種用具内，除了最常用的圓鼎與簋外，大都是每一件器物，都有自己的獨立的形式與風格。每一件器總是很妥貼的，各部分之間很諧和。至於裝飾，更是千變萬化，善於推陳出新。像刀頭上裝上了馬頭、牛頭等雕刻，壺或卣等裝上了提梁，都盡量利用新的技術，使得器物更華美。圖案以動物爲主，獸面紋（即饕餮紋）更是常見。各種圖案大都是對稱的，而且總是把畫面填滿的。圖案和雕像往往是配合起來的。在圖案裏以浮雕的獸面爲主，而用回紋作裝飾。在許多作成鳥獸形象的銅器上又常常滿身遍佈花紋。銘刻也常常和圖案分不開，或者是把文字寫成圖案的形式，或者干脆把圖案銘刻組織在一起，分不出哪是圖案，哪是文字。商代青銅器的裝飾中包括雕刻、圖案與書法。可以看出這些藝術在當時的發展情況，但總起來説，作爲器物的裝飾是過於繁縟與重複。一個獸面的圖案上，把眉毛畫成一只獸，耳下又有一只鳥之類，只圖好看，「踵事增華」，實際是并不需要的。

商代文化的發展，除了極爲豐富的青銅器以外，可以從有成組的銅鐃、石磬等樂器來看，還可以從玉器與骨雕，以及極珍貴的白陶器等方面來看。玉器裏已經有透雕，像「鷹攫人頭佩」和「玉女佩」都已利用這種新的技術。「有冠玉鳥」在現存商代玉雕中是較大的。它的雕法與骨雕、白陶器上的圖案都跟銅器上的圖案差不多。在蚌殼裏面用朱畫的龍紋，也是這樣。還有各種陶器的造型，往往反是模仿銅器的。可以説商代的青銅器工藝是從各種技術與文化藝術的發展而産生的。但反過來，它又形成了新的風格，使各個方面的工藝品都受到它的影響。

過去一般人説到殷商文化，總拘囿在安陽地區以内，但實際要廣闊得多。鄭州地區的發掘，可以證明。這裏較古的器物是在盤庚遷殷以前的。風格和安陽的不同。陝西省所出殷商時代的器物，總比較厚重而雄健。有些人説成是周代的，顯然是錯了。根據最近的發現，長江流域的荆舒文化，也在殷商時期就能製作很好的銅器，像「三羊尊」上的羊頭上虬曲的角和獸面紋裏滚圓的眼，都是安陽銅器裏所看不到的。

西周初期的銅器，一般説來，跟商代没有很大的不同。鳥紋圖案用得較多，鼎足已開始變成馬蹄形之類，只是發展過程中的一些小變化。但從另一方面説，我們也可舉一些迹象，如飲酒器在逐漸減少，圖案裝飾較前簡單，長篇銘刻的出現和有些銅器是製造出來專供出賣的之類，預示大的變化時期將要來到了。公元前十世紀以後（即穆王以後），新的風格逐漸形成，像師趛鼎、追簋等器，無論器形、裝飾和圖案，都使人感到雄偉、厚重，單純而大方。有些銅器，樸素無華，只有兩個獸頭裝飾，或者只有幾條綫，但造型還是很美。許多新的器型逐漸出現了，像盛食器的「簠」，注水用的「匜」，以及帶乳形裝飾的樂器——鐘等。

西周滅亡以後，貴族王公割據的局面，已經開始了。但在銅器上面，東周的風格跟西周幾乎没有什麽變化。不過西周時大都集中在王朝——宗周或成周，而春秋時分散在各國，大國如：齊、晉、秦、楚，小國如：鄭、虢、魯、衛等，都鑄造了很多銅器，青銅工藝更加普遍了。西周和東周，文化藝術是差不多的。在這個時期中，除了銅器以外，其他工藝品的遺留不很多。

一直到春秋末年，大約公元前六——前五世紀時，青銅工藝才發生了顯著的變化。一九二三年新鄭出土的銅器羣裏，像薄胎的大銅鼎和綴滿了龍形裝飾的立鶴方壺，都已經是新型的了。鼎上出現了連續的小方塊排成行列的圖案，鼎身很薄而鼎足很粗。壺蓋上出現了蓮花瓣形和極爲生動的一只鶴，把商周時代的傳統風格都突破了。吴越的兵器製作很精。「邗王是埜戈」的戈上透雕裝飾作龍和鳥的形狀，身上還滿佈細花紋，雕刻的精緻是突破過去的，「少虡劍」據我們所知有三把，其中兩把已被帝國主義者盜出國外，但都已殘破。現在陳列的是最完好的。鋒刃銛利，跟新的一樣。銘文是錯金字的，字體已經有些像鳥篆，劍把上還嵌着緑松石，裝飾很華美。古代有名的寶劍都爲它加上一個名號，像：「巨闕」、「湛盧」、「干將」、「莫邪」等。這把劍的名號是「少虡」可見不是一把平常的劍，在當時就是很貴重的寶劍了。

東廡第二陳列室裏是從戰國時代開始的，這已經是少數大國爭霸的封建社會。用鐵器來作爲生産工具，也已經很普遍了。銅的用途很廣，由生産工具的刀和鏟子演變爲貨幣，已經廣泛使用。官府有信璽，很多私人也都有姓名小璽；腰帶上用的銅鈎，由「鞶鑑」演變而成的銅鏡，〔一〕幾乎是人人必備的。這些新的器物，無論在文字的書法上或裝飾的圖案上，都有新的變化。由於戰爭頻繁，兵器用得很多，並且還是用銅的。楚惠王熊章的戈是用錯金銘文和圖案來作裝飾的，還跟春秋末期的兵器一樣，銘文也還用鳥篆。錯金戈柱，上面是一隻鳩鳥。在管狀的柱上，用金銀嵌出巨龍乘雲的一幅圖畫，雲氣遍滿，空隙處有一些猛虎、飛鳥或仙人等。這樣充滿幻想的題材是過去所未有的。戈柱的形式，和在河南輝縣出土的戰國墓中的陶製明器差不多。〔二〕

日常生活中用的銅鼎、銅方壺（鈁）等，已經是商品，所以往往是千篇一律的。貴族所用的銅器，要講究得多。常常嵌金銀絲、紅銅或緑松石，還有塗金的，鎏金鎏銀的，貼金銀片的，裝飾得色彩鮮明，分外美麗。有些銅器上還把繪畫作爲圖案，像「宴樂漁獵攻戰壺」上層是採桑和射箭，中層是宴樂與漁獵，下層是水陸攻戰，在水戰裏已經有了樓船；還有狩獵壺和狩獵豆，都是反映當時社會上的現實生活的良好作品。

戰國時代玉器工藝的高度發展，足以使人賓玩不忍釋手。玉質的精良，雕工的玲瓏美好，都是頭等的。像有龍形裝飾的白玉璧與璜等，使人回想到藺相如完璧歸趙的故事。還有許多雕成龍、虎及鳥形的佩飾，更是生動。漆器已經發展。各色的料珠是新的裝飾品。明器開始盛行。作爲建築裝飾的瓦當，也有很好的裝飾圖案。總之，在這個時代裏的文化藝術是普遍性的高漲。成組的樂器中，有標出十二律名稱的石磬是很可重視的。

漢代的文化藝術，主要是沿襲戰國的。像畫像石、畫像磚就是從戰國時代的壁畫，甚至是銅器上的圖案而發展到磚和石上去的。銅器的形式也大都與戰國相同，但鎏金特别發展。這裏陳列的公元一五四年的薌他君石柱是先畫後刻的。許多層叠疊起來的怪獸和力士相搏斗的形象，綫條很細，畫得也很準確，還有戰國時代的遺風。但象郭仲理刻石等就比較渾厚了。漢銅器裏特别發展的蹲熊的足，在建武二十一年的乘輿斛上，還加上了緑松石和「玫瑰」等裝飾。漢代喜歡用熊做裝飾，因爲它顯得有力量。

戰國時的帶鈎，漢代已發展爲抱着一條魚的「丙午神鈎」；戰國時的銅鏡，漢初就加上了銘文，一直發展到後來，加上銀鉛，顔色潔白，圖案上有了四靈和仙人等；戰國時的璽，這時稱爲印。有些銅印的鈕，作龜或駝馬等形。玉印尤其可貴。「婕妤妾娋」，是明朝就已赫赫有名的，過去被稱爲「趙飛燕玉印」，許多文學家爲它寫過詩。戰國時的漆器，這時更加發展。戰國時的明器，這時已普遍用陶俑，並且塑得很像真人。輝縣出土的動物象，更加生動。還有瓦屋、井、竈等。戰國時代的瓦當，都是半圓形的，漢代變成圓形。除了四靈圖案外，還常用文字作爲圖案。許多日常用具是玉製的，像玉燈、玉奩、玉杯等，都是十分珍貴的。

銅器上有工人的名字是從戰國末年才開始的。漢代銅器也是如此。可以看出那時已經都是尚方官造，很少是民間的了。但洗臉用的銅盆卻常常説明是從朱提和堂狼造的。漢銅器中像：燈和薰爐都是新發展起來的，燈有牛燈、羊燈，還有火燄打檠。薰爐中的博山爐有十分突出的作品。一個力士騎着虎，一手托了一座山，山裏有獵人在打虎，有駒車在行遠道，這是一件很好的雕塑，也是一張很好的畫。

北方民族的銅帶飾，主要是雕出人和動物的圖象。以及西南民族的銅鼓，在漢代藝術史裏都佔有很重要的地位。

在中國古代文化藝術的發展歷史裏，漢魏之際，即公元二至三世紀時，是一個極重要的關鍵。燦爛的青銅器到了漢以後，除了貨幣和銅鏡以外，不能作爲主要的工藝了。青銅時代裏，生産工具是青銅，有許多生活用具也是青銅，到了鐵器時代，人們雖也曾用鐵來做帶鈎，做鏡子，但終於發現它不適宜作工藝品而放棄了這種企圖。玉器雖然有過很大發展，但究竟太貴重了。玉材難得，不是人人能享用的。漆器也曾一度發展，但局限性很大，只能做一些杯、盤、奩具之類，價值也很高，不容易普及。只有陶器，隨地可以取材，是最容易發展的。遠在商周時代，我國已經有了釉陶。漢代的黄釉、緑釉陶器，又進了一步。到漢末，在長江以南，尤其是紹興一帶燒成青瓷，晉朝人稱爲縹瓷，揭開了工藝美術史上的新的一頁。它的顔色美麗，觸手光滑，容易洗滌干净等優點，立刻爲廣大人民所愛好。從此以後，約一千七百多年，我國的瓷器已經取得無數的輝煌成就，但總不能忘記這一個創造時期的許多優秀工匠的功績。這裏陳列的有公元二六〇年（永安三年）的樓閣人物罐，是早期青瓷的一件代表作品。

我國古代的文字，是由繪畫孳生的。但有了文字以後，繪畫和書法就各自發展了。繪畫與書法本來都有實用的價值，有時也作爲器物或墻壁上的裝飾之用，但作爲一種獨立的藝術，畫下來、寫下來供人們欣賞的，卻發展得很晚，是漢魏之間才興起的。紙的發明，顯然有助於文化藝術的新發展。過去只靠畫壁、刻石、鑄銅或寫在竹木簡上，局限性很大，絹又太貴，有了紙就很容易普及了。

文化藝術常常是在人民羣衆中有了廣大基礎以後，才被一些藝術大師採取來加工和提高的。漢代的歌謡最後産生了五言詩。「漢興以來有草書」，經過了約四百年，才有以草書名家的張芝。薌他君石柱的銘記上説明當時有一批職業畫家，專爲别人畫墓室、食堂等畫像。在這個基礎上，才能有衛協、顧愷之等大畫家。就是説經過戰國、秦、漢六七百年的醖釀，到漢魏之間，書法與繪畫藝術才十分成熟，使得中國古代藝術史揭開了新的一頁。當張芝一派的草書剛流行的時候，趙壹寫過一篇《非草書》。認爲它没有實用價值，不應該耗費時間去學習。但是，對於藝術的欣賞，已逐漸成爲當時社會的風氣，許多藝術大師的姓氏就被記録下來了。

從張騫、班超先後開通西域以後，東西文化有了接觸，佛教的傳入，與漢末道教的興起，逐漸産生了宗教藝術。寫經，畫壁畫，雕塑偶像，建築廟宇、龕塔等都是過去時代裏所没有的。有些美術工藝品還接受了一些外來的影響。這也使得中國藝術史裏出現了一個新的面目。

在這一個新階段裏，我們展出了晉代詩人陸機的平復帖。這是傳世名人墨迹裏最早的，（公元三世紀）從這裏可以看見王羲之以前的草書形式。另外還有王羲之的蘭亭叙和王珣的伯遠帖。蘭亭叙是唐初（七世紀）摹本，就是過去許多叢帖裏所刻神龍本的原本，現在真迹久已遺失，這個摹本與故宫所藏另一本，張金界奴本，都是最古的本子。要看王羲之書法的真面目，這是最重要的遺物了。伯遠帖是「三希堂」裏的一「希」，是大家所公認爲最接近於晉人真迹的。我國書法從商代的甲骨文與金文，到秦代的金石刻，都屬於篆書系統。由篆到隸，由隸再變爲今隸，也就是現在的楷書，是一直到東晉才穩定下來的。王羲之與王獻之父子兩人的書法，對楷書與行書形體的穩定，起了一定的作用。

顧愷之(四世紀)的洛神賦圖,大約是十一世紀時的摹本,還可以看到原作的一個大概。漢代的壁畫和畫象石,畫的都是社會的生活、歷史,或神話中的簡單故事。顧愷之的畫卻都是新的題材。像嵇康的詩,張華的女史箴和這卷曹植的洛神賦。正由於他不落陳套,盡力去描寫當代詩人的作品,在繪畫裏創造出新的風格,奠定了他在繪畫藝術史上的重要地位。

在漢代的石刻與陶製明器的基礎上,晉以後的佛教造象是十分發展的。有石刻菩薩像、造象碑等,也有銅造象,還有鎏金的。一九五四年曲陽出土了一大批白石雕像。有一座的背後,用硃墨畫着觀世音象。這些繪畫或雕塑都出於工匠之手,都有一定的水平。南北朝時代宗教藝術的發展,爲隋唐時代的藝術奠定了基礎。

隋唐時代是我國古代藝術發展得最絢爛的時期。無論繪畫、書法、雕塑,以及各種工藝美術,都達到了高度水平。這裏展出的有六世紀末(隋)展子虔的游春圖。這是現存的我國古代名畫中最早的一幅。六朝人的畫多以人物故事爲主,山水是襯托,山比人還小。但在游春圖裏已經看到新的山水畫。風光明媚,山清水秀,春色醉人,看了確實可以引起人的游興。展子虔是六朝晚期的有名作家,與鄭法士齊名,稱爲「鄭展」。他的畫據説是「動筆形似,畫外有情」。這個評語是很恰當的。

另外一張紈扇仕女圖描寫當時宫廷歸女日常生活中的一個片段。在炎熱的夏天,貴婦人懶洋洋地斜靠在座上,有一個宫監在替她打扇,有人在刺綉,有人坐在旁邊看她們。這些婦女雖然養尊處優,心廣體胖,但顯然是無精打彩的。畫家極其生動地描寫了這種情態。有人説這是周昉畫的。有人説近於張萱。總之,是八、九世紀間的重要作品。還有一卷五牛圖,是八世紀時韓滉畫的。他以畫牛著名。這幅畫寫出牛的各種形態,有的是有絡頭的,有的在樹枝上擦癢,也是一張代表作品。

一九五六年在西安出土的唐代李爽墓壁畫是公元六六八年(總章元年)時畫的。畫衣服用大筆粗綫條,筆法放恣,一點不拘束。這是工匠的畫。由此可見唐代的繪畫藝術,一般都已達到高度的水平。與此同時的敦煌壁畫,也同樣顯示着唐代繪畫的一般水平。這裏陳列着兩張敦煌畫,紙本的地藏王菩薩像約作於九世紀,絹本的觀音像,可能已經是十世紀的作品。有人認爲敦煌在邊陲,那裏的畫法與中原不同。其实敦煌離長安不遠,在唐代是交通的孔道。長安的新風氣很快就可以達到敦煌,最多是技術水平略有高下罷了。這裏陳列的有貞觀時(公元六二七年)國詮寫的善見律,是清宫舊藏的唐人寫經。卷尾有閻立本等的題名,顯然是長安的「經生」寫的,跟敦煌千佛洞石窟發現的唐寫經也没有什麽大的不同。

書法藝術在南北朝時，南北兩地的風尚是不同的。南朝沿襲王羲之的一派，北方的碑志卻保留了漢晉的風格。到了隋唐之際，方統一起來。歐陽詢是代表作家之一。他寫的字結體有些像行書，而用的是楷法，剛勁而有風致。這裏的卜商帖，可能是唐人雙鈎本，但完全可以看出他的書法真面目。顔真卿和柳公權都是自創一格的大書家。這裏陳列的是兩段尺牘，都是行書。越是他們不經意的墨迹，就越可以看出他們的真本領。至於九世紀前期的杜牧本是詩人，不是有名的書家，但是他所寫的張好好詩真迹，確是「氣格雄健」，信筆起落，使人看了覺得很痛快，跟他的詩有差不多的味道。也可以説明唐代書法的一般水平都是高的。

雕塑技術也是這樣，隋代的石雕立像，雖只殘剩軀干，但身體婀娜，綫條流利，表現手法是很高的。隋唐之間的佛教造像，有一部分重新吸收了印度藝術的影響。這從澄泥制的「善業泥」佛像和另有一些在銘刻裏説明是印度佛像的，可以證明。善業泥後面的銘記，書法學褚遂良，可見是初唐的作品。

雕塑藝術還可以從各種陶俑和動物的形像來看。相傳是敦煌來的綵繪官吏像和女官像以及其他三彩陶俑形象都很生動而且各具特徵。馬和駱駝等明器，很高大，每一個部分都塑得恰到好處。特别是白石雕的四只老虎。一只踞在岩石上，其他三只圍繞石旁，無論在布局上或形象上都是成功的作品。

隋唐時代的工藝美術也有巨大的發展。在南北朝時期，很少見工藝品，隋唐時代大批地出現了，而且大都有新的風格。在瓷器裏越窑青瓷較前進步。白瓷的燒造是新的創造，三彩陶器也是過去所没有的。河南燒造的黑釉陶拍鼓上面有淺青釉的斑點，釉色厚重得像猪油一樣，就在後代陶器裏也是少見的。還有青釉的鳳頭龍柄壺，吸收了一些外來的影響，可以説是北方青瓷裏一件極精美的作品。

隋唐的銅器，胎很薄，大都是素的，無論冶鑄或造型，都跟秦漢時代截然不同。銅鏡也出現了新的風格，胎都很厚，銀鉛較多，又有菱花形、多角形、方形等鏡，鏡背上有金銀平脱，漆背銀花等裝飾。尤其是圖案裏出現了海馬蒲桃和各種花鳥、走獸，還有人物和山水，有些是風俗畫，像打馬球鏡就很突出。金銀飾物與金銀器，雕刻了極爲細緻的圖案。也有玉帶版，上面大都刻供養人或伎樂人的形象。總之唐代工藝美術品的風格是嶄新的，圖案裝飾上也有許多新創造。另一方面，它們常常帶一些外來的風格，這是由於天山一帶東西交通發展的結果。所以就連陶俑裏也常常能看到深目高鼻和穿少數民族服裝的騎士或商人。

五代到宋，從繪畫書法來説是繼續在發展，並且不斷地在推陳出新的。正如李后主是一個出色的詞人一樣，南唐畫院裏有不少好手，董源跟荆浩、關同、巨然等齊名，善於畫江南山水，對後世影響很大。他的瀟湘圖和顧閎中的韓熙載夜宴圖都是千古絶作。後一幅畫是作者奉李后主之命在參加了韓熙載夜宴以後默寫的。把複雜的環境集中爲幾個場面，十分真實地暴露了當時貴族社會裏豪侈放縱的生活情況。

宋初崔白的花鳥畫，突破了五代對黄筌一派的成規，爲當時的重要作家，這裏有他的一幅寒雀圖。著名山水畫家郭熙的窠石平遠圖，宋徽宗趙佶的雪江歸棹圖和聽琴圖，以及李公麟一派白描人物的維摩演教圖，都可以看出當時的繪畫水平。南宋初李唐的伯夷叔齊採薇圖是借用歷史故事來鼓勵當時人反抗金朝侵略的一張名畫。運筆有力，在山水畫裏開創了新的風氣。馬遠、夏珪是受到他的影響而又有新的發展的。這裏陳列的有馬遠的踏歌圖。

木匠出身的李嵩，所畫的貨郎圖和無名作家的大儺圖都富於民俗畫的色彩，是南宋畫家的新題材。

蘇軾、文同的畫竹，開展了文人畫派。南宋初的楊補之則以畫梅著名。這裏陳列的有他的四梅圖，從早梅到落梅。他本來是詞人，同時做了四首詞，畫、詞和書法都是絶好的，可以稱爲三絶。

書法從五代楊凝式起打破了晉唐人的成規。這裏陳列着他的神仙起居法，還有宋蘇軾的治平帖和米芾的行書尺牘，黄庭堅和蔡襄的墨迹，都各有自己的獨特風格。

宋代的彫塑藝術，已不如唐代繁盛，木雕如漆的菩薩像比較常見。

由於雕版印書的發展，書中的木刻插圖，已經開始盛行了。

宋朝的瓷器，較唐代有更大的進步。白瓷有了定窰，青釉的燒造，如：汝窰，官窰、哥窰、龍泉窰等相繼發展，鈞窰燒成了藍紫等色，在燒製技術上已達到了高度水平。磁州瓷器都採用民間圖案，豐富多采，是過去所没有的。定州的緙絲也已很發展，這裏陳列的有沈子蕃的梅花寒雀圖是宋末十三世紀的作品。

但是，在工藝美術的發展上，顯然有兩個分野。唐是創新，宋是復古。這主要是由於十二世紀時考古學的迅速發展。無論在銅器、玉器上受到商、周、秦、漢的影響是很深的，仿古的風氣在逐漸流行了。

宋元之間是中國藝術發展史上又一次重大的變化。首先反映在繪畫上。南北朝、隋、唐、五代、北宋、南宋各個時代裏，繪畫藝術的面貌隨着時代的發展在不斷地發展與進步，但十三世紀以後卻變化了。由於元代取消了畫院，專業畫家少了，加以當時統治者的民族壓迫政策，士大夫畫家不敢在繪畫裏流露出反抗情緒，以趙孟頫爲首的畫家們把繪畫題材逐漸縮小，只剩山水蘭竹等。畫家和工匠畫，逐漸分化。文人畫家看不起專業畫家，更看不起工匠。他們提倡復古模仿唐人，主張要有古意，要簡率，而反對南宋畫院風行的細緻描寫，還提出書畫同源的説法。這些活動對後來的影響也很大。正如文章做到八股，詩做到試帖一樣，山水畫也有了一些公式，只要能照這樣做就可以是一個畫家了。復古與模仿固然有助於技術的提高，但同時也阻礙了獨立的創造。書法藝術也受到了拘束。趙孟頫、董其昌都學晉、唐，明清書法家又大都受這兩位所謂「文敏公」的影響，很少新發展。雕塑藝術也是千篇一律，尤其是密宗佛像的大量製作，有些是算不得好的藝術作品的。

在工藝品方面這一時期則有很大的發展。首先由於封建統治者的重視。在元初，有些官營作坊裏，把工匠列爲「匠户」而奴役他們，曾一度阻礙他們的發展，但由於國外交通的通暢，對外貿易的發達，也刺激了手工業的發展。明初漆器設果園廠，宣德鼎彝跟嵌珐瑯等是由工部製造的，景德鎮的瓷窑，蘇杭等處的織機，都是由政府直接掌握的。清代皇宫中還設了造辦處。用國家的力量，不惜工本來提高某些工藝品，或創造出新的品種是容易做到的。北京作爲都城六七百年，巧匠良工集中，有助於工藝品質量的提高。其次是各個商業都市市民的需要也促使了一些重要的美術工藝品的恢復與發展。許多工匠因他們的技術成就而著名當時。這種現象，在宋以前是比較少的，只是元代以後才逐漸地出現。封建統治者直接經營的精工製作的工藝品種與各個地方商業都市的新興商品，常互相影響，推動了它們的共同前進。還有封建士大夫階級愛好古董的風氣，逐漸發展爲講究陳設搞新古董，很多工藝美術品，脱離了實用的目的，成爲欣賞品。像瓷器可以發展爲瓷塑、插掛屏等，甚至於做成水果糖點等形狀。形成我們今天所説的特種手工藝。

另外一方面，元朝以後對國外的交通貿易關係，愈來愈多而遠了。在元代時就有「大食窑」（阿剌伯的珐瑯器）的輸入。由於發展了和日本的交通，在漆器工藝裏出現了仿倭漆。明朝許多工藝品裏面已經採用外國原料。明末以後繪畫上也不斷的吸取一些西洋畫法。這種接觸越來越多，藝術家的眼界也就愈益擴大了。

歷代藝術館的第三陳列室正是從元代開始的。在這裏，我們首先看到的是長十八米多的大壁畫。這原來是山西稷山縣興化寺的七佛壁畫。作於大德元年（公元一二九八）據説是朱好古畫的，現在大家最熟悉的永樂宫壁畫就是他的門人畫的。從這幅壁畫裏，我們可以看出它還保存着唐宋以來壁畫的傳統。而明代的壁畫，如北京西郊的法海寺壁畫裏的女供養人，面部輪廓與表情，已經相同於改琦、費丹旭等的仕女畫了。這張壁畫是帝國主義者與我國不法古董商勾結想盜出國外，被過去的北京大學國學研究所截留下來的，擱在庫房裏也二三十年了。在大躍進的一年裏，我們的技術人員把它修理好了，現在已經陳列出來，對研究宋元時代的繪畫是有很大用處的。

陳列的元代的繪畫，一部份作品是承繼宋人的舊法的，像錢選的山居圖，任仁發的二馬圖都是。趙孟頫有兩套本領。象秋郊飲馬圖，顯然是學唐代或北宋的，但象秀石疎林圖就已經是新的風格了。這裏有黄公望的快雪時晴圖，吴鎮的竹石圖，倪瓚的秋亭嘉樹圖和王蒙的夏日山居圖，這就是元四家。這四家各有自己的特點，在筆墨技法上有新的成就。至於後代畫家把自己鎖在四家的座位下面，不敢踰越，是不應該歸咎於他們的。另外王冕的雙鈎畫竹，具有端莊的風格。

元代瓷器在青花與釉裏紅兩方面是一個躍進。張成、楊茂的雕漆器，朱碧山的銀槎，都是十分有名的。清初詩人王士禎等曾爲銀槎做過很多詩。這三個工匠都是浙江嘉興人。可見元代末年江南方面的有名工匠，已經爲世人所尊崇了。

明朝初年，像：畫家戴進，還是接近南宋院體畫的。吴偉、吴紀都是大作家。吕紀的殘荷鷺鷥圖，畫着蒼鷹在天空上盤旋，鷺鷥已經喪膽，想到殘荷下面去隱藏，真是一張好畫。吴門四大家中，唐寅與仇英，也還有南宋人遺留下來影響。唐的孟蜀宫妓圖是臨摹舊本的，另外一幅風木圖，是描寫「樹欲静而風不止」的故事，用以襯托出對死去的父母的悲傷情緒，是很能感動人的。仇英的真迹不多，陳列的玉洞仙源圖，是一件代表作品。

沈周與文徵明，師生二人是吴門派畫家的領袖。他們都活了八十多歲，兩個人的繪畫生活有一百一二十年。明代畫家受他們的影響很大。陳淳是屬於吴門派的，他的墨筆花卉，筆意豪放，是可以自成一派的。徐渭是不得意的文人。他的作品，往往流露着對當時的社會政治不滿的情緒。他的寫意花卉常常只有極簡單的筆墨，由於他能抓住對象的生動意態，所以儘管着墨不多，卻十分精采。

明代的工藝品中，瓷器由青花發展爲各種彩瓷是一個大進步，使得色調更華美了。漆器與織造均有進步。宣德鼎彝的製造在金屬工藝裏是一個新的成就。第一是銅的精煉與成分的配合，宣爐比一般銅器比重大。它的顏色與光亮，本身就很美。第二：在造型方面，吸收了從商周一直到宋元各個時代的銅器與瓷器的式樣。第三：它充分利用了做仿古銅器的經驗，摹仿銹色，斑點以及瓷釉等，作爲裝飾。總之，它給人以厚重大方的感覺，既没有怪樣子，也没有過多的近於繁瑣的裝飾。嵌琺瑯的製造，在清宫舊藏裏有刻宣德款的，我們推想它是在大量製造宣德鼎彝時創造出來的新品，只是到景泰時才大量製作，所以一般就把它稱爲景泰藍了。

各個地方的美術工藝品，在明代有很多名手。像：刻玉器的有蘇州的陸子岡，雕竹的有南京的濮仲謙，嘉定的朱小松、三松父子等，製墨的有徽州的程君房、方于魯等。改機是福州工人林洪所創造的。宜興的紫砂器是地主家的僮奴供春創造的。

十七世紀（明末到清初）時的繪畫，像項聖謨的大樹風號圖，選題命意都耐人尋味。在畫幅中間畫一棵大樹中天而立，畫法也很大膽。陳洪綬是經常爲版畫作稿的畫家，他的水滸人物葉子，對草莽英雄寄與無限同情。這裏有他的荷花鴛鴦圖，色彩鮮艷帶有濃厚的裝飾趣味。反過來看當時所謂主流的董其昌等畫家，主要是摹仿元四家的山水畫，他們的筆墨技巧是很高的，尤其是王翬，大家公認是最善臨摹的高手。但每一幅作品都差不多，很難説有多少是新的創造。王翬曾爲康熙皇帝畫南巡圖。王時敏的孫子王原祁又曾領導過畫院，跟王鑑合稱爲四王，還有吴歷與惲壽平都是以山水畫出名的。一直到清末被認爲是正統畫家。另一方面，惲壽平的花卉畫在清朝則確是很突出的。

明末遺民石濤和八大山人（朱耷）等在思想上是反抗清朝的。他們的畫都有自己的獨創風格。石濤大都畫山水而八大山人多畫花鳥，這裏的清湘詩畫稿和荷花水鳥圖，都是很大膽的創作。華喦（新羅山人）的秋樹斗禽圖以及稱爲楊州八怪的金農、羅聘、鄭燮、李鱓等的畫，都能創造新的意境，像金農所畫的梅花，花朵滿幅，卻一點不顯得雜亂。這些畫家，主要是靠在揚州等商業都市中賣畫爲生，在當時是不被王公貴人們重視的。

從明末與歐洲交通發展以後，受到西洋畫的一些影響，曾鯨、禹之鼎等所畫肖像已經參用新法了。意大利畫師郎世寧在雍正時已在清宫裏畫彩畫，後來被皇帝賞識，讓他學中國畫，當時畫院裏的一些畫師像焦秉貞、冷枚等在花卉仕女畫裏，也常採用一部分西法。在工藝品裏面滿了玻璃油畫，還有畫琺瑯，即一般人所謂「洋瓷」，都在開始時接受過一些外來影響而在傳統技術的基礎上加以發展的。

書法從清初起，幾乎人人都學董其昌。劉墉自稱爲學鍾繇，以善於用墨著名。從鄧石如開始，篆、隸和北朝碑誌才引起大家的注意，他的弟子包世臣企圖用北朝筆法來寫晉帖，也有獨創的風格。雕塑藝術與工藝品很難分，但十八世紀時的小泥塑，所捏人像，如這里陳列的雍正皇帝像則是很成功的。版畫從明末開始，發明了五彩套印，十竹齋畫譜等是現在榮寶齋水印木刻的前身。

清代的工藝美術有多方面的發展。像：　蕪湖鐵工湯鵬所造的鐵畫，吴門顧二娘的製硯，嘉定封錫爵等的刻竹，揚州盧棟（葵生）的漆器等都各有特點。在瓷器方面，有郎窯紅，有所謂古月軒，那是把琺瑯釉質放在絶薄的瓷胎上燒成的，乾隆時期，新疆輸入的玉很多，玉雕刻特别發展。有幾種顔色的不透明琉璃所做成的器皿，稱爲套料。還有家具陳設等。在乾隆嘉慶時，工藝品的質量是很高的。紫禁城裏還設有造辦處，所以過去老藝人總常常以乾隆時的做法作爲標準。像這裏陳列的會昌九老玉山子和七夕圖刺綉屏風等，要用很多工人來製作。當然，只有在宫廷範圍内才能辦得到。

我國疆域廣大，民族衆多，這裏陳列的有藏、回、維吾爾、蒙古、苗、彝、黎等很多民族的文物與工藝品，都各有它們自己的民族風格，也常常可以看到各族之間的互相影響。

鴉片戰爭以後，商業都市中心移到了上海。趙之謙是鄧石如、包世臣一派的書家，還擅長刻印。他的畫是以色彩富麗著名的。吴俊卿（昌碩）很受他的影響，齊璜（白石）又受吴的影響，都是寫意畫派，以篆隸的筆法入畫，所以有人説他們的畫有金石氣。這一時期像任頤、盧谷等都是多能的大畫家。這個時期裏的民間藝術品，現在保存的還多，像蘇州桃花塢與天津楊柳青的年畫，所描寫的都是人民喜聞樂見的事物。

歷代藝術館的陳列到「五四」運動終結。這些展品集中而又概括的顯示了中國歷代藝術發展的面貌。古代勞動人民給我們留下了極豐富的藝術遺産。黨的領導和今天的社會條件更爲藝術的繁榮提供了極其優越的客觀條件。目前，在黨的領導下，我國人民在改造社會和改造自然方面已經作出了豐功偉績，今後在藝術創造上一定也會遠遠的超出歷史上的任何時代。

載《美術研究》一九五九年第四期第三至十頁。

〔一〕《左傳》在魯莊公二十一年傳上説鄭伯享周王，王把王后的鞶鑑送給他，鞶鑑是掛在帶上的小鏡子，是後代銅鏡的最早形式，最近三門峽考古中，在虢國墓葬裏發現了這一類小銅鏡。魯莊公二十一年是公元前六六三年，虢國墓葬也應該是東周初期，可見這是當時流行的裝飾品。

〔二〕陽高漢墓曾出土一個錯金戈柱，與此很相像，有人據以爲漢器，但在陳列裏别一件完整的戈，形式差不多，應該是春秋戰國的，輝縣趙固村，戰國一號墓所出的陶制鳥柱，也可以爲證。見「輝縣發掘報告」圖版八十四——八十五。

對曹操要有適當的評價

郭老「替曹操翻案」，已經有很多人發表過意見，我也有一些不成熟的、也許是錯誤的意見，提出來供大家討論時參考，並希望歷史學家們指教。

（一）曹操是歷史上的傑出人物

如果我們對曹操的評價，只承認他是歷史上的一位傑出人物，一位英雄，我想投贊成票的人，一定會占絶大多數。漢末許劭在曹操年青時就評論他是「治世之能臣，亂世之奸雄」，據説「曹操大笑」。曹操自己對劉備説：「今據天下英雄，唯使君與操耳。」陳壽《三國志》對他的評語是「非常之人，超世之傑」。總之，他認爲英雄，别人也認他爲豪傑，所謂「奸雄」，是「奸」也是「雄」。他既是軍事家，又是政治家，會打仗，會用人，所謂「明略最優」，確實是一個英雄的典型。

東漢末年，生産力的發展與生産關係的矛盾，久已十分尖鋭，終至於爆發爲無數的農民爆動。關於生産力的發展，誠如尚鉞同志所言，如：鐵的生産，鋼的出現，牛耕的發展，區種法的發明等等，應該使人民普遍得到好處。但當時的生産關係，卻嚴重地阻礙了生産力的發展。那時是貴族豪强們統治下的封建社會，强宗豪族的奢侈生活，使勞動人民備受殘酷的壓榨而無法生活下去。從階級斗爭引起來自民族之間的矛盾，由明帝永平以後時常進行的匈奴、烏桓、鮮卑、西羌等部落國家間的武裝斗爭，與對蠻族起義的鎮壓，耗費大量的糧食，徵用很多的丁壯，尤其是邊境人民，更無法生活下去。總之，壓迫越重，流民越多，逃亡越多。壓迫越重，情況越來越惡化，是農民暴動的基本根源。

農民暴動是在二世紀初就開始的，不過那時規模小，並且很快就被鎮壓了。經過七十多年不斷的起義後，出現了規模十分大的黄巾起義，人數有幾十萬，分佈於青、徐、幽、冀、荆、揚、兖、豫等八州，「旬日之間，天下響應，京師震動」。這次起義是有目的的： 第一，他們要打倒舊政權而建立新政權，在起義時傳佈「蒼天已死，黄天當立」，後來青州青巾寫給曹操的信裏也説「漢運已盡，黄家當立」，雖然帶着迷信的色彩，但説明了他們要以黄巾政權來代替東漢帝國的政權。 他們到處燒官府，殺官吏，摧毁舊政權，是和一般農民暴動不同的，但起義的領袖自號將軍，派出弟子八千，「以善道教化天下」，是大規模的有組織的起義，「諸方一時并起」，就不是一般的農民暴動了。 第二，他們是提倡所謂黄老道的。 張角「奉事黄老道，畜養弟子，跪拜首過」，他派遣弟子去傳道。 據《典略》説： 「三輔有駱曜，東方有張角，漢中有張修。 駱曜教民緬匿法角爲太平道，修爲五斗米道。」 太平道還有經典，現在有一部分還保存在道藏裏稱爲太平部。 曹操曾禁斷過淫祀，青州黄巾寫信給他並且加以贊許，説「昔在濟南，毁壞神壇，其道乃與中黄太一同，似若知道」，可見他們的所謂「道」來作標準的。

但是，黄巾起義并不長久，以張角爲首的太平黄天，在二月起義，到十一月就失敗了。 以後的黑山、白波等黄巾軍，拖得久一些，也早就變質了。 張魯據漢中，用的是鬼道，又説是五斗米道，自號師君，學道的名鬼卒，真信道的稱爲祭酒，祭酒各領部衆，領得多的叫做「治頭大祭酒」。 他的道也是「教以誠信，不欺詐，有病自首其過」，據《魏志·張魯傳》説：「大都與黄巾相似。」《典略》也説「修法略與角同」，但是張角失敗了，張魯卻因爲地方偏僻，保存了將三十年，他不用官吏，就靠祭酒們來管理，據説「民夷便樂之」，有一些政教合一的意味。 但是曹操去征他的時候，他力屈投降了。 五斗米道因此而流傳下來，晉朝的王羲之等都是學五斗米道的。

黄巾起義包括兩方面： 從奪取政權來説是失敗了； 從傳道來説，由太平道而五斗米道是被保存下來的。 起義的所以失敗： 第一，由於他們缺乏遠見，只有一些簡單的「道」，儘管爲民衆所擁護，但把官府燒了，官吏殺了以後，辦法不多。又不善於打仗，仍舊是流民性質，全家老小跟了跑，人雖多，真正軍隊不多，例如青州黄巾，男女百餘萬，能打仗的只有三十多萬，儘管「數乘勝，兵皆精悍」，但由於「羣輩相隨，軍無輜重，唯以鈔略爲資」，打勝了還好，一打敗，搶不到糧食，就一敗塗地了。 第二，他們只用迷信來吸引羣衆，没有組織能力，紀律也差，所以儘管準備了十幾年，臨時卻被内部有叛徒告密而敗露了，匆忙起義，没有很好的部署，聲勢雖也浩大，但是各自作戰的，致被統治階級用皇甫嵩、朱儁、盧植等爲主將在很短時期内各個擊破，以致失敗。 在失敗以後，也没有及時總結出經驗，所以黑山、白波各部，雖失敗較晚，卻因無所作爲，終於變質了。

但黄巾起義雖然失敗，東漢帝國的統治經過這次打擊，就加速它的崩潰。漢靈帝死後（公元一八九），董卓專權，引起了統治集團中的自相殘殺和封建皇帝的走投無路，到最後曹操挾天子以令諸侯的時候，劉姓的統治權實際已轉移到曹操集團的手裏了。

曹操一生跟黄巾起義有很多關係，黄巾的失敗，給他造成了很多的機會。當張角等起義時，他以騎都尉帶領軍隊去會皇甫嵩與朱儁，他們兩人那時剛戰勝了潁川黄巾波才部，與曹操合兵後，又打了一個勝仗，屠殺了幾萬人。後來曹操參加了以袁紹爲盟主的反董卓集團，可是本身没有什麽兵，一直到一九一年打敗了黄巾軍黑山部的白繞，一九二年又打敗了黑山部的于毒眭固等，接着又把青州黄巾打破了，受降卒三十多萬，稱爲青州兵，才有了「豪雄角逐，分割疆宇」的本錢。一九六年又打敗了汝南潁川黄巾何儀、劉辟、黄邵，何曼等，受降了何儀的部隊。二〇五年黑山部張燕的十幾萬人投降了，二一五年，五斗米道的張魯也最後投降了。由黄巾起義而造成的時勢，由跟皇甫嵩、朱儁等鎮壓黄巾時所獲得的戰爭經驗，由受降黄巾三十多萬軍隊所得到的實力，都造成他奪到政權的機會。東漢末年的主要矛盾，第一是豪强兼并，官吏很少好人。第二是流民問題不能解決。黄巾起義把舊政權打破了，卻没有注意到糧食問題，「唯以鈔略爲資」，是他們的致命傷。曹操總結了這些歷史經驗，採用棗祗韓浩等的建議，興了屯田，糧食問題和流民問題逐漸解決了。由於他本身是宦官家屬，有恃無恐，所以在二十多歲做洛陽北部尉時就以「不避豪强」出名，他看出了「强民有所隱藏而弱民兼賦」等缺點，他能用人唯賢，又立法很嚴，對於貧民的壓迫就好一些，漢末以來十分尖鋭的階級矛盾，有了一些緩和；這些原因，使得他把東漢末年已經趨向崩潰的封建統治政權又樹立起來了。這些新措施符合於當時的客觀需要，是由環境所促成的，但必須肯定曹操在這個環境裏也發揮他個人的一部分作用，所以如果説曹操是歷史上的傑出人物，我想不能認爲是過分的。

（二）兩種起義

但是對曹操的評價也不要過高，不要脱離歷史的真實。曹操經常以「起義兵」自夸，必須看看他起的是什麽「義兵」，必須跟我們今天所説的農民起義作嚴格的區别。袁紹、曹操等的起兵是反對董卓，是統治階級内部的矛盾，但黄巾起義是農民階級反抗貴族和地主階級的統治的尖鋭斗爭，這是基本性質不同的兩種斗爭。曹操是統治階級的一員，他和黄巾所進行的戰爭，是站在他的階級立場上鎮壓農民起義的斗爭。曹操和黄巾的關係是對立的，不是曹操打敗了黄巾，就得是黄巾打破了曹操。事實上，黄巾起義軍是很幼稚的，憑他們的聲勢，有時雖也打過勝仗，但缺乏軍事天才，因之，更多的場合都得打得大敗。但必須説明，鎮壓黄巾起義的元凶是皇甫嵩與朱儁等，而曹操主要只是招降黄巾餘部，培植他個人的實力，是略有不同的。但也不能説曹操不是以統治階級的人物出現，或不是對農民起義軍的鎮壓。對於歷史上的統治階級人物給以適當的評價是完全必要的。統治階級的領袖人物中有優有劣，有進步也有落後，是必須分别的。不能象有些同志那樣，以階級斗爭作爲衡量歷史人物的唯一標準，如果這樣，從有歷史以來就只分兩類人物，一類是統治階級，一類是被統治階級，而過去時代的歷史又幾乎都是統治階級的歷史，爲了要批判統治階級，整部二十四史就没有多少人物可言了。這樣的看法，顯然是錯誤的，不是歷史唯物主義的。我們所評論的既然是奴隸社會或封建社會的歷史，就不能抛卻在那種社會裏面的領袖人物而必須估計他們在歷史中所起的作用。需要實事求是，對歷史人物作全面的、具體的分析。統治階級人物總是有壓迫人民的一方面的，但需要看壓迫的程度如何？還要看除了有壓迫的行爲外，是否還爲人民做過一些好事。但是也要注意評價不要過於高了。我們不贊成把整個案子翻一個大轉身，要壞就什麽都壞，要好就什麽都好，如果這樣，仍然是機械的翻案方法。曹操打過黄巾，不能説就是罪大惡極，别的一概不論；我們説曹操是可以稱爲英雄的。但必須記住曹操終究是統治階級而不是農民領袖，所以郭沫若同志把他説成「雖然打了黄巾，但没有違背黄巾起義的目的」，説他是「承繼了黄巾運動，把這一運動組織化了」，是難於使我們同意的。農民起義目的在摧毁封建統治，而象曹操等統治階級的目的是在維護封建統治，決不能説曹操曾經受過黄巾的降，就是同黄巾走在一條路上，受黄巾們的擁戴了。事實上，黄巾軍向曹操投降是黄巾起義的失敗。黄巾起義的目的，是建成樸素的空想的社會，在那種歷史條件下，是必然要失敗的。但是他們是在革命。至於曹操所做的，終究是封建社會的統治機構需要做的事情，只不過比東漢末年的皇帝和其貴族統治機構，見解高明一些，能力强一些而已。

曹操是一個英雄，有很多可取之處，不等於曹操就是十足的好人，也不必一定要把他説成是正人君子。他是統治階級，是宦官親屬，打過黄巾，殺過多少人，何必爲他掩飾。説打過黄巾是他「一生中最不光采的一頁」，也不是很恰當的，因爲如果認爲鎮壓黄巾是他的罪惡就不只是「不光采」而已。如果從大處着眼，盡可以把這一筆賬掛起來。我完全同意郭老「評定一個歷史人物應該以他所處的歷史時代爲背景，以他對歷史發展所起的作用爲標準來加以全面的分析」這一個原則。但也必須顧到具體的事實，好人可以在某些方面做了壞事，壞人也可能偶然做過一兩件好事，我總認爲曹操的壞的一面，無須替他辯解。我們應該有全面的分析，但也必須有具體的分析。

（三）要不要翻案

爲什麽要翻案呢？是翻前人已經定的案，曹操是不是有案需要翻呢，除了小説戲劇以外，對他向來有毁有譽。那末，對於曹操，應該是重新評價的問題而不存在什麽翻案的問題。歷史上像農民起義的案是必須翻的；像商紂，像曹操，一定要把案子翻一個身，要把他們確定爲正面的人物，那末，對那些應該屬於正面的人物將如何處理呢？這樣的翻案，容易引起誤解，我認爲應該愼重考慮。

郭老説：「曹操冤枉地做了一千多年反面教員，我們在今天是要替他恢復名譽」，這主要是爲小説戲劇上對曹操的描寫，用白臉來表現曹操的奸詐而説的。但是小説戲劇終究不是歷史，「身後是非誰管得，滿村聽唱蔡中郎」，郭老今天因爲寫蔡文姬的劇本而引起了「爲曹操翻案」，可是蔡文姬的父親蔡邕，也已經被冤枉了上千年了。有人替蔡中郎辨辨冤枉，固然好，没有人辨，也傷害不了蔡邕這個人的歷史真實。我完全贊成在蔡文姬這個戲裏對曹操這個角色寫成正面人物，但無害其在别的戲文裏是反面人物。當法門寺裏的劉瑾出現時，他確也做了一件好事，但在捉放曹的曹操出現時，他何嘗不是做了一件壞事。如果我們的歷史學家目的在於翻案，就很容易造成不論是非，胡亂翻一起，這是没有什麽益處的。岳飛的作爲民族英雄是應該肯定的，他的「莫須有」冤案，前人早已爲他翻過了，但是他鎮壓過楊么起義。如果我們要爲這個民族英雄粉飾一下，而把鎮壓楊么起義説成是一件好事，或者是不算怎麽壞的事，就未免淆亂是非了。

曹操的敵人是很多的，敵人不會對曹操説好話。諸葛亮説「漢賊不兩立，王業不偏安」，是從他的敵對立場出發的。但是曹操的人格總是值得非議的。在那個封建社會裏，誰把皇帝搶到手，挾天子以令諸侯，就誰佔上風，曹操比袁紹佔便宜，就在這里。但到了曹操的權勢養成後，他和漢帝的矛盾就尖鋭起來了。表面上他不得不承認是漢相，而實際上人人知道他是「漢賊」，這是當時很多人對他不滿的主要原因。他自己説「誠恐己離兵，爲人所禍」，可以看出他害怕别人的心理。他言行不一致，反復無常，所謂「寧我負人，無人負我」，也可以代表他的性格。郭老説曹操因猜疑而殺吕伯奢一家的事情是假的，他不相信郭頒《世語》與孫盛《雜記》而相信王沈《魏書》。其實王沈是魏朝的大臣，做到尚書令給事中，司馬炎篡魏以後，只經過兩年，他就死了。《魏書》顯然是他在魏朝寫的，他敢公然説出曹操的無賴行徑嗎？但是他究竟還吐露了這一個事實，就是曹操確實殺過吕伯奢一家人，更可以證明郭頒孫盛所説有一定的事實根據的。郭老還引《獻帝傳》「寧爲魏公奴，不爲劉備上客」的話來證明當時人「也并不痛恨曹操」，可惜郭老也没有查一查這句話是誰説的。應該指出這是李伏上表曹丕時所引張魯的話，那時曹丕要受禪做皇帝，李伏是上表獻媚的第一人，當時張魯已死，他借死人的話來恭維一下曹操，能作爲當時人并不痛恨曹操的證據嗎？諸葛亮死後，百姓到處祭他，跟曹操死時要他的姬妾分香賣履，要兒子們望西陵墓田，爲後世嘲笑對象，究竟是不同的。從政治事業文章風采來説，對曹操可以有好評，從道德品質來説，對他的評語向來就不好，所以要把曹操受到「很大的歪曲」，歸之於宋代以來也不是很恰當的。南宋以後人對「王業偏安」的感觸特别深，對劉備諸葛亮的蜀漢，寄予很多同情，當然對曹操駡得要多一些。曹操變成了衆惡所歸，是奸詐的人的典型，《三國演義》是在民間説書人的傳説上寫成的，把曹操寫成奸雄，正如王崑崙先生所説是「根據人民自己的選擇的」。從文學上來看，我們只覺得這個典型塑造得很好。至於小説是否必須符合歷史，卻是另一個問題了。

説曹操被稱爲「奸雄」是封建正統歷史觀的原故，恐怕也不很恰當。據孫盛《異同雜語》，許子將説他「治世之能臣，亂世之奸雄」時，曹操聽了并未生氣而是大笑，那末，「奸雄」兩個字，并没有太大的惡意，更不是因爲他的兒子篡漢室政權的關係。歷代對於曹操的看法，是他算不得正直的人，他是譎詐機智，手段毒辣的一個典型，而這種人對於自己被稱爲「奸雄」，也往往「不以爲忤」。今天，我們往往以曹操爲典型來衡量人物，所用的也正是這一個意義，跟誰做皇帝的問題是無關的。曹操曹丕做皇帝的問題，對於我們來説，已經没有興趣去討論它的是非了。但是在道德品質和作風上的一個「奸雄」的典型，是不能消滅的。那末，「奸」字的帽子是否必須摘掉，京戲中是否必須取消粉臉，我看是用不着辯論不休的。

我認爲對曹操的評價，應該分别好壞，如實對待。他做過一些好事，歷史上起過作用，是要肯定的。但對於他的殘暴，爲了報父仇，「所過多所殘戮」，也應該指出來。殺孔融，殺楊修，殺華佗以及崔琰、許攸、婁珪等，總不是什麽好事情。孔融固然有些乖僻，也没有需要殺的理由，孔融的二子均被殺，歷史家并没有不同的説法，裴松之對孫盛的批評，只是説他對八歲小兒的言行描寫得有些失實而已。

有的同志要代算細賬，功多於過呢，過多於功呢，還是兩者相等呢？我覺得這樣做有困難。歷史久遠，材料不完備，學者間的解釋方法也不盡一樣，很容易引起不必要的爭論。我認爲應該看主要的方面，這個人物是否可以肯定。曹操作爲歷史上的傑出人物之一，是比較容易肯定的。其他問題很難完全解決，要一一搜剔研究，象天平一樣，銖兩不差，不但不可能，也不必要。所以有些問題，最好少輕下斷語。歷史上完人不多，我們不能把古人重行改造一番，那末，還他一個歷史真實，那些地方好，那些地方壞，總比全面地肯定或全面地否定來得更客觀一些。曹操是會打仗的，但在赤壁之戰吃了大虧。他自己説是「燒船自退，横使周瑜，虛獲此名」，我們能相信嗎？但儘管有赤壁之敗，也不能證明曹操不會打仗。我們在數歷史人物時，可以把曹操列入英雄之列，但要提出譎詐、反復、陰險、毒辣的人物時，也不妨把曹操作爲一個典型。不以一眚掩大德，也不以一美蓋衆惡，「是」就是「是」，「非」就是「非」。我們研究歷史，是要使歷史對我們有用，如果爲某一個古人抱不平而去替他翻案，就未免有些好事了。當然，對某一古人特别有興趣，爲他多下一些功夫，做做傳記，編編年譜，總是有用的。但如果有一些偏愛，因而成爲偏袒，專從有利於被告一方面去着想，單純地爲翻案而翻案，似乎并不是必要的。不讀書而好求甚解是不應該的，但好讀書而好求甚解，恐怕很容易鑽進故紙堆中，脱身不出。好讀書不求甚解，并不是不求解而只是不求過甚的解釋，不去鑽牛角尖，走死胡同。今天，歷史學家需要做的事情很多，對歷史上的重要人物作適當的評價是十分必要的，是「古爲今用」的精神。過去做史論的人，常常喜歡翻案，故作驚人之論，要不落恒蹊，新穎可喜，但是就在這裏往往容易造成偏見，甚至於是原則上的錯誤。所以，我的愚見，在做翻案文章時，最好要加以慎重的考慮。

載《文匯報》一九五九年五月二二日。

没有必要「替殷紂王翻案」

郭老在《新建設》第四期上提出對歷史人物的評價問題時，説「歷史上有不少人物是應該肯定的。但其中有些人還受到歪曲，應該替他們翻案。殷紂王、秦始皇和最近正在討論的曹操都是」。

朱人瑞同志在《解放日報》上發表的長篇論著「替殷紂王翻案」是根據郭老意見而提出了自己的看法。其後東世澂同志對他所提功績有幾點質疑，認爲有「爲翻案而翻案之感」，但他認爲「商紂是應該替他翻案的」。接着方格成、李谷鳴兩位同志又提出了「怎樣正確運用史料評價殷紂王」的問題，認爲「這個否定人物，并没有『含千古之奇冤』，所謂『翻案』，似乎是小題大做」。

我同意東世澂等同志的意見，並且還認爲這樣翻案，實在没有必要。

郭老「替殷紂王翻案」，指出紂是「一個很有才能的人，相貌也很端莊魁梧」，這對於我們瞭解紂這個人物是有用的，但似乎不够作爲正面人物的條件。殷王紂是有這些天賦的：「知足以距諫，言足以飾非，矜人臣以能，高天下以聲，以爲皆出己之下。」歷史上記載紂的故事，對這些特點，從未隱瞞過。

郭老替紂「翻案」的理由，只有一條，説「他對中國民族的發展，做了一些好事，對古代中國的統一，有不小的功勞。……古代中國歸於一統是由秦始皇收其果而卻由殷紂王開其端」。這條理由，如果屬實，翻案就有必要。可惜核對事實，并不完全如此。

殷紂曾平定過東夷的變亂，是不是就算一統的開端呢？就從郭老自己的文章裏也不能證實這一點。在「駁説儒」裏郭老認爲征東夷「不能專屬於帝辛一人」，「帝乙帝辛父子兩代在盡力經營東南」。他還引《後漢書·東夷傳》爲證，説：「殷代自仲丁而後，隨時都在和東夷發生關係。」那末，怎麽能説一統由紂開端呢？照《古本竹書紀年》所載，東夷和夏民族早就有很多關係。[一]《後漢書·東夷傳》説：「桀爲暴虐，諸夷内侵，殷湯革命伐而定之。至于仲丁，藍夷作寇，自是或服或叛，三百餘年。武乙衰敝，東夷寖盛，遂分遷淮岱，漸居中土。」可見對夷族的關係，并不開始於紂。《左傳》昭公四年説「紂爲黎之蒐，東夷叛之」，那末，黎之蒐以前，東夷还是臣服的，征服東夷，至少也該説是從帝乙開端，甚至一直上推到夏代。相反地，紂重征服了東夷，武王伐商時又叛了，周公和伯懋父等都征服過，所以也不能説克服東夷是紂所最後完成的。那末，紂的征服東夷，既非開始，也非最後，怎麽能把功績歸在他的身上而説他是中國一統的開端呢？

古代中國文化傳播的範圍很廣。東夷在卜辭裏，本來是「人方」，周朝人稱爲「東夷」，原在山東一帶。到了淮水流域，就稱爲「淮夷」或「南夷」。至於長江流域則稱「荆、舒」和「越」，跟「夷」又有不同。這些部族或國家在當時都有很高的文化。山東、河南一帶的龍山文化，遠在史前，不用説了，就是湖北、安徽等地的青銅文化，時間相當於殷代，風格跟安陽不同（如：湖北出土的四羊尊，安徽出土的龍虎尊等），但青銅的工藝水平都很高，決不是殷紂伐了東夷以後才開拓出來的。

如果從「歷史家的觀點」來分析紂的行事，我認爲過去對他的評價，没有什麽歪曲，更没有翻案的必要。子貢説：「紂之不善，不如是之甚也。是以君子惡居下流，天下之惡皆歸焉。」（《論語·子張篇》）可見有些古人在估計他的罪惡時，也比較實事求是，并未把不屬於他的罪惡全歸在他的名下。我們現在既不需要把他作爲亡國之君的一個典型，夸大他的罪惡，也不需要有意地爲他開脱，替他翻案。

朱人瑞同志爲了替殷紂王翻案，除重複郭老的論點之外，還作了進一步的引伸和發揮。首先確定所謂「三項原則」，説：「興者」對「前王」之惡，不僅必然要不遺余力地予以揭發，甚至一定會作夸大了幾倍以至幾十倍的敵意宣傳。在這「三項原則」的指導之下，他全盤否定了《尚書》中提到的紂的六條罪狀，如説「酗酒」是「欲加之罪」，毫無根據；「不用貴戚舊臣」是由於微子一派和紂作對，讓周人鑽了空子；「登用小人」是因紂失敗而「被濫加的罪名」，這一條不但不該列爲罪行，相反，正是紂「用人唯才」、「重視俘虜」的「功迹」，加以正面肯定的；「聽信婦言」則説是由於「殷代女性的活躍」，是「周人的少見多怪」；「信有命在天」在紂的時代是「無可厚非」的事情；「不留心祭祀」是「彌天大謊」。此外，朱人瑞同志爲了翻案，還花了相當長的篇幅，分析了殷王朝亡國的原因，最後把微子啓列爲「亡國的罪魁」，説造謡中傷（誹謗紂）、派人投敵（太師疵、少師彊越坽通敵）、發動内訌以至招致外侮的全是微子啓一人，也就是説，殷王朝的復滅，與紂是毫不相干的。

這裏，擬提出幾點不成熟的意見，分别與朱人瑞同志商榷。

商末周初是奴隸社會的極盛時期。武王伐紂是這個奴隸主王朝推翻那個奴隸主王朝，没有改變社會制度。商王下面的大小貴族們都佔有大批奴隸，在武王伐紂以後，大部分還是「有爾土」，「畋爾田」（見《尚書》《多士》、《多方》），依然還是奴隸主。當時記載殷紂罪惡的，只能是商周的奴隸主，當時的被壓迫階級没有文化，不可能記述這些事實，連奴隸主們都在起來反對的暴君，奴隸階級更不會把他當作好人。

在當時這種奴隸制的經濟基礎上，商王紂時代的奴隸主們是很豪富的，他們過的是奢侈淫泆的生活，酗酒更是那時社會上的普遍風氣。成天喝酒，不做正事，喝醉了酒，還幹出很多蠢事和壞事。這種壞現象是奴隸主貴族社會中經常發生的。遠在殷朝未亡以前，《微子篇》裏就批評這種風氣，殷亡以後，周公又屢次用作經驗教訓，一直到康王時代的盂鼎上還把殷人的亡國歸咎於「酗酒」。可見殷朝貴族們的「酗酒」，總是歷史事實。

爲了替紂翻案，朱人瑞同志卻竭力爲他開脱，説周人没有見過用大量糧食來釀酒，少見多怪，所以説「喝酒喝掉了國家」。可是「喝酒」跟「酗酒」并不是一回事。微子是殷朝的大貴族，難道也没有看見過用大量糧食來釀酒而少見多怪嗎？周朝人對酒禁很嚴，可是在《酒誥》裏只管教周人，犯禁的要被拘殺，而對殷人卻很寬，説不用殺，「姑惟教之」。可見殷人酗酒到了怎樣的程度，已經是亡國遺民，還是改不了。當然，把商人亡國完全歸咎於酗酒，是不恰當的，但朱人瑞同志從「紂之百克而卒無後」一句來説，既然他百戰百勝，可見他有冷静的頭腦，「説他酗酒迷亂，是誇大的」。又説「紂亡了國就被稱爲酗酒迷亂」，是「欲加之罪，何患無辭」。他不知道，武王伐紂，并没有舉酗酒爲罪狀，〔一二〕周公在事後教育康叔和成王以及康王時代的盂鼎，都是内部的文告，又何必故意夸大紂的罪狀呢？

從「酗酒」的問題上，可以看出殷人的亡國是由於整個社會的腐敗，當然，紂以商王的地位在這裏也起了一定的作用。周武王吊民伐罪，代表了當時大部分人的願望，他所指出的紂的罪狀，現在還有完整記載的是《牧誓》，在古書上有引文的是《泰誓》。下面是它們的原文：

古人有言曰：「牝鷄無晨，牝鷄之晨，惟家之索。」「今商王受惟婦言是用，昏棄厥肆祀不答，昏棄厥遺王父母弟不迪；乃惟四方之多罪逋逃，是崇是長，是信是使，是以爲大夫卿士，俾暴虐于百姓，以奸宄于商邑。」——《牧誓》。

今殷王紂乃用其婦人之言，自絶於天，毁壞其三正，離逷其王父母弟；乃斷棄其先祖之樂，乃爲淫聲，用變亂正聲，怡説婦人。——《史記·周本紀》引《泰誓》。

紂夷處，不肯事上帝鬼神，禍厥先神褆不祀，乃曰吾民有命，無廖排漏，天亦縱棄之而弗葆。——《墨子·非命上》引《太誓》[三]

從這些材料裏，武王所提的罪狀，有：（一）用婦人之言。（二）夷處。（三）不肯事上帝鬼神。（四）毀壞三正。（五）信有命在天。（六）不用王族。（七）重用四方之多罪逋逃。（八）暴虐百姓，奸宄商邑。（九）爲淫聲以取悅於婦人等。遠不只崔適所舉的五條跟顧頡剛所加的一條。我們研究商紂的歷史材料，總需要把《尚書》復查一下，單單靠崔適、顧頡剛等的第二手材料是不够的。

固然，這些罪狀是從敵人方面提出來的，但它是有客觀事實作根據的。朱人瑞同志雖然也承認這些事實，但說：「本質上并非壞事，周人卻把它歪曲成爲罪狀。」我們認爲「本質上是否壞事」，需要進行具體分析，不能根據主觀成見，輕下斷語，爲了翻案，硬予開脱。

以「惟婦言是用」來説，照《尚書》的原文看，商王紂的許多壞事，是和他的聽婦言分不開的，但是朱人瑞同志「假設」紂王婦是有能力的，「可能是婦好一流的人物」，這種假設是没有任何根據的。卜辭裏武丁時代有過婦好，參與過政治，朱人瑞同志因此就説「殷代女性這樣的活躍，是落後的周民族所想象不到的」，説這是「周人少見多怪」。其實，這個所謂「落後的周民族」裏，照樣有活躍的女性。《太誓》裏，周武王説「余有司(亂)十人」，孔子解釋爲「有婦人焉，九人而已」。周初金文裏常常看見王姜等的活動。那末周武王既不會「想象不到」，更不會「少見多怪」，他舉出「惟婦言是用」，作爲殷王紂的第一條罪狀，決不是毫無根據的。

紂自認爲「有命」，《墨子·非命下》引《泰誓》去發説「爲鑒不遠，在彼殷王，謂人有命，謂敬不可行，謂祭無益，謂暴無傷，上帝不常，九有以亡」，解釋得最清楚。朱人瑞同志脱離了歷史材料，不分析具體事實，就説，相信命，相信天，「就紂的時代看來，應該是無可非議的」，説「要是紂不相信命，不相信天呢，不消説，更要被視爲滔天罪行了」。其實在那個時代裏，人們由於愚昧而信命信天是一回事，紂的相信有命又是一回事。奴隸主們信命，也要人信命，爲的是他們永遠可以作主人，可以壓迫奴隸。紂是奴隸主的頭子，他相信有命，不僅自己可以爲所欲爲，暴虐無行；而且要使老百姓聽天由命，任其蹂躪。

不用王族而重用四方之多罪逋逃，是造成紂的統治集團内部矛盾的原因，也是亡國的原因之一。照朱人瑞同志的分析，紂的亡國由於微子，因爲没有立爲王而不甘心，和紂作對，是「亡國罪魁」。微子是紂的什麽人呢？照《吕氏春秋・當務篇》説是紂的哥哥。但周武王數紂的罪狀，卻只説他「昏棄厥遺王父母弟不迪」和「離逷其王父母弟。」微子是當時元老，如果是紂的哥哥，武王不能不説，現在只説到「王父母弟」，可見《吕氏春秋》的傳説是不可靠的。〔四〕《尚書・微子篇》裏，記微子和父師的談話，對當時的社會很悲觀，覺得殷朝快要完了，父師的話也差不多。由於微子等人的悲觀失望，想脱離王朝，不願意同受其敗，所以「微子去之，箕子爲之奴」。後來武王克殷，據《左傳》僖公六年的記載，微子曾「面縛銜璧」，向武王投降，《史記》還説他「持其祭器，造于軍門」。這個故事如果是真的，也只是爲了保全他的家族，所謂祭器，也是他家裏的祭器。當時殷貴族投降的很多，紂的兒子武庚禄父也投降了，並且被封爲殷朝之后。一直到武庚和管叔等一起反對周公，周公東征，殺了武庚，殷朝完全消滅了，才把微子一支作爲殷商之后，但微子微仲都没有做宋公，宋國的第一世是宋公稽，已經是微仲的兒子了。

從這些材料可以看出，微子根本没有什麽不甘心，也没有想和紂作對；悲觀失望，怎麽能説成是「造謡中傷」；計畫歸隱，怎麽能説是「派人投降」；他已經去國了，如何還能「發動内訌」和「招引外侮」。我們只要看微子投降到周朝還不過作爲元老來看待，就可以知道他不是「漢奸」了。如果微子早跟周人掛上鈎，克殷以後，他就應該是功臣與元勛了，而這和歷史事實是不符合的。

《微子篇》裏的父師少師，有不同説法。馬融、鄭玄説兩人就是箕子和比干，似乎有些道理，箕子是紂的諸父，所以稱爲父師。但《史記・微子世家》則另有太師、少師。《殷本紀》説「殷之太師少師乃持其祭樂器奔周」，《周本紀》説是「太師疵，少師彊」。那末，太師、少師又好像是兩個樂官了。《論語》《微子篇》「太師摯適齊，少師陽擊磬襄入于海」。學者們認爲「疵」就是「摯」，「彊」就是「陽」，他們是反對紂的作淫聲而逃跑的，先到齊或海，後來又歸於周，是很可能的。《太誓》裏特别指出紂的爲淫聲，作爲罪狀之一，也許受了師摯的影響。但《微子篇》裏的父師，并没有一個字關涉到音樂，跟太師摯的身份不合，可見跟微子交談的父師少師，與抱了樂器而奔周的太師少師，實在是兩回事。朱人瑞同志由於認定父師少師是樂官，又假設爲微子的心腹，於是微子的悲觀失望，就成爲「面授機宜」，樂官的奔周，就變成了送情報了。

另一方面，朱人瑞同志又把費仲的好利説成「善于理財」，對紂有好處，因而説「用人唯才」是紂的功績之一。可惜歷史事實并不如此。費仲好利，還受了周人一份大禮，美女、文馬、九駟等，爲他們向紂説好話。由於費仲在作内援，所以周人儘管「三分天下有其二」了，紂還熟視無睹，甚至把崇侯虎的告密也泄漏了出來。到周人滅黎國，祖伊警告他的時候，他還强調自己的「有命在天」。那末要找商王朝的内奸，實在不是微子啓而是費仲一流人物。

周武王宣布紂的罪狀，還可以用《商書》的《西伯戡黎》跟《微子》來對證。朱人瑞同志認爲所説罪狀，大致符合，説成是微子一派（反對派）在造謡。其實《微子篇》裏反映當時政治的腐敗，没有指出紂個人的罪惡，兩處材料并不符合。但如果把商王所説跟周武王所舉紂的罪狀對照來看，倒是更能得到全面的印象的。尤其是祖伊所説「我民罔不欲喪，曰：天曷不降威」，更可以看出殷王紂早已衆叛親離，牧野一役，不過是一次毁滅性的打擊而已。

從周朝人的許多文告裏，也可以看到紂所以亡國的原因很多，其中包括酗酒、淫泆、任用非人等等。武庚被殺後，把殷地封給康叔，所以周公對康叔的教訓最多也最急迫。《多士》和《多方》都是周公用以告誡殷民的；《無逸》、《立政》，用以教導成王。把殷代的亡國，作爲教訓，把它們作爲反宣傳的文件，是毫無根據的。

根據上面這些分析，商王紂這個歷史人物，實在没有什麽可以肯定的地方，他的爲人在當時就有定論，并没有受到很大的歪曲。如果對英雄末路有同情之感，把他比作楚霸王之流，也未嘗不可，但歷史學家，總得實事求是，既不夸大，也不縮小，那末，翻案是大可不必的。

〔一〕后相二年征黄夷、七年于夷來賓；少康即位，方夷來賓；后荒三年，九夷來御；后泄二十一年「命畎夷、白夷、赤夷、玄夷、風夷、陽夷；后發元年」，諸夷賓于王門，諸夷入舞。

〔二〕《吕氏春秋·先識篇》「武王告諸侯曰：商王大亂，沈于酒德，辟遠箕子，愛近姑與息」。不知何所本。

〔三〕《非命下》、《天志上》所引都略有出入。

〔四〕微子、箕子俱以采地稱，而比干卻向來稱爲「王子」，可見微子跟紂的關係不會是很親近的。

載《解放日報》一九五九年七月二四日。

劉松年山水畫卷

劉松年的山水畫卷分四段，設色描寫四時風景，很工細。第一段是一座別墅，前有小溪，桃花正開，主人將游春，飲食器皿都已備好，擔子歇在門前，僕人坐在門廊向裏望，象在等候主人出來；另兩個僕人正牽馬過橋來。第二段是湖邊風景，湖中開着荷花，小島上有涼廳，主人靠在廳中匡床上，悠然自得。廳後聯結長廊，隱入山林中。第三段的紅葉表明是秋天，主人端坐屋中凝想，兩個童子忙着烹茶。第四段是雪景，主人騎驢出門，正在過橋，一個童子牽驢；家裏的童子拉開窗簾看雪，露出半面，象是怕冷。欄柱頂上都蓋着雪，但河裏面還有水紋，可見是在江南。

劉松年是十二世紀末到十三世紀初的畫家，錢塘（現在的杭州）人。他和李唐、馬遠、夏圭，合稱「南宋四大家」，都是畫院裏的領袖。一一八〇年前後他做畫院的學生時，名氣已很大。一一九〇年以後，成了「畫院待詔」。後人推崇他是「院人」中的絕品。宋寧宗時（一一九五—一二二四年）他畫過《耕織圖》；皇帝很滿意，賞給一條金帶。

李、劉、馬、夏四家，代表了南宋院畫的三個時期，李是北宋徽宗時人，在畫院裏是前輩，劉、馬差不多同時，夏略晚一些。南宋的院體畫着重細處的描寫，劉松年尤爲突出。可惜他的畫流傳下來的真迹不多（相傳不滿十幅）。這個畫卷是畫了幾年才成的。他用心精巧，筆力細密，樓閣界畫極其工整，人物寥寥數筆，神氣逼肖，富有院畫的特點。明代畫家象唐寅的作品就是從這一種畫派加以發展的。劉松年處在南宋後期，小朝廷已沒有恢復疆土的要求，他所見的又只是江南山水，因此畫題範圍不够廣闊，只限於描寫當時士大夫的閒居游賞。雖然如此，他的畫還是反映了一些當時的現實生活，加上描寫的一筆不苟，所以每幅都能引人入勝。這是後來一些反對院體者的畫裏所找不到的。

這個畫卷在清初人的著作裏提到過，絹上有「太監梅氏圖書」的印，可能在明朝皇宫裏收藏過，現藏故宫博物院。

載《人民畫報》一九五九年第十四期。

「王朝史體系」應該打破

最近在中國通史的編寫裏，提出了「打破王朝體系」的問題，有一些不同的意見。我認爲這一問題的提出，基本上是符合於「古爲今用」的精神的，但是對於問題的提法和這個體系如何才能打破，還應該有所考慮。

第一，我以爲應該打破的是中國歷史上有很久傳統的「王朝史體系」，而不應該理解爲「打破王朝體系」。中國歷史上出現過許許多多的王朝，這是一個客觀存在的事實，我們不能從歷史上把這些大大小小的王朝抹了去，那末，要打破歷史上的王朝體系是不可能的。但是我們可以打破王朝史的體系，王朝史是歷史學家編出來的，我們的歷史學家除了極少數的專門研究者還需要研究個别王朝的興衰本末許多細節以外，儘可以打破這種拘束，寫出今天廣大人民羣衆最需要的新體系的歷史。這裏好像只是多一個字少一個字的問題，但是我總覺得有些錯誤的認識，正是從少了一個「史」字的「打破王朝體系」出發的。例如把帝王將相的活動看成只是統治階級内部狗咬狗的鬥爭，主張删減歷史上十分重要的政治制度和政治沿革，概不叙述王朝的始末，打破以某些歷史事件作爲歷史變革的中心的作法等等，實際上是在歷史上把一切王朝都抹了去，成爲一部空空洞洞的教條式的歷史，這未必就是合乎歷史唯物主義觀點的。當然，我們也可以把「王朝體系」解釋成爲以王朝爲體系的歷史觀，但也難免被人解釋爲王朝的體系，例如政治制度等等，爲了避免這種混淆不清的詞義，我認爲應該明確地提出「打破王朝史體系」。

第二，如何打破王朝史的體系，也是一個問題。把中國歷史分出原始社會、奴隸社會、封建社會等等是今天歷史學家共同的主張，問題是在我們的封建社會時間很長，把公元前五世紀的歷史文化，一口氣講到十九世紀，顯然是不可能的。現在存在兩種辦法，要末一概取消王朝的歷史，只講生産方式、經濟制度、階級斗爭和生産鬥爭等等；要末只是社會分了期，還要叙述王朝的興衰本末，不過，可以少寫一些。

從我個人來説是比較傾向於後一種辦法的，對第一種辦法，把「打破王朝史的體系」變成爲一概取消王朝歷史的辦法，我也認爲是不正確的，但是其中有一些革新的精神，總還是可取的。例如説「受了王朝興衰的限制，就只好把農民戰爭和它的作用分割起來」，不正是「王朝史體系」的最大缺陷嗎？反之，第二種辦法，儘管是四平八穩，不致於犯簡單粗暴的錯誤，但總覺得有些遷就，還没有完全冲破王朝史的體系。

「王朝史體系」是根據封建正統主義的歷史觀樹立起來的。司馬遷的《史記》還寫了《項羽本紀》和《秦楚之際月表》，可見那時這種正統觀念還没有形成，但到後來，漢朝已被曹魏所代，還要抬出蜀漢來做繼承人，這種體系越來越完備了。現代史學家大都已打破這種傳統思想，但在叙述歷史事件時，總不免爲王朝史的朝代所束縛。陳勝吴廣起義要放在秦代史裏，黄巾起義要放在漢代史裏，太平天國起義要放在清代史裏，這不僅僅是麻煩的問題，而是農民起義在編寫歷史時的地位的問題。

毛主席説：「中華民族不但以刻苦耐勞著稱於世，同時又是酷愛自由、富於革命傳統的民族。以漢族的歷史爲例，可以證明中國人民是不能忍受黑暗勢力的統治的，他們每次都用革命的手段達到推翻和改造這種統治的目的。在漢族的數千年的歷史上，有過大小幾百次的農民起義，反抗地主和貴族的黑暗統治。而多數朝代的更换，都是由於農民起義的力量才能得到成功的。」〔一〕毛主席這一段話指出了中國歷史中的一個主要問題，就是農民起義在歷史中的地位問題，還是王朝的政治經濟措施是推動社會向前發展的主流呢？還是農民反抗統治的起義是推動社會向前發展的主流呢？事實上，許多王朝的創始者，往往是參加過農民起義而後來成爲統治者的，劉邦、朱元璋等人，從傳統的眼光來看，確實是「成則爲王，敗者爲寇」，那末，農民起義是王朝成功的主要原因，如果把陳勝、吴廣等的起義放在秦朝，而在漢朝單單説劉邦的成功；把徐福壽、韓林兒等的起義放在元朝，而在明朝單單説朱元璋的成功，又怎麽能顯示出農民起義的暴風雨般的力量呢？

王朝的興廢有三種，主要是由於農民起義以後，産生了新的統治者，還有是統治階級内部的篡奪政權（如王莽等），還有是外來民族的侵佔。農民起義在中國歷史上是十分突出的，如果我們把共和起義（公元前八四一年）作爲中國人民反抗統治階級的第一次起義的話，一直到鴉片之戰以前，一共有過九次大起義。

一 共和起義。以後經過周宣王、幽王、平王、春秋、戰國而至秦。由奴隸社會的崩潰經過分裂割據到中央集權的封建國家的形成。

二　陳勝、吴廣等起義。以後劉邦建立了漢王朝。
三　赤眉等起義。以後劉秀建立了漢王朝。
四　黄巾等起義。以後經過魏晉南北朝而至隋。經過分裂割據而重新統一。
五　竇建德等起義。以後李淵、李世民建立了唐王朝。
六　黄巢等起義。以後經過五代分裂割據而至宋，重新統一。
七　方臘等起義。以後經過南宋和金分裂割據，而至元，重新統一。
八　徐福壽、韓林兒等起義。以後朱元璋建立了明王朝。
九　李自成、張獻忠等起義。以後滿洲兵入關，建立了清王朝。

從這一張表看來，如果我們把農民起義作爲歷史的主流，而把王朝放在這些革命以後，是不會感到很大的困難的。當然，我們還是要寫王朝的歷史，可是：（一）首先寫的是人民羣衆如何反抗地主與貴族的黑闇統治，由此而爆發的大規模的遍地皆是的農民起義。（二）其次寫的才是受了農民起義影響而建立起來的王朝初期的一些成就和還保留着的基本弱點。（三）不一定把每個王朝，自始至末來詳細介紹，許多王朝在創立以前的一段，可以就在農民起義的歷史裏聯帶着講了，而若干王朝的後一段，就可以在後一段農民起義的歷史中聯繫着來講了。總之，這樣寫法既突出了農民羣衆的起義，也甚本上能如實地寫出王朝的歷史事實。

我認爲，按王朝來分時代，究竟是不得已而爲之。如果我們能改變一下方式，例如在寫陳勝、吴廣如何反抗秦末的黑闇統治以後，就講漢初政治經濟的一些措施、文化的發展等，再下去就可以描寫赤眉、緑林等的起義，如何反抗西漢末年的黑闇統治了。這樣，我們就可以不專去寫漢王朝的一長串歷史，而只是把當時的歷史事實包括在内。在需要寫明歷史年代時，可以用公元，還可以把當時的紀元年號附注在下。總之，需要介紹給人民大衆的歷史知識照常寫出來，但是在階級關繫、階級鬥爭這一方面的紅綫，就十分突出了。

至於在民族問題上的處理，我認爲肯定是以漢族史爲主的，這也是客觀存在的事實。兄弟民族的歷史資料，應該多方收集，但是漢族的歷史終究是最完備的。況且各個民族之間的發展是不平衡的。我們把歷史分成原始社會、奴隸社會和封建社會等，也是根據漢族史來説的。當然，如果拘束在「王朝史體系」中，很多少數民族的歷史事實容易被忽略，這是應該糾正的。

總之,「王朝史體系」的打破,似乎不應該僅僅局限於分出了社會發展的階段,當然更不應該打算把所有王朝的歷史事實全部取消。「打破王朝史體系」,似乎是舊事重提,但實際上將有新的發展。我們必須根據馬列主義觀點,擺脱舊習慣的拘束,創造新的方式來把歷史上農民的地位擺正了。用王朝,用年號,固然是容易記憶,但李自成、張獻忠起義和太平天国起義,未必比明朝崇禎、清朝道光的年號更難記。所以改用另一種寫法,突出歷史事件,尤其是農民起義,階級鬥爭尖鋭化後爆發出來的大起義,放在首要地位,而把王朝歷史放到比較次要的地位,擺脱習慣上的朝代影響,是完全可以做得到的。希望歷史學界大家來討論這個問題,使《中國通史》的寫法有新的重大的發展。

〔一〕《毛澤東選集》,第二卷,第六一七頁。

載《新建設》一九五九年第四期。

故宫今昔

昔爲明清皇宫，今爲人民的博物院。

追溯故宫歷史，可以從明永樂五年（公元一四〇七年）五月建北京宫殿開始，到今已五百五十二年了；追溯博物院歷史，可以從民國三年（一九一四）十月創辦古物陳列所算起，而今也已經四十五年了。

余生也晚，遠的歷史，所知不多，三十多年來，略有聞見，就個人的經歷，解放以前爲昔，解放以後十年爲今，今昔對比起來，顯然是兩個世界。

我一生只參觀過古物陳列所一次，時間是在一九二五年。記得進的是東華門，頗有荒凉之感，觀衆不多，在文華殿裏參觀時，不過一二十人。那時票價貴得嚇人，要二元五角銀幣，而一袋麵不過兩元，逛一次三大殿，就得花掉窮人一家的半個月生活費。就在這年，後半部的故宫博物院也開門了，分三路輪流開放，每次門票是五角，我記得也曾隨着一幫人跑過一下，觀衆似乎多了一些，但據説每天平均不過幾百人。解放以後，票價只有一角，還買不了一斤麵。參觀人數一年多一年，從一九五五年起每年都有一百七、八十萬，去年多了，今年更多，現在每天平均有一萬人左右，看來今年一年有三百五、六十萬觀衆是不成問題的。解放前由一九三〇到一九四八年共十九年中，參觀人數的總計是三百〇五萬三千九百六十四人次，今年一年比解放前十九年的總數還要多得多。

解放以後，政府首先撥款搶救這座古建築羣。十年以來，用在修繕方面的經費，達五百五十多萬元，清除的垃圾穢土有二十五萬多立方米，疏浚了久已湮塞的下水道十七公里，一九五九年還增設了污水管道，這是要從圍繞紫禁城的筒子河底下通接市區的。已經安裝的消防管道有三千多米，成立了消防栓網。從一九五六年起還在主要建築上安裝上避雷設備，結成了避雷的安全網。總之，在保護故宫建築的安全上，是不惜竭盡全力的。古建築的修繕跟一般建築工程不一樣，除了工精料實，質量合乎規格以外，更重要的是保持古建築原有的風格。故宫博物院建立了自己的工程隊，和專用的琉璃窑，并進行了如何保持原狀的科學研究工作。一九五九年，三大殿和太和門區域進行了修繕與油飾彩畫工程，規模之大，是一兩百年中所未見的，現在已經竣工，黄瓦、紅墻、金碧輝煌的綵繪與白石欄階互相掩映，光彩動人；太和殿中央的六根金漆龍柱也已復原。這樣大、這樣多的修繕工程，在短短的幾個月内，尤其是今年多雨的季節裏，終於提前完成了，在過去是不能想象的。

明清兩代皇帝們曾經收集過很多珍貴文物，故宫本來就具備皇家博物院的規模，但是在封建時代裏，宫禁森嚴，一般人是進不來的。辛亥革命以後，前部開放了，溥儀被逐出以後，後部也開放了，從此皇宫變成了故宫，誰都可以進來了。但是博物院要替人民做些什麽呢，在過去是没有人考慮過的。「九一八」以後，古物南遷的時代裏，博物館的藏品一空，陳列室就更不象樣子了。一直到解放初期，在南京庫房裏的大批珍貴文物，被蔣幫劫運到臺灣去了，北京紫禁城裏的文物，號稱上百萬件，真假、好壞都分不太清，也没有確切的數字，據説要徹底搞清，需要兩百年的時間，所以這時的書畫陳列室只有三十四件，銅器陳列室只有六十四件，陶瓷陳列室還算多一些，也只有二百二十多件，跟國家博物館的地位很不相稱。通過大力的清理文物與非文物，在短短幾年中，所有庫藏，現在已經完全有底有數了。通過故宫博物院的改組，陳列、保管各有專職；并逐漸發展了進行科學研究的組織，成立了各種專門委員會，如：繪畫、雕塑、銅器、陶瓷等，强調了美術工作，分工比較細了。建立了羣衆工作，培養了一批説明員，向觀衆進行講解，還進行其它一切爲觀衆服務的工作，使得博物院的面貌完全改觀。

在黨和政府的關懷下，通過大力清理與徵集，各種藏品逐漸充實與豐富，並且已超越了過去。例如：蘭亭八柱帖，其中馮承素摹本與張金界奴摹本都是七世紀的古物，幾乎跟蘭亭真迹一樣。唐盧楞迦的六尊者像畫六個羅漢，是在一個寶座的墊子下發現的。宋徽宗的聽琴圖跟戰國時的錯金壺等是由於過去鑒定爲假的，爲宋仿，而遺漏下來的。象元代强成與楊茂的雕漆器，明代永樂款的青花瓷器，成化時的斗彩高士杯，宣德款的銅胎嵌琺瑯器等都是近年來陸續在舊藏品中發現的。許多金製的佛象與寶塔，過去目録上都説是鍍金的，都陸續發現了。至於象書法中最古的是三世紀時晉詩人陸機的平復帖，繪畫裏最古的是隋展子虔游春圖，以及其他珍貴的書畫碑拓，數以千計，包括：三希帖里的二希，中秋帖和伯遠帖（還有一希，快雪時晴帖還在臺灣），唐詩人杜牧自書的張好好詩，晉顧愷之洛神賦，唐閻立本步輦圖，五代董源瀟湘圖，顧閎中韓熙載夜宴圖，宋徽宗雪江歸棹圖，張擇端清明上河圖，李公麟臨韋偃牧放圖，以及最好的北宋拓九成宫，海内孤本的宋拓雲麾將軍碑等，真是數不完的。其中大部分都是溥儀出宫以前偷出去，經過散佚而又收回來的，也有的早就散出去了，如：唐韓滉五牛圖是在一九〇〇年八國聯軍侵入北京時就散失了的。除了書畫碑帖以外，拿青銅器來説，我在一九三六年打算爲故宫博物院編目録時，只不過二百來件，而現在正在編輯中的藏品目録，選録精品就要有四千多件。戰國古璽與漢印兩萬多方，有很多精美的玉印，「婕妤妾娋」，即過去文學家屢見歌咏的所謂「趙飛燕玉印」也在其内。壁畫、雕塑等藏品是故宫原來很缺乏的，現在歷代藝術館展出的山西稷山興化寺七佛壁畫是元大德時朱好古畫的，比永樂宫壁畫還要早，是過去古董商人與帝國主義者勾通想盜運出國被北京大學扣留下來的；北京大學遷郊外時撥交過來，經過兩年來研究與修復，現在已能公開陳列了。這幅壁畫，全長十八米多，是現存壁畫裏十分重要的作品。

十年來故宫博物院的陳列是在科學研究的基礎上日益發展的。一九五二年完成了陶瓷館，一九五三年完成了繪畫館，一九五四年完成了國際友誼館，一九五八年在大躍進中完成了青銅器館、雕塑館和珍寶館，這些陳列都是比較大規模的，有系統的陳列，是史無前例的陳列。此外，每年還都有很多的陳列和展覽。一九五九年繼續躍進，完成了文化藝術史部分的中心陳列，歷代藝術館，還建立了織綉館，其他各館也都有很大規模的充實與調整，許多宫廷歷史陳列也重新整理與恢復了。歷代藝術館綜合地陳列各個時代的藝術的發展，包括繪畫、書法、雕塑、銅器、陶瓷、織綉等和各種工藝美術品，民間藝術與民族藝術；此外各個專門的館展品還是很豐富，繪畫館的全年陳列就在一千件以上，青銅器館將近一千件，陶瓷館就將近兩千件。國際友誼館今年展出八十四個國家的政府或人民送來的代表深切友誼的禮品。此外，今年國慶節時還有敦煌榆林兩窟的藝術展覽，江西景德鎮瓷器的十年成績展覽等，故宫博物院將充滿了各式各樣的豐富多彩的陳列與展覽，使觀衆目不暇接。

今天故宫博物院是通過豐富的收藏來進行科學研究的場所，又是通過陳列、講解與出版等工作來進行文化教育的場所。今天，大家孜孜以求的只是如何把工作做得更好，如何才對廣大的人民羣衆有益，真正是人民的博物院。我想再隔十年以後，再話今昔，故宫博物院將成爲怎樣的博物院，我雖還想象不出，但一定會有更大、更大的發展，則是可以斷言的。我們的歡樂是無盡期的，這難道還用得上任何懷疑嗎！

載《文匯報》一九五九年九月十四日。

中國古代社會使用青銅農器問題的初步研究

一、問題的提出

中國古代社會在鐵器時代之前是否曾經廣泛地使用過青銅農器的問題，是中國古代社會發展史的研究中的重要問題之一。

誰都知道：按照社會發展史的理論，人類曾經在十幾萬年或者還要長的時期內使用石器工具，最後，才發明了金屬工具。金屬工具的使用，曾經大大地推動了生産力的發展，使得人們的生産關係起了重大變化。人們在擁有金屬工具的時候，已經不是極爲貧乏的原始的狩獵經濟，而是已經出現了畜牧業、農業、手工業以及這些生産部門彼此之間的分工；這個時期已經在各個人間或各部落間交换生産品，已經有可能把財富積累在少數人手中，從而迫使大多數人服從他們，成爲他們的奴隸。生産資料與生産品的公有制逐漸被私有制所替代了。奴隸制度的情景，就是奴隸主與奴隸，富人與窮人，剥削者與被剥削者，享有權利的人與毫無權利的人彼此之間的殘酷階級斗爭。

在討論中國古代社會的性質時，有許多不同的意見。大多數人認爲商代及西周，是奴隸制時代，可是有些人不同意，説商代和西周還是原始社會，這種分歧，主要是對金屬工具的使用問題上引起的。

有些學者機械地按照恩格斯的説法，以爲一定要用了鐵器，才能算是奴隸社會，而中國的使用鐵器顯然在春秋以後，所以説商周還不是奴隸社會，這是對恩格斯學説的誤解。商周時代已經有：國家、政權、軍隊與法律，有富人和窮人，有農業、商業和手工業，有文字、歷史與藝術，怎麽還是原始社會呢。現代考古學家一般認爲在愛琴世界、埃及、叙利亞、兩河流域、印度、中國，在青銅時代裏就已經是奴隸佔有制社會繁榮的時期，而在歐洲、亞洲其他的大部地區卻還在原始公社制度時期，一直到鐵器時代才是奴隸社會。[一]恩格斯當時只根據希臘、羅馬等地的發展情况説的，如果把他的説法硬運用到古代東方的歷史發展上是不適宜的。

另外一些人卻認爲銅器時代不是奴隸制社會，有人甚至於説世界歷史上不曾有過奴隸制，他們的主要理由是商、周時代没有青銅製的生産工具，尤其是農具。資産階級右派分子雷海宗就是利用這類論點來作爲攻擊馬克思主義社會發展學説的工具的。他説：

銅器時代，由一重要方面言，仍爲石器時代，生産工具，尤其農具，仍以木石爲主。生産力仍很低，剩余生産仍極有限。

銅的主要用途有三。一，製造兵器。二，製造貴族的日用品及奢侈品。三，製造手工業生産工具，附帶也製造一些木石的生産工具。由于銅的稀少貴重，農具一般仍非銅製，只有小農具間或用銅。——雷海宗：《世界史分期與上古中古史中的一些問題》（《歷史教學》一九五七年七月號）

右派分子陳夢家也是主張殷代没有青銅農具的，他説：

當已知道了青銅鑄造術以後，首先作的是王室工官所用的工具、王室師旅所用的兵器和王室所用的祭器。自由農固無力製作青銅農具，從事耕作的奴隸亦自不允許用貴重的農具。

由發掘或由其它方式出土的殷代銅器中，有大量的兵器祭器，有不少也不太多的工具，而幾乎没有農具。這種現象決不是偶然的。

殷代青銅農具之不見，是合乎歷史條件的。我們對于殷代農具，應着眼於木製、石製。蚌製及其它材料所製的。——陳夢家：《殷虚卜辭綜述》五四一——五四二頁。

但是一九五三年秋馬得志等在安陽大司空村的發掘中，曾掘到一把青銅鏟，陳夢家爲了維護他的説法，説「殷代的百工是受重視的，他們可以製造并使用金屬的工具」，説這把鏟子「應屬于這一類，它不是耕種者的農具」（同上五四九頁）。雷、陳兩個人的意見基本上是相同的，就是銅器時代只用青銅做兵器、日用品及奢侈品、手工業生產工具，而不用爲農具。

有一些同志的意見也是與這種説法類似的。于省吾先生在《從甲骨文看商代社會性質》一文裏主張殷王室只是一些氏族成員靠木石工具來經營農業的（《人文科學學報》一九五七年）。在我向他提出安陽發現的這一把銅鏟後，他説：

> 屬于青銅器時期的商代，根據大量出土的農具，已經證實了還普遍使用着蚌製和石製品。……唐先生見到了一把銅鏟，就加以巧妙的渲染。……其實這一把銅鏟，是不是農具還要待考（一般的農具不使用鏟）。即使是農具，即使再多發現幾把也影響不着商代曾普遍使用着蚌製的和石製農具這一事實。——于省吾：《駁唐蘭先生「關於商代社會性質的討論」》（《歷史研究》一九五八年第八期）

他的意見仍然是商代普遍使用蚌製和石製農具，對發掘出來的青銅鏟，認爲無足重輕。雖然，這只是個别人的意見，但商、周兩代已經發現的青銅農器實在太少，也確是一個事實。如果根據這些人的意見，説商、周時代根本不用青銅農器而只有一些木石工具，那就一定得出像雷海宗那樣的結論，説那時的生產力很低，剩餘生產有限；那末商王朝和它的龐大的國家機關，大大小小的貴族們的奢侈享受是從那兒來的，青銅製的兵器、生活用具或奢侈品等的資財又是從那兒來的。我們只要看一看商代的經濟文化的發展水平，就會駁斥當時生產力很低的這種錯誤看法的。相反，如果我們説生產力的發展是基礎，商、周社會是奴隸制社會的繁榮時期，生產力已經十分發展，那就有人要向我們要生產工具。我們知道，事實上是有青銅農器的，單從考古發掘方面説，解放以後，安陽發現了一把鏟子，鄭州發現了一個鐝頭，都是商代的，洛陽也發現過一把鏟子是西周的，[二]現在都在中國歷史博物館陳列着。故宫博物院藏有西周初期的「康侯斤」，實際是小鋤頭，吴大澂所藏的「北征鎛」是大钁頭，此外見於著録的，固然不很多也不能説太少。但是跟成千上萬的商周彝器兵器來比，確實是少了。如果説商代曾經使用過青銅農器，那末，爲什麽出土的實物這樣少呢？如果説商代雖然有了青銅農器，但本來就不多，那末，又怎麽能推動當時的生產力向前發展呢？

談理論比較容易，具體現象卻不好解釋，問題就是這樣被提出來的。

二、青銅時代用不用青銅農具？

青銅農器在過去就不斷發現過，只是没有經過科學發掘，也不爲當時考古學家所注意，所以很多人是不知道的。自從安陽等地在考古發掘中有所發現以後，再要堅持説商代没有青銅農器就有些勉强了，所以現在還糾纏着的問題是：商、周兩代用不用青銅農器，和已經發現的一把鏟子是不是農器。

在第一個問題上，雷海宗、陳夢家都認爲是不用的，理由是「銅的稀少貴重」，陳夢家發揮這個理論，説：

殷代的鑄銅技術，業已極爲成熟，當時是可以製造青銅農具的，青銅農具當然遠勝於蚌石製的，其所以不造，乃由于當時的農業生産者還是奴隸階級，連粗糙的石製收穫具還要集中管理，當然不容許他們用金屬農具的。——《殷虚卜辭綜述》五四九頁。

其實他們的理由是由空想中捏造出來的，青銅時代很長，前後一千幾百年，難道銅這種金屬自始至終都是「稀少貴重」嗎？略有一些歷史發展常識的人是不會這樣想的。

我們知道，春秋時代北方國家的銅確實是很貴重的，所以管仲代齊桓公出的主意是：「美金」——即青銅——用以鑄造劍戟等兵器，「惡金」——即鐵——用以鑄造鉏夷、斤、斸等農器，這樣，齊國的兵器就大爲充足。〔三〕從這段故事，我們可以看出齊國的農器本來是用青銅鑄造的，爲了充實兵器而改用鐵來鑄造，這是一個大變革，結果是鐵器時代的開始。但是在當時别的地方農具還是用青銅來製造。《周禮・考工記》裏有六種「攻金之工」，那就是築氏、冶氏、鳧氏、栗氏、段氏和桃氏，其中「段氏」是做「農器」的。鄭玄《周禮注》説「鎛器」是：「田器，錢鎛之屬。」田器是種田用的工具，「錢」是鏟子，「鎛」是鋤頭。從這裏我們可以看出《考工記》時代，農器中的鏟子鋤頭等是用青銅製造的。《考工記》又説「粤無鎛。……粤之無鎛也，非無鎛也，夫人而能爲鎛也」。鄭玄的解釋是：「人人皆能作是器，不必國工。粤地塗泥，多草藏而山出金錫，鑄冶之業，田器尤多。」這裏所説的「粤」，就是吴越的「越」，即現在浙江一帶，因爲産銅多，用銅來做農器也特别多。

從上面的事實，我們可以説春秋時代曾經普遍地用青銅作農器，齊桓公時代（公元前七世紀）才用鐵器，以後鐵器普遍地發展，就很少用青銅農具了。

事實還不止於此。

我們知道，西周時代也是用青銅作農器的。《詩經・周頌・臣工》篇説「命我衆人，庤乃錢鎛，奄觀銍艾」。毛萇《詩傳》解釋爲「庤，具，錢，銚，鎛，鎒，銍，穫也」。鄭玄《毛詩箋》説：「教我庶民，具女（汝）田器。」《臣工篇》是西周早期作品是無可懷疑的，這裏所説的是奴隸主命他手下的衆人把鏟子、鋤頭和鐮刀等農器預備出來。《詩經》的《良耜篇》説到的農器有「畟畟良耜」和「其鎛斯趙，以薅荼蓼」，那末，當時的農器除耜以外，有錢、鎛、銍、艾等。毛萇《詩傳》用銚和鎒來解釋錢和鎛，這是用戰國、秦、漢時的通名來代替西周時的古名稱。《管子・輕重乙篇》説「一農之事必有一耜、一銚、一鐮、一耨、一椎、一銍，然後成爲農」，跟《詩經》裏所説的農器差不多。《管子・禁藏篇》説「推引銚鎒以當劍戟」，《輕重己篇》説「銚耨當劍戟」，《莊子・外物篇》「銚鎒於是乎始修」，《晏子》「執銚鎒以蹲行甽畝之中」，《戰國策・齊策》「操銚鎒與農夫居隴畝之中」，《秦策》「無把銚推鎒之勢」，都把銚鎒聯在一起，鎒在漢朝人稱爲鉏，所以《鹽鐵論・申韓篇》説「犀銚利鉏，五穀之所利而間草之所害也」，又把銚跟鉏聯在一起來説了。由此可見西周的「錢、鎛」，戰國、秦、漢時稱爲「銚、鎒」，古代農器的變化是很緩慢的，這只是名稱的不同而已。

也許有人會這樣説，戰國、秦、漢時的銚、鎒，是金屬農器，甚至是鐵製的，但西周的「錢、鎛」，卻可能只是木石的，儘管它們的文字從金旁，也可能是後加的。

其實這種懷疑是用不着的了。西周有青銅農具，有洛陽出土的青銅鏟，還有故宫博物院所藏的康侯斤（舊稱康侯斧），這些實物，都可與文獻資料互證。而且如上所説，春秋時已普遍用青銅爲農器，那末，西周時用青銅農器，又有什麽值得奇怪呢？

但如果搞清楚了「錢」是青銅鏟子以後，歷史上有些問題就容易解釋了。《太平御覽》卷八三五引《周書》説「武王克商，發鹿臺之錢，散鉅橋之粟」，有很多古書都記載這件事情，〔四〕過去學者對這些史料没有注意到，王敏銓先生寫的《我國古代貨幣的起源和發展》這本書裏提出了這個問題，可以看出他對於研究史料的細心。但是他根據這些材料就要斷言商紂末年即西周初年就已經有專用的金屬貨幣——就是「錢」，是没有足够的理由的。我們無論在西周的文獻上，銅器銘刻上，以及一切已知的貨幣遺物方面，都找不到西周有過專用的金屬貨幣的痕迹。儘管當時有很多種的物資，如：貝、玉、黄金、白金、赤金、布、帛等，可以作爲財富來聚積，也可以作爲商品來交换，但還没有發展爲某種專用貨幣來作爲交换的媒介。〔五〕所以這裏的「錢」只是青銅農器，是財富，不是貨幣。「發鹿臺之錢」是耕種工具，「散鉅橋之粟」是糧食，都是屬於農業方面的。

但是在《國語·周語》裏記載着周景王鑄大錢的事情，在公元前五二四年，離武王伐紂的時候已經五百多年了。這時的「錢」已經是金屬貨幣而不是農器了。春秋以後的「貨」，是從銅刀的形式演化來的，而「錢」則是從鏟子的形式演化來的。當農村中自由農民一天一天多起來了以後，刀和鏟子等生産工具的銷路推廣，它們的價格逐漸固定下來，就很容易把它們作爲交换的媒介，發展爲專用的金屬貨幣了。當時的「錢」，跟鏟子的形式還是很相似的，一般稱爲「空首布」。我們現在見到的空首布，確然有很大的，當即《國語》所説「大錢」。我們見到的空首布很多，大抵是春秋時的，那末，就從農器的鏟子變成冒「錢」名的貨幣的一點來看，是需要一個相當長的發展過程的。那末，就從春秋時期已有貨幣這一點來看，也可以證明西周時代就存在着青銅農器了。

可是楊寬先生有一個奇怪的看法，他説：「春秋以前金屬農具早已應用，在長期的應用中逐漸成爲交易的媒介物，在長期作爲媒介物後人們才會模仿它的形式來鑄造金屬貨幣。因爲鐵不適宜鑄造貨幣，所以只能模仿鐵農具的形式來鑄造銅幣了。」——《中國古代冶鐵技術的發明與發展》

根據這個説法，我國在西周時代就應該已經有了鐵農具，像「錢鎛」之類，然後青銅貨幣是從模仿鐵農具發展起來的。但是要這樣説，首先就得提出西周時代就有鐵器、就普遍使用鐵農具的證據，而這樣的證據是没有的。楊寬先生想把《考工記》裏「段氏」的做「鎛器」説成「是掌管鍛製鐵器的」。但他没有注意到整部《考工記》裏還只有青銅，没有講到鐵。《考工記》説：「粤之無鎛也，非無鎛也，夫人而能爲鎛也。」楊寬先生説「這種越地人人所能製的金屬農具，該就是『塊煉法』取得的鍛鐵製成的」，這樣的假設是大膽的，可惜事實上《考工記》所講的只是青銅農具，就在下一頁裏它説到「燕之角，荆之干，妢胡之笴，吴粤之金錫，此材之英者也」，所以鄭玄對「人能爲鎛」的解釋是：「粤地塗泥，多草藏而山出金錫，鑄冶之業，田器尤多。」這個注解很正確，楊寬先生的假設是没有根據的。

金屬貨幣的貨與布是從金屬農器發展而來的，春秋時期有了金屬貨幣可以證明西周時代已經普遍地應用金屬農具，楊寬先生在這一方面的推斷，本來是完全是正確的。但是爲什麼要讓青銅貨幣從鐵農具發展而成，而不是簡簡單單地説青銅貨幣從青銅農具發展而成呢？這有兩個原因，首先楊寬先生錯誤地把《詩經·大雅·公劉》篇裏的「取厲取鍛」跟《尚書·費誓篇》裏「鍛乃戈矛，礪乃鋒刃」，兩段史料裏的「鍛」字，解釋爲鍛鐵，説西周初期就用鍛鐵製兵器；另一方面又錯誤地把春秋時代青銅成爲貴重金屬的歷史情況來概括西周時代，以爲西周時代也一定很貴重，所以不能拿來做農具。這樣，他就把鐵農具的普遍使用推早了幾百年，把鐵器時代也要推早幾百年甚至上千年了。

問題出在「鍛」字上，過去許多學者只知道青銅器是「鑄」的，而不知道青銅工具和青銅兵器是要「鍛」的。很多年以前我在仔細考查了商代的勾兵以後，發現戈身的緊密度比戈内要高得多，就主張兵器是經過鍛擊的，曾經跟馬衡先生談過，他否認青銅兵器可以鍛擊，爭辯過很久。以後我略有一些考古學知識，才知道從金相學證明青銅工具和兵器大都是經過鍛擊的。問題雖很簡單，但過去學者許多誤解卻都因此引起的。如果把「鍛」的作業局限在鐵器上，那末《公劉篇》時代就已經有了鐵器製造業了。《公劉篇》的背景是在商代，但事實上商周兩代都没有鐵器工業。〔六〕

不懂得青銅工具和兵器需要經過鍛擊，就不能理解青銅工藝的歷史發展過程。學者們眼睛裏只看見高級的青銅器，日用品或奢侈品，那都是經過很高的技術水平鑄造出來的，而不知道青銅工藝的主要部分并不在這裏。《考工記》的「段氏」是做「鎛器」的，「鎛器」是「田器錢鎛之屬」。所謂「段氏」的「段」，就是「鍛」字。西周早期銅器裏有段金𥂴所做的簋和尊，〔七〕「𥂴」是作器的人，「段金」是他的氏族名稱，「段金」也就是「鍛金」。這個氏族名稱是由他的祖先做過這個工官而得到的。可見《考工記》裏所稱的「段氏」，在商代或西周初年時早已是「百工」之一，而這個工官的職掌是鍛造農器。我們再看《詩經·公劉篇》，叙述公劉到豳地去「度其隰原，徹田爲糧」，在豳地住下來，渡過渭水去「取厲取鍛」，然後「止基乃理，爰衆爰有」，（鄭玄箋説：「作宫室之功止而後疆理其田野，校其夫家人數，曰：益多矣，器物有足矣。」）可見公劉在建立他的都邑之前就準備着鍛造農器了。只是有了充足的農器把農業經濟發展了以後才能説到高級的青銅彝器的製造工業，在豳原地方草創的時候，青銅工藝的主要事情只是趕快鍛造一批青銅工具或農器出來罷了。可見鍛造青銅工具和農器是基礎，而鑄造高級的日用品或奢侈品是經濟發達以後、文化藝術也發展了以後才産生的東西了。不明白這一層而死咬住商周貴族只鑄貴重的彝器，就永遠是本末倒置，不能看出古代經濟文化發展的過程的。

根據《史記·周本紀》，由公劉到文王父子相傳是十二世，文王與商紂同時，由商紂上溯，除去兄弟相及不算外，一直要到仲丁、外壬、河亶甲的時期才是十二世，而仲丁離商湯才五世，可見周人的祖先公劉是在商代的早期。那末，由公劉這一個小部落遷豳定居時期的鍛冶工業，正可以反映出商王國的鍛冶工業。儘管《大雅・公劉》這一首詩的寫成時代，已經在西周，但當時人對於祖先的豐功偉迹是由史詩一類的性質由盲人們的傳誦而保留下來的，不會有很大的錯誤。古代經濟的發展極爲緩慢，西周春秋的使用青銅農器已如上述，商代也一樣使用青銅農器是無疑的，而且事實上，由於安陽的發現銅鏟，鄭州的發現銅钁頭，也已經證明了商代是使用青銅農器的。

由上面這些事實，我們可以斷定商、周兩代是使用青銅農具的。所謂銅貴重，不允許用來作農具，只是某些人從空想裏杜撰出來的。春秋時代在北方國家裏的銅確實是貴重的，那是由於銅的應用已經有千年以上的歷史；更由於殷周貴族對於銅的奢侈浪費，鑄一個鼎可以用銅幾百斤甚至一千幾百斤，最後把它們埋到地下，化有用物資爲無用的殉葬品；還由於春秋時代諸侯割據，戰爭比過去多，兵器需要得更廣；另一方面商業發達了，作爲交换媒介，作爲貨幣的銅的用途也更廣了；北方地區裏開發得早，耗銅如此之多，銅當然要貴了。但就在那個時代裏，開發較後的吴越與楚等國家的銅就不見得有這樣貴重，所以越地可以人人都做「田器」。那末，春秋以前，遠在商、周盛世，銅還多的時候，還不那末貴重的時候，爲什麽不可以做青銅的農器呢？

况且，事實還不止於此。

我們知道，不但商周兩代曾經普遍地使用青銅農器，並且遠在商代以前就早已使用青銅農器了。事實上，青銅時代是以青銅的工具、農器與兵器開始的。

儘管陳夢家竭力地强調商代不用金屬農具，他總不能不承認商王室曾經大量地用青銅製造兵器。他也承認「農具與兵器的關係」，説「農具中之有鋒刃者稍加改造，即成爲兵器。二者之間，在初并無太大的區别。……青銅製的殷代戈，其形狀是以鎌形爲基礎的，所以鎌稱爲鐹或劃，與戈同音。戈雖可刺殺，但以句援爲主，所以稱爲勾兵，正如鎌之稱鈎一樣。」——《殷虚卜辭綜述》五四九頁。

就在春秋戰國以後，工具、農器和兵器已經分工得很細，農器還可以當兵器來用。《管子・禁藏篇》説「繕農具當器械，耕農當攻戰，推引銚耨以當劍戟，……故耕器具則戰器備。」就説明這一點，何况在古代剛剛有金屬工具的時代呢？石器時代的主要工具是「斧」跟「斤」，大的是斧，小的是斤，現在一般稱爲「錛」。銅斤的用途最廣，從商到漢的出土物也最多。

斤可以用來平木，是木工用的工具，用來斫石頭是石工用的工具，可以用來開伐山林，那就不論在戰爭時或在農墾時都需要的工具了。《國語・齊語》説：「惡金以鑄鉏夷斤斸。」韋昭注説：「斤形似鉏而小。」賈注：「钁也。」那末「斤」也可以是農器。戰國時代的銅布上常説一釿，二釿或半釿，把「釿」作爲幣值的單位，就是因爲這些銅布的形式是從農器的鉏頭變來的，所以還保留着「斤」的舊名。甲骨文的「斤」字作，是畫出一把有曲柄的、在頭上安着青銅的「斤」的樣子。而兵器的兵字作，是兩手捧着「斤」，可見「斤」又是兵器了。銅器銘刻裏常用「折首」來代表後來的「斬首」的意義，無論「折」字、「斬」字都是從「斤」的。拿一把刀子來説吧，有大有小，可以用來刮皮子，削竹簡，割麥子，也可以用來殺猪，殺人，割耳朵，割鼻子。鐮刀有短鐮和長鐮兩種，《周頌》的所謂「銍」，《説文》上的解釋就是「穫禾短鐮也」，傳世有所謂「禮鐮」，〔八〕是一件短鐮一類的裝飾品，但它總是根據實用品的形式做的，跟兵器的戈的形式，除了柄短一些以外，幾乎没有什麼分别。那末，鐮刀稱爲「㓚」（見《説文》）或「鉤」（見《方言》），就是兵器的「戈」又稱爲「句兵」的原因。鐮刀又叫做「鐹」（見《方言》），又叫做「劃」（見《廣雅》），就是兵器的「戈」。《墨子・備城門篇》「長鎌柄長八尺」，《六韜・軍用篇》「芟草木大鎌，柄長七尺以上」，那就跟戈差不多長短了。知道戈和長鎌是一樣工具的分化，就可以懂得甲骨文的𢦏字，爲什麼寫做，那就是用戈來砍伐草木的意義。《詩經》説「俶載南畝」（見《大田篇》和《載芟篇》），鄭玄把「載」字讀做「菑」，照《爾雅》的説法把荒地第一年翻一下，斬伐掉草木，把草埋在土下，叫做「菑」，《詩經》的「俶載南畝」就是開始翻田的意思。開荒是第一道手續，所以「哉」和「載」都有開始的意義，「栽」有種的意義，唐虞時代還把一年叫做一載，而這些字都是從「𢦏」字這個字根孳生的。

總之，在古代，工具、農器和兵器常常很難嚴格去劃分。青銅時代的開始是按照石器來製作的，既然石器裏包括工具、農器和兵器，那末爲什麼青銅器裏就只有工具、兵器而没有農器呢？難道古人在做出一把銅刀以後，就只許刮皮子，不許拿來割麥穗嗎？事實上是不會這樣的。

如果我們再看一下銅器發展的歷史，我們將可以看到最早的純銅器是由捶打而成的，這當然不如後來青銅器的堅硬與鋒利，但用作鏟子鋤頭之類還是可以的。《説文》「段，椎物也」是用椎擊物的意思。「鍛，小冶也」，是簡單的小竈。顏師古在《急就篇注》裏説：「凡金鐵之屬椎打而成器者謂之鍛。」可見鍛不限於鐵器。《尚書・費誓》説「鍛乃戈矛」，是青銅兵器要鍛。《説苑・指武篇》「鍛劍戟以爲農器」，是農器也要鍛。

顯然，鍛造工業，比鎔鑄工業的起源要早得多，發展也普遍得多。它在技術方面是比較簡單的，原始的，但是成千上萬的生産工具，都是由鍛工們鍛造出來的，由純銅而青銅，而鐵器，鍛工是任何時期不能缺少的，所以《考工記》保存着「段氏」這一個工官，而且它的職司，還是從古以來專做「鎛器」這一類的最普通的農器。陳夢家瞎説什麽「殷代的鑄銅技術業已極爲純熟，當時是可以製造青銅農具的」（見前），因而要爲他的推想當時能造而有意不造青銅農具找出理由，説是不容許奴隸們用金屬農具。他不懂得鍛擊和鎔鑄的區别；不知道鍛造農器遠在鑄造高級的青銅彝器以前早就發展了；不知道鍛造農器并不需要像殷代青銅工藝所達到的那種高度技術水平；這樣，他當然無法理解遠在商代以前，在銅器時代開始的時候，人們早就在製造青銅農器了。

總之，那些强調古代銅太稀少貴重，因而主張青銅時代不使用青銅農器的理由是不存在的。在歷史事實面前，在我們能够看到的古代文獻資料和地下遺存的實物面前，一切由空想出發的判斷，是無能爲力的。

三、爲什麽商周時代青銅農具發現得不多？

但是，商、周兩代的青銅農具，現在已經發現的，數目并不很多，這是什麽原因呢？

我曾經説過，這「是歷史學家需要説明的問題」，〔九〕就是説這個問題已經不屬於考古發掘工作的範圍，而應該由歷史學來解答了。考古發掘工作的所以重要，是由於它能供給歷史學以實物的見證，並且可以補歷史記載的遺缺，或者糾正它的部分錯誤。但有些問題在考古發掘中是無能爲力的，就必須由歷史學來解決。

青銅時代是由青銅工具開始的，青銅工具的發明與利用，使得社會生産力有了巨大的發展。由於生産關係的巨大變化，階級分化，使得勞動者們生産出來的大批財富都集中在不勞而獲的奴隸主們手裏，使得奴隸主們有可能把青銅來製造非生産性的日用品與奢侈品。另一方面，由於手工業的分工，一天比一天專門，一天比一天細緻，工匠們積累了勞動中獲得的許多經驗，有了很多的發明創造，使得青銅的冶鑄技術提高了，發展了，有可能來製造高級的青銅工藝品。只是在這樣的歷史發展過程中，才揭開了青銅時代文化史的新的一頁，即我國青銅鑄造工藝上的輝煌燦爛的成就。鍛造和使用青銅工具使得生産力向前推進是後來鑄造高級的青銅彝器的根源。過去很多學者只看到青銅器裏的商鼎周彝、廟堂重器，根本不去注意那些樸素無華的生產工具，使得青銅生產工具不入收藏家之目，幾乎没有人去進行科學研究，因而有些學者就説成商周貴族只用銅來做彝器，不允許用來作發展生産的農具了。從新的歷史學看來，這樣是把經濟發展的基礎忘卻了，而把文化藝術的成就變爲空中樓閣，自天而降，是違反歷史發展的基本規律的。

從前面的論述裏，我們可以看到從青銅時代的開始一直到商、周兩代都使用青銅農器的歷史事實，這是合於歷史發展的規律的，也是不容懷疑的。既然在這樣長的時期裏，使用青銅農具；既然青銅農具在推進農業生産中起過巨大作用；那末，青銅農具應該是很多的。但歷年來考古發掘工作中的發現卻不很多，這也是事實，這就存在着矛盾現象了。一方面，歷史事實證明了商周時代曾普遍地使用青銅農具，而另一方面，商周時代的地下遺存裏，青銅農具卻不很多，這怎麽講呢？有些人因爲發現的不多，楞要把青銅農器説成不是農器，把一把掘地的鏟子，説成只許工匠用，不允許農業奴隸用，這顯然是違反歷史事實的。但只根據這兩三件發掘出來的青銅農器就來説商、周兩代的農業發展是由於使用了青銅農器也是没有什麽説服力的。從科學發掘工作中得到了商、周時代的青銅農器，證實了那時代使用青銅農器，這是田野考古學的很大功績，但是要進一步來説明爲什麽發現得不太多，就不是僅僅靠發掘所能做到的，就不得不是歷史學的任務了。

我們應該把這樣的矛盾現象，看成是歷史現象，即兩方面都是歷史事實，綜合起來説，商、周時代曾經普遍地使用青銅農器，曾經有很多的青銅農器，但埋在地下的青銅農器卻不很多。我們所能看到的，就是這樣一個歷史的真實。你既不能由於發現實物不多而就去胡謅什麽商、周兩代不用青銅農具，青銅時代文化藝術的高度發展是建築在極低微的生産力上面的那些荒謬言論，也不必希望從地下挖出很多很多的青銅農器的實物，才能證明商、周兩代是普遍使用着青銅農器。

要説明這個歷史現象，首先就得肯定商和西周是奴隸制社會，並且可以説商代以前就是奴隸制社會，青銅時代的開始跟奴隸制的開始，幾乎是同時的。關於這一點，目前大多數人的意見都差不多，只有極個别的學者還在把黄河流域的華夏大國作爲原始氏族來看待，在這裏就不去詳細辯論了。

商、周時期是奴隸社會，奴隸主是使用大批奴隸來耕種土地的，《詩經·周頌·噫嘻篇》「駿發爾私，終三十里，亦服爾耕，十千維耦」，是説奴隸主在開發他佔有的方三十里的私田，用了一萬個夫來耦耕。《載芟篇》説到「千耦其耘」，是用兩千個夫來耘田，可見當時是進行大規模的耕種工作的。有大批耕種的奴隸就得有大批的農器，但誰都知道，奴隸是一無所有，跟牛馬一樣地生活的，那末這大批的農器是奴隸主佔有的生產資料，是他們剥削得來的財富的一部分。奴隸、農器、土地，是奴隸主三份重要的生產資料，缺了一樣就不能經營農業。農器掌握在奴隸主手裏，集中貯藏，用的時候發出去，用完了收回來，藏到府庫裏。第一，這是財富，是不容許遺失的；第二，農器也可以作爲武器，奴隸主也不敢把它放在外邊。所以農器的保管是一件大事。《周頌・臣工篇》「命我衆人，庤乃錢鎛，奄觀銍艾」，這是在耕田之前，準備「錢鎛銍艾」等農具。還有《載芟篇》説「有略其耜」，《良耜篇》説「畟畟良耜」，又説「其鎛斯趙，以薅荼蓼」，是指奴隸主們所備的農具是很鋭利適用的。周厲王時代（公元前九世紀）的散盤記載了矢氏與散氏重分土地的一個契約，矢氏方面出席了十五個夫，散氏方面出席了十個夫，在勘定了矢需要給散的土地以後，進行了交割典禮，銘文説：

> 唯王九月，辰在乙卯，矢俾鮮且，䍙旅誓曰：「我兓（曾）付散氏田器，有爽實，余有散氏心賊，則爰（隱）千罰千，傳棄之。」鮮且、䍙旅則誓。迺（乃）俾西宮襄，武父誓曰：「我既付散氏濕田，𤰈（壯）田，余有爽䜌，爰（隱）千罰千。」西宮襄武父則誓。

我們可以注意到他是先交割「田器」，然後再交割田地的。甚至於「田器」比田地還重要，隱瞞了田器不但要罰，還要通知各地，使大家共棄之，而隱瞞了田地只是罰一下而已。這也因爲田器是可以出賣的，所以有必要加上「傳棄之」這樣的約束吧。

由散盤的記載，可以證明田器——即農器是掌握在奴隸主手裏的，〔一〇〕是他們的重要財富。如果我們把《周禮・大司徒篇》裏的《遂人》一節所説：

> 凡治野，以下劑致甿，以田里安甿，以樂昏擾甿，以土宜教甿稼穡，以興鋤利甿，以時器勸甿，以彊予任甿，以土均平政。

對比一下，就可以看見很大的不同。《周禮》的甿，是從外地招募來的農奴，〔一二〕因爲希望他們肯來，訂立最寬的條件（下劑），爲他們安住處，介紹婚姻，傳授種植常識等等，簡直是一篇極其完整的招募農奴計劃。但是對於「時器」（鄭玄注：鑄作耒、耜、錢、鎛之屬），只是向農奴們推廣介紹，讓他們自己去置備，而不是由地主準備了，這就是奴隸制社會與農奴制社會在農器問題上很好的一個對照。

陳夢家知道殷代可以製造青銅農器，也知道青銅農器比蚌石農器要好，爲了要維持他的殷代没有青銅農器的荒謬理論，就説：「其所以不造，乃由於當時的農業生産者還是奴隸階級，連粗糙的石製收穫具還要集中管理，當然不容許他們用金屬農具的」（見前），他就不想一下，既然石製收穫具可以集中管理，爲什麽青銅農具就不能集中管理呢？只要有集中管理的制度，奴隸主爲什麽不允許奴隸們使用金屬農具呢？在資本主義社會裏，機器是掌握在資本家手裏的，是要集中管理的，難道就不允許工人們使用機器來生産嗎？當然不是的。既然青銅農器確比木石工具好，奴隸主就要夸耀他們的「有略其耜」而大量地使用青銅農器。

在殷虚發掘中出現過很多的石刀，一九二八年第三次發掘時曾出土過上千把石刀（《安陽發掘報告》第二期二四九頁），一九三二年第七次發掘時在E181窖中發現了陶、骨、石、龜、貝、金、銅、玉等類器物五十七種，五千八百零一件，其中石刀一項是四百四十四件（《安陽發掘報告》第四期）。但是青銅農具卻一直到一九五三年才發現了一件，這是過去把學者們搞得莫明其妙的主要原因。有些人就根據這些表面現象來説話，説商朝人就用石器來耕種，説耕種的人只有千把個，幾百個。但很難解釋的是爲什麽只有石刀，而很少其他的石製農具；爲什麽石刀只有這些，因爲只靠幾千人用石刀來耕種是無法養活殷王朝統治者和其親屬與臣僚百工的。

如果我們知道殷朝的青銅農器是王朝以及大小奴隸主所掌握的，這個問題就容易解釋了。蘇聯考古學家阿爾茨霍夫斯基説：

> 在整個青銅時代，石頭還是有力地同金屬競争着。青銅刀子雖然相當多，但還繼續使用刀形石片，這也是易于解釋的。要知道，石片一般是鋒利的，甚至在古代東方諸國也使用它。在埃及，甚至鐮刀通常也不是青銅的，而是嵌有燧石的木鐮刀。

……必須估計到當時人們珍惜青銅，很少將其丢失，因而在發掘中也發現的較少。——《考古學通論》六九—七〇頁。

這個很正確的解釋，同樣適合於我國的歷史情況。商代儘管還繼續使用石刀或石鐮，并不能證明當時没有普遍地使用青銅農器。相反地，我們只要看一下《周頌》裏一塊方三十里的土地上就要用萬夫，那末，商朝這樣一個大王國，試問一千或幾百把石鐮管多大用。顯然，這些石刀并不能代表商王朝所佔有的農具，它們可能只是舊時代用過的東西遺留下來的，或者是部分的備用或補充的東西。至於商王朝所佔有的農具的重要部分，將是數量很多的青銅農具，這很可能正是《周書》所説的「發鹿臺之錢」，已經被戰勝者打開倉庫分散完了。總之，青銅農具，既然集中在奴隸主們手裏，是不允許奴隸們輕易遺失的；即使用壞了以後，它還是可以重新熔鑄鍛造的；所以在遺址中發現青銅農具是極其偶然的。殷朝貴族們是信鬼的，所以有很多殉葬物，大都是他們生前所享受的，至於青銅農器是奴隸們所用的，除了極少數的代表儀仗性質的東西，像西周初的「康侯斤」之類以外，它們也不可能在墓葬中發現；那末，在商周時代的考古工作裏很少發現青銅農器，可以説正是極自然的歷史現象。

而且，只要青銅農具始終掌握在奴隸主們手裏，是不會流散的。西周晚期的散盤銘裏，從奴隸主的甲方全部移交給奴隸主的乙方，就是最明顯的證據。春秋以後，新的情況出現了。周王朝失去了控製全局的力量，諸侯割據，北方黄河流域國家中，由於過去銅的銷耗太多，新的用途（如製貨幣、造兵器等）不斷擴大，但銅的産量少，南方産銅國家，如：楚國，又嚴密地控製銅，不讓外運，所以銅在北方就成爲十分貴重的東西。貴族們把青銅彝器看成寶貝，鐘鼎重器成爲許多國家之間餽贈的厚禮。在這時，主要是爲了節省青銅來造兵器，齊國想出了用鐵來鑄造農器的辦法，這個辦法廣泛傳播，别的工具也都用鐵來做，就進入了鐵器時代。據《國語》管仲提出這個辦法是在公元前七世紀，而到公元前六世紀上半的齊靈公時代，據叔夷鎛所説齊靈公讓叔夷去管理「萊」（釐）的地方的「陶鐵徒」就有四千人，可見鐵器工業已十分發展了。這時，一方面自由農或農奴們已大都自己備置農器；另一方面，價值貴重的青銅農器，業已爲後起的鐵農器所代替；那末，集中在過去的大大小小奴隸主們手中的青銅農器，在實用上已失去其意義，但不失爲一大批財富，毫無疑義地要另尋出路了。

金屬器物的特點，是可以鎔化改作的，歷史上不斷有銷毁舊器物的記載。秦始皇「收天下之兵，聚之咸陽，銷鋒鑄鐻，以爲金人十二」，到董卓時就毁掉十個來鑄小錢，剩下兩個給苻堅毁了。后世寺廟裏的大佛像被銷毁的很多，商周古器也常被鎔化。現在我們所見到的古銅器大都是地下遺存，近代出土，而被收藏家保留下來的，稍一疏忽就有被人當廢銅鎔毁的危險。近年來我們在廢銅收購工作中曾搶救出很多重要古器，就是一個證據。那末，在春秋時代，青銅農器已經失去需要，而青銅的需要卻很多，怎麼能逃出這個規律呢？

根據《左傳》，魯襄公十二年（公元前五六一年）季武子用搶掠來的鐘改鑄爲一個盤，又十九年（公元前五五四年），他又把跟齊國打仗時掠得的兵器來鑄一個鐘，可以看見那時改鑄的風氣。銅器裏有一個居簋，説：「居趞叡曰：君舍（予）余三⿰金膚（鈇），城負（賠）余一斧，才錫，負（賠）余一斧，賚負（賠）余一斧，赶舍（予）一斧，余鑄此廏兒。」〔一二〕説明居用三個⿰金膚，四把斧，改鑄這一件簋。「⿰金膚」字有人主張讀做「鑪」，但我們所見到的「鑪」，像：王子嬰次鑪那樣是很大的一個炭盆，單是一個鑪就可以改鑄很多簋了，何必三個鑪還要加四把斧呢？有人讀做「簠」，也不對，金文簠字作匿，作匥，從來没有這個寫法，而且三個簠再加四斧，改鑄一個簋，也不合理。我認爲這個「⿰金膚」字應該是「鈇」，「膚」和「夫」聲音差不多，古代常通用。〔一三〕《説文》：「鈇，莝斫刀也」，就是現在用來斷草的鍘刀，這是飼養牲口時必要的工具。《列子·説符篇》有「竊鈇」的故事，説一個人疑惑他的鄰居偷他的鍘刀，看鄰居的走路、顔色、言談、動作態度，都像是偷了鍘刀，結果發現事實和想象不一樣，也正因爲鍘刀是家家都有的。鍘刀和斧子是同類的工具，《吕氏春秋·具備篇》説：「三月嬰兒，軒冕在前，弗知欲也，斧鈇在後，弗知惡也。」就把「斧」和鈇合在一起説，可見這裏所説的「⿰金膚」實在是「鈇」，也就是鍘刀。〔一四〕那末用三把鍘刀，四把斧頭來鎔化了，改鑄一個簋，可見在鐵器代興的時代，把青銅工具銷毁改鑄也是很平常的事了。

叔夷鐘説：齊靈公錫叔夷以「吉金鉃鐈，玄鏐錛鋁」。叔夷拿來做了鐘：「玄鏐錛鋁」跟别的銅器上所説一樣是銅的品種，「吉金鉃鐈」則跟曾伯陭壺所説的「吉金鐈鋚」一樣，是器物的名稱。「鉃」字從金旁作矢，過去把它當作「鈇」字是錯的，應當是「銍」字，古文字的至字經常寫作矢，（因爲「矢」字本作，倒過來就是或，是「至」字），甲骨文「不𨾴衆」的「𨾴」，就可以寫作「雉」，可以爲證。「銍」是「穫禾短鎌」，見《説文》，那末跟「銍」聯在一起的「鐈」，也應該是農器了。在曾伯陭壺裏是以「鐈、鋚」并稱的。《論語》上説子路看見了一個丈人，用杖來荷蓧，後來把杖插在地上就蕓起田來了。所以《説文》對「莜」字的解釋是「蕓田器」，〔一五〕《説文》另外還有一個⿷匚攸字是「田器也」。《説文》另外還有「鋚」字，解爲「鐵也，一曰

轡首銅」。由於現在的《論語》「蓧」字從草頭，所以有人説是草器，有人説是竹器，段玉裁《説文注》認爲既是蕓田器就應該是「銚」的一類而不是竹器，是很有見解的。其實「鋚」字的解釋：「鐵也」是錯的，應該是，「銕也」，這個從金旁夷聲的字，并不是「鐵」字，應該仍讀如夷，《尚書・堯典篇》的「宅嵎夷」有的寫成「宅嵎銕」，或者簡直寫作「鐵」可證。「鋚」字的解釋爲「銕也」，實際是「田器」，《管子・小匡篇》「惡金以鑄斤、斧、鉏、夷、鋸欘」，注「夷，鋤類也」，可以爲證。那末丈人的以杖荷蓧，是在杖上掛了一把小鋤頭，所以要放開杖，用鋤頭來蕓田。上面兩件銅器裏，都説到「鐈」，但《説文》裏對鐈字只解釋爲「鐈鼎」的「鐈」，我認爲鐈的意思跟「銷」差不多，《釋名》「鍤或曰銷，能有所穿削也」。鐈跟銷的聲音相近，《方言》説「捎，選也，自關以西，秦晉之間凡取物之上謂之撟捎」，撟捎可以是一個詞，那末可以叫做撟，也可以叫做捎。那末，「鐈」也可以叫做「銷」。《詩經・良耜篇》「其鎛斯趙，以薅荼蓼」，「鎛」跟「趙」，應該是兩種農器，「斯」是語詞。「趙」也就是「銷」，就是現在的鍬。

由上所説，叔夷鐘的「鈇鐈」是鐮刀和鍬，而曾伯陭壺的「鐈鋚」，卻是鍬和鋤頭，總之都是青銅農器，在春秋後期的齊、曾等國得銅不太容易，就盡量利用青銅農器了。

至於金文常見的銅的品種，如：

余義鐘：「玄鏐鏄鋁。〔一六〕」（《三代吉金文存》卷一及《商周金文録遺》）

吉日劍：「玄鏐鋪鋁。」（《商周金文録遺》）

郘鐘：「玄鏐鑪鋁。」（《三代吉金文存》卷一）

邾公牼鐘：「玄鏐膚呂。」（《三代吉金文存》卷一）

玄鏐劍：「玄鏐錛鋁。」（許懋齋藏，見容庚《鳥書三考》）

叔夷鐘：「玄鏐錛鋁。」（《薛氏鐘鼎款識》卷八）

玄鏐戈：「玄鏐非呂。」（蔡季襄藏，《長沙古物聞見記》卷下）

玄鏐戈：「玄鏐非鋁。」（蔡季襄藏，同上）

邾公華鐘：「玄鏐赤鑪。」（《三代吉金文存》卷一）

曾伯霥簠：「吉金黄鑪。」（《三代吉金文存》卷十）

鑞鏄戈：「鑞鏄。」（《小校經閣金文》卷十）

從以上這些材料裏，可以看出基本上分爲「玄鏐」與「鏄鋁」的兩類。「鏄鋁」也可以寫作鋪呂。鏄字又可以寫作「鑪」或「膚」是聲音相同，《易經・剥卦》「剥床以膚」的「膚」字，有的寫作「簠」，可證明「鏄」字可以寫作「膚」字。鏄字也可以寫做「敖」，也是聲音相同，陳逆簠的「簠」字就寫作「笑」。可證。

首先是玄鏐，照《爾雅》釋器的説法，「黃金謂之璗，其美者謂之鏐」，鏐是屬於黃金一類的，但照銅器看應該是銅的一類，而且稱爲「玄鏐」，玄的顏色是黑中帶赤的，那就更不是黃金了。《尚書・禹貢篇》「梁州，厥貢璆、鐵、銀、鏤、砮、磬」，梁州是現在的四川一帶，「鏐」就是「璆」，應當是梁州地方出産的銅的製成品。銅器裏講到玄鏐的都是春秋時代的器，《禹貢》把「璆」和「鐵」放在一起，可見它是春秋時代的著作，所以孔子之徒把它編在《書經》裏去了。

至於鏄呂的「呂」，也寫作「鋁」，實際是最原始的煉成餅狀的金屬材料。我在《殷虛文字記》裏曾説明過古代的「丁」字寫「●」或「〇」，是《説文》「釘」字，即解釋爲「煉餅黃金」的「釘」字的圖畫，而「呂」字在古代寫作「●●」，或寫作「〇〇」，是兩個金餅。在西周時期的效父鼎裏説到王賞給效父三個呂，就寫做「●●●」，〔一七〕郭沫若先生曾指出銅器裏的金字多從「••」；此外還有些文字，像：匀字的從「••」，就等於是「鈞」字，「尊」字的從「••」，就等於是「鐏」字；還有冶金的「冶」字，段金的「段」字，也都從「••」，可見「••」或「呂」是金餅的意思而不是照《説文》上呂字的解釋跟膂力的膂字是一個字了。當然所謂金餅，也只是銅餅，而并不是黃金的。

呂既然是金屬的名稱，所謂「鏄呂」，顯然是做「鏄器」用的「呂」。根據《考工記》，我們知道「鏄」和「鏄器」是「農器」的總稱，那末，「鏄呂」就是做農器用的銅餅。「玄鏐」是金之精美者，可見「鏄呂」是普通的銅。由「鏄呂」音轉而爲「鑪呂」，有時單説「鑪」，也單説「鏄」，有時就單説「呂」，其實是一種東西。叔夷鐘説「錛鋁」，「錛」字與「賁」字音同，王肅注《周易・賁卦》，説「賁」是黃白色，那末「錛鋁」跟「黃鑪」是差不多的。玄鏐戈説「非呂」，古代從非聲的字，像「翡」，像「緋」，都有赤色的意思，那末「非呂」就是「赤鑪」。至於「鑞鏄」戈，只寫「鑞鏄」兩字太簡單了，可能是戈的名稱，也可能是金屬的名稱。《周禮・職方氏》説：揚州「其利金、錫、竹箭」。鄭玄注「錫，鑞也」。揚州就是吴越地區，《考工記》所説人人都能爲「鏄」的地方，那末，如果這是金屬名稱的話，意思是指含錫較多的「鏄」，是可以無疑的。

從上面的分析裏，可以看出春秋以後，青銅農器已都改鑄爲其他器物，原來用作青銅農器的原料——「鏄呂」，也是做其他銅器的主要原料了。〔一八〕青銅農器過去既然完全掌握在奴隸主們手裏，在這個時期裏，當然被他們熔毁罄盡。儘管在戰國以後，鐵器已經盛行的時代，也還有照舊用青銅農具的，就是唐、宋時期，還有很大的銅犁，但這只是個别的現象了。

正如農奴制代替奴隸制一樣，鐵農器的代替青銅農器是生産工具上的一次大革命。青銅不同於石工具，可以把它們扔在一邊；那時又没有博物館，當然不會有人把它們當作文物保存起來，那當然會全部消失了。當社會上起了重大變革的時候，這種現象是最容易發生的。那末，對於我國古代青銅器的遺存不多，又有什麽可以奇怪呢？

四、商、周時代的青銅農器

儘管這樣，青銅農器還是會有發現的。既然商、周時代曾經普遍地使用過青銅農器，無論在遺址或墓葬裏，總會有偶然的遺存物，但可惜過去學者們對工具、農器很不注意，收藏家也不搜集，所以即使有發現，也都隨時散失。在廢銅的收集中，我們常看到有些銅鎊是經過農民們重新磨快作爲工具來使用的，還有是在過去年代裏無人注意的情況下被熔化了。間或有一些形狀較特殊的，也没有人知道它是什麽器具，很多鏟子是被當作錢幣，幸而保存下來的，也有是被誤認爲是兵器的，相反地，像在《三代吉金文存》裏的史農器和兩個亞矢農器（卷十八，頁三十），没有看見器形，就很難相信它們確是農器。經常看見的一種類似畚斗式的商代銅器，過去常有人認爲是畚土用具，現在知道是爲盛炭火用的與炭爐在一起的用器，可見對商周時代青銅器的科學研究工作是很重要的。我們最不應該的是把青銅農器硬説成不是農器。我們應該有實事求是的精神，既不要把農器弄錯了，當成别的器物，也不要把别的器物錯誤地説成是農器。

由於這方面的研究工作，正在開始，積累的資料不多，我在這裏只能略舉一些例，做一個初步的探索。

（一）錢（鏟子、銚、鍬）

前面已經説過，春秋時代的貨幣一般稱爲空首布的，是從古代農器的「錢」發展下來的，〔一九〕這個説法實際是由古錢學家創始的。空首布在古錢中發現最晚，約在十八世紀以後，才爲古錢學家所注意，一般稱爲「鏟布」，又呼「農器布」，倪模《古今錢略》引江秋史的説法「錢取錢鎛之義，與農器爲近」。馬昂《貨布文字考》説：「其形製如鏟，究鏟形即古之錢形。」又説：「錢本范銅爲用器之名，而范銅爲錢貨名錢者，始自秦惠無疑矣。」他把貨幣的錢認爲從秦惠王開始是錯的，但已把農器的錢與貨幣的錢聯繫起來了。鮑康《觀古閣叢考》三編引陳介祺説：

> 此真是「庤乃錢鎛」之錢，以其至利于民，故上古取而象之以爲「貨」，非有此，則今日「錢」之名，胡爲乎來哉。仿古之「泉」爲圜製而名以古貨之「錢」，此漢以來之誤，非有今呼爲鏟幣、空首幣之「古貨」，又有像田器上古無文字之貨，何由知錢之製與名展轉之訛而得其真乎。——葉德輝《古泉雜咏》注轉引

是很有見解的，後來秦寶瓚的《遺篋録》，葉德輝的《古泉雜咏》的説法，也大都相同。總起來説，近代古錢學家都認爲金屬貨幣的「錢」[二〇]是從金屬農具的「錢」沿用來的。那末，我們只要反過來看一下，金屬農具的「錢」，從形狀上説，一定跟金屬貨幣的「錢」差不多。也就是説，我們可以根據空首布的形狀來確定金屬農具的「錢」的形製，在這一點上，古錢學家的發現是十分重要的。

從早期空首布給我們的知識，我們知道金屬農具的「錢」，就是在考古發掘中所遇到而一般稱爲鏟子的。古代的「錢」字和「鏟」本來是同音字，又寫作「剗」，《齊民要術》卷一説：「養苗之道，鉏不如耨，耨不如剗，剗柄長三尺，刃廣二寸，以剗地除草。」又寫作「剷」。錢和剗，鏟和剷，都是同音字。毛萇的《詩傳》説「錢」是「銚」，這是戰國時代的通用語言。「銚」又寫作「斛」，《爾雅・釋器》「斛謂之疀」，郭璞注：「皆古鍬鍤字。」《方言》卷五：「臿，燕之東北，朝鮮洌水之間謂之斛。」郭璞注：「此亦鍬，聲轉也。」《方言》又説「趙魏之間謂之喿」，郭璞注：「字亦作鍫也。」那末，從漢以後，「銚」的名稱，又被「鍬」所代替了。現在一般用的名稱是「鍬」，也間或叫做「鏟」。

古代農具的錢，是在一個下端有寬刃的方（或長方）形的銅片上安有一個方銎（方孔可以安柄的），銎身直貫到「錢」的中部。加上長木柄以後，人可以立着用來鏟土除草。貨幣的「錢」，只是體薄，分量輕，其他形製相同，所以藏錢家常把農器也當成了貨幣，李佐賢的《古泉匯》裏著録了五件（元集卷十），都厚重博大，最大的一件，長十六釐米多，很可能還是農具而不是貨幣。

這篇文章後所附的一至十五圖是農具的錢的一些實例：

1. 中國科學院考古研究所藏，現在中國歷史博物館陳列。一九五三年安陽大司空村出土。

殷代。圓肩方足。長二二點三釐米。(圖一)

2. 中國科學院考古研究所藏，現在中國歷史博物館陳列。一九五二年洛陽東郊出土。西周。圓肩方足。長八點八釐米。(圖二)

3. 故宫博物院藏，青銅器館陳列。殷代。圓肩方足，銎有兩耳，可以繫繩。長一點九五釐米。(圖三)

4. 故宫博物院藏，青銅器館陳列。殷或西周。方肩方足。長十六釐米。(圖四)

5. 故宫博物院藏，青銅器館陳列。西周。長銎，兩肩微起，方足。銎長有孔，三角紋。長十六點七釐米。(圖五)

6. 上海博物館藏。殷或西周。銎微橢圓，有兩孔，方肩方足。長二十一點一釐米。(圖六)

7. 拓本。殷代。圓肩，肩比足闊，銎有兩耳，可以繫繩。長十八點五釐米。(圖七)

8. 鄭家相《中國古代貨幣發展史》著録。殷或西周。方肩方足，銎上有十字紋。長十六點六釐米。(圖八)

9. 鄭家相《中國古代貨幣發展史》著録。殷或西周。方肩方足，短銎。長十三點一釐米。(圖九)

10. 日本考古學雜誌十五輯(一九二六)黑田干一文中引用。傳鄭州出土。殷代。圓肩方足。約長十八點二釐米。(圖一〇)

11. 日本西村真次論文中引用。〔二一〕殷或西周。兩肩略聳，足向内凹。長度不詳。(圖一一)

12. 在日本東京帝室博物館，見日本考古學雜誌十五輯(一九二五)入田整三文中引用。〔二二〕殷或西周。方肩方足，銎

中部有隆起直綫。約長十六釐米。（圖一二）

13. 日本三上香哉著《貨幣》（前編頁三十一）引用。

西周。兩肩離銎突出，錢面中部有直紋。長十四點六釐米。（圖一三）

14. 在美國紐約美洲古錢學會博物館。

西周。方肩方足，錢面中部有直紋。長十二點六釐米。（圖一四）

15. 在美國紐約美洲古錢學會博物館。

西周。肩略圓，足向内凹，兩端作鋭角，短銎，錢中部有隆起直綫。長十二點一釐米。（圖一五）

傳世農具的「錢」，當然還不止這些，鄭家相説「今世所出土之銅刀銅鏟大都爲殷商及周初之物，今選二品，以見其概」，可見他所見的還要多。但就從這十幾個，包括着很多形式的古農具，已經足以證明商周時代確實曾經普遍地使用青銅農器了。

（二）斤（小鋤、釿）

前面已經説過，古代的「斤」，可以是折木、斫石的工具，也可以是掘地的農器，還可以是作戰的兵器，除了兵器本來是從現成的工具或農器借用以外，〔二三〕後兩者之間，總是有些分别的。《孟子》説「斧、斤以時入山林」，用來砍伐林木的「斤」，總不能太小，「斤」就是現代木工還在用的「錛」，錛刃寬度，一般都還在十釐米左右。但作爲農器的「斤」，韋昭《國語注》説「似鉏而小」，就不很一樣了。

「斤」字在商代甲骨文裏寫作，是連彎曲的木柄也畫出來了。古代的石錛是綁在木柄上的，但甲骨文的「斤」字，是把柄插進「斤」裏面去的，那就應該是銅斤了。誰都知道，文字的發生，遠在商代以前，但還在文字發生時代以前，就已經用銅來做「斤」了。「斤」用銅做，所以可以寫作「釿」，《莊子·在宥篇》説「於是乎釿鋸製焉」，就是説「斤」和「鋸」。春秋時代的青銅貨幣，本來叫做「錢」，就是現在所稱爲空首布的，種類很多，從没有字的變成爲有字的，到春秋後期，出現了「制釿」與「參釿」兩種，〔二四〕開始稱爲「釿」，以後的貨幣就常沿用，分爲「半釿」、「一釿」、「二釿」等幣。空首布都出在山西、河南一帶，《考工記》數當時有名的物産時，舉「宋之斤」，那末，把「錢」稱爲「釿」也許受到宋國銅斤流通的影響。

由「錢」的又稱爲「釿」，可以看到農器的「斤」，跟鏟子的形式差不多。但既然是小鋤而不是鏟子，它們在用法方面也有些不同。鏟子即鍬是安了長柄，可以立着翻地薅草，起土時是向外剗的，而小鋤頭只安短柄，要俯着身去掘地，種一些小園藝，是向内起土的。所以「斤」要用曲柄，稱爲「柯欘」。後來嫌曲柄不方便，就在「斤」的銎裏，放一個柄（現在木工用的錛，把這個柄稱爲「展」），然後在這個柄上鑿一孔，再安一個柄。第一個柄跟「斤」的刃一樣横的，第二個柄則是縱的。但是這樣要安兩個木柄的方法也不方便，更簡單的是把「斤」改造一下，不是袋狀的銎，而是就在鋤身上部平面上開了一個孔，可以安柄，這樣就只要一個柄就行了，這就發展爲後來的鋤頭或钁頭的形式了。這是在農器裏的一個新發展，故宫博物院藏有這樣的小鋤頭，容庚的《漢金文録》卷四著録有「大宫鋤」，《貞松堂集古遺文》卷十五著録有兩個「大吉利農器」（圖一六），可見是秦漢時才有的。

傳世的小銅斤最多，有些是可以確定爲商代的，但是對它們的研究還很不够，像有些一面是斜刃，一面是平的，製作很平整，像是木工用來鑿方孔等用的，但是那些有銎處很厚，兩面斜下去，固然可以用來砍斷木頭，也未嘗不可以用來作小鋤頭，估計這裏有很多是農業上用的。

故宫博物院所藏有兩個「康侯斤」，上面鑄「康侯」的名字，跟一般的「斤」不一樣，就是在銎的下端兩旁寬出來，有些跟鏟子相同，只是鏟身是長方或正方形的，銎只達鏟的中部，而這種斤是短身的，銎幾乎到刃了。——這種形式，一直發展到漢代像容庚《漢金文録》卷四裏的中山農器二農器跟宜農器，以及中國歷史博物館藏舊安陽出土的「王小鐵錢」都是（圖一七）。——過去稱爲「康侯斧」，于省吾説應當是「斤」，是很對的。[二五]這兩個斤據説是河南濬縣康侯墓裏出土的。康侯是周公的弟弟衛康叔封，在周公東征以後，康叔改封在衛，但是他原來是封在康國的，所以本來叫康侯。周王朝最注重經營農業，周公在《酒誥》裏教訓康叔的時候，就説到「其藝黍稷」，那末，在康侯墓裏面會發現兩個農器的「斤」，以表示他是注意農業，是很自然的。據《國語·齊語》管仲主張用惡金（鐵）來鑄「鉏、夷、斤、斸」，我們現在看到在輝縣固圍村發現的鐵農具，就有跟這種「斤」十分相像的。

1. 康侯斤　故宫博物院藏，青銅器館陳列。

傳河南濬縣康侯墓出土。

西周初。圓肩圓刃。銎口有帶狀隆起，銎右有一耳，可以繫繩。銎下近肩處較低，鑄有銘文二字。長十點四釐米。

（圖一八）

2. 康侯斤　故宫博物院舊藏，中國歷史博物館陳列。傳河南濬縣康侯墓出土。西周初。斤的形狀與上同。長九釐米。（圖一九）

3. 故宫博物院藏，青銅器館陳列。西周。圓肩圓刃，銎前窄後寬，成橢形。長十點四釐米。（圖二〇）

4. 故宫博物院藏，青銅器館陳列。春秋。圓刃，銎上廣下狹，近肩處作弧引彎下。長九點一釐米。（圖二一）

這一類的斤，尤其是像第四例的，所見比較多，在這裏不詳細介紹了。

（三）鎛（鉏、鋤、钁、斧）

《詩經·臣工篇》「庤乃錢鎛」，錢跟鎛是兩種主要的農器。《毛詩傳》把「鎛」解釋爲「鎒」，但「鎛」跟「鎒」不完全相同。《國語·齊語》説農民們「挾其槍、刈、耨、鎛」，是把耨跟鎛分開的，據韋昭注，「耨」是「鎡錤」而「鎛」是「鉏」。關於「鎒」的問題，下面再討論，把「鎛」解釋爲「鉏」，《釋名》、《廣雅》等書都一樣。

古代的鎛究竟是什麼樣，從司徒鎛自稱爲「甫」的一點可以搞清楚了。清末吴大澂得到這件銅器，比一般的銅斤長得多，器上有銘文「𠭯司土北征蒿甫」七個字，從字體和銘文内容來看，都應該是西周時代的。這件銅器現在還在吴氏後人手裏，我在上海曾見到。吴大澂把這最後一個□字識錯了，以爲是□（葡——箙）字，曾經寫了一篇「葡字説」，收在他所著的《字説》裏。照他的説法，這件器是盛箭的箭箙。但這兩字絲毫没有相同的地方，從字形來看，這個□字，應該就是□，上面的一畫變成□，跟□（方）字寫做□是一個道理，在横兩頭加一些裝飾，没有其他意義，□跟□一樣，就是甫字，如果下面再畫一只手，就是「尃」字，再加上金旁就是「鎛」字了。這件器還没有脱離斧斤的形狀，銎口是扁方的，下面是刃，無論如何也不能用來盛箭，吴氏的説法，可以説一無道理。我們把這個「甫」字識出以後，卻就可以知道古代的鎛的形式了。

甫字聲跟父字聲相同，兩個字常通用，周代把□字變成了□，就从父聲。所以農器的「鎛」，實際上就是「斧」。司徒北征到鎬京而要用鎛，是因爲掘地的工具，在農業中需要，在行軍時也同樣是需要的。《三代吉金文存》卷二十還著録有三個呂太叔的「貳車之斧」,(圖二二)是帶在車上的工具,時代是春秋,器小得多,但形式還是差不多。可見用在農器稱爲鎛,用在工具稱爲斧,是一個來源。

王毓銓先生著的《我國古代貨幣的起源與發展》主張古書上把錢幣稱爲布,〔二六〕是「鎛」字的假借字,單從字音來説是講得通的,但「錢」跟「鎛」究竟是兩種不同的農具,空首布的形式究竟是錢呢?還是鎛呢?既不應該模棱兩可,説:又是錢,又是鎛;也不應該把在後來的演變過程中的小分歧,如平足、弧足之類就截然地分成兩大類。《史記·平準書》説:「或錢、或布、或刀、或龜貝。」《漢書·食貨志》説:「貨寶于金,利于刀,流于泉,布于布。」都把錢(泉)跟布分開。儘管司馬遷、班固對古代幣制已不清楚,但分開是對的。西周時代還没有專用貨幣,但有交換制度,金、貝、玉、帛,都可以作交換用。「錢」即鏟子,「化」即刀子,也都可以供交换之用,後來發展爲貨幣時,「錢」又稱爲「釿」,而「化」仍然叫「化」(貨)。青銅斧子也曾經作爲交換物資,所以《易經·旅卦》説「得其資斧」,《巽卦》説「喪其資斧」,但没有發展成爲貨幣形式。農器的「鎛」,照司徒鎛看來是斧子的一類,與後來的貨幣更無關了。另一方面,布、帛都是織物,都可以作爲交換用的幣,銅器裏的贈送禮物,常常用布帛,如西周末年的召伯虎簋,就説到「報寢氏帛束,璜」,由此可見睘卣裏的「賓貝,布」,是布帛的「布」,不是貨幣的「布」。「絲」在那時也是交換物資,所以曶鼎記用匹馬束絲來買五個奴隸的事情,那末,《詩經》「氓之蚩蚩,抱布貿絲」,是抱了布匹來换絲,而不是抱了貨幣來買絲。王先生没有搞清楚這些情況,他認爲西周時,甚至於在商代就有了布錢的説法是未必恰當的。其實稱爲「布」跟稱爲「幣」是一樣的,是歷史上沿用下來的名詞。西周時的蠻夷國家應該向周王朝獻一種「員」,員字又寫作「貟」,〔二七〕實際就是後來的「賦」字。銅器又有「貧」字,見公貿鼎,「布」字(本作爷)寫做「貧」,跟「帛」字的寫做「貟」,是一樣的,意思是可以作爲貨財而交換的。到春秋時,「貟」字已經不見,用「布」字作爲貨幣的名稱,顯然由「貧」字假借來的。但這名稱用得不太久就消失了,一直到王莽時樣樣都要復古,但對於古制已經不清楚,才把圓錢叫做「泉」,把古代的「錢」叫做「布」,就硬把「錢」跟「布」攪在一起了。

把「錢」與「布」的關係搞清楚了,才能確定現代所謂空首布的形式,是農具的「錢」而不是「鎛」,那末,錢是鏟子,是鍬,而鎛是斧頭,也就是鋤頭,更加清楚了。在石器時代裏,石斧是最重要的,到銅器時代裏,把一般用具稱爲「斧」,而把用在農業上的稱爲「鎛」,在周以前,鏟子、鋤頭、钁頭等各種形式的農器,幾乎都是由「鎛」的形式發展而成的,所以就把農器的總名,叫做「鎛器」。

1. 中國科學院考古研究所藏，中國歷史博物館陳列。河南鄭州出土。
商代。口上一道隆起，面有十字綫。長十六點五釐米。（圖二三）

2. 故宫博物院藏，青銅器館陳列。
商代。口上兩道綫隆起。長十四點五釐米。（圖二四）

3. 昆𪚥鎛 《鄴中片羽》卷下頁十一著録。傳河南安陽出土。
商代。兩面各有圖案式銘文兩字，側面有花紋。長十六釐米。（圖二五）

4. 昆𪚥鎛 同上。
商代。形制同上。長十五點三釐米。（圖二六）

5. 亞夭鎛 《三代吉金文存》卷二十，頁四十九著録。
商代。兩面獸面紋與蟬紋，兩側各有銘文兩字。長十一點五釐米。（圖二七）

6. 延鎛 《鄴中片羽》三集卷下，頁十三著録。傳河南安陽出土。
商代。兩面獸面紋與蟬紋，銘文一字雜在正面蟬紋中，兩側有花紋。長十一點五釐米。（圖二八）

7. 豐鎛 羅振玉舊藏，《三代吉金文存》卷二十，頁四十九著録。
西周初。銘一字（王旁豐）。長十一點五釐米。（圖二九）

8. 司徒鎛 吴大澂舊藏，現在上海。據拓本。西周初。正面銘文三字，背面上下兩行四字：「𢽴𤔲土北征蒿甫」（𢽴司徒北征鎬鎛）。長二十四點五釐米。（圖三〇）

9. 上海博物館藏。
西周。鋆很短，只有全器三分之一，靠鋆背面延長的厚銅板，下端是刃，較過去把鋆直通下來的已有進步，只要改造一下，變横鋆爲直鋆，就成爲近代的钁頭形式了。長十七點七釐米。（圖三一）

傳世的「鎛」很多，這裏只能舉一些例，以後還需要繼續研究。那些有圖案裝飾的和有銘文的，常常不是實用的，但因爲可以由此來斷定時代，所以盡量采用了。

(四)鎒(槈、耨、斪斸、句欘、鋸欘、欘、定、鎡錤)

上面説過「鎒」和「鎛」是有些不同的，但過去注釋家往往混在一起，既把「鎒」來解釋「鎛」，又把「鎛」和「鎒」都解釋爲耡，爲钁，那末，到底有什麽分别呢？我以爲「鎛」的名稱比較古，形式也比較簡單，「鎒」是從「鎛」發展出來的，「鎛」是掘土的工具，要深入土中，而「鎒」是薅草蕓苗的工具，入土可以淺一些，但需要廣一些。銚和鎒的名稱都是從海濱民族古代用蚌殼來耕田的時代遺留下來的，銚就是珧，鎒就是蜃。《淮南子·氾論訓》説過「古者剡耜而耕，磨蜃而耨」。郭沫若先生在《甲骨文字研究》裏説：「辰」是耕器，所以有關農業的字往往從辰的意見是很正確的。《淮南子·説山訓》説：「治國者若鎒田，去害苗者而已。」《漢書·王莽傳》説「予之南巡，必躬載耨，每縣則薅」，可見農業裏薅草是一件重要工作，鎒是薅田器，是一種重要的工具。

《吕氏春秋·任地篇》：「耨柄尺，此其度也，其耨六寸，所以間稼也。」高誘注：「耨所以蕓苗也，刃廣六寸，所以入苗間也。」玄應《一切經音義》卷八引《古今字詁》也説：「鎒頭長六寸，柄長一尺。」《吕氏春秋》所説的形製最晚是戰國時期的，他説「刃廣六寸」，根據當時秦國通用的尺度(商鞅規定的一尺，合二十三點一釐米)來折算，要有十三點八六釐米，這樣寬的刃無論是鏟子(錢)或鉏頭(鎛)裏都是没有的。

「鎛」跟「鎒」雖然都是「鉏」，但「鎒」的一些别名是「鎛」所没有的。《爾雅·釋器》「斪斸謂之定」，《周禮·考工記》注叫做「句欘」，《管子·小匡篇》叫做「鋸欘」，《説文》就叫做「欘」，説是「齊謂之鎡錤」，跟《國語注》説「鎒」是鎡錤，是一樣的，那末「鎒」跟「欘」，是同一語言的兩種寫法。但是爲什麽叫做斪斸呢？兩個字都從斤，顯然它是「斤」的一類。稱爲「斪」或句，跟鐮刀的稱爲鉤或刈鉤，戈的稱爲句兵，是一個道理，就是説「鎒」的形式應該跟鐮刀或戈的形式有些相似。《荀子·榮辱篇》説「所謂以狐父之戈钃牛矢也」，可見「句欘」的形式跟戈類似。

在流傳的古器裏，有所謂「黄子鉞」，它的銎是方的，不像兵器的銎而是跟「斤」同類的；整個器形正像一個蚌殼，又像一把兩面有刃的月牙形鐮刀，但在凹的地方安上了木柄，它的主要的刃是在外弧，而這外刃正像古石磬那樣的「倨句」形。我認爲這就是「句欘」，故宫博物院收藏的有三件，有一種在「斤」狀的銎下是扁方形的銅片，外刃是直的，但更多的是外刃略帶弧形，一頭較長，一頭較短。過去認爲「鉞」的，顯然是錯了，無論從它的銎和它的堅固情況看都不適宜於作兵器。徐中舒先生在他的《耒耜考》裏把「黄子鉞」説成是犂錧，但犂是推土的，目的在深翻土地，所以比較長而狹，有一些像大的矛頭，但現在這一類器短而寬，恰恰相反；犁的柄需要很粗很結實，而這一類的銎都很小；如果深耕翻土，不論是木柄和銅刃，都將毀折，所以也不可能是「犁」。當然，徐先生把它作爲農器還是對的，只是這樣輕便的農器，不適於用爲耕種工具罷了。據《吕氏春秋》所説「句欘」裝上一個短柄，只長一尺，即二十三點一釐米（不到市尺七寸），拿在手裏來薅草是很輕便的，所以製作薄一些，銎小一些，都没有什麽關係。

1. 故宫博物院藏，青銅器館陳列。

西周或春秋。銎斜出，前面横刃短，作弧形，後面横刃長。長八點七釐米，刃寬十六釐米。（圖三二）

2. 故宫博物院藏，青銅器館陳列。

西周或春秋。形製同上，長八點三釐米，刃寬十七點七釐米。（圖三三）

3. 故宫博物院藏，青銅器館陳列。

西周或春秋。形製同上，長九釐米，刃寬二十二點九釐米。（圖三四）

4. 《周金文存》卷六，頁一百十五著録。（原誤名爲鉞）

西周或春秋。形製同上，長七點三釐米，刃寬二十一釐米。（圖三五）

5. 潘祖蔭舊藏，《周金文存》卷六，頁一百十五著録。

西周或春秋。刃較大而銎在比例上太小了。器上有陽文黄人兩字可能是後刻的。從銎到刃長十二點三釐米，刃最寬處二十二點六釐米。（圖三六）

6. 故宫博物院藏，青銅器館陳列。

春秋。全器作三角形很工整。銎在正中作「斤」形，下面像箭鏃一樣，分爲兩股斜出，中有一道直綫隆起，作爲兩股的界綫，右股比左股較短。兩股均以縱綫爲紋，有一些像梳子，背面都有邊緣。銎與兩股之間有聯綴。這樣精緻的裝飾，又很薄，似乎不是實用的。長十三點七釐米，寬十七點三釐米。（圖三七）

（五）銍（短鐮）

《詩經·臣工篇》説「奄觀銍艾」，可以看見西周時代是有金屬農器的「銍」的。《説文》説「銍」是「獲禾短鐮」，所謂短鐮，是短柄的鐮。

1. 故宫博物院藏，青銅器館陳列。

西周。是半月形的鎌刀，而有「斤」狀的鋻。長十點七釐米，連刃寬十四點七釐米。（圖三八）

2. 故宫博物院藏，青銅器館陳列。

西周。半月形的鎌刀，同上，刃較長。長八點二釐米，連刃寬七釐米。（圖三九）

（六）鎌（刈鉤、鉊、鍋、劃、鉤、鍥）

傳世古銅器裏面，鎌刀最少見，但鎌刀在很早的時期裏就已經用青銅製造了。石器裏的石鎌，作弧形，一頭微大，是握手處，一頭略小，刃在凹的一面。在安陽侯家莊的發掘中，有兩件類似的青銅小刀，[二八]是那種有環的内刃刀的原始形式。李濟在《記小屯出土的青銅器》一文内，承認這種内刃銅刀是由石器時代的鎌刀分化出來的，可是他又説「但殷虚所出的銅刀，卻没有可以認定作鎌刀的」，[二九]是不是商朝人只摹仿石鎌來做一些日用小銅刀呢？我們只要把這種内刃刀的歷史看一下，就可以説不是的。商代的内刃青銅刀，跟春秋時代齊國一帶流行的貨幣的刀，形式基本是一樣的，這種刀在貨幣上自稱爲「化」，就是「貨」。銅器裏有郘公鈚鐘，「鈚」字《説文》作「鈋」，解釋爲「圜也」，「圜」也是貨幣的意思。《釋名》「刀，其本曰環，形似環也」，因爲刀有環，所以貨幣也稱爲「圜」，《漢書・食貨志》「太公主九府圜法」，注「即錢也」，可證。後來索性就變成圓錢了。青銅的「化」，是春秋以後才成爲專用貨幣的，但它跟「錢」是鏟子一樣，原來就是鎌刀，是重要的交换物資，所以「貨」字从貝从化，代表財物的意思。「化」字原來作匕，所以銅器「鈚」字就是《説文》的「鈋」字。「匕」字原來寫作，也寫作，[三〇]就是青銅「化」（貨）的象形字，因爲它已經用一横畫來畫出刀把與刀刃之間的區别了，這在石鎌刀上是没有的。「匕」也可以讀爲「加」的聲音，它們的母音是相同的（古音歌部），只是聲母的變化，等於「可」字的讀爲「何」，所以凡爲从力从加的字，實際上都从匕（化），只是《説文》上把它搞成爲兩個寫法罷了。那末，「男」字就在田旁畫一把鎌刀，説明在收割的意思，比之説「用力於田」清楚多了。

另外，那種兩面有刃的石刀，也是可以做收割的鎌刀用的，這種石刀，加上木柄，就成爲「戈」的形式。《方言》卷五説：「刈鉤，江淮陳楚之間謂之鉊，或謂之鍋，自關而西或謂之鉤，或謂之鎌，謂之鍥。」叫做「鉤」，是和「戈」的稱爲「句兵」是相同的，叫做「鍋」，《廣雅》寫做「劃」，那就是「戈」的别寫。古來兵器的「兵」，本來畫兩只手捧一個「斤」，而兵械的械，原來作「戒」，是兩只手捧一把「戈」，斤是既用在手工業又用在農業的工具，戈也是用在農業中的收割工具。長柄的戈，就是長柄的鉤鐮。商代的古式戈（過去只稱句兵）發現的很多，有些很薄，不適於戰爭用，很可能就是長鎌一類的東西。

鋤頭、鏟子，除了作爲農器以外，挖河、掘墳墓等工程裏還是用得上的，我們看見的實物比較多一些，可能是這些工作中不小心而遺留下來的。鐮刀的用處比較窄，奴隸主在收割時拿出來，完了收回去，在鐵鎌興起以後，銅鎌都被放到熔爐中去了。所以儘管它的來源很早，現在所存實物卻反而很少。

下面這件係故宮博物院藏，青銅器館陳列。（圖四〇）

春秋。形式跟戈戟一樣一面是鋭角，一面是裝柄處，但没有内。並且只有内刃，背較厚。又像環狀小刀而没有柄。長十八點六釐米。

鐮刀這類農器，上下幾百年，變化不大。所以我們看見的銅鐮刀跟輝縣固圍村所出的鐵鐮刀的形式，幾乎完全是一樣的。我們在戰國墓葬裏，常常看見青銅工具與鐵工具并存的現象，這和青銅時代初期與石工具的交錯現象是相同的。鐵工具是春秋時新興的，但原來的一些青銅工具還可以用，有時就被保留下來了（當然，成批的是不會保留的）。一直到漢朝，我們還常看見把戰國時代的銅器，重新刻上了字而使用的。所以戰國墓葬裏的一些青銅工具，很可能是春秋時期遺留下來的。

（七）刈（艾）

《詩經·臣工篇》説：「庤乃錢、鎛，奄觀銍、艾。」錢、鎛和銍在前面都已經討論過了，「艾」也是農器，《國語·齊語》「挾其槍刈耨鎛」，韋昭注「刈，鎌也」。《説文》：「乂、芟草也。刈或从刀。」但是刈這樣的農器是什麽樣子呢？要照《説文》寫做乂，倒有些像漢代以後的剪刀，但從文字的發展來説乂只是「五」字的古文，當作芟草或治理等意義，只是假借它的聲音罷了。

銅器裏的□簋和尊，〔三一〕在銘文末，都有一個氏族名稱，作□，手裏拿了一件工具，是帶着齒形的。故宮博物院收藏着這樣的工具，由於形狀很像古文字裏的𠂤字，所以就叫它做𠂤形器，有人認爲它是兵器，但從形製來看作爲兵器是不適宜的。現在知道這就是古代農器裏用爲芟草工具的「刈」。

這裏首先要説到王國維先生的發現，他在《觀堂集林》卷六的《辭辥》篇裏提出了毛公鼎、克鼎、宗婦簋、晉邦盦等銅器裏的「辥」字就是古書裏的「乂」字，説：《尚書・君奭篇》的「用乂厥辟」，就是毛公鼎裏的「□辥厥辟」，《康誥篇》的「用保乂民」，《多士篇》和《君奭篇》裏的「保乂有殷」，《康王之誥》篇裏的「保乂王家」以及《詩經・小雅》裏的「保艾爾後」，就是克鼎、宗婦簋、晉邦盦等器銘裏的「保辥」。又説明了古文《尚書》和《説文》裏的「[illegible]」字就是由辥字弄錯了的。王先生的意見，已經爲學者間公認爲正確的。

但是他没有注意到「薛」字所从的「𠂤」，或「𡴎」有什麽意義，他説「𠂤者衆也，金文或加从止，蓋謂人有辛，𠂤以止之」。又説：「或變止爲屮，與小篆同，屮者止之譌。」這都給舊的訓詁學蒙蔽了，説得很迂曲，講不通。

其實「辥」字从「𡴎」，《説文》「𡴎，危高也，从𠂤屮聲，讀若臬」的解釋不一定對，但寫法是對的，金文裏另外有一個常見的氏族名叫做「簋」，[三二]它的偏旁作，也作𡴎，那末，有些金文裏辥字的偏旁上面从止，是寫法上的變譌，王先生就根據它來附合起來了。我們現在所藏的古代的「刈」，上面有一個三角形的刺，當然也可以作兩個或三個刺，可以看見「𡴎」字原來是芟草工具「刈」的象形文字，《説文》讀作「魚列切」也跟「刈」的讀「魚廢切」，相去不遠。「𡴎」字是「刈」，那末，用「辥」字來代表「乂」或「艾」的意思，是很自然的。「辥」字有巀辥的意思，跟齟齬、嵯峨等意義差不多，是從它的齒形的高高低低分不開的。

由此我們可以看見商、周時代不但有一般的青銅農器，並且還有一些特殊的工具，爲我們現在所想不到的。用「刈」這樣的工具，需要裝上長柄，所以《國語》説「挾」，在草高及人的荒地裏，這樣的工具是很需要的。

1. 故宫博物院藏，青銅器館陳列。

西周。作兩個三角形，正像「𠂤」字頂上有三角形刺。均中空。安柄處微縮，頂有小銎。安柄處有三弦紋。兩處下側有珥，一面有穿，可繫繩，長二十八點二釐米。（圖四一）

2. 故宫博物院藏，青銅器館陳列。

西周。作三個三角形，頂上有三角形刺。頂刺下有銎，安柄處有槽可嵌入。長二十五點六釐米。（圖四二）

（八）鏺

《説文》「鏺，兩刃木柄，可以刈草」，段玉裁注「兩刃如劍然兩邊有刃」。《廣雅・釋器》：「鏺，鐮也。」《釋名・釋用器》：

「鏺，殺也，言殺草也。」《六韜・農器篇》說：「春鏺草木，夏耨田疇。」從這些資料裏可以看見漢朝人知道有這種農器。

故宮博物院藏有這種農器，比矛長得多，有人疑惑是兵器，但長兵器是用不着這樣長的刃的，用以刈草是最適合的了。

從甲骨文的發字寫作來看好像「鏺」這樣農器，〔三三〕從商以前就有了。《說文》「癹以足蹋夷草也」，如果單單蹋一下，草能死嗎？「癹」字的寫法，正告訴我們有人把草踩下來，有人拿了「鏺」，把草割斷。草太密了，單單用鏺刈草是施展不開的，所以足蹋是一事，夷草是一事。甲骨文裏所畫人手中拿着的就是這個刈草工具。因爲「鏺」的刃很小，加上木柄，跟一根棍子也差不多，所以在文字裏只看見一條直綫了。發是開荒，《詩經》所謂「駿發爾私」的「發」就是開荒，而「鏺」就是開荒用的工具。

此爲故宮博物院藏，青銅器館陳列。（圖四三）

西周或春秋。類似長矛，但刃以次漸小，以至於鋒尖，又有一些像劍。長七十五點二釐米。

（九）耜

《詩經・周頌・載芟篇》說：「有略其耜，俶載南畝，播厥百穀，實函斯活。」《良耜篇》說：「畟畟良耜，俶載南畝，播厥百穀，實函斯活。」《小雅・大田篇》「以我覃耜，俶載南畝，播厥百穀」，三篇的詞句大略相同，而對「耜」的形容則不同。毛萇把「略」跟「覃」都解釋做是利，鄭玄索性把它們叫做「利耜」，照《大田篇》的說法，很清楚這些「利耜」是奴隸主所有的。而《豳風・七月篇》說「三之日于耜，四之日舉趾」，則顯然是農業經營者說的話。但無論什麼時代，耜在農業裏的重要性，在這裏是很清楚的。

《詩經》裏的錢、鎛和銍，都是从金旁的，使人一望就知道是金屬農器，耜卻沒有這樣明顯。《易經・繫辭下》說「神農氏作，斲木爲耜，揉木爲耒」。《淮南子・氾論訓》也說「古者剡耜而耕，磨蜃而耨」，是遠古時代的耜，可以用木製，但西周時代已經有了錢、鎛一類的青銅農器，說這班奴隸主還在用木耜而自己夸鋒利，這總是講不通的吧？

耜是什麽樣的東西，單靠文獻記載，要去弄清楚它是有困難的。由於制度的改變，漢人對耒耜已不大說得清楚。《說文》上没有「耜」字，卻有「梠」跟「枱」兩個字，「梠」又作「梩」是「臿」，而「枱」又作「鈶」和「檕」是耒耑。這就引起了紛紜的爭論，到底「耜」是「梠」字呢還是「枱」字呢，還是都是一個字呢？耒跟耜到底是一件東西，還是不同的工具呢？到底是耒有兩個頭，還是耜有兩個頭呢？這些問題搞不清楚，就没有法子知道什麼是「耜」。

根據徐中舒先生的研究，「耒」字的古文字是手裏拿着一個耒，耒的樣子是，甲骨文和金文裏的「耤」字是有人扶着耒，一隻脚站在地上，一脚踩着耒使它深入土中。〔三四〕可以看出耒的下面原來是有兩個頭的。《易經》説「揉木爲耒」，只是把天生的樹木用火烤彎曲了就可以利用，《説文》説「手耕曲木」，基本上是對的。《淮南子·主術訓》説「一人蹠耒而耕，不過十畝，卒歲之取，不過畝四石」。蹠耒是用脚踩耒，所耕不過十畝，可見效力的低。至於耜是要斲和剡的，可以看見耜的頭是削尖了的，這樣就容易刺入土内了。「耜」字無論寫做「梠」、「枱」或「鈶」都是由「㠯」字發展而成的，「㠯」字在甲骨文和金文裏作或，是「耜」的象形字，可以看出「耜」的下面只有一個頭，那就跟耒完全是不同的東西了。《管子·海王篇》説「耕者必有一耒、一耜、一銚」，也可以證明耒、耜不是一器。《夏小正》説「正月初歲祭耒，始用暘」。可見「耒」是最原始的農器，在商周時也已經是歷史上的東西，只是在藉田等時候才用它，所以《詩經》裏屢次講到「耜」，夸耀它的犀利，卻從來没有説過「耒」。

《周禮·考工記》「匠人爲溝洫，耜廣五寸，二耜爲耦，一耦之伐廣尺深尺謂之甽」，鄭玄注「古者耜一金，兩人并發之，今之耜歧頭兩金，象古之耦也」。從這可以看到《周禮》時代的耜是廣五寸，而且是一個頭的，既然用以挖溝洫，鏟土，當然是「臿」的一類了。漢朝人把耒叫做耒耜，在耒下的耓上套上了鐵頭，稱爲耜，所以説「今之耜歧頭兩金」，這是《説文》又另外有枱、鈶等字的緣故，武梁祠畫象畫神農初作耒耜，也畫成了歧頭，因此，學者們常把兩頭的當耜，反而把耒等於後世的鑱了。

上海博物館藏的一件青銅農具，在一九五〇——五一年時盛傳爲商代的犁，這是不對的，商代如果已使用畜耕而有犁，周初就不該還要用一萬人去耦耕三十方里的田畝了。我曾經仔細研究過這件器，認爲應該是「耜」，它跟鋤頭差不多而較寬，頭部入土的地方最寬爲十一點一釐米，把商鞅尺來合算，約四寸八分，跟《考工記》耜的制度廣五寸是很接近的。它的頭是尖的，是容易刺入土内的。從它刺入土内的功用來看，跟「臿」也相近。如果加上一個曲柄，跟「㠯」字的象形也正一樣。

1. 上海博物館藏。商或西周。似鎛而寬，刃部像矛一樣。銎口一道隆起，面底都有圓孔。長二十六點六釐米，刃部最寬處十一點一釐米。（圖四四）

2. 亞矢耜 《鄴中片羽》卷下頁五著録，傳河南安陽出土。商。似鎛而寬，刃部像矛一樣，銎口隆起，有銘「亞矢」二字陽文，銎口兩側有環耳，可以繫繩，耜面有十字綫。長二十六點五釐米，刃部最寬處十二點五釐米。（據拓本測，原書已縮小。）（圖四五）

耜在青銅農器裏是最大的，加上很粗的木柄，分量很重，在牛耕未興以前，耦耕確是當時所迫切需要的了。

五、後論

中國古代社會的使用青銅農器，是從青銅時代一開始就開始的，比商代要早得多。我國古代經濟主要是農業，只有在農業經濟高度發展以後，奴隸主才能由剥削奴隸而積累大批的財富來供他們的奢侈享受。那時所謂文化，實際上是奴隸主們享受的文化，祭祀、打仗、田獵、喝酒、舉行大宴會，在這些場面裏，需要製造很多的青銅器，人死了還拿來埋到地下。這種高級的青銅文化是由高度的經濟發展所引起的。所以如果説商朝人有這樣高度的文化，但卻没有大規模地進行過農業生産，没有奴隸佔有制，没有使用過青銅農具，這倒成爲怪事了。在人類歷史上，這種怪事是還没有發生過的。

既然認爲古代曾普遍地使用過青銅農具，但發現的卻不多，這就需要探索它的原因，原因是很清楚的。青銅農器是奴隸主們佔有的大量財富，他們當然不會放鬆而隨時可以把它們熔毁的。

但就是這樣，我們也還可以看到商、周時代的許多青銅農器。它們都是以偶然的原因被保存下來的，有些過去被認爲是貨幣，有些認爲是一般工具，又常常被認爲是兵器。過去很少人研究過農器，許多資料出現後就散失了，因此，我在這裏提到的只能是很小的一部分，這個研究工作的展開是有必要的。

這裏已經叙述到的并有實物爲證的，有：錢、斤、鎛、鎒、銍、鐮、刈、鏺、耜等。所以首先談到「錢」的原因，是由於它的歷史是最明顯的，是經過收藏家像陳介祺等討論過，並且有了定論的。有些人堅持青銅時代没有農器，只有鐵器時代才有農器，只是把貨幣發展的歷史忘掉了所造成的。這裏對於《詩經》裏記載到的一些農器，都已叙述到了。《國語・齊語》説「挾其槍、刈、耨、鎛」的「槍」，則似乎只是木製的。還有《管子・輕重乙篇》所説「一農之事，必有一耜、一銚、一鎌、一鎒、一椎、一銍」，除了「椎」以外，也都叙述了。椎是木製的，用以碎土塊，又稱爲櫌，當然也可以改用金屬製，但不是必需的。那末，這裏已經叙述到的青銅農器，幾乎已包括西周和春秋時所用的農器了。

當然，這裏還存在很多缺點，有些器物看來是農器而還没有收入的，例如：有一種爪形的銅器，或許是套在杷上的，還應該很好地研究與收集。主要的是十年來考古發掘中所得跟各地文物機關所藏，我也還没有去調查研究過。再加以寫的時候太匆忙了，一定會有許多遺漏與錯誤，希望同志們給我批評與指正。

青銅農具應用的時期，大約有一兩千年，時代這様長，本來就有很多變化與發展，而現在遺物不多，文獻記載也不完備，研究起來，困難很多。商代貴族人人酗酒，酒是糧食做的，可見農業一定很發展，但没有關於農器的記載。公劉遷豳一到就要「取厲取鍛」，可見鍛造青銅農器是發展農業經濟的先決條件。周朝人的注重經營農業，在《書經》、《詩經》裏完全反映出來了，但農器形式的變化，似乎是不大的。總起來看，凡從斧斤系統發展出來的各種形式的農器，大概是春秋以前商、周時代的。新的形式的出現恐怕在春秋以後，如斧頭的在厚背側面出方銎，钁頭、鋤頭的在平面後部出方銎等，都是新的，比過去也較方便，而就在這個時候，中國古代社會也正在由奴隸制逐漸變化爲農奴制，鐵器時代也已經開始了。

一九五九年十月十四日開始，二十八日寫成於大石橋宿舍。

〔一〕參考蘇聯阿爾茨霍夫斯基：《考古學通論》中譯本六十八頁。

〔二〕見《考古學報》第九册郭寶鈞、林壽晉：《一九五二年秋季洛陽東郊發掘報告》。

〔三〕見《國語・齊語》和《管子・小匡》篇。

〔四〕吕氏春秋・慎大覽》，《淮南子・主術訓》和《道應訓》，《史記・殷本記》和《齊太公世家》，文都略同，只有《史記・周本記》作「散鹿臺之財，發鉅橋之粟」，不用「錢」字而用「財」字。

〔五〕睘卣説「尸白賓睘貝、布」，只是送他貝和布匹，不應該解釋爲貨幣的「布」。

〔六〕商周時代可能已有鐵，在有些兵器或工具的附件或裝飾物裏已見到鐵，但没有單獨的鐵器。

〔七〕見《三代吉金文存》六卷三十八頁及十一卷二十三頁。

〔八〕李濟《記小屯出土的青銅器》一文中引用。

〔九〕唐蘭：關於商代社會性質的討論——《歷史研究》一九五八年第一期。

〔一〇〕漢代人一般都把農器叫做田器，許慎《説文》，鄭玄《周禮注》等都如此。

〔一一〕鄭玄注「變民言甿，異外内也」。是説當地的稱民，外地的稱甿。《孟子》説「願受一廛而爲氓」，比《周禮》所説似乎更自由一些，像後代的客户了。

〔一二〕見《筠清舘金文》卷五、十五葉，《攈古録》金文二之三，八十五葉叡彝。

〔一三〕《公羊傳》僖公三十年「膚寸而合」，《尚書》大傳作「扶寸而合」。《風俗通》「夫者膚也」。

〔一四〕古書常用鈇鉞連文，實際上鈇仍是鍘刀，鈇跟質在一起是用於腰斬的。

〔一五〕大徐本《説文》作「草田器」，據《韻會》等書改，段玉裁、嚴可均等校本都如此。

〔一六〕容庚《金文編》釋成鑪是錯的。

〔一七〕郭沫若《兩周金文辭大系》考釋九十五頁放在孝王時是太晚了，從器形與文字來看都應該在穆王時。吕郭釋做仌，即箭箙的蓋，不確。王的賞賜不會只賞器的蓋，而且還賞三個的。同時代、同形式、銘文也差不多的郘父鼎，王賞的是貝，可見這裏賞的是金屬的吕。

〔一八〕玄鏐鏞吕的兩種金屬，可能是原料來源的不同，梁州來的叫「鏐」，揚州來的叫「鏞」。至於近出吴王光鑑所謂「玄銧白銧」，銧就是鑛字，《説文》作磺「銅鐵樸石也」，那是由於吴是産銅錫之國，所以可以直接用礦石來冶鑄了。

〔一九〕羅振玉《俑廬日札》説空首布「關中所出多博大整齊，洛中所出則大小不一律，意關中所出乃西周製，洛中則東周製」。但錢幣的開始，是否在西周時期，還待作進一步的研究。

〔二〇〕「錢」在古書上有的寫做「泉」，是假借通用，説像泉水這樣流通，是後來人的附會。《周禮·地官·泉府》注引鄭司農的説法：「故書泉或作錢。」

〔二一〕Nishimura Shinji「Ancient Chinese Coinage and its Origin」，Canton，Ⅰ(1934)，34。

〔二二〕從第八例以下均轉引王毓銓《我國古代貨幣的起源與發展》，此件與十一、十三，王氏都認爲是原始布。

〔二三〕《左傳》魯襄公二十五年三匠暴動時「皆執利兵，無者執斤」因爲是工匠，所以就用「斤」來當兵器了。

〔二四〕「參釿」的字，過去有釋爲「齊坤」，「濟川」，「齊留」，「三川」等兩字的，也有釋爲「濟」字的，今據魚鼎匕的「參」字作，定爲「」字。

〔二五〕見《雙劍誃吉金圖録》卷下考釋頁九。

〔二六〕王先生提出《左傳》昭公二十六年所説的「魯人買之，百兩一布」，《禮記·檀弓》的「賻布」與「四方布」，《墨子·貴義篇》「今士之用身也，不若商人之用一布之慎也」等布字是貨幣的布都很對，但《詩經》「氓之蚩蚩，抱布貿絲」的布是否貨幣，還待研究。

〔二七〕見乖白簋、兮伯盤、師寰簋。容庚《金文編》説乖伯簋是帛貝合文，錯了。

〔二八〕李濟《記小屯出土之青銅器》，《中國考古學報》第四册插圖二十六 A1 和 A2。

〔二九〕同上三十。

〔三〇〕《金文編》附録上三十二，壺文作[illegible]在寧形內，乙爵作[illegible]在寧形內。《説文》把「匕」解釋做倒人是錯的，倒人是殄的古文，實際就是顛倒的顛字。

〔三一〕拓本見于省吾《商周金文録遺》頁三十二及五十二，原器現藏故宮博物院。

〔三二〕見容庚《金文編》附録上六十二。

〔三三〕見《甲骨文編》卷二頁十六。

〔三四〕徐中舒《耒耜考》十二——十三頁。

圖一

圖二

1　2

圖三

圖四

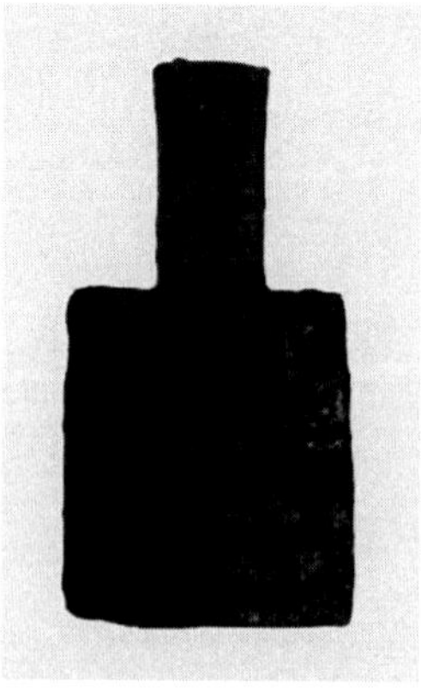

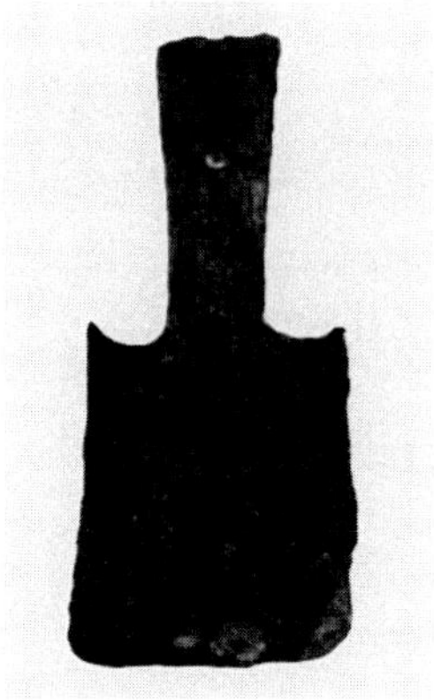
圖五

圖六

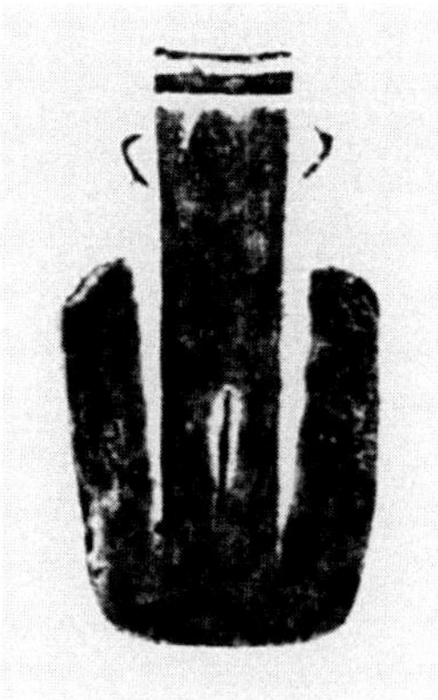
圖七

圖八

圖九

圖一〇

圖一一

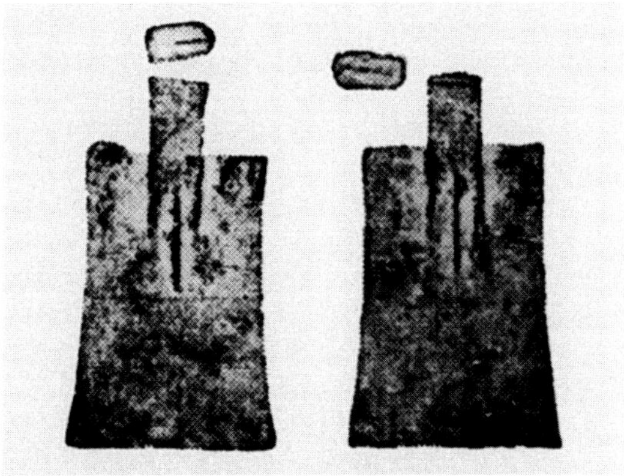
圖一二

圖一三

圖一四

圖一五

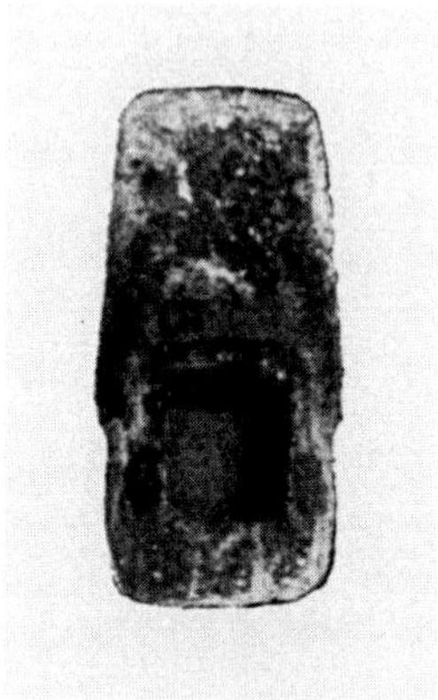
圖一六之一

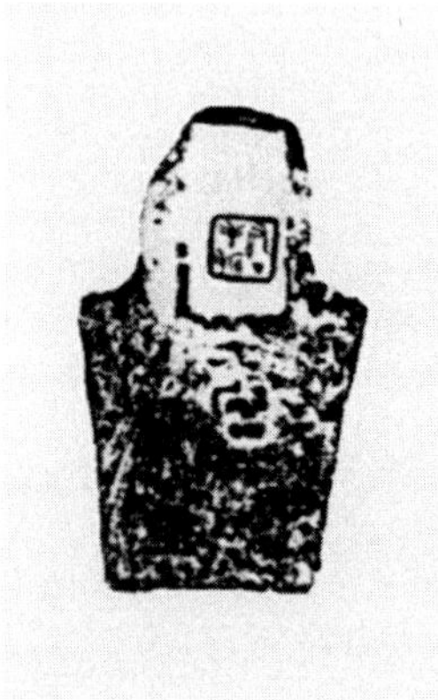
圖一六之二

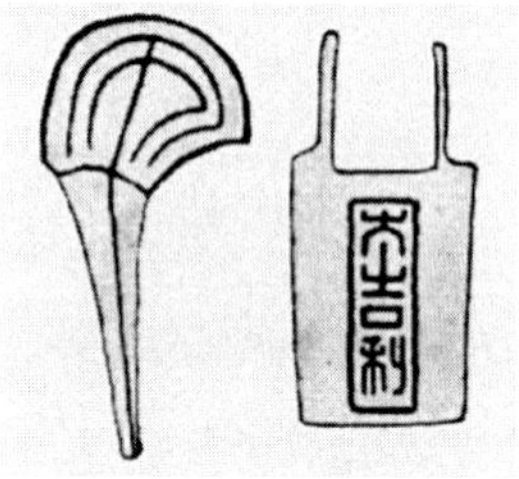
圖一六之三

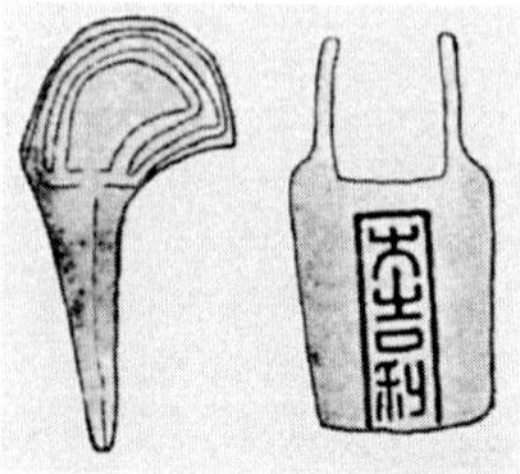
圖一六之四

圖一七之一

圖一七之二

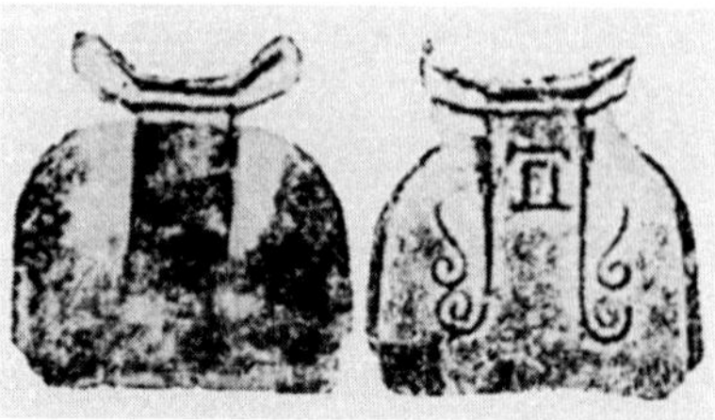
圖一七之三

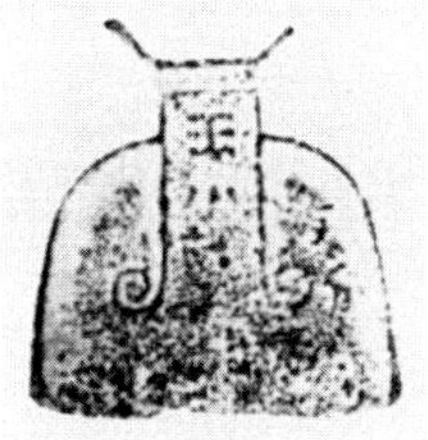
圖一七之四

圖一八

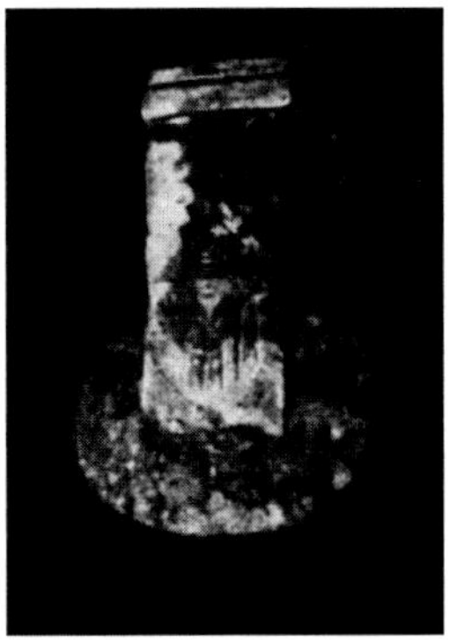
圖一九

圖二〇

圖二一

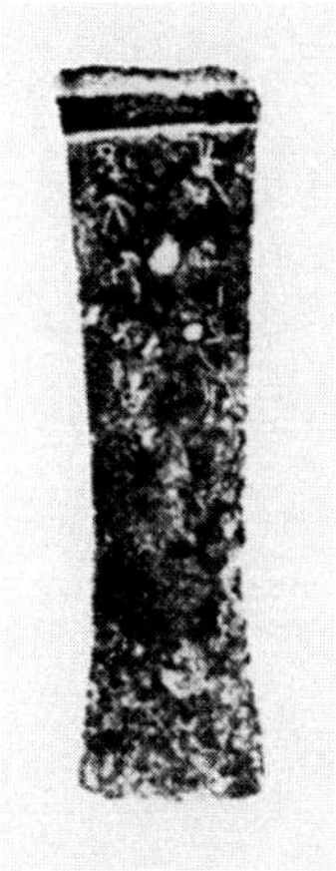
圖二二之一

圖二二之二

圖二二之三

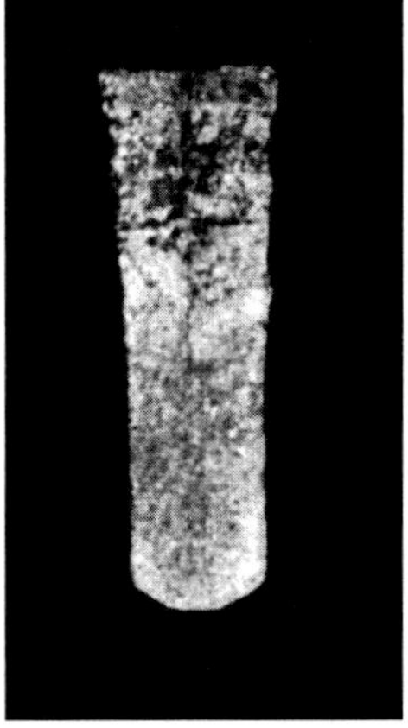
圖二三

圖二四

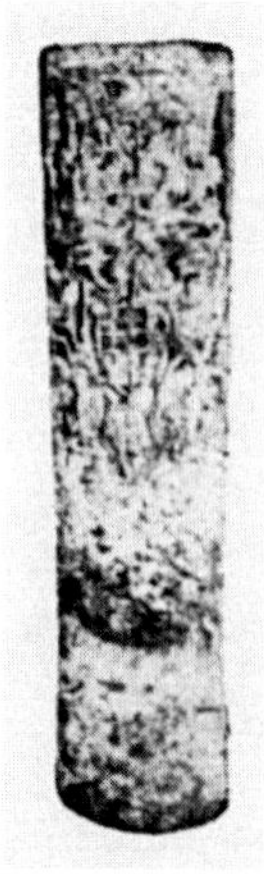
圖二五

圖二六

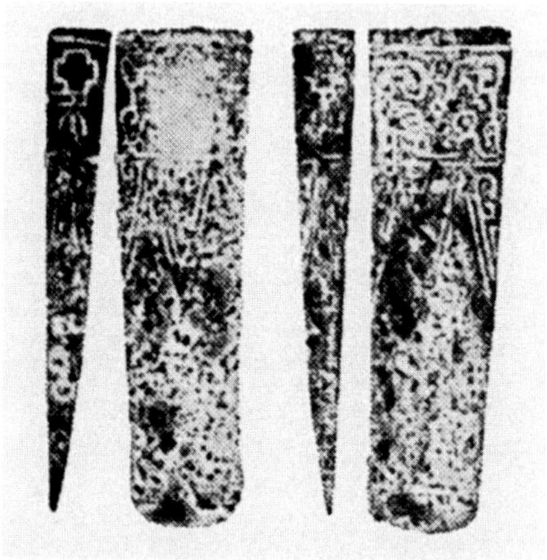
圖二七

圖二八

圖二九

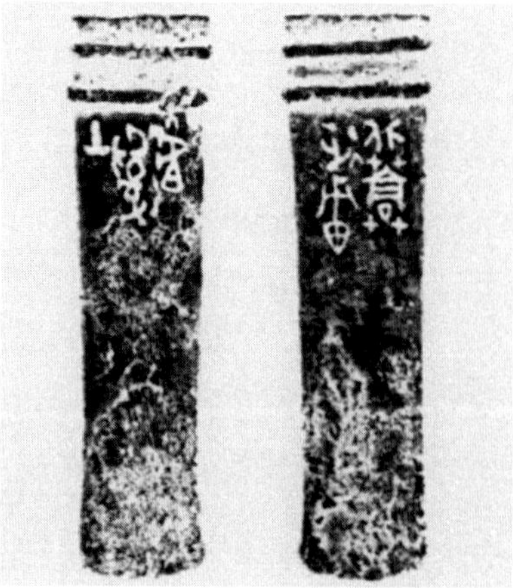
圖三〇

圖三一

圖三二

圖三三

圖三四

圖三五

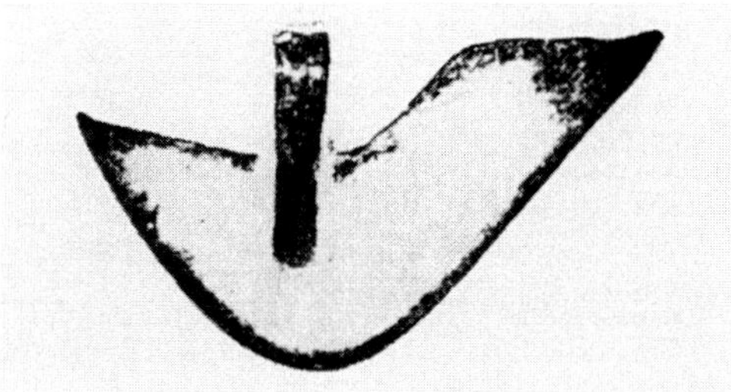
圖三六

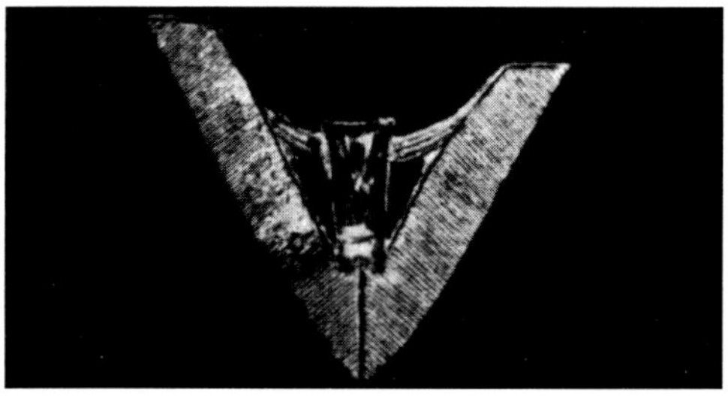
圖三七

圖三八

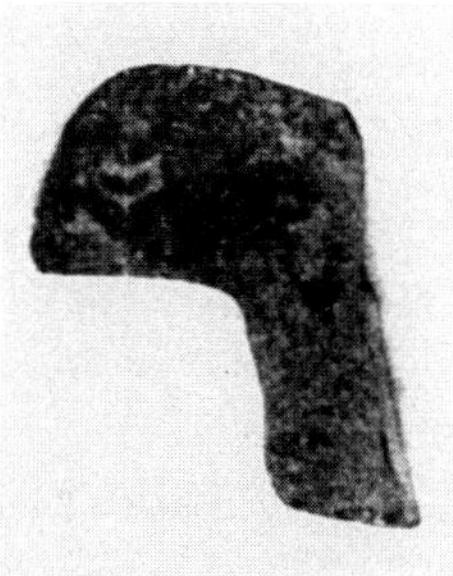
圖三九

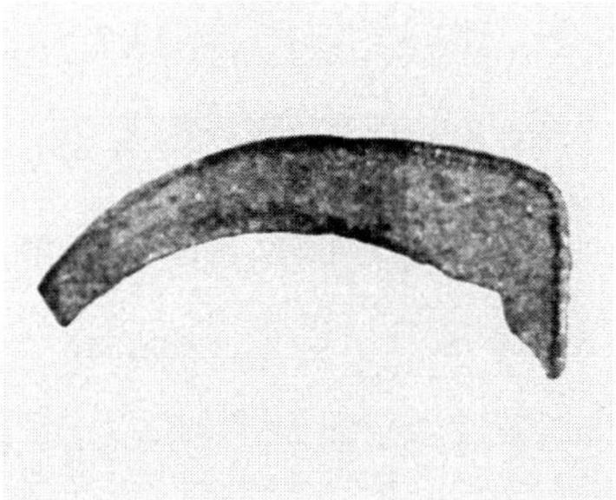
圖四〇

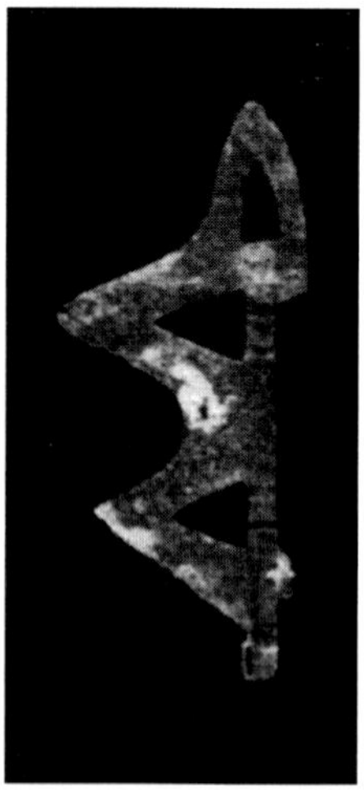
圖四一

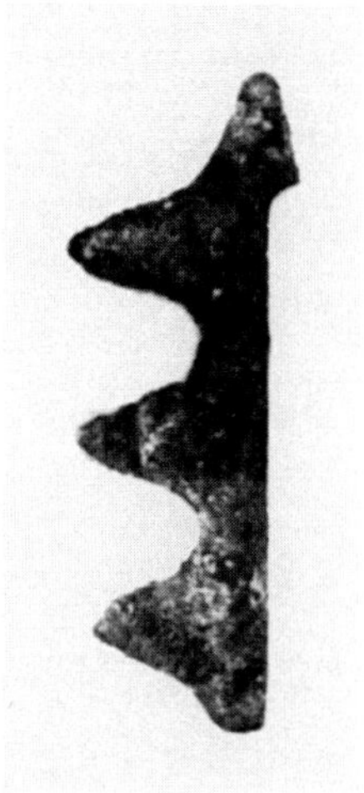
圖四二

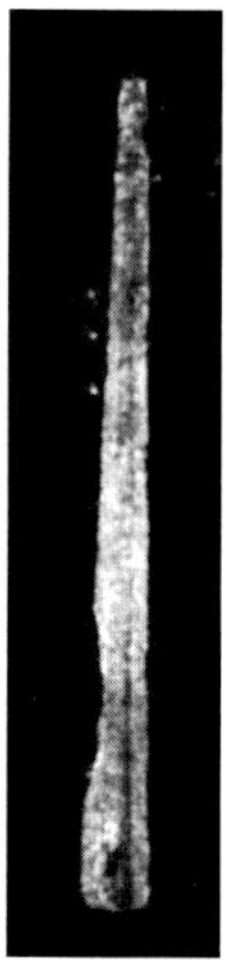
圖四三

圖四四

圖四五

載《故宮博物院院刊》一九六〇年第二期第十至三四頁。
又《唐蘭先生金文論集》第四二七至四六五頁紫禁城出版社一九九五年十月。

中國古代藝術的寶庫

——記故宫博物院的歷代藝術館

許多人盼望已久的我國第一個綜合性的文化藝術史陳列——歷代藝術館，已經公開展出了。

故宫博物院位於北京市的中心，歷代藝術館則是故宫博物院的中心。每天有成千上萬的觀衆來參觀故宫，進了紫禁城，就看得到去年新修葺的金碧輝煌的太和門，巍峨壯麗的三大殿，更是觀衆必經之路。太和殿是一般稱爲金鑾寶殿的地方，現在已恢復宫殿的原狀，從保和殿開始就是歷代藝術館。

歷代藝術館分爲三個室，第一室是保和殿，第二室是殿的東廡，殿的西廡是第三室。全部陳列面積，約四千平方米。在保和殿上從原始社會末期開始到春秋末（公元前四七六年）止，東廡由戰國時開始到南宋末年（公元一二七九年）止，西廡由元代開始到「五四」（公元一九一九年）止。全部陳列，展出各時代的各種文化藝術遺物約四千件，其中很多是極珍貴的文物。

歷代藝術館的建立將可以給觀衆從具體的古代文化藝術遺産中有系統地看到我國四五千年來文化藝術發展歷史的一個輪廓。故宫博物院地方大，藏品多，要讓每一個觀衆跑完故宫所有的開放地點，看完博物院展出的各種藝術品，簡直是不可能的。歷代藝術館的展品大都是最重要的，最有代表性的，使參觀者能用三四個小時的時間，看到了故宫博物院藏品裏面的菁華。

陳列是從新石器時代的石工具開始的，石斧的打磨光滑，形製端整，並且還出現了最精美的玉斧，是藝術從勞動中産生的最可靠的證據。彩陶器的圖案跟龍山文化中黑陶器的造型，尤其是紅陶鬶，可以證明在四五千年前我國黄河流域和沿海各地已有很高的文化。

商代和西周初期是奴隸社會的極盛時期，主要是青銅文化，酗亞方尊和方罍是這個時期裏重要酒器的代表，尊、罍都有兩市尺多高，極厚重，周身花紋，尊的頸部，還有各種動物裝飾。酗亞族所作銅器很多，除了還有兩個尊在臺灣外，都已散佚，這裏尊罍并存，是很可寶貴的。三羊尊，更要大得多，羊頭的裝飾很突出，這是長江流域的風格，跟殷都安陽不同，可以看見商末、周初的荆舒民族文化水平已經很高了。安陽的白陶器是用瓷土（即高嶺土）燒成而仿照銅器圖案加以雕刻的，出土的都是碎片，很難得，這裏有很多復原了的器皿，象白陶壺是根據近三十塊碎片復原的。玉器裏面象有冠玉鳥，高約市尺五寸，還有鷹攫人頭佩等都是十分珍貴的。

商代的大鐃和有「永啓」等銘的三個編磬，西周時代的令塤，都是古代樂器裏的重要遺物，西周時代的師趛大鬲，幾乎可以跟牛鼎羊鼎比一比，作獸面紋，一點不繁縟，顯得特別雄偉。春秋時代的立鶴方壺，是新鄭出土的，約公元前六世紀，已經出現新的風格，象：器耳和器足的龍形裝飾，極幻想之能事，而器蓋上蓮花瓣裏的立鶴，卻又很生動，都是打破商周藝術的傳統的。春秋末年的兵器，象：邗王是埜戈的透雕裝飾，錯金字的「少虡」劍，都是新的發展。

從第二室開始，初期封建社會文化藝術的繁榮景象是很突出的。許多錯金銀嵌緑松石的銅器的精工與美麗是過去所没有的。銅器上的新圖案，尤其是燕樂漁獵攻戰圖壺和狩獵圖壺，大都是反映當時社會生活的圖畫，更富於現實生活的氣息。戰國時玉器雕刻的精美，琉璃器的發明與漆器的發展，都是應該特别指出的。到了秦漢時代則以石刻爲主，氣氛爲之一變。畫象石裏象：山西出土的郭仲理和郭季妃畫象，山東出土的薌他君石柱都是極其重要的。居巢劉君墓的石羊，是雕塑中的代表作品。漢代銅器中以鎏金器爲多，光武乘輿斛是最珍貴的，下面三個熊足，身上嵌有松石玫瑰等寶石。熏爐和燈是這個時代裏最流行的。博山爐蓋上的精細雕刻，在山林中有獵人，有旅客，宛然是一幅山水畫。玉器裏象：燈、奩、杯等已都是日用的器物，可見貴族的豪侈生活。這一類玉器流傳下來最少，歷代相傳都把它們當做寶物。

中國古代藝術史上的一個新的階段是從漢末、魏、晉開始的。這時的法書繪畫藝術都已成熟，宗教藝術開始盛行，瓷器開始出現而銅器衰退，都是重要的特徵。晉顧愷之的洛神圖，雖然是十二世紀的摹本，還可以看出原作的規模。晉代石尠石定父子的墓志是墓志中最早的，隸書極精。三世紀時有名詩人陸機的平復帖是現傳名人墨迹中最古的一件。王珣的伯遠帖在三希堂中最可能是晉人真迹了（快雪時晴帖是雙鈎本，現在臺灣，中秋帖大都認爲是宋人寫的）。馮承素摹蘭亭，是唐太宗時所摹蘭亭之一（另外還有一張金界奴本，也在故宮博物院），王右軍真迹已不可得，這是目下真迹一等的最古傳本了。永安三年（公元二六〇年）的青瓷罐是早期瓷器中有銘文可以確定時代的一件標準器。南北朝時佛教造象較多，大統十三年（公元五四七年）的石造象，和曲陽出土的東魏白石造象（背上保存用朱墨畫的觀世音象），還有正始四年（公元五〇七年）的銅造象，高二十四釐米，都是較重要的作品。山西出土的菩薩坐象，刀法很簡單，但衣褶與帶紋的波折很自然生動，具有很高的水平。高昌出土的磚墓志上有刻的，也有朱墨書的，都很精工。河北景縣封氏墓出土的青釉蓮花尊則可以看出瓷器的發展已推廣到北方了。

隋唐時代是我國封建社會文化藝術的高峰，書法繪畫都極其燦爛。六世紀末的展子虔游春圖，充滿了春光明媚，仕女春游的歡樂氣氛，是我國現存繪畫中最古的一張。唐人紈扇仕女圖，十分接近於張萱周昉的風格。韓滉以畫馬著名，這裏有他的五牛圖，筆墨古拙，但刻畫很細緻。敦煌絹畫觀世音象，約在十世紀，用金色來描繪，更顯得華美。書法有歐陽詢、顔真卿、柳公權等真迹和貞觀時國詮所寫的善見律，詩人杜牧所書他自己作的張好好詩，尤其可以寶重。唐代雕塑是很突出的，敦煌出土的男女官吏塑象，高約兩市尺，是極重要的。青釉鳳頭壺爲傳世唐瓷中絶精之品，無論在造型上在圖案上都受到中亞細亞的一些影響。黑釉陶腰鼓，除了日本正倉院所藏從唐代保存下來的一個以外，沒有看到過。大小忽雷與大聖遺音琴都是歷代相傳的有名樂器。

五代到宋，繪畫繼續發展，顧閎中的韓熙載夜宴圖反映當時的貴族生活，是人物畫裏面最成熟的一件作品。董源瀟湘圖是後代山水畫之祖。北宋時郭熙的窠石平遠圖，崔白的寒雀圖，都代表當時繪畫的新的水平。宋徽宗的聽琴圖，有蔡京題，所畫人物還有唐人風格，但用顔色絶鮮艷，是其他畫中所不及的。南宋時李唐的采薇圖，反映出反抗外族侵略的民族氣節，畫風已有變化，和馬遠踏歌圖都是南宋的新體。李嵩的貨郎圖和失名的大儺圖都富於民間的氣息，而楊無咎的四梅圖則代表文人畫家的新派，在一張畫上兼備了詞、書、畫三絶。書法藝術從五代楊凝式的神仙起居法不拘於唐人的成法起，宋代蘇、黄、米、蔡四家各有特點，蘇軾的治平帖，蔡襄的自書詩都是名迹。瓷器到宋代有極大的發展，定、汝、官、哥、鈞等窑在這裏都有最精的作品。沈子蕃的緙絲梅雀是緙絲畫裏面最古的作品。

第三室的開始是元大德時（公元一二九八年）的興化寺七佛畫象這塊十八米多長的大壁畫，原來在山西稷山縣，是抗戰前被帝國主義者勾通奸商想偷運出國而經當時的北京大學扣留下來的。這個壁畫，據説是朱好古畫的，比永樂宫壁畫還要早，畫法還保留宋代風格，是現存古代大壁畫中最重要的一塊了。中國古代藝術從元代起有了大變化，繪畫書法在當時都以趙孟頫爲首，趙的秋郊飲馬圖還是繼承傳統的，秀石疏林圖已是新的風格。當時畫家中如錢選的山居圖，任仁發的二馬圖也都是繼承傳統的，但元四家吴鎮、黄公望、王蒙、倪瓚就都是新派，一直到清代，元四家的影響是很大的。工藝方面，象張成、楊茂的雕漆器與朱碧山的銀器都很有名，瓷器的青花與釉里紅是新的創造。

明代畫家流派漸顯著，吴縣畫家中唐寅、仇英還是南宋的傳統，唐的孟蜀宫妓圖、風木圖，仇的玉洞仙源圖都很精。沈周、文徵明都是吴門派的開創者，陳淳與徐渭則是後世水墨寫意的創始者。明代工藝美術已很發展，如宣德爐、景泰藍、漆器和絲織品中的改機等，這裏有宣德時代的嵌琺瑯，可見景泰藍是景泰以前就已發展的。瓷器的彩色，更推進了一大步。

明末的董其昌，使繪畫書法的範圍更狹隘了，四王吴惲的山水畫成爲畫家的正統派，但還有許多畫家是有自己的創造的，象：項聖謨的大樹風號圖，陳洪綬的荷花鴛鴦圖，以及石濤、八大、華喦、金農、羅聘、鄭燮、李鱓等，這裏都有他們的代表作品。郎世寧是意大利人而作中國畫，他的畫假的最多，這裏陳列的是清宫舊藏的。書法中如鄧石如、包世臣等也有新的發展。工藝美術的工細以清代乾隆時爲頂點，清宫所藏較多，這裏也選擇一些最精品來作爲代表，象瓷胎或料胎的琺瑯彩即一般所謂古月軒的碗與瓶，都是不容易得到的。湯鵬的鐵畫是這個時期的新創造。

鴉片戰爭以後，畫家以趙之謙、任頤、吴昌碩等爲最，都是寫意畫家，現代大畫家齊白石就是繼承這個傳統而有新發展的。

當然，要詳細地研究中國古代文化藝術的歷史發展，僅僅這個館裏的材料是遠遠不够的。這個陳列採取了「寧精毋雜」的精神，每一件展品都是有代表性的，所以展品不太多。但就是這不多的展品在這裏也不能一一介紹，概括地説，這個館裏選擇了全院藏品中的菁華，也可以説現在存世的藝術品的菁華，可以説是中國古代藝術的一個寶庫，這個寶庫的開放，標幟着我國藝術博物館的一個新的成就，對於人民大衆欣賞古代藝術和瞭解祖國藝術的優良傳統，將會有一定的幫助。

載《文匯報》一九六〇年一月十九日。

故宮博物院叢話

故宮博物院是在明清兩代舊皇宫的基礎上建立起來的博物館，它開始建立於一九一四年，到今年已四十六週年，但追溯上去，它的建築的歷史還要久遠得多。

一、話宫殿建築

故宫建築的本身就是文化藝術史上的重要遺物，是全國歷史古迹中重要保護單位，這并不因爲它古老；對於有五十萬年歷史的北京猿人來説，這座僅僅五百多年歷史的北京宫殿是算不得古的。相反地，它的受人注意，是由於時代不遠，最後一代封建王朝的覆滅，距現在還不到五十年。解放後，人民自己作了國家的主人翁，都想來這裏看看封建統治者的皇宫和所收藏的珍貴文物。現在來這裏參觀的每天平均有一萬人，參觀人數之多，在世界各大博物館中也是少有的。

北京在元代是大都，明初建都南京，改稱北平府，是明成祖封燕王時的藩國，成祖做皇帝後，改爲北京。永樂四年（公元一四〇六年）「詔以明年五月建北京宫殿」，當時就派許多大臣到四川、湖廣、江西、浙江、山西等地去採辦木料，〔一〕又派泰寧侯陳珪「董建北京宫殿」，〔二〕據説陳的「經畫」有條理，但實際管工程的是成祖的親信太監阮安和工部尚書吴中。〔三〕宫殿建築的規劃，大體上仿效南京，奉天、謹身、華蓋三殿的名稱也相同。從永樂五年（公元一四〇七年）五月開工建築後，到永樂七年（公元一四〇九年）三月，成祖做皇帝後第一次北巡到達北京以前，紫禁城和主要宫殿大概已經完成，所以當年五月就把營建的力量放到長陵方面去了。永樂八年，成祖出塞北征，打敗阿魯臺後，班師回北京，就「御奉天殿受朝賀」，十二年第二次北征後，也這樣。十四年（公元一四一六年）八月才開始建「北京西宫」，十五年（公元一四一七年）四月建成。由此，可見紫禁城内的宫殿的全部完成，是在一四一七年，〔四〕到今年已經五百四十三年了。

成祖的皇后徐氏，永樂五年就死了，成祖把長陵建在北京，七年開工，十一年才完成，把徐后葬在這裏，可見他早就決心要遷都了。但皇帝搬家，實在不容易，不單是造紫禁城内宫殿，還要修建京城，蓋郊社宗廟、百司府廨才能成爲一個都城，所以永樂十四年成祖最後一次回到南京，就立刻「詔文武羣臣集議營建北京」。接着就漕運木料，又派陳珪「董建北京」，到永樂十八年（公元一四二〇年）宣布「北京郊廟宫殿成」，才正式遷都。〔五〕過去我們常常説故宫宫殿建築的完成是一四二〇年，是把「建北京」的工程當做「建北京宫殿」的工程了，實際上故宫宫殿大體上早已完成，最後一部分的西宫，也早三年就完工了。

明朝皇帝的建築宫殿是窮極奢侈的，木料都用大楠木和杉木，每次大工程都要採辦木料。一根較大的木料，在萬曆時值四五千兩銀子，要從四川、湖南等地運至北京，在那時交通條件下，不知要費多少人力。〔六〕永樂四年吏部侍郎師逵被派到湖廣去，以「十萬衆入山」，老百姓受盡磨難，有很多人跑到起義軍李法良那裏去了。〔七〕除木料外，城磚、墻磚都用山東臨清燒的，宫殿内的方磚稱爲「金磚」，是蘇州燒的，也都要由運糧船運到北京。嘉靖時，「三殿中道階級大石長三丈，闊一丈，厚五尺，派順天府等八府民夫二萬，造旱船拽運，……計二十八日到京，官民之費，總計銀十一萬兩有奇」。〔八〕現在保和殿後面御道上的大石，可能是這類大石之一。（參見本刊一九五九年十一期《故宫太和殿》一文插圖）

這樣大工程，需用很多人力，據《明史·嚴震直傳》（卷一百五十一）説洪武二十六年（公元一三九三年）時集在南京的天下工匠有二十餘萬户，嚴建議每户派一人來輪班應差，那末，每班就有十多萬人。嚴是工部尚書，死的時候是一四〇二年，隔了五年，就由吴中做工部尚書來營建北京宫殿，所用的工匠，大概還是當年集在南京的一批。到正統五年（公元一四四〇年）時，重建兩宫三殿，據説「當時起造宫殿火頭王長兒等十萬幾千人，佐工者何止百萬」。〔九〕這次工程還是在吴中的工部尚書任内，前後營建規模總差不多。那末，建造這座宫殿羣，正式工匠總在十萬人以上，而且是從各處調來的，至於做零碎活的、幫助運輸的，當然不在少數。永樂五年建北京宫殿，是由泰寧侯陳珪監督的，永樂七年建長陵是由武義伯王通監督的，而永樂十五年建北京則由陳珪監督，而以安遠侯柳升和成山侯王通爲副，這些人都是大將，可以想見當時的營建工程是帶兵工性質的。《明史·郭資傳》（卷一百五十一）説資在那時是行部尚書，「營城郭宫殿，置官吏，及出塞北征，工役繁興，資舉職無廢事」，可以想見當時工程的繁重，而主要宫殿的興建，不到兩年，長陵的營造是四年，西宫的建成才八個月，就是北京的建立也不到四年，可以想見工程的進行是很有秩序的。後來嘉靖時重建午門樓，有人主張把臺基的前三面拆去一丈，從新砌土築石，鄭曉時説「恐今工作，不及國初堅固，萬一樓成後舊基不動，新基傾側，費巨萬矣」，〔一〇〕可以看見當時營建的質量是很高的。

中國建築的特點是木結構，最怕火災，故宮遭遇的火災特别多。永樂十三年（公元一四一五年）午門就有過一次火災，十九年（公元一四二一年）剛遷完都，不到一百天，三大殿就燒了。第二年的閏十二月（公元一四二三年）乾清宮又燒了。洪熙（公元一四二五年）想舍棄北京，還都南京，把北京改稱行在，所以後來除了修復乾清宮以外，一直到正統五年（公元一四四〇年）三月才開始重建，六年十一月，「乾清、坤寧二宮，奉天、華蓋、謹身三殿成」，〔一一〕才又定都北京。正德九年（公元一五一四年）由於放烟火而把乾清宮燒了，當年就開始營造，但隔了七年（公元一五二一年）才建成。嘉靖三十六年（公元一五五七年）三大殿都燒了，還延及奉天門、午門等二樓、十五門，一五六二年蓋起來了，把三殿改名爲皇極、中極和建極。萬曆二十四年（公元一五九六年）乾清、坤寧兩宮都燒了，第二年（公元一五九七年）三殿又燒了，這時統治者要重建宮殿已經很費力，甚至於爲他「捐官俸，開礦税」，一直到三十年（公元一六〇二年）才建成兩宮，〔一二〕四十三年（公元一六一五年）才開始動工重建三殿，天啓六年（公元一六二六年）才把皇極殿蓋成，第二年（公元一六二七年）才蓋成了中極、建極兩個殿。這時，陝西農民起義，遼東清兵圍寧遠，朝廷窮困到搜刮南京各府庫銀來充殿工和兵餉。清順治二年曾修過三大殿，并改名爲太和、中和與保和。太和殿後來又燒了，康熙三十四年（公元一六九五年）二月開始重建，三十六年（公元一六九七年）七月完成。中和、保和兩殿是康熙二十九年（公元一六九〇年）修，乾隆三十年（公元一七六五年）重修的。乾清宮是順治十二年重建（公元一六五五年），康熙八年修過，到嘉慶二年（公元一七九七年）燒了以後又重建的。太和門是光緒十五年燒了以後（公元一八八九年），又重建的。當然這不過是中間的主要宮殿，五百多年來還有很多的火災記得很不全，而且有些史書上還没有記録。雷擊是造成建築損壞的原因之一。清朝滅亡以後，溥儀還住在後宮，一九二三年敬慎齋、延春閣、中正殿一帶的火災是紫禁城内最後一次的大火。

除了火災以外，還有許多地方是自然傾圮（如清代的内閣等），也有的是經過改建，明清兩代的宮殿，有些已很難查考了。但現存的整個宮殿結構，還是明初的，正如嘉慶時養心殿聯句注所説：「九重殿闕，大内規模，皆仍勝朝之舊，惟因閲年既久，時加葺治而已。從未嘗展拓周垣别有興作也。」所以紫禁城、三臺、御花園裏的欽安殿，以及武英殿旁的小橋（舊或稱斷虹橋）等，往往可以看見永樂時的舊迹。保和殿雖經過重修，從梁棟間的題字，可以看出明代建極殿的遺存可能還是天啓七年(公元一六二七年)的舊迹。至於皇極殿、寧壽宫、文淵閣等則是乾隆時改建的,西六宫内體元、體和兩殿用原來的長春門和儲秀門改建,更是嘉慶時的事情了。

建築設計是專門之學,三大殿在嘉靖時燒毁後,許多「匠作」,已經不曉得該怎麽造了,那時的匠官是徐杲,據説「能以意料量,比落成,竟不失尺寸」。[一三]萬曆時的工師馮巧是專管造宫殿的,到清初又有梁九,太和殿的興建,就是他設計的。據説他曾「手製木殿一區,以寸準尺,以尺準丈,不逾數尺許,而四阿重室,規模悉具」。[一四]但這種積累了很多經驗,在實際工作中曾發揮其智慧與能力的巨匠,在過去時代裏,往往默默無聞。把有關故宫的建築歷史很好地收集起來,將是研究我國建築史者一件不小的工作。

二、話故宫史迹

故宫是明清兩代的政治中心,同時又是宫闈禁地,從永樂七年(公元一四〇九年)明成祖到北京以後,一直到一九一一年辛亥革命,經過五百多年,遺留下無數的歷史遺迹,但有關宫殿的使用方面,一般所熟知的,大都是屬於清代的。

午門是紫禁城的大門,皇帝在這裏出去時,樓上要鳴鐘打鼓,大朝的時候也是如此。午門前面是每年冬至頒發曆書,有大典禮時發布詔令和打了勝仗以後舉行「受俘」禮的地方。早期一般官吏的上朝排班也都在午門前。午門有三個門,文武官員由左門出入,宗室王公由右門出入,中門是皇帝出入的,但在清代,狀元、榜眼與探花所謂三鼎甲,在發榜這一天是由中門出去的。明朝的官員觸怒了皇帝,常常要受「廷杖」,把他們捆了,送到午門外行刑,有的人就被活活打死。京戲裏面常説「推出午門斬首」,常被人譏笑,説没有什麽根據,但明代「廷杖」的殘酷與野蠻,跟「推出午門斬首」也相差無幾。

太和殿俗稱金鑾寶殿,從明代以來就是大節日、大慶典時皇帝受朝賀的地方,命將出征在這裏授印,殿試進士和元旦賜宴也在這裏。(圖一)太和殿前丹墀下夾道有銅製的品級山,從正一品到從九品,共十八個爲一行,左右各有兩行,是文武官員行禮的位置。丹墀是三重白石欄陛,一般稱爲三臺,有兩丈多高,在臺下仰視只能看見太和殿的大屋頂。但就是在太和殿,寶座也有六七尺高,大臣們也不容易看到皇帝的臉。中和殿是皇帝上太和殿以前休息的地方,保和殿是宴王公大臣的地方,後來也在這裏舉行殿試。三大殿都在臺上,臺作工字形。嘉靖時由於三殿、二樓、十五門都燒了,而皇帝還住在乾清宮，所以於「謹身殿後，乾清宮前，隆宗、景運二門中砌一道高墻，攔斷内外」。〔一五〕現在保和殿兩旁的墻，大概就從這時開始有的。過去由於三殿前後都有墻分隔，只有中左、中右，後左、後右四門和太和保和兩殿的後門，可通前後；解放以後，才在殿旁墻上都開了門，可以從三臺上直接穿過了。

圖一　太和殿内部

圖二　坤寧宮東暖閣

圖三　坤寧宮内景（設有爐竈等）

明代皇帝的「常朝」大都在奉天門（即今太和門），清代改爲乾清門。明代皇帝住在乾清宮，皇后住在坤寧宮，即所謂「正宮」，明朝末年三大案中的移宮案也發生在這裏。〔一六〕明末，李自成入宮後曾在這裏住過。交泰殿是乾隆以後貯放二十五顆寶璽的地方。坤寧宮在清代爲大婚時的洞房，（圖二）殿的正間照滿族風俗改建，中間有爐竈，可以煮肉，（圖三）西半有許多長坑，是賽神、祭祖、唱曲和吃肉的地方。窗上紙都還是從隔扇外面糊上去的。

坤寧宮後面的御花園，（圖四）明代稱爲「後苑」，跟坤寧宮本來是連接在一起的，中間只隔一道游廊，叫做游藝齋，有一道門叫做廣運門。後苑裏的宮殿樓閣，有一部分現在還保存着。在欽安殿東邊稍後原來是「觀花殿」，萬曆（公元一五七三——一六一九年）以後才把它拆了，疊了一個堆秀山；欽安殿的西邊，萬曆時建清望閣，即現在的延暉閣，欽安殿是内宮的最後一座大殿。

再向北去，内宫的最後一重門是坤寧門。從乾清門到坤寧門是一個整體，就是内宫，後苑僅僅是坤寧宫的一部分。洪熙以後，欽安殿大概閑起來了，弘治時（公元一四八八—一五〇五年）孝宗受太監李廣等蠱惑迷信道教，〔一七〕欽安殿被用作祭玄武的地方。嘉靖二年（公元一五二三年）有太監崔文等在這裏修醮，要皇帝去奏「青詞」。〔一八〕嘉靖十四年將欽安殿的圍墻大門題爲「天一之門」，又把坤寧宫後面的廣運門改爲坤寧門，使得後苑與坤寧宫隔絶。那時有前朝後朝之分，前朝辦國家大事，而後朝都是「方士雜流」等出入的所在。〔一九〕此後，欽安殿就經常是辦道場和拜斗的地方，一直到清代，只有道光十九年（公元一八三九年）曾禁止過。每逢年節，皇帝照例要到這裏來行禮，因此，這裏保存得比較好。據説明崇禎十五年（公元一六四二年）宫内隆德、英華等殿的佛像都移出放到朝天宫和大隆善寺，只有這個殿没有移動。〔二〇〕現在殿裏還保存着弘治時代的全部遺迹，有三尊玄天上帝的大銅像和銅製的仙官等像，還有大銅鐘和大鼓，可見這個道殿已經有四百六十多年的歷史了。嘉靖時，夏言所做的欽安殿詩説「欽安殿前修竹園，百尺琅玕護紫垣」，〔二一〕説明當時還是建在竹園裏面的一座宫殿，可見弘治時只是就舊宫殿改造一下，按照殿的規模來鑄銅像、設鐘鼓，那末，欽安殿的建築，還在其前，可能還是永樂時的舊結構，後來只不過經過若干次修繕罷了。（圖五）

圖四　御花園——後面的門即天一門

圖五　欽安殿内一角

東華門裏面的文華殿，在清代是皇帝聽講書的地方，文淵閣是乾隆帝用明代的舊名，仿照四明范氏天一閣藏書的地方建築起來存放四庫全書的，書在解放前被反動政府劫運到臺灣去了。西華門裏面的武英殿，李自成起義（公元一六四四年）時，曾在這裏做皇帝。這裏是清兵進北京，攝政王多爾袞辦公的處所。後來這裏一直是校刊書籍的地方，康熙時用銅活字印的《古今圖書集成》，乾隆時用木活字印的武英殿聚珍版叢書等都是這裏編印的。

養心殿從雍正以後，成爲皇帝的寢殿，也是辦公的地點，（圖六、七）因此，距離不遠的内右門前就設立了軍機處，作爲軍機大臣們值班辦事的地點。至於東西六宫是后妃居住的地方。東六宫的東邊毓慶宫是光緒帝的書房。

西邊的慈寧宫是皇太后所住的地方，大佛堂還是康熙時建的，宫裏有很多佛殿，但除了大佛堂以外，都是供奉密宗（即喇嘛教）佛像的。東邊的寧壽宫是乾隆時摹仿江南園林布局修建的。清末，慈禧太后住在樂壽堂，所以偏東的一部分經過修葺。樂壽堂東是暢音閣，是到現在保存得最好的戲樓之一，慈禧每年都在這裏「傳戲」。（圖八）花園的北邊，有一口井，一九〇〇年八國聯軍侵入北京，慈禧倉皇逃出北京，由於仇恨光緒帝變法維新，遷怒到珍妃身上，派人將珍妃推到這口井裏淹死。

圖六　養心殿外景

圖七　養心殿内景

圖八　暢音閣

紫禁城的門禁是很嚴的，進出要帶腰牌，要有花名册，城門有護軍，宫門有侍衛，放進一個外人就要殺很多人，但也常有人混進去。據説明朝在下雪以後，要在營房裏撥三千名夫役去掃雪，有些人就假冒了夫役進去看看宫殿的樣子。〔二二〕清朝乾隆時雖然很强盛，但連年打仗，軍用很多，乾隆帝又很奢侈，大臣和珅等是貪官，政治腐敗，老百姓不堪其苦，乾隆五十八年（公元一七九三年）時有白蓮教起義。嘉慶十八年的林清起義（公元一八一三年），是白蓮起義的繼續，由於有太監們做内應，起義軍由東華門和西華門進攻内宫。由西華門進去的一隊人，曾圍攻隆宗門，現在隆宗門的椽上還留有當時的鐵箭頭。（參見本期單士元《故宫軍機處值房》一文插圖）

明清故宫的史迹是很多的，不但研究歷史的人對這裏有很大的興趣，一般國内外游覽的人，也常常願意知道一些有關的故事。但有些人常捏造出一些史迹來，例如：武英殿有一個浴德堂，康熙十九年在這裏設立修書處，後面有浴室，在古物陳列所時期竟被指爲香妃的浴室。英華殿在明代是佛殿，傳説中卻變成了京戲「二進宫」的發生地。因此，對故宫史迹做一些整理考訂的工作是很需要的。

三、話故宫舊藏

故宫是一座寶庫，經歷了明清兩朝五百多年，宫内積累了很多文物，過去謂之「天府」，收藏的豐富，是人們可以想象到的。當然，在這長時期裏，經過許多變故，火災、兵亂、偷盜、抵换等，許多文物毁壞了，遺失了，流散在外面了，但總還存有很多很多的珍貴文物。

故宫收藏有一部分肯定是明故宫遺留下來的，南薰殿畫像大都是明代舊藏，宣宗行樂圖卷子，畫宣德帝打毬等故事。還有商喜的宣宗行樂圖横幅很大，（圖九）畫宣宗出去行獵，跟了許多太監。還有商喜的一張大畫，是關羽擒得敵將的故事，這些都是明宫裏的舊藏。嘉靖時嚴嵩被抄家，很多名畫都到過宫裏，清明上河圖就是其中之一，但不久就被太監馮保設法據爲己有了。〔二三〕隆慶時内府藏的書畫作價歸成國公朱希忠、希孝兄弟，就是唐、宋名畫，也都被他們跟太監們勾結，用低價得去。〔二四〕朱希忠在萬曆元年死後，最精的部分歸了張居正，而張居正在萬曆十年（公元一五八二年）死了以後，家又被抄，這一部分書畫又回到宫裏了。〔二五〕欽安殿裏有一本高王籛，上面有很多五彩繪畫，大概是弘治或嘉靖時代的寫本。

圖九　宣宗行樂圖卷

明代設有果園廠，製造漆器，故宮收藏永樂、宣德、嘉靖、萬曆等時代的漆器最豐富，很多是外面不容易見到的。近年發現的元代張成、楊茂等人製造的漆器，顯然都是明代宮庭的遺存。明宣德時所造鼎彝，一般稱爲宣德爐，因爲在明代價錢就很貴，早就流散出去，故宮所藏反不多，但也還能發現一些特殊的製作。嵌珐琅的製作方法，是元代從阿剌伯傳來的，因爲在明景泰時（公元一四五〇—一四五六年），曾大量製造，一般稱爲「景泰藍」。故宮在這方面的收藏也最豐富，並且有宣德年款（公元一四二六—一四三五年）和萬曆款的。（圖參見本期頁十、十一、十二）這在珐琅器中是很少見的，這些都是明故宮的舊藏。至於瓷器、玉器，也有很多明代製品。

清代經過歷朝的收集，所藏如：青銅器、玉器、法書、繪畫、古書、瓷器、古錢、古鏡、古印等範圍很廣，乾隆時曾叫翰林官等編輯很多圖譜或目録，如，《西清古鑒》、《石渠寶笈》、《秘殿珠林》、《天祿琳瑯》等。清內府書畫有一部分是明代留下來的，順治帝曾拿來賞，例如人：孔子弟子圖是順治三年（公元一六四六年）賞給大學士宋權的（宋犖的父親），乾隆二十二年（公元一七五七年）大學士蔣溥買到了又進貢到內府。〔二六〕乾隆時整理宮裏舊藏，一方面又注意收集，以前的收藏家像安儀周、梁清標、高士奇、畢沅等的古書畫大都集中了。阮元在南書房的時候，每天到懋勤殿去看古書畫，隨手記載，寫了一本書，叫做「石渠隨筆」，可見十八世紀時清宮的收藏，實際上已經是一個皇家博物館，只不過是專供皇帝私人玩賞的罷了。

許多工藝美術品，是爲宮廷中應用和充賞賜用的，在清宮裏遺留最多，像江西景德鎮的官窑瓷器，有十幾萬件，重複品也最多。江南織造所進的錦緞，整匹的有年號和織造姓名的也不在少數。安徽製的各種御墨，也很豐富。許多品種都是外面見不到的。在樂壽堂陳設的大禹治水玉山子，是和闐送來的大玉，乾隆帝叫發到揚州建隆寺去雕琢，用內府所藏唐人大禹治水圖作底本，經過十年才雕成。這塊玉高七八尺，是玉器中最大的。（參見本刊一九五九年第二期《巨大的雕玉——大禹治水圖》一文插圖）由於新疆交通的恢復，乾隆、嘉慶時所做的玉器，簡直數不清。康熙以後，宮裏設立造辦處，有三十多個作坊，像：鍍金作、玉作、纍絲作、鏨花作、鑲嵌作、牙作、硯作、木作、漆作、燈作、花兒作、絛兒作、穿珠作、皮作、綉作、弓作、鞍甲作、盔頭作、鑄鐘處、玻璃廠等，後來這種作坊逐漸歸并或取消了。造辦處所做的美術工藝品是二百年來老匠師們奉爲標準的，這些成品，在故宫裏有大量的遺存。

故宫還保存着大量的宫廷文物，在典禮儀節裏應用的器物，像鑾輿、儀仗、金鐘、玉磬等；或者是帝后日常生活裏應用的物品，如順治帝騎過的馬鞍，乾隆帝穿過的盔甲龍袍等，有些宗教用具，如嵌寶石的金塔等。歷代皇帝還有圖像、行樂圖等，康熙南巡圖是以有名畫家王翬爲首集體繪畫的，乾隆帝許多肖像或行樂圖，有的是郎世寧畫的。

但清宫的收藏，并不都在紫禁城以内，常常因皇帝出去時隨身攜帶，後來就留在各個行宫别苑。從鴉片戰爭以後，屢有散失，圓明園裏的收藏，三海裏的收藏，大都在帝國主義入侵時散失了。美國人畢曉柏所著的中國玉器就是從圓明園裏被劫掠出去的一批。故宫博物院在前年收到的韓滉五牛圖，是一九〇〇年八國聯軍侵入北京時由三海流散出去的。（圖見四、五頁）一九一一年辛亥革命以後，溥儀假託賞溥傑爲名，偷走了很多名貴書畫和古書，一九二五年溥儀被逐出宫後，這部分東西已經找不到了。有些是延光室已經影印過的，但已流散到私人手中，一大部分被溥儀帶到長春，長春解放，溥儀隨身攜帶的一部分，已收歸人民政府，但還有很大一部分没有帶走的，或遭流散或遭毁壞。這幾年來這些散失的文物，收集到一部分；至於原保存在古物陳列所和故宫博物院的大批珍貴文物，在抗戰時運到上海，後來又到四川、貴州、陝西等地，抗戰勝利後運回南京，其中許多重要文物，在解放前夕，被反動政府劫運到臺灣。

由於故宫文物過多，過去没有一定位置存放，有些珍貴文物是過去不爲人所知道，後來才發現的。我們曾在一間將倒塌的破屋裏發現蘭亭八柱帖和五代時楊凝式寫的神仙起居法，還有很多銅器。蘭亭八柱的前四種是虞世南臨本（實際是張金界奴本）、褚遂良摹本、馮承素摹本（實際是神龍本）和柳公權書蘭亭詩，虞世南、馮承素兩種摹本都是七世紀初的名手摹的，可以看出王羲之原本的真面目。蘭亭的拓本摹本有幾千，這兩種是最重要的。此外在齋宫發現了乾隆時象牙刻的月曼清游册，顯然是太監們想偷要出去而没有辦到的。在一個小殿裏寶座的墊子下面還發現了唐代盧楞伽的六尊者像册。（圖見二頁）此外還曾發現過宋代瓷器等很多古物。

鑒定古物的工作，需要多方面的知識和經驗，故宫所藏的東西，原來就是真假都有，《石渠寶笈》著録的上上品不一定真，乾隆時把玉器裝成盒由畫工畫成圖的，往往都是假的，但有時他所不注意的，像在一對漆盒上鑲嵌着的兩塊白玉帶板，倒確是唐代的。在一九三〇年前後有些鑒定家把宋徽宗的聽琴圖（參見本刊一九五七年第三期彩色插頁）、西周銅器追簋、戰國銅器錯金壺等都認爲是假的，因之没有南運，一直到解放以後，經過重新鑒定發現爲真品。還有過去點查報告上説是銅鍍金的寶塔等，現在發現很多是真金的。

解放以後，故宫博物院徵集了大批文物，其中很多是故宫舊藏。這種徵集工作還需要繼續努力。另外，對整個故宫的建築、藏品及有關歷史等應該進行全面研究。由於它的歷史久，文物多，情況複雜，這部分工作存在着很多困難，但卻是十分需要的。

四、話故宫博物院

故宫辟爲博物院，跟封建王朝的最後覆滅是分不開的。一九一一革命後，清朝被推翻了，一九一四年就故宫前部三大殿和文華、武英兩殿創辦了古物陳列所，陳列的文物是從瀋陽和承德行宫調來的，這是我國第一所國家博物館，也是故宫博物院的開始。

當時封建勢力還十分頑强，溥儀還住在宫裏，袁世凱夢想做洪憲皇帝，把三大殿占了一個時候；一九一七年軍閥張勛還想讓溥儀復辟；溥儀住在宫裏還作種種陰謀活動；一九二四年國民軍進入北京，驅逐溥儀出宫，組織了清室善後委員會點查清宫物件。一九二五年在故宫的後半部成立了故宫博物院。又經過了二十多年，前後兩部分才算合并爲一，但仍舊叫做故宫博物院。故宫博物院成立以後，始終是動蕩不安的。一九二六年國民軍退出北京，直系、奉系等軍閥爭奪地盤，博物館事業經常受到時局變化的影響。一九二八年國民革命軍到了北京，博物館剛安定了一些，出版了一些圖書，一九三一以後又由於日本帝國主義者的侵略東北，北京危急，古物陳列所與故宫博物院的重要古物，均於一九三二年南遷。抗戰以後，北京淪陷，故宫博物院被日本帝國主義侵略者劫掠去一批銅缸。抗戰勝利以後，由於國民黨的反動統治，對博物館是漠不關心的，所以一切情形還是亂得很。

當一九四九年北京解放前，故宫博物院簡直是一個爛攤子，建築破舊没有修理，垃圾堆成了山，不去清除；（圖一〇）一萬多平方米的陳列，展品只有五千多件；書畫陳列室只展出三十四件，銅器陳列室只有六十四件，陶瓷較多，也只有二

圖一〇　解放後清除院內西河沿垃圾情況

百二十件。票價很貴，每天的觀衆，平均不到五百人，有一批私人的職業向導用庸俗的傳聞來向觀衆解說。

隔了十年以後的今天，我們的陳列面積約兩萬多平方米，比過去增加一倍多，而展出陳列品兩萬三千多件，增加了約三倍半，並且大都是很珍貴的文物。法書與繪畫，全年展出約一千二百件，增加了三十四倍，有晉代文學家陸機所寫的平復帖（三世紀），三希堂中的兩希，王獻之的中秋帖和王珣的伯遠帖（還有一希是王羲之的快雪時晴帖），唐代詩人杜牧（公元九世紀）所寫他自己做的張好好詩等（以上幾種法書圖版參見本刊一九五七年第二期）；還有隋代展子虔（六世紀末）的山水畫游春圖（圖版參見本刊一九五四年第一期）；唐代韓滉（八世紀）的五牛圖；五代時南唐畫家顧閎中所畫的韓熙載夜宴圖（參見本刊一九五八年第六期「韓熙載夜宴圖的現實意義」一文插圖）（約十世紀）；宋李公麟的臨韋偃牧放圖（公元十二世紀）等。青銅器展出了一千多件，增加了十四、五倍；陶瓷展出二千多件，也增加了七、八倍。現在的票價才一角，不到過去的幾十分之一，參觀人數比過去要增加二十來倍。解放前由一九三〇到一九四八的十九年中，參觀人數總計爲三百零五萬三千九百六十四人次，而一九五九年前九個月已將有二百五十萬，那末，一九五九年一年的參觀人數將比解放前十九年的總數還要多得多。從一九五二年以來建立了導引制度，由說明員主動向觀衆進行講解。八年來接待了八十五個國家的來賓二萬五千八百二十一人次，其中很多是國賓，如蘇聯的伏羅希洛夫主席等即曾到博物院來參觀過。（圖一一）很多來賓留下題詞讚揚我國悠久的文化，并對利用歷史古迹、宮殿建築來作博物館，認爲是很好的辦法。

現在我們既有宮廷歷史與宮廷文物的陳列，又有各種文化藝術史的陳列，有綜合陳列，如：歷代藝術館，還有專門陳列，如：繪畫、雕塑、青銅器、陶瓷、織綉、明清工藝美術等館。我們的陳列，不但要求展品的豐富多采，還本着寧精勿雜的精神，注重質量，在一定的科學研究基礎上作有系統的有重點的陳列，并不斷地提高。此外，我們的陳列中還曾有國際友誼館，展出以蘇聯爲首的社會主義國家及其它已建交的和雖未建交而有各種往來的八十多個國家的禮品。每年還舉行了許多展覽，如一九五九年有敦煌榆林的佛教藝術展覽和景德鎮舉辦的十年來瓷器燒造成績的展覽。

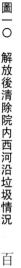

圖一一　一九五七年伏老在故宮博物院參觀

圖一二　解放前御書房殘破情況

圖一三　解放後修繕的御書房新貌

爲了使博物館陳列與宮殿建築調和，十年來新製的具有民族風格的陳列櫃，有一千五百多個。陳列室採用燈光通風等設備，但保持着古建築的原有氣氛。在陳列裏經常利用各種輔助材料，使陳列豐富而又活潑。近年來并逐漸展開了學術研究，這些研究工作大部分都與陳列工作密切聯繫着，如：五省出土文物的研究，石鼓的研究等。許多古代瓷器窑址的調查對陶瓷史研究將有很大的幫助。解放以前我曾考慮爲故宮博物院編青銅器圖録，但那時只有二百來件銅器，而現在正在編輯中的青銅器藏品目録卻有四千餘件之多了。一九五八年開始出版了故宮博物院院刊，現在并出版許多彩印精美的藏品圖譜，這是過去所没有的。

很多觀衆對故宮的宮殿建築有很大的興趣。十年來，政府爲了保護這羣古建築，所用經費達五百五十多萬元。修繕不但要求工精料實，更重要的是保持古建築原有的風格。（圖一二、圖一三）我們建立了自己的工程隊和琉璃窑，進行了科學研究。一九五九年進行的修繕與彩畫工程，包括太和門、三大殿在內，規模之大，是紫禁城範圍內一百九十年來所未有的。〔二七〕現在三大殿、太和門已經完工，金碧輝煌，眩人心目，不但洗盡袁世凱時修繕的拙劣痕迹，比光緒時太和門、皇極殿等修繕工程的質量也不可同日而語。三臺的地面，砌磚年久殘缺，高低不平，一九五九年已就主要部分重墁。十年來清除出去的垃圾、穢土、碎磚瓦等，有二十五萬多立方米。有些地方的垃圾，還是由明代堆積下來的。十年來疏浚了下水道十七公里，一九五九年又增設了污水管道，從圍繞紫禁城的筩子河底下通接市區，也是不簡單的工程。

解放以後，爲了保護這一古建築，安裝了三千多公尺的消防管道，建立了消防栓網，成立了擁有新式設備的消防隊。一九五六年在主要建築物上都安裝了避雷設備，使這些宏偉的建築從此避免了雷擊的災害。

故宫建爲博物院，故宫的歷史，也是故宫博物院歷史的一部分，是需要我們很好來研究的。在故宫内建立博物院，不但使這些古老的建築物不致閑廢起來，而且由於它在繼續使用，可以得到很好的保護，利用宫殿建築來作博物館的陳列室，使觀衆不僅僅欣賞偉麗的古代建築，還可以從大量的宫廷遺物中，看到傾軋人民的封建皇帝所過的荒淫奢侈的生活，并使觀衆得到許多具體的歷史知識。故宫博物院是在明清故宫基礎上建立起來的文化藝術博物館，歷代相傳的許多珍貴文物，今天都屬於人民所有了；解放以後十年來，在黨和政府的關懷與支持下，徵集了十三萬多件文物，其中有很多是過去皇家舊藏而散失出去的；從今天的各種文化藝術史陳列裏，可以看到這些珍貴文物，這不但能擴充眼界，增進知識，提高美術欣賞能力；還可以對祖國這些優秀的文化傳統引起大家的自豪感。許多專業的藝術家、歷史學家，還經常地到這裏來學習和研究。故宫的歷史已經有五百四十多年，故宫博物院的歷史，也已經有四十六年；但只有在解放後的十年中，經歷了空前的大變化。今天，故宫博物院的面貌，跟過去是完全不同的，它是人民的博物館，它的一切措施都是從爲人民服務的目的出發。在黨的領導下故宫博物院的發展將是無限的。

〔一〕見《明史》卷六《成祖本記》。

〔二〕見《明史》卷一百四十六《陳珪傳》。

〔三〕見《明史》卷三百四《金英傳》附録，據説「安有巧思，奉成祖命營北京城池宫殿及百司府廨，目量意營，悉中規制，工部奉行而已」。正統時重建三殿，他也參加了。又《明史》卷一百五十一《吴中傳》説吴在工部二十多年，北京宫殿、長陵、獻陵、景陵都是他經手的。

〔四〕見《明史》卷六、卷七《成祖本紀》。有人以爲永樂五年建的是燕王府，西宫是三海一帶，説故宫宫殿是永樂十五年以後才開始造的，這恐怕是錯誤的。成祖在一四〇二年做了皇帝後，改北平爲北京，永樂四年宣布要建北京宫殿，派許多大官去採辦木料，這樣一件大事，怎麽能只修一下燕王府？永樂七年是他做皇帝後第一次北巡，還告了天地宗廟社稷，怎麽能到北京來回燕王府？永樂八年十二年兩次在奉天殿受朝賀，十三年「北京午門」災，如果説都在燕王府，那又何必另建紫禁城，如果説燕王府規模狹小，只是改一下名，那又對永樂五年的大規模建築如何解釋？至於三海一帶，《明史》上只稱西苑，更不消説了。明成祖英明强干，決不能無計劃的亂干一通，「北京宫殿」、「北京午門」和「北京西宫」上面都冠以北京字眼，決不是修修燕王府而已。

〔五〕詳《明史》卷七《成祖本紀》。

〔六〕見陳繼儒《見聞録》卷八。

〔七〕《明史》卷一百五十《師逵傳》，又《明史》卷八十二《食貨志・採木》，對歷代的採木記載很詳。

〔八〕見賀仲軾《冬官記事》。

〔九〕見陳繼儒《見聞録》卷八。《明史》卷七十八《食貨志・賦役》説：「明初工役之繁，自營建兩京宗廟，宫殿、闕門、王邸，採木、陶瓷工匠造作，以萬萬計。所在築城浚陂，百役具舉，迄于洪宣，猶未迄工。正統天順之際，三殿兩宫，南内離宫，次第興建。」

〔一〇〕見陳繼儒《見聞録》卷八。

〔一一〕乾清宫災見《明史》卷七《成祖本紀》。但宣德時住乾清宫，不知何時修的。正統時同時建兩宫三殿，好象兩宫又燒了一次了。

〔一二〕據《明史》卷二十一是重建，但據《冬官記事》則兩宫在萬曆二十四年七月就開工，到二十六年七月兩宫工程已將完，只剩三門，那末，三十年應該建成了。

〔一三〕見《世廟識餘録》，按陳繼儒《見聞録》卷八説大匠徐珙是匠藝出身，應該是一人。又按《明史》卷三百五《李芳傳》説「世宗時役匠徐杲，以營造職官工部尚書，修盧溝橋，所侵盜萬計，其屬冒太僕少卿苑馬卿以下職銜者以百數」。隆慶時被太監李芳所劾，削官，還下獄遣戍。

〔一四〕見《居易録》。

〔一五〕見陳繼儒《見聞録》卷八。

〔一六〕據《明史》，光宗死後（一六二〇）李選侍還住在乾清宫，楊漣、左光斗等催她遷出。後來京戲的《二進宫》，就描寫此事，而與實際情況有許多不同。

〔一七〕見《明史》卷三百四《李廣傳》。

〔一八〕見《世宗實録》。

〔一九〕見《明史》三百七《陶仲文傳》。

〔二〇〕見談遷《棗林雜俎》，隆德殿在清代是中正殿，一九二三年燒毁。

〔二一〕見《桂洲集》。

〔二二〕見《野獲編》。

〔二三〕清明上河圖卷後有萬曆六年(一五七八)馮保的跋。當時馮保跟宰相張居正來往很密,張喜歡書畫,馮大概受他的影響。

〔二四〕見詹景鳳《東圖玄覽編》及《野獲編》。

〔二五〕見王世貞《觚不觚録》。

〔二六〕見《石渠隨筆》卷一。

〔二七〕乾隆《己丑冬令還宫詩》注:「宫殿丹艭以歲久色舊,特發帑飾新之,自外朝至大内,閲三年而周……焕麗倍增于前。」己丑是乾隆三十四年(一七六九),離今年正一百九十一年。

載《文物》一九六〇年第一期。

《陝西省博物館陝西省文物管理委員會藏青銅器圖釋》敘言

圖一

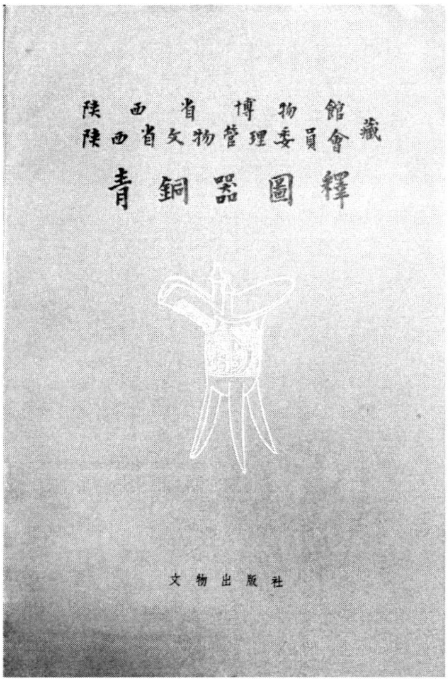

陝西省博物館、陝西省文物管理委員會把他們收集到的由商至戰國的各種青銅器編成圖録出版，要我寫一篇序。（圖一） 陝西省地區，遠在商代就有很高的文化，西周時是王畿，都城宗周，就在現在的西安市，地下遺存很多，兩千年來，不斷有青銅器出土。 漢宣帝時（約公元前六〇年），美陽出土過一個尸臣鼎；〔一〕晉安帝義熙十三年（公元四一七年），城固縣出土過十二個一組的編鐘；〔二〕唐玄宗開元十三年（公元七二五年），萬年縣出土過垂鼎；〔三〕宋真宗咸平三年（公元一〇〇〇年），同州的洛河岸邊出土過芮公簠；〔四〕好畤縣也發現了仲信父甗。〔五〕嘉祐年間（公元一〇五六—一〇六三年），劉敞在長安做官，收集到許多銅器，像： 晉姜鼎、弭仲簠等，做了一本《先秦古器記》，是著録青銅器的第一部書。 後來呂大臨做了《考古圖》，王黼等做了《博古圖録》，奠定了我國青銅器研究的基礎。 元、明時期，這種研究中斷了，一直到清代乾隆以後才復興，很多人到陝西來收集青銅器，劉喜海曾編過一本《長安獲古編》。 陝西出土的重器，有大豐簋、盂鼎、曶鼎、毛公鼎、克鼎、散盤、虢季子白盤等，有些古墓裏還有成羣的銅器。 但在封建社會裏，這些重要歷史資料和精美工藝品都被官僚地主們所佔有，散之四方，經過變亂，不知去向，像： 小盂鼎和曶鼎，都已無法查考了。 鴉片戰爭以後，帝國主義的文化侵略者更千方百計地進行盜竊與掠奪，像： 寶鷄出土的酒器羣，附有銅禁，先爲端方所有，不久，就被美國特務福開森盜運到美國去了。 另外一羣銅器，也有銅禁，共六十多件，都已散失，其中主要部分，也被盜到美國。 記載周公東征的𠭯鼎，據説通體作金色，不知被盜賣到那裏。 正是「出土之日即毀滅之時」，使我們古代的歷史文化遺存，遭到莫大的損失。陝西是古代青銅器發現最多的地區之一，但在解放時，陝西省博物館只有立戈鼎和盤雲紋鼎兩件。這本圖録共收入青銅器一百二十九件，幾乎全部是解放後配合基建工程清理出土和新徵集得來的。通過這本圖録的出版，可以看出社會主義的無限優越性，這是在黨和毛主席正確領導下社會經濟高度發展後，文化高潮隨之而來的新標識。我認爲這本圖録的出版，是有重要的歷史意義的。

這本圖録裏有很多重要資料，像一九五四年長安普渡村西周墓葬裏所出的長由盉等二十九件，我已經在《五省出土重要文物展覽圖録》裏討論過了；像解放前岐山出土的禹鼎；像一九五五年郿縣出土的盠尊等五件；還有早已流散的師克盨蓋，梁其諸器，函皇父諸器等，對於西周史的研究，都有重要的價值。

禹鼎銘文有二百多字，内容跟宋代著録過的成鼎一樣，宋代著録文字殘缺，有很多錯誤，這件銅器的發現，可以糾正過去的許多誤解。第一，作器者是「禹」而不是「成」。第二，幽太叔、懿叔是禹的聖祖考而不是自考；那末，幽太叔是聖祖，懿叔是聖考，跟叔向父禹簋説皇祖幽太叔符合。第三，由於銘文完整無缺，使我們很清楚地瞭解這個器銘裏的噩侯馭方是叛周軍隊的領袖。

從禹鼎的内容來看，它應該是厲王初期的作品。銘文説到「烏虖哀哉，用天降大喪于四國」。噩侯馭方率領了南淮夷、東夷，「廣伐南國東國，至于厤内」，周王命令西六師殷八師撲伐噩侯馭方，不論老少，一概不留。但由於師彌守在匌匡，不能去伐噩，所以武公就派禹帶了屬於武公的「戎車百乘，斯：御百，徒千」去敦伐噩。〔六〕但看樣子禹并没有經過真正的戰斗，所以根本没有叙述什麽戰績，而突然説「休獲厥君馭方，肆禹有成」。顯然他只是參加了這一個戰役而已。

爲什麽銘文要説「烏虖哀哉，天降大喪于四國」呢？師訇簋説「哀哉今日天疾畏，降喪，首德不克婁，故亡承于先王」；毛公鼎説「䜌䜌四方，大縱不静」，又説「迺唯是喪我國」，這些話大致是相類似的。師訇簋記的是元年二月的事情，可見是周王初立，四方大亂，幾於亡國的景象。郭沫若同志在《毛公鼎的年代》一文裏認爲毛公鼎和師訇簋裏的話是宣王時説的，〔七〕他説「時王英邁，振作有爲，大有撥亂反正之志，與宣王中興氣象相符」。但宣王即位於共和之後，離開厲王奔彘已經十四年，那時天下并没有大亂，説這番話是没有理由的。過去金文家把毛公鼎放在成王時代是錯的，郭先生提出「器之花紋形制與鬲攸從鼎如出一範」，確是推翻成王説的最有力的證據。但鬲攸從鼎是厲王時代的銅器，所以説毛公鼎是宣王時不如説是厲王時更爲適當。從文字書法來看，毛公鼎也比宣王時的召伯虎簋、兮伯吉父簋、虢季子白盤等可以作爲時代標準的銘文，顯然要早得多。再從西周時代的歷史情況來看，更可以證明這些情況都應該是厲王初年的事情。西周從「昭王南征而不復」，「穆王周行天下」以後，國力大大地削弱了。《國語》魯語説：周恭王所以稱爲恭是因爲他能掩蓋昭、穆兩王的缺點。儘管這樣，到他的兒子懿王時期，終於免不了「王室遂衰，夷狄交侵，暴虐中國，中國被其苦」了。〔八〕孝王是懿（整理者按：應爲「恭」）王的弟弟，孝王死後，諸侯立了懿王的太子燮，這是夷王。可見在這一段時間裏王室内部是不安静的。夷王是諸侯所立的，《禮記·郊特牲》説「下堂而見諸侯，天子之失禮也，自夷王而下」，可以看見夷王對諸侯的軟弱。《後漢書·西羌傳》説「夷王衰弱，荒服不朝」；《史記·楚世家》也説「當周夷王之時，王室微，諸侯或不朝，相伐」；可以看出夷王時期是周朝最衰落的時期了。《左傳》昭公二十六年説「至于夷王，王愆于厥身，諸侯并走其望，以祈王身」，這是説，夷王得了惡疾，遷延了一個時期才死的。由此可以看見當厲王即位的時候，確實是一個四方大亂，王國將亡的現象。毛公鼎、師訇簋和禹鼎所説，顯然都是同一時期的，那末，夷王剛死，噩侯馭方跟南淮尸、東夷都入侵，跟文獻記載是完全符合的。毛公鼎、師訇簋以及新近發現的師克盨、訇簋，都在一開始就提「丕顯文武」，可見厲王處在當時的情況下，很想振作有爲，繼承文武的功績，所以在厲王時期，經常跟南淮夷東夷作斗爭。例如：宋代出土的敔簋説到南淮夷入侵，一直到洛河的兩岸，王命令敔去追御於上洛，敔斬了敵人首一百，執訊四十，奪俘人四百。在他獻俘的時候，是由武公陪他的。這和禹鼎由武公命令禹去敦伐噩侯馭方，爲的是噩侯勾結了南淮夷入侵，顯然是同一時期的事情。〔九〕宗周鐘是周厲王自己做的，〔一〇〕一開頭就説「王肇遹省文武，勤疆土」，可以看出厲王的雄心大志，接着説：南國𠬝孳來侵犯，「王敦伐其至，撲伐厥都」，𠬝孳派人來迎見他，南夷、東夷有二十六個邦都來見。這是講他自己南征的故事。虢仲盨説：「虢仲以王南征，伐南淮夷」，無曩簋説「維十有三年正月初吉壬寅王伐南夷」，大概都是同時的事情。那末，從歷史事實來説，四方大亂，王國將亡，是夷王末年和厲王初年的情況，「時王英邁，振作有爲，大有撥亂反正之志」，也應該是厲王而不是宣王。

清代陳介祺舊藏的噩侯馭方鼎銘説，在周王南征的時候，噩侯曾向王納醴，王曾請噩侯喝酒，賞賜很豐厚。這個噩侯，顯然就是禹鼎裏的噩侯。這個南征的周王，顯然就是厲王，因爲夷王時王室衰弱，夷王又有病，是不可能南征的。那末，噩侯馭方在厲王元年「率南淮夷、東夷廣伐南國東國」而被獲以後，不知由於什麼原因而被釋放了。在厲王十三年前後南征時，他已經臣服，所以厲王跟他很親密。傳世還有一個噩侯簋是爲王姞做的，可以説明噩是姞姓國家，並且跟周王曾結爲婚姻。

噩的國家在那裏呢？「噩」就是「鄂」，古代地名叫「鄂」的頗多。《左傳》隱公六年的鄂侯，在今山西鄉寧縣，這跟率領南淮夷東夷來廣伐南國東國的鄂，是風馬牛不相涉的。《史記·殷本紀》有鄂侯，徐廣説一本作邘，邘地在今河南沁陽縣。郭沫若先生主張就是銅器裏鄂侯的故地。因爲噩侯馭方鼎説「王南征，伐角鄐。維還自征，在坯」，郭先生懷疑「坯」就是大伾，在河南汜水縣，跟沁陽接近，所以有這個主張。但是「坯」這個地名究竟是不是大伾，還有待於證明。沁陽實際是「邘」而不是「鄂」。而且噩侯馭方帶了「南淮夷東夷廣伐南國東國，至于厤内」，周厲王就要叫喊「嗚呼哀哉，天降大凶于四國」了。南國在江漢以北一帶，東國在淮河以北一帶，尚且如此，如果噩侯的國家就在黄河邊上，離洛陽不遠，那就早已是腹心之患而不僅僅是「廣伐南國東國」的問題了。所以「鄂」的地方一定要比沁陽遠得多。《史記·楚世家》説：「熊渠甚得江漢間民和，乃興兵伐庸、楊、粤，至于鄂。熊渠曰，我蠻夷也，不與中國之號謚，乃立其長子康爲勾亶王，中子紅爲鄂王，少子執疵爲越章王，皆在江上楚蠻之地。」《史記集解》在「鄂王」下引《九州記》説「鄂今武昌」，而《史記》正義在「至于鄂」下引《括地志》説「鄧州相城縣南二十里西鄂故城是楚西鄂」，又在「鄂王」下引《括地志》説「武昌縣鄂王舊都，今鄂王神，即熊渠子之神也」。那就是有了兩個鄂，一個在今河南省南部鄧縣以西，一個是湖北省的武昌，過去曾叫過鄂城縣，所以現在連湖北省也簡稱爲「鄂」。我認爲武昌的「鄂」太遠了，由噩侯簋可知「噩」是姞姓國家，而楚是羋姓，可以證明他不是楚王熊渠的兒子。《括地志》把「至于鄂」跟「鄂王」分開，是有道理的。説「至于鄂」，可見這個地方離楚國的本土是比較遠的，封他兒子做「鄂王」則是楚國邊境，就在江上了。那末，噩侯馭方的噩，應該是現在河南省鄧縣的「鄂」。這個地方在漢水以北，是周王國的南疆。向東去是淮河流域，所以噩侯可以糾合南淮夷東夷「廣伐南國東國」。由此我們可以想見厲王要經營南國就必須籠絡噩侯，甚至要結爲婚姻。那末，在厲王南征時和噩侯的親密，也就無足怪了。

禹鼎説到他的皇祖是穆公跟聖祖幽太叔是不一樣的。周朝人的習慣，只説祖孫而没有曾祖曾孫等名目。銘文説「聖祖考幽太叔、懿叔」顯然幽太叔是祖而懿叔是父，那末，穆公就應該是曾祖了。大克鼎説：「穆穆朕文祖師華父……肆克恭保厥辟共王，……永念于厥孫辟天子。」克鼎也是厲王時做的，照文義説，厲王應該是共王的孫了。但根據《史記·周本記》共王的兒子是懿王，共王的弟是孝王，懿王的兒子是夷王，夷王的兒子是厲王，厲王實際是共王的曾孫，這可以看見當時的習慣稱呼。禹既和克都是厲王時人，那末穆公和師華父應當都是共王時人。

一九五五年郿縣出土的盠方尊、盠方彝（盠應音爲蠡）的銘文裏也有穆公，跟禹鼎的穆公，應該是一個人。銘文說「王格周廟」時，是「穆公右盠」；宋代出土的𢦏簋，也說「穆公入右𢦏」，那末，穆公跟盠、跟𢦏都是同時人，而他又是禹的皇祖。〔一一〕跟盠方尊、盠方彝同出的還有駒尊和一個駒尊蓋，也是盠所做的。這一批銅器無論從器形、花紋、文字、書法來看，都應該屬於西周前期的。駒尊銘說「王呼師豦召盠」，那末，盠又和師豦同時。師豦就是師遽，清代潘祖蔭藏的師遽方彝，蓋上有兩個孔，器内有直隔，分爲兩半，腹旁兩扁耳直上（見容庚《商周彝器通考》附圖六百零四，民國三十年版），跟盠方彝乙幾乎完全相同，（圖二）可見是同時的製作。師遽還做過一個簋，開頭說「隹王三祀四月既生霸辛酉，王在周，客新宮」。新宮是共王時新建的宮名。趙曹鼎說「維十有五年五月既生霸壬午，龏（共）王在周新宮」，是最明顯的證據。望簋說「隹王十又三年六月初吉戊戌，王在康宮新宮」；師湯父鼎說「隹十又二月初吉丙午，王在周新宮，在射廬」，都是同時所做的。郭沫若先生因爲頌鼎說過「監嗣新造貯用宮御」的話，以爲就是造新宮的事情，因而說頌在共王三年五月才造新宮，而師遽簋是三年四月，就不能在共王時，因之把師遽簋定在懿王時期。其實頌鼎是厲王時代的銅器，從他的形製與銘辭就可以確定，與新宮無關。共王時的新宮，更不能隔了二十多年，到懿王時期還叫新宮。那末，師遽簋的紀年應當是共王三年，盠的五器也應當和它同時，這和穆公是厲王時代的禹的曾祖也是符合的。跟盠方尊的形製相同的，還有服方尊（見《故宮》三期）和小子生方尊（見《西清古鑑》八卷四十三頁）。小子生方尊說「唯王南征」，應該是穆王晚年的銅器。古本《竹書紀年》「穆王三十七年，伐越，大起九師，東至于九江，叱黿鼉以爲梁」。〔一二〕敦煌唐寫本《修文殿御覽》引《竹書紀年》，「穆王南征，君子爲鶴，小人爲飛鴞。」《開元占經》卷四引《竹書紀年》說穆王「南征，億有七百三里」。《抱朴子》也說「穆王南征，一軍皆化，君子爲猿鶴，小人爲沙蟲，」都是把穆王南征的故事神化了。現在從銅器銘文來看，穆王是確實南征過的，由於南征在晚年，離共王初年很接近，所以小子生尊跟盠方尊的形製是

圖二

差不多的。

盠的各器從青銅工藝來説是很好的作品，尤其是駒尊，可以看到西周前期的雕塑，尤爲可貴，盠在共王時能管到「六師、王行、三有司，司徒、司馬、司空」，他的地位是很高的，所以能做這類貴重精美的青銅器。由駒尊的銘辭裏，還可以看到「執駒」的制度，這是對於馬的繁殖的重視，更是重要的史料。

西周青銅器，可以分爲前後兩期，前期基本上還保留商代風格，而後期變化極大。厲、宣時期的大鐘、大壺等，都是過去所不見的，而方尊、方彝之類，到後期就幾乎絶迹了。兕觥變而爲匜，簠跟盨盛行，爵跟斝消失，這些區别都是很突出的。圖案裝飾趨向樸素簡單，繁複的獸面紋、鳥紋等逐漸衰落，而弦紋、鱗紋、帶紋、棱紋等盛行。這兩個時期各有特徵，但具體去劃分時期時，還有很多困難。一般説來，昭、穆應屬前期，夷、厲應屬後期，但共、懿、孝的一段，則因材料不多，很難區分。現在由於盠的一組銅器的發現，聯繫到其他銅器，我們已經可以比較明確地把共王時青銅器列爲前期，就是説共王時舊的制度基本上還保存着，這是符合於《國語》上對共王的評價的。對於前後兩期的明確劃分，比以前進了一步，在青銅器的研究上是有重要價值的。

圖一百零二的師克盨蓋，（圖三）向來未見著録，一九五七年，我到西安時曾見過，後來故宫博物院也收集到一個盨，器蓋俱全，銘辭相同。〔一三〕師克跟過去已著録的克鼎、克盨等器裏的善夫克，顯然是一個人。善夫克的名字又見於尉從盨，盨是厲王二十五年所做的，可見克是厲王時人。據克盨，克在十八年時就已經是膳夫了，一直到二十五年，還是膳夫，那末，克的做師，或者在十八年以前，或者在二十五年以後。照我的想法，他是先做師，後做膳夫的。據十八年的克盨説「王命尹氏友史趛典善夫克田人」，跟大克鼎里王賞克的許多田和人的情事是相合的，這批賞賜很大，而師克盨的賞賜卻只限於服飾車馬；大克鼎里克的職務是「出納王命」，二十三年的小克鼎説，王命令善夫克去「舍命于成周，遹正八師」，就是讓他去發布命令，可以看見他的地位是很高的，而師克盨里的克只是管「左右虎臣」罷了，可見師氏的地位，遠没有膳夫的高貴。〔一四〕師克盨的銘文，很多地方跟毛公鼎類似，像「不顯文武，雁受大命」，以及「干害王身」一類的話，又像所賞賜的服飾車馬的名目，都是很明顯的。書法尤其相似，可見是同一時期的作品。我在前面已經説明毛公鼎應該是厲王元年時的作品，現在有了這一個師克盨，更可以證實了。毛公鼎銘説：王命令毛公厝管公族和三有司，小子、師氏、虎臣，師訇簋跟師克盨的内容跟毛公鼎都很接近，所賞的東西也差不多，但都比毛公要少一些或者

圖三一1

圖三一2

差一些，例如，賞給毛公的是金車，賞給師克的只是駒車，那末，師克，可能跟毛公和師訇同時受賞，師克、師訇正是毛公鼎裏所説到的「師氏」。一九五九年藍田縣寺坡村發現了一批銅器，其中有訇簋，[一五]跟師訇簋顯然是一人所作，師訇簋是爲「剌祖乙伯咸益姬」做的，而訇簋是爲「文祖乙伯咸姬」做的。師訇簋是厲王元年做的，那末，訇簋的十又七祀，是厲王十七年。訇簋銘文記訇所管的「邑人」，是先虎臣而後庸（傭）有：西門夷、秦夷、京夷、臯夷等，跟師酉簋差不多。師酉簋是爲「文考乙伯究姬」而作的，可見師酉和訇是一家人，師酉是乙伯的兒子，而訇是乙伯的孫子一輩了。師酉簋作於元年正月，也應當是厲王元年，比訇要早十六年。

解放前岐山縣出土的汈其諸器，在抗戰時期就流散到各地，于省吾先生在《商周金文録遺》裏收集了汈其鐘、汈其鼎、善夫汈其簋、白汈其盨等四器的拓本，而這本圖録所收集的鼎（圖四）和壺（圖五）卻只説汈其。這些資料是可以互相補充的。例如：白汈其盨銘文説「畯臣天子，萬年唯亟」，可以知道汈其鼎銘只説「畯臣天」，確是掉了一個「子」字。「畯臣天子」

圖四－1

圖五－1

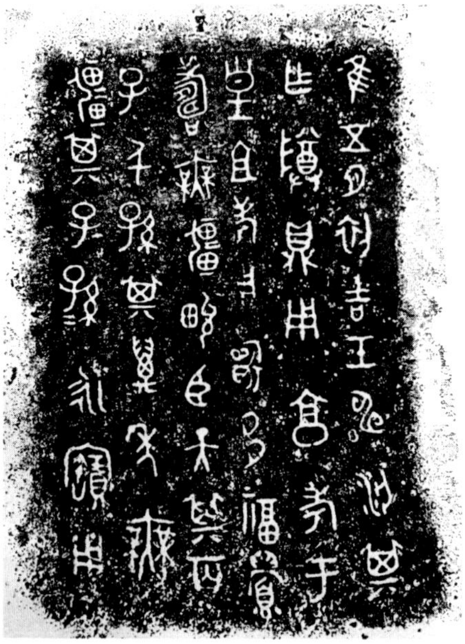

圖四－2

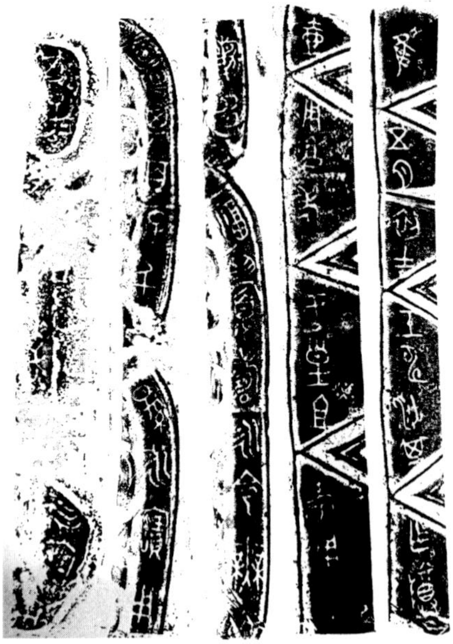

圖五－2

是厲王時期習慣用的成語，又見於頌鼎、克盨、追簋等器銘。由善夫汈其簋，可以知道汈其也是膳夫，他的皇考是惠仲，皇母是惠妀。鐘銘很長，有七十三字，但没有完，下半篇應在另一鐘上。銘辭一開首用「汈其曰」起句，跟虢叔旅鐘一上來就是「虢叔旅曰」正同。銘辭内容也都跟厲王時的一些鐘銘相類。從鼎和壺的形製與花紋來看，也應該屬於厲王時期。

關於函皇父的器是分兩次出土的，第一次的出土在清代（約公元一八七〇年前後）計有兩個簋，一個匜，著録於《攈古録》等書。第二次是一九三三年出土的。關於出土的地點，本書説是扶風縣康家村，柯昌濟《金文分域編》則説是岐山清化鎮，按岐山縣在扶風西，可能出土地點在兩縣的交界處，所以傳説有分歧。本書所録函皇父器共七件（圖六——一一，有一個函皇父簋未列圖），據《金文分域編》則第二次出土時有：函皇父鼎兩器、伯鮮鼎兩器、鮮甗、守婦彝、函交仲簠兩器、函皇父盤、伯鮮匜等共十件，除伯鮮鼎、伯鮮甗也見於本書圖六十七、六十八外，（图一二、一三）守婦彝、伯鮮匜，及函交仲簠另一器，大概都已散失了。

圖六－1

圖六－2

圖七

圖八

圖九－1

圖九－2

圖一〇–1

圖一〇–2

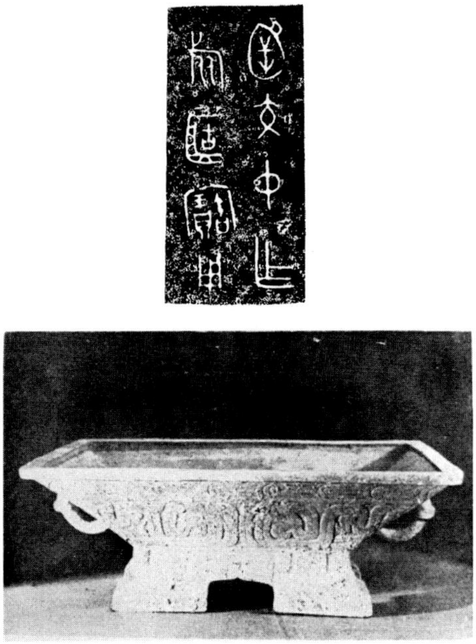
圖一一

圖一二

圖一三

《擴古録》金文卷三之一引許印林說，以爲函皇父就是《詩經・十月之交》的皇父，在厲王時。王國維、郭沫若都採用這個說法。《詩經・十月之交》有兩說，《毛詩》序說是刺幽王，《鄭玄箋》改做刺厲王，是歷來學者間經常引起的爭論。王國維說：「同治間函皇父敦出于關中，而毛鄭是非，決于百世之下。」他的理由是周娟猶言周姜，即函皇父之女歸于周，而皇父爲作媵器者。《十月之交》「艷妻」，《魯詩》本作閻妻，皆此敦函之假借字，函者其國或氏，娟者其姓，而幽王之后則爲姜爲姒，均非娟姓。鄭長於毛，即此可證。〔一六〕我卻認爲許、王兩家從鄭玄的說法，是不對的。首先從文字書法來看，函皇父各器跟厲王時器距離很遠，像子孫等字上部很大而扁的方匡，𣪘字下面是平的，鼎字貝字上面是平的等，都是一種新的寫法。書法體勢跟宣王時期的杜伯盨是比較接近的。再從《十月之交》這篇詩來說，顯然是幽王時代的。第一，這首詩一開首是「十月之交，朔月辛卯，日有食之」，從梁朝虞劆推出十月辛卯朔在幽王六年，《唐書》載僧一行的大衍術日食議採取了這個說法以後，天文學家從來没有異議。照日食的週期來說要經過五百二十一年，同樣的日食，才可以復見於同日，那末，厲王時代決没有十月辛卯朔日食的可能。《十月之交》篇應屬於幽王時代，這是一個無可置辯的鐵證。第二，這首詩除了記載中國歷史上第一個日食以外，〔一七〕還說到「百川沸騰，山冢崒崩，高岸爲谷，深谷爲陵」，是指地震山崩說的，這是一件大災禍，古代歷史家所最重視的。但文獻記載上從來没有說過厲王時有此事。相反《國語・周語》說：「幽王二年，西周三川皆震。伯陽父曰：陽伏而不能出，陰遁而不能烝，于是有地震。今三川實震，是陽失其所而震陰也。……是歲也，三川竭，岐山崩。」韋昭注說三川是「涇、渭、洛」，都在陝西南部地區，西安附近。那末，《詩經》的「百川沸騰」，就是《國語》的「三川震」，《國語》的「岐山崩」，就是《詩經》的「山冢崒崩」。地震山崩在前，詩人不過因日食就把它聯帶起來說了。地震山崩不是經常有的事情，如果《十月之交》的詩，不是幽王而是厲王，那末，怎麽竟會這樣巧，厲王時代也又有日食，又有地震、山崩呢？這是決講不通的。第三，《詩經・常武》篇說：「赫赫明明，王命卿士，南仲大祖，太師皇父，整我六師，以修我戎。」這一篇是宣王時代的詩是無疑的，但毛傳跟鄭箋也有不同的說法。照毛傳是「王命南仲于太祖，皇父爲太師」，可見南仲皇父都是宣王時人；照鄭箋是「南仲，文王時武臣也。宣王之命卿士爲大將也，乃用其以南仲爲大祖者，今太師皇父是也」。南仲的名字又見於《詩經・小雅・出車》篇，「王命南仲，往城于方」，毛傳在那裏卻說：「王，殷王也，南仲，文王之屬」，跟《常武》詩的注不一樣。過去藏在焦山的無惠鼎的銘辭裏說到「嗣徒南仲右無惠，内門，立中廷」。郭沫若先生根據毛傳在《常武》詩的說法和《漢書》「古今人表于宣王時有南中，列于上下」，說：「當以宣王時爲近是，『南仲大祖』，猶《韓奕》言『韓侯出祖』，祖謂祖道，非祖廟也。毛鄭所解均失。皇父即函皇父，歷事厲、宣兩世。」〔一八〕我認爲郭沫若定南仲爲宣王時，大祖爲祖道，都是很對的。在無惠鼎時期，南仲還是司徒，據《小雅》，南仲又被派去城方京，那末，清末吴大澂所藏的「司徒甫」裏的司徒應該就是南仲。〔一九〕銘文説「𠭯𤔲徒北征蒿甫」，蒿就是鎬京，《詩經》説「侵鎬及方」，可見鎬跟方是在一起的，司徒北征鎬，顯然就是司徒南仲，「往城于方」這一回事情了。到了《常武》詩裏，則南仲已經是卿士，而皇父是太師。但在《十月之交》篇裏，皇父又是卿士了。在周朝卿士的官是最高的，如果説皇父在厲王時代早就是卿士，那末，從厲王時到宣王後期（中間還經歷共和十四年），至少有三四十年，皇父反而以卿士而去做太師是絶對説不通的。如果確定《十月之交》是幽王時代的詩，日食在幽王六年，離宣王後期還不遠，那末，皇父在宣王後期是太師統帥六師，隔了一二十年，當幽王初期，他已經做了卿士，是完全合理的。況且照王國維的説法，皇父在厲王之世是外戚倖臣，那末，他跟虢石父榮夷公之類倖臣一樣早就應該被排斥驅逐了，怎麽能够在宣王時期還當太師呢？由這三個證據，我們可以確定《十月之交》這一首詩是幽王時間的，鄭玄的新説完全不能成立。函皇父的各器自是宣王末年到幽王初期的作品。這些銅器據銘文是爲琱娟作的，娟是女性，即妘字，祝融之后，春秋時鄔、鄶、路、偪陽、鄅等小國，都是妘姓。許印林、王國維首先假定「周娟」是「函皇父」的女兒，又假定她是因嫁給周王而叫做周娟的。還要假定函皇父所做的是嫁女兒的媵器。其實這些説法都似是而非。王國維説「函」字通「閻」，是對的，但根據《唐書・宰相世系表》，「閻氏」應該是姬姓，根本不能是娟姓。王仲皇父盉説「王仲皇父作厦娟般盉」，〔二〇〕王仲皇父跟函皇父是不是同一人，雖還不能肯定，但「王仲氏」總應該是姬姓是没有疑問的。函皇父對於周娟，王仲皇父對於厦娟，都是由姬姓的人，爲娟姓的婦女作銅器，這顯然不會是父親和女兒的關係。所以王國維假定周娟是函皇父的女兒的説法是根本不能成立的。王國維舉「周姜」爲例，説嫁給了周王，就叫周娟。但《詩經・思齊》篇上的「周姜」，是文王的祖母，太王的配偶，又稱「太姜」。當時，周還是一個小國，又稱爲周，又稱爲京，所以説「思媚周姜，京室之婦」。到周朝滅殷以後，成爲一個大王朝，嫁給周天子的王后，就稱爲王姜、王姒、王姞等名了。銅器裏如：令簋等器中這樣稱呼是經常見到的。「周娟」如果嫁給周王，就應該叫王娟，如果説周娟只是她的名字，那就不能證明她是王后了。況且函皇父各器跟王仲皇父盉一樣，根本就没有説過「媵器」，又怎麽能定它爲「媵器」呢？銅器翏生盨是周厲王南征時掠得了兵器和銅而作的，説「翏生眔大娟其百男、百女、千孫，其萬年眉壽寶」這裏的大娟是翏生的妻子是很清楚的。〔二一〕那末，函皇父所作周娟各器，既没有説是爲祖母或母親做的祭器，又没有説是爲女兒或同姓女子所做的媵器，顯然是爲他妻子（或兄弟的妻子）做的。厲王時代，銅已很缺乏，翏生就是掠了兵器和銅，才做這個盨的，函皇父所做「般盉隮器鼎簋一具。自冢鼎降十又一，簋八，兩鑘，兩鍾」。〔一二〕説是媵器，那能這樣多呢？要是爲他妻子（或他的兄弟的妻子）作的話，就毫不足怪了。《十月之交》篇在叙述「皇父卿士」以後，歷數「番」、「家伯」、「仲允」、「棸子」、「蹶」、「楀」等人所處的職位後，説到「艷妻煽方處」。毛傳説「艷妻」是「褒姒」，這當然是不對的。《漢書·谷永傳》：「昔褒姒用國，宗周以喪，閻妻驕扇，日以不臧。」又《外戚班婕妤傳》説：「哀褒、閻之爲郵。」都把「褒姒」跟「閻妻」分成兩個人。但鄭玄把「艷妻」作爲厲王的后，也是不對的。厲王的后應該是姜姓，所以宣王把申伯叫做元舅。《詩經正義》引《中候擿洛貳》説：「昌受符，歷倡嬖，期十之世權在相。」又説「剡者配姬以放賢，山崩水潰納小人，家伯罔主異載震」。用以維護鄭玄的説法。《中候擿洛貳》是東漢人所造的緯候書，可信與否有一定的限度。所説「剡者配姬」，「山崩水潰」，以及「家伯罔主」等等似乎跟《十月之交》篇有關係，「剡」字也確實可以和「艷」、「閻」兩字相通用，但跟「歷倡嬖」之間，又有什麽聯繫呢？如果「艷妻」確是指周王之后，那末爲什麽不像「王姜」、「王姒」之類叫她的姓呢？要知道像「褒姒」那樣，也還是用她的姒姓而作爲名稱的，現在只叫做「艷妻」或「閻妻」，未免太奇怪了。唐顔師古在《漢書·谷永傳》「閻妻驕扇」的注裏儘管引《魯詩》的説法把《十月之交》篇當成是説「厲王無道，内寵熾盛，政化失理，故致災異，日爲之食爲不善也」等話，是錯誤的，但他解釋「閻妻」説是「閻嬖寵之族也」，是很對的。古書上稱妻的，像《詩經》上「衛侯之妻」，「韓侯取妻」，《左傳》上説「僖負羈之妻」，「辟司徒之妻」等，都是從她的丈夫來説的，那末，所謂「閻妻」應該是「閻氏之妻」。《左傳》莊公二十二年説「懿氏卜妻敬仲，其妻占之」。也是只説懿氏，可見，閻氏之妻是可以稱爲「閻妻」的。那末，「閻妻」只是周王寵臣閻氏的妻子，而不是王后，就十分明白了。上文已經辨明，《十月之交》一篇是幽王時詩，那末「閻妻煽方熾」是幽王時事，所以可以跟褒姒并稱。但她跟「赫赫宗周，褒姒滅之」的情況，究竟是不同的，所以「閻妻」的惡名不很顯著，後來也不大爲人所知道了。現在函皇父各器，從文字書法來看，既然是宣、幽時代的，跟《詩經》上宣、幽時代的皇父相符合，而函皇父各器爲周娟所作，周娟這個人應當是函皇父（或其兄弟）之妻，就是「函氏之妻」，函、閻聲通，也就是「閻氏之妻」，那末，《詩經》上的「閻妻」，固然決不是厲王之妻，卻很有可能就是這些銅器上的「周娟」。

銅器銘刻是研究古代歷史、社會、政治、經濟等方面的重要資料，陜西省博物館、陜西省文物管理委員會把所收集到的這一批資料，盡先公布出來，供科學研究之用，是值得我們效法的。這本圖録裏所録只限於一九五七年以前，近兩年來新發現的材料，還没有收入，我相信隨着考古工作的大躍進，以後還有更多更新更重要的材料，將陸續發現，也將陸續整理發表。陝西省地區地下蘊藏的考古資料極爲豐富，在黨的正確領導下，商周時代的歷史情況，將隨新材料的發現日益增加而更加清晰，是無疑的。

最後請容許我對陝西省博物館和文物管理委員會致感謝之意。由於我近來較忙，寫得很不及時，使印刷出版工作爲之延遲，更使我慚惶不安。我對這批材料還没有能作深入的研究，只就所看到的一些問題上提出個人的極不成熟的看法，希望能有助於讀者對這些資料引起興趣。陝西地區所出青銅器，往往有長篇的銘辭，銘辭内容往往有關西周時代的歷史，但要利用這部分資料，首先必須把它們所屬的歷史年代搞清楚，所以我在這方面説得多了一些。這些看法可能是很錯誤的，希望博物館和文物管理委員會諸位同志加以批評指正。同時，還希望研究青銅器銘刻和古代歷史的同志們指正。

一九六〇年三月於北京大石橋故宫博物院宿舍

〔一〕見《漢書・郊祀志》，美陽是現在的武功縣。

〔二〕見《晉書・五行志》。

〔三〕見《玉海》，萬年是現在的臨潼縣。

〔四〕見《考古圖》，同州是現在的大荔縣。《籀史》説出土的是方甗，是錯的。

〔五〕見《籀史》，好時是現在的乾縣。

〔六〕斯讀爲厮，《史記・蘇秦傳》「厮徒十萬」，正義「謂炊烹供養雜役」。這裏的厮，包括御跟徒在内，這就是説每一輛兵車除了戰士外，還有一個御，十個徒。戰士是屬於貴族階級的，御和徒是奴隸。

〔七〕見《金文叢考》卷二。

〔八〕見《漢書・匈奴傳》。

〔九〕這本圖録裏的南宫柳鼎，也説「武公又南宫柳立中廷」，也應當是厲王時器。

〔一〇〕見《故宫博物院年刊》，唐蘭：《周王㝬鐘考》。

〔一一〕《商周金文録遺》裏的尹姞鼎也説到穆公，但文字書法已屬於厲、宣時期，恐怕不是一個人。

〔一二〕見王國維《古本竹書紀年輯校》。

〔一三〕《文物》一九六〇年第三期有于省吾姚孝遂所寫《楚公豪戈辨僞》一文，説到陝西博物館所藏盨蓋，是「拼湊各器的銘文而作成者」，我以爲于先生等没有見原器就隨便下斷語，最容易造成錯誤。原器具在，是可以復按的。

〔一四〕《詩經・十月之交》篇説到卿士、司徒、宰、膳夫、内史、趣馬、師氏七個官名，卿士顯然是最高的，司徒和宰次之，膳夫列在宰後，而師氏一直在最後，可以看出師氏比膳夫要小。鄭玄説：膳夫是中士，而師氏反是中大夫，這恐怕是根據春秋戰國時期所做的周禮來説的。西周官制，不見得如此。

〔一五〕見《文物》一九六〇年第二期。

〔一六〕見《觀堂集林》卷二十三《玉溪生詩年譜全箋序》。

〔一七〕僞古文《尚書・禮征》篇的日食是不足爲根據的。

〔一八〕見《兩周金文辭大系考釋》一百五十一頁。

〔一九〕吴大澂稱爲「北征葡」。見所著《字説》。葡應釋甫，掘土工具。詳唐蘭《中國古代社會使用青銅農器問題的初步研究》《故宫博物院院刊》總二期。

〔二〇〕見《三代吉金文存》卷十四第十一頁。

〔二一〕見《三代吉金文存》卷十第四十四頁。

〔二二〕據盤銘，其他器銘有缺字。

作者自注：寫成於一九六〇年三月。

載《陝西省博物館陝西省文物管理委員會藏青銅器圖釋》第一至十頁文物出版社一九六二年。

又《唐蘭先生金文論集》第九十九至一百〇二頁紫禁城出版社一九九五年十月。

論漢字簡化的方法問題

在我國社會主義建設持續躍進，社會主義文化正在大普及大提高的時代裏，廣大羣衆要求很快地掌握文字工具。最近中共中央發出指示，號召再簡化一批漢字，是十分及時的。我完全擁護這一措施。

過去的漢字簡化工作，毫無疑問是有很大成績的，但是還不够全面。有不少的常用字，筆畫還很多，很多字還是難寫，難認，難記，有必要作進一步的簡化。尤其重要的是應該儘可能的有簡單明瞭的規律，以便於學習。這就是説在這次作進一步的簡化時，應該有全局的打算。

回顧一下過去時代裏的漢字簡化，基本上是自發的，是不普遍的，缺乏統一的規律，没有全盤的考慮。從「約定俗成」來説，承繼這份歷史傳統，是有利於擴大影響的。但過於受歷史傳統的限制，對進一步的簡化，勢必受到拘束。

簡化漢字的方法，大體上可以分爲九種：

一、筆畫的簡化。例如：门（門）、鱼（魚）等，這種簡體字大都取之於行書或草書體，像：为（爲）、东（東）、书（書）等字。

二、形體的簡化，包括部分字與輪廓字，像：开（開）、关（關）、亏（虧）等，都是摘取字的一部分來代替全體的。有些部分字實際上是恢復古體，如：从（從）、众（衆）等。另外一種是截取一個字的頭尾，顯出一個字的輪廓，如：夺（奪）、奋（奮）等字。

三、偏旁的簡化。利用已經簡化的偏旁，在復合字裏面盡量的簡化，有只簡化一旁的，如：闪（閃）、栋（棟）等，也有兩旁都經過簡化的，如：转（轉）、钢（鋼）等字。

四、新形聲字，舊形聲字的聲符太繁了，選擇一些筆畫簡單的同音聲符來代替的方法是自古有之的。像：担（擔）、苹（蘋）、惧（懼）等。近年來，羣衆造的优（優）、认（認）、肤（膚）等字都很好，都可以用類推方法，把别的同聲符的字都簡化。新形聲字還可以充分利用偏旁簡化。

五、新象形字。如：「凹(窓)凸(突)」兩字。由於造象形字比較困難，在簡化過程裏是不大見到的。

六、新會意字。如：笔(筆)、尘(塵)、灶(竈)等字，這種字的發展，也是比較困難的。

七、符號代替。這種簡化方法，也是很早就有的，漢朝人就用厶來代替某，唐朝寫經，往往把「佛」字寫做「仏」，但後來并不通行。現在簡字裏，有些字是最難找出規律的。例如：「办(辦)、协(協)、苏(蘇)」三個字，办字的兩點代替了兩個「辛」字，协字的兩點，代替了兩個力字，但「苏」字的从「办」，應當作什麼解釋呢？乂形在「冈」字裏代表了「岡」，「区」字代表了區，而「风」字卻代表了「風」字。又如用「又」來代替「莫」聲符的，有：「难(難)、汉(漢)、叹(嘆)」等字，代表「雚」聲符的，有：「权(權)、观(觀)、欢(歡)、劝(勸)」等字，已經够混亂了，再加上：「对(對)、戏(戲)、鸡(鷄)、凤(鳳)、仅(僅)、邓(鄧)、圣(聖)」等字，儘管是有來歷的，但對羣衆來説總是不很方便的。

八、同音字代替，實際就是「假借」，從有漢字的時候起，這種方法就一直被人們利用着。這種方法并没有造新字，把文字的舊形式改變爲新形式，只是利用已有的文字。對於寫字的人來説是方便的，這個字寫不出來，就用同音的字寫一下，如把蕣草寫做蒿草之類；嫌這個字寫起來麻煩，就用同音字來替代一下，如用旦代蛋，用面代麪。認字的人，碰到這種替代字，常常要停留下來想一下，是并不太方便的。在約定俗成以後，大家都知道乾濕可以寫爲干濕，能幹也可以寫做能干，是能對某些繁難的文字起簡化作用的。但這樣就造成了一個干字有很多意義，如干戈，干犯，干涉，干預，不相干，干濕，干勁等，對學習者説來，也并不方便。漢字總是隨着社會的發展不斷地增加的，即使有很多古字被這種代替字代掉了，而文字的數目并不會減少；另一方面，即使文字在急劇發展後暫時穩定下來，大部分文字有比較固定的寫法，在寫文字的人也依然會不斷地採用這種方法的。

九、拼音字代替。清代勞乃宣把王照的官話拼音字母拼出來的字稱爲簡字。過去有許多作品裏是常常用拼音字母來代替文字的。好處是讓懂得拼法的人，一見就讀得出來；缺點是由於同音字多的關係，儘管讀得出音來，卻不能一目了然就知道它是什麼意義，而必需想一下。

我個人的意見，今天要繼續簡化漢字，對過去這些簡化方法做一些分析研究是有必要的。筆畫的簡化方面，過去做得似乎還不够徹底，例如魚字儘管已經簡化，但還有八筆，魚旁的形聲字，就很容易超過十筆，如果魚字能寫做⿱⺈一，只有五筆（⺈不分爲兩筆）。官字没有簡化，要八筆，管、棺等字都超過十筆，可以利用過去行書的寫法作「⿱宀又」，六筆，當然最好能減至四筆或五筆。形體的簡化，也還可以發展一批，例如⿱十八（戴）字也是輪廓字之一，如果採用⿱十八字，傣族的傣，就可以寫做伏，既簡化了筆畫，又準確了讀音。又如舞字是否可寫作牛跟借用同聲的「午」，略有差别，可以避免用午字時在意義上發生的錯覺。

爲了要達到每個字不到十筆，或不超過十筆，我認爲應該充分地利用偏旁簡化的方法，把漢字分爲兩部分，如何使它們合起來不超過十筆。如果能使義符限制在不超過四筆，聲符限制在不超過五筆，作爲一個基本原則，那就很合理想。如果有困難，就必須具體地解決，例如「扇」字十畫，假定簡化爲「⿸户弓」，也還要六筆，就可以檢查一下从「扇」的字有多少，它們的義符都是幾筆。如果查出从「扇」的字只有「騸」和「煽」，它們的偏旁没超過四筆，那末，把「扇」字簡化爲「⿸户弓」，六筆，也就勉强可用了。至於義旁的簡化，似乎更重要一些，例如「隹」旁，本身就要八筆，就是必須簡化的，對於這類偏旁我認爲不妨大膽創造，比方把「隹」寫成「⿰丨乚」，只要三筆，但也還略存它的行草的特徵。「竹」字六筆，也是很常用的偏旁，我想這一類字可以在寫法上打些主意，如果「个」字第一二筆不是一撇一畫，而連成爲一個「ㄥ」，那末「竹」字就可以成爲四筆。

造新形聲字的方法是盡量可以利用的，尤其是有些漢字的筆畫實在太多而又極難簡化的，就不妨改變一個筆畫少的聲符，當然，這個新聲符最好是大家所熟悉而容易接受的，並且盡量做到有系統。在過去的簡體字裏，有一些字是會引起麻煩的。例如：敌（敵）、适（適）等字用舌來代替啇，好像是聲符，但嘀、嫡、滴、摘、謫等字就没有採用，而這些字都是在十畫以上的。是不是能用類推方法呢？不能。因爲摘字不能改爲包括的括，滴和謫字，也不能改爲生活的活和説話的話。舌旁本來就很複雜，可以讀爲口舌的舌，又可以讀爲恬或甜，又和原來寫做昏的偏旁相混，因而有括、活等的讀法，在簡體字裏還有乱（亂）和辞（辭）是从𤔔的形體簡化來的，又是不同的讀法。顯然用這樣的字來作聲符是不適宜的。还（還）、环（環）等字和怀（懷）、坏（壞）等字，好像都用不來作聲符，但不字和还、怀等字的聲音相隔很遠，用不來作聲符的字還有抔、杯、否等字，把怀字和杯字放在一起學習時，究竟是不方便的。這種情形，不能再發展，在可能的範圍裏，把最容易混亂的字糾正一些。至於新象形字和新會意字，過去就不能發展，現在除了十分必要時，應該盡量少採取。創造新字時，像泵這樣的字，也是越少越好。

符號代替的方法，在某些方面還可以利用，例如轟字簡化作轰，聶字簡化作聂，那末，是否可以把森字寫作⿱大双，矗字省作聂呢？但從全局來說，符號代替容易引起若干麻煩，我覺得有人把戏字寫作戱變成新形聲字，就比从又旁好一些，所以，鸡字何妨寫作鳰，从几聲呢？總之，這種方法，不適宜於發展。

我不反對同音字替代的方法，尤其像用「科斗」代替「蝌蚪」，用「鳳皇」來代替「凤凰」，用「馬蟻」代替「螞蟻」，用「家具」代替「傢俱」之類，實際只是恢復老寫法，廢除不必要的後加字，有什麼不好呢？就是「姜（薑）、谷（穀）、丑（醜）、几（幾）」等字，不容易發生誤會的，是可以行得通的，也可以使漢字字彙裏減少一大批難字。但我總以爲不要太多地過早地做硬性的規定。舞會寫成午會，既然容易引起誤解，那末，儘管很普遍，也不一定就肯定下來。因爲筆畫很簡單的字，究竟是少數，如果到處都用同音字替代的方法，就難免在少數幾個字身上的負擔過重，在學習和使用方面也不是很方便的。

漢字有一個特點，無論在什麼時期，常用的字也不過三、四千，多到四、五千，其中又大都是形聲字，只要認識半個字，往往就可以無師自通，例如認識了「章」字就可以認識「樟、璋、漳、彰、獐、幛、障、瘴」等很多字，因此，漢字除了有些字筆畫太多有難寫、難認、難記的缺點外，只要能掌握它們的規律，就不是很難學的。如果漢字還停留在象形會意字的階段，沒有發展爲形聲，三、四千個記號，就難免發生混亂，愈簡單就將愈亂，要每一個人記熟幾千個不同的卻又很多相像和很難分别的符號，而且能使用得很好，這是不可想象的。因此，漢學需要簡化，但也需要有規律，就必須肯定形聲字的優點。我個人的意見，簡化後的獨體字，最好不要超過八百字到一千字，此外都是複合的形聲字，使兒童只要掌握八百到一千的漢字，就可以基本上認識所有的漢字。所以前面所說的九種方法裏，前四種都可以充分利用，而偏旁的簡化和新形聲字最爲重要，因爲由此可以得到簡化了的形聲字。我們對文字的第一個要求是簡單而容易學，另外一個要求則是能把不同意義的字，很快就區别開來，不用多費精神去思索，在寫作時能有充分的字彙來精確地表達不同的意義，這兩種要求好像是有矛盾的，但是在簡化了的以形聲字爲主的有系統的新漢字將是可以把它們統一起來的。因此，單純地追求減少漢字的數目，盡量採用同音字代替的方法，我認爲是不太適宜的。

從歷史發展看來，同音通假的方法用了幾千年，漢字并没有減少，相反地，由於生產的發展，每個時代都會消滅一部分舊字，也都會産生一批新字，它們大都是形聲字。形聲字是漢字發展的主流。同音通假的方法從來沒有遭到禁止，但這是消極的，很難起推動社會生産前進的作用。

我認爲繼續簡化漢字的任務是重大而艱巨的。應該從全面出發，既要普及，又要提高；既要顧到學習上的便利，又要顧到使用上的便利與完善；既要通盤計劃，又必須有步驟地前進，使人民羣衆在改革過程中不感到過多的不必要的麻煩，既要爲文盲和兒童找出最方便之門，又要考慮到已經掌握或初步掌握文字工具的人們感到變化并不突然。文字是工具，首先考慮到的當然是使用的效力，但也還要注意到字形的美觀。

中共中央指示對我有很大啓發與鼓舞，我深深體會到這一指示的重大意義。以上是我初步想到的一些極不成熟的意見，難免有很大的漏洞和缺點，希望同志們批評和指正。我相信在黨的正確領導下，漢字的繼續簡化，將大大有助於文化的大普及與大提高，將使我國社會主義與共産主義新文化發出更大的光芒。

載《光明日報》一九六〇年八月十一日。

從羣衆造字説起

——兼論新形聲字問題

丁晨同志對羣衆造字很不滿意，這是對舊事物的留戀，而對新事物的發展，既乏同情，又不瞭解。他瞧不起羣衆，也根本不瞭解文字發生和發展的規律。

文字是千千萬萬羣衆世世代代地不斷創造不斷發展起來的。古代中國文字既無一定的形式，又無系統的條例。所謂「六書」，只是春秋以後學者們歸納文字發生和發展的規律而提出來的。漢字由圖畫發展而成，在商代青銅器銘刻和甲骨卜辭裏很多文字有幾十種至幾百種的寫法，正是羣衆創造的最好證明。中國文字由古文、大篆而篆書，隸書、楷書以至簡字，這不是在不斷發展嗎？在商代以前，黄河流域曾經流行過另一種文字是用數目字拼湊而成，例如「787676」是「隗」字，但是這種文字久已死亡了。〔一〕漢字由商朝以後有兩個趨勢，一是由繁而簡，一是由圖畫字意符字發展爲形聲字。漢字所以能够生存四五千年到現在還是活文字，就因爲它是在不斷發展的，就因爲在每一時期裏都有無數羣衆在不斷地造字。

漢字的不斷發展，不斷變化是主要的，它有時有部分的穩定，這種穩定是相對的，暫時的。在封建社會裏有些人做過整理工作，主張定型化，甚至用政治勢力來束縛它，但是新字的不斷發生是阻擋不住的。現在有些人只看到一些習慣寫法就認爲天經地義不應該改變，對新的寫法不習慣就叫起來，就加以排斥，這種態度顯然是錯誤的。他們不懂得在文字變化時總會有一些小錯誤，并不是什麽了不起的事情。「乘」字在商朝本來畫出一個人騎在樹上，可是在篆書裏把人的上半身丢掉了，只剩兩條腿和兩只脚，就錯成了「从入，从桀」。「泰」字、「秦」字、「春」字、「奉」字、「奏」字等的上半本來各各不同，各有自己的來歷和意義，但在隸書裏都混而爲一，三畫加一個人字，講不出道理來了。隸書是奴隸們寫的字，寫別字是免不了的，清朝有些學者抱了一部《説文解字》，成天地叫喊要改正隸書俗體，這顯然是做不到的事，如果他們能知道所謂李斯等制定的篆書（實際上秦孝公時代已經用小篆）也有很多錯誤，就根本不必去鑽這種牛角尖了。現在的楷書又是從隸書發展起來的，像「陳」字錯做「陣」，「肎」字錯做「肯」之類，也不在少數，而我們有些同志看見新造字裏有些不順眼就大叫大喊起來，真正是「數典忘祖」了。今天在漢字簡化的新發展中，我們不應該吹毛求疵，只看見局部的缺點，而應該關心整個發展的前途。

今天的簡化漢字是不能和過去比的。在過去社會裏，簡俗體被壓抑，今天是要大搞羣衆運動，讓羣衆大家來造他們所需要的字，不要只看見個別人所造的字有什麽缺點，而是要看到羣衆造字要由羣衆來審查的，只要羣衆喜歡用，當然是「要得」的。過去羣衆造字是自發的，没有目的的，現在有了黨的領導，爲的是對掃盲對兒童教育有好處，爲的是使近七億人民很快地掌握漢字，多快好省地建設社會主義。因此，今天的簡化漢字是十分光榮的歷史任務，有無限光明的前途。這在漢字發展史上是一次翻天覆地的大變化，是不應該用「鼠目寸光」來衡量這一運動的意義的。

有黨的領導，有羣衆路綫，進一步簡化漢字的成功是不用懷疑的。問題是用什麽方法才能完成得更好和更快。黨提出的指標是很明確的，「使每一字儘可能不到十筆或不超過十筆，儘可能有簡單明瞭的規律，使難寫難認難記、容易寫錯認錯記錯的字逐漸淘汰」。這個任務是必須完成而且是一定能够完成的。黨相信廣大羣衆，依靠廣大羣衆，羣衆是有辦法的。

辦法很多，但是爲了「有簡單明瞭的規律」，用新形聲文字似乎最合適一些，這是我跟許多同志的意見是一致的。新形聲字并不是一種新的辦法，例如，「藼」字的別體有「蕿」和「萱」，从煖，从宣，都可以算新形聲字。造新的形聲字有幾種辦法，一種是就事論事，一個字一個字來造，例如「瞻」「譫」等字，改从占聲，「簷」字改从言或延聲，這樣造法將是四分五裂，没有什麽規律。還有一種是用一個偏旁頂替一個偏旁，例如：「撤」「徹」「澈」等字都改从切聲，這也有困難，就如「擔」、「膽」等字可改从旦聲，「瞻」「簷」等字就不能用旦聲。另外一種辦法是找出一些能够精確地代表現代標準語的聲符，一個聲只用一個符號，這樣做當然是很理想的，如果能完全辦到將是很科學的。但也有一些困難，一方面要把漢字變動得很多，對幾億已經認得漢字的人來説不很方便；另一方面，不一定每個字都能找到恰當的聲符而且筆畫又是很簡單的。例如「攘」「囔」等用「囊」作聲符的字，簡化筆畫既有困難，又很難找到恰好能代表「囊」字的聲符。

我個人有一個極不成熟的想法，那就是在簡化工作中還可以採用拼音的辦法。要找歷史傳統，也不是没有，過去有人説足亦爲「跡」是「自反」，就是用足亦兩個音可以拼出一個「跡」字來。清朝末年就曾有人把拼音方塊字稱爲簡字。我認爲這種經驗不妨利用。我們的漢語拼音已經大力推廣，這是很好的條件。假使我們把拼音字母在寫簡字時略爲改變一下，變爲漢字式的筆畫，就可以土洋結合，成爲一種新的簡字。比如我們把 n 寫作ռ，把 a 寫作厶，把 ng 寫作ŋ（等於ŋ），就可以把nang（囊）字寫成「ռ厶ŋ」，一共只要五筆。既解決了正確地表達囊字聲符的困難，又達到簡化的目的。當然，這個設想是大膽一些，有人會對這種土辦法有意見，有人會説這種形式不好看。但是我認爲不管是洋是土，只要對人民有利就好。至於形式好看不好看，第一是習慣問題，另一方面，只要經過羣衆性的創造，會變成好看的。我認爲如果能援拼音入簡字，如果能援洋入土，土洋結合，就會有很多好處。首先，學過拼音的人，一學就會，不用多記字形，容易掌握。其次，許多難簡化的字就可以得到解決。第三，筆畫可以簡單。第四，如果用這種拼音簡字來逐漸發展新形聲字，就很容易有規律。其五，可以促使漢字很快地過渡到拼音文字，並且可能由此發展成具有鮮明的民族風格的拼音文字。此外，可能還有其它好處。

這是一種幻想，但這幻想如果能實現，就將是中國文字簡化過程中的一個飛躍。

這是我的主觀想法，可能是很錯誤的。我只是響應黨的號召，提出這樣一種新的簡化辦法來供大家研究討論，希望得到批評與指正。

〔一〕見《考古學報》一九五七年第二期唐蘭：《在甲骨金文中所見的一種已經遺失的中國古代文字》。

載《光明日報》一九六〇年十月二十日。

懷念毛公鼎、散氏盤和宗周鐘

——兼論西周社會性質

我國古代青銅器的輝煌成就，在世界文化史上佔有極其重要的地位，它們一方面是研究古代社會的重要歷史資料；一方面又是極爲精美的藝術品。

最近美帝國主義者陰謀勾結蔣介石集團以「展覽」爲名，想把我國現存臺灣珍貴文物中的菁華部分劫運至美國以便霸佔，其中包括五件古代青銅器，除了商代的叔父丁鬲和饕餮紋方尊外，西周時代的毛公鼎、散氏盤和宗周鐘三件就都是歷代相傳，無法以價值來估計的重寶。

毛公鼎清朝道光末年（公元一八四〇—一八五〇年）出土於陝西岐山縣，現爲南京博物院所有。高五十三點八釐米，口徑四十七點九釐米。器不甚大（比盂鼎、克鼎都小），形製樸素，圓鼎，腹如半球狀，足爲蹄狀，鼎口飾重環紋一道，但銘文爲傳世青銅器中最多的一件。全文共三十二行，連重文爲四百九十七字。這個鼎從它的形製、銘文内容、字體書法來看，應該是厲王時器。（詳見《陝西省博物館藏青銅器圖録》唐蘭序）

散氏盤清代乾隆中葉（公元一七七〇年前後）出土，爲故宫博物院藏器。高二十點六釐米，徑五十四點六釐米。盤口飾龍紋，足飾獸面紋，附耳。圖案精美，形製雄偉。銘十九行，三百五十七字，在盤裏是銘文最多的一件，有些字鑄得不很清楚，在當時就用刀重刻過。盤銘記夨散兩族分田的事情，是極重要的歷史文獻。這個盤爲厲王時代的銅器。

宗周鐘出土最早，清乾隆十四年（公元一七四九年）所編的《西清古鑑》（卷三十六）已經著録，稱「周寶鐘」，是故宫博物院的重要藏品之一。連甬高六十五點六釐米，鐘下兩銑即兩個鋭角之間相距三十二點五釐米。篆間（鐘乳間方格内）飾兩頭蛇紋，鼓上飾以相背的兩蟠龍紋（舊説象首紋是錯的）。銘在鉦間四行，鼓左八行連到背面鼓右五行，共十七行，一百二十二字。鐘氣魄宏大，裝飾華麗，在傳世古鐘中最爲突出。我認爲，從鐘的形製、銘文的詞例、字體書法等各方面來

看，應是厲王時器。（詳見《故宫博物院年刊》唐蘭《周王㝬鐘考》）

殷商時期很少長篇銘刻，銅器上長篇銘刻的風氣是從西周時開始的。毛公鼎、散氏盤和宗周鐘三器，恰恰都是厲王時代的，又正好記載着三個方面極重要的文獻，由毛公鼎可以看到厲王初即位時的一些情況，由散氏盤可以看到當時的社會經濟情況，而由宗周鐘可以看到厲王時的邊境戰爭。

厲王時代是西周歷史裏的一個重要轉折點。周朝初年伐紂征東夷以後，這個奴隸主王朝的基礎穩固了，成康時期曾是「刑措四十餘年不用」的時期。但到了康王末年又常常用兵，主要是奴隸戰爭，小盂鼎裏記載伐鬼方俘虜一萬多人就是一例。昭王南征伐楚，死在漢水，穆王周行天下，把奴隸王朝積累下來的大批財富逐漸消耗完了，共王懿王以後，這個王朝就衰落下來了。孝王是共王弟，孝王死後，懿王子夷王繼立，可以看出王室内部很不安静，夷王又有惡疾，王朝就更加衰弱了。所以厲王即位的時候，正是師訇簋所説「哀哉今日天疾畏降喪，首德不克𦣞，故無承于先王」（厲王元年二月）和禹鼎所説「嗚呼哀哉，天降大喪于四國」的時候。鄂侯馭方正勾結南淮夷東夷廣伐南國東國，所以毛公鼎所記厲王對毛公厝的命辭，首先追溯文武受命時的勤勞，接着就説「愍天疾畏，嗣余小子弗及，邦將曷吉。册册四方大縱不靖，嗚呼，懼余小子溷湛于艱」。他讓毛公厝輔助，「欲我弗作先王憂」。他説如果只認爲自己聰明「乃唯是喪我國」，他要毛公厝把政治搞好，不要酗酒，「欲汝弗以乃辟陷于艱。」由此可以看出厲王初期在政治上是很想振作一番的。

散氏盤銘是一件極其重要的文獻，它是很完整的一個契約，主要是夨人和散氏的劃定疆界，把田器和田分給散氏。在厲王時代的銅器，記載這類分田的事情很多，如克鼎和鬲從盨等都是。但只有散氏盤把整個契約的原文鑄在盤上。《戰國策》（十八）《趙策》載蘇秦上書趙王説「叁分趙國壤地，著之盤盂」，可見周朝有用盤盂來記載盟誓契約的習慣，散氏盤正是一個具體的例子。通過散氏盤和厲王時代其它銘刻可以説明許多問題，例如：（一）西周初期銅器記載周王的賞賜常常有「臣」或「人鬲」，這都是奴隸，共王時期的曶鼎所記，是爲五個奴隸而引起爭訟，但是厲王時代的銅器記載中則主要是分田，重新劃分疆界，可以看出是奴隸所有制在過渡到土地所有制。（二）在散氏盤裏田器比田還重要，儘管契約開始所講是劃分疆界的事情，但首先交割的卻是田器，並且發誓説如果有隱瞞，不但要處罰，還要「傳棄之」，就是要通過郵車與衆共棄之。但在交割「隰田」與「壯田」時卻只説如果有隱藏必須處罰罷了。「田器」就是青銅農器，在當時銅已很貴重，是奴隸主的一批重要財富，顯然比土地還要值錢。到了封建社會的小農經濟，每個農奴自己要備銚鎒等農具，由於買不起青銅而要用價格低廉的金屬來代替，鐵農具就興起了。農奴主是不用整備好農具的，原來奴隸主們所掌握的青銅農具也就被全部熔毁來做其它用途了。但是在奴隸制將崩潰，封建制還没有完全建立起來的時期内，奴隸主一定還要掌握大批農具，而它們的價值又高於土地是無疑的。由此我們可以看出厲王時代的社會性質正在過渡的時期。（三）土地在奴隸制的王朝裏，原來是王所佔有的。但像厲王時代這樣大規模地重分田地，訂立契約以後，土地是從這個奴隸主轉到那個奴隸主手中去的，土地私有制就這樣逐漸建立起來了。春秋時代，《左傳》裏常常記載着爭田的事情，顯然和土地私有制有關。《左傳》襄公十年，周王的叔父陳生跟伯輿爭訟，晉國的士匄聽訟，要王叔和伯輿「合要」，就是核對契約，由於王叔拿不出契來就輸了。可見有了契約是私有制的一種保障，「篳門圭竇之人」的伯輿居然跟王叔來爭訟，契約是其中的一個關鍵。散氏盤最后一行説「厥佐執要史正仲農」。就是説史正仲農幫助訂立這個契約。契約的出現，也應該是從奴隸社會過渡到封建社會的一個現象。

厲王初即位時鄂侯馭方勾結南淮夷和東夷入侵，厲王命西六師殷八師伐鄂侯并把他俘獲了，這是在禹鼎上記載的。敔簋説南淮夷入侵一直到洛水兩旁，王命敔去追御，打了一個小勝仗，也應該在厲王時期。師寰簋説，「王若曰：師寰，淮夷舊我員畝臣，今敢捕厥衆賈，叛厥工事，迹我東域」，淮夷原來是周朝的「員畝臣」，就是需要交農業賦税的奴隸，現在居然敢捕這許多商賈，背叛這些工事，在東國横行無道，周王開始命師寰去征淮夷，這個王也很像是厲王。《後漢書·東夷傳》説：「厲王無道，淮夷入寇，王命虢仲征之，不克」。但據銅器虢仲盨説「虢仲以王南征，伐南淮夷」，是這次戰役厲王自己也參加了。宗周鐘是厲王自己銘功的一個大鐘。它叙述南國𠬝孳的入侵，王不但迎擊，並且「撲伐厥都」，𠬝孳派人來見了王，南夷東夷有二十六個邦都來見了。但鐘銘開始説「王肇遹省文武，勤疆土」，肇是開始，那末，宗周鐘所記應該是厲王第一次的南征。無㠱簋説「惟十又三年正月初吉壬寅王伐南夷」，鄂侯馭方鼎説「王南征，伐角鄱」。似乎厲王的南征，不止一次。《史記·楚世家》説「厲王之時暴虐，熊渠畏其伐楚，亦去其王」，可見厲王時在長江流域的威力是很强大的。

從這三方面綜合起來看，周厲王在周王朝已經衰微以後，頗想振作有爲；他在經濟方面曾有一番改革，重分土地，爲的要收賦税；另一方面，他曾屢次南征，想開拓疆土。但由於他的許多新辦法對奴隸主們的既得利益有矛盾，對人民仍是殘酷壓迫，奴隸主們説他好利，人民對他没有好感。所以大家起來把他轟走了。但是他在社會經濟政治文化上都留下很大的影響，宣王所謂中興，實際上還在繼承他的一些辦法。所以《國語》（三）《周語》王子晉説：「自我先王厲、宣、幽、平而貪天禍，至于今未弭。」又説：「自后稷之始基靖民，十五王而文始平之，十八王而康始安之，其難也如是。厲始革典，十四王矣。」可見因厲王時曾經推翻舊的典章制度而採用新辦法。這些新辦法的原意是挽救奴隸社會的崩潰，而由於各種歷史條件，恰恰變成爲轉入封建社會的一個過渡時期。這一個大轉變當時人是清楚的，而從漢以後的歷史學家就不知道了。所以這些銅器資料是十分寶貴的。我們現在只從銅器銘刻來看，厲王之前和厲王之後也顯然是兩個不同的時期，厲王時代的長篇重要銘刻就特别多；銅器的種類、造型、圖案、文字的書法，也都有劇烈的變化，都可以看出「厲王革典」的説法是有道理的。

在兩千八百多年前這個大變動裏的許多歷史資料裏面，毛公鼎、散氏盤和宗周鐘尤其重要，這是中國古代文化遺産中的瑰寶。我們六億五千萬人民決不允許美帝國主義者陰謀劫奪這些瑰寶。蔣介石集團根本無權移動這些文物，這些文物無論被盜劫到天涯地角，我們一定要把它全部追回。

毛公鼎器影

毛公鼎拓片一

毛公鼎拓片二

毛公鼎拓片三

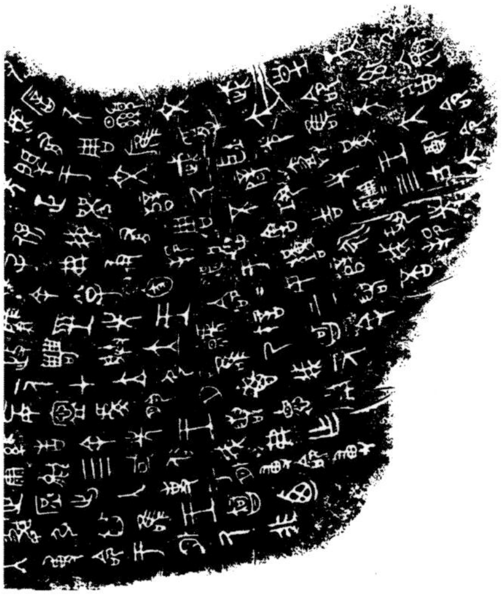
毛公鼎拓片四

毛公鼎拓片五

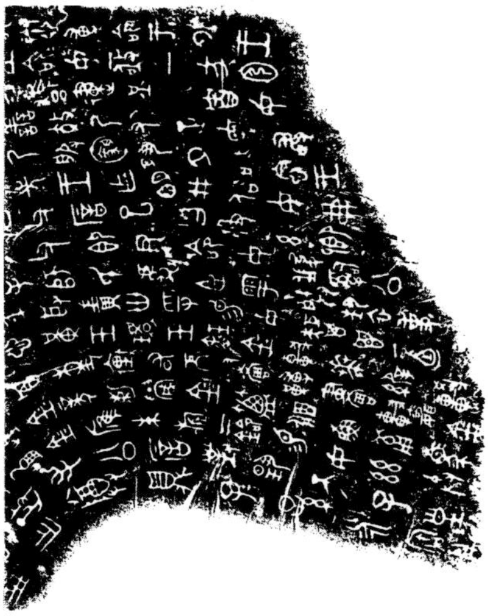
毛公鼎拓片六

散氏盤器影

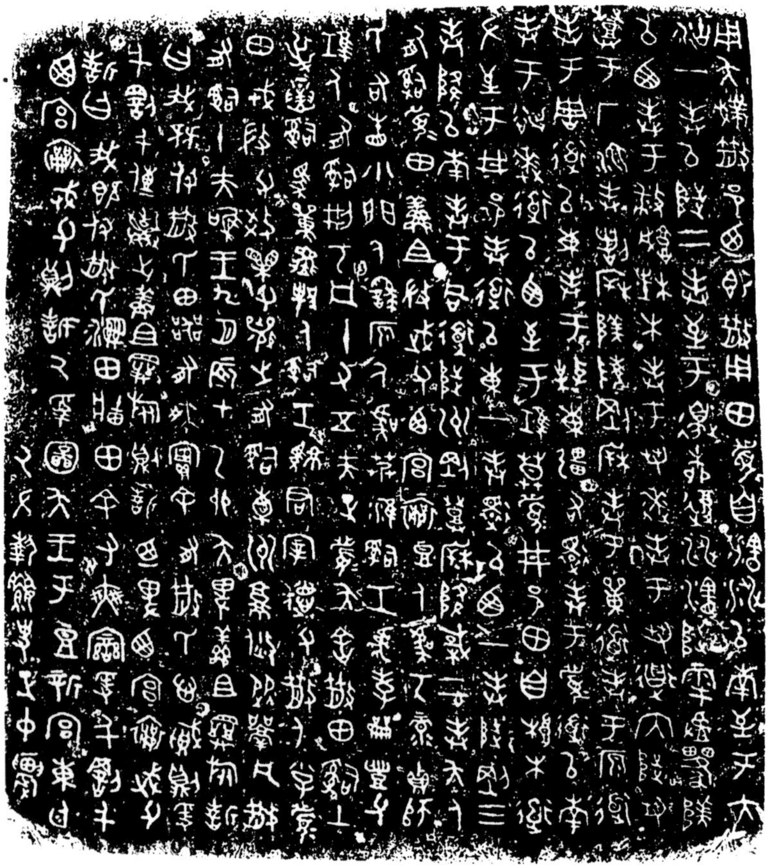

散氏盤拓片

宗周鐘器影

宗周鐘拓片一

宗周鐘拓片二

宗周鐘拓片三

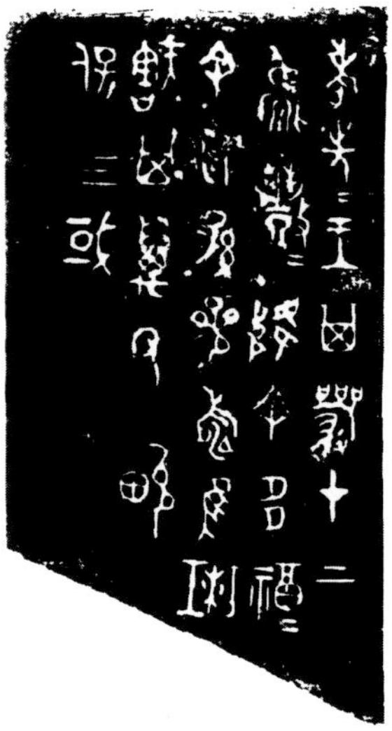

載《文物》一九六〇年第十期第十至十一頁標題作《記美帝國主義陰謀劫奪我國青銅器》。

又《光明日報》一九六一年二月二日標題改作《懷念毛公鼎散氏盤和宗周鐘——兼論西周社會性質》。

又《唐蘭先生金文論集》第四百六十六至四百六十九頁紫禁城出版社一九九五年十月（標題同《光明日報》）。

漢字簡化座談會發言

唐蘭：

我非常同意採用新形聲字的辦法來簡化漢字。蝌蚪這樣一類兩個音節以上的專名我看不加偏旁也可以，這類字我們可以審查一下。

我曾考慮過新形聲字的組織方式。新形聲字的形旁最好不超過四筆，聲旁不超過五筆，這樣合起來就可能不超過九筆或十筆。採用原有形聲字來簡化，對已掌握文字的人學起來也較方便一些。至於同音代替辦法，可以少用一些。有一次我看到一個「午餐廳」，以爲是專供「午餐」的，不敢進去，後來一想才知道是舞廳和餐廳的意思。形聲字的聲旁，最好統一，如「认」用「人」表示「忍」，那末有關「忍」旁的字都可用「人」，「優」簡爲「优」，可以一律用「尤」代「憂」，這樣記起來容易，當然我們也不排斥新創造一些簡化字。新簡化字最好不要使漢字一下子面貌全變，因爲這樣會造成認識上的困難。同音代替辦法還是少用一些，但如以「午」代「舞」，羣衆已經用開了，我也不反對。

編者按： 中華人民共和國教育部、中國文字改革委員會、中國科學院語言研究所和心理學研究所於七月十八日聯合邀集了語言、文字、教育、心理、出版等方面人士，就如何進一步簡化漢字舉行了座談。會議由中國文字改革委員會胡愈之副主任主持。討論前，中國文字改革委員會丁西林、葉籟士副主任分別就最近簡化漢字工作情況和繼續簡化漢字的一些問題作了説明。現在把座談會上的發言摘要發表如下，供大家討論時參考。

載《光明日報》一九六〇年十一月二十八日。

毛公鼎「朱韍、蔥衡、玉環、玉瑹」新解

——駁漢人「蔥珩佩玉」説

毛公鼎記周王賞給毛公厝的服飾有「朱市(韍)悤黄(蔥衡)、玉環、玉瑹(瑹)」，番生簋所記除「蔥衡」後多出「鞞鞢」外，大致相同。西周金文常有賞「市」的記載，盂鼎和邢侯尊都有「裳、衣、市、舄」的賞賜，「市」次在「衣」與「舄」之間。《説文》：「市，韠也，上古衣蔽前而已。」篆文作「韍」，是秦漢以後的形聲字。古書有寫作「芾」，也有寫作「紱」、「黻」、「祓」的，還有寫作「綍茀」的。

西周金文没有見過「韠」字，《檜風・素冠篇》「庶見素韠兮」，是西周末期或東周初期的詩。《儀禮・士冠禮》「主人玄冠、朝服、緇帶、素韠。」又説「緇帶爵韠。」《儀禮・特牲饋食禮》：「其服皆朝服，玄冠、緇帶、緇韠」。《大戴禮・公冠篇》：「朝服素韠。」都是春秋以後的記載。《禮記・玉藻》：「韠，君朱、大夫素、士爵韋。」鄭玄注：朝服用「韠」，祭服用「韍」，是「尊祭服，易其名耳」。但《玉藻》在説「韠」的制度後，緊接着説「一命緼韍幽衡，再命赤韍幽衡」，《説文》韠字下引「一命緼韠，再命赤韠」，可見許慎所見本這一節作「韠」，不作「韍」。《玉藻》的「君朱」，就是《周易》的「朱紱」；《特牲饋食禮》的「緇韠」，是西周金文常見的「載市」，都可以證明「韠」就是「韍」。《詩經・采芑》「服其命服，朱芾斯皇」，是方叔率領軍隊南征時所穿的「命服」。《車攻》「赤芾金舄，會同有繹」，是諸侯們朝周王時所穿的。可見「韍」不一定是祭服。《特牲饋食禮》的「朝服、玄冠、緇帶、緇韠」，鄭玄注：「于祭服此也。」那末朝服的「韠」，也可以是祭服。可見「尊祭服異其名」的説法是不能成立的。段玉裁《説文注》推許慎的意思是「卑者稱韠，尊者稱韍」，也是附會。《玉藻》説「韠，君朱」，可見不限于卑者。

其實「韍」和「韠」，只是時代不同，名稱各異。春秋時代的「韠」，在形制上跟西周時代的「韍」，可能略有不同，但大體總應該是承襲舊制的。秦漢以後，「韠」的服制已廢除，漢朝學者對西周時代的「韍」，更不清楚了。《禮記・玉藻》和《雜記》對「韠」的形制記載獨詳，顯然是禮學大師們口頭上保留下來的。揚雄《方言》、劉熙《釋名》則只就當時所能見到的婦女們的蔽膝來說了。

關于「衡」，漢朝人知道的更少。《玉藻》的「一命緼韍幽衡，再命赤韍幽衡，三命赤韍蔥衡」，是流傳下來的唯一的資料。《曹風・侯人》的毛萇傳作「一命緼芾黝珩，再命赤芾黝珩，三命赤芾蔥珩」，「衡」作「珩」是同音通用。《小雅・采芑篇》：「服其命服，朱芾斯皇，有瑲蔥珩。」毛傳：「瑲珩聲也。蔥，蒼也。」意思是用蒼玉來做的佩。《周禮・玉府》鄭玄注引《詩傳》：「佩玉上有蔥衡，下有雙璜，衡牙蠙珠，以納其間。」《國語・晉語》韋昭注引《詩傳》：「上有蔥珩，下有雙璜。」都以「蔥衡」爲佩玉，《説文》：「珩佩上玉也，所以節行止也。」但屬于「韍」的「衡」與佩玉的「珩」，是兩個不同的東西，把它們混而爲一是錯的。《采芑》的「有瑲蔥珩」，如果是佩玉，又怎麽能爲「命服」呢？「有瑲」與《周頌・載見》「鞗革有鶬」的句法相同，《説文》「瑲」字下引《詩》正作「鞗革有瑲」。鞗革不能説有聲音，所以毛傳説「言有法度也」。鄭玄説「鶬金飾貌」。那末，「蔥衡」的「有瑲」，也決不是「珩聲」。

「衡」究竟是什麽，可以從西周金文來考查。西周金文在這一方面的記載很多，如：

赤市、悤黄（見毛公鼎、番生簋）

赤市、幽黄（見伊簋、曶壺、南宫柳鼎）

赤市、幽亢（見趞簋、盠方尊、盠方彝）

赤市、朱黄（見頌鼎、頌壺、頌簋、師艅簋、寰鼎、寰盤、休盤）

赤市、朱黄、中絅（見師酉簋）

赤市、朱亢（見何簋）

赤市、冋𦋺、黄（見鄭簋）

赤市、五黄（見師克盨）

市、五黄（見師兑簋）
載市、冋黄（見趞曹鼎、趩尊、免尊、師奎父鼎、師訇簋）
叔市、参冋、中悤（見大克鼎）
叔市、金黄（見師嫠簋）

通過這些資料，我們可以確信「衡」不是佩玉。

第一，在金文裏有「悤黄」、「幽黄」、「朱黄」和「金黄」，「悤、幽、朱、金」是顔色，但決非玉色。《説文》「繱，帛青色也」，「黝，微青黑色」，「絑，純赤也」，「黚，黄黑也」，都是染出來的顔色。《爾雅·釋器》：「一染謂之縓，再染謂之赬，三染謂之纁；青謂之蔥，黑謂之黝。」郝懿行《爾雅義疏》説：「青謂之蔥，黑謂之黝，是從青入黑法。故《説文》以爲微青黑色也。《玉藻正義》引孫炎云黝青黑，蔥則青之異色，與《説文》合。《周禮》序官：《掌染草》注：染草：藍、蒨、象斗之屬。賈疏：藍以染青，象斗染黑，是矣。」那末，作《爾雅》的人還知道「悤衡」和「幽衡」是染成的。「衡」是可染的，應當是皮、革、絲、麻等製成的。

第二，金文屢見「冋黄」，師酉簋「赤市朱黄中⿱冋絲」，「⿱冋絲」就是「絅」。《詩經·衛風·碩人篇》、《鄭風·豐篇》都説「衣錦褧衣」，《列女傳》引作「衣錦絅衣」。《禮記·中庸》：「衣錦尚絅」，《尚書·大傳》作「衣錦尚蘔」。《説文》：「褧，檾也。詩曰衣錦褧衣，示反古」。又：「檾，枲屬。詩曰衣錦檾衣。」从金文來看，西周時代，這個字作「冋」或「絅」，其它都是後起的形聲字；由衣服説是「褧」，由草本説是「蘔」，由麻屬説是「檾」。《本草》稱爲「苘麻」，就由「冋」字而加上草旁。「苘麻」又稱爲「白麻」，郭沫若同志認爲是「貝母」是錯的。這是一年生的錦葵科植物。莖皮纖細潔白，可以編索，織布，但質地不堅固。麻布生産比絲織品早，在錦衣上加上苘麻的單衣，所以説是「反古」。金文「冋黄」是用冋麻織成的「衡」。鄦簋説「冋⿱罒妟、黄」，是「冋⿱罒妟」與「冋黄」。「⿱罒妟」即「⿱罒齊」字，應該讀爲「褻」。《説文》「緶也。」又「緶，緁衣也」。《漢書·賈誼傳》「緁以偏諸」，顔師古注：「謂以偏諸緶著之也。」那末，賞給鄦的「赤韍」是用苘麻來縫緝下面的，同時又有「絅衡」。根據這些記載，「衡」可用苘麻織成，那末，「悤衡」與「幽衡」，應該是絲織的。

第三，據師克盨説「赤市五黄」，師兑簋説「市五黄」，可見一個「韍」不只一個「衡」。郭沫若同志在《兩周金文辭大系考釋》裏主張「五」是色，「斷非數目」。但大克鼎説「叔市、參冋、茻(中)悤」，三「絅衡」，中間夾着兩個悤「衡」，就是「五衡」了。師酉簋説「赤市朱黄中絅」，也必須有三個「衡」或五個「衡」，才能在「朱衡」中間有「絅衡」。郭沫若在「釋黄」一文裏對這兩例説「意未能明」，而斷言「五衡」是「斷非數目」，顯然是錯的。漢朝學者把「蔥衡」誤釋爲佩玉，鄭玄《玉藻》注説是「佩玉之衡也」。説是佩玉是錯的，把「衡」當作横的意思還是對的。但後來有些人卻把「蔥衡」改爲「雙衡」，説玉珮裏既有雙珩，又有雙璜，都是直懸的。近年來，郭沫若主張「雙珩」説，郭寶鈞則主張「蔥珩」説，如果知道一個「韍」可以五個「衡」，那末，這種聚訟紛紜，就大可不必了。

第四，盂鼎説「裳衣市舃」是四種服飾。《詩經・車攻篇》説「赤芾金舃」，以「芾舃」連稱。師嫠簋説「錫汝叔市、金黄、赤舃」；師克盨説「赤市、五黄、赤舃」；舀壺「玄袞衣、赤市、幽黄、赤舃」；都把「黄」次在「市」與「舃」之間，可見「衡」是屬于「韍」的服飾。西周時代的「韍」雖不能詳，但春秋以後的「韠」，記載得很清楚。《禮記・玉藻》：「韠，下廣二尺，上廣一尺，長三尺，其頸五寸，肩革帶博二寸。」《雜記》：「韠長三尺，下廣二尺，上廣一尺，會去上五寸，紕以爵韋六寸，不至下五寸，純以素，紃以五采。」前代學者都認爲就是「韍」的形制。古代尺短，「長三尺」，不過現在市尺兩尺多。「韍」以蔽前，從腰際垂到膝上，所以《采菽》説「赤芾在股」。「韍」金文作「市」是象形字。《説文》：「从巾，像連帶之形。」卜辭字偏旁的，是「市」字的原始寫法，上面一横是帶，中間的上窄下寬部分是「韍」，下面的三個垂筆是「紃」。後世文字多把肥筆改爲綫條，把字改爲王，同樣也把字改爲「市」了。《玉藻》鄭玄注説「凡佩繫于革帶」。孔穎達正義説：「韠佩並繫于革帶者，以大帶用組約其物細小，不堪懸韠佩故也。」兩家之説不可盡信，因爲繫革帶或繫大帶，是由于時代不同或好尚不同，腰繫大帶就無須再繫革帶。「韠佩」並不太重，繫在絲麻所織的帶上是毫不成問題的(《雜記》所説「韠」肩上的革帶則和容刀上的革帶一樣，是用以繫到腰帶上去的，是直懸的帶而不是横束的腰帶，不應混淆)。但「韠、佩」雖可同繫在帶上而是不同的兩類器物則是很明顯的。「韠」是命服，「佩」是玉佩。司馬彪《輿服志》説：「古者君臣佩玉，尊卑有度，上有韍，貴賤有殊。……五霸迭興，戰兵不息，佩非戰器，韍非兵旗，于是解去紱佩，留其繫璲。」可見「韍」、「佩」不應相混。如果「韍佩」並舉，就不應該把重要服飾的「韍」加上佩玉中的一事；如果「衡」確是玉佩，就不應該插入「韍舃」之間。金文「衡」在「韍、舃」之間而有時只説「韍、舃」，可見「衡」是屬于「韍」的，舉「韍」可以包括「衡」，那末，「衡」決不是佩玉，是十分明顯的。

第五，古書的「衡」，金文作「黄」，吴大澂《説文古籀補》以爲「古横字，通作黄，今經典横字多作衡。禮：一命緼韍幽衡，衡佩玉之横也」。郭沫若同志作《釋黄》，認爲「此説殊有未安」。他説「錫佩」爲什麽只錫「佩上之横」？因此説：「黄」是佩玉之「珩」的本字而「衡」乃假借字。又説：「黄字實古玉佩之象形也。」但郭氏的説法，漏洞更多。《説文》：「璜半璧也。」召伯虎簋「余惠于君氏大章（璋），報寢氏帛束，璜」，可見西周已有「璜」字。《山海經・海外西經》説「夏后啓佩玉璜」，《左傳・定公四年》有「夏后氏之璜」。可見「璜」的歷史很古，如果「市黄」的「黄」是佩玉，那末，爲什麽不是半璧的「璜」，倒反而是「珩」呢？其實「黄」字古文像人仰面向天，腹部膨大，是《禮記・檀弓》「吾欲暴尪而奚若」的「尪」字的本字，跟佩玉之形，全無關涉。「市黄」的「黄」，金文或作「亢」，都應該讀爲「横」。古代字少，借同音字來代用的方法，是極常見的。卜辭「黄尹」就是《詩經》的「阿衡」，《尚書》的「保衡」。古書中「縱横」就是「從衡」，「連横」就是「連衡」。《説文》：「横，闌木也。」《詩經》説「衡門之下」。可見「黄」或「横」可以用「衡」來替代。「衡」和「珩」都從行聲，「衡」字可作「珩」，也可作「桁」（《儀禮・既夕》「皆木桁」，《禮記・雜記》作「衡」），也是同音通借。屬于「韍」的「衡」，漢人以爲是「横」的意思，是很對的，只是解釋爲佩玉就錯了。其實，《賈子新書・容經》等書所説的「上有蔥衡，下有雙璜」等話，是戰國時流傳下來的舊説。「蔥衡」本身不是佩玉而是繫佩玉的帶，「韍」和「佩」都是繫在「蔥衡」上的。西周金文以「市、黄」對稱，《儀禮》「緇帶素韠」、「緇帶爵韠」、「緇帶緇韠」都把「帶」和「韠」對稱。「韠」既然就是「韍」，「帶」當然就是「衡」了。「上有蔥衡，下有雙璜」，是指繫在蔥色的「衡」（帶）上的玉佩，主要是「雙璜」。「璜」其實就是「珩」，「璜」是古字，「珩」是春秋以後的新字。所以《國語・晉語》説「白玉之珩六雙」，「珩」以「雙」計，可見就是「璜」。戰國時代的白玉的璜是我們現在常能看到的，故宫博物院就藏有極精美的雙璜。自從《詩經・采芑》篇把「蔥衡」寫成「蔥珩」，訓詁家誤認爲佩，才出現了「蔥衡」是玉佩上面一塊横的佩玉的説法。而由于《晉語》説「白玉之珩六雙」，又有人要把「蔥珩」改成「雙珩」，于是變成了「上有雙珩，下有雙璜」。「珩」與「璜」究竟應該如何分别，言人人殊，就越搞越糊塗了。

從上面五點分析，「韍」上的「衡」是繫「韍」的「帶」，它可多到五道，可以用苘麻織成，也可以絲織，染成蔥、幽、金、朱等色。我們可以再進一步斷定，這就是秦漢時代的「綬」。

《續漢書・輿服志》説「解去韍佩留其繫璲」，是説春秋以後「韍佩」逐漸廢棄而「繫璲」還保留下來，那末，「綬」不應該是新的東西。《説文》：「綬，韍維也。」可見「綬」是繫「韍」的帶，「韍」廢而「綬」存。「綬」就是「衡」和「帶」的新名稱，跟「縌」就是「佩璲」的新名稱是同樣的例子。漢代的綬，據《輿服志》等書所説，長的近三丈，短的也有丈二尺，寬一尺六寸，絲多到五百首（每首二十根絲），用以繫「韍佩」，圍腰若干道，都是不成問題的。漢代的「綬」，已都用絲織，有「黄赤、赤、緑、紫、青、黑、黄」等色，用以區別貴賤等級。當然，漢代的「綬」比起西周的「衡」來，是會有很多差别的。這説明每一事物都在不斷發展與變化，但「衡」是「綬」的前身是無可疑的。

司馬彪説：「紱佩既廢，秦乃以采組連結于璲，光明章表，轉相結受，故謂之綬。漢承秦制，用而弗改，故加之以雙印、佩刀之飾。至孝明皇帝乃爲大佩，衝牙、雙瑀璜，皆以白玉。」《後漢書・輿服志》好像「綬」和「雙印、佩刀、大佩」等等都是後來新加的。其實《禮記・玉藻》説：「天子佩白玉而玄組綬，公侯佩山玄玉而朱組綬，大夫佩水蒼玉而純（緇）組綬，世子佩瑜玉而綦組綬，士佩瓀玟而緼組綬，孔子佩象環五寸而綦組綬。」可見戰國時期，用以繫玉佩的，已經稱爲「組綬」。所謂「雙印」，如果只指「剛卯」，當然是漢代的。但《後漢書》注引《漢舊儀》説：「秦以前，民皆佩綬，金、玉、銀、銅、犀、象，爲方寸璽，各服所好。」可以説明後漢時代的雙印是從戰國時代佩「印」和「綬」的風氣發展來的。還有佩刀，就是「容刀」，番生簋在「蔥衡」下有「鞞鞢」，「鞞」是刀室，鞢是繫刀的革帶，是漢代還保存的古制，而不是新加，至于漢明帝時的「大佩」，則是戰國時代玉佩的復活，也不是新加的。

毛公鼎和番生簋都有「玉環」，《禮記・玉藻》説「孔子佩象環五寸而綦組綬」，司馬彪説「紫綬以上，縌綬之間得施玉環鐍云」，可見「玉環」是繫在「衡」上的玉佩。毛公鼎、番生簋又都有「玉瑹」，《廣雅・釋器》：「瑹、珽，笏也。」「瑹」或作「荼」，《禮記・玉藻》：「天子搢珽，諸侯荼。」《大戴禮・虞戴德篇》：「天子御珽，諸侯御荼，大夫服笏。」《漢書・郊祀志》注解釋「搢紳」兩字，説：「紳，大帶也，搢，插也，插笏于大帶革帶之間。」《晉書・輿服志》説「古者貴賤皆執笏，其有事則搢之于腰帶，所謂搢紳之士者，搢笏而垂紳帶也」。毛公鼎、番生簋都把「玉環玉瑹」跟「赤韍蔥衡」連在一起，可見「蔥衡」就是「大帶」或「腰帶」，也就是秦漢時代所謂「綬」。

總起來説，「韍衡」是西周時代貴族的命服。「韍」是皮制的蔽膝，「衡」可以是革帶，也可以是絲或麻織的帶。「衡」是繫「韍」的，但也可以佩容刀和玉環，插玉笏。春秋時「韍」改稱「韠」，「衡」改稱「帶」。以後，玉佩盛行，璽印興起，也都繫在這「帶」上，而「韍」漸逐廢棄，「帶」則改稱爲「綬」。秦漢時期，玉佩又不行，只剩「印綬」，至多加上佩刀與玉環以爲點綴。因此漢朝學者已經不知道「綬」就是「衡」，而誤把「蔥衡」當作佩玉。東漢時儘管又恢復「韍佩」，但已非古制了。兩千多年來，「韍」與「衡」的制度，久已失傳，今天，如非掌握大量西周金文資料，對漢代學者所造成的錯誤是很難糾正的。至于玉佩的制度，由于「蔥衡」不是佩玉，過去學者的許多説法，都已失去根據。像：郭沫若同志的雙珩説，郭寶鈞先生在《古玉新詮》裏的蔥珩説，都是以「蔥衡」爲佩玉爲出發點的，就也都需要重新來作分析研究了。

載《光明日報》一九六一年五月九日。

又《唐蘭先生金文論集》八十六至九十三頁紫禁城出版社一九九五年十月。

美帝國主義是盜竊文物的慣賊

美帝國主義是全世界人民最凶惡的敵人。它不但在政治、軍事和經濟等方面侵略、掠奪世界各國人民，而且在文化方面，在瘋狂進行文化侵略的同時，又是一個盜竊成性的慣賊。美帝國主義進行盜竊、破壞我國歷史文化遺産的罪惡活動是罄竹難書的。它對蔣介石集團在解放前運往臺灣的我國珍貴文物垂涎已久。去年四月以來，竟公然派出「專家」，進行所謂「挑選」。最近決定假借展覽爲名，將精華部分二百五十三件運往美國。其中包括唐宋以來著名藝術家的繪畫、書法，宋代的織綉，商周兩漢的銅器、玉器。這件事實，又一次暴露出美帝國主義掠奪盜竊的丑惡面目。

遠在十九世紀中葉，美國第一任駐華公使顧盛，就曾在我國搜刮了漢文、滿文圖書二千五百卷，其中有一部分是太平天國的珍貴文獻。一九〇〇年八國聯軍侵佔北京的時候，美國傳教士與英國人一起在翰林院大火中搶走了我國《永樂大典》四十多册。

一九〇一年至一九一〇年間，美國國立博物館、紐約自然博物館、芝加哥自然博物館曾以「考察」等爲名，深入我國西藏，搜刮了大批西藏文物。

一九一四年至一九一七年，美國費拉特爾費亞城的賓夕法尼亞大學博物館曾派畢士博深入我國華北各地，從許多著名石窟地區盜走了大批藝術雕刻，其中包括舉世聞名的陝西唐太宗昭陵六駿中最精華的兩方石雕——拳毛騧和帶有丘行恭象的颯露紫。其餘四方已經鋸斷準備全部盜走，幸被當地人民發覺而追回。

我國著名的敦煌石窟裏的唐代壁畫「張騫出使西域圖」，在一九二四年被美國哈佛大學福格藝術博物館的東方部主任華爾納用膠布粘去三十六方。一九二五年他又糾合同伙普愛倫和霍雷斯、傑尼等帶着幾車膠布，再去敦煌，企圖把二八五窟的壁畫全部粘去，被敦煌人民發覺，把他們驅逐了。華爾納還寫過一本書，叫做《在中國漫長的古道上》，無耻地叙述并夸耀他如何盜竊這批壁畫的經過。

我國河南洛陽龍門石窟的賓陽洞内有北魏時期所雕刻的「帝后禮佛圖」，藝術價值極高，一九三三年至一九三四年在美國紐約藝術博物館東方部主任普愛倫（就是一九二五年和華爾納合伙盜竊敦煌壁畫的那個普愛倫）指使下，鑿爲碎塊，再經粘對，盜運至美國，現在放在紐約市藝術博物館和納爾遜藝術博物館。

湖南長沙出土的戰國時期的「繒書」是楚國人寫上兩段神話故事的絲織品，還附有彩色的圖，在解放前被美國人用無耻的手段劫走，現在紐約。

美帝國主義不僅掠奪我國的文物，也掠奪其他國家的珍品。如柬埔寨的吴哥古迹，有十一世紀到十三世紀的雕塑藝術品。它的大量浮雕被美國盜買去了。泰國十三世紀到十五世紀素可泰皇朝時代供奉的巨大佛象的頭顱，被美國人割下，運去美國。印度卡米臘侯廟的一個寶貴的雕塑品，也被美國强盜偷掉了。美帝國主義在世界各地的盜竊活動是不勝枚舉的，美國的博物館和圖書館中收藏的許多珍品，大多是從世界各國掠奪來的，有人説這些博物館和圖書館應該叫做贜證館，真是一點也不錯的。

我國解放后，祖國的歷史文化遺産得到了真正的保護和整理。但是美帝國主義的野心并没有改變，仍然千方百計掠奪屬於六億五千萬中國人民的現存在臺灣的珍貴文物。從一九五三年起，美帝國主義即陰謀將臺灣的大批文物運往美國。一九五五年美國企圖以「長期出借」的方式來進行掠奪。一九五九年又以史坦福大學出面「商借」。一九六〇年美帝國主義公然抛開各種借口，由國務院發出聲明，向蔣介石集團施加壓力，并組織人力進行所謂「挑選」工作，以掠奪我國在臺灣的文物中的精華部分。美帝國主義這種瘋狂的强盜行爲，是中國人民決計不能容忍的。美帝國主義的任何陰謀，都已爲全世界人民所揭穿，美帝國主義的任何盜竊行爲，都已爲全世界人民所不齒。我們是要算賬的，無論新賬舊賬，無論美帝國主義要什麽花招，賬總是要算清的，贜總是要追回的。

載《世界知識》一九六一年五期第三十七頁。

「鞞剢」新釋

三十年前，郭沫若在日本東京，曾作《金文餘釋》十六篇，收在一九三二年出版的《金文叢考》中，第一篇是《釋鞞𩌏》。我當時匆匆讀過，沒有仔細研究。最近重讀，對此畧有意見，因作《鞞剢新釋》。

「鞞剢」兩字，見于静簋，這是周穆王時代的銅器（約公元前十世紀）。銘文説「王錫静鞞剢」，是把「鞞剢」單獨作爲一種賞賜。又作「鞞𩌏」，見于番生簋，這可能是厲王時代的銅器（約公元前九世紀），銘文是：「錫朱市（韍）、蔥黄（衡）、鞞𩌏、玉環、玉瑹。」把「鞞𩌏」跟「朱韍蔥衡」和「玉環玉瑹」一起賞賜，此外還有很多車馬飾和旂鈴等賞賜。

吴大澂《説文古籀補》説静簋的「鞞剢」是：「鞞，刀室也；剢，射韝也；二物爲同類。」容庚《金文編》採取這個説法。郭沫若批評兩家的説法是「似是而實非」。他説：「錫射韝尚有可説，錫刀室成何體統耶？」他根據番生簋這兩個字列在「蔥黄」和「玉環玉瑹」的中間，認爲「上下皆爲玉之佩飾，則此亦必相與爲類。」因而斷言，「鞞者珌也，𩌏者璏也」。

在吴大澂的時代，由于只看見静簋，所以把「鞞剢」解釋爲互不相關的刀室和射韝，確實是不相稱的。「剢」字從刀，跟射韝也聯繫不上，郭沫若批評這個解釋「似是而實非」，是很對的。但郭沫若的説法，也不能令人滿意。第一，番生簋把鞞𩌏列于「朱韍蔥衡」與「玉環玉瑹」之間，顯然「鞞𩌏」是跟「朱韍」有關聯的裝飾品。毛公鼎銘：「錫汝秬鬯一卣，鄭圭瓚寶、朱韍蔥衡、玉環玉瑹。」下面也是車馬飾，跟番生簋一樣。但在朱韍蔥衡和玉環玉瑹之間卻沒有鞞𩌏，更證明「鞞𩌏」是屬于「朱韍蔥衡」一類的飾物。而照郭沫若的説法，則「鞞」等于「珌」，所謂「珌」實際是劍鐔一類（劍鐔，是在劍把下面與劍身上面的裝飾）；「𩌏」等于「璏」，實際是劍室上用以繫組綫的裝飾品。那末，無論鞞和𩌏都是一件小的附件，而不能作爲獨立的裝飾品的，把它放在「韍」、「衡」、「環」、「瑹」之間，是輕重懸殊不能相稱的。「鞞」如果只是劍上的「鐔」，那末爲什麽只賞「鐔」而不賞劍呢？「𩌏」如果只是繫在劍鞘上的「璏」，那末，爲什麽只賞「璏」而不賞劍鞘呢？這都是講不通的。第二，静簋是周穆王時銅器，屬于西周前期，就是番生簋也屬于西周後期的開始，那個時期裏還没有劍，所以《詩經·公劉》「鞞琫容刀」還只以刀爲裝飾品。靜簋的賞「鞞剢」，要照《説文》「鞞」是刀室，「剢」字從刀，也一定和刀有關，這和西周時代有刀無劍的情況是符合的。要是照郭沫若的説法，「鞞」是劍鞞，「⿰革遂」是劍鞘上的「璏」，就難講通了。劍是西周末年以後，春秋時期才發展起來的，而用玉來做劍鞞和劍璏，更是戰國以後玉具劍上的裝飾，如何能用來解釋西周時代的「鞞⿰革彖」呢？刀和劍雖然有些類似，但並不相同，刀柄和刀身之間從來没有聽到過有鞞，春秋期間的「鞍」，《説文》稱爲「劍如刀裝者」，又説「鏦，鞍有鞞也」。可見劍的系統的「鞍」，才有有鞞與無鞞兩種。現在常看到的小型的玉鞞，都是春秋以後的，正應該是鞍鏦之類的鞞而不屬于刀上的。刀比劍短，刀室上也從來没有聽到過有璏，更從來没有見過西周時代的遺物，所以要假設容刀上有兩種玉製的裝飾「鞞」和「璏」，也是很難成立的。

商承祚作《長沙古物聞見記》，郭寶鈞作《古玉新詮》，對于郭沫若的説法都有不同意見。商承祚把「鞞」仍釋爲刀室，而把「剢」釋爲《詩經·大東篇》「鞙鞙佩璲」的「璲」。他用瞿中溶、吴大澂的説法，把一般所謂昭文帶的「璏」稱爲「璲」，説是貫帶繫組所用，而不是繫在劍鞘上的。郭寶鈞把「鞞剢」認爲是一件，就是「璲」，説：「結于劍綬的他端，備夾入于腰際革帶間者曰『鞞⿰革彖』，亦即如滿清官吏扇囊帶刀繫上玉墜之類。」又説：「蓋璲乃綴玉之類，結于劍繫上端，佩時夾于腰與革帶間，其縛也不過一繩結，其解也亦一舉手之勞耳。」他並没有具體説明「鞞⿰革彖」是什麽樣子的「玉墜」或「綴玉」，僅僅在「琫珌懸繫想象圖」裏面把「瑑」（即璲）畫成一個小環用以懸繫劍綬，而没有説明爲什麽在這裏是玉環而不是「玉墜之類」了。

總之，三家對于「鞞⿰革彖」的説法，除了商承祚還承認「鞞」是刀室之外，都把「鞞⿰革彖」或「⿰革彖」説成是玉飾。對于「鞞」，郭沫若説是玉劍鞞，對于「⿰革彖」，郭沫若和商承祚都説是一般所謂昭文帶，而郭寶鈞卻把「鞞⿰革彖」説成是挂劍用的小玉環。他們的共同點是都忘記了在金文裏「鞞⿰革彖」兩字都是從革旁的；顯然，應該是用皮革製的，至少也是可以用皮革製的。郭沫若因爲在番生簋裏「鞞⿰革彖」次在「悤黄（衡）」與「玉環玉琮」之間，把「悤黄」誤讀爲「悤珩」，即《説文》所謂「佩上玉也」的「珩」，因而説「上下皆爲玉之佩飾」，以爲「鞞⿰革彖」也一定是玉飾。他不知道「衡」與「珩」不是一物。「衡」在《禮記·玉藻》裏有「幽衡」與「悤衡」，「衡」字在金文裏作「黄」作「亢」，除了「悤黄」、「幽黄」、「幽亢」以外，還有頌鼎等的「朱黄」，師嫠簋的「金黄」和何簋的「朱亢」、「悤」、「幽」、「朱」、「金」等名稱都是染或繪在布帛或皮革上的顔色，而不是玉色，與《國語》所説「白玉之珩」（《晉語》）或「白珩」（《楚語》）是迥然不同的。金文又常見「冋黄」，「冋」又作「絅」，是用苘麻所織的帶或布。大克鼎説「錫汝叔市參冋茻悤」，則是説有三個絅衡而中間的一個是染成悤緑色的。師酉簋説「赤市朱黄中絅」則是説三個或五個

「朱衡」的中間的一個是用苘麻做的。最近發現的師克盨説「赤市五黄」，則是説有五個衡。由此可見「衡」可以用苘麻來做，又可以有三個或五個，就決不是佩玉的「珩」了。番生簋的「蔥黄」既然不是玉飾，那末，從革旁的「鞞鞢」，更不應該説是玉飾了。

商承祚、郭寶鈞都根據《詩經·大東篇》「鞙鞙佩璲」來解釋「鞞鞢」的「鞢」，比郭沫若用劍璏來解釋「鞢」要合理得多。問題是《詩經》的「佩璲」，究竟是什麽？商承祚把「昭文帶」當做「佩璲」，不知道「昭文帶」實際是劍璏，是上了吴大澂的當。商氏説「昭文帶」是臨時放在劍鞘上而不是縛在劍鞘上，據現在從楚墓裏發掘出來的劍鞘上大都有璏來看，顯然，是錯誤的。郭寶鈞假設璲是玉環，但據番生簋是另外有玉環的。《詩經·大東篇》説「鞙鞙佩璲，不以其長」，可見「璲」是可以用長短來量的，要像商承祚、郭寶鈞的説法，「佩璲」只是一種玉飾，是「昭文帶」或者玉環，那末，「不以其長」一句就没有着落了。

其實「鞞」是刀室，「鞢」或「剢」既從革，又從刀，是繫刀用的革帶。革帶可以改用絲帶，所以「鞢」可以寫作「繸」，《爾雅·釋器》：「繸，綬也。」這種帶子又可用以繫佩玉，所以又可以寫作「璲」。《爾雅·釋器》「璲，瑞也」。實際只是一個字。正因爲「璲」是綬帶一類的東西，所以可以用長短來量度的。

《説文》「鞞，刀室也」又「削，鞞也」。削又作鞘，《説文》新附：「鞘，刀室也。」《廣雅·釋器》：「鞞、靳，刀削也。」劍鞘沿用刀鞘的名稱，所以揚雄《方言》（卷九）説：「劍削自河而北，燕趙之間謂之室，自關而東或謂之廓，或謂之削，自關而西謂之鞞。」「削」字本從刀，説明它是刀鞘，「鞞」、「靳」、「鞘」等字從革，「韠」字從韋，説明它是用皮革製的。《逸周書·伊尹朝獻篇》「請令以魚皮之鞞」，孔晁注「鞞，刀削」。《尚書大傳》「南海魚革」，注：「魚革今以飾小車，纏兵室之口。」《説文》：「鮫，海魚，皮可飾刀。」郭璞《山海經》漳水注，劉欣期《交州記》也都説鮫皮可以飾刀劍鞘的口。《後漢書·輿服志》記皇帝的佩刀是「半鮫魚鱗金漆錯雎黄室」，諸侯王的佩刀是「半鮫黑室」。鮫魚就是現在的鯊魚，一直到近代也還用鯊魚皮來飾刀劍鞘，是很貴重的裝飾品。那末，「鞞」是刀鞘，是絲毫不容懷疑的。

司馬彪《續漢書·輿服志》説：「古者君臣佩玉，尊卑有度；上有韍，貴賤有殊。佩所以章德，服之衷也；韍所以執事，禮之共也。故禮有其度，威儀之制，三代同之。五霸迭興，戰兵不息。佩非戰器，韍非兵旗。于是解去韍佩，留其系璲，以爲章表。故《詩》曰：『鞙鞙佩璲』，此之謂也。韍佩既廢，秦乃以采組連結于璲，光明章表，轉相結受，故謂之綬。漢承秦制，用而弗改，故加之以雙印佩刀之飾，至孝明皇帝乃爲大佩，衝牙雙瑀璜皆以白玉。」又説：「自青綬以上，縌皆長三尺二寸，與綬同采而首半之。縌者古佩璲也，佩綬相迎受，故曰縌。紫綬以上，縌綬之間，得施玉環鐍云。」崔豹《古今注》對「佩璲」的説法也差不多。

從司馬彪、崔豹的説法裏可以看出春秋戰國以後韍和玉佩雖已經廢而不用，「佩璲」還是保存下來了。因此，「佩璲」是綬帶一類的織物，在漢代學人是可以從當時實物來説明的。《説文》：「綬，韍維也。」又「縌，綬維也」。是「縌」跟「綬」畧有不同。據《輿服志》「縌」就是「佩璲」，説是「佩綬相迎受，故曰縌。」那末，「佩璲」是一方面繫在「綬」上而另一方面是佩玉，所以説是「綬維也」。

司馬彪説「雙印佩刀之飾」是漢朝才加上去的。但事實上把容刀做佩飾，遠在西周時期，儘管戰國到秦已經不佩刀，漢朝又重新加上去，這只是恢復古代的制度罷了，跟漢明帝時恢復玉佩的制度是一樣的。《詩經·芄蘭篇》説「容兮遂兮，垂帶悸兮」。鄭玄箋説：「容，容刀也，遂，瑞也，言惠公佩容刀與瑞及垂紳帶三尺，則悸悸然行止有節度。」「遂」應該就是「鞢」或「剢」，也就是「璲」和「繸」。

根據番生簋説「錫朱韍蔥衡，鞞鞢，玉環玉琭」，可見西周時代韍衡跟容刀、佩璲、玉環等服飾成爲一組，秦漢以後只是把「韍」和其他玉佩取消了，佩刀、佩璲和玉環等還保留着。再根據靜簋的「剢」字從刀來看，可見「佩璲」本來是繫刀用的革帶，但也可以用來繫玉佩，也可以用絲織品來代替革帶。那末，「鞢」是繫在韍衡上繫刀用的綬帶類服飾，也是絲毫不容懷疑的。

郭沫若懷疑「錫刀室成何體統」，其實「鞞」用魚革來作裝飾，在古代是極其貴重的。《詩經·公劉篇》説「鞞琫容刀」，也正由于刀鞘和刀把的裝飾，要比一把普通的青銅刀貴重得多。漢朝的服飾制度裏只有皇帝和諸侯王才用半鮫爲裝飾，公卿百官就只有黑漆刀鞘了，可以爲證。

靜簋裏周穆王賞給靜「鞞剢」，這種賞賜和《易經》裏所説「或錫之鞶帶」是相類似的。但在番生簋裏的「鞞鞢」則屬于韍衡一組服飾。毛公鼎也賞賜韍衡一組，卻又沒有「鞞剢」。可見這是可以有，可以無的。但無論如何，「鞞剢」是革製的刀鞘和繫刀鞘的革帶，而不是什麽玉飾，則是可以斷言的。

載《文匯報》一九六一年六月二十一日。
又《唐蘭先生金文論集》第九十四至九十八頁紫禁城出版社一九九五年十月。

試論顧愷之的繪畫

在我國唐以前的大畫家裏，現在還有作品可考的，以顧愷之爲最早，也以顧愷之爲最多。據一般的推算，顧生於東晉永和二年（公元三四六），距今一千六百一十五年，卒於義熙三年（公元四〇七），是四世紀的名畫家。現存他的遺作流傳有緒的有：洛神賦圖、女史箴圖、琴賦圖（即斲琴圖）和列女仁智圖四種。在他之前的大畫家像：西晉的衛協，在他以後的像：劉宋的陸探微，梁朝的張僧繇，唐朝的吴道子等，或者已經完全無迹可尋，或者雖有流傳，很難徵信。那末，顧愷之的繪畫，在今天已經成爲研究我國早期繪畫的重要資料，只從這一點來説已經是無比的瑰寶了。

顧愷之的洛神賦圖目前所見都是宋摹本，其中以故宫博物院所藏清乾隆所題的「第一卷」爲最古，應當是北宋初期摹本。遼寧省博物館所藏第二卷在繪畫藝術上比第一卷爲生動，但受摹寫者當時的影響也較多。故宫博物院另外藏的一本題爲唐人洛神圖的，顯然是南宋時人所畫，人物情節雖按原本，而山水背景已經完全是宋畫了。顧畫洛神賦圖在唐宋文獻記載裏是没有的，從這幅繪畫的作風來説，突出人物情節，山水樹木鳥獸等背景還很古拙，可以相信它的原本是四世紀時的，就是這幾個摹本也已經六七百年了。既然宋代人臨摹如此之廣，既然歷代相傳認爲這幅是顧愷之本，我們就可以把它看作是顧氏的作品。〔一〕

女史箴圖也是清宫舊藏，一九〇〇年八國聯軍入侵我國時，爲帝國主義者從清宫裏刼去，現在英國倫敦大英博物院。這幅畫的前面兩段已經殘缺（故宫博物院現藏有南宋摹本，則是完整無缺的。）所録女史箴原文的書法，跟唐初虞世南、褚遂良的一系很接近，應該是七世紀時的摹本，但最後所題「顧愷之畫」四個字，則顯然是另一個人添上去的。

女史箴圖和斲琴圖經宋朝宣和畫譜著録，認爲是顧愷之的作品。唐人雖没有這樣説，但古代作品經過一段不爲人知的時期而在後世重新發現，也是很常見的現象。故宫博物院所藏的斲琴圖殘缺較多，只剩製琴一段，我認爲所畫的内容應該是嵇康所作的琴賦中的一段。〔二〕

列女仁智圖在相傳的顧愷之畫裏是比較特殊的。故宫博物院所藏的只有八段，據宋朝人題跋本來應該有十五段，可惜原來還有六段南宋人摹本已經被删去了。這幅圖南宋人認爲是顧真迹，但從所録列女事迹的書法來説，只能是北宋初年的摹本。此外，南宋時建安余氏翻刻的北宋嘉祐八年刻本列女傳（公元一〇六三）上面的插圖，據説是：「晉大司馬參軍顧愷之圖畫」，用列女仁智圖來比較，人物是有所本的，但背景已經改動了。由此可見北宋時確曾有稱爲顧愷之所畫的列女傳圖，但古代作列女傳圖的作家很多，西漢末年劉向作《七略别録》，已經説「畫之于屏風四堵」，《後漢書》的《梁皇后紀》和《宋弘傳》都説到列女傳圖畫，現在見到的漢代畫像石，如：武梁祠畫象之類，也常有列女傳圖。據《歷代名畫記》，在顧愷之前的，漢朝末年的蔡邕，西晉的荀勗、衛協、司馬紹都畫過列女圖，王廙畫過列女仁智圖；在顧愷之後的也有謝稚、濮道興、王殿、陳公恩等許多家，一直到梁朝以後，畫家才不再畫這樣的題材。總之，這個題材，從公元前一世紀開始，一直到公元五世紀，前後經歷了五六百年，不知有多少畫家畫過它，它們之間的風格，不可能是完全一樣的。我們如果拿現存的列女仁智圖，跟其它顧愷之作品如：洛神賦圖、女史箴圖和琴賦圖相比較，可以看出它們之間的風格是大有區别的，洛神賦等圖的綫條比較流麗秀潤，列女仁智圖的綫條卻很剛勁。尤其可怪的是列女仁智圖上婦女的眉毛都是紅的。我們知道漢及魏晉時在婦女的妝飾上，没有見過以「紅眉毛」爲美觀的，可能是齊梁時代的新奇妝飾。列女仁智圖既然反映了齊梁時代的新妝，就不可能是顧愷之的原本。據《歷代名畫記》南齊陳公恩畫有列女貞節圖與列女仁智圖，時代跟這幅圖很相當。因此，我認爲在現存的四種顧愷之繪畫裏，應當有所區别，即前三種是一個類型，以魏晉文學作品作爲題材，繪畫的藝術風格也大體相同，可以作爲顧愷之的繪畫，或顧愷之一派的風格；而列女仁智圖應該是另一種風格。它的主題是從西漢末年流傳下來的，但在繪畫藝術上卻已起了很大變化。南齊謝赫《古畫品録》把宋朝的顧駿之列爲第二品第一人，遠在顧愷之上，對他的評語是「始變古則今，賦采制形皆創新意」，可見謝氏對於新體的好感。陳朝姚最批評謝赫則説「麗服靚妝，隨時變改，直眉曲鬢，與時競新，别體細微，多從赫始，遂使委巷逐末，皆類效颦」。可見用新的服裝與新的眉樣或鬢樣來入畫，是從南齊時開始的。這種繪畫裏的新風氣，跟文學上的齊梁體完全一致。這就是説列女仁智圖的原本，儘管也是一張六朝舊畫，但應該屬於齊梁時代，跟晉宋以前的舊傳統是必須分開的。

玄熊攀檻馮媛趍進夫豈無畏知死
不吝

宋人摹顧愷之女史箴圖（部分）

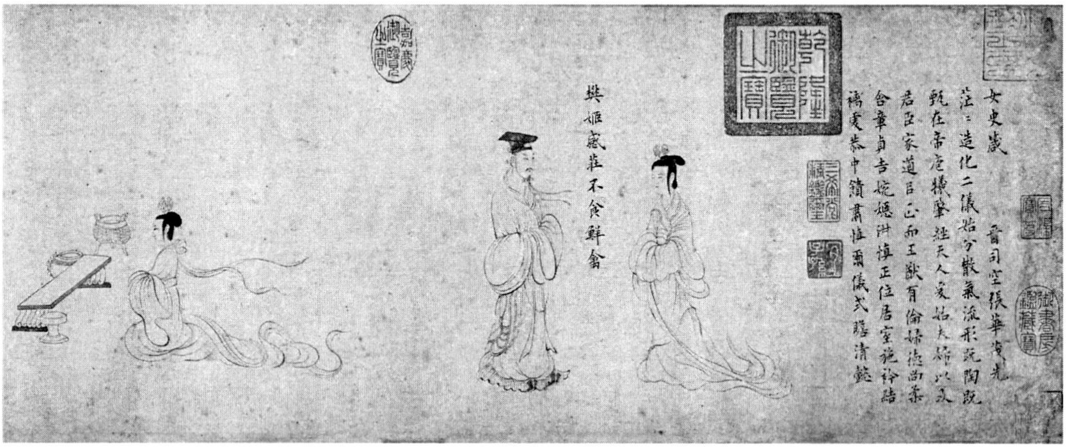
女史箴
晉司空張華茂先
茫茫造化二儀始分散氣流形既陶既
甄在帝庖犧肇經天人爰始夫婦以及
君臣家道以正王猷有倫婦德尚柔
含章貞吉婉嫕淑慎正位居室施衿結
褵虔恭中饋肅慎爾儀式瞻清懿
樊姬感莊不食鮮禽

宋人摹顧愷之女史箴圖（部分）

衛女矯桓耳忘和音志厲義高而二
主易心

宋人摹顧愷之女史箴圖（部分）

顧愷之在我國繪畫史上的地位，在隋唐以前的一個階段裏是没有人可以和他比并的，這不但由於荀勗、衛協、陸探微、張僧繇等都没有什麽作品遺留下來，而且由於他在當時工繪畫的名聲早就很大了。當時人説顧有三絶「畫絶、文絶、癡絶」。謝安説他的畫是自從有蒼生以來所没有的。桓玄愛藏好畫，甚至把他所寄的一厨畫偷去。《世説新語》所引有關他的繪畫記載有很多條。他所畫維摩詰像當時就募得上百萬的「布施」。這些都可以説明他在當時所負的重名，但是在他身後有些評語中，卻是有貶辭的。《歷代名畫記》引《建康實録》説：「謝赫論江左畫人，吴曹不興，晉顧長康，宋陸探微皆爲上品，余皆中下品。」但張彦遠自己引的謝赫《畫品録》則説：「深體精微，筆亡妄下，但迹不逮意，聲過其實。在第三品姚曇度下，毛惠遠上。」現存的謝赫《古畫品録》第一品五人，第一名是宋陸探微，第二名是吴曹不興，第三名是晉衛協，下面是張墨和荀勗，并無顧愷之，顧列在第三品，名次第二，與張彦遠所引同。可見謝赫對顧愷之的評價并不太高。《建康實録》作者大概錯把衛協當成顧愷之了；或者是故意改變謝赫的原語以讚揚顧愷之。後來許多評畫家如陳朝的姚最，唐朝的李嗣真、張懷瓘、張彦遠等，都紛紛對謝赫的評語與等次提出不同意見，有人認爲只有顧、陸可居上品第一，有的人認爲顧、陸和張僧繇三家「俱爲古今之獨絶」，也有人認爲顧愷之本人也曾推服衛協，所以把衛協放在顧前還是可以的，但總不能把顧列入第三品。當然這種爭論只在唐以前，從唐朝以後，早期的繪畫一天比一天少，而傳爲顧愷之的作品還比較多，這就使顧氏在隋唐以前一段時期内，真正是「獨立無偶」了。

顧愷之的名望從東晉以後一直很大，謝赫説他「迹不逮意，聲過其實」，也承認他的聲望是大的，但實際不過如此。爲什麽謝赫要提出這樣的評語來呢？姚最説：「顧公之美，獨擅往策。荀、衛、曹、張，方之蔑然。如負日月，似得神明。慨抱玉之徒勤，悲曲高而絶唱。分庭抗禮，未見其人。謝云：『聲過其實』，可爲于邑。」只從顧氏的名望地位來爭論，是没有多大意義的。張懷瓘説：「象人之美，張得其肉，陸得其骨，顧得其神。神妙無方，以顧爲貴。」雖然把顧推崇得很高，但也有弦外之音，説顧「運思精微」，又説「不可以圖畫間求」，可見顧氏的畫從畫面來看，還有一些缺點。《圖畫寶鑒》説「顧愷之筆法如春蠶吐絲，初見甚平易，且形似或有失，細視之，六法兼備。傅染以濃色，微加點綴，不求暈飾」。所謂「春蠶吐絲」，就是後世畫家所稱的「游絲描」，比起陸探微的「筆迹勁利，如錐刀焉」來，是不如的。所以説「初見甚平易，且形似或有失」。謝赫是傳神寫照的名手，曾受到陸探微影響，陸的「筆迹勁利」，而顧的筆迹「平易」，所謂「迹不逮意」，是説他儘管「運思精微」，但「筆迹」不能表達他的意圖。可見謝氏的批評，也有一定道理。

既然，顧愷之的筆迹是「平易」的，那末，爲什麽他在當時負這樣重名呢？這必須從歷史的發展來探討。我國繪畫有悠久的傳統，除了畫在絲織品上的繪畫外，遠在戰國時，就有畫歷史與神話故事的壁畫，屈原的《天問》就是根據這些壁畫寫成的。在傳世的銅器裏，常有反映當時社會生活的圖畫，大都分多少層，跟壁畫形式相同。漢朝有壁畫，還有畫象石與畫象磚，大體是從戰國時代的壁畫發展來的，除了歷史故事與神話故事外，經常見到的，是當時貴族的日常生活和社會生産情况。東漢時的繪畫，大都是工匠們所掌握的，據元嘉六年（公元一五一）的武梁碑所記，武梁祠畫象是「良匠衛改」的手筆，據故宫博物院藏薌他君石祠堂殘柱畫象題字所記，薌他君畫象是畫師代盛、邵强生等的手筆。在這個時期内，貴族豪門競作祠堂冢墓，就有一批工匠畫家，借此來謀生活，而繪畫的技術也有一定發展。另一方面，西漢末年已經出現的列女傳圖是畫在屏風上的，首先見於皇宫。《歷代名畫記》記有漢明帝畫官圖五十卷「第一起庖犧，五十雜畫贊」。漢明帝雅好畫圖，别立畫官，詔博洽之士班固、賈逵輩取諸經史事，命尚方畫工圖畫謂之畫贊」。又引謝承《後漢書》説「劉旦、揚魯并光和中畫手，待詔尚方，畫于鴻都學」。是東漢時已有專爲宫庭服務的畫工。（葛洪《西京雜記》説漢元帝時宫中有畫工毛延壽等，但《西京雜記》是東晉時作，説西漢時事，相去已三四百年，很難使人相信所説都是真實的。）這種工匠繪畫逐漸影響到士大夫階級中的一些文人，如：桓帝時劉褒，曾畫《詩經》裏的雲漢圖和北風圖，靈帝時蔡邕曾畫講學圖和小列女圖，又曾「畫赤泉侯五代將相于省」，這也是一堵壁畫。獻帝時的趙岐自己做「壽藏」「畫季札、子産、晏嬰、叔向四人，居賓位，自居主位」，顯然，這都是文人畫家的開始時期。魏晉時代，據《歷代名畫記》有圖畫流傳的，有：魏曹髦、楊脩，吴曹不興，晉荀勗、張墨、衛協，東晉司馬紹、王廙，王羲之、王獻之、康昕、史道碩，夏侯瞻、嵇康、戴逵等。所作的畫，如列女圖、史記圖、毛詩圖以及其它歷史故事、神仙故事、人物風土，各種鳥獸和龍等，大部分都是漢朝工匠畫家們的舊題材。荀勗在壁上畫鍾會的祖父形，使「會兄弟入門，見之感慟」，可見寫真的技術已有很高的水平，以後，王羲之有臨鏡自寫真圖，應該説是新發展的一種藝術。這時有許多爲有名文學作品而作的圖如：司馬紹的洛神賦圖，衛協的上林苑圖，史道碩的蜀都賦圖，服乘箴圖、酒德頌圖、琴賦圖，戴逵的南都賦圖等大都是新的題材。還有一類宗教畫如：張墨的屏風畫維摩詰象，衛協的七佛圖，東晉明帝司馬紹畫佛於樂賢堂，戴逵有五大羅漢圖和壁畫文殊象等，也是新的題材。總之，從東漢末年到顧愷之的時代，約二百年，繼承工匠畫家傳統的文人畫家們已經累積了很多新的經驗，並且已經有若干新的發展了。

宋人摹顧愷之洛神賦圖第一卷（部分）

顧愷之在當時是一個有才能而又很好學的大畫家。據《歷代名畫記》所引《京師寺記》説： 興寧中（公元三六三—三六五年）顧愷之在瓦官寺裏畫「維摩詰一軀」，那時顧愷之最多不過二十歲，他的畫已經轟動一時。《建康實録》説「連五十尺絹畫一像，心敏手運，須臾立成，頭面手足，胸臆肩背，無遺失尺度，此其難也」。儘管晉朝江東所用尺（零點二四五三二米）比現代市尺小，五十尺只合市尺三丈六、七尺，也已經是很大的像，用這付本領來畫壁畫，當然是得心應手的。顧愷之的前輩戴逵，據説是「博學、善鼓琴、工書畫」，謝赫説他是：「情韵綿密，風趣巧拔，善圖賢聖，百工所範，荀衛之後，實稱領袖。」《歷代名畫記》卷五張彦遠説漢朝的佛像「形制古樸未足瞻敬。……後晉明帝、衛協皆善畫像，未盡其妙，洎戴氏父子，皆善丹青，又崇釋氏，範金賦采，動有楷模」。可見在佛像畫裏首先創造新風格的是戴逵。戴逵在太元十年（公元三八五）時已約六十歲，顧愷之那時不過四十歲。《歷代名畫記》引顧愷之《論畫》，引證了很多名家繪畫并一一加以評語，[三]其中有： 李王、大荀、衛協和戴等，「李王」不知是什麽人，大荀是荀勗，所謂戴就是戴逵，引「戴」畫最多，計有「七賢」等五種，對他的評語也是極其推重的，可見顧在繪畫方面，曾受到戴的影響。宋朝葛立方《韵語陽秋》引《京師寺記》説：興寧中瓦官寺初建，顧「于北殿畫維摩詰一軀與戴安道所爲文殊對峙，佛光照耀，觀者如堵，遂得百萬錢」。可見顧不畫維摩詰經變而只畫維摩詰像，是由於戴逵已經畫了文殊了。文殊像本可以獨立存在，所以戴逵只畫文殊，不是爲維摩詰而設的。顧愷之以後學少年，敢於把維摩詰像補上去與之對峙，已經足以轟動一時。何況戴所畫只是佛像，儘管比過去畫法生動，跟現實人的形象還是有距離的。顧所畫維摩詰是居士，在東晉時期的士大夫階級中，這類人物是很多的。顧氏對人物畫有特長，所作維摩詰像「清羸示病之容，隱几亡言之狀」觀衆在日常生活中經常能遇到這種典型，就更顯出他所畫的神妙了。《歷代名畫記》記載會昌五年（公元八四五）毀佛寺以後在浙西甘露寺裏保存的壁畫，顧的維摩和戴的文殊都在大殿外西壁，可以證明它們原來就在一起，只是戴逵的畫沒有顧愷之的聲名大，不大爲人注意罷了。由此可見，顧氏雖受荀、衛和戴逵等的影響，但「青出于藍而勝于藍」，比起前人的成就來得大得多了。

張彦遠引孫暢之《述畫記》説顧「畫冠冕而亡（？）面貌，勝于戴逵」，又説戴逵的兒子戴勃「山水勝顧」，這個評斷應當是有根據的。顧愷之的人物畫超過戴逵，尤其是「畫冠冕」，顯然由於他善於把王侯卿相等封建社會上層人物的神情態度表達出來。戴逵是對當時的達官貴人採取對立態度的，武陵王要他去鼓琴，他把琴毁了，説「戴安道不爲王門伶人」，他「以禮度自處」，反對「放達」，所以不容於當時，他也寧願隱居終身。這樣的人當然畫不出而且也不屑畫當時的「冠冕」。但是年輕的顧愷之卻不一樣。他的父親顧悦之原來是殷浩的屬官，後來做到尚書右丞，所以顧愷之的出身就是高門士族。他自己在興寧二年（公元三六四）只有二十來歲時就做了大司馬桓温的參軍，成爲桓温親昵的「賓僚」，〔四〕他對桓温很崇拜，在桓温死後，他去謁墓，做詩説「山崩溟海竭，魚鳥將何依」（見《世説新語》），當然能真正掌握像桓温這類人物的性格。顧氏曾經畫過很多魏晉名人，並且對每一個人都做了贊，稱爲《魏晉勝流畫贊》。〔五〕據《晉書·王衍傳》所引他的畫贊裏説王衍是「岩岩清峙，壁立千仞」。《文選·五君咏注》又引他的《嵇康贊序》。可以看出《世説新語》所説他畫裴叔則（楷）「頰上益三毛」，「畫謝幼輿在岩石裏」，也都是這一批畫像裏面的。戴逵曾經畫過「七賢」像，顧愷之在《論畫》裏評論説：「唯嵇生一像欲佳，其餘雖不妙合，以比前諸竹林之畫莫能及者。」顧氏所畫「魏晉勝流」裏，當然也包括竹林七賢，〔六〕所以存有他的《嵇康贊序》，由此可見顧氏這一批畫像是繼承戴逵等的傳統的。但從他對裴叔則、謝幼輿的畫法，以及他在畫贊中所説如何摹寫、如何「定遠近」等方法，知道他在這批畫像中有很多新的創造，超出戴逵等人之上。張彦遠在《歷代名畫記》裏講到古畫的搨本時説「遍觀衆畫，唯顧生畫古賢得其妙理，對之令人終日不倦」，可見在人物畫裏，顧氏的創造是十分能吸引人的。顧氏又曾經畫過中興帝相列像，説是「妙極一時」，《歷代名畫記》又記他的畫有：桓温像、桓玄像、謝安像、劉牢之像等，據《世説新語》，他還想爲殷仲堪畫像，可見他所畫的「冠冕」不少。也正由於這班士大夫階級上層分子是他最熟悉的，所以能畫得最好。不是從來没有經歷過上層生活的工匠畫家們所能達到的。在顧氏以前，繪畫本來是工匠畫家的專業，士大夫階級是從工匠畫家們所累積起來的經驗中學來的。工匠畫家一、没有機會獲得文化知識。二、没有經濟條件。三、没有社會地位。四、經常被迫爲貴族地主們勞動，不能自由地創作。但像顧愷之這種有一定地位的文人畫家的客觀條件就優越得多了，他的詩文書法都很好，善於用詩人的眼光體會人物的性格，善於提煉，能用很少的文字把特點描寫出來。他就是用這種詩意來作畫的。他畫嵇康的四言詩，就説畫「手揮五弦」這一句還容易，要畫出「目送歸鴻」這一句的神情是很困難的。他的畫論保留得還很多，在繪畫理論上的貢獻很大，他的繪畫顯然是用自己的理論來指導的。這就構成了他的繪畫的特點。看他的畫可以看到許多弦外之音，耐人咀嚼，而不是靠依實描寫，一覽無餘。所以顧氏自己提出了「以形寫神」「傳神寫照」等説法，歷來評顧畫的也都推重他「得其神」，説他「運思精微」，説他「思侔造化，得妙物于神會。」謝赫雖批評顧的畫「迹不逮意，聲過其實」，但也承認他的「深體精微，筆無妄下。」可見顧氏用心很深，他的畫裏有思想是大家所公認的。在《論畫》裏十分詳細地説出他對於繪畫的審美觀點，在《魏晉勝流畫贊》裏又具體説明他是如何模寫古人肖像的。而爲五斗米道所作的《畫雲臺山記》，更是在作畫之前預先設計好的十分詳盡的一個方案，這都證明他的「深體精微，筆無妄下」爲其他畫家所不及的地方。民間繪畫是繪畫藝術的本源，但往往是樸素的，粗糙的。工匠畫家累積了豐富的經驗，有專門的技術，但往往只有很深的工力而没有上升到理論。顧愷之在繪畫藝術上的偉大貢獻，就是把從漢魏以來工匠畫家累積起來的經驗，總結起來，大大地提高了一步，使我國繪畫藝術進入一個新的階段。這是從漢末以來士大夫階級中第一個屬於第一流的大畫家。儘管他在筆墨技巧方面，有些地方還不够完美，所謂「眼高手生」，想得很好，筆下達不到。但從整體看來，他有很多新發展，正是這些新的發展，使他成爲當時最傑出的畫家。使魏晉以來的繪畫藝術達到了一個高峰。謝安是顧愷之的前輩，他不喜歡戴逵而對顧愷之畫下「有蒼生以來所無」的贊語，顯然由於顧是士大夫階級中第一個大藝術家的緣故。應該承認，像顧愷之的繪畫，是早期文人的繪畫，在當時是起了提高作用的。但也必須指出，如果没有民間繪畫的基礎，没有千百年來無數的工匠畫家或更早一些的文人畫家的豐富經驗，要使顧愷之憑空創造是不會成功的。民間繪畫與工匠畫是「源」，它們是從社會生活實踐中産生的。文人畫是「流」，儘管波瀾如何壯闊，但如果没有「源」，也就不會有這個「流」。

當然，作爲一個歷史人物來説，顧愷之不能和戴逵相比。戴逵的不爲王門伶人，在當時文人中是比較有骨氣的。顧愷之先依桓温，後來又依違於桓玄與殷仲堪之間，始終居於做當權派清客的地位。桓温譏笑他「體中癡黠各半，合而論之，正平平耳」。晉中興書説他「博學有才氣，爲人遲鈍，而自矜尚，爲時所笑。」所以當時人説他「癡絶」，常常受人戲弄而不自覺。這是由於當時社會的局限，像顧這種文人只注意文學詞藻與藝術，而沒有什麼志向，因此，他在藝術裏也不能達到更高的水平。

但對於這樣一個古代藝術家，我們也不能要求太苛，顧氏總不失爲我國古代最偉大的藝術家之一，他在創作方面的認真嚴肅的態度，是值得我們學習的。從他的一些遺作的摹本裏，從他的畫論裏，我們可以看到他是如何處理每一個畫題的，他的用心之深，設計之周密，都可供我們借鑒。在今天，很好地學習這些遺産，從其中吸取有益的經驗教訓是十分重要的，我認爲在顧愷之的畫論與其遺作中，一定還有很多可學與應該學的東西，去蕪存精，推陳出新，是有賴於我們去不斷發掘的。

〔一〕張彦遠《歷代名畫記》著録有晉明帝司馬紹的洛神賦圖，這一幅也可能是司馬紹首創而顧氏重寫，或本爲司馬紹舊本而後人因顧名聲大，題爲顧畫，目前只能存疑。但司馬紹與顧愷之的作品，從時代風格來説，是相近的。

〔二〕據《歷代名畫記》，晉朝史道碩的作品中有琴賦圖，那末，這幅即便可能是史道碩等的作品，總還是東晉時代的傳本，與顧愷之繪畫作風接近。

〔三〕《文物》一九五八年第六期金維諾同志的《顧愷之繪畫的成就》説《論畫》與《魏晉勝流畫贊》兩篇的篇名誤倒，今按并非事實。《論畫》是評畫之文，張彦遠在叙衛協時所引可證。從他的評語中可以看出「模寫要法」。至於《畫贊》是畫了魏晉勝流的像，而加以贊語，所以説「評量甚多」。《歷代名畫記》所引《畫贊》只是其中一部分，顧氏在此説明他是怎樣來畫這些人的像的，所以爲張彦遠摘録，而對這些人的評語卻被略去了。金氏解爲贊魏晉勝流的畫是錯的。餘詳後。

〔四〕桓温以大司馬任楊州牧和慧力建瓦官寺，都在興寧二年，瓦官寺僧衆「請朝賢鳴刹注疏」，顧愷之寫了一百萬，可見顧任參軍在畫維摩詰之前，如果顧那時還是布衣，是不會請他去「打刹」的。

〔五〕張彦遠引顧集作此名，但在記顧事迹時作《魏晉名臣畫贊》。《世説新語》在顧長康畫裴叔則一條下注説「愷之歷畫古賢，皆爲之贊也」，就指此事。

〔六〕《歷代名畫記》記顧有「七賢」畫。又有阮咸像。

載《文物》一九六一年第六期。

談談文字學

文字學是我國獨有的一門科學。它的歷史很悠久。遠在春秋戰國時期，在《左傳》和《韓非子》等古書裏就已經有解釋文字的地方，《周禮》裏講到的「六書」，是分析我國文字結構的一種理論。漢和帝永元十二年（公元一〇〇年）許慎所作的《説文解字》是我國文字學裏最早的也是最重要的一本著作。

文字學是研究文字的科學。古代人把語言學和文字學合并在一起，稱爲「小學」，意思是兒童們所學的。但是後來的發展，早已遠遠超出兒童教育的範圍。而且，像《爾雅》、《方言》、《釋名》等書，是我國古代的語言學重要著作，跟《説文》（就是《説文解字》的簡稱）之爲文字學重要著作，是顯然不同的。

文字是書寫語言的符號，它和語言的聯繫是十分緊密的，但是文字從它形成的那一天起，就有它自己的獨立性。語言基本上是用嘴來説，用耳朵來聽的，而文字是用手并利用工具來寫或刻，用眼睛來看的。〔一〕語言是由人體的發音器官所發的語音所組成的，是屬於時間性的，而文字則是人類的勞動産物，是在人體之外的東西，是在玉、石、骨、陶、銅、竹、木、皮、帛，一直到紙上的爲人所書寫或刻出來的字形所表現的，是屬於空間性的。語言的構成是語音，文字的構成是字形，是一個主要的差别。語言的起源極其古遠，有人類就有人的語言，但文字是人類文明的一個標識，大體上説，是人類進入有階級的社會時才産生出來的一種新的工具。有些文化還没有很發展的民族一直到近代還没有自己的文字，而另外一些古老的民族，儘管它的語言早已死亡，但還遺留下文字，考古學家和文字學家還可以從這些古文字裏來瞭解許多歷史情况。總之，語言和文字，有緊密而不可分割的關係，但是也有十分巨大的而且是根本性質的差别。如果把某一文字和它所反映的語言割裂開來，而不去注意它們之間的關係，當然是十分錯誤的。但是有些人認爲文字就是語言而看不出其間的重要區别，也未必見得是愜當的。因之，語言學與文字學是不同性質的兩門科學。

作爲一門科學來説，文字學并不是專對那一個民族的文字的研究而應該研究世界上已經出現過的任何文字。無論那一種文字，不管是符號性質的、表意的、表意兼表音的、表音的或者是拼音的，總有一個共同之點，那就是文字的形體，文字學就是研究這些形體的科學。文字學的内容很多，如：文字是什麽？是不是上層建築，是不是工具？有没有階級性？文字是在什麽情況下產生的？是社會的產物還是由少數人創造出來的？創造文字需要什麽條件？文字跟語言的關係？文字能不能正確地反映語言？用什麽方法把語言寫下來是最合理的？語言和文字之間會不會發生距離？距離能不能消除？文字本身有没有發展？文字發展的規律是什麽？各種文字的性質與結構，各種文字的比較，各種性質的文字的優缺點。文字對社會所起的作用；社會的要求反過來對文字本身所起的作用。文字的創造與改革，如何能達到容易看懂、容易學會與容易書寫；如何適合於實用，即什麽形式最方便；如何能使人欣賞；即什麽形式最好看。能不能創造一種不以語言爲基礎的世界文字等等。總之，文字學的研究範圍是十分廣泛的。

但是上面所説的大都是屬於理論方面的，文字學理論跟其它科學一樣不能憑空建立起來，而一定要經過對客觀事物的不斷地作有系統的研究，累積了大量的科學知識，才能得出概括性的理論。所以研究文字學，就得從具體的一種或幾種文字入手。研究文字學的最好辦法是研究中國文字的歷史與其應該走的道路，即中國文字應該怎樣去改革。這不但由於是我們自己的文字，研究起來最方便，並且也是我們所最關心的關係。而更由於中國文字的聯繫不斷的三四千年的豐富歷史，是世界各國的文字所無法比擬的。有些國家曾經有過很古老的文字，但早已成爲死文字了，還有一些國家的文字歷史是比較短的，只有我國的文字，可以看到人類文字是怎樣發生和發展的，是研究文字的一座寶庫。另外一方面，還由於我國在兩千多年前就已經建立起文字學的理論，我國古代學者在這一方面有許多卓越的貢獻，駕輕車，就熟路，是最容易創造出新的成績來的。

因此，要研究文字學，就首先要研究中國文字學，研究中國文字發展的歷史和中國文字學發展的歷史，而在這一方面都是有大量的資料的。從甲骨文字、銅器文字、陶器、鉨（璽的古字）印、貨幣、石刻、竹木簡等古代文字，一直到明清時代戲曲小説裏面的簡俗字與代表各地方語言的土字，以及近年新創造的各種文字；從《説文》到宋元時代的六書學，一直到現代的有關文字改革的理論，都屬於中國文字學的範圍。由於某些古代文字資料，時代太久，中間缺乏綫索，如：甲骨文字與銅器文字有很多字在現在還是不認識的，就還需要有認識和整理這些史料的方法。還有，在研究中國文字歷史時，主要是漢族文字，但是在商周時代就有一些非漢族的文字，如在甲骨和銅器文字中就有一種用數目字來組合成的文字，而戰國時代的巴蜀文字也與漢族文字不是同一體系，一直到近代的滿文、蒙文、維文、藏文、彝文等，都是可以與漢族文字比較研究的重要資料。中國文字學有這樣多的資料，它能成爲一個獨立的學科是不言而喻的。

當然，我們不能要求每個人都來深入地研究中國文字學。這裏有許多工作要做，僅僅從甲骨文字來説，要把已經發現的甲骨文材料匯集起來，要把那裏目前還不能認識的文字都認識出來，就不是少數幾個人在一年半載裏所能做到的。應該有一些專家埋頭去做這一工作，還應該培養幾個能做這類工作的後繼者，但無論怎樣，這類工作終究是很專門的，只能由少數專家來做，不是大多數人都能參加的。

但這不等於説中國文字學的研究，只是少數人的事情。每一個人都要使用文字，文字在我們日常生活中占十分重要的位置，因之，每一個人對文字總應該有一些常識，例如什麽是楷書，什麽是草書，或者如何翻字典之類。尤其是對文字改革更不應該漠不關心，不要在讀報紙的時候不認識已經公布的簡體字而在自己寫出來的文字裏夾雜着許多毫無根據的杜撰的字體。這是對人對己都没有好處的。教語文的老師更應該有一點中國文字學的常識，文字是怎樣産生的，文字發生與發展的規律，中國文字的性質，結構與其特點等；而作爲一個文字改革工作者就更應該知道一些中國文字學發展歷史的常識，掌握一些中國文字學裏的重要問題來作爲進一步改革文字的借鑑。

我國文字學有悠久的傳統，有十分可貴的遺産，還有大量的文獻資料與考古資料，是應當繼續發揚光大的。我們希望在這一門科學裏有深入的研究，能得到更新的與更高的成就，但更希望人人都關心祖國文字，人人都有一些中國文字學常識。文字學是我國獨有的一門科學，它應該發展成爲世界性的在社會科學部門中的一門獨立的科學，中國文字學應該有進一步的提高；但提高要有普及的基礎，需要大家來關心文字，大家都有文字學的常識，大家都積極來參與文字改革工作。在這樣廣泛的基礎上，中國文字學將必然獲得更新與更高的成就。

載《文字改革》一九六一年第十期第十九至二十頁。

〔一〕當人們通過眼睛看而變爲誦讀時，文字又轉化爲語言了。

記錯金書鳥篆青銅器殘片銘

老友傅君在二十多年前從琉璃廠古董商人手購得錯金字青銅器殘片一塊，金色燦爛，作鳥篆，書法秀美。我每一次到他那裏，總請他拿出來賞玩一番，并臨摹一本。最近他把殘片捐獻給國家，我又從《文物》編者那裏看到了照片，因而爲之記。

這塊殘片一面有銘文五行，連殘字，共四十七字。字多不可識，加以上下殘缺，無從讀通它的字句。從字體看，跟《奇觚室吉金文述》卷九的鄦原鐘與陸氏鐘大都相同尤其是「之」字、[一]「利」字、「古」字、「於」字等最相近，應當屬於春秋中後期。銘文大概是從外到內的，按器形環繞着寫，愈近裏，行款愈挨緊。銅質發紅色，氧化得很利害，所以只剩這一塊殘片了。估計全銘，可能有一二百字。

釋文

之利□□之奴鴗桼□
佔俱盈堇於如於與余
利虎鳥止利玄鏐之□
□庱邵□成佔虎書釿□
㚇女長于邵古昜女□
□

這個殘片，本來不知道是什麼器，從形狀看，原來應該是正圓形，略如戰國鏡，但不是鏡子。因爲做鏡子的青銅需要多加鉛錫，而這個殘片與一般青銅器相同，銅的成分比較多，是無法磨光來照容貌的。如果說是容器的底，它又很薄，而且從外緣來看，確是原器的邊。因此，我推想是平蓋鼎的蓋，它可以是圓形薄片，並且可以在蓋的表面有銘文。這種蓋，有時中間有一個鈕，有時在近邊處還有可以卻置的三足，從這殘片來看，應該是只有鈕的一種。

錯金書鳥篆青銅器殘片銘文摹本

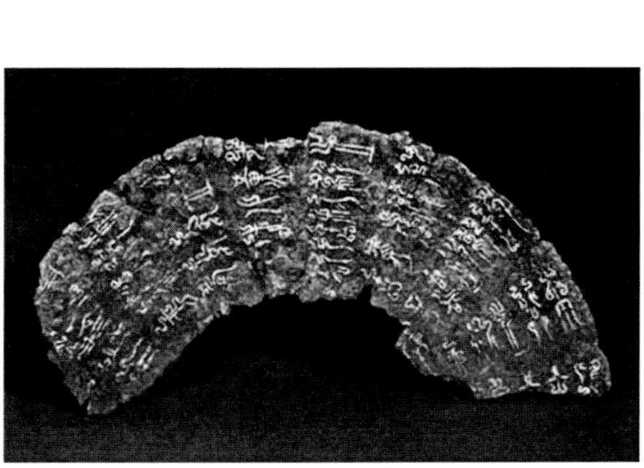

殘片圖

這個殘片，作爲工藝美術來説，確是一件珍品。但可惜殘缺太多，字很難識，我在前面寫的釋文，也恐怕有很多錯誤，因此不想再作更多的推測，希望有同好的同志，不吝指教。尤其希望能有更多的材料可以互相印證，使這種古文奇字，能逐漸搞清楚。

載《文物》一九六一年十期二十三頁。

〔一〕這兩個鐘前者今藏故宮博物院，後者藏上海博物館。一般都稱爲奇字鐘，由於字太難識，到現在還没有看見過完善的釋文。「古」字劉心源釋做「在」，「之」字釋做「徙」，顯然都是錯的。去年陳邦福先生曾函告江蘇吴江太浦河横埇發現古墓，墓出古殘鐘極精，并蒙以拓本見贈。鐘銘僅存一字，作，或疑爲「雄」字，實際也是「於」字，劉心源對這個字的釋文是不錯的。

難字注上音有很多好處

書報上常有一些冷僻與疑難的字，如果能注上音有很多好處。

首先是對讀者有益，省得他非查字典不可。字典不能老在手上，而且查字典也頗費事，如果一張報紙上有一二十個難字，要查上個把小時，有些人就懶得去查了，讀書難字過，索性不認識就算了。有的人以意爲之，胡謅［zōu］一個讀法，念别字的人就越來越多。

有些字從表面上看是認識的，根本無需查字典，就是查字典，也不一定能讀得對。例如廣東有個「區」的姓，常常被人念做區别的「區」(qu)，不知道要讀(ou)，朝鮮族的「朴」姓，不念po而念piao。像這一類字最好能注上音。

中國字的歷史太悠久，一個字有幾個讀法，同樣偏旁的形聲字，也有很多讀法，如果寫文章的人對難字隨手注上音，只是一舉手之勞，對讀者是莫大方便，這是爲讀者服務，也是羣衆觀點。

漢語拼音字母推行已經三四年，但是很多人(尤其是知識分子)還不會用，原因是不注意，也是接觸得太少。如果書報上有了注音，經常接觸，就會熟起來，就能無師自通了。各地方音不同，注了音也可以起推廣普通話的作用。

爲了節約人力與紙張，并不需要個個難字都注音，可以先選必要的字注一下。注法最好就附在原字之後，加上括號。但是要嚴肅地對待這一件事，注音一定要查有根據，不要不注猶可，注了反而造成大錯誤。所以最好由作者自己來注。報館和編輯所出版社，應該預備一些資料，如：人名地名的讀法等，才能把讀音統一起來。不要把這件事當作小事，在實施中一定會碰到許多困難，爲了有益於人民羣衆，要慎重，但不應該怕困難。

載《光明日報》一九六一年十一月一日。

論「用人」與「作俑」的關係

《孟子·梁惠王篇》説：

仲尼曰：始作俑者，其無後乎？爲其象人而用之也。

我們經常用「作俑」這兩個字以表達某一件事開了一個不好的先例的意思。如果對這段話思考一下，至少可以提出兩個問題：第一，孔子爲什麽要抨擊「始作俑者」？第二，是不是由於「作俑」是「象人而用」，才發生了「用人」的事情？

先説第一個問題。

孔子爲什麽要抨擊「始作俑者」呢？《禮記·檀弓下》有這樣一段話：

孔子謂爲明器者知喪道矣，備物不可用也。哀哉！死者而用生者之器也，不殆于用殉乎哉？其曰明器，神明之也。塗車芻靈，自古有之，明器之道也。孔子謂爲芻靈者善，謂爲俑者不仁，殆於用人乎哉？

郭沫若同志説「爲俑者不仁」就是「始作俑者其無後乎」的傳聞異辭，〔一〕是很對的。孔子的所謂「仁」，等於我們現在所説的「人道」，他認爲「作俑」的人開始想到「用人」是不人道的。郭沫若同志説「孔子反對人殉，故溯其根源，反對始作俑者」，也可以説是對的。但是他又説「始作俑者其無後乎」是孔子的話，「爲其象人而用之也」是孟子的解釋，卻未必如此。我認爲這一句也是孔子的話，這跟《檀弓》所引「殆于用人乎哉」，也正是傳聞異辭。由此可見，孔子表面上是在反對「作俑」，而實際上是在反對「用人」，正如郭老引陳家康所説那樣，「孔子連用俑都反對，不用説對于用人是更反對了」。孔子正是以抨擊「作俑」來抨擊「用人」的，這是採取了借題發揮，旁敲側擊的方法。

春秋時代用人殉葬的風氣，在貴族社會中仍不斷出現。《墨子·節葬篇》説：「天子殺殉，衆者數百，寡者數十。將軍大夫殺殉，衆者數十，寡者數人。」這應該是春秋戰國之際的現實情況。《史記·秦本紀》載：「二十年武公卒，葬雍平陽，初以人從死，從死者六十六人。」秦武公二十年是魯莊公十六年（公元前六七八年），還是春秋初期。當時秦國是一個新興的封建國家，秦文公十三年（公元前七五三年）才「初有史以記事」，可見秦比起中原的齊晉等大國來是一個文化比較落後的國家，所以樣樣事情要效法中原。既然秦武公以前并没有「以人從死」的制度，可見這并不是由於秦國在建國以前遺留下來的習俗，而是從外傳播來的。《史記》又載：「繆公卒，葬雍，從死者百七十七人。秦之良臣子輿氏三人，名曰：奄息、仲行、鍼虎，亦在從死之中。秦人哀之，爲作歌黄鳥之詩。」這一件事情在《詩經》和《左傳》裏都有記載，不但由於從死的人比較多，更由於這次殉葬，不是一般的奴僕婢妾或寵幸的人，而牽涉到統治貴族中的三良，成爲秦國的從死史中最突出的一次。《史記》又載：「獻公元年。（公元前三八四年——引者）止從死。」説明當時已取消了從死制度。後來《戰國策·秦策》記秦宣太后想要使魏醜夫殉葬，因庸芮的勸説而阻止，但秦二世葬秦始皇時，把很多宫人從死，并殺死許多工匠，就又恢復了這種制度。司馬遷根據《秦記》等書來寫《秦本紀》，所以對「從死」的始末，記得很清楚。從秦武公二十年到秦獻公元年，共二百九十四年，不知有多少次的從死，但《史記》只記一次開始，一次停止，而在中間特别突出了三良的從死。這是歷史家的叙事方法，不需要再去逐事作記載了。由此可以證明：《墨子》所載春秋戰國之際的歷史情況是符合實際的。《秦記》是秦國的史書，「從死」又曾在秦國定爲制度，尚且不是每事必記，那末，其它文獻裏對用人殉葬更不會有完整的記載了。例如《左傳》裏記以人爲殉的事實，除了三良殉葬一事以外，還有四條，[二]都是由於特殊原因而記録下來的。如宣公十五年記晉國魏武子要他嬖妾從殉，是由於要記魏顆得到結草老人的幫助而涉及的。但由此我們可以看到以人爲殉在晉國是十分通行的，不單是國君有殉葬，卿大夫也有殉葬。不過這只是一種風氣而不是制度，子孫可以遵守，也可以不遵守。成公十年記晉景公死在厠裏，小臣把他負了出來，就把小臣殉葬了。這是爲了要寫小臣夢見負了景公升天的事，但由此也可以證明在晉國以人殉葬是極其普遍的。秦國與晉國接壤，顯然是受了晉國的影響。昭公十三年記楚靈王在申亥家裏自縊後，申亥把自己的兩個女兒殉死了。楚靈王雖然是在窮極無聊的情況下自縊的，申亥還要犧牲自己的女兒來服從這種慘無人道的惡習。這説明了國君死後要有殉死。定公三年記邾莊公之死「先葬以車五乘，殉五人」，是説明小國諸侯也在摹仿這種習俗。總之，《左傳》裏五條人殉的記載，都有特殊的原因，記載儘管不多，卻完全可以説明這種蠻性的遺留確很普遍。它是當時貴族社會的一種風氣，在比較落後的秦國，甚至於定爲制度。但是，當時一些有進步思想的人是反對這種習俗的，從魏顆不肯從亂命這個故事裏可以看出來。但由楚靈王一例，又可以看出這種習慣勢力還有强大的束縛力。到春秋末期像孔子那樣的人道主義者，逐漸增多，經常與這種習俗作斗爭，所以在《禮記・檀弓》裏的兩條關於以人殉葬的記載都説：「以殉葬，非禮也。」而且都因被反對而「弗果殺」與「弗果用」，到了戰國中期，就在秦國，也把這種制度取消了。

春秋時代，不單以人殉葬，並且還用人祭祀。《春秋經》僖公十九年記：「邾人執鄫子，用之。」昭公十一年記：「楚師滅蔡，執蔡世子有以歸，用之。」《左傳》在前一事説：「宋公使邾文公用鄫子于次睢之社，欲以屬東夷。司馬子魚曰：古者六畜不相爲用，小事不用大牲，而况敢于用人乎？祭祀以爲人也，民、神之主也，用人，其誰享之。……今一會而虐二國之君，又用之淫昏之鬼，將以求霸，不亦難乎？」對後一事説：「楚子滅蔡，用隱太子于岡山。申無宇曰：不詳，五牲不相爲用，况用諸侯乎？」顯然，用人祭祀與用人殉葬是同樣的非人道的，爲當時一些有進步思想的人所反對。孔子在《春秋》上所記，就包含貶斥的意思。但是《左傳》上還有一件同類的事情，是昭公十年時魯國的季平子「伐莒，取郠，獻俘，始用人于亳社。臧武仲在齊聞之，曰：周公其不饗魯祭乎？周公饗義，魯無義。詩曰：德音孔昭，視民不佻，佻之謂甚矣，而壹用之，將誰福哉？」説「始用人于亳社」，可見不只一次。臧武仲對這件事譴責得很凶，但孔子作《春秋》卻只説「季孫意如叔弓仲孫貜帥師伐莒」，對這樣「非禮」的大事，一字不提。在《春秋》裏對這一類的事情，并不是不關心的，《春秋》一開始就把「初獻六羽」大書特書，那末，孔子在這裏對「始用人於亳社」，是有意不書的。就在下一年，昭公十一年就把楚國滅蔡而把蔡的太子「用之」寫了出來，更是明顯的對比。楚國在當時被稱爲「荆蠻」，所謂「戎狄是膺，荆蠻是懲，周公方且膺之」的國家，而魯國則是周公之後，孔子書楚國的用隱太子而不書魯國的用人於亳社，顯然是更深的譴責。《公羊傳》在定公元年説「定哀多征辭」，《春秋繁露・楚莊王篇》解釋説：

> 義不訕上，智不危身，故遠者以義諱，近者以智畏，畏與義兼則世逾近而言逾謹矣，此定哀之所以征其辭。以故用則天下平，不用則安其身，春秋之道也。

這段解釋是符合於孔子所説「邦無道危行言孫」的意思的。〔三〕《春秋繁露》又説：

春秋分十二世，以爲三等，有見，有聞，有傳聞。有見三世，有聞四世，有傳聞五世。故哀定昭，君子之所見也，襄成文宣，君子之所聞也，僖閔莊桓隱，君子之所傳聞也。所見六十一年，所聞八十五年，所傳聞九十六年。于所見征其辭，于所聞痛其禍，于傳聞教其恩，與情俱也。

這裏則把「征辭」推到了昭公時代。孔子生在襄公末年，昭公時期已經做乘四委吏等小官，確應該爲「所見」之世，昭公因爲要逐季氏而自己反而不能安居於魯，季氏成爲魯國真正的主人，正在這個時期。更晚一些，季氏的大權又落在陽虎等家臣手裏，陽貨要孔子出仕，孔子也佯爲應諾，但一直到陽貨失敗以後，才做了司寇，名義上雖是魯國的官，但當時的掌權者只是季氏，他當然不能公開抨擊季氏的錯誤。孔子跟臧武仲的地位不同，臧武仲是跑出去住在齊國的，而孔子在這件事發生時不過二十來歲，還没有資格批評，後來這樣的事還繼續發生，就只能「成事不説，遂事不諫」了。

從這一件事，我們可以看到孔子對「始作俑者」的抨擊是别有用意的，決不僅僅爲了批評「爲俑者」的「不仁」。只要看他説「爲其象人而用之也」，或者説：「殆于用人乎哉？」就可以明白，他所抨擊的，實際是在「用人」。在祭祀裏，有「用牲」，也有「用人」。「用牲」在古書與金文裏很常見，殷代卜辭常稱用牛用羊，或説「其牢兹用」。《周禮·庖人》「凡用禽獸」，賈公彦疏説「殺牲謂之用」，是很對的。對於「用人」，《左傳》所説「用鄫子于次睢之社」，杜預注「睢水次有妖神，東夷皆社祠之，蓋殺人而用祭」。昭公十一年的「用隱太子于岡山」，杜預説是「用之，殺以祭山」。殷代卜辭裏常見用羌來祭祖先的事，有稱「伐」的，有稱「尞」（燎）的，有稱「歲」（劌）的，有稱「卯」的，也有稱「用」的。如「用六羌，卯宰」（《殷虚書契》三卷二十三葉五片）。可見「用」是殺人以祭。關於殉葬方面，《檀弓》所記兩事，陳子亢一事説「弗果用」，陳尊己一事説「弗果殺」，可見「用」的意義等於殺。但在古書裏卻只説「爲殉」，或「以人從死」，而從來不説「用人」，可見「用人」是人祭的專名。那末，孔子抨擊「始作俑者」，不指出這是「以人從死」的開端，而偏偏要説「象人而用之」，或者説「殆于用人乎哉」，顯然是借「作俑」來抨擊「用人于亳社」一事，而不在於「爲殉」。魯國没有「以人從死」的記載，至少孔子時期没有這種風氣，但是卻有了「用人于亳社」這件大事，如果説孔子把這樣大事放過了而只去批評「作俑」，就未免把這個聖人估價太低了。岑仲勉先生説：「假使他（孔子）對于普遍流行、滅絶仁道的用人，不敢名正言順地聲討，單作些無關痛癢的弦外之音，那不如讓黄鳥詩的作者去占鳳鳴朝陽的聲譽好了」。〔四〕看來，岑先生是被孔夫子瞞過了，他不懂得孔子的處世之道，也不懂得孔子的言論總是有爲而發，因而也不知道批評「作俑」實際是對「滅絶仁道的用人」的極爲嚴厲的「聲討」。

第二個問題，是不是由於「作俑」，才産生了「用人」的事實呢？我認爲并非如此。

如果我們完全相信孔子的話，就會得出這樣的結論：「作俑」在前，「用人」在後。趙岐《孟子注》説：「仲尼重人類，謂秦穆公時以三良殉葬，本由有作俑者也。夫惡其始造，故曰此人其無後嗣乎。」就認爲「始于作俑，終至用生人爲殉」，而不知三良的殉葬已是很晚的事情，只要看一下《秦本紀》就可以知道秦武公死時已經「以人從死」了。

近代在考古學上的發現，更可以證明以人殉葬的開始還要早得多。安陽小屯的殷王陵墓裏發掘的殺殉數以千計，就是小奴隸主的墓葬裏也常有一個小童殉葬。殷虚甲骨卜辭裏在祭祀時有關伐多少人，多少羌的記載，更是數見不鮮。但在另一方面，在小屯的墓葬裏也發現了陶俑，作男女奴隸的形狀，把兩手套在刑具裏，或者反縛。那末，俑和人殉，在殷代是同時存在的。

據《檀弓》所記，孔子稱贊明器的備物不可用，而批評「死者而用生者之器也」是「不殆於用殉乎哉？」又稱贊「爲芻靈者善」，抨擊「爲俑者不仁，殆于用人乎哉？」可見孔子贊許的是明器與芻靈，而反對生者之器與俑。《檀弓》説「塗車芻靈，自古有之，明器之道也」。塗車芻靈不像人，明器不可用，所以這兩者是相等的。

《檀弓》又説：

> 孔子曰：之死而致死之，不仁而不可爲也。之死而致生之，不知而不可爲也。是故竹不成用，瓦不成味，木不成斲，琴瑟張而不平，竽笙備而不和，有鐘磬而無簨虡。其曰明器，神明之也。

這裏也是説明明器的「備物不可用」。孔子認爲把死人當作生人一樣是不智的，所以反對「用生者之器」，但是他認爲把死了的父母就作爲死人是不仁的，所以又主張要用明器。《檀弓》又説：

仲憲言於曾子曰：夏后氏用明器，示民無知也。殷人用祭器，示民有知也。周人兼用之，示民疑也。曾子曰：其不然乎，其不然乎！夫明器鬼器也，祭器人器也，夫古之人，胡爲而死其親乎？

宋襄公葬其夫人，醯醢百甕。曾子曰：既曰明器矣而又實之。

曾子這些説法也可以與孔子的説法互相證明。仲憲的意思是夏后氏用没有實用價值的明器，是因爲他們認爲死人是無知的。曾子反對這種説法，認爲古人正是不忍把父母作爲已死，所以要用明器。他認爲用明器的是古人，跟「塗車芻靈，自古有之，明器之道也」，是一個意思。他説「明器鬼器也，祭器人器也」，跟孔子所説「哀哉，死者而用生者之器也」，可以參看。他説「既曰明器矣而又實之」，也正是「備物不可用」的意思。

總之，從《檀弓》的記載，可以看到孔子與其弟子們贊同明器和塗車芻靈而反對祭器和俑。仲憲説「夏后氏用明器，殷人用祭器」，曾子没有不同的意見。那末，所謂「塗車芻靈，自古有之」，也應當是夏后氏之世，而作俑也該是殷人了。

孔子最注重夏商周三代的禮，對它們之間的繼承與損益，下過很大工夫，他説「夏禮吾能言之，杞不足征也，殷禮吾能言之，宋不足征也」。所以《論語》《禮記》等書裏記録三代的禮的不同處是很多的。單在《檀弓》裏就有十幾條而且大都是喪葬的禮節，個别的問題還有推到有虞氏的。那末，仲憲所説「夏后氏用明器，殷人用祭器，周人兼用之」，應當是有根據的。從考古發掘來看，也是可以相信的。我們看到殷代墓葬裏面有很多青銅祭器，但從没有見過夏朝的青銅器。商朝的青銅器冶鑄技術水平已經很高，鄭州地區的部分墓葬，從地層看比安陽殷墟要早，考古家大都認爲是仲丁時代的，離夏朝最多不過兩百年。如果説夏朝還没有青銅器，在二百年中突然産生這樣高度水平的青銅器是難以想象的。根據仲憲的話，我們可以推想，夏朝青銅器正是剛發展的時期，還不普遍，奴隸主們還不過分奢侈，還只用竹、木或瓦制的明器來放在墓葬裏而不用青銅器，這就難怪夏朝的青銅器的不容易遺留下來了。

從考古學上的發見來看，人類遠在舊石器時代，剛懂得把親人埋葬的時候，就已經用一些東西來隨葬。由此可見，不是先有殉葬的明器，才引起了用「生者之器」來殉葬。「夏后氏用明器」應該是歷史事實，這是由於奴隸制國家剛建成，生産需要發展，統治階級還比較儉樸的緣故。孔子贊美禹「菲飲食而致孝乎鬼神，惡衣服而致美乎黻冕，卑宫室而盡力乎溝洫」，對於這個時代的儉樸風氣是有關係的。由於用實物殉葬浪費太多，而改用竹木或瓦所製的明器。這種例子在後世也還有。例如：曹操反對厚葬，魏晉以後，很少用銅器殉葬，連銅印都改爲蜜印（用蠟製的印）。《唐書·王璵傳》云「漢以來葬者皆有瘞錢，後世裏俗稍以紙寓錢爲鬼事」之類，都是同一個道理。

那末，「以人從死」也一定在「作俑」之前就有了。《左傳》説：「非我族類，其心必異。」這句話就是從氏族社會流傳下來的餘毒，氏族社會殺戮别族的人來祭鬼神或從死，都是不足爲奇的。在舊石器時代裏，人類還處在母權制社會，到新石器時代，進入畜牧與農業社會，男子要作牧民與戰士，逐漸把權力從老母親那裏奪了過來，轉化爲父權制。這時婦女受到壓迫，有些女子是俘虜來的，更是列入婢妾，成爲奴隸的一部分。《禮記·檀弓》載：「舜葬于蒼梧之野，蓋三妃未之從也。」舜有三妃，是一夫多妻制。三妃没有從葬，説明當時已經有從死事情。我國龍山文化時期，在河南省澗溝遺址裏的一座房子與四號灰坑裏發現的四個被砍下的人頭蓋骨，它們的額部和後腦枕骨都有明顯的刀砍痕迹，一個女性的頭蓋中部有從前到後的一條刀刻痕，顯然是殺人以祭祀的遺迹。這都可以説明「用人」在「作俑」之前。「俑」字从人从甬。「甬」字與「用」字通，所以從「俑」這個字來説，就已經可以看出「用人」的意義。「作俑」的原因很複雜，由於貧窮，無奴隸可殺，或愛惜勞動力，都可以促使統治階級想出用代替的辦法。正如《檀弓》所説，開始時不過是「塗車芻靈」，約略形似，到製作陶俑或竹木俑，就仿佛真人了。但無論如何，總是「作俑」以「象人」，而并不是由於「作俑」才使統治階級想到了「用人」。

在殷虚，「用人」與「作俑」是同時存在的。殷王朝是極其奢侈的，他們可以一次殺三百頭牛來祭祀，可以拿很多青銅器玉器之類埋到墳墓裏，當然也可以殺多少人來祭祀與殉葬。這是由於盤庚遷殷以後，二百幾十年不遷都，國家殷富，已經是奴隸社會的高峰的原故。郭沫若同志説商王墓殉葬之多，「只可作爲奴隸制的初期而不能爲最盛期或終期」（《關於周代社會的商討》），我認爲是不恰當的。氏族社會末期因爲俘虜無用是曾經濫殺過的，但到了奴隸制社會初期時，爲了利用奴隸來從事生産，是不可能大批殺戮的。只是到了奴隸制國家極盛時期，殷王驕奢淫佚達到極點，才會有殷王墓那樣大批的殺殉。但就在那個時期，一般比較窮的小奴隸主，做不了精美的青銅戈，就做一些很薄很粗糙的；做不起青銅彝器，就做一些模仿銅器的陶器；而在無奴隸可以殺殉時，就只好做一些陶俑了。

在考古發掘中所見到的西周前期，象商朝一樣也有殺人殉葬的現象。河南浚縣第一號墓旁的車馬坑裏有一個殉葬的馬夫；十七號墓有一個人是放在幾架狗骨旁邊的；洛陽東郊一百零一墓有兩個人殉葬；陝西西安普渡村墓在墓主脚下有二人殉葬；張家坡有十座墓裏都以人殉葬，有一人的，有兩人的，還有四人的。此外有四座車馬坑裏都有馬夫殉葬。

但到了西周末期和春秋前期，則没有發現過。而春秋後期壽縣的蔡侯墓裏卻有一個人殉葬。

過去在討論上古史分期的時候，曾經在人殉問題上引起爭論，范文瀾同志把殉葬問題作爲區分殷、周兩代社會性質的主要論證，斷言商朝是奴隸社會，西周是封建社會。從現在看來，説商朝有殉葬制度，周朝没有殉葬制度，是一種誤解。首先，西周前期照樣以人殉葬，儘管人數少一些，那只是地位不同，條件不同罷了。其次，殷朝是否有殉葬制度，只據考古發掘，還是不能肯定下來的。春秋戰國時期的秦國在文獻記載上卻是有制度的。當然，與其説是制度，還不如説是把這種習俗變爲定例，倒來得妥當些[三]。《周禮·春官·冢人》説「及葬，言鸞車象人」，好像只用俑，但《周禮》這部書比較晚，至少是不能代表周初的歷史情況的。我們認爲以人爲殉的習俗從原始社會末期開始，一直到封建社會末期都存在着，習俗給人們的影響是十分巨大的，有時略被遏止，有時又死灰復燃。因此，決不能説這種習俗的流行與否是可以代表當時的社會性質的。但是從春秋時人反對「用人」與「以人爲殉」，以及孔子抨擊「作俑」這一點來看，這種人道主義思想，則顯然是封建社會的産物。但這種思潮是春秋時代才開始的，并不能證明西周是封建社會。

「用人」先於「作俑」的歷史事實，孔子已經不清楚，孔子的抨擊「作俑」，本意在反對「用人」，這是要我們「以意逆之」的。此外，孔子和他的門徒對三代禮俗的叙述，大都有根有據，如説夏后氏用明器，殷人用祭器，是可以相信的。可見我們研究古代文獻，需要經過具體分析，不要輕易相信，也不要輕率地加以否定。

〔一〕郭沫若：《奴隸制時代》九十一頁。

〔二〕《左傳》：成公二年「宋文公卒，始厚葬。用蜃炭，益車馬，始用殉，重器備。槨有四阿，棺有翰檜」。這裏的「始用殉」與「用人」無關，下面君子的批評裏，也只説到「死又益其侈」。

〔三〕見《論語·憲問篇》。

〔四〕《論周代社會史料的運用問題》見一九五九年《歷史研究》第六期。

載《光明日報》一九六一年十一月八日。

「下士」和「中流」

魯迅先生工於舊詩，在《魯迅詩集》裏有五言律詩《無題》一首：

大野多鈎棘，長天列戰雲。
幾家春裊裊，萬籟静愔愔。
下土惟秦醉，中流輟越吟。
風波一浩蕩，花樹已蕭森。

這是完全按照舊體詩的格律寫的，對仗極其工穩，但腹聯「下土惟秦醉，中流輟越吟」兩句，用了兩件古事，比較不容易懂。最近在《文字改革》雜誌第十期上看到夏之時先生的《木刻板的魯迅詩集爲什麽不用簡體字》，對這兩句，作了一些解釋，完全把魯迅先生的意思搞錯了。抄録如下：

「下土惟秦醉」的「土」，實在是「士」之誤，「下士」和「中流」是指兩種經不起歷史考驗的知識分子，「下士」是指落後的知識分子，「惟秦醉」是只求秦樓之醉，頽廢了；「中流」是指中游的知識分子，「輟越吟」是不再高喊原來激昂慷慨的主張，沉默退卻了。雖然最早「復社」本的《魯迅全集》排的也是「土」字，但這很明顯是個錯字，後來的木版本詩集是應該把它校訂出來的。

作者這樣毫無根據地肯定「土」字是「士」字之誤，未免太主觀了吧。「土」字對「流」字，本來是很清楚的。「流」字的原來意義是「水行也」，見許慎《説文解字》，是動詞，可以轉化爲名詞，指江河中的水流，例如，「江流」、「河流」、「上流」、「中流」、「下流」等。《論語・陽貨篇》「惡居下流而訕上者」，《子張篇》「是以君子惡居下流」，是從河水的下流引申爲人所處地位的卑下。後來又引申爲人品的卑鄙齷齪。水有流派，所以可以引申爲學術上的流派，如《漢書・藝文志》的「九流」，漢以後所謂「清流」，也是從水流的清濁借用過來的。後世又有「高流」、「名流」、「末流」、「凡流」、「雜流」等名稱，還區分「入流」與「不入流」，「第一流」與「第二流」等等。但是「中流」兩個字，據我所知，是只用來代表水流中央的意義的。固然，在近代語言裏有上流社會，下流社會等區別，也可以分出一個中流社會，但這都是代表舊社會的階級觀念，跟我們現在所説「力爭上游」、「甘居中游」等「上游」、「中游」、「下游」的意義也不同。魯迅先生這首舊體詩，一點都没有標新立異，所以「中流」這兩個字，只能作爲水流中央的解釋。那末上一句的第二字，只能是「上天」、「下土」的「土」，而不是「上士」、「中士」的「士」。何況「惟秦醉」怎麽能加上一個「樓」字而變成了「秦樓之醉」？「輟越吟」的「越」字又如何能代表「激昂慷慨」的意義？作者也没有説出道理來。這種望文生義，還要把自己的想法强加於前人的詩文（如果這位作者經手刻《魯迅詩集》，就得照他的意見校訂了），應該説是十分不慎重的。

「下土惟秦醉」，用的是這樣一個古事。《文選・西京賦》：「昔者大帝悦秦繆公而覲之，饗以鈞天廣樂，帝有醉焉，乃爲金策，錫用此土而剪諸鶉首。」李善《注》引虞喜《志林》説：「諺曰：天帝醉，秦暴金誤隕石墜。」所以唐代詩人李商隱的《咸陽》詩也説：「自是當時天帝醉，不關秦國有山河。」可以看出魯迅詩裏的「下土」是從「天帝」的神話産生出來的。由「天帝」方面來説，秦國的山河，當然是「下土」了。天帝在對待下土秦國的時候醉了，因而糊裏糊塗的使這個凶暴的秦國發展了。魯迅先生在這裏究竟意在何指，尚有待於熟悉先生事迹的同志來提供綫索，我們只從詩句來看，這裏的「秦」，大概是指某一種强大的反動勢力。

「中流輟越吟」用的是《説苑・善説篇》的一事。這是説鄂君子皙（楚王的母弟）「泛舟于新波之中」，船家是一個越國人，抱了槳唱了一首歌，由於歌是用越地方言唱的，鄂君聽不懂，就找人來翻譯做楚國話，歌詞是：「今夕何夕兮，搴洲中流。今日何日兮，得與王子同舟。蒙羞被好兮，不訾詬恥。心幾煩而不絶兮，得知王子。山有木兮，木有枝。心説（悦）君兮，君不知。」魯迅先生引用這一段古事而説「輟越吟」，就是停止越吟，似乎表示不願意與當權者接近的意思。當然，也可以作另一種解釋，即在「大野多鈎棘，長天列戰雲」的時節，把戀歌停下來了。這兩種解釋，不知應以何者爲是?

詩名《無題》實際是有爲而發;我對這首詩的本事,什麽時候做的,爲什麽而做的,一無所知。上面所説,只是從所引的古事來推測罷了。但像夏之時先生的揣測,顯然是毫無依據的。

載《光明日報》一九六一年十一月二十八日。

文字學與文字改革工作

文字學與文字改革工作有十分密切的關係。文字學是研究文字的科學。闡明文字的性質與功用，掌握文字的發展與變革的規律，是有利於改造舊文字與創造新文字的工作的。文字學從過去歷史裏得出經驗與教訓，提升到理論的高度，可以對文字改革工作起指導的作用，而文字改革工作可以在實踐中對文字學理論作出檢驗，看它是否正確，是否完善。應該把文字改革的理論作爲文字學理論研究的一部分。研究文字學而不注意文字改革工作，甚至於把文字改革放在文字學範圍之外，是完全錯誤的；但是從事文字改革工作而不注重文字學理論，輕視歷史上的經驗教訓，也是很不應該的。

文字是人類在進入文明時代時創造出來的新工具。這種工具是否如有些同志所説，僅僅記録語言，像：録音膠帶一樣是語言的輔助工具呢？或者具有自己的功能，是一種獨立的工具呢？是存在着爭論的。這是文字學上十分重要的問題，對文字改革來説，也具有重大的意義。在改革文字時，究竟只要考慮它如何反映語言呢？還是有必要考慮到其它方面呢？

照我個人的看法，人類在創造出最早的文字時，是在語言工具之外，尋找出更好地表達人類思維，幫助記憶，用以做一切記録的新工具。人的口會説話，手會勞動，是自有人類以來就具有的。遠在幾十萬年以前，人類就創造了石器，使用木石等工具，可以使勞動更有成果，但木棍與石斧總是木石工具而不能歸之於人手的輔助工具。人們在舊石器時代就發明了火，就會繪畫與雕刻，但是還没有文字。文字這一工具，創造出來不過六七千年，而且不是一切民族都有自己的文字的，文字是高度文明的一個標識。人們曾經想許多方法來補語言之不足，眼色、手勢之類是太簡單了，結繩、編貝、刻契、刊木之類，都有助於記憶，但不能普遍應用，最後才創造出用圖畫方式來表達的文字。原始文字并不是與語言密切結合的，這是適合於當時的歷史條件的。畫出一個横畫代表數目的一是不論用那一種語言的人都可以意會的，我們把它稱爲意符文字。在原始社會裏，每一個氏族羣都有它自己的語言，從氏族聯盟發展到國家的歷史過程中，語言是十分紛歧與混亂的。這種用圖畫方式來表達人的思維的意符文字，卻是使用各種語言的人都能使用的。因此，最原始的文字，總是採取圖畫形式的。但是在氏族聯盟或初建成的國家中，一部分氏族逐漸獲得了統治地位，他們的語言在當時各種語言中占了優勢，同時，他們又佔有了新發明的文字工具，使得原始的意符文字逐漸與這種占優勢的語言有了密切關係，文字的讀音逐漸固定，成爲單一的讀法，就從意符轉化爲音符，可以隨意假借一個圖畫文字來代表一個語音了。文字有固定的讀音是語言附着於意符文字的結果，而這種文字在各氏族中的傳播與學習，反過來卻起了使各種不同的語言統一起來的作用。所以古代中國疆域如此廣大，民族如此衆多，而從今天的各地方言來推尋原始，總覺得都受過一種文字的影響。因此，從文字的發生與發展的歷史來看，文字從來就不是從屬於語言，不是語言的輔助工具，而在文字與語言密切結合，有了固定讀音之後，卻有助於語言的統一。這些歷史經驗，在文字改革工作中，是值得深長思之的。

文字可用以記録語言，但它的功能決不限於記録語言。文字的最初創造，與氏族社會進入奴隸社會，農業與手工業分工，有許多創造發明的時期是大略相當的。使用石斧比只用手來勞動進了一步，有了金屬工具，更進了一大步，爲什麽與金屬工具同時期創造出來的文字工具，反而只是語言的輔助工具呢？語言表達思維，簡單的手勢也可以表達思維，繪畫、雕刻、音樂、舞蹈都可以表達人的思想與感情，爲什麽文字不可以直接地表達思維呢？主張文字只是語言的輔助工具，不承認文字有自己的特點而只要求它記録語言的人，大概忘記了文字的創造是經過一個表意階段的，最早的表意文學是跟結繩、刻契一樣，主要表達人類的思維而不是爲了記録語言。在文字發展的歷史裏，有兩條道路，一條由意符轉化爲音符而没有完全脱離音符的，另一條由意符突變爲字母而組成爲音節或拼音文字的。前者大都是古老的民族，從原始圖畫文字直接演變來的，後者大都採用别民族的文字或字母來作本族語言的音節或音素的符號。音符文字比意符文字進步，拼音文字比一般音符文字更進步。但從文字學觀點出發，就必須對各種文字根據歷史條件作具體的分析，不能説意符文字就没有優點。一切事物都是在發展的，是不是拼音文字就是頂點，不能再有更進步的文字呢？是不是文字除了拼音以外，不能兼採别的方式呢？把眼光放遠一些，對文字改革工作，決不是毫無用處的。

文字改革工作是改造舊文字與創造新文字的工作，在新文字還未創造成功的時候，舊文字的改造是十分重要的。改造舊文字要有文字學的基礎，必須熟悉文字的特點，掌握其發展與變革的規律。中國文字爲什麽是以形聲字爲主的綜合文字，爲什麼是單音節字，爲什麼是方塊字，爲什麼要用筆劃組成，中國文字是怎樣與語言相結合的，應該研究這些問題，應該指出它的優缺點。中國文字在長期的發展過程裏，主要是由難而易，由繁而簡，但是也有另一種現象，故意要它繁複，如把「家具」寫作「傢俱」之類，甚至於一增再增，筆畫加上幾倍。這種增加，大都是不必要的，但也有一部分的新形聲字，有助於同音字的區别還是有必要的。簡體字對書寫來説是方便的，但過於求簡，使許多字的筆畫不容易分别，對學習來説，又會造成新的困難。唐宋以來民間流傳着不少簡體字，接受這批歷史遺産加以整理與利用是有好處的，但必須認識到這種自發的簡體字，在當時的條件下不可能有完整的體系，過分强調歷史根據而不考慮今天人民大衆的使用方便，也是不適當的。用草書來創造簡體字，最傳統的簡化方式之一，但往往跟楷書的筆劃不相容。利用同音通假字又容易使字義更加混淆。這都是文字改革中經常碰到的問題，也正是文字學裏需要研究討論的。中國文字的歷史太悠久，由商周古文字一直到現代文字，積累的資料太多，整理不易。一字數體，一字數音，一字數義，如何能處理得比較適當。在文字發展的過程中，經常有人任意造字，任意改變字形，這是文字有活力的表現，但從學習與使用來説，又應該使文字規格化，這樣的矛盾，也正是文字學理論所應該解決的。

中國文字一向是自由發展的，秦朝統一文字只是把秦國當時通用的小篆作爲標準文字來推廣，并廢除六國文字。唐朝許多學者研究字樣，也只是要求楷書規格化。把文字改得更好，只是近百年來才有人提出來的，因此，今天的文字改革運動，在歷史上是空前的。在黨領導下有計劃有步驟地進行文字改革，將是文化上的一次大革命。創造新文字是文字革命，就是把舊文字加以改造也是革命而不是改良，因爲這已經不是自發的而是有理論指導的自覺的文字改革了。文字應該密切地結合語言，但改革文字的目的不應該只限於此。重要的是更好地表達我們的思想與感情，更好地爲人民服務，爲社會主義建設服務。既要考慮學習的方便，要容易認識、記憶與理解，又要考慮使用的方便，容易檢查字典、選擇用字、書寫與印刷。既要改革成最新最好最進步的文字，又要照顧到歷史遺産，繼承優秀傳統。既要科學性很强，有一定的體系，又要保持優美的風格。這些要求是向文字改革工作者提出來的，同樣，也是向文字學研究者提出來的。

文字改革是一件偉大而艱巨的工作。文字必須改革，但文字是一種社會現象，牽涉的方面太廣，要是考慮得不全面，以致於一改再改，將是不適宜的。如果還没有考慮成熟，寧可慢一些再改。文字學的工作主要是整理遺産，搜集資料，從其中得出若干結論，不同意見，不妨展開爭論，百家爭鳴，逐漸獲得一致。批判地接受遺産，過分地强調批判，把歷史上的東西貶得太低；或者過分地强調繼承，抱殘守缺，都是不適當的。理論與實踐相結合，理論必須行得通而且要行之有效，實踐工作要多從虚處着眼多研究理論。文字學與文字改革工作應該是有分工，有合作，這兩方面的緊密結合將是完成文字革命的有利條件。

載《文字改革》一九六一年第十一期第十七至十九頁。

晉王羲之書「蘭亭序」

——唐神龍時摹本

王羲之（公元三二一年—三七九年）在我國書法史上有特殊地位，對后代影響最大，被稱爲「書聖」。他的書迹，經梁武帝、唐太宗等收集，小楷有樂毅經、黄庭經等，行書較多，而以蘭亭爲第一。蘭亭序二十八行，三百二十四字，是永和九年（公元三五三年）三月，他和謝安等在會稽山陰（今浙江紹興市）的蘭亭修禊，飲酒賦詩，把詩録下後所做的一篇序。當時他才三十三歲，正在盛年，又是在興致很高的時候起的草稿，信筆寫來，神完氣足，遒媚勁健，爲歷來書家所推崇。

蘭亭序真迹，據説由於唐太宗的愛好，在他死時已埋在昭陵裏作爲殉葬品了。後世流傳的刻本有好幾百種，大都是輾轉臨摹翻刻，已失去本來面目。故宫博物院藏「蘭亭八柱」中有三個唐摹本，一、虞世南本，二、褚遂良本，三、馮承素本。所謂馮承素本，由於卷上有「神龍」印，所以又稱「神龍本」。神龍是中宗年號（公元七〇五—七〇六年），當時貴戚寵盛，安樂公主和太平公主都從宫裏强取有名法書，當時名書家與鑒賞家有薛稷、鄭愔、武平一等都臨過書，這個臨本，神采奕奕，可能出於薛稷等之手，舊説是馮承素臨本，不一定可信。唐摹本，現在還存在的一共只有五六種，此本元郭天錫跋説「毫鋩轉折，纖微備盡，下真迹一等」，是唐摹中的精品，從這裏我們可以推想右軍真迹的一個概略。

載《北京晚報》一九六一年十二月十三日「書法欣賞」。

語文教師應該有一些文字學的常識

文字學是比較專門的，不能要求人人都來研究。但是做語文教學工作的同志如果能多多注意文字學，獲得一些文字學知識，對教學工作總是有益處的。工人們使用一件工具時，總要熟悉它的性能，文字是人人都要使用的工具，當然，大家都想知道一些它的來歷和功用。但是在舊社會裏，文字是被統治階級佔有的，只有少數人能利用這種工具，因此，把文字當作神秘的東西。它是神和聖人創造出來的，創造文字使得「天雨粟，鬼夜哭」，文字可以起巫術的作用，敬惜文字可以獲福。今天，文字已經是人人都能掌握的工具，人民的語文教師應該盡可能對文字作出科學的解釋。在社會發展的歷史裏，文字的發明的確是一件大事，它是蒙昧世界和文明世界的一個分界綫，但是它是從圖畫發展而成的，是羣衆共同創造的。

世界上有很多種類的文字，但只有中國文字是從遠古時代一直到現代有一部連綿不斷的文字發展的歷史。三四千年前的「一」「二」「三」等數目字，以及「井」字、「田」字等，一直到現在還没有什麼變化，「水」、「火」、「門」、「行」等字也只是筆劃上的小變化。中國文字的歷史供給了研究文字發展歷史的人以無比豐富的資料，同時，中國歷代的文字學者，又對研究文字發展的理論方面作出了很多重要貢獻。遠在兩千五六百年前，就已經提出了「六書」的名稱，所謂「指事、象形、形聲、會意、轉注、假借」等，不但説明了文字的結構，也説明了文字發展的規律。過去把「文」解釋爲原始文字，而「字」是從孳〔zī〕乳的方法所産生的新字，説明文字是在不斷地發展的。漢朝的文字學家就曾發生過很大的爭論，有些人認爲文字是父子相傳，不會發生變化的。而另外一些人則認爲文字是在不斷地變化的。許慎的《説文解字》就是主張文字在不斷變化與發展的。這是文字學裏最早的，也是最重要的一部著作，就因爲它既包含着比較正確的論點，又收集了很多重要的古代文字資料，如：《史籀〔zhòu〕篇》、《古文經》與《倉頡篇》等。從宋以來的文字學家，大都對《説文》有研究，還不斷對六書的理論有所發展，這是中國文字學的一份寶貴遺産，做教學工作的同志是應該使每一個使用文字的人有一些這方面的簡單常識的。

中國文字的發展有兩個方面：一方面屬於文字性質的變化與發展，例如我們説原始文字是從圖畫發展而成的，本來是意符文字，後來才發展爲聲符文字，形聲文字，而現在日常應用的中國文字是以形聲文字爲主的綜合文字等，這是屬於文字發生與發展的理論研究中經常遇到的問題。另一方面則是文字形體的變遷，由繁而簡；由難而易；由參差不齊而整齊劃一，方方正正；由千變萬化而成爲固定的形體，固定的筆劃等等。在幾千年的中國文字歷史裏，由於時代的不同，所用工具的不同，寫法的不同等等，更出現了很多的字體，例如：甲骨文字、鐘鼎文字（也稱爲金文）、貨布文字、璽印文字、古陶文字、簡牘文字，以及籀文、大篆、古文（實際是六國文字）、小篆、鳥蟲書、繆篆、隸書、八分、草書、行書、真書或楷書等，還有什麽科斗文、懸針、薤〔xie〕葉、垂露等等。在我們日常生活中有時會見到這種字體，尤其是篆書常常在印章中看到，有些人也還喜歡寫草書或行書。中國文字以秦漢之際爲一大變革，秦以前，基本上是屬於古文字或篆書系統的，漢以後，逐漸變爲隸書系統，漢朝的隸體，是古隸，魏晉以後是今隸，現在所謂正楷字實際上就是今隸。因此，我國現代文字與隸書還比較接近，而與篆書或更古的文字則距離較大。行書與草書在印刷體裏一般是不用的，不能作爲文字的正體，但有些文字的正楷體則往往受到行草書的影響，尤其是簡體字，這種影響特别顯著。這些都屬於文字沿革方面的問題。

在中國文字發展的歷史裏，每一個文字都有它自己的歷史，例如：「犬」字現在好像是大字上面加一點，其實原來是畫的一只狗；「魚」字畫一條魚；「鳥」字畫一只鳥；「馬」字畫一匹馬；「魚」字下面的四點，原來是魚尾，「馬」字下面的四點，原來是兩條馬腿跟馬尾的一部分，而「鳥」字下面的四點是鳥足。這些字爲什麽成爲現在的樣子，如果追求一下，是很可以發生興趣的。也正由於這樣，很古的時候就常有人用自己的一些主觀看法來解釋文字，例如：《左傳》裏引楚莊王所謂：「止戈爲武」；「止」字本來是畫出人的足形，而解釋爲停止的意義，就是錯的。所以要解釋一個文字時，不要以意推測而應該多找一些資料，實事求是地以找到正確的答案。

漢朝人往往根據隸書來解釋文字，如説「劉」字是「卯金刀」，「地」字是「土乙力」之類，往往是很可笑的。許慎作《説文解字》，主要根據小篆，比起當時俗儒來要高明多了，但是也還有很多錯誤，像：「天」字本來畫一個人，頭特别大，現在卻解釋爲「從一大」，這是由於他在那時掌握古文字的資料還很少的緣故。我們現在掌握的古文字資料，比許慎的時代，不知要多出多少倍，而且商朝的金文和甲骨文，都比《説文》裏所採取的篆文、古、籀早得多，因此，今天要對文字作解釋，比起許慎時代，有了十分優越的條件。但是，存在着一個問題，甲骨和金文材料中現在還有很多難認的字，或者過去認錯的字，如何去認出這許多字是古文字學的責任。另一方面，由於甲骨和金文材料的大量發現，對研究古代史、古代社會經濟、古代文化、古代文學等方面都有很大幫助，今天有很多學術研究往往引證了古文字，這些引證者大都不是親自作古文字研究的，利用别人的成果，就難免有差錯，這就需要讀這些文章的人對這種引證是正確還是錯誤能有自己的判斷了。看來，如果要研究古代歷史或文化，首先應該有古文字學的基礎；就是要在這類研究作品中所引的古文字資料，能看出是否正確，也總應該有一些古文字學的常識。古文字學是文字學的一門輔科，是比較專門的，但是作語文教學工作的人，也不能一無所知的。

什麽事情，最怕是知其然而不知其所以然，做語文教學工作的同志，成天跟文字打交道，而對於文字本身瞭解得不够是説不過去的。所以做語文教學工作的同志，應該有一些文字學的常識。

載《文字改革》一九六一年十二期第十九至二十頁。

一九六二

西周銅器斷代中的「康宫」問題

一、分歧所在和問題的重要性

西周青銅器銘刻裏，經常見到「康宫」的名字，例如：

（一）説到王在「康宫」的：

康鼎　「王在康宫。」〔一〕

（二）説到王在「康宫」太室或在「康宫」，而格太室的：

君夫簋　「王在康宫太室。」

揚簋　「王在周康宫，旦，格太室。」

休盤　「王在周康宫，旦，王格太室。」

（三）説到王在「康宫」的某宫或某太室的：

頌鼎　「王在周康邵宫。」

克盨　「王在周康穆宫。」

寰盤　「王在周康穆宫，旦，王格太室。」

伊簋　「王在周康宮，旦，王格穆太室。」

望簋　「王在康宮新宮。」

鬲攸從鼎　「王在周康宮徲太室。」

克鐘　「王在周康剌宮。」

（四）說到對康宮的祭祀的：

令彝　「甲申，明公用牲于京宮，乙酉，用牲于康宮，咸既，用牲于王。」

（五）說到康宮内部的：

伊簋　「令伊䌛𤔲康宮王臣妾百工。」

從這些記載裏可以看到凡是説「王在康宫」，或在「康宫」裏的什麽地方，都是爲了王對做這件銅器的人進行册命；令彝説到「用牲于康宫」，用牲是很重要的祭祀；「康宫」在祭祀中的地位跟「京宫」一樣，并在王城之前；「康宫」裏住有王的臣妾百工。

我在《作册令尊及作册令彝銘考》（《北京大學國學季刊》四卷一號）和寫在容庚所著的《武英殿彝器圖録》裏的一條考釋（九十三頁），認爲「康宫」是周康王的宗廟。令彝上「京宫」和「康宫」並稱，「京宫」是祭太王、王季、文王、武王、成王的宗廟；「康宫」裏有「卲宫」、「穆宫」、「剌宫」，是昭王、穆王、厲王的宗廟，徲太室是夷王的宗廟。

郭沫若同志在所著的《兩周金文辭大系考釋》的令彝（七頁）下面，説：「京宫、康宫均宗廟之名。」他同意我的説法，《吕氏春秋・古樂篇》説「武王即位，以六師伐殷，六師未至，以鋭兵克之于牧野，歸乃薦俘馘于京太室」，就是「京宫」的太室。他不同意我提出的「京宫以王季爲昭，文王爲穆，武王爲昭，成王爲穆，故《尚書》稱文王爲穆考」（《武英殿彝器圖録》）等説法，認爲：「文王稱穆考，乃適以穆字爲懿美之辭，與文考、烈考、皇考、帝考、顯考、昭考等同例。」他又不同意我提出的「康宫則以昭王爲昭，穆王爲穆，……故昭王、穆王稱昭穆」；「金文每見康卲宫、康穆宫者，康宫中之昭王廟、穆王廟也，康宫爲其總名，而昭穆以下則各爲宫附于康宫也」等説法，而認爲「昭王、穆王、均系生號，尤非預于生時自定爲康宫之昭穆而號昭號穆」。他認爲金文裏還有「華宫」、「般宫」、「新宫」等名是「無王可附麗的」。他還不同意我提出的「吴彝云：

『成大室』，則成王廟之太室也；君夫簋云：『康宮太室』，爲康宮之太室；舀鼎云：『周穆王太室』則穆王廟之太室；𫎇攸從鼎云『周康宮徲太室』則夷王廟之太室也」等説法，認爲只有「周穆王太室」一例是「近是」的，説：「僅此一例，以證其它均當爲某王之宮或室，未免有孤證單文之嫌。」他説𫎇攸從鼎「王在周康宮徲太室」與牧簋的「王在周，在師汓父宮，各太室」同例，「徲字當是動詞，《説文》云『徲行也』，不必即是夷王」。他在解釋𫎇攸從鼎（一百二十七頁）時説：「唐蘭説爲夷王之太室，于時代自無齟齬，唯徲字亦可解作動詞，然否尚未敢定。」他對我的全部説法，認爲「實巧費心思，唯惜取證未充，且包含有選擇與解釋之自由」。

此外，他還提出一系列的疑問，「宗周列王中，何以康王之廟獨尊，已不可解；而準『康昭宮』『康穆宮』之例，則文武成之廟當稱『京文宮』、『京武宮』、『京成宮』，而彝銘中迄未一見」。還説「彝銘中凡稱周均指成周，以康宮在成周而屢見『王在周康宮』知之；而如大克鼎『王在宗周，旦，王各穆廟，』依唐説當爲穆王之廟，是則穆王之廟又在宗周矣」。他認爲都跟我的説法有抵觸。他的意見是：「京（大也）、康、華、般（亦有大義）、邵、穆、成、剌、均以懿美之字爲宮室之名，如後世稱『未央宮』、『長揚宮』、『武英殿』、『文華殿』之類，宮名偶與王號相同而已。」并舉虢季子白盤的「宣榭」不是宣王的榭來證明康宮不是康王之宮。又在吴彝的解釋（七十五頁）裏説：「王之册命率于太室行之，今既在成太室乃復出而格廟，是則『成太室』乃在周廟之外，以豆閉𣪘『師戲太室』例之，則成殆是人臣之名。唐蘭説爲成王廟之太室，不確。」又在舀壺的解釋（一百頁）裏説：「成宮此器僅見，説者或將以爲成王之廟，然以庚嬴卣『王在庚嬴宮』；牧𣪘『王在師汓父宮』；師晨鼎與諫𣪘『王在周師録宮』等以例之，則成殆是人名，疑成鼎之成也。」在大克鼎的解釋（一百二十二頁）裏説：「穆廟唐蘭謂即穆王之廟，余意猶《魯頌・清廟》『于穆清廟』也。」

郭沫若同志只看到《武英殿彝器圖録》，没有看到我在《國學季刊》裏的一篇考釋，有些問題，在那篇考釋裏解釋得比較詳細。但郭氏顯然十分注意我的説法，他提出許多疑問，很可以啓發我們對這一個問題的深思。

郭沫若同志之所以注意這個説法，并不斷提到它，就因爲由此牽涉到很多西周青銅器的斷代問題。他是主張令彝令簋等在成王時代的，如果「康宮」是康王之宮，那令彝就得在康王以後。郭沫若同志主張令彝裏的「明保」就是周公的兒子魯公伯禽，如果令彝在康王之後，明公就不可能是伯禽。郭沫若同志主張令簋裏的「伐楚」在成王時，跟昭王時的伐楚是兩回事，如果令簋在康王之後，就可以説周初只有昭王時伐楚的一件事。總之，「康宮」是不是康王之廟，是西周青銅器斷代裏的一個關鍵性的問題。

陳夢家《西周銅器斷代》一文裏，在令方彝(《考古學報》第十册八十七頁)下認爲郭沫若同志的成王時代説是正確的。他説「學者因見此器有康宮，以爲康王之廟，則器應作于康王之後。此説蓋不明于古代宮廟的分别」。又説：「宮、寢、室、家等是生人所住的地方，廟、宗、宗室等是人們設爲先祖鬼神之位的地方。」他又想出一條金文通例，據説「王在文裏，不是王在某地，便是王在某宮、某寢、某室或某应，從無王在某廟的」。因此，索性連宮和太室都是宗廟的一點也完全推翻了。

由於「康宮」這個問題，有一定的重要性，我認爲對這問題作一次深入研究來跟大家商榷，對於西周史的研究工作，將有一定的用處。

二、爲什麽説「康宮」是康王之宮

我説「康宮」是康王之宮，可以從四個方面來説明它：

(一) 從令彝銘裏京宮和康宮的對列，可以看出康宮是康王的廟

令彝銘裏記載周王在八月甲申這一天命令周公的兒子明保「尹三事四方，受卿事寮」，明保由於做了尹，所以改稱爲明公。隔了兩個月，十月月吉癸未，明公才到了成周，發布了尹三事四方的命令。第二天「甲申，明公用牲于京宮，乙酉，用牲于康宮，咸既，用牲于王」。從這段記載裏，我們可以看出明公的地位，跟成王時的周公旦差不多，他代替周王控制百官和四方諸侯，所以應該坐鎮在當時天下的中心——成周。他在發布完命令以後，就到京宮、康宮、王城三處舉行「用牲」大典，就可以説明這三處地方的重要性。

首先是「京宮」，是周王的祖廟，郭沫若同志也是同意的。只是他把「京」字解釋做「大也」，是不很適當的。「京」本來是地名，也是周王國的舊稱號。《詩經·公劉篇》説「乃覯于京」，和「于京斯依」，可見周部族那時住在「京」的地方，所以當時的部族名稱就是「京」。到古公亶父發現了岐周的一塊肥美土地以後，遷移到了周原，所以又叫做「周」，但「京」這個名稱，當時還照樣使用。《詩經·大明篇》叙述太任嫁過來的時候，還説是「曰嬪于京」。《思齊篇》又説「思媚周姜，京室之婦」，這是説古公亶父的配偶已經可以叫做「周姜」，但她的兒媳婦，卻還稱爲「京室」的新婦。到文王、武王的時候，周王國已經很

强大，并自稱爲王，[二]把古公亶父追稱爲太王，所以周朝的宗廟從太王開始。太王原來住在「京」，「京」地有最早的宗廟，所以周初的宗廟是「京宫」。《吕氏春秋·古樂篇》説武王克殷「薦俘馘于京太室」，「京太室」就是「京宫」的太室。《逸周書·世俘解》説武王在「薦俘殷王鼎」時，先告「天宗上帝」，接着「格于廟」，在「籥人九終」以後，「王烈祖自太王、太伯、王季、虞公、文王、邑考以列升，維告殷罪」。第三天又「薦殷俘王士百人」。這些記載都和《吕氏春秋》符合。可見這個時候在京宫裏所祭的是由太王到邑考等六人。到了《詩經·下武篇》，則説「下武維周，世有哲王，三后在天，王配于京」。京宫的祭祀典禮，顯然已經有了調整，所以只説到三后，也就是只有太王、王季跟文王了。《下武》這首詩是成王時做的，説「王配于京」，是指武王在這時已經列入配享裏面去了。《下武篇》又説：「王配于京，世德作求，永言配命，成王之孚。成王之孚，下士之式，永言孝思，孝思惟則。媚兹一人，應侯順德，永言孝思，昭哉嗣服。」過去訓詁家對這篇詩有很多錯誤的解釋，「成王」和「應侯」，明明是兩個人名，但都被曲解了。我們從這首詩的本文，可以看出這是應侯左右的什麽人做來恭維成王和應侯的，應侯是武王的兒子，成王的弟弟，[三]詩裏所説「媚兹一人」的一人就指成王。所以從這一首詩裏所看到的是成王時代的「京宫」。

《吕氏春秋》説「歸，乃薦俘馘于京太室」，可見這個「京宫」是在宗周的。當時成周還没有建立，當然不會有「京宫」。當周公營建洛邑作爲大邑成周的時候，據《逸周書·作雒解》説：「乃位五宫：大廟、宗宫、考宫、路寢、明堂。」所謂「宗宫」，顯然就是宗廟（宗周的所以稱爲宗，也就因爲宗廟所在的原故），它必然是仿照宗周的「京宫」蓋的。因爲「京宫」是「宗宫」，所以也叫做「京宗」。班簋説：「受京宗懿釐。」甲戌鼎説「維四月在成周，丙戌，王在京宗」（《西清續鑒甲編》1.36），更可以證明成周也有「京宫」。「宗宫」、「京宫」和京宗是同一宗廟的不同名稱。

把「京宫」的内容搞清楚以後，再回頭來看令彝裏的「京宫」、「康宫」和「王」城等用牲典禮的安排，就很容易理解了。明公到成周來做尹，進行用牲大典，決不是隨隨便便的。他首先祭的是「京宫」，是「王宫」裏面的「宗宫」，最後祭的是「王」城，也是很重要的祭祀，那末排在中間的康宫決不可能只是一個普普通通的宫，是極其明顯的。據《逸周書》裏所講的「五宫」，是「太廟、宗宫、考宫、路寢、明堂」，朱右曾《逸周書集訓校釋》説「宗宫文王廟、考宫武王廟」，從營造洛邑是成王時代來説，當時的「考宫」確實應該是「武王廟」，但這在每一個王朝將起變化，康王時代的「考宫」就應該是成王廟，昭王時代的考宫，就應該是康王廟了。明公所祭，在「京宫」之後的「康宫」，其地位正相當於「宗宫」之後的「考宫」。如果説明公在這樣大典裏只祭「宗宮」而不祭更爲切近的「考宮」是没有理由的。「考宮」而稱爲「康宮」，跟「宗宮」的稱爲「京宮」是一樣的，一定有它的來歷而決不能只是「懿美之辭」。「京宮」裏的最後一個宗，是「成王」，那末，「康宮」裏所祭的，正相當於康王，除了説它由於是康王之廟而稱爲「康宮」，是無法再作其他的解釋的。

當然，我們説令彝裏的「康宮」是康王之廟，決不是孤立地提出來的，而是符合於歷史事實的。首先，應該考查的是明公這一個人物。據銘文，明公是周公的兒子，先做過「保」，所以叫「明保」，後來做了公尹，所以稱爲「明公」。周王朝初年，尹的地位很高，最先是召公奭和周公旦，周公旦死後，代他的地位的是君陳，所以《尚書序》説：「周公既没，命君陳分正東郊成周。」成王死的時候，受「顧命」而「率諸侯相康王」的是召公奭和畢公，所以康王初期，曾經「命作册畢分居里，成周郊，作畢命」。總之，在成王康王時代，到成周去做尹的，是周公旦、君陳和畢公三個人，《尚書》上記載得很清楚。明公做尹的事情，至少也應在畢公以後，就是説最早也得在康王中年以後了。周公旦的大兒子伯禽封魯公，儘管他在康王時還做過官，但他只稱爲「魯公」，不能稱爲「明公」，郭沫若同志因《尚書·洛誥》説過「公明保予沖子」，認爲就是這裏的「明保」，把伯禽和「明公」合爲一人。其實，《洛誥》這一句是成王説的話，「保」是動詞，是説周公保護了成王這個小孩子，如果説是人名，「公明保」三個字就連不起來，下面説「予沖子」，又説「公稱丕顯德以予小子揚文武烈，奉答天命」等話，上下文也都聯接不上了。明公簋説：「唯王命三族，伐東國，在□，魯侯有下工，用作肇彝。」「明公」跟「魯侯」，顯然是兩個人，不應合而爲一。况且伯禽封魯公，見於魯侯熙鬲（《考古學報》一九五六年第一期）和帥隹鼎（《綴遺齋彝器款識考釋》4.13），他的子孫才稱爲魯侯，所以明公簋裏的「魯侯」，已經不是伯禽，伯禽據説死於康王十六年，那末，明公簋的製作最早也得在康王十六年之後了。伯禽的弟弟繼承了周公旦的職位，仍舊稱爲周公，過去歷史學家都説君陳就是周公的第二個兒子，也就是第二代的周公，但到成王將死時，君陳也已不在，成周的尹也已换了畢公了。陳夢家把「明公」説成就是「君陳」是毫無根據的。周公的職位是世襲的，從周公旦（即周文公）起，一直到春秋時期的周公黑肩、周公忌父等，都稱爲周公。所以令彝上説「明公」是周公子，不一定是周公旦的兒子。明公做尹時，派矢去「告于周公宮」，有人認爲周公當時還活着，這也是不對的，如果當時周公還活着，只要告周公就得了，爲什麽要告「周公宮」呢？可見這是告於周公的宗廟，沈子簋説「作絅于周公宗」，又叫「周公宗」可證。明公是周公的兒子，但他只稱爲「明保」與「明公」，可見他并不是世襲的「周公」。周公旦的兒子，除了長子伯禽是魯公，次子世襲周公（可能是君陳）外，還有凡、蔣、邢、茅、胙、祭等國，時間都在成康之際，但這個

「明公」既不在上邊這一些封國之中，而從他的地位來看顯然要比凡、蔣等小國諸侯高得多；他的作尹時期又很晚，所以不能是周公旦的兒子的一輩。前面説過康王前期做尹的是畢公，「明公」做尹，一定還在後面，那末，從他的「用牲于康宮」的事實，我們可以斷定他的做尹是在昭王初期。那末明公的稱爲「周公子」，正像「虢季子白」（見盤銘）又叫做「虢宣公子白」（《商周金文録遺》九十），不論是那個周公的兒子，都可以這樣稱呼的。他很可能是第二代周公的兒子，周公旦的孫子，而且是昭王的叔父一輩。

從令彝的造型來看，也是比較晚的。商周之際的方彝形式，有些像後世的方斗，口大，底小，但比較深；令方彝肚子很肥大，是商周之際所没有的形式。師遽方彝和新出土的盠方彝等的形式都跟令方彝比較接近，但師遽方彝等都已經是穆王晚期和共王時期的銅器了。再從書法來説，令方彝、令方尊的文字很方整，有些像康王末年的小盂鼎，「王」「工」等字最後一畫的肥筆跟盂鼎一樣，也可以看出是康昭時期的風格。

除了令方彝、令方尊之外，作册夨令還做過一個簋，但令簋時代的公尹是伯丁父，跟令彝時代的公尹是明公，完全不同，顯然，它們不會是同時的器。但究竟是那一方面在前呢？令簋裏有一件大事是「王于伐楚伯在炎」，有一個重要人物是「王姜」。郭沫若同志作了一個假設：「楚即淮夷，淮徐（「夷」）初本在淮水下游，爲周人所迫始遡江而上至于鄂贛。炎當即春秋時郯國之故稱，漢屬東海郡，今爲山東郯城縣。」但没有提出什麽根據。據我們所知楚和淮夷是兩回事。據《史記·楚世家》，楚的先世是鬻熊，與文王同時，鬻熊的曾孫是熊繹，在成王時，「封熊繹于楚蠻，封以子男之田，姓芈氏，居丹揚」。所以《左傳》昭公十二年楚靈王説：「昔我先王熊繹與呂伋、王孫牟、燮父、禽父并事康王。」但「熊繹」在周初的地位是很低的，楚靈王所説不過是夸耀先世來裝門面罷了。所以右尹子革的回答就説：「昔我先王熊繹辟在荆山，篳路藍縷以處草莽，跋涉山林以事天子，惟是桃弧棘矢以共禦王事。」《國語·晉語八》也説：「昔成王盟諸侯于岐陽，楚爲荆蠻，置茅蕝，設望表，與鮮卑守燎，故不與盟。」由此可見：㈠楚國本來就在荆山，所以又叫做「荆」，又叫做「楚荆」或「荆楚」。㈡在成王封諸侯時，楚也曾被封，但地位很低。㈢成王爲「岐陽之蒐」時，大會諸侯，楚國也到會，但也因地位太低，没有寫到盟書上去。㈣熊繹在康王時代，在周王朝任過職。由此可以證明：㈠楚不是淮夷；㈡楚本不在山東；㈢成王時楚很弱小；㈣成王時没有伐過楚。因此，郭氏説令簋是成王東伐淮夷踐奄時器是很難成立的。西周初期，昭王南征荆楚，没有回來，是一件大事，見於《左傳》、《竹書紀年》、《楚辭·天問》跟《呂氏春秋》等書。金文䵼簋説「䵼馭從王南征，伐楚荆」，過伯簋說「過伯從王伐反荆」，𩰫簋說「𩰫從王伐荆」，都顯然是昭王時代的，可見令簋的「隹王于伐楚伯」，也一定是昭王時代。楚國在成王時還很弱小，康王時已强大，所以熊繹能到王朝來任職，到了昭王時代，逐漸不順眼而引起昭王的南征，這是符合歷史發展的情況的。如果我們承認令簋的伐楚是昭王時代，就絲毫没有矛盾，也不需要把楚國說成是山東境内的淮夷了。至於「王姜」這個人物，郭沫若同志引《國語·周語》「昭王娶于房曰房后」，說房是祁姓之國，不應稱爲「王姜」（《兩周金文辭大系考釋》十四）是很對的，但說是成王之後，就跟伐楚時代不能符合了。[四] 其實昭王的后不姓姜，并不能證明令簋的不屬於昭王時代，王姜不是昭王的后，但未必不是康王之后，昭王的母親，即太后。令簋說「作册矢令尊俎于王姜，姜商令貝十朋，臣十家，鬲百人」，從賞賜的多，可以看到王姜權力的大，那末，在昭王伐楚時期的「王姜」就只能是昭王的太后。據令簋說：「令敢揚皇王宦丁公文報，用稽后人亯，唯丁公報。令用弃展于皇王，令敢展皇王宦，用作丁公寶簋。」可見令是丁公的後人，既然要報祭丁公，又作丁公的祭器，可見丁公已死。賞令的人是「王姜」，當時的姜姓諸侯裏面，稱爲丁公的是齊侯吕伋，他是太公的兒子，周成王死的時候，召公奭等受顧命，「齊侯吕伋以二干戈虎賁百人逆子釗于南門之外」，子釗就是康王。由此可見康王初吕伋還没有做六卿，年紀也還不大，所以楚靈王說吕伋事康王。那末，丁公的死應在康昭之間，令簋的王姜更没有成王時代的可能了。金文裏記載王姜的器還有三件，一件是叔卣（《考古學報》一九五六年第一期稱爲史叔隋器），有兩器同銘，現藏故宫博物院。銘文說「隹王𦶧于宗周，王姜史叔使于太保」，陳夢家也說是成王時器，說獻侯鼎有「唯成王大𦶧在宗周」的話，「與此器或是同一時器」。顯然這種推論是没有把握的，所以只好說「或」。太保是召公，召公到康王時還健在。那末，大𦶧典禮可以在成王時舉行，也可以在康王、昭王時舉行。「使于太保」，可以是成王時事，也可以是康王時事，只是叔卣的「保」字寫作「㑩」，从王，跟成王初不同，可以證明是康王時的書體，更可以證明王姜一定是康王之后了。另一件是不𡢁簋（《商周金文録遺》一五九，也是故宫博物院藏器）說「王在大宫，王姜錫不𡢁裘」，看上去也是康王時代的。還有一件是睘卣，說「隹十又九年，王在庈，王姜令作册睘安夷伯」，另外睘尊說「在庈，君令余作册睘安夷伯」，郭沫若同志也定爲成王時，說「十有九年，文王紀元之十九年，成王六年也」，其實成王六年成王還很年輕，當時東征踐奄，都是周公旦的事情，並且是周王朝成敗存亡的關頭，那有成王后活動的餘地。只是昭王南征，是帶游觀性質的，《天問》所說「昭后成游，南土爰底，厥利爲何，逢彼白雉」可證，才不妨帶了他的母親一齊去的。睘卣的十九年就是昭王死的一年，假定康王死時，王姜還不過三四十歲，那末到昭王末年也只有五六十歲，跟昭王一起去南征是完全可能的。《史記・十二諸侯年表》説：「周道缺，詩人本之衽席，關雎作。」《史記・儒林傳》説「夫周室衰而關雎作」。揚雄《法言・孝至篇》説「周康之時頌聲作乎下，關雎作乎上」。劉向《列女傳》（卷三）《魏曲沃負篇》説「周之康王夫人晏出朝，關雎起興」。《漢書・杜欽傳》説「佩玉晏鳴，關雎嘆之，知好色之伐性短年」，李奇注：「後夫人鷄鳴佩玉去君所，周康王后不然，故詩人嘆而傷之。」王充《論衡・謝短篇》説：「周衰而詩作，蓋康王時也。康王德缺于房，大臣刺晏，故詩作。」袁宏《後漢紀》楊賜説：「昔周康王承文王之盛，一朝晏起，夫人不鳴璜，宫門不擊柝，關雎之人，見几而作。」《初學記》十九引漢末張超《誚青衣賦》説：「周漸將衰，康王晏起，畢公喟然，深思古道，感彼關雎，德不雙侣。但顧周公，好以窈窕，防微誚漸，諷諭君父，孔氏大之，列冠篇首。」在這些漢朝經學家對於《關雎篇》的解釋裏所説到的康王后是没有姓的。《今本竹書紀年》「成王三十三年命王世子釗如房逆女，房伯祈歸于宗周」，王國維《今本竹書紀年疏證》引《周語》「昭王娶于房，曰房后」，説「此以爲康王，殆涉昭王而誤」，是很對的。《今本竹書紀年》是宋以後人假造的，現在由金文來證明，康王后應該是王姜。王姜的名字在西周時特别常見，似乎和康王跟她的親密關係有關。

從令簋的造型來説，也和西周初期不同。古代的簋都是侈口的，簋蓋和簋口齊，蓋是放置在簋上的。令簋是斂口，口上一圈縮進，以便簋蓋罩在外面。古簋没有蓋是不顯著的，這種新型的簋失了蓋，就一望而知不是全器了。這種新的簋形是西周中期以後才大量發展起來。令簋具有這樣特徵，當然不可能是西周初年的。再從書法來説，令簋文字很怪，跟成王時代的秀麗，康王時代的端整，完全不同，就跟昭王前期同一個作册夨令所作的令方彝、令方尊，也不很一樣。像：「鬲」字上半从𠕁，下半是羊（羊），是過去所無的；「辰」字更顯得特别。行款參差不齊，筆鋒特别顯露，跟麸簋、過伯簋、䢅簋等的風格很接近，可見它正是昭王末年的作品，比令方彝、令方尊大概要晚十多年。

總起來説，令彝和令尊裏所叙述的用牲的典禮，就可以證明康宫是康王之廟。而作册夨令所做的令彝、令尊和令簋，無論從銘文的歷史事實，書法，器的形制等方面來看，都應屬於昭王時期，也正證明這一點。

（二）從西周其它銅器有關「康宫」的記載，也説明它是康王的廟

首先，「康宫」又稱爲「康廟」或「康寢」。師兑簋説「王在周，格康廟」；南宫柳鼎説「王在康廟」（《商周金文録遺》九十八）；師遽方彝説「王在周康寢，饗醴」；郭沫若同志對「康廟」没有作解釋，説「康寢，康宫之後寢也」，而説「康宫」的「康」，是「懿美之辭」。大克鼎説「王格穆廟」，郭説：「穆廟唐蘭謂即穆王之廟，余意猶《魯頌・清廟》言『于穆清廟』也。」我認爲，

康王之廟叫做「康廟」，穆王之廟叫做「穆廟」，是很自然的； 康宮、康廟、康寢，都是康王的宗廟，穆宮、穆廟，都是穆王的宗廟，也是很自然的；《詩經》所説「于穆清廟」是把「于穆」來形容「清廟」，古書上除「清廟」以外，還没有看見過在廟上加以别的形容詞的，現在既有「康廟」，又有「穆廟」，而恰恰都是「懿美之詞」，無論如何，總是説不大通的。

其次，據君夫簋、揚簋、休盤等器，康宮裏有太室。 京宮裏也有太室，稱爲京太室（《吕氏春秋・古樂篇》）。 吴彝説「王在周成太室」，而曶壺則説「王格于成宮」，可見周成王的太室是在「成宮」裏面的。 剌鼎説「王禘用牡于太室，禘昭王」，顯然是昭王的太室。 頌鼎説「王在周康昭宮」，可見昭王太室是在「昭宮」裏面的。 曶鼎説「王在周穆王太室」，伊簋説「王在周康宮，旦，王格穆太室」，「周穆王太室」顯然就是「穆太室」。 寰盤説「王在周康穆宮，旦，王格太室」，可見「康宮」裏的「穆太室」，也就是「康穆宮」裏的「太室」。 鬲攸從鼎説「王在周康宮徲太室」，而害簋説「王在屖宮」（見《薛氏歷代鐘鼎彝器款識法帖》卷十四，原名宰辟父敦），「屖」跟「徲」是一個字，通作「夷」（《詩經・四牡》「周道倭遲」，韓詩作「威夷」），那末，「康宮」裏的「夷太室」，也就是「康宮」裏「夷宮」的「太室」。 由此，可以知道「成宮」裏有成王的太室，「昭宮」裏有昭王的太室，「穆宮」裏有穆王的太室，「夷宮」裏有夷王的太室，那末，「康宮」裏的太室，也一定是康王的太室。 換言之，「康宮」就是康王的宗廟。

再者，前面所舉： 頌鼎銘説到「周康卲宮」，克盨與寰盤銘説到「周康穆宮」，克鐘銘説「周康剌宮」，又意味着什麽呢？ 據望簋説「王在周康宮新宮」，可見「新宮」是在「康宮」裏面的，那末，「卲宮」、「穆宮」和「剌宮」也都屬於「康宮」，並且根據上面所講的「徲太室」，可見「康宮」裏還有一個「徲宮」。「康宮」在令彝裏是和「京宮」并舉的。「京宮」裏所祭的是太王、王季、文王、武王和成王五人。 現在「康宮」裏所包括的恰恰也是五個宮，即「康宮」、「昭宮」、「穆宮」、「徲宮」、「剌宮」，正巧是康王、昭王、穆王、夷王、厲王五個人。 另外還有一個「新宮」，但從趞曹鼎、師湯父鼎、師遽簋和伊簋等器都在共王時的一點來説，[五] 當時穆王剛死，所以稱爲「新宮」，實際就是「穆宮」。 郭沫若同志説：「昭王、穆王均係生號，尤非預于生時自定爲康宮之昭穆而號昭號穆。」這個説法是我們所能同意的，但問題不在這裏，康王之後的王號，恰恰一個是「昭王」，一個是「穆王」，生時既稱爲昭、爲穆，死後把他們的宗廟，叫做「昭宮」、「穆宮」、「穆廟」或「穆太室」，這有什麽奇怪呢？至於爲什麽「宗周列王中康王之廟獨尊」，也是不難解釋的。 西周初年，武王、成王和康王都曾封過大批的諸侯。《左傳》昭公二十六年説：「昔武王克殷，成王靖四方，康王息民，并建母弟以蕃屏周。」武王的母弟是祭文王的，成王的母弟是祭武王的，康王的母弟是祭成王的，而文、武、成三王都在「京宫」内祭祀，所以「京宫」是周王室和周姓諸侯共同的宗廟，「京宫」又名爲「京宗」，班簋説「不杯揚皇公受京宗懿釐」是顯明的證據。康王以後，土地已被這些大奴隸主分完了，所以不再大封諸侯，那末，康王以後的宗廟，只是周王室自己的了。在「京宫」裏祭的是太王，王季是昭，文王是穆，武王又是昭，成王又是穆。「康宫」是跟「京宫」并列的，所祭的康王，那末，昭王是昭，穆王是穆。但在共王時還只説周穆王太室和新宫，而金文裏所説「周康卲宫」「周康穆宫」等都在厲王時代或宣王時代，那末很可能在厲宣時期對宗廟制度又有過新的安排。周代宗廟制度有五世和七世兩説。穆王以後共王又是昭，懿王又是穆，但金文不見，孝王是共王的弟弟，他和共王同是昭，而不能單獨作爲一世；所以夷王又是昭，厲王又是穆。金文厲宣時代，既有「昭宫」、「穆宫」，又有「夷宫」、「厲宫」，顯然由於共、懿等王已爲祧廟，附入昭穆兩宫了，可見西周後期，還是用五廟制度的。至於金文説到「成宫」或「成太室」而不説明是「京宫」，正如鄫簋説「王在周卲宫」（《薛氏歷代鐘鼎彝器款識法帖》卷十四）害簋説「王在屖宫」的不説出「康宫」一樣，只是作器的人順手寫的，因而并不是有一定的格式的。

（三）從古代文獻材料裏的宫廟名稱，來證明康宫是康王之廟

《山海經》西次三經注引《竹書紀年》穆王五十七年西王母來見，賓於昭宫（《穆天子傳》注引作十七年），這個「昭宫」就是鄫簋上的「昭宫」。《國語·周語》「宣王命魯孝公于夷宫」，韋昭注「夷宫者宣王祖父夷王之廟」，這個「夷宫」就是害簋上的「屖宫」。

《左傳》昭公二十二年「單子逆悼王于莊宫」，又説「盟百工于平宫」，據杜預注是在王城裏的莊王廟和平王廟，昭公二十六年「癸酉，王入于成周，甲戌，盟于襄宫」，是在成周的周襄王的廟。《春秋》莊公二十三年「秋，丹桓宫楹」，二十四年「春王三月，刻襄宫桷」，《左傳》説「皆非禮也」，引御孫的話：「先君有共德而君納諸大惡，無乃不可乎？」是指魯桓公的廟。《春秋》成公六年「二月辛巳立武宫」，《公羊傳》説「武宫者何，武公之宫也」，又《春秋》昭公十五年「二月癸酉，有事于武宫」；《左傳》解釋爲「將禘于武公」；《禮記·明堂位》説「武公之廟，武世室也」；可見「武宫」或「武世室」是魯武公的廟。《春秋》定公元年九月「立煬宫」，《左傳》説「昭公出，故季平子禱于煬公，九月立煬宫」，又《公羊傳》「煬宫者何，煬公之宫也」。可見「煬宫」是魯煬公之廟。《春秋》哀公三年「五月辛卯，桓宫，僖宫災」；《左傳》説「孔子在陳聞火，曰『其桓、僖乎』」；《公羊傳》説「此皆毁廟也。其言災何，復立也」；《穀梁傳》説：「言及則祖有尊卑，由我言之則一也。」可見「桓宫」

「僖宮」是魯桓公和僖公的廟。《左傳》僖公二十四年記晉文公到了曲沃，説「丁未，朝于武宮」，《史記・晉世家》注引賈逵説：「文公之祖武公廟。」《左傳》昭公十七年記晉國滅陸渾事説「宣子夢文公攜荀吴而授之陸渾，故使穆子帥師獻俘于文宮」，可見是晉文公的廟。《左傳》襄公六年記齊國滅萊國的事説「陳无宇獻萊宗器于襄宮」，是齊襄公的廟。

從上面這許多文獻材料，可以説明用王號或諸侯謚號放在宗廟名稱的「宮」、「廟」、「寢」或「太室」、「世室」等上面作爲專名，是周和春秋時期十分通行的。這種制度，一直到後代還是如此，如漢高祖的宗廟就叫做「高帝廟」，也叫做「高廟」（見《史記・孝文本紀》），這都是歷史上的客觀事實。

《春秋》閔公二年「夏五月乙酉，吉禘于莊公」，《公羊傳》説：「其言『于莊公』何，未可以稱宮廟也。」根據這個例子，我們可以看到剌鼎説「王禘，用牡于太室，禘昭王」，是在周穆王初年，昭王死得不久，還不能稱爲「昭宮」或「昭廟」。又曶鼎説「唯王元年六月既望乙亥，王在周穆王太室」，顯然是共王元年，穆王剛死不久，所以不説「穆宮」、「穆廟」或「穆太室」，而説「周穆王太室」，跟魯閔公時只説莊公而不説莊宮是一個道理。《春秋》成公三年二月「甲子新宮災」，《公羊傳》説：「新宮者何，宣公之宮也。」何休注説：「以無新公，知宣公之宮廟。」《穀梁傳》説「新宮者禰宮也。……迫近不敢稱謚，恭也」。成公稱他父親宣公的廟爲「新宮」，《穀梁傳》説是「禰宮」，那就是《逸周書》的「考宮」了。由此可見，金文趞曹鼎第二器説「龏王在周新宮」，師湯父鼎説「王在周新宮」，師遽簋説「王在周，客新宮」，望簋説「王在康宮新宮」等資料裏的「新宮」，都是周穆王的廟，因爲這些銅器都是共王時做的，所以還稱爲新宮。

但是公羊學家把「宣謝」當作周宣王的宗廟，是十分錯誤的。《春秋》宣公十六年「夏，成周宣榭災」（災字《左傳》作火），《公羊傳》説「宣謝者何，宣宮之謝也」。何休注：「宣宮，周宣王之廟也。」這是由於他看見别的宮廟用王號而推測出來的。其實「謝」的本身并不是宮廟，不是祭祖考的地方，因之，不能援用宮廟的通例。《淮南子・本經訓》「武王……破紂牧野，殺之于宣室」，《漢書・賈誼傳》「受釐坐宣室」，注「未央前正室也」。「宣謝」的稱爲「宣」，跟「宣室」的稱爲「宣」，有同樣的意義。但「宣榭」還是在宗廟範圍裏面，鄀簋「維二年正月初吉王在周邵宮，丁亥，王格于宣射（謝）」，可見「宣謝」在「昭宮」裏面。虢季子白盤説：「王格周廟，宣㕑爰饗。」虢季子白是宣王時人，所以「周廟」不會是周宣王的廟，但「宣㕑」是在「周廟」裏面的。《左傳正義》引服虔説，宣謝是「宣揚威武之處」，《漢書・五行志上》引左氏説「榭者講武之坐屋」，都同《公羊傳》不同，但《左傳》杜預注説「講武屋别在洛陽者」，放在宮廟外去，是不對的。《爾雅・釋宮》：「室有東西廂曰廟，無東西廂有室曰寢，無室曰榭。」又說：「闍謂之臺，有木者謂之榭。」《禮記・月令》正義引李巡注：「但有大殿無室名曰榭。」《尚書・太誓》正義引孫炎注「榭但有堂也」，郭璞注也說「榭即今堂堭也」。杜預《左傳注》說「榭」是「屋歇前」，《正義》說「歇前者無壁也，如今廳是也。」廳事就是堂皇（《漢書・胡建傳》注「室無四壁曰皇」），可見「榭」的特點就是只有楹柱而没有墻壁的。它的所以稱爲「宣」，跟「桓」的意思是差不多的。《禮記・檀弓》說「三家視桓楹」，注「四植謂之桓」，就是四根柱子。「榭」字在鄂簋裏還只寫做「射」字，虢季子白盤加上广旁，寫做「⿸广射」，表示是屋宇的意思。「⿸广射」字在古書裏又寫做「序」，《周禮・地官》州長「以禮會民而射于州序」（《儀禮・鄉射禮》寫做「豫」），可見是射箭的地方。趞曹鼎說「龏王在周新宮，王射于射廬」，師湯父鼎說「王在周新宮，在射廬」，匡卣說「懿王在射廬，作象舞」，更可以證明宗廟裏是可以行射禮，作樂舞的。「昭宮」裏的「宣榭」跟「新宮」裏的「射廬」，性質是差不多的。

但《公羊傳》的這一錯誤，是極其個别的例子，并不妨礙其他宫、廟、寢和太室用王號或諸侯號謚作專名的通例。如果只根據《公羊傳》這一條的錯誤，就來否認其它許多重要事實，這將是不恰當的。

（四）從周朝在宗法制度方面分昭穆兩輩的事實，可以説明「康宫」是康王的廟，而昭、穆兩宫是昭王、穆王的廟。

首先，分昭穆是周民族原有的習慣，在周初已經應用。

《尚書・酒誥》開始說：「成王若曰：明大命于妹邦，乃穆考文王肇國在西土。」〔六〕《酒誥》是用成王的名義對康叔説的，文王是康叔的父親，成王說是「乃穆考」，可見文王的次序是「穆」。《周頌・載見篇》說：「率見昭考，以孝以享，以介眉壽。」《詩序》說：「載見，諸侯始見乎武王廟也。」《毛傳》：「昭考武王也。」可見武王的次序是「昭」。《尚書・金縢篇》說：「既克商二年，王有疾弗豫，二公曰：我其爲王穆卜。周公曰未可以戚我先王。」過去都不懂得「穆卜」是什麼意思，其實就是說要卜武王的「穆」。二公認爲武王的病已經好不了了，所以要卜下一代，周公阻止了他們，自己來告太王、王季、文王，請求替武王的死，所以說「其勿穆卜」。因爲武王的次序是「昭」，那末，卜他的下一次，就應該是「穆卜」了。《洛誥》裏周公說：「考朕昭子刑乃单文祖德。」這裏的「昭子」，過去也講不清楚，〔七〕其實《洛誥》所謂「王命周公后」是爲周公旦立后，〔八〕「昭子」就是周公旦的兒子。周公爲第一代，是始祖，他的第二代當然屬於「昭」的一輩了。

《左傳》僖公五年宫之奇說「太伯、虞仲，太王之昭也，……虢仲、虢叔，王季之穆也」，是說太伯虞仲是太王下一代，跟王季一樣都是「昭」的一輩，而「虢仲」、「虢叔」是王季下一代，跟文王一樣都是「穆」的一輩。僖公二十四年富辰說：「管、蔡、郕、霍、魯、衛、毛、聃、郜、雍、曹、滕、畢、原、酆、郇，文之昭也，邘、晉、應、韓，武之穆也。」定公四年說：「曹文之昭也，晉武之穆也。」《國語・晉語》說：「康叔文之昭也，唐叔武之穆也。」可見管叔、蔡叔等都是文王後一代，和武王一樣，都是「昭」的一輩，而邘侯、晉侯等是武王後一代，和成王一樣，都是「穆」的一輩。由此，可以證明太王是始祖，王季是昭，文王是穆，武王又是昭，成王又是穆。

其次，在宗廟、冢墓和祭祀典制裏分出昭穆次序，一直到春秋以後的文獻裏還是如此。《周禮・小宗伯》「辨廟祧之昭穆」，鄭玄注：「祧，遷主所藏之廟，自始祖之後，父曰昭，子曰穆。」又《冢人》說：「先王之葬居中，以昭穆爲左右。」鄭玄注：「先王造塋者，昭居左，穆居右，夾處東西。」又《小史》說：「掌邦國之志，奠繫世，辨昭穆。……大祭祀讀禮法，史以書敘昭穆之俎簋。」《周禮》是春秋以後人所編的，可見在那時昭穆的制度還通行。《禮記・喪服小記》說「祔必以其昭穆」，也是從祭祀典禮來說的。

周代宗廟制度，秦漢以後，已經不大清楚了。《吕氏春秋・諭大篇》說：「五世之廟，可以觀怪。〔九〕」《禮記・喪服小記》「王者禘其祖之所自出，以其祖配之而立四廟。」鄭玄注：「高祖以下與始祖而五。」又《文王世子》：「五廟之孫，祖廟未毁，雖及庶人，冠、取妻必告。」這都是說五廟的。《穀梁傳》僖公十五年：「天子七廟、諸侯五、大夫三、士二。」《禮記・禮器》：「禮有以多爲貴者，天子七廟。」《祭法》：「王立七廟……曰考廟，曰王考廟，曰皇考廟，曰顯考廟，曰祖考廟，……遠廟爲祧，有二祧。」《王制》說：「天子七廟，三昭、三穆，與太祖之廟而七；諸侯五廟，二昭、二穆，與太祖之廟而五；大夫三廟，一昭、一穆，與太祖之廟而三；士一廟。」鄭玄注：「此周制。七者，太祖及文王武王之祧與親廟四，太祖后稷。殷則六廟，契及湯與二昭二穆。夏則五廟，無太祖，禹與二昭二穆而已。」孔穎達《正義》引《禮緯稽命征》和《孝經緯鉤命決》，說鄭玄注是根據這些資料的。《漢書・韋玄成傳》說：「禮，王者始受命，諸侯始封之君，皆爲太祖，以下五廟而迭毁。……祫祭者毁廟與未毁廟之主皆合食于太祖，父爲昭，子爲穆，孫復爲昭，古之正禮也。……周之所以七廟者，以后稷始封，文王武王受命而王，是以三廟不毁，與親廟四而七。」《白虎通・宗廟篇》說：「周以后稷文武特七廟，后稷爲始祖，文王爲太祖，武王爲太宗。」這都是說周朝天子有七廟的。但這些說法中有不同：照《祭法》是五朝二祧，五廟裏除了始祖是二昭二穆；照《王制》是三昭三穆。所以魏朝王肅反對鄭玄，認爲天子有七廟，二祧不在其內。照這種說法，實際上就等於王莽時所謂九廟了。其實七廟、九廟等說都是秦漢以後逐漸增加的，鄭玄所謂七廟，除去二祧以外，實際還是五廟，五廟之中，一個是始祖廟，四個是親廟，也就是二昭二穆。《周禮・隸僕》「掌五寢之掃除糞灑之事」，鄭玄注：「五寢五廟之寢也。」可見《周禮》時代還只有五廟的説法。《爾雅》這本書的出現是很遲的，但是它在《釋親篇》裏從父母上推，也只到了高祖，即高祖、曾祖、祖、父共四世，那末説周朝的宗廟，就有三昭三穆，要祭到六世祖，怎麽能使人信服呢？

關於宗廟數字的説法，漢朝以後，分歧很多，這裏不去討論。從上文已經説過的，我們可以看見京宫裏是五廟，太王、王季、文王、武王和成王，是一個始祖和二昭二穆。但康王以後，忽然改了，變爲昭王是昭，穆王是穆了。這就證明了康王的廟必然是獨立的，不在「京宫」以内的，證明了康王在周王朝的宗廟裏面是作爲始祖的。宋代的朱熹做過《周九廟圖》，不明白這一個道理，因而從成王以後，還是按照那個昭穆排下去，因而把康王排成昭，昭王反而排爲「穆」，而穆王反而排爲「昭」了，這種排法，顯然是很可笑的。清代王筠作《説文句讀》在「佋」字下引頌鼎、頌壺、頌簋等的「王在周康昭公，旦，王格太室」，和寰盤的「王在周康穆宫，旦，王格太室」説：「則一王之廟，自有昭穆之宫，與文爲穆、武爲昭無涉。故吴彝曰『王在周成太室』，曶鼎曰『王在周穆王太□』，是知廟制亦如明堂有九室，《月令》孔疏非誣。謂之昭宫穆宫者，宫即廟也。」儘管他對西周宗廟制度不很清楚，但能根據金文，把「康宫」解釋成爲康王之廟，基本上是正確的。

根據金文資料，文王、武王并不是作爲永遠存在的兩個祧廟，而是屬於「京宫」裏面的。康王以後列入康宫，但在宣王時，康宫裏也是五廟，即：康宫、昭宫、穆宫、夷宫、厲宫，而不見共王、懿王、孝王等，可見共、懿等王，已經是祧，而被附入「昭宫」或「穆宫」裏去了。那末，所謂祧的意義和漢朝人的説法是不同的。西周祭祀可能還有更遠的始祖，如后稷、公劉等，在金文裏没有見到，但就是「京宫」和「康宫」的并列，每一宫内實際都包含五宫，兩昭兩穆，而并没有什麽七廟九廟之説，這都是漢朝以來學者所不知道的。

另外，周朝人對昭穆的區别，并不限於祖先，也并不限於死後，而是對弟兄子侄等在生前就用這種分别的方法。例如上文所舉《金滕》裏的「穆卜」的「穆」，是指武王的兒子，《洛誥》裏的「昭子」是指周公的兒子，當時都還是生人而不像《左傳》所説「太王之昭」「王季之穆」等是追述歷史事迹。《周禮・司士》：「凡祭祀，掌士之戒令，詔相其灋事，及賜爵，呼昭穆而進之。」《禮記・祭統》：「夫祭有昭穆，昭穆者所以别父子、遠近、長幼、親疏之序而無亂也。是故有事于太廟，則羣昭羣穆咸在而不失其倫。」又説：「凡賜爵，昭爲一，穆爲一，昭與昭齒，穆與穆齒。」又《大傳》説：「上治祖禰，尊尊也；下治子孫，親親也；旁治昆弟，合族以食，序以昭繆（穆），别之以禮義，人道竭矣。」又《中庸》説：「宗廟之禮，所以序昭穆也。」這些文獻資料都説明周朝貴族們對同族是經常分昭穆的。這種宗法制度在商朝時是没有的，從文獻資料來看，只是在男人裏分昭穆，那末，周朝的這種制度可能是從氏族社會遺留下來的。清朝王宗涑做的《説文述誼》在「佋」字下説：「古昭穆猶今俗宗法之有字輩」是很對的。只是周朝的昭穆只分别父子兩代，祖是昭，孫還是昭，所以周朝在祭祀中是用孫來做祖的尸的。而後世的字輩，則每一輩都不重複，甚至預定了二十多輩的字輩，子孫就根據預定的字來作名字的，這就和周代制度大不相同了。

金文遹簋和長甶盉都有穆王，是穆王生前的稱號，但「穆」字下都有重文，〔一〇〕容庚在《金文編》裏釋爲穆穆王，但從來金文家對這個現象没有作解釋。現在知道，周朝人在生前就分出昭穆的輩次，那末，穆王的輩分是穆，因而叫做穆王，又叫做穆穆王。由此可見，康王以後第一代稱昭，第二代稱穆，是按輩分來作王號的，這跟後來的秦始皇，子孫稱二世三世是差不多的。

三、關於「宫與廟有分别」的討論

以上從金文裏「京宫」和「康宫」的關係，有關「康宫」的一些材料，文獻記載裏宫廟的名稱和周朝人在宗法制度區分昭穆的資料等四個方面的分析與研究，説明「康宫」是康王的宗廟，其他「昭宫」、「穆宫」等名稱也都迎刃而解了。

必須指出，這樣的分析研究是建立在「宫」就是「寢廟」這一個常識上面的。所以我們説「康宫」可以叫做「康廟」，也可以叫做「康寢」。現在陳夢家卻説：「宫與廟有分别。」當然「宫」字與「廟」字，在字形和音義方面是有分别的，「宫」字有很多意義，「宫」和「廟」不是完全相等的。問題在於「宫」有没有「寢廟」的意義。陳夢家説：「宫、寢、室、家等是生人所住的地方，廟、宗、宗室等是人們設爲先祖鬼神之位的地方。」（《考古學報》第十册八十七頁）這樣，「宫」不是「廟」，「康宫」就不是康王的宗廟了。但這種分别，論證是不足的。

首先，陳夢家根據《周易・繫辭》「上古穴居而野處，後世聖人易之以宫室」；《説文》「宫室也」；和《爾雅・釋宫》「宫謂之室，室謂之宫」，「其内謂之家」等材料説：「宫、寢、室、家等是生人所住的地方。」問題是「宫」與「室」這兩個字，并不僅僅是一個解釋。朱駿聲《説文通訓定聲》，除了「臣民之宅稱宫」，「内寢稱宫」之外，還有「宗廟稱宫」的解釋，朱氏所舉的例是：「《詩・采蘩》『公侯之宮』；《雲漢》『自郊徂宮』；《公羊》文十三傳『羣公稱宮』；《儀禮・公食禮》記司宮具几。」郝懿行《爾雅義疏》，也有「古者宗廟亦稱宮室」的解釋。

陳夢家還有一條理由是「宮、室（或寢臥之）寢與廟是對立的」，故《詩・思齊》「雍雍在宮，肅肅在廟」，《閟宮》「路寢孔碩，新廟奕奕」。但《思齊篇》把「宮」和「廟」并舉，并不能證明「宮」是生人住的。一開始説：「思齊太任，文王之母，思媚周姜，京室之婦。太姒嗣徽音則百斯男。」這些話是頌揚文王的母親太任，和他的妻子太姒的。説在太任和太姒的「宮」和「廟」裏祭祀時的禮節是「肅肅雝雝」的，「宮」和「廟」是對文互舉。至於《魯頌・閟宮》，所頌揚的是「赫赫姜嫄」，毛萇傳説是「先妣姜嫄之廟」，引孟仲子説是「禖宮」，鄭玄説「姜嫄神所依，故廟曰神宮」。那末，只要留意一下「閟宮」的篇名就知道「宮」是宗廟了。「路寢」跟「新廟」都是「宮」裏的一部分。鄭玄《周禮》「路寢」注引的是「寢廟繹繹」，説「相連貌也，前曰廟，後曰寢」，就更清楚了。

其實，「宮」和「寢、廟」，確實是有些區别的。「宮」是總名，是整所房子，外面有圍墻包起來的，「廟」和「寢」都在「宮」内，「廟」是室而有東西廂的，在前，寢是有室而無東西廂的，在後（《爾雅・釋宮》：「室有東西廂曰廟，無東西廂有室曰寢。」）。宗廟之所以稱爲「宮」，就是從生人所住的宮室轉化過來的。古代人迷信，把死人看得同活人一樣，活人有「宮」，死人也得有「宮」，活人有「寢」，死人也得有「寢」，活人有「朝」，死人也得有「朝」，又稱爲「廟」。總之，宗廟根本是仿照生人所住整套房屋來建立的。

我們説宮寢是宗廟，有很多證據。在文獻資料裏，例如《詩經・雲漢篇》説「不殄禋祀，自郊徂宮，上下奠瘞，靡神不宗」，這個「宮」能是生人的宮室嗎？《逸周書・作雒解》説：「乃位五宮：太廟、宗宮、考宮、路寢、明堂。」這五個宮，是生人住的宮室嗎？《春秋》隱公五年「考仲子之宮」，仲子是隱公的母親，早已死了，所以《公羊傳》説：「考宮者何，考猶入室也，始祭仲子也。」《穀梁傳》説：「禮、庶子爲君爲其母築宮，使公子主其祭也。」這難道不是宗廟嗎？《儀禮・聘禮》在使者到了以後，主人説「不腆先君之祧，既拚以俟矣」。到接見這一天，公在大門口把客人迎進來「及廟門，公揖，入于中廷」，客人就在廟裏致命辭。到使者回去後對他的國君致「反命」，卻説「以君命聘于某君，某君受幣于某宮」，鄭玄注「某宮若言桓宮僖宮也」。那末，「宮」就是「廟」，不是很清楚嗎？《左傳》宣公十二年説：「其爲先君宮，告成事而已。」既然説「先君宮」，難道是生人的宮室嗎？

《詩經・崧高》：「有俶其成，寢廟既成。」《周禮・隸僕》「掌五寢之埽除糞灑之事」，鄭玄注：「五寢五廟之寢也，周天子七廟唯祧無寢。《詩》云『寢廟繹繹』，相連貌也。前曰廟，後曰寢。」《隸僕》又說「祭祀修寢」，鄭玄注：「于廟祭寢或有事焉。《月令》：『凡新物先薦寢廟。』」《隸僕》又說「大喪復于小寢、大寢」，鄭玄注：「小寢，高祖以下廟之寢也，始祖曰大寢。」難道這些「寢」都不是宗廟而只是「寢臥之寢」嗎？

令彝說「用牲于京宮，用牲于康宮，用牲于王」，用牲是很大的祭禮，《尚書・召誥》「用牲于郊」；《春秋》莊公二十五年「用牲于社」；《左傳》昭公十七年「用牲于洛」；小盂鼎「用牲禘周王、武王、成王」；剌鼎「用牲于太室，禘昭王」等記載都可以證明。「京宮」，「康宮」，如果只是生人住的宮室，那爲什麼要有用牲的祭禮呢？爲什麼要跟祭王城用同樣的禮節呢？陳夢家說這是爲兩個宮奠基，那末，難道明公的祭王城，也是爲王城奠基嗎？鄂簋說「王在周昭宮，丁亥，王格于宣榭」，虢季子白盤說「王格周廟，宣榭爰鄉」。可見「昭宮」是「周廟」之一。此外，像：永宮鬲說「王作永宮尊鬲」；召尊「用作欪宮彝」；召卣說「用作圃宮彝」；伯晨鼎說「用作朕文考瀕公宮尊鼎」，顯然這些銅器都是祭器，尤其是伯晨鼎說明是「文考瀕公宮」，這還能說不是宗廟而是生人的宮室嗎？

至於「太室」的爲宗廟，文獻資料裏也是很多而且是很清楚的。《尚書・洛誥》：「王賓殺禋咸格，王入太室祼。」《經典釋文》引馬融注「太室廟中之夾室」，《正義》引王肅注：「太室，清廟中央之室。」《春秋》文公十三年「太室屋壞」，《穀梁傳》說：「太室猶世室也。周公曰太廟，伯禽曰太室，羣公曰宮。」《漢書・五行志》引左氏說：「前堂曰太廟，中央曰太室屋，其上重屋，尊高者也。」《左傳正義》說：「賈、服等皆以爲太廟之室也。」《公羊傳》作「世室」，說：「世室者何，魯公之廟也。周公稱太廟，魯公稱世室，羣公稱宮。」都說明「太室」是宗廟的一部分。《呂氏春秋・古樂篇》說「薦俘馘于京太室」，金文剌鼎「王禘，用牲于太室，禘昭王」，難道這種獻俘和大禘的禮節不在宗廟舉行反而在一般生人住的宮室裏舉行嗎？

總起來說，宮、寢和室，都可以是生人居住的地方，也都可以是宗廟。

陳夢家又說：「在西周金文中有一通例，即『王才』文語不是王在某地，便是王在某宮、某寢、某室或某应，從無『王才某廟』的，故金文記『王在某』而『旦王各廟。』」他還引了同簋等十件銅器的銘文來作例子。但前面所引的南宮柳鼎就有「王在康廟」。相反地，王格的地方，卻不一定都是「廟」。趞曹鼎說「王在周般宮」，而剌鼎說「王客于般宮」，客就是格。趞曹鼎和師湯父鼎都說「王在周新宮」，而師遽簋說：「王在周，客新宮。」還有善鼎說「王在宗周，王各太師宮」，庚嬴卣說

「王各于庚嬴宫」，庚嬴鼎説：「王卻琱宫衣事。」説明金文不只説王在某宫，而也常説王格某宫。陳夢家又説「由君夫簋『王在周康宫太室』知太室在宫内」，而指鄫簋「王才周邵宫，丁亥王各于宣榭」爲「王在（王城之）邵宫而于丁亥各于（成周）周廟之宣榭。就是説太室不是宗廟應説「在」，只有宗廟才能説「格」。那末，趞曹鼎説「王在周般宫，王各太室」，又將如何解釋呢？難道這個太室又不在宫内了嗎？伊簋「王在周康宫，旦，王各穆太室」，豆閉簋「王各于師戲太室」，這都説明「太室」也是可以「格」的。尹姞鼎説「各于尹姞宗室繇林」，陳夢家是承認「宗室」就是宗廟的，爲什麽「各太室」就不等於「格廟」呢？

必須指出，我們説金文裏的「宫」大都是宗廟，一毫也没有排斥「宫」的其它的意義。《周易》所説「後世聖人易之以宫室」，《禮記·内則》「父子皆異宫」，《儒行》「儒有一畝之宫」，這都是住宅的意思。《周禮·宫正》「掌王宫之戒令糾禁」，《宫人》「掌王之六寢之脩」，這些宫寢當然不是宗廟。宫正和宫人是歸天官冢宰管的，顯然是生人的宫室，而管「五寢」的隸僕則屬於夏官司馬，是有關喪祭方面的。《左傳》莊公十九年説「邊伯之宫，近于王宫，王取之」；僖公二十四年「吕、郤畏偪，將焚公宫而弑晉侯」；成公十八年「齊侯使士華免以戈殺國佐于内宫之朝，師逃于夫人之宫」；這種資料在古書記載裏是很多的，當然是生人的宫室。奴隸社會裏最大的奴隸主大都不只一個宫。《史記·殷本紀》正義引《括地志》説：「《竹書紀年》云：『自盤庚徙殷，至紂之滅七（二）百七十三年，更不徙都。』紂時稍大其邑，南距朝歌，北據邯鄲及沙邱，皆爲離宫别館。」《左傳》昭公十二年説「（周穆）王是以獲没于祇宫」，《穆天子傳》注引《紀年》「穆王元年築祇宫于南鄭」，《左傳正義》引馬融注：「圻内游觀之宫也。」《穆天子傳》卷五「天子作居範宫」，郭璞注：「範，離宫之名也。」《左傳》昭公元年，楚國有「蒲宫」，服虔説是「楚君離宫」，又襄公三十年的「銅鞮之宫」，杜預注説是「晉離宫在上黨」。由此可見文獻資料裏有些宫實際是離宫，例如《竹書紀年》所説「穆王所居鄭宫、春宫」（《太平御覽》一百七十三），《左傳》裏魯國的「楚宫」（襄公三十一年）、「泉宫」（文公十六年），宋國的「沃宫」（哀公二十六年），衛國的「邱宫」（襄公十四年），晉國的「虒祁之宫」（昭公八年），楚國的「渚宫」、「章華之宫」（昭公七年）等，可能都是。

但是也有一些「宫」，雖然没有用先王先公的號或謚來做名稱，但也還是宗廟的。《左傳》昭公四年「康有酆宫之朝」，服虔説：「酆宫，成王廟所在也。」稱爲「酆宫」，可能是建在豐邑，也可能用豐邑的名稱來作爲成王宗廟的專名（傳世有豐字器，形狀像門上的鋪首，一器寫作「豊」，是王旁豐字，從康王時的盂鼎上文王武王寫作玟珷，都有王字旁來看，這些豐字器可能就是康王時代「酆宮」裏所用的)。《國語·晉語八》叙述欒盈侵絳邑時,「范宣子以公入于襄公之宫」,《左傳》襄公二十三年在叙這件事情時説成「奉公以如固宫」,韋昭《國語注》説「襄宫完固,故就之」,可見「固宫」就是因牢固而得名的。《左傳》鄭國和宋國的太廟都叫做「大宫」(見《左傳》隱公十一年和哀公二十六年)。

金文裏有關宫廟的記載,可以分爲三類: 第一是舉行祭禮,如「用牲于京宫」,「用牲于太室」之類,第二是作祭器,如:「王作永宫尊鬲」之類,第三種情况在金文裏最爲普遍,那就是王在某宫、某寢、某廟或某太室,或者説王格某宫、某廟或某太室等。凡説「在」的是王先期來到而住在這裏的,説「格」是指王臨時到那裏的,都根據臨時情况而定。王的來格,目的是對臣下進行册命或賞賜。《詩經·常武篇》説「王命卿士,南仲太祖,太師皇父」;又説「王謂尹氏,命程伯休父」,都和金文裏常見的册命典禮相符合。《大雅》裏還有《崧高》、《烝民》、《韓奕》、《江漢》等篇,也都差不多。《禮記·祭統》説:「古者明君爵有德而禄有功,必賜爵禄于太廟,示不敢專也。故祭之日,一獻,君降,立于阼階之南,南嚮,所命北面,史由君右,執策命之,再拜稽首受書以歸而舍奠于其廟,此爵賞之施也。」這雖然是漢朝學者所記的古禮,但從金文來看,是有一定根據的。

金文裏有很多記載是説明王在太廟裏的,如:

王各周廟。　小盂鼎

王各于周廟,□于圖室。　無惠鼎

王各周廟,宣榭爰饗。　虢季子白盤

王各于大朝(廟)。　趞鼎

王在周,昧爽,王各于太廟。　免簋

王在周,各太廟。　師兑簋

王在宗周,各于太廟。　同簋

王各于成周太廟。　敔簋

王在吴,各吴太廟。　師酉簋

「廟」可以稱爲「宮」，所以：

王在大宮。　不𣪘簋（《商周金文録遺》一百五十九）

相當於太廟，而

王客（格）琱（周）宫　庚嬴鼎

相當於周廟。有的金文只説「太室」，實際還是宗廟裏的太室，例如：

王啻（禘），用牲于太室，啻（禘）昭王。　剌鼎

王饔于太室，吕𨕖于太室。　吕鼎

王各（格）于太室。　師毛父簋、師奎父鼎、㦰簋、師訇簋、𦉜簋（《商周金文録遺》一百六十五）

王才（在）周，各太室。　走簋、趩觶

王才周，各于太室。　師嫠簋

王才奠（鄭），丁亥王各太室。　免觶

我們在這裏看到周王在「吴」就格吴地的太廟，〔一二〕在「鄭」就格鄭地的太室，可見周王宗廟是不限於宗周、成周、王城等處的。古代廟在宫内，《左傳》襄公二十八年説「（慶舍）嘗于太公之廟」，而下文説「慶氏以其甲環公宫，」杜預就説「廟在宫内」，可證。那末，只要周王建立了宫的地方，宫内就可能有廟。免觶説：「王在鄭」，應該就是《竹書紀年》所説「穆王所居鄭宫春宫」中的「鄭宫」，免觶的太室，也就是「鄭宫」的太室。剌鼎説「王客于般宫」，趞曹鼎説「王在周般宫、旦、王格太

室」，這個「般宮」似乎就是《穆天子傳》裏的「範宮」，範跟般的聲音很相近，而「般宮」裏也有太室。遹簋說「穆王才莽京」，而史懋壺則說「王在莽京溼宮」（卯簋裏的「莽宮」，可能就是「溼宮」）。所謂「鄭宮」、「般宮」和「溼宮」可能都是穆王時的離宮。師晨鼎、師艅簋、諫簋等器都說「王才周師録宮，旦，王各太室」，鬲從簋說「王才永師田宮」，「周師」和「永師」是都邑的名稱，「录宮」和「田宮」是離宮的名稱，而「录宮」裏也有太室。金文裏常常說「王在某应」，「应」就是《尚書·召誥》裏「太保乃以庶殷攻位于洛汭」的「位」，就是臨時蓋的行宮；師虎簋說「王才杜应，各于太室」，蔡簋說「王在雍应，旦，王各廟」，可見在「应」裏也還是有廟和太室的。由此可見，周王有專設的宗廟，如：「京宮」「康宮」等，但在每一離宮或行宮裏，也都附設宗廟。

除了周王的宗廟以外，還有他的親族或臣下的宗廟，令彝裏說到「周公宮」，沈子簋作「周公宗」，就是周公的宗廟。此外如：

王才宗周，王各太師宮。　善鼎

王才周，才師汓父宮，各太室。　牧簋

王各于師戲太室。　豆閉簋

王□□于師秦宮，王各于亯廟。　師秦宮鼎（《薛氏鐘鼎款識》）

王至于溓宮。　令鼎

這裏，太師、師汓父、師戲、師秦和溓等都是周王的臣下，但師秦宮裏有「亯廟」，師汓父宮裏有太室，以及師戲太室，證明這都是宗廟。還有庚嬴卣說「王𢓜于庚嬴宮」，而說「王蔑庚嬴曆」；尹姑鼎說「王各于尹姑宗室繇林」，而說「君蔑尹姑曆」；庚嬴和尹姑都是婦女，作器時她們都還生存，但尹姑鼎又明明說「穆公作尹姑宗室于繇林」，顯出尹姑的宗室在生前就已建成了。那末，「康宮」也可能是康王生前就建立，康王始祖，下分昭穆，這一系列的宗法制度，也可能是康王生前就制定了的。

此外，何簋說「王才華宮」；大夫始鼎說「王才龢宮」，又說「王才華宮」、「王才邦宮」；大鼎、大簋說「王才糧侲宮」。這一類的宮雖還很難瞭解，但從金文通例來看，這些宮裏也一定會有宗廟。

從無惠鼎銘我們知道「周廟」裏有「圖室」，從虢季子白盤我們知道「周廟」裏有「宣廚」。鄧簋說「隹二年正月初吉王才周邵宮，丁亥，王各于宣射」，可見「邵宮」是「周廟」之一，「宣榭」也可以在「昭宮」裏面，這和「射廬」在新宮（即穆宮）裏面的情况是一樣的，但鄧簋爲什麼先說「正月初吉王才周邵宮」而後說「丁亥王各于宣射」呢？據金文所載周王册命的典禮都是王第一天就在宗廟裏，第二天的旦才到太室裏舉行典禮（見揚簋、休盤、寰盤、伊簋、趞曹鼎等），可見册命鄧時也是王先在「昭宮」，而選擇了丁亥這個日子到「宣榭」裏舉行儀式，本來是很清楚的。但陳夢家卻提出成周非周，王城是周的説法，而說「王在（王城之）邵宮而于丁亥各于（成周）周廟的宣榭」，硬要把「昭宮」和「宣榭」分爲兩地。令彝上說「隹十月月吉癸未明公朝至于成周，……甲申，明公用牲于京宮，乙酉用牲于康宮，咸既，用牲于王，明公歸自王」。「康宮」在成周是十分清楚的，金文說「周康邵宮」，可見「昭宮」在「康宮」範圍内，怎麼能把昭宮硬派到王城去了呢？倘使「周邵宮」是王城，那末，「周廟」也是王城嗎？前面說過「宮」是一羣建築的總名，裏面有「廟」、有「寢」、有「太室」等等，每一種建築是有它自己的特點的。在通常的記載中，「康宮」可以叫做「康廟」或「康寢」，「穆宮」可以稱爲「穆廟」或「穆太室」，但這不等於廟、寢和太室没有區别。吴彝說：「隹二月初吉丁亥，王才周成太室，旦，王各廟。」這本來是舉行册命典禮時的通例，王是預先住在周成太室裏的，只是到丁亥那天的旦，到廟裏去舉行典禮。所謂「周成大室」，用君夫簋「王在康宮太室」的例來說，就是「成宮」的「太室」（「成宮」見曶壺），而「廟」也就是「成宮」裏的「廟」。蔡簋說「王在雝应，旦，王格廟」；師秦宮鼎「王□□于師秦宮，王各于亯廟」，是同樣的例子。廟和太室是在同一宗廟裏面的不同建築，如果說「成」是人臣之名，那就不能叫做「周成太室」了。

伊簋說「令伊䚄嗣康宮王臣妾百工」，陳夢家說：「康宮之内有臣妾百工。由此知康宮爲時王所居之王宮，亦是朝見羣臣之所。」（《考古學報》第十册一百三十四頁）但如果「康宮」是時王所居住的「王宮」，那只要司「臣妾百工」就完了，爲什麼還要在「臣妾百工」上再加一個「王」字呢？難道在「王宮」裏的「臣妾百工」還不是屬於「王」的嗎。就因爲「康宮」是一座規模宏大的宗廟，那裏有王的「臣妾百工」，也還有很低級的奴隸，而伊的職務是管理比較高級的「王臣妾百工」的。卯簋裏面說到叫卯去管理「莽宮、莽人」，性質是差不多的。《周禮·春官》有守祧「掌守先王先公之廟祧，其遺衣服藏焉。若將祭祀，則各以其服授尸。其廟則有司修除之，其祧則守祧黝堊之。既祭則藏其隋與其衣服」。屬于守祧的是：「奄八人，女祧每廟二人，奚四人。」夏官有《隸僕》「掌五寢之埽除糞灑之事，祭祀修寢」等，屬于隸僕的是下士二人，府一人，史二人，胥四人，徒四十人。《周禮》是春秋以後編輯成書的，未必能把西周時代的制度説清楚，但就根據這一資料，也可以證明宗廟裏是可以有「臣妾百工」的。〔一二〕

總之，金文裏的「宫」、「寢」與「太室」，所指大都是宗廟，陳夢家的説法，是站不住脚的。

四、一部分西周青銅器的斷代問題

從前面的分析研究中，我們得出結論是金文裏的「康宫」是周康王的宗廟。

根據這個結論，我們可以把金文裏和「康宫」有關的許多問題解釋清楚，可以明白西周時代的宗法和祭祀制度，但更爲重要的是可以用此來作爲西周青銅器斷代問題中的一個標尺。

前面，我們已經對作册夨令所作的令尊、令彝和令簋做了全面的考察，證明令彝、令尊應該是昭王初期作品，令簋是昭王末期作品，而不應該列在成王時代。由於許多銅器銘刻的内容是互相聯繫的，如令彝裏的明保和明公，又見於䚄卣和明公簋（應該稱爲魯侯簋）。䚄卣説「隹明保殷成周年」，可見明保還没有稱公，要比令彝早一些，可能是康王末年或昭王初年。而明公簋説「唯王令明公遣三族伐東國」，就應該在令彝的後面，是昭王初期時的銅器了。令簋裏面的王姜，又見于叔卣、不𢀛簋、睘卣等，叔卣説「隹王𠦪于宗周，王姜史叔使于太保」，太保是召公，據《尚書·顧命》，成王死時康王初立，太保奭還在。作册大鼎説「公來鑄武王成王異鼎，……公賁作册大白馬，大揚皇天尹大保宔」，這個太保也一定是召公，他來做武王成王的鼎就顯得這個鼎是在康王時期了。叔卣的字體和書法和作册大鼎差不多，可見也應該是康王時期。不𢀛簋從器的造型和字體書法看，也屬康王時期。至於睘卣則説到「隹十又九年，王才庈」，就是昭王的十九年，伐楚時的事情了。由於王姜是康王之后，昭王的太后，所以叔卣和不𢀛簋應該在康王時代而令簋和睘卣、睘尊應該在昭王末年。

令彝和令簋等器是作册夨令所做的，郭沫若同志在作册大鼎下注「與令彝、令簋等同出于洛陽。作册大乃夨令子，令爲作册，大亦爲作册，父子世官。令之父爲丁，在大自爲祖丁。令器有鳥形文族徽，此亦然。令器以宔爲休，此亦然。令器已知作于成王時，此言『鑄武王成王異鼎』，知在康王之世也」。我們認爲作册大和作册矢令有關係，是應該肯定的，但令彝令尊必須以「康宫」爲標尺，作於康王身後，令簋又必須以「伐楚」爲標尺，作於昭王末年，這也是不能移改的。那末，作册大必須早於作册矢令。「大」的做作册在康王初年，而矢令的做作册，在昭王時期，説「作册大乃矢令子」是無法成立的。至於令彝説「作父丁寶尊彝，敢追明公賁于父丁，用光父丁」，而作册大齍卻説「作祖丁寶尊彝」，好像有關，但不能證明什麽，因爲儘管作册大是作册矢令的父親，也依然可以作册大的祖父是用丁日祭的祖丁，而作册大自己，死後也成爲用丁日祭的父丁的，所以單靠這一點是不能作爲標尺的。

郭沫若同志把睘卣列在成王時的理由，第一是「十有九年，文王紀元之十九年，成王六年也」。第二是「斥與下南宫中鼎之一之『寒餗』爲一地，當即寒浞故地，地在今山東濰縣境」。我們不同意十九年是成王六年時的説法，據《史記·周本紀》説「成王少，周初定天下，周公恐諸侯畔，周公乃攝行政當國」。《逸周書·明堂解》説：「既克紂六（二）年而武王崩，成王嗣，幼弱，未能踐天子之位，周公攝政君天下，弭亂六年而天下大治。」但成王的少和幼弱，究竟是多少歲呢？據《大戴禮·保傅篇》説「昔者周成王幼在襁褓之中，召公爲太保，周公爲太傅，太公爲太師」。又説：「故成王處襁抱之中，朝諸侯，周公用事也。」《史記·魯周公世家》也説「武王既崩，成王少，在强葆之中，周公恐天下聞武王崩而畔，周公乃踐阼代成王攝行政」。《賈子新書·修政語下》説「周成王年六歲即位享國」。這是一種説法。《五經異義》説：「古尚書説云：武王崩時成王年十三，後一年管蔡作亂，周公東辟之，王與大夫盡弁以開滕之書，時成王年十四，言弁明知已冠矣。」（《公羊傳》隱元年疏。）譙周《五經然否論》也引《古文尚書》説：「武王崩，成王年十三。」（《通典》五十六）這又是一種説法。如其按照第一個説法，成王六年，他才十二三歲，是決無帶了王后的可能的；即使按照後一種説法，成王六年已經十九歲，可能已有了王后，但他有帶着王后去山東的可能嗎？第一，當時是周王室生死存亡的關頭，不是帶着王后滿處跑的時候；第二，當時是周公攝政，代王位，不但成王的王后不能在這個時期從前綫派使者去安夷伯，就是成王要帶王后上前綫，也是不可能的。第三，《尚書大傳》説「周公攝政，一年救亂，二年克殷，三年踐奄，四年建侯衛，五年營成周，六年制禮作樂，七年致政于成王」，可見成王踐奄是在三年。《尚書·多方》説：「惟五月丁亥，王來自奄，至于宗周。」又説「猷告爾有方多士暨殷多士，今爾奔走臣我監五祀」，這是包括武王克商後的二年説的，所以是五祀，從成王來説正是三年。又《多士篇》説「惟三月周公初于新邑洛用告商王士」，這是營成周以後的文告，説：「昔朕來自奄，予大降爾四國民命。」可見踐奄在前，營成周在後，《尚書大傳》的記載没有錯，那末，成王六年怎麽還能在山東一帶伐淮夷踐奄呢？可見成王六年的説法，無論從那方面看都是不能成立的。至於「庠」字根本不是《説文》「厂」字籀文的「厈」字。「庠」从「广」與「厈」从「厂」，大有分别，容庚《金文編》把它們混起來是弄錯了。「庠」字就是《説文》的「㡿」字，也就是「斥」字，《説文》「訴」「𧽢」等字的篆文都寫从厈，説是「从㡿省聲」，《汗簡》干部就把「庠」釋做「斥」。「斥」字跟「寒師」的「寒」字，聲音相距很遠，不能相通，也決不能是一個地方。

睘卣和睘尊所説的「王在斥」，是必須跟趞尊、趞卣所説「隹十又三月辛卯，王在斥」，麥尊所説「王在㡿」，聯繫到一處來研究的。跟趞尊、趞卣有聯繫的還有中齍等六器，郭沫若同志都列在成王時代，跟麥尊有聯繫的，還有麥彝、麥盉、麥齍等器，則都列在康王時。現在知道「康宫」是康王之廟，所以令彝在昭王初年；「伐楚」是昭王末年的大事，所以令簋在昭王末年；令簋跟睘卣裏都提到王姜，而睘卣又説到「隹十又九年」，所以睘卣的製作是昭王十九年，「王才斥」是昭王伐楚時的所在地，那末，上面這些銅器都應該列在昭王時代才合適。

「王在斥」的「斥」在那裏呢？如果我們僅僅看到睘卣、睘尊、趞卣、趞尊和麥尊等器是很難確定它的地點的，但如果跟其它有關各器聯繫在一起來研究，就有可能找到一點綫索。中齍説「惟十又三月庚寅王在寒師」，跟趞尊趞卣的「王在斥」只相差一天。十又三月是閏月，不是每一年都有的，同在十又三月，相差只有一天，很可能就是同時的事情。把截然無關的兩個地名「寒師」和「斥」，硬説成一個地名是不應該的，但如理解爲昭王在十三月庚寅的一天住在「寒師」，第二天住才「斥」，就絲毫没有勉强了。中齍是宋朝重和戊戌（公元一一一八年）在安陸的孝感縣（今湖北省）出土的，一共有六件器，除了一個圓鼎説「中作寶鼎」外，還有三個方鼎，一個尊，一個甗。上面所説中齍是三個方鼎之一，另外兩個方鼎，一開始説「隹王令南宫伐反荆方之年，王令中先省南國𠁩（串）行，埶王应」（荆字作，見𤼈簋。過去不認識，因爲跟虎字的下半作很接近，就把它誤釋爲虎字了），中甗也説：「王令中先省南國𠁩行，埶应在曾。」由此可見這一批銅器都是昭王末年所做的。「荆」就是「楚」，過伯簋説「過伯從王伐反荆」，𤼈簋説「𤼈從王伐荆」，㹞簋則説「㹞馭從王南征，伐楚荆」，這些金文資料跟《古本竹書紀年》所説「昭王十六年伐楚荆」是相符合的。「楚荆」又叫做「荆楚」，《商頌·殷武篇》説「奮伐荆楚」，毛萇傳「荆楚，荆州之楚國也」。據《左傳》昭公十二年説「先王熊繹僻在荆山」，則「荆」的地方名稱，應該是從荆山發展而成的。《小雅·采芑篇》説「蠢爾蠻荆，大邦爲讎」，就只稱爲「荆」。《春秋》莊公十年「秋九月，荆敗蔡師于莘」，《穀梁傳》説，「荆者楚也，何爲謂之荆，狄之也」。那末，對於楚國，不叫它的國名，而只稱呼它爲「荆」，是表示輕視它的意思。過伯簋把它叫做「反荆」，中甗把它叫做「反荆方」，可見昭王時的伐楚，是由楚國的反周開始的。中甗說「隹王令南宫伐反荆方之年」，可見這次戰事，先是由南宫去伐的。但是昭王已經有親自南征的打算，所以派中去「先省南國」，預先布置行宫（应），到了昭王十六年，王就自己南征了。由此可見中甗所說「隹王命南宫伐反荆方之年」，應當是昭王十四、五年的時候。到昭王親自南征時，許多奴隸主都跟了去了，所以過伯簋、貞簋、𤝺簋等都說「從王」。令簋說「隹王于伐楚白，才炎」，可能比較早一些，十三月庚寅到了「寒師」，第二天辛卯就到了「斥」。據睘卣說昭王十九年還住在「斥」，那末，這很可能是昭王末年時常住的地方。由中的「先省南國」，可以證明，王的南征伐荆或楚，所到的「炎」、「寒師」和「斥」等，决不可能在山東境内。中甗六器出土於孝感縣，在漢水的北邊，離漢水還過二十來公里，中甗裏還說到「漢中州」，更可以證明《竹書紀年》所說昭王十九年喪六師於漢，確是事實。中的六器所以在此出土，跟「昭王南征而不復」，總是有密切的聯繫的。

再從麥的四器說，列在康王時代也是没有確實的證據的。孫詒讓說麥鼎的篆體「與盂鼎似出一源」（《籀高述林》卷七），麥鼎今藏於浙江省博物館（《商周金文録遺》九十一），字體跟盂鼎確有相似的地方，但盂鼎作於康王二十三年，離昭王初只有三年，到昭王死也只有二十來年，這是不足爲奇的。但如經過仔細分析，是可以看出麥的四器在文體書法方面都跟令簋、𤝺簋等伐楚時期的銅器相接近，應列於昭王後期，而不是康末昭初。麥尊說「王令辟井侯出矿侯于井」，郭氏認爲「與周公簋之『王令𤇾眔内史曰葬井侯服』蓋相關聯」，其實它們的關聯并不多（都是邢國的銅器），不能證明是同時的製作。周公簋（實際應叫做邢侯簋）是邢侯做的，[一三] 據《左傳》僖公二十四年「凡、蔣、邢、茅、胙、祭，周公之胤也」，可見邢侯是周公的兒子。周公旦的大兒子伯禽，在成王初年就被封爲魯公，第二個兒子繼承了周公旦的封爵，凡、蔣、邢、茅、胙、祭等國的始封君，都是他的小兒子了。據《逸周書》所講，與周穆王同時的祭公謀父是穆王的祖父一輩，那就是周公的孫子，那末，周公的小兒子，大抵可以到康王昭王之間的時期。金文的周公簋（即井侯簋）郭沫若同志定爲康王時，我認爲是對的。簋銘說「作周公彝」，可見這個邢侯是第一代，是周公的兒子。銘文裏說到「王令榮眔内史」，榮這個人又見於盂鼎，而盂鼎是康王二十三年做的。這些都證明陳夢家所謂「不能晚于成王末」是不對的。至於麥尊，銘文明明說到這個辟井侯「用龏義寧矦，䫏考（孝）于井矦」，可見辟井侯并不是始封的第一代了。周公簋裏的第一代邢侯在康王時代，那末麥氏四器裏的第二代邢侯應當在昭王時。我們再看麥尊銘裏所說「雩王在𢼊，巳月，矦易者𡚬臣二百家劑用王乘車馬金勒，冂衣市舄，唯歸，逜天子休，告亡尤」。「𢼊」字顯然是「庈」字的繁文，那末，昭王南征，在「斥（庈）」的時候，這個辟井侯也曾經去過，得到很多賞賜而回，更加清楚地顯出麥的四器應該屬於昭王的後期了。由麥尊可以看出周昭王曾經長時間住在「斥」的地方，貴族們特地到這地方去朝見他，然後再回去，這和《竹書紀年》所説他從十六年就南征，一直到十九年喪六師於漢，在南方住了三年多的情況是正符合的。麥尊是邢侯在「斥」地朝見了昭王回去後賞他的作册麥金，而麥就用以做銅器，麥彝、麥盉、麥鼎也都記載邢侯賞給麥（又稱麥鬲）金或赤金，麥氏四器全是方的，可以看見是昭王末年同時的製作。

前面説到了趞尊、趞卣是昭王在斥地時賞趞采地，趞這個人又見於疐鼎，説「王令趞𢦏東反尸（夷）」，可見趞也是周初的將帥之一。疐鼎裏又提出了一個東反夷的問題，這在周初金文中也是時常見到的，像：小臣謎簋説「𢦏東尸（夷）大反，白懋父以殷八𠂤征東夷」，旅鼎「隹公太保來伐反尸（夷）年」，䨣鼎「隹王伐東尸（夷）」等都是。據《史記·周本紀》説：「成康之際，天下安寧，刑措四十餘年不用。」又據《史記·魯周公世家》集解引皇甫謐説「伯禽以成王元年封，四十六年，康王十六年卒」，可知成王在位三十年。〔一四〕《太平御覽》卷八四引《帝王世紀》「康王在位二十六年崩」，那末成康兩王在位一共是五十六年，現在説中間有四十多年天下安寧，一頭一尾就只有十幾年了。《尚書》裏記載周公成王時期的歷史最詳細，據《書序》從「武王崩」以後，有《大誥》、《微子之命》、《歸禾》、《嘉禾》、《康誥》、《酒誥》、《梓材》、《召誥》、《洛誥》、《多士》、《無逸》、《君奭》、《成王政》、《將蒲姑》、《多方》、《周官》、《立政》、《賄肅慎之命》、《亳姑》、《君陳》、《顧命》等廿一篇，占《尚書》百篇五分之一以上，而康王時只有兩篇《康王之誥》、《畢命》占《尚書》百篇的五十分之一，應該説成王時的大事是不會再有所遺漏的。據《尚書》武王死了以後，三監和淮夷都叛了，周公和成王的東征，首先是黜殷，伐管叔、蔡叔，接着就東伐淮夷，踐奄，伐了東夷之後，連很遠的肅慎也來賀。這些記載很清楚地説明了周公攝政時期的成王東征與踐奄等事，在金文裏反映這一時的事情的，如𪧀鼎説「隹周公于征伐東尸（夷），豐伯，敷古（蒲姑），咸𢦏」，是周公東征，包括了「將蒲姑」在内的（《考古學報》第九册圖版玖）。沫司徒迭簋説「王來伐商邑，征令康侯圖于衛」（《商周金文録遺》一百五十七），小臣单觶説「王后𠬝，克商」是叙述成王伐商的事。禽鼎、禽簋説「王伐𦽛侯」，岡刧尊、岡刧卣説「王征𦽛」（《商周彝器通考》上三百九十五頁），「𦽛」應讀爲「蓋」（林和艸通用，去和盍通用），《墨子·耕柱篇》、《韓非子·説林》所説的周公伐「商蓋」，就是《左傳》昭公九年的「商奄」，也就是《尚書》上的「奄」。那末，這都是成王踐奄的事。總之，成王時的戰爭，大都在成王的初年。〔一五〕《尚書·費誓》序説：「魯侯伯禽宅曲阜，徐夷并興，東郊不開。」《費誓》説「公曰：嗟！人無譁，聽命，徂茲淮夷徐戎并興」，又説：「甲戌，我惟征徐戎。」在這裏，徐戎是主要的。因爲管蔡等反周時就已經連帶着淮夷，「成王東伐淮夷，遂殘奄」，而奄地一帶後來就封給了伯禽（《說文》「鄣，周公所誅鄣國，在魯」），所以魯國就跟徐戎接起邊界來了。徐戎跟魯國發生了衝突，淮夷也就想跟着跑，所以說是「并興」，但無論從《尚書》敘或從《費誓》本身來說，他所征的只是「徐戎」。由此可以看出伯禽的征「徐戎」，是在伯禽初即位時，也就在成王初期。

至於前面說到的壴鼎裏的「王令趞蔑（𢦏）東反尸（夷）」，小臣謎簋的「𠭯東尸（夷）大反」，旅鼎的「唯公太保來伐反尸（夷）年」，照我看都不應該放在成王時代。因爲周公成王時初次東征，根本就没有說東夷反的話，因爲那時的主謀是管蔡和武庚，東夷或者淮夷是跟了管蔡來叛周的。現在說東反夷或東夷大反等話，顯然是已經用兵鎮壓以後又重新騷亂起來的意思。只有經過成康之際，天下安寧，刑措四十餘年不用以後，即康王後期，東夷突然大反起來了，在金文裏才能用這種口吻了。照現有資料看，這次東夷反後，去討伐的人很多，「太保」、「伯懋父」跟「趞」，都曾經做過主帥。我們知道太保是召公，而康王時期的保字寫從玉旁，那末旅鼎所說太保伐反夷的一年，應該是屬於康王後期的。伯懋父郭沫若說是康叔封的兒子康伯髦，也就是《左傳》昭公十二年的王孫牟是很對的。[一六]《左傳》說「熊繹與呂伋、王孫牟、燮父、禽父并事康王」，下面又說「齊王舅也，晉及魯衛，王母弟也」，齊指呂伋，晉指燮父，魯指禽父，衛指王孫牟。《世本》「康叔子康伯名髦」，宋衷注「即王孫牟也，事周康王爲大夫」。金文作伯康父，懋和髦、牟的字音相通。但是伯懋父既然在康王時做大夫，他的活動就只應在康王時代或以後。《左傳》定公四年說「康叔爲司寇」，《史記·衛康叔世家》：「成王長用事，舉康叔爲周司寇。」所以成王臨死的時候，《尚書·顧命篇》說「乃同太保奭、芮伯、彤伯、畢公、衛侯、毛公」裏的衛侯就是康叔，而康伯髦的活動時期，就應該在康王時期或更後，是很明顯的。

旅鼎所記是太保伐反夷，太保在成王時代，也在康王時代，現在既證明它決不是成王初年，那就應該是康王後期。小臣謎簋記東夷大反，伯懋父用殷八師征東夷，伯懋父的活動時期，既然在康王時，當然就更應該在康王末期，可能是太保召公死了以後，才由伯懋父來征反夷的。至於壴鼎所說「王令趞蔑東反夷」，「趞」這個人在昭王十八九年時在「斥」地被錫采地，那就一定在昭王時期了。雪鼎說「唯王伐東夷」，從銘文字體書法來看跟成王初期迥然不同，而跟昭王後期的文字比較詭怪的一類相近，可見也是昭王時器。至於師旅鼎所說「唯三月丁卯，師旅衆僕不從王征于方雷」，[一七]儘管也是伯懋父時期，這個王已經滿處亂跑，恐怕也不屬於康王末期而爲昭王初期了。師旅鼎的鳥紋圖案，長尾已經和身部脱離，這種形式也見於昜鼎、䧹鼎、師趛鼎等（《商周彝器通考》附圖五十二、五十三及五十四），大都是西周中期器，可見師旅鼎的製作不會很早。

從前面已經分析過的史料，我們可以看到西周初期，除了成王剛即位的幾年中有過一些大戰役以外，曾經出現過一個暫安無事的局面，從成王中、晚期一直到康王前期的四十多年中，號稱爲「刑措不用」的時代，也就是後世歷史上所盛稱的「成康之治」。當然，從歷史唯物主義者來看，當時是奴隸社會的極盛時期，奴隸主王朝的繁榮是建立在殘酷壓迫與剥削他們所佔有的大批奴隸與奴役未發達民族上面的。周初經過了克殷、伐東夷、踐奄等許多大戰役，據《逸周書·世俘解》，武王克殷，「凡憝國九十有九國，馘磿億有十(七)萬七千七百七十有九，俘人三億萬有二百三十，凡服國六百五十有二」，那末，所獲得的戰俘奴隸有四十八萬多。又據《作雒解》，周公東征時，「凡所征熊盈族十有七國，俘維九邑，俘殷獻民遷扎九軍」。周王朝是在商朝末年才發展起來的，從伐紂以後，没有幾年，就掠奪到這樣多的奴隸，暫時當然心滿意足了。由武王到康王曾經三次大封諸侯，分土地，分奴隸，分宗彝，一直到康王時代的宜侯夨簋和盂鼎，所賞的奴隸都還有一千幾百人，盂鼎和令簋所説的「鬲」，就是《逸周書》的「磿」，可見《逸周書》關於俘虜的記載是有根據的。有了這大批奴隸，周王朝暫時當然没有考慮到新的侵略，但是經過了四十多年以後，情勢就有了新的發展。統治階級奢侈享受，貪得無厭，對被奴役民族的壓迫越來越重，激起了邊疆民族的覺醒和反抗，所以到了康王後期，東夷大反(見小臣謎簋等)，鬼方也不靖(見小盂鼎，康王二十五年)，周王朝爲了維持它的統治，繼續奴役邊疆民族，不斷派出貴族領兵去鎮壓，新的戰役開始了，所謂「太平無事」的假象就被打破了。開始時領兵的還是老將，像：召公也還去伐過「反夷」，後來，戰爭一天一天地多起來了，周王朝的貴族們，在土地與奴隸已經不够分配的情況下，也特别喜好這種侵略戰爭，像小盂鼎所記俘獲成萬人的戰役，對新的貴族是有很大刺激的，所以到了昭王時期，王自己也屢次出征了。周王這種出征，一方面爲了侵略，一方面爲了游賞，所以要南征，伐楚荆，第一是爲了搶掠南方的銅，過伯簋説「孚金」，鼒簋説「孚」，𢦏簋説「有得」，説明了這班貴族的目的，而周昭王十六年南征，一直到十九年死在漢水，留在南土三四年，又把他的母親都携帶同去，像邢侯等貴族，還特地到昭王住的地點去朝謁過，可見他的目的不僅僅是戰爭，所以《楚辭·天問》説是「昭后成游」。昭王死後，穆王并没有改變這種情況，相反，跑得更多了。但是這種跑不但没有增加奴隸，相反地，所謂「君子變爲猿鶴，小人變爲蟲沙」，就是説奴隸越來越少了。所以穆王末年就很後悔，而到了共王就不再這樣到處跑，西周奴隸社會也在走下坡路了。這是西周初期歷史的一個輪廓。如果把關於東夷和伐楚的故事全放到成王時代，這些歷史事實就無法搞清楚了。

另外，《西清古鑑》十三著録的班簋，説「伐東國痡戎」的事，認爲是成王東征淮夷徐戎之役。郭沫若同志也列在成王。但這裏所伐只是痡戎，又不是王的親征，並且要三年才能「靖東國」，顯然不是成王初年伐東夷踐奄時的景象。金文裏講到伐東國的事情，有兩件：其一是明公簋（應稱魯侯簋），前面已經説過是昭王時的銅器；另一件就是班簋。清代劉心源（《古文審》卷五）根據《今本竹書紀年》「穆王十二年毛公班、共公利、逢公固帥師伐犬戎」，説：「據帝王年表推之，成王四年伐淮夷，至穆王十二年計百二十有三年，毛公班于成王時尚未生也。」于省吾《穆天子傳新證》（《考古社刊》第六期）、楊樹達《積微居金文説》都根據《穆天子傳》，認爲做班簋的人就是周穆王時的毛公和毛班。

陳夢家反對穆王説，認爲劉、于、楊三人全不顧此器的形制、花紋以及銘文的史實。我在這裏首先要説明的是這個簋的原器已看不到，現在所根據的只是《西清古鑑》上的摹繪本，從銘文來説，決不會假，但所摹的形制和花紋是十分可疑的。這是一個四耳延長作爲四足的簋，最奇怪的是簋腹圖案的中心竟是一個很大的「壽」字，而且這個「壽」字的篆法，一望而知是明以後的。所以如果注意到這件器的形制、花紋，就不僅不是成王時，而且簡直是明清之際人所假造的。在流傳的銅器裏，我們常遇到銘文真而器假的現象，這是由於原器只剩殘片，即銘文部分，古董商人爲了賣高價，任意安上了一個假造的器的原故，所以這個器的形制和花紋就不倫不類了。因此，我們在這一件銘文的討論時就只有分析它的内容事實而不能從器形與花紋方面得到任何旁證。

器銘説：「王令毛伯更（賡）虢城公服，甹王位，乍四方亟，秉緐蜀巢令」。「更」是繼續的意思，是叫毛伯繼承虢城公的地位。下面是王令毛公帶領邦冢君等伐東國痡戎，叫吴伯跟吕伯左右毛父，又趞令説「以乃族從父征」，下面説到「三年静東國」，又説到「公告厥事于上」。這裏的毛公，顯然就是前面的毛伯，因爲他繼承虢城公的服，所以稱爲公。在王的命辭裏稱他爲「毛父」，爲「父」，説明毛公在當時王朝裏是老的一輩了。毛公伐東國所率領的是三個族，跟明公簋「唯王令明公遣三族伐東國」的規模相同，三族組成三軍，中軍是毛公本族的，左軍是吴伯，右軍是吕伯，三軍的成員命令完了以後，又發布「遣令」説：「以乃族從父征造城，衛父身。」這個「遣」字跟小臣謎簋「遣自䍙師，述東陕，伐海眉」，明公簋「遣三族伐東國」的意義相同，是臨出征以前派遣的命令。郭沫若同志把「趞」當做人名，説虢城公就是「趞」，那末，毛公本來是繼承虢城公的「服」的，現在反而要倒過來，把虢城公作爲毛公部下，述要稱毛公爲毛父了，這怎麽能講得通呢？郭氏又引甗虢遣生簋來證明虢城公就是「趞」，但趞尊、趞卣、班簋等的文字都很古，例如「寶」字所從的「貝」，都還是象形，而甗虢遣生簋的

「寳」字，所從的「貝」已經和小篆一樣，上目下八了。可見這個簋的時代很晚，無論對趞尊、趞卣的「趞」或班簋的「虢城公」，都是毫無關涉的。

銘文後段說：「班拜稽首曰：烏虖，不杯揚皇公受京宗懿釐，毓（后）文王王姒聖孫，登于大服，廣成厥功，文王孫亡弗褱刑，亡克競厥剌（烈）。班非敢抑，唯作昭考爽益（謚）曰大政。」對這一段，有不同的解釋。照郭沫若同志的意見，「班」是「趞」的臣屬，「后文王王姒聖孫」是指成王，即把這一句讀爲「后，——文王王姒聖孫」，因此他認爲成王稱毛公爲毛父，說毛公即《尚書·顧命》之毛公，亦即文王子毛叔鄭也。《漢書·古今人表》分毛公毛叔爲二人，非是。這是一種說法。陳夢家說：「班」是毛伯毛公的子輩，說西周有兩毛公，一爲毛叔鄭，與武王同時，一爲《顧命》之「毛公，當成王之末，康王之初」，這又是一種說法。

其實，這兩種說法都不能成立。首先，「趞」在這裏并不是人名，更不是「虢城公」，因此「班」不可能是「趞」的臣屬。「后文王王姒聖孫」也不是成王。「后文王」三個字必須聯起來讀，「后文王」就是「文王」，等於「后稷」就是「稷」，「后羿」就是「羿」。《詩經·下武》「三后在天，王配于京」，是指「京宮」裏所祭的太王、王季和文王，「京宮」就是「京宗」，班簋既說「不杯揚皇公受京宗懿釐，后文王王姒聖孫」，就説明了這個「皇公」是「京宗」的後嗣，也就是文王、王姒的孫子。《禮記·內則》說「后王命冢宰降德于衆兆民」，「后王」就是王；《詩經·文王有聲篇》「王后烝哉」，「王后」也是王；毛傳說「后君也」，那末，「后文王」等於「君文王」，《尚書·顧命》說「昔君文王，武王宣重光」。凡此都可以證明「后文王」就是文王，文王的孫子是「班」所揚的「皇公」；而不應該把「后文王」這一個詞分開來說「后」是文王的孫子，把「后」解釋爲成王。就是從文法來說，剛剛說完「不杯揚皇公受京宗懿釐」，突然就誇起成王來了，誇了半天成王，又說「班非敢抑，唯作昭考爽謚」，未免太顛三倒四了。況且說「登于大服」，是說「皇公」做了大官，盂鼎說「汝妹辰有大服」，是指盂有大服，班簋說毛伯更虢城公服，都可以爲證。說「文王孫亡弗褱刑，亡克競厥烈」，也指的是「皇公」在文王孫子一輩中最突出，如果說的是「成王」，那末，誰敢和天子競功烈呢？可見就從頌揚的口氣說，也不是成王。總之，這一段文義是班在稱揚皇公的功烈，「皇公」是文王的孫子，也是班的「昭考」，换一句話說，「班」就是文王的曾孫。由此可見，班簋的毛伯或毛公，不可能是文王的兒子毛叔鄭。毛叔鄭是武王和周公的弟弟，相當於武王成王時代，毛叔鄭的兒子，應該相當於成王康王時代，可見《尚書·顧命》裏成王臨死時的毛公，確實是毛公的兒子，《漢書·古今人表》所列并没有錯。其次，班簋的「毛伯」、「毛公」或「毛父」究竟和「皇公」是一個人呢？還是和「班」是一個人。照陳夢家的説法，「毛伯」、「毛公」和「皇公」或「班」的「昭考」爲一人，就是《尚書·顧命》的毛公，所以他把班簋作爲成王時的銅器。但是《顧命》裏的毛公在成王死時還活着，而在班簋裏的皇公已經是昭考；如果班簋是成王時器，「皇公」就決非《顧命》的毛公；如果「皇公」是《顧命》的毛公，那班簋就不能作於成王時代。况且，「皇公」與「昭考」如果和前面的毛伯、毛公、毛父是一個人的話，這篇班簋銘究竟是在毛公生前做的呢，還是死後做的呢？銘文上半篇，顯然是叙述當時發生的一個戰役，怎麼會到「班拜稽首」以下這個毛公忽然是已死的人了呢？必須肯定，銘文前部所記的如果是當時的事情，那末，後半的「皇公」與「昭考」，一定是另一個人，不然是講不通的。

按照一般的説法，也就是劉心源、于省吾、楊樹達等的説法，「毛伯」「毛公」或「毛父」跟後面的「班」是一個人，是合於青銅器銘文的通例的。宗周鐘是周厲王所做的，前面自稱爲王，後面説「㝬（胡）其萬年」，就自稱其名，是很好的例子。班簋前部是客觀的叙述，所以用「毛伯」、「毛公」或「毛父」，後段要稱頌他父親的功烈，就自稱其名爲「班」了。那末，由銘辭看來，「班」是「毛伯」的名字，他代替了虢城公的職務，以「毛公」的身分率領着所屬和吴伯吕伯的軍隊去伐東國，經過三年東國平靖，「告厥事于上」，因而鑄銅器來祭他的父親，順便也稱揚了他父親的功烈。他稱父親爲「皇公」，還要爲他作謚，可見他父親死得不很久；稱爲「昭考」，可見他父親是屬於「昭」的一輩。毛叔鄭是「文王之昭」，但他是文王的兒子，不是孫子，所以這個「皇公」不會是毛叔鄭。但毛叔鄭是毛國的始封之君，從他以後，又分昭穆，那末，《顧命》裏的毛公是昭的一輩，這和班簋所説的「后文王、王姒聖孫」正符合，所以這個「皇公」和「昭考」，就是《顧命》裏的「毛公」。

《顧命》裏的「毛公」，相當於成王康王時代，他死在什麼時候雖然不知道，但總要到康王時代或以後了。毛伯班是在他死了以後過一些時候繼承虢城公的，所以無論怎麼説，班簋的製作時代不會在成王時代。再説，銘中對「毛公」稱「毛父」，也稱「父」，毛叔鄭是成王的父輩，他的兒子毛公是康王的父輩，毛伯班是第二代毛公的兒子，跟康王是同輩，但他的年紀一定比康王要小得多，所以決不能稱爲「毛父」。那末，班簋的製作也決不會在康王時代。毛伯班比昭王長一輩，在昭王時代，是有稱爲「毛父」的可能了，但昭王在位只有十九年，所以毛伯班很可能在穆王時還健在。據《逸周書·祭公解》，穆王稱祭公謀父爲「祖祭公」，可見穆王比祭公小兩輩，但（《穆天子傳》卷二），赤烏氏獻酒，「天子使祭父受之」；卷五説「祭父自圃鄭來謁」；都只叫「祭父」，[一八]那末，毛伯班雖比穆王大兩輩，在穆王時也可以稱爲「毛父」。

由於毛伯班的稱爲「毛父」或「父」，我們可以斷定班簋的製作，相當於昭王、穆王時代，但它究竟應該在什麽時候呢？我認爲劉心源等認爲「班」就是穆王時的毛班是很對的（劉心源引《今本竹書紀年》不知道是僞書，于省吾、楊樹達都根據《穆天子傳》）。《穆天子傳》卷四説：「丙寅，天子至于鈃山之隊，東升于三道之隥，乃宿于二邊，命毛班、逢固先至于周以待天之命。」郭璞注説：「毛班、毛伯衛之先也。」又卷五「毛公舉幣玉」，郭璞注：「毛公即毛班也。」可以證明「班」就是「毛公」，并相當於穆王時代。簋銘説毛公伐東國㾓戎的時候，王令吴伯、吕伯去左右他。静簋説「雩八月初吉庚寅，王以吴㚔、吕剛卿（合）𢿢葢師、邦君、射于大池」，郭沫若同志把静簋列在穆王時代是很對的，所説的「吴㚔」、「吕剛」，顯然就是班簋上的「吴伯」和「吕伯」，「㚔」和「剛」是他們的名字，跟「班」是毛公的名字是一樣的。由此也可以證明班簋應該在穆王時代。

銘文説「王令毛公以邦冢君、徒馭、𢦚人、伐東國㾓戎咸」，「㾓」字《西清古鑒》作，釋作「猒」，按金文「猒」字多從，此略不同，可能是筆迹上的變異，也可能是摹寫上略有改動。郭沫若同志説「㾓戎當即奄人」，把班簋作爲成王征淮夷踐奄時的銅器。但是成王征淮夷和踐奄，是成王親征，實際上是周公東征，而班簋所説則只有毛公、吴伯與吕伯，成王踐奄在成王四年以前，以後奄國已經不存在，毛公如何能伐奄呢？況且「奄」國在金文裏作「荟」，即「葢」字，見於禽簋及岡刦尊等，如何能又寫作「㾓」；「奄」是東夷之一，而這裏所伐的是東國㾓戎，東夷與東國不同，夷和戎也不同，是不能混爲一談的。劉心源把「猒戎」讀爲「玁戎」，是附會《今本竹書紀年》「毛公班、井公利、逢公固從王伐犬戎」的説法，而不知《今本竹書紀年》是僞書；而且犬戎不在東國，《穆天子傳》卷一「天子獵于鈃山之西阿，于是得絶鈃山之隊，北循虖沱之陽，乙酉，天子北升于□，天子北征于犬戎」，是説犬戎在現在的山西省滹沱河以北。再據《後漢書・西羌傳》「王乃西征犬戎，獲其五王，王遂遷戎于太原」，郭璞注《穆天子傳》引《紀年》也説「取其五王以東」，那末，山西之犬戎，還是穆王時遷來的，更早的犬戎，在西土之周的西，怎麽能稱爲東國呢？玁狁的玁，金文常見，寫作厰，又怎麽能寫做「㾓」了呢？我以爲「㾓」即「猒」字，應該讀爲「偃」，「猒」有安静的意義，「偃」也有安息的意義；「偃」有俯伏的意義，「猒」也有伏的意義，兩個字的聲音是很接近的（所區别的只是猒的韵尾是m，而偃的韵尾是n），是可以通轉的。「猒戎」應該是徐偃王。周公和成王伐東夷，當時還没有和徐國接觸，到了伯禽「宅曲阜」之後，《尚書・費誓》説「徂兹淮夷徐戎并興」，又説「甲戌，我惟征徐戎」，可見徐國是「戎」和一般「東夷」是不一樣的。這裏所説的「東國猒戎」，應該是「徐戎」的别名，就像金文裏的邗王是埜戈，和趙孟疥壺的「邗王」，「邗」都是「吴」的别名一樣，「徐戎」别名爲「猒戎」，那末，徐王也可以稱爲「猒王」，就是古書裏常看到的「偃王」。《博物志》引《徐偃王志》説「生時正偃，故以爲名」，《史記集解》引《尸子》「徐偃王有筋而無骨」，裴駰説「號偃由此」，都是看到了偃王的名而加以附會的。徐偃王與穆王同時，《史記・秦本紀》：「（穆王）西巡狩樂而忘歸，徐偃王作亂，造父爲繆王御，長驅歸周以救亂。」又《趙世家》：「繆王使造父御，西巡狩見西王母樂之忘歸，而徐偃王反，穆王日馳千里馬攻徐偃王大破之。」都把徐偃王作亂和穆王西巡，造父作御等事同時。《韓非子・五蠹篇》則説：「徐偃王行仁義，荆文王恐其害己也，伐徐滅之。」《淮南子・人間訓》則説是楚莊王舉兵伐徐。《史記》索隱和正義都引蜀譙周《古史考》説：「徐偃王與楚文王同時，去周穆王遠矣。且王者行有周衛，豈聞亂而獨長驅日行千里乎，并言此事非實也。」按譙周不相信周穆王有西征的事情，因而也不相信徐偃王作亂、造父御穆王回來救亂等事情，而相信《韓非子》説徐偃王和楚文王同時。但楚文王立於魯莊公五年，死於魯莊公十九年，《左傳》對楚國事情記載得很詳細，楚文王時伐過申，伐過蔡，滅了鄧，都在現在河南境内；根本没有伐過徐，而且當時也没有徐國的活動。楚莊王立於魯文公十四年，死於宣公十八年，除了幾次伐宋、陳、鄭等國外，滅了庸、舒、蓼等國，還伐過陸渾之戎，「遂至于洛，觀兵于周疆」；那時正是晉楚爭霸的時代，也何嘗有伐徐的事情呢？春秋時，徐國是一個小國，《春秋》僖公三年，才説「徐人取舒」，僖公十五年春「楚人伐徐」，那年的冬天，「楚人敗徐于婁林」。僖公十七年春，「齊人徐人伐英氏」。《左傳》「十五年春，楚人伐徐，徐即諸夏，故也。三月，盟于牡丘，尋葵丘之盟，且救徐也。孟穆伯帥師及諸侯之師救徐，諸侯次于匡以待之」，「秋伐厲，以救徐也」。又説：「楚敗徐于婁林，徐恃救也。」「十七年，齊人爲徐伐英氏，以報婁林之役也。」這裏所記楚國和徐國之間的戰爭，主要是齊國的關係，所以就在僖公十七年冬齊桓公死了以後，齊楚之爭變爲晉楚之爭，徐國也就不提起了（昭公三十年，「吴滅徐，徐子章禹奔楚。沈尹戌帥師救徐弗及」。可見徐離吴近而離楚遠）。《禮記・檀弓》説：「邾婁考公之喪，徐君使容居來吊含。」容居説：「昔我先君駒王、西討，濟于河。」鄭玄注：「考公隱公益之曾孫，考或爲定。」顧炎武《日知録》説邾隱公當哀公之時，到他的曾孫離春秋已遠，「徐已失國，其尚能行王禮于鄰國乎？定公在魯文宣之時，作定爲是」。這個説法是很對的。邾定公就是邾子貜且，立於文公十四年，見《左傳》，死於成公十七年，在位四十年之久，是可稱爲考公的了。魯成公十七年是周簡王十二年（公元前五七四年），比昭公三十年吴滅徐（公元前五一二年）早六十二年，那時，徐雖然是小國，還自稱爲王（金文徐王義楚耑等可證），由容居所説，可見徐國是曾經很强大的，但在春秋裏看不到，顯然是遠在春秋以前的。可見《韓非子》《淮南子》説徐偃王和楚文王或楚莊王同時是毫無根據的，只是戰國以後的傳聞之詞罷了。《後漢書・東夷傳》説：「徐夷僭號，乃率九夷以伐宗周，西至河上，穆王畏其方熾，乃分東方諸侯，命徐偃王主之。偃王處潢池東，地方五百里，行仁義陸地而朝者三十有六國。穆王后得驥騄之乘，乃使造父御以告楚，令伐徐，一日而至，于是楚文王大舉兵而滅之。偃王仁而無權，不忍斗其人，故致于敗。乃北走彭城武原縣東山下，百姓隨之者以萬數，因名其山爲徐山。」范曄在這裏綜合了很多傳説，所以會把穆王跟楚文王相去三百多年的人物硬拉在一起，但他説偃王曾經「伐宗周西至河上」的一點，跟《禮記·檀弓》所説「駒王西討濟于河」，顯然是同一件事情。晉張華《博物志》卷八引《徐偃王志》説「偃王既其國，仁義著聞，欲舟行上國，乃通溝陳蔡之間，得朱弓朱矢以己得天瑞，遂因名爲弓，自稱徐偃王，江淮諸侯皆伏從，伏從者三十六國。周王聞遣使乘駟一日至楚，使伐之。偃王仁，不忍聞（鬥）言（害）其民，爲楚所敗，逃走彭城武原縣東山下，百姓隨之者以萬數，後遂名其山爲徐山。山上立石室，有神靈，民人祈禱，今皆見存」。這一段大致上是《後漢書》所本，但説徐偃王「遂因名爲弓」，「弓」的聲音與「駒」通，古書「句吴」，金文作「工盧」或「攻敔」、「攻吴」，《方言》九「車構篗」注「即車弓也」，可以爲證。那末，「徐偃王」就是「徐駒王」。《史記·秦本紀》正義引《括地志》説「徐城在越州鄮縣東南入海二百里。夏侯志云『翁洲上有徐偃王城。』傳云『昔周穆王巡狩，諸侯共尊偃王，穆王聞之，令造父御乘騕褭之馬，日行千里自還討之。』或云『命楚王帥師伐之』，偃王乃于此處立城以終」，也兼採穆王和楚王兩説，但没有指明楚王是誰。綜合前面這些傳説，可以看出一些綫索，即：（一）徐偃王與周穆王同時，（二）徐偃王就是駒王，（三）徐偃王曾伐周，西至河上，（四）周王在西征回來後伐徐偃王，（五）周穆王由西征回來，由造父爲御，乘駿馬，日行千里，（六）周伐徐偃王，徐敗了，但没有滅亡，而這些綫索是可以和班簋銘文聯繫起來看的。

前面已經説過，班簋裏的「班」，就是《穆天子傳》的毛班與毛公；班簋裏跟毛公一起伐東國的吴伯和吕伯就是静簋裏的「吴𠦪、吕剛」，而静簋也正是穆王時的銅器，班簋所記「伐東國㾓戎」正和穆王時伐徐偃王的記載相合，「徐」稱「徐戎」，「㾓」就是「猒」字，通「偃」，可見「偃王」是「猒戎」之王；那末，班簋是穆王時的銅器是毫無疑問的。《穆天子傳》卷四，穆王從西征回來時，「孟冬壬戌，至于雷首」，「癸亥天子南征」，「丙寅，天子至于鈃山之隊，東升于三道之隥，乃宿于二邊，命毛班逢固先至于周以待天之命。癸酉，天子命駕八駿之乘，赤驥之駟，造父爲御，□南征翔行，逕絶翟道，升于太行，南濟于河，馳驅千里遂入于宗周」。這段叙述是和《史記·秦本紀》和《趙世家》所説：造父爲御，日馳千里馬，長驅歸周等記載是相合的。古代里短，一里是三百步，即一千五百尺，周尺短，一尺爲零點二三一米，所謂日行千里，合現在三百四十六點五公里，儘管記載上有些夸大，但并不是神話，況且穆王已派毛班等先到宗周去部署，他遲了七天才啓程，輕裝前進，有意要顯顯造父御馬的才能和八駿馬的足力，在奴隸社會的繁盛時期，喜好奢華但有些豪邁氣概的君王方面這種事情，完全可以發生，譙周卻從「王者行有周衛」這種後代迂儒的看法在懷疑他，從而懷疑到穆王伐偃王的故事，顯然是錯誤的。《穆天子傳》是後來人編的，在晉朝出土時又有很多脱簡缺文，它没有講到穆王的長驅歸周是爲的伐徐，但他的先派毛班逢固回周，「待天之命」，并不是無緣無故的。周朝用子正，即以夏曆的十一月爲正月，但一般習慣上還是用夏正建寅。金文[illegible]己缶説：「正月季春」（《商周金文録遺》五百一十四），可證。《穆天子傳》説穆王以孟冬癸酉回宗周，實際上是八月癸酉，而班簋銘則説「維八月初吉在宗周，甲戌，王令毛伯更虢城公服，甹王位，作四方望，秉繁、蜀、巢命，錫鋚勒咸」。跟着就命毛公和吴伯、吕伯去伐東國痟戎。癸酉和甲戌，相差只有一天，那末，穆王的命毛班很可能就是他回宗周的第二天，他的急忙回來就爲的是伐徐偃王。從班簋來看，毛公帶了邦冢君、徒御、戜人去伐痟戎」，還有吕伯和吴伯作爲左右軍，這個仗打了三年，東國才算平静，可見這一次戰役的規模很大，和文獻記載裏徐偃王所給予周王朝的威脅是正符合的。那末周穆王的伐徐是由毛公即毛班作主帥，《史記》的記載雖没有指明，基本上是正確的，《韓非子》、《淮南子》等書説是楚文王或楚莊王伐徐，顯然是錯誤的。

把班簋放在成王時代，與銘文裏班的皇公與昭考是文王的孫子是不符合的，跟成王時伐踐奄等歷史事實也是不符合的；反之，毛班的名字，既見於《穆天子傳》，銘文裏「伐東國痟戎」的記載，和文獻傳説中穆王伐徐偃王的故事相符合，吴伯、吕伯又和金文静簋相符合，所以，劉心源等把它列在穆王時代，是完全正確的。

前面已經説過曶鼎裏説到「王在周穆王太室」是因爲穆王剛死。鼎銘説「隹王元年六月既望乙亥」，是共王元年，師虎簋説「隹元年六月既望甲戌，王才杜宂，格于太室」，比曶鼎早了一天，郭沫若同志把師虎簋放在共王時代，也證明了曶鼎應列入共王時代，不應放在孝王時代。曶鼎銘文有三段：第一段記載曶在共王元年六月受王命做「司卜」的事情，和共王在「遹应」時，井叔賞給曶赤金而曶用來做鼎。第二段追溯當年四月裏曶爲了五個奴隸而去到井叔那裏涉訟的事情。第三段更追溯到「昔饉歲」，匡招禾而曶去告東宫的事。郭沫若同志説「次段乃第二年事」，作鼎在共王元年，如果是第二年才發生的事如何能在前一年鑄好的鼎上就已經記録上去呢？〔一九〕如果第二段是第二年事，如何第三段又回復到「昔饉歲」上去呢？

在第一段和第二段裏，井叔是一個當權的人物，這個人又見於免簋、免觶、趩觶等器，郭沫若同志把免的四器（簋、觶、簋、盤）放在懿王時，趞觶放在孝王時代。《穆天子傳》卷一記鄘柏絜向周穆王進豹皮良馬，「天子使井利受之」。郭璞注說：「井利穆王之嬖臣。」《穆天子傳》又說「乃命井利梁固聿將六師」。卷六在盛姬死後：「井利□事後出而收。」又說「百物喪器，井利典之」。又記天子以下都贈了衣服器物，「百嬖人官師畢贈，井利乃藏」。井利又稱爲井公，《穆天子傳》卷五說：「天子北入于邴，與井公博。」郭璞注：「邴鄭邑也。」傳文又說：「戊寅，天子西升于陽□，過于靈□，井公博。……吉日丁亥，天子入于南鄭。」可見井公住在「鄭」。《穆天子傳》卷四郭璞注：「今京兆鄭縣也。《紀年》：穆王元年，築祇宮于南鄭。」《漢書・地理志》引臣瓚說：「穆王以下都于西（南？）鄭。」《太平御覽》（一百七十三）引《竹書紀年》：「穆王所居春宮鄭宮。」這些資料都證明穆王住在「鄭」。免觶說：「隹六月初吉，王在奠（鄭），丁亥，王各太室，井叔右免。」免簋說：「令免作司徒，司奠（鄭）還歠（廩）眔吴（虞），眔牧。」可以證明這裏的王是穆王，當時住在「鄭」而井叔在王的左右。井叔這個人和穆王同時，但到共王初年還生存。免的四器應該在穆王時期，免觶裏說到了史懋，那末，另外一件史懋壺也應該在穆王時代，而曶壺是共王元年，趩觶說：「隹王二祀」是共王二年。這些銅器的形制和銘文的字體與書法也都和這個時代相符合的。《穆天子傳》裏，井公與邢侯不同，邢侯是邢國的諸侯而井公是在鄭地的，但無論在文獻裏或金文裏，穆王、共王時代，「井」上還没有加上「鄭」字。金文鄭井叔鐘裏的鄭井叔康，康鼎銘文最後簽署的氏族名稱「奠井」，以及鄭井叔編鐘，無論從器形或銘文來說，都比較晚，應該列在夷王、厲王時期，顯然是穆王、共王時代井叔的後人，爲了避免與邢侯的邢（古代也只寫作井）混淆，所以加上一個「鄭」字來作爲區別了，把它們跟穆共時代的井叔混淆起來是不合適的。

曶鼎第二段裏還講到了效父，這個人名又見於效父簋，說：「休王錫效父吕三，用作厥寶尊彝。」〔三〇〕金文裏另外有罜父鼎三件，說：「休王錫罜父貝，用作厥寶尊彝。」除了賞吕跟賞貝有不同外，文義完全一樣，應該是同時的銅器。由於效父簋的形制文字都比較古，《懷米山房吉金圖》説是商器，郭沫若同志指出曶鼎上有效父而鼎有周穆王太室，説這個簋「爲穆王以後之器無疑，斷非商器，且亦不屬于周初」，這個分析是很對的。但過去把銘中「休王」兩字連起來當成一個專名，說「休王」就是「孝王」，因而把這兩件器放在孝王時代是不合適的。休是動詞，《召誥》曰「今休王不敢後，用顧畏于民碞」，可證。古人多有此例，如云「魯天子之命」，魯亦動詞也。揚天子或王之魯休而稱「休王」或「魯天子」，其義一也。縣攺彝云：「縣攺每揚白犀父休，曰，休白罘益卹縣白室，休白亦猶休王也。」「休」字也可以作形容詞，如《尚書・洪範》的「休征」

是用「休」來形容「征」。在金文裏一般用爲名詞，如：對揚王休之類是很常見的。把「休」字作動詞用不常見，但如果我們能仔細分析，就可以看到它在銘刻中是有慣例的。召卣説「休王自穀使賁畢土方五十里，盥弗敢諲(忘)王休異」，前一個「休」字是動詞，後一個「休」字是名詞，召所不敢忘記的王的休異的就是他所休美的王賞給他的畢土方五十里。同樣，縣改簋説「伯犀父休于縣改曰」的「休」字是動詞，「縣改敏揚伯犀父休」的「休」字是名詞；「休伯哭益邮縣伯室」的「休」字又是動詞，伯是伯犀父，銘文最後説「孫孫子子母敢望(忘)伯休」的「休」字又是名詞。只要把銘文上下仔細加以分析，就可以知道「休王」或「休伯」并不是人的名號了。金文還有虘簋説「虘拜稽首休朕匋君公伯錫厥臣弟虘井五朱」，這個「休」字也是動詞，但由於它説「休朕匋君公伯」，動詞的性質就更加清楚了。銘末説：「虘弗敢望(忘)公伯休，對揚伯休」，這兩個「休」字又都是名詞。另外還有尹姞鼎(《商周金文録遺》九十七)説「休天君弗望(忘)穆公聖粦明□」，後面又説「搽稽首對揚天子休」，也是前一個「休」字是動詞，後一個「休」字是名詞，而「休天君」也是不可能當作一個人的名號來講的。這些銘詞體例都差不多，可以證明「休王」決非「孝王」。從另一方面來看，曶鼎有效父而曶鼎作於共王元年，效父簋等的製作時期也應該差不多。據《穆天子傳》卷一「丙寅子屬官效器，乃命正公郊父受敕憲」，郊跟效聲近字通，可見效父簋的製作應該在穆王時代，效父所休美的正是穆王，那末，效父簋和罶父鼎等器形與文字的近古，就毫不足怪了。

曶鼎第三段裏有「東宮」，他不像一般的職官名稱。《詩經·碩人》説「東宮之妹」，毛萇傳：「東宮齊太子也。」《禮記·内則》説：「由命士以上父子皆異宮。」《儀禮·喪服傳》：「子不私其父則不成爲子，故有東宮，有西宮，有南宮，有北宮，異居而同財。」清胡培翬《燕寢考》説：「太子是長子，故處于東宮。」《逸周書·本典解》「維四月既生霸王在東宮，告周公」，這個王是成王。《袁子正論》引《尸子》曰「昔武王崩，成王少，周公踐東宮，祀明堂，假爲天子」(《詩經·靈台》正義)，可見東宮是可以代天子的。那末，曶鼎第三段的「東宮」就是共王，銘文追溯過去，那時穆王未死，共王還是太子，所以稱「東宮」。《西清古鑒》還有肇貯簋説「隹巢來钕，王令東宮追以六師之年」，也應該是穆王晚年。〔二二〕

前面已經説過「新宮」是共王時新建的在康宮裏面的穆王的宗廟，屢見於共王時的銅器，如：趞曹鼎、師湯父鼎、望簋等，證明把師遽簋放在懿王時期是不合適的。師遽所作還有一件方彝，説「王在周康寢」，就是「康宮」的寢，又説「王乎宰利錫師遽」，「宰利」就是前面已經説過的「井利」。《周禮·宰夫》説：「凡邦之弔事掌其戒令與其幣器財用，凡所共者。大喪小喪掌小官之戒令帥執事而治之。」鄭玄注：「大喪王后世子也，小喪夫人以下。小官士也，其大官則冢宰掌其戒令。」

據《穆天子傳》盛姬之喪時，井利所處的正是「宰」的地位，可見師遽方彝的製作時期，應該在穆王後期，比作於共王三年的師遽簋要早。陝西省郿縣一九五五年出土的盠方尊、盠方彝和駒尊等器（《陝西省博物館銅器圖録》）都是盠所鑄的。駒尊上説到「師豦召盠」，「師豦」就是「師遽」，師遽這個人相當於穆王、共王時代，盠的各器也不能晚於共王時代。

金文裏説到「王在周康穆宮」的有克盨、寰盤等器都在厲王時；伊簋説「王在周康宮，旦，王格穆太室」，又説「䰕季内右伊」，而「䰕季」這個人又見於克鼎，克鼎是厲王時器，可見伊簋也是厲王時器。𩰫攸從鼎説「王在周康宮徲太室」，也是厲王時器；由此，我們可以推想頌鼎、頌簋、頌壺等器也應該是厲王時器，因爲頌鼎等銘説到「王在周康昭宮」，跟克盨、寰盤等器的文例是一樣的。頌鼎雖是弦紋鼎，但形制和毛公鼎完全一樣，頌簋的形制花紋與芮公簋、蘇公子簋相同，頌壺是橢方形大壺，頸上作環帶紋，中間像一個公字，腹上是一頭雙身的蛇紋，跟芮公壺相近，凡此都是厲王時代的銅器的特點，容庚《商周彝器通考》也都列入西周後期。銘文説「尹氏受王命書」，而尹氏這個人又見於克鼎克盨等器，也都屬於厲王時代。由字體書法來説，從貝的字已經跟小篆差不多，也應該屬於西周後期。郭沫若同志將銘文中「監𤔲新造貯用宮御」的一句話，解爲「新造康宮」，把它列在共王時。其實頌鼎等器在作器時，王已在「周康昭宮」，如何能「新造康宮」呢？頌鼎等器無論在形制、花紋、銘文内容，字體、書法各方面都跟共王時銅器并無相同之點，而只能列於厲王時期。但它們比起宣王時代的召伯虎簋、杜伯盨、虢季子白盤等器來，又要早一些。

克鐘的時代最難定。克鐘説「十六年九月初吉庚寅」，克盨説「十八年十二月初吉庚寅」，郭沫若同志説：「十六年九月初吉中既有庚寅，十八年十二月初吉中不得有庚寅，庚寅之日當在既望以後，用知此數器不屬於一王，而連接二王之在位年限，一至少當得有十六年，一則至少當有十八年或二十三年，恭王以後之諸王年代……可合者僅夷厲與厲宣。」這些分析都是很精細而又很正確，但郭氏採取了夷厲的説法，認爲克鐘是夷王時器而克鼎克盨等是厲王時器，這種排列卻未必適當。克鐘説「王在周康剌宮」，「剌」字金文一般作爲「烈」字用，「剌祖」、「剌考」就是「烈祖」、「烈考」，班簋的「亡克競氐剌」，就是「無克競厥烈」；「烈」字與厲通（《國語・魯語上》的「烈山氏」就是《禮記・祭法》上的「厲山氏」），《説文》「賴」字從「剌」聲，「賴」字也和「厲」通，（《左傳》昭公四年「遂城賴」，《公羊傳》《穀梁傳》均作「厲」，《説文》的「癘」字就是「癩」字），所以「剌宮」就是「厲宮」，跟「昭宮」、「穆宮」、「屖宮」等一樣，「厲宮」就是厲王的宗廟；克鐘裏的王在厲王的宗廟裏當然不會是厲王，更不可能是厲王的父親夷王，而只能在厲王之後，所以這相連的二王，不應該是夷王和厲王而只能是厲王和宣王。當然，根據《帝王世紀》夷王在位十六年(《太平御覽》卷八十四)，郭説克鐘在夷王時也有一部分理由；但根據《左傳》昭公二十六年「至于夷王，王愆于厥身，諸侯莫不并走其望以祈王身」的記載，説明夷王晚年有惡疾；那末，夷王十六年九月時即使他還没有死，又怎麽能到宗廟裏去親自命令克「遹涇東至于京師」呢？那末，克鐘只能屬於宣王時代。共和以後，已經有長曆可查，克鐘的紀年是「十六年九月初吉庚寅」，宣王十六年九月據推算是庚申朔，但如果閏月的前後安排有不同，就可能是庚寅朔，那末，在曆法上也没有矛盾。從克鐘的書法來看，比厲王時代的虢叔旅鐘、士父鐘等來得雄偉與開朗而和宣王時代爲接近。

但把克鐘放在宣王時代，也還有難於講通的方面。據克盨，厲王十八年十二月時，克已經是善夫，小克鼎説厲王二十三年九月曾命令善夫克去舍命於成周，遹正八師。如按照《史記·周本紀》的説法，厲王三十七年奔彘，共和行政十四年而厲王才死，宣王才即位，那末，克在厲王十八年就已經做善夫，到宣王十六年，已經經過四十九年，假定克在厲王十八年時做善夫，已經三十歲的話，到宣王十六年就要七十九歲，而宣王還命他去「遹涇東至于京師」，似乎不近情理。固然，金文裏也常常遇到同名的人，并不屬於同一時代的例子，但據《貞松堂集古遺文》卷三引琉璃廠商人趙信臣的話：「克鼎出岐山縣法門寺之任村任姓家……當時出土凡百二十餘器，克鐘、克鼎及中義父鼎均出一窖中，于時則光緒十六年也(一八九〇)。」顯然克鐘克鼎等器是一個人做的。那末，唯一可能的解釋是《史記·周本紀》所説厲王的年代是不可信的。《史記·十二諸侯年表》是從共和開始的，共和以前的年代本没有定説，據《史記·衛康叔世家》説：「頃侯厚賂周夷王，夷王命衛爲侯，頃侯立，十二年卒，子釐侯立。釐侯十三年周厲王出奔于彘，共和行政焉。」這裏儘管没有指明頃侯的厚賂周夷王是那一年，但可以看出厲王的奔彘不會在三十七年。假定頃侯元年相當於夷王元年，那末奔彘在厲王九年，假定頃侯元年相當於夷王十六年，那末，厲王奔彘在二十四年。厲王時代的銅器銘刻有許多是紀年的，如：師訇簋是元年，頌鼎是三年，無㠱簋是十三年，克盨是十八年，克鼎是二十三年，伊簋是二十七年，寰盤是二十八年，鬲攸從鼎是三十一年等；可以看到厲王的在位年數至少有三十一年，可見厲王儘管奔彘，共和儘管行政，紀年卻没有變動。厲王紀年與宣王紀年之間，不應該另外加出共和十四年的年數，即共和的年數要算在厲王年數之内。據鬲攸從鼎厲王在位至少要有三十一年，假定厲王就死在三十一年，那末奔彘應該在十七年；假定如前面所説厲王奔彘最遲可到二十四年，那末，厲王在位可以到三十八年。總之，厲王在位年數，包括共和行政在内，最少是三十一年，最多也不過三十八年。那末，善夫克在厲王十八年做過盨，二十三年做過鼎，經過二三十年在宣王十六年又做了一大批編鐘。假定克在厲王十八年時正三十歲，而厲王在位最少是三十一年，到宣王十六年時是五十九歲，就是把厲王在位按照最多的年數三十八年來算，到宣王十六年也只是六十六歲，他完全有可能被命去「遹涇東至于京𠂤」的。

從克鐘銘提供的綫索，我們可以確定它屬於宣王時代；從克這個人屬於厲王宣王時代，我們可以證明厲王的在位不應該是五十一年而只能是三十多年，這在研究西周年曆上也是很重要的。

五、結論

「康宮」是周康王的宗廟，單單從這個問題的本身來説并不是很重要的，但是作爲西周青銅器分期的標尺來看卻又是很重要的。「康宮」既然是康王的宗廟，那末，銅器上有了「康宮」的記載就一定在康王以後。許多銅器銘刻在内容上又是互相有關聯的，所以，用「康宮」來作爲分時代的標尺，不只是一兩件銅器的問題，而將是一大批銅器的問題。由於對「康宮」的解釋不同而引起的對西周青銅器斷定時代的看法有很大的不同，以西周初期來説，郭沫若同志定爲成王時的，有：

令彝和令尊，
令簋，
䣄卣，
明公簋，
睘卣和睘尊，
趞尊和趞卣，
中甗一，
中甗二，
中鼎，

中尊，
中甗，
𡫴鼎，
旅鼎，
小臣謎簋，
師旅鼎，
寧鼎，
班簋

等器；定爲康王的有：麥尊、麥彝、麥盉、麥鼎等四器。但按照我們的時代標準，則僅有旅鼎與小臣謎簋可以定爲康王後期，䵼卣可定爲康末昭初，此外絶大部分都是昭王時代的，其中令彝和令尊、明公簋、師旅鼎、寧鼎等是屬於昭王前期，而像令簋、睘卣和睘尊，趞尊和趞卣，中的各器，麥的各器，𡫴鼎等都屬於昭王末期，並且和昭王伐楚事有關。班簋更應列於穆王時代，和伐徐偃王事有關。此外，還有其它的一些銅器，例如在小臣謎簋和師旅鼎裏都説到了伯懋父，這個人又見於御正衛簋、吕行壺、小臣宅簋和召尊、召卣等，這些銅器顯然也不應該放在成王時代。由於青銅器斷代的不同，又聯繫到西周初期的歷史問題，如：康王時的東夷大反，昭王時的伐楚，穆王時的伐徐偃王等，如果把這些銅器放到成王時代，那就得把這些歷史事實都堆在成王初的幾年中去了。

由於「康宫」裏還包括「昭宫」、「穆宫」、「屖宫」和「剌宫」等，是昭、穆、夷、厲等王的宗廟，在這方面的看法不同，也對金文的斷定時代有影響。郭沫若同志把頌鼎、頌壺與頌簋定爲共王時代，我們則認爲是厲王時代。郭氏以免的四器與史懋壺、師遽簋、師遽方彝、盠駒尊等器列在懿王時代，我們則認爲除了師遽簋和盠駒尊屬於共王時代外，都應該屬於穆王時代。郭氏以曶鼎、趩觶、效父簋、匽父鼐、肇貯簋等列於孝王時代，我們則認爲後三器屬於穆王時代，而曶鼎是共王元年，趩觶是共王二年。克鐘郭氏認爲是夷王時代，我們則認爲是宣王時代。而這些斷代的不同，又牽連到其它許多銅器，牽涉到各個時代的歷史事實。

西周青銅器銘刻比較多，是研究西周歷史的重要資料，但要利用這些資料，首先得把時代斷得很正確。我希望「康宮」的研究對於掌握這些資料來作西周歷史的進一步的科學研究，將有一定的幫助。

〔一〕本文所引材料，凡見於郭沫若《兩周全文辭大系考釋》的，不一一注出。

〔二〕《史記·周本紀》說武王才稱王，《易緯》則說文王末年已經受命稱王，稱王後九年才死。

〔三〕《左傳》僖公二十四年「邘、晉、應、韓、武之穆也」。《水經·滍水注》「應城故應鄉也。應侯之國《詩》所謂『應侯順德』者也」。

〔四〕從成王死到昭王死時經過康王二十六年，昭王十九年，共四十五年，成王後到昭王南征時最少也有八九十歲了。

〔五〕郭沫若同志把頌鼎所說「監嗣新造貯用宮御」，也作爲「新宮」，是可商榷的。

〔六〕今本作「王若曰」，此據馬融本，是生稱成王之證。

〔七〕孫星衍：《尚書今古文注疏》說是成王是錯的。

〔八〕《洛誥》所立周公的后是第二代的周公，過去都認爲是伯禽是錯的。

〔九〕《僞古文尚書·咸有一德》「七世之廟可以觀德」，就是根據這句話而僞造的。

〔一〇〕長甶盉見《五省出土重要文物展覽圖録》圖版二十八，銘文第三行穆字下的重文最清晰。

〔一一〕郭沫若同志說是格吴大的廟。

〔一二〕《儀禮》裏有好幾處有「司宫」，他的職務是不很清楚的。

〔一三〕簋銘「葊井侯服」，「葊」就是「舍」字，令彝「舍三吏命」，「舍四方命」，《左傳》桓公二年「舍爵策勳」，可見舍有授予的意義，「舍邢侯服」是授予邢侯服。

〔一四〕又見《漢書·律曆志》。

〔一五〕太保簋「王伐録子𦔻」，從保字還没有玉旁來看，應當是成王時代，但録的地方在那裏，王伐在何時，都還不清楚。

〔一六〕孫詒讓：《周書斠補》說康伯髦就是《逸周書·作雒解》的中旄父是錯的，康伯髦是康叔封的長子，不會叫仲旄父，周公東征時，康叔還没有封衛，如何能封康伯髦？

〔一七〕「方雷」地名，也是氏族名。《國語·晉語》「青陽方雷氏之甥也」。

〔一八〕《穆天子傳》卷五說「庚寅，天子西游，乃宿于祭，壬辰，祭公飮天子酒」，又說：「天子夢羿射于塗山，祭公占之。」都稱爲祭公。

〔一九〕郭沫若同志認爲「六月既望有乙亥則同年四月不得有丁酉」，所以說是第二年。他反對四月六月間有閏月的說法。但静簋說「隹六月初吉，王在葊京，丁卯王令静習射學宫」，下面說「雩八月初吉庚寅」，六月八月間也必須有閏月。說丁卯是七月，是很勉强的。

〔二〇〕「吕」是金文常見「鏄吕」的「吕」，是金屬專名。郭釋爲⺈，是箭箙的蓋，不確。不賞箭箙而賞三個箭箙的蓋是没有意義的。䢅父鼎賞的是貝，更可證明吕是金屬。

〔二一〕效卣説「王雚於嘗公東宫内鄉於王」，不知應該怎樣斷句。郭以東宫爲曶鼎的東宫，「涉子效」爲曶鼎的效父，不確。

載《考古學報》一九六二年一期第十五至四八頁。

又《唐蘭先生金文論集》一一五至一六七頁紫禁城出版社一九九五年十月。

怎樣學習文字學

文字學在我國雖則有悠久的歷史，但寫成小册子或教科書來介紹文字學知識，只是近幾十年中的事情，這一門科學還是很年青的。我所見到的這一類著作有幾十種，包括我自己所寫的《中國文字學》和《古文字學導論》等書在内，大都是一二十年前甚或更早時期所寫的，現在已不大容易找到，而且從今天來看，其中一大部分似乎已不很符合於一般的需要了。但是在圖書館裏總還可以找到一部分。這類著作大體上可分爲三種：一種承襲過去的「小學」的傳統，包括文字的形體聲音和訓詁三方面；一種把音韵分了出去，但還包括形義兩部分；另一種則以形體爲主。前兩種都牽涉到語言學的範圍，只有後一種才是真正的文字學。文字學的範圍很廣泛，有關於理論方面的，也還有字源學，文字沿革、文字史、古文字學、近代文字學以及文字學史等學科。

文字學理論是文字學裏最主要的，在我國發展得很早，遠在東漢時期許慎所作的《説文解字序》，就已經有所發揮，宋朝鄭樵所作《通志》裏，有《六書略》，是研究文字構造理論的一本專著，以後就盛行了六書學。元朝戴侗的《六書故》，就已經援引鐘鼎文字來研究六書。但我們今天學習文字學理論，已經不能局限於六書的研究了。這是由於現在所掌握的古文字資料比過去多了不知多少倍，甲骨文金文比古文籀文要早上千年，資料的種類也很多，通過對這些資料的研究，許多舊的理論已經不太恰當了。更由於我們現在可以根據國内各兄弟民族與世界上其它國家民族的文字的發生與發展的歷史與其規律；可以從比較而得出一些新的看法。還由於從社會發展史的研究，從我們日常生活中的實踐而提出許多新的問題。因此，我們一方面要發掘過去的理論資料，吸收其中的菁〔jīng〕華部分，但決不要故步自封，抱殘守缺，而必須隨時注意新資料與新學説。

字源學是我國文字學裏的一個特殊部分。許慎的《説文解字》，本就把「文」作爲原始文字而「字」是孳乳字。唐朝李騰作《説文字原》，五代林罕作《説文字原偏旁小説》，都把《説文》的五百四十個部首作爲原始文字，一直到近代還有一些學者認爲只要熟讀說文部首就可以駕馭全部文字，這種想法是脱離實際的。字源學的研究是要追尋出中國文字的最早形式，尤其是那些最原始的用圖畫形式來表達的文字，研究它們所表達的事物，它們的意義與讀音。這就需要對古代社會文化的發展及考古發掘所得的資料以及我國古代音韻學有所瞭解。研究字源必須有確確實實的根據。

文字沿革是一般文字學裏常見到的科目，實際是字體變遷與發展的歷史，與書寫或雕刻工具、書法藝術有密切的關係。許慎《說文序》就說秦書有八體，漢興有草書，王莽時又有六書。漢末時代有八分、楷法、真書、行書等，唐朝張彦遠的《法書要録》對字體有一些叙述。近代往往把正草隸篆稱爲四體。在古文字資料中卻常以器物爲區别，如：甲骨文字、鐘鼎文字、璽印文字、古陶文字、貨布文字、石刻文字、竹簡文字等，至於簡體字、拼音文字等則是文字性質上的區别了。古今文字的變遷儘管很多，但只要多留心，多學習，是不難掌握的。

但是我國文字史的研究在目前還是十分艱巨的工作，歷史太長，變化大，資料多，有時一個字的歷史就可以寫成一本大書，而許多文字之間又有密切關聯。所以學習文字史在搜集資料時有很多困難。目前已有的資料書，按器物來編的如：《甲骨文編》、《金文編》、《璽印文字征》等，按字體來區别的，除《說文》之外，如：《汗簡》（六國古文）、《隸辨》、《楷法溯源》、《草字彙》等；吴大澂的《說文古籀補》，則是以金文爲主而夾雜一些璽印、貨布及古陶等文字的。近人的《古籀匯編》則是把幾種資料書合編在一起的。應該注意的是這些資料書遺漏很多，而且不能完全信任，最好能找到原材料加以核對，免得引用錯誤。對古文字，還要具有一些判斷是非的能力，因爲有些古文字，常常是被人認錯了的。

如何認識古文字是研究古代史，古代社會文化與古文獻的人最傷腦筋的事。用前人的現成考釋，頗不放心，自己動手，一則力不從心，再則没有很好的方法而靠主觀推測，就很容易走入歧途。因之，古文字學是極其重要的一門學科。古文字學主要是指出研究古文字的科學方法，可以供研究古文字的人作爲規矩準繩，也可以供利用前人成果時作爲檢查用的尺度。簡單地說有四個方面：首先是字形對比的方法，要利用這種方法就得全面地掌握古文字資料。其次從銘刻内容來推斷，用這種方法得深入鑽研各種考古資料與文獻資料，但容易出麻煩，不應輕率。第三是分析古文字的偏旁，根據偏旁配合來定出應當是什麼字。這是科學的方法，但是僅僅用這個方法也不能解決問題。第四個方法也是最重要的方法則是從研究文字發展的歷史爲主，要掌握文字發展與演變的規律，要注意時間與地方特點，這就比上面三種方法全面得多了。善於利用這些方法，小心謹慎地用批判的眼光來檢查各種説法是可以得到比較正確的結論的。熟悉《說文》是研究古文字的基礎。我們知道《説文》裏有許多錯誤，如果拘囿於《説文》，不敢批評它，是不對的，但是還需要熟悉《説文》。我們經常見到有些人認錯了字，主要的原因是對《説文》這個主要材料疏忽了。所以只讀《説文》，不問新發現的古文字資料；或者只搜集古文字，不讀《説文》，都是我們所不取的。但《説文》不容易讀，需要經常查，經常翻。《説文》的分部與字的次序跟一般字典不同，要查字就得用《説文檢字》，如果懂一些古韵分部，還可以翻閲朱駿聲的《説文通訓定聲》。《説文詁林》搜集清朝人研究説文的著作，比較完備，也是可供查考的。

近代文字學與古文字學不同，主要是解決文字在實用方面的問題。這個學科還没有人做過有系統的研究，但問題很多，如：標準文字的研究，行草書、別體字、俗字、簡字、印刷體等的研究，筆畫與筆順的研究，字典的研究，拼音文字的歷史發展等，都是十分重要的，這就在於學習者隨時注意收集資料了。文字學史現在也還没有完整的資料，清朝謝啓昆的《小學考》，介紹了歷代有關文字學的一些著作是可以供參考的。

總之，學習文字學在目前還没有現成的材料，還得要自己下一番工夫，多找資料。要注重古人成果，但不要迷信古人。要多掌握新材料，要自己來分析研究，但文獻資料，還是研究的基礎，也不能輕易放過。文字學範圍很廣，初學的人不宜貪多，但在選定的範圍内，必須盡可能全面地掌握資料。怕麻煩，怕困難，任何學問都搞不好，在文字學的學習中也不會有例外的。

載《文字改革》一九六二年第一期第十九至二十頁。

評論孔子首先應該辨明孔子所處的是什麽樣性質的社會

近年來，歷史學家對孔子的評價，各各不同。有人稱頌他是革命派，有人貶斥他是反動派，也有人説他是中間分子，還分出中間偏左、中間偏右、改良派、調和派等等。我認爲要對孔子作評價，首先應該辨明孔子所處的是什麽樣性質的社會。如果大家都忙着要做結論，而對他所處的是什麽社會的一點都還没有調查清楚，誰是誰非，將如何定下來呢？如果照郭沫若同志的説法，奴隸社會與封建社會的分界綫是公元前四七五年，可是孔子在公元前四七九年就已經死了，就是説孔子的一生處於奴隸社會的末期，這就引起了各式各樣的爭論。説孔子是「袒護亂黨」，或「勸下亂上，教臣殺君」，就會説他是革命的。反之，説孔子在保護將要没落的奴隸制，就會説他是反動的。要是説他既有革命的一面，又有反動的一面，那當然是中間派了。説他隨時變化，就偏左一些；説他代表温和緩進的改良派，就偏右一些。但真正的問題并不在這裏而在於孔子的一生是不是屬於奴隸社會。不先把兩個社會的分界綫搞清楚，而就硬説孔子「勸下亂上，教臣殺君」，那末，《論語・憲問篇》上的陳恒殺君，孔子請討，將如何解釋。説孔子代表奴隸主的利益，要保護行將没落的奴隸制，那末，爲什麽《論語》一書，四百九十二章中没有反映奴隸制的痕迹，[一]而身爲大司寇的孔子，卻連一個「臣」（家内奴隸）都没有。没有足够的證據，而説孔子反對奴隸制或擁護奴隸制，怎麽能使人心服呢？如果依照范文瀾、吕振羽等同志的意見，西周初年就已經是封建社會，那末，封建制的創始者就應該是文王、武王、周公、成王，到孔子時代已經經過了五六百年了。照這樣的説法，封建思想體系的建立者，應該是周公，孔子不過是周公的繼承者。既没有什麽創造性，進步當然有限；保守的方面居多，當然自始就是消極了。但真正的問題也不在這裏而在於西周時代是不是封建社會。孔子明明説：「殷因于夏禮」與「周因于殷禮」，又説：「周監于二代。」還把禹湯文武成王周公合稱爲六君子，説是「小康之世」，可見他是把三王之治看成爲有連貫性的，如何能把三王中的夏或殷説成是奴隸社會，而三王之一的周，才是封建社會呢？如果三王之間的社會性質有很大變革，作爲上層建築的禮如何能沿襲下來而只有一些損益呢？如果西周已經是封建制，那末，爲什麼西周還常見大批奴隸的賞賜，有大規模的農業生産，而春秋時代只有小農經濟，有了隸農與傭賃，而鐵器、牛耕、貨幣、璽印等等都特别發展呢？不把這些搞清楚，就要對孔子作結論，不能説是公平與慎重的。

這也不對，那也不對，問題只是對古史分期没有劃得正確。孔子的生卒年代是有記載的，毛病出在奴隸社會與封建社會的界限。把奴隸社會拉後幾百年或者把封建社會推前幾百年，都会影響到對孔子的評價的正確性。我認爲奴隸社會與封建社會的分界，應該以奴隸制國家的崩潰與封建國家的建立爲標準。最簡單的分法，是按照歷史上的習慣，把幾個朝代爲一組的分法。如果我們以「唐虞禪」定爲氏族社會的末期，「夏后殷周繼」定爲奴隸社會，那末，以「齊桓晉文」爲代表的春秋時代，就應該是封建社會的初期，也就是奴隸制的周王朝崩潰以後，新建立起來的諸侯割據稱雄的封建國家。這個分界綫應該在周平王與桓王之間，也就是公元前七二〇年左右。[二] 孔子的出生，離開春秋時代的開始已經一百七十來年，夏、商、周三代的奴隸制對他已經很遥遠，奴隸主貴族和他的時代已經「風馬牛不相及也」，既無需革奴隸主的命，也用不上保衛奴隸制，所謂調和派、改良派，也就失掉意義了。

在初期封建社會裏，需要分出春秋與戰國兩個時代。前者是由奴隸制王朝瓦解只存虚名之後，諸侯們紛紛割據而建立起來的，當時大大小小的國家還很多，而以五霸爲最强大；而後者則是兼并的結果，以七個大國爲代表，通過不斷的戰爭，合縱連横，逐漸趨向於統一。這是一個由合而分，由分而合的過程，但是這個新的統一是中央集權的專制主義的封建國家，與以前的以王朝爲中心的奴隸制國家完全不同了。春秋時各國之間的發展是不平衡的，鄭國是最早的封建國家，代表着一種新興勢力，首先跟保守落後的宋國爭霸，接着跟舊派勢力的虢公爭王朝的執政，最後與周王朝交戰，周王朝的紙老虎是被它拆穿的，但由於它處於四戰之地，到北方的齊、晉，南方的楚國興起以後，就由强國變成弱國了。齊桓公、秦穆公都是人存政舉，人亡政息。吴國興起得驟，滅亡得也快，只有晉楚爭霸的時期比較長一些。孔子的時代是春秋末年，一些舊的封建國家已經衰老，象齊國的政權，已經落到陳氏手裏；晉國六卿爭權，并爲知伯與韓魏趙三家；秦國連年内亂；楚國的令尹子西爲白公勝所殺；魯國的政權，落在三桓手裏，陽貨又想在三桓手中奪取政權。這時的生産力正在發展，如：鐵器的使用，牛耕的興起等，但政治却很黑暗，封建統治者中間比較進步的如：子産、晏嬰等只是少數人，大部分統治者驕奢淫佚，横征暴斂，阻礙了生産力的發展。這些新變化，到孔子死後更加明顯，齊國變成爲田齊，晉國分裂爲三晉，越國滅了吴國，楚國趁機會滅了蔡、杞、莒各國，這些國家在政治經濟和文化上都有一些新發展，成爲戰國前期七雄并立的新局面；一直到秦獻公秦孝公以後，秦國才成爲七國中最强大的國家，最後才統一中國。所以孔子的時代是五霸到七雄的過渡時期。

從社會發展來説，封建社會總比奴隸社會進步。春秋時期，如：齊桓公、晉文公、秦穆公、管仲、子産、叔向、晏嬰等，總應該算是有進步性的人物。孔子離開齊桓公的始霸，還不到二百年，他對五霸的功業，比起夏商周三代來總要熟悉得多。他對齊桓公和管仲的評價很高，説「齊桓公正而不譎」。説管仲，一則是：「人也。奪伯氏駢邑三百，飯疏食，没齒無怨言。」再則是：「桓公九合諸侯，不以兵車，管仲之力也。如其仁，如其仁。」三則是：「管仲相桓公，霸諸侯，一匡天下，民到于今受其賜。微管仲，吾其被髮左衽矣。」孔子從來不肯把「仁」字輕易稱許人，在評論子路、冉求和公西華三人時，都説「不知其仁也」，説令尹子文是「忠」，陳文子是「清」，但都是「未知，焉得仁」。孔子説他自己是「若聖與仁則吾豈敢」。可見他肯定管仲是「仁」，是極高的推崇了。另一方面，他又批評「管仲之器小哉」，從表面看，好象有矛盾，所以有人認爲是對管仲的微辭。其實這只是一種同情的惋惜而不是否定。因爲從管仲的地位講，所做的事業，應該可以大得多，現在只是「霸諸侯」實在是太不够了。《孟子》説「仲尼之徒無道桓文之事者」，《荀子》説「仲尼之門人，五尺之豎子，言羞稱乎五伯」，都是這個道理。有人認爲「器小」是儉嗇，所以孔子説「焉得儉」，可是又被誤會爲「知禮」，所以説「管氏而知禮，孰不知禮」，這種在具體事實上的批評，跟上面所作全面的評價，是并不矛盾的。孔子對他的前輩和同時人大都很尊重，即使有一節可取，象「孟之反不伐」之類，也都是加以肯定的。但對當時人所稱臧武仲的「知」，微生高的「直」，卻很直率地給以批判。最近王仲犖先生所作《從孔子對歷史人物的評價看他的基本思想》一文，[三]認爲「孔子基本上可以算作是一個進步的人物」，這個意見是正確的。對一個人作評價，應該看他的傾向性，孔子所推重的人物都具有進步性，那末，可以肯定他自己也是有進步傾向的。

孔子時代，社會上的階級，基本上可分爲三類：一類是封建貴族與統治階級中的當權派，一類是以士爲代表包括廣大的「庶人（農）工商」的平民階級，另一類則是「人臣隸圉」，即奴隸階級。由於當時已經没有大批的生産奴隸，士農工商稱爲四民，與統治階級只有政治地位的不同，而不是奴隸身分，而「人臣隸圉」等家内奴隸，只是奴隸制的殘餘，不是社會中的多數，所以這個社會的主要矛盾是統治階級與平民階級之間的矛盾。

春秋時代，平民階級的組成是很複雜的。「士」，從歷史上説，本來屬於統治階級，而庶人工商，本來屬於奴隸階級，但在初期封建社會裏，由於這些生產奴隸的解放，就跟統治階級中最下一層的士，結合起來，成爲一個新興的平民階級。士在統治階級中沒有地位與權力，但在平民階級中，他們還是「君子」，跟「庶人工商」之稱爲「小人」是有區別的；在特殊條件下，他們還可以上升爲統治階級，所以成爲四民中的代表。「士」本來是戰士，在戰爭中爲統治階級去打仗，打勝了可以俘獲財富和奴隸，有特殊功績時，還可以上升爲統治階級。平時，他們可以從領主那裏分到一份土地，可以由自己或子弟們來耕種，也可以雇傭「隸農」來耕種；在戰時，他們要供給車馬兵器，自備口糧。但是戰爭不能必勝，頻繁的戰爭，顧不得耕種土地，沉重的負擔，更使他們貧窮。並且，小農經濟，出息不大，所以有些士，不大願意種地而寧願去做官「干禄」，就是所謂「仕」。「仕」和「宦」不同，宦是學做「臣」，而「臣」原來是家内奴隸，「仕」則是學「爲政」。孔子的弟子子夏説「仕而優則學，學而優則仕」，可見這個時代的「士」，已經逐漸成爲搞政治的專門家而不是單純的戰士了。孔子説：「行己有耻，使于四方，不辱君命」，才能算作士，其次是「宗族稱孝焉，鄉黨稱弟焉」，最起碼的條件，也要「言必信，行必果」。他對士的要求很高，所以又説「士而懷居，不足以爲士矣」；還説：「士志于道而耻惡衣惡食者，未足與議也。」他的門人曾子也説：「士不可以不宏毅，任重而道遠。仁以爲己任，不亦重乎。死而後已，不亦遠乎。」子張説：「士見危致命，見得思義，祭思敬，喪思哀，其可已矣。」對「士」的提出這些標準，是這個時期的新發展。這樣的士，可以不學「軍旅之事」，也可以「四體不勤，五穀不分」，因而成爲新興的一個知識分子階層。

在孔子的時代裏，「士」這一個階層中有很多不同的傾向，總起來説，可以分爲積極的與消極的兩派。孔子主張「正名」，要名實相符，「士」是名詞，「仕」是「士」的動詞，既然是「士」，就應該出仕，所以説：「不仕無義。」士應該受到很好的教育，有很高的道德標準，士而出仕，就要掌握政權，以天下爲己任。這種先正己，後正人，想把政治搞好的思想體系，是對當時的民衆有益的。孔子説：「志士仁人，無求生以害仁，有殺身以成仁。」士以「仁」爲自己的責任，「仁」是愛人，是人道。孔子主張不惜個人的生命來維護人道，不能不説是進步的思想，是積極方面的傾向。但當時有許多隱者，即所謂「避世之士」，他們認爲世界上沒有什麼好人，「滔滔者天下皆是也」，只求獨善其身而譏笑孔子的「知其不可而爲之」。《論語·微子篇》説：「逸民：伯夷、叔齊、虞仲、夷逸、朱張、柳下惠、少連。子曰：不降其志，不辱其身，伯夷叔齊與。謂柳下惠少連，降志辱身矣。言中倫，行中慮，其斯而已矣。謂虞仲夷逸，隱居放言，身中清，廢中權。我則異于是，無可無不可。」可見孔子既反對伯夷叔齊那種狹隘的清高主義，又反對柳下惠少連等玩世不恭的無所謂態度，還反對虞仲夷逸等不負責任的空談派，因爲這種人的傾向，都是消極方面的。

孔子是初期封建社會的政治家，同時也是思想家和教育家。他受到管仲、子産、晏嬰等人的政治思想的影響，總結了春秋時二百多年的歷史經驗，建立了他自己的一套封建主義的思想體系。他對春秋時代的現實是不滿的，爲了要變革現狀，就得加强學習，所以説：「吾嘗終日不食，終夜不寢以思，無益，不如學也。」他需要從歷史遺産中取得知識與經驗，所以曾經花費很大精力去搜集和整理詩、書、禮、樂、易、春秋等古書。他説「述而不作，信而好古」，又説：「我非生而知之者，好古敏以求之者也。」他的「好古」并不是僵硬的搬古書，而是「多聞擇其善者而從之」。所以，儘管他十分崇拜周公，甚至於常常夢見周公；喜歡周禮，説「周監于二代，鬱鬱乎文哉，吾從周」；但也不主張全仿周禮，而主張「行夏之時，乘殷之輅，服周之冕，樂則韶舞」；連周朝的正朔都不想遵守，可見他并不是一味復古的保守派。孔子所稱頌的「鬱鬱乎文」的周禮，本是建立在奴隸制大生産的基礎上面的，春秋時代的社會性質早已改變，所謂三代之盛，實際上已無法恢復，這一方面，孔子在當時是并不十分清楚的。但他是從實際政治出發的，所以説「禮之本」是「與其奢也寧儉」，這是完全適應於當時的小農經濟的基礎的。他不滿意「諸侯割據稱雄」所造成的「春秋無義戰」的局面，更反對那些聚斂之臣，以及爭奪個人權力的野心家。他有一套政治理想，象：「節用而愛人，使民以時」之類，對當時的民衆是有好處的。他希望建立起用仁人，至少也要用善人來爲政的統一政權。在他做魯國的大司寇以後，就借季孫與其家臣陽貨的矛盾，設法墮三家的都邑，用以加强魯國公室的力量。這個計劃由於孟孫的拒絶墮成而失敗，季孫也對孔子懷疑，他只好用魯君受齊人所送女樂一事爲借口而出走了。他的計劃本是壓抑大夫的專權來恢復封建國家的權力，再進一步就建立新的統一的王朝，所以説：「如有用我者，吾其爲東周乎。」〔四〕他這種希望統一的思想，到戰國末年的荀卿得到充分發揮。秦始皇吞并六國以後，建成中央集權的專制主義的封建國家，結束了「諸侯割據稱雄」的局面，這雖然還是封建貴族的統治，不是孔子所理想的善人爲政的統一政權，但究竟是封建社會的進一步發展，孔子的思想，有一部分得到實現了。孔子的整套理論，成爲後世封建社會的思想體系，我國在長期的封建社會裏所累積的許多政治經驗與燦爛的文化遺産，大都受到孔子學説的影響。儘管後來的封建統治者經常假借孔子的學説來鞏固其政權，實際和這個學説背道而馳，但這個學説中的合理部分是不能抹殺的。孔子的政治思想既然是爲了變革春秋末期的現狀，那末，孔子這個人物根本不是什麼保守派、改良派與調和派，而應該是初期封建社會中的革命派。

孔子雖則出身於士的階層，但自小貧賤。他説過「吾少也賤，故多能鄙事」，能做上層社會所不屑做的事，他年輕時還爲貧窮而做過「乘田」、「委吏」等小官。他反對那種聚斂之臣，駡他們爲「斗筲之人，何足算也」。季氏比周公還要富，冉求幫季氏聚斂，孔子説「小子鳴鼓而攻之可也」，可見孔子是站在平民一邊的。孔子説「有教無類」，意思是不分貧富貴賤都可以施教，就代表了平民階級的思想。正由於這樣，所以他有了成千的門人，創立了儒家學派。在奴隸社會裏，教育大權是掌握在奴隸主統治階級手裏的，孔子以私人教育家出現，在歷史上是空前的。這是由於春秋時代，還是封建社會初期，小農經濟在生産上的發展是比較緩慢的，文化的發展，比社會經濟的發展，又往往慢一些，所以一直到這個時期，才出現了這個文化高潮。首先是儒家學派，接踵而起的是墨家、道家、法家、名家等，形成百家爭鳴的局面。這個新局面是由孔子創始的，單單從這一點説，孔子也應該列在文化革命的最前列。孔子的思想體系，儘管他自己説是「述而不作」，實際上是新的創造。孔子的時代，新的平民階級已經出現了二百來年，他們要求建立他們自己利益的政權，但是當時的封建貴族基本上是從原來的奴隸主貴族轉化來的，跟平民階級的思想感情有很大距離。孔子以前的歷史人物，象：齊桓公、晉文公、管仲、子産等人，儘管有一些進步性，但總還是統治階級的代表；象：齊景公有馬千駟，魯哀公收什二之税還説不够用，季氏富於周公而還要聚斂，臧文仲知道柳下惠是賢者而不肯引用，更顯然屬於反動落後方面的。只有孔子才代表了大部分平民的思想，他想實行這一套政治理論，任何一點機會都不肯放過。由於時代的局限，他只能依靠封建貴族的任用來企圖掌握政權，而所遇到的只是齊景公、魯定公、衛靈公之類，到處碰釘子，但他也不肯委曲求全，所以栖栖皇皇，終身没有什麼成就。但他的思想體系，卻已經沖破了這個時代的束縛。這個時代是諸侯割據稱雄的時代，但孔子則在公山弗擾和佛肸的召唤時也想去，而提出「如有用我者，吾其爲東周乎」，「吾豈匏瓜也哉，焉能繫而不食」等口號。他還説「道不行，乘桴浮于海」，還想去「居九夷」，説明他爲了行他的道，是不妨打破常規的。他在匡地被圍困的時候，説「文王既没，文不在兹乎？天之將喪斯文也，後死者不得與于斯文也，天之未喪斯文也，匡人其如予何？」自許爲文王以後，「斯文」的唯一保衛者。又説他的弟子冉雍「可使南面」，意思是可以做諸侯。孟子説：「春秋，天子之事也。」而孔子説：「其事則齊桓晉文，其文則史……其義則丘竊取之矣。」可見他儘管是一個在野的士大夫，卻要做過去只有天子才可以做的事情，用文字的褒貶來代替給予封建貴族們的賞罰，所以説「知我者其惟《春秋》乎，罪我者其惟《春秋》乎」。《公羊傳》説「《春秋》托新王」，《漢書・董仲舒傳》：「孔子作《春秋》，先正王而繫萬事，見素王之文焉。」「素王」是没有地位的王，漢朝的學者經常稱孔子爲「素王」，并不是没有原因的。孔子的思想體系，已經遠遠超出了他的時代，他代表了新興的平民階級思想，主要是士這個階層的思想，而吸收了奴隸社會中各個時代的遺産，只要是對他有用的東西，都用以豐富他的學説的内容，不但是他的前輩如：管仲、子産等人所不能及，就是在他之後的學派，如：墨子主張「天志」、「明鬼」、「非樂」、「兼愛」，老子主張「小國寡民」等思想，實際都比較落後保守，甚至於反動，也是無法比擬的。所以諸子百家中只有孔子學説才成爲後世封建主義理論的基礎。從我們今天看來，封建主義是反動與落後的，但在初期封建社會，士還在四民之列，與封建貴族和領主們對立，士這個階層還没有上升到統治階級的時代裏，這種學説應該認爲是先進的與革命的。《孟子·公孫丑篇》引宰我、子貢、有若等人的評語，説「自有生民以來，未有孔子也」，不能認爲是過分的譽詞。孟子稱孔子爲「聖之時者也」，也是恰如其分的。我們爲古人作評價，是必須參考當時人所給予的評價的。

有些人機械地來考查孔子的階級出身，是貴族後裔，就是反動；是知識分子，即使進步也不徹底，這種想法是可笑的。歷史上有各式各樣的革命，每一個時代的革命性質是不同的。在奴隸社會裏，「湯武革命，順乎天而應乎人」，商湯的推翻夏后桀，周武王的討伐商王紂，是以奴隸主諸侯爲代表來革奴隸主王朝的命。周厲王時代的共和起義是我國歷史記載中第一次的大暴動，爲首的共伯和，也是一個諸侯。春秋初年，鄭莊公抗拒周桓王的一次戰爭，奠定了諸侯割據的新局面，使奴隸主王朝實際上等於列國，結束了奴隸主社會，隨之而出現的是齐桓公晉文公秦穆公楚莊王等霸主，這是封建國家對奴隸制國家的革命。這種革命是在奴隸社會内部孕育出來的，奴隸主統治階級略爲改變一下，對奴隸階級作一些讓步，就成爲封建主統治階級了。但到了封建國家形成與鞏固以後，封建主貴族與平民階級之間的矛盾卻加劇了，頻繁的國人暴動，大都是在平民階級的參與下爆發的。例如《左傳》哀公十七年石圃攻衛莊公是依靠匠氏的叛變；哀公二十五年褚師比等攻衛出公也是依靠三匠的叛變，他們「皆執利兵，無者執斤」；都是由於統治者虐用工匠過久而激起的。春秋時代，由於封建割據，有許多地區是當時國家權力所控制不了的；另一方面，由於戰爭頻繁，階級壓迫等原因，在各國都出現了很多的盜。盜的成分很複雜，有逃亡的奴隸，有被迫爲盜的平民階級，也有與統治階級直接有關的。《左傳》宣公十六年「晉國之盜，逃奔于秦」；襄公二十一年「魯多盜」；昭公二十年「鄭國多盜，取人于萑苻之澤」；定公四年，楚子在雲中受到盜的攻擊；可見盜的猖獗。桓公十六年衛宣公使盜在莘的地方殺害他自己的兒子，僖公二十四年，鄭伯使盜誘殺子臧於陳宋之間，則都是受統治階級的指使，甚或是他們派出人來假扮的。在奴隸社會裏只有逃亡奴隸而没有盜，所以

《尚書》裏還没有盜字，《詩經·巧言篇》「君子信盜」，毛萇傳説：「盜逃也。」鄭玄箋説：「盜謂小人也。」盜是春秋時代新出現的。《左傳》昭公七年楚國的芋尹無宇到楚王的章華宫裏搜捕他的逃亡的閽人，首先引周文王之法説「有亡荒閱。」是説有了逃亡要大搜捕；又引楚文王的僕區之法説「盜所隱器與盜同罪」；又舉出武王數紂的罪是「紂爲天下逋逃主，萃淵藪」；最後説「若以二文（周文王、楚文王）之法取之，盜有所在矣」。可見商周之際的逃亡奴隸，在春秋時代稱爲盜，由於社會性質的不同，出現了新的名稱，所謂盜，也不僅僅是逃亡奴隸了。但在春秋時代裏，盜總還是卑賤的，無名的，爲君子所輕視的。《左傳》襄公二十一年，邾庶其帶了漆閭丘等邑逃到魯國，季武子把襄公的姑姊嫁給他。臧武仲批評季武子召外盜，這是因爲邾庶其的行爲等於盜竊，所以有意地貶斥他。《論語》「季康子患盜」，孔子説「苟子之不欲，雖賞之不竊」，也是指責這班統治階級本身的行爲就和盜差不多。《春秋》襄公十年「盜殺鄭公子騑、公子發、公孫輒」；昭公二十年「盜殺衛侯之兄縶」；定公八年「盜竊寶玉大弓」；哀公四年「盜殺蔡侯申」；這些盜實際上都是可以指出名來的，例如竊寶玉大弓的是陽貨，孔子爲了貶低他們，所以説是盜，可見在當時，盜還是被看輕的。但到戰國初期，《老子》説「聖人不死，大盜不止」，把大盜與聖人并稱，《孟子》和《莊子》都常常説到盜跖，孟子用來和舜對比，《莊子·盜跖篇》是寓言，但他的用意是以盜跖與孔子對比，這種新的情況是孔子時代所没有的。大盜變成了知名之士，顯然是階級斗爭更尖鋭的結果，也是陳勝吴廣等農民革命的先驅者。那末，在孔子的時代裏，平民階級已經成熟了，需要有代表本階級利益的思想家，士在這時候還只是四民之一，所以孔子以士君子的身分而成爲平民階級的代表者。孔子之後，平民階級中還在分化，貧富貴賤，一天懸殊一天，到了商鞅開阡陌，土地可以自由買賣，富者田連阡陌，貧者無立錐之地以後，地主階級形成了。在地主階級與貧苦農民的矛盾中，士的階層逐漸與地主階級結合，早期封建社會的平民革命就讓位給新興的農民革命了。由封建貴族反對奴隸主王朝的革命，發展爲平民階級反對封建貴族的革命，更發展爲農民階級反對地主階級與士族的革命，是需要經歷一個相當長的歷史過程的。

我們今天來評論孔子，應該注意當時社會的特點和他在那個時代的具體條件下所具有的歷史意義，而不應該按照今天的條件，我們在建設社會主義社會的標準來衡量他。孔子的革命性，從今天看來，確實是有限的，是不徹底的，但是在孔子以後的無數農民革命，又那一次是徹底的呢？打倒了一個皇帝，换上來的還是皇帝，如何能徹底呢？就是更後的資産階級革命，打倒地主階級的老爺，卻换來了資本主義的老闆，又何嘗徹底呢？孔子受到他那個時代的局限性，不可能抛開「君君、臣臣、父父、子子」的一套，他儘管不大講天道，不談「怪力亂神」，但從記載上看，也不能説他是唯物主義者或無神論者，但這些無害於他是初期封建社會裏的一個革命者。問題是要把他跟他以前的歷史人物相比較，看他在歷史裏起過什麽作用，應該對他作出全面的估價。當資産階級革命時期爲了要摧毁已經僵化了的封建禮教而高唱打倒孔家店，是有其進步作用的。但是在今天，我們正在建設社會主義的時期中，主要敵人是帝國主義與現代修正主義，而不是封建主義，我們有必要對孔子作正確的客觀的歷史評價。社會主義文化是要在過去一切文化的基礎上建立起來的，對於舊文化要剔除其糟粕，更要善於吸收其精華。應該肯定孔子的思想體系，在上升階段的初期封建社會裏是屬於進步方面的。孔子的言論，儘管離開現在已經兩千四百多年，可是其中還有很多有用的東西，可以供我們借鑒，是不應當一筆抹殺的。知人必須論世，把古人拉出來否定一番是容易的，因爲古人不會喊冤，但更重要的是要有歷史觀點與實事求是的精神，辨明孔子所處的是什麽樣性質的社會是有助於對他作正確的評價的。

〔一〕《論語》説「箕子爲之奴」，是叙述殷周之間的歷史。
〔二〕周平王五十一年即他的末年，是公元前七二〇年，春秋隱公元年是公元前七二二年。
〔三〕《光明日報》一九六一年十一月十七日。
〔四〕「吾其爲東周乎」的「爲」字，與「夫子爲衛君乎」的「爲」字相同，應當作幫助講。

載《文匯報》一九六二年一月二六日。
又《孔子哲學討論集》中華書局一九六二年九月。

關於《盤中詩》的復原

編者按：三月二十四日本刊發表郭沫若同志《擬〈盤中詩〉的原狀》後，收到來稿數件，提出不同看法。現將唐蘭等同志來稿及附圖刊列於後。

郭沫若同志的《盤中詩復原圖》，跟我所復原的略有出入。郭老説原詩一百六十八字可列爲十三之方乘一百六十九字，是完全正確的。但郭老因爲原詩少了一字而在「姓爲蘇」下加一氏字以足之，卻似乎可以不必。郭老的加這一個字是出於估計，没有提出證據，爲什麽恰恰要加在這裏，也没有説明理由，那末，如果不加這一個字而恢復原狀，豈不更好一些？

我認爲《盤中詩》的原圖，最中心的一格是没有文字的。圖的中央是一個八角形，可以把這八角形縮得很小，不占一個字的地位；也可以放上一個什麽圖案。因之，用十三來開平方可以得一百六十九個方格，但這首詩卻只要一百六十八字，并没有缺字。

用我所擬的恢復方法，(見圖)在盤中央的第一周共八個字，要有八個方向，即除東南西北四方外，還有東南、東北、西北、西南等四隅。而整個復原圖裏可以整整齊齊地看出這樣一個圖案，即從盤的中央到四角都有一行斜書的文字。每行爲六字，這就是從東南、東北、西北、西南等四隅分布出來的。這四行好像是間隔，在這間隔内無論東西南北四方都有一個三角形，盤中央是寶塔尖，而盤四周是塔底。塔均六層，塔尖一字，塔底十一字。這樣寫法，可以成爲十分整齊的圖案。

按照郭老所擬，不但要加上一個字，而且整個圖形，也變成參差不齊。在郭老的復原圖裏，有四個三角形，一個是以山字爲寶塔尖，而塔底爲十三字，有七層之多，而另外三個三角形卻都只有六層，其中以樹字爲寶塔尖的一組，塔底也是十一字，而其它兩組則最高一層爲兩個字，最低一層爲十二個字，因之不能成爲很規則的三角形。看來與原圖是有一些距離的。

順便説一下，在《玉臺新咏》第九卷裏這首《盤中詩》是傅玄所作的，傅玄是晉初人，當時著名的文學家，所作詩賦很多。這可能是擬古詩之類，用女子的口吻來立言，是詩人的常事。郭老認爲是蘇伯玉妻所作，不知何據。當然《玉臺新咏》的編輯時間較晚，也有可能本來不是傅玄所作而被誤編進去的。

我所據的是徐乃昌影明趙均小宛堂本，「結巾帶」作「結中帶」，似乎也讀得通。據徐乃昌札記，「天知之」句，五雲溪館活字本作「未知之」。

載《光明日報》一九六二年四月五日四版。

此僅録唐蘭先生的文字。

應該給孔子以新的評價

孔子這個人物，無論在中國或是在世界歷史上都應該有一定的地位。孔子的學説在我國古代思想史上是一個十分重要的寶庫。

孔子是初期封建社會的一個革新家，是一個偉大的思想家與教育家。但在春秋末年，這位被孟子稱爲「聖之時者也」的老學者，卻并不逢時，栖栖遑遑地過了一生，嘆鳳傷麟，在政治生活上没有什麽成績。儘管有很多友好與追隨者，可是也常有人對他不滿，甚至加以毁謗。他是博學者，好古敏求，繼承了商周以來的文化遺産，通過躬行實踐，一以貫之，成爲有完整體系的新學説，經過他的弟子們七十子之徒的補充發揮，到了孟子與荀卿，發展成爲很大的兩個流派。後來韓非、李斯等又是從荀子學派裏發展出來的，他們幫助秦王朝建立了中央集權的專制主義的封建國家。這個封建制度，一直延續到二十世紀初年。可以説這種封建制度的思想體系是從孔子學説中孕育出來的。我國經歷了長期的封建社會與孔子學説有十分密切的關係。因此，在資産階級革命時期，爲了反封建，爲了挖去封建制度的老根，而要打倒孔家店，也是極其自然的。

打倒只是一面，重新估價是另一面。在過去時代裏把孔子捧做聖人，實際并未懂得孔子。封建帝王對孔子學説并不滿意，他們所作所爲，大都反乎孔子之道。但是要借他的名義來鞏固封建秩序，歪曲他的學説來掩蓋他們的罪惡。最可笑的是還拉上一個武聖人關羽來作陪，這種對孔子的庸俗的崇拜，實際是爲孔子塗上一臉稀泥。有些人受封建的毒較深，把孔子作爲偶象來崇拜，甚至有人要把孔子學説當成宗教，還有一些人要把孔子學説改頭換面來迎合資本主義與帝國主義。打倒孔子這個偶象，把這些烏烟瘴氣掃空了，才能真正地瞭解孔子，才能根據歷史的觀點，用嚴肅的科學的態度來對孔子作出正確的評價。

要對孔子作出正確的評價，首先要把孔子所處的時代搞清楚。在今天而還用封建社會的觀點來崇拜孔子，固然是錯誤的；但是有些人忘記了孔子是兩千四百多年前的歷史人物而硬要用現代的觀點去硬套，也同樣是錯誤的。孔子所處的時代是春秋後期，離開春秋初期已經二百來年，這是初期封建社會諸侯割據稱雄正在向中央集權轉化的一个過渡時期（我國奴隸社會的崩潰在周平王桓王之際，公元前七二〇年左右）。由於孔子處在這樣的時代，他所提出的政治主張，「天下有道，則禮樂征伐自天子出」，希望全國統一，中央集權。在當時應該説是進步的主張，是希望改革現狀的主張，而不是屬於保守落後方面的。孔子是反對三家的，尤其反對季氏。季氏用了「八佾」的舞，孔子説過「是可忍也，孰不可忍也」的話。季氏比周公還富，冉求幫他聚斂，孔子曾對門弟子説：「小子鳴鼓而攻之可也。」當季氏要伐顓臾的時候，孔子指出季孫之憂「在蕭墻之内」。這時正是陽虎執政的時期，孔子爲了躲避陽虎，不肯出仕。但在陽虎失敗而出奔以後，公山不狃以費邑叛季氏，晉國的佛肸以中牟叛趙簡子，孔子卻曾一度想應他們的招，這是由於這些陪臣們都曾以張公室、弱私家的名義爲號召是有一部分符合孔子的主張的。所以當子路爲這些事而不高興時，孔子一則説「吾豈匏瓜也哉，焉能繫而不食」。再則説：「如有用我者，吾其爲東周乎。」孔子表示他希望能有所作爲，不僅僅在於「張公室」，最後的目的是要幫助周王室統一政權。當時冉求、子路都是季氏的家臣，孔子有重名，就是季氏的反對者陽虎和公山不狃等都想拉攏他，所以季氏也只好讓他做魯國的司寇。司寇是有些兵權的，再加以子路是季氏的宰，能够支持他，又利用叔孫氏跟郈宰公若的矛盾，季孫氏和費宰公山不狃的矛盾，就擬定了「墮三都」的計劃，「三都」是三家的根據地，把它們墮了對「張公室」有好處。但只墮了郈和費，孟孫氏的成，由於成邑的宰公斂處父的反對，不肯墮。公斂處父説没有成邑就没有孟孫氏，這句話提醒了三家，季氏對子路也有了懷疑，魯定公只好自己帶軍隊去圍成邑，但又没有結果，孔子和子路只好借齊人歸女樂的一段小事而出走了。孔子一生只有這一次機會可以按他的政治主張辦事，但時間太短了，客觀條件的變化太快，所以没有收到什麽成效。以後，儘管還「知其不可而爲之」，但根本没有一個國家用過他。晚年作《春秋》，特别把周王抬出來，也還是大一統的主張。春秋時代，周王朝的虚名還存在，所以要求統一全國，就不得不以周天子爲號召，連戰國中期的梁惠王，也曾傚法過齊桓公那樣，用天子的名義來召集十二諸侯，那末，孔子時代要用周禮是很自然的。孔子并不知道夏商周三代是奴隸社會，春秋時代，桓文之世，已經是封建社會，他只看到當時没有政治中心，不能叫做「天下有道」，所以要學習三代，但他的學習是有選擇的，并不是復古，只要看他説：「麻冕禮也，今也純，儉，吾從衆。」只要能節儉就不合禮也是無妨的。他主張治國家要「敬事而信，節用而愛人，使民以時」。爲政是「足食、足兵、民信之矣」；又説：「不患寡而患不均；不患貧而患不安。」這些主張都是符合當時人民的願望的，不能不説是進步的主張。奴隸社會以神道設教，而孔子提創人道，他把它稱爲仁，主要是愛人。可見孔子的學説是從平民的立場出發的。他説政治就是要正人，正人就必須先正自己，其身正，不令而行。所以他主張正名，要求名正言順，所謂「君君、臣臣、父父、子子」，并不是片面地要求臣忠子孝，而是同樣地要求君要象一個君，父要象一個父。孟子所説武王伐紂是殺獨夫紂，不能説是弑君，也就是這個意思，這種理論是後世的統治階級所不願意聽的。因爲首先要正自己，所以孔子提出了作爲一個士君子的標準，他認爲够了這種標準，才能够作爲政治上的領導者。他不但要求自己如此，還要教别人做君子。在奴隸社會裏，文化教育是奴隸主所專有的，孔子則「有教無類」，才建立了平民階級的文化。戰國時代的百家爭鳴，大體上受到了孔子學説的影響。所以要把孔子和他的弟子們分割開來，而把孔子列爲奴隸社會的保守派或反動派，無論如何是説不通的。

當然，孔子的思想是有其時代局限性的，但他只是初期封建社會的思想家，我們決不應該用今天的看法去指摘他。就那個時期説，他是一個偉大的思想家，他的思想是進步的，具有革命性的。他那種「學而不厭，誨人不倦」的精神，「三軍可奪帥也，匹夫不可奪志也」的氣概，都是永遠值得後人學習的。他的學説，儘管有一部分已經是歷史上的陳迹，但還有很多的菁華部分，可以供我們來採掇。深入地研究這一部分遺産將是有助於我們的社會主義建設的。

載《學術月刊》一九六二年第七期。

什麼是甲骨文

「甲骨文」又名「殷虛文字」，是河南省安陽市殷墟出土的龜甲或牛骨上所刻的文字。

殷墟的甲骨，是十九世紀末年才發現的，經考古學家研究後，確定是三千多年前殷朝的遺物。後來經過科學發掘證明出土地點的小屯等地確是殷朝的故都，即所謂「殷虛(墟)」。商周的銅器上的銘刻文字，一般稱爲「鐘鼎文」，因之把新發現的這種文字稱爲「甲骨文」。這種甲骨大部分是爲占卜用的，所以「甲骨文」也被稱爲「卜辭」。古代把刻龜版的工作稱爲「契」，甲骨文是殷朝人刻的，所以又稱爲「殷契」。

商朝人還很迷信鬼神，尤其是統治階級，無論遇到什麼事情，如：颳風下雨，年景好不好，祭神、祭祖宗，出行，打獵，打仗，生子女，疾病做夢等等，都要占卜一下。占卜的時候，用一塊龜版(大都用龜腹甲，但偶爾也用龜背)或牛胛骨(即大腿骨)，經過刮治整齊後，在背面鑿成一個一個的孔，用小木棍點了火放在孔穴裏烘烤，使甲骨表面上呈顯裂紋，那班占卜家就根據裂紋來預言將來的吉凶。這種占卜家是殷王朝的重要官員之一，因爲許多重要事情都要靠他們的占卜來決定的。他們人數很多，而且是世代以此爲職業的，爲了比較誰占卜得靈驗，在商朝後期就把占卜的事情，誰占卜的，以及後來的結果等都刻在所用的卜骨上面，等於是占卜的檔案。考古學家在别處也曾發現占卜用骨，但大都没有記文字，只是在商朝遷都殷，稱爲殷朝的時候，才有大批的文字記載。

殷虛甲骨經歷了三千多年，容易破碎，現在已經發現的，除了極少數比較完整的甲骨外，碎片有十幾萬片之多。這裏包含了很多的重要歷史資料，同時也是重要的古文字資料。經過古文字學家的研究，可以認識而且能解釋得正確的文字約有一千多個，有些文字的解釋還有爭論，有很多文字還不能認識。

早期甲骨文，有時是用墨或朱砂寫後再刻的，安陽出土有墨寫的文字，證明是用毛筆寫的。那時的一部分文字寫得也比較大。但後來幾乎全是直接用刀刻了，凡爲難刻的字，如畫一圓圈，就索性變成方形，或變爲六角形。有時一行字先把竪筆刻了，再刻横筆。但有的人因爲其他原因忘記了再刻横筆，那就會只留下一些直筆要我們去把它推考了。後期的甲骨文，字都很小，像米粒那麽大，但刻得卻很精美。在甲骨上刻文字，有近三百年（公元前十四世紀—前十一世紀）的歷史，顯然是越到後來，刻字的技術越進步了。

附圖的兩個完整的龜版是前期的甲骨卜辭，一個是戊午日卜，卜人叫「古」，一個是戊寅日卜的，卜人叫「㱿」。正背兩面都有刻辭。另外一塊牛骨，卻是一件晚期的骨器，名爲「匕」（就是現在的匙子），一面刻着獸面圖案，一面有兩行銘刻，記載殷王六年五月壬午在麥麓地方田獵，捕獲一頭野牛後，殷王賞賜宰豐的事情，書法十分流麗。龜版與骨匕現在都藏在歷史博物館。

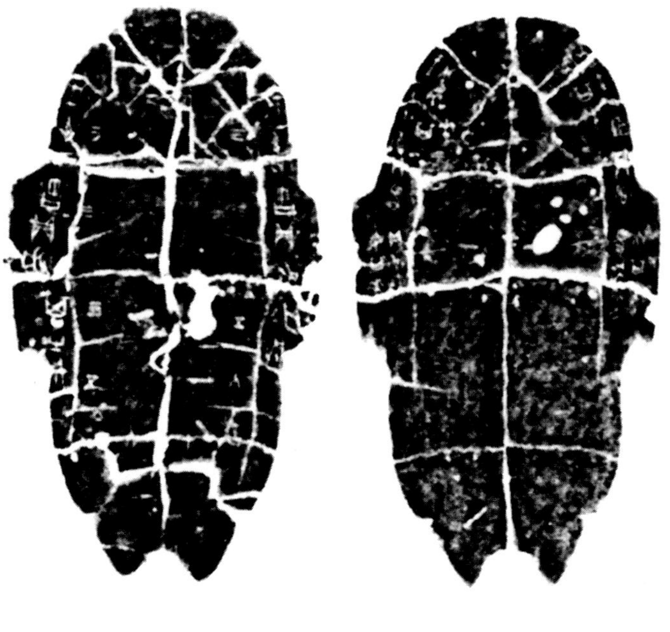

載《文字改革》一九六二年十期。

什麼是鐘鼎文

我國秦朝統一文字以後用小篆，就是正、草、隸、篆四體中的篆書，鐘鼎文是比篆書還要早的古文字。鐘和鼎都是古代青銅器的一種，因爲比較常見，習慣上就把鐘鼎文這個名稱來代表青銅器上所用的一種字體。銅在古代稱爲金，所以也叫做金文。也有稱爲吉金文字的。

鐘鼎文的研究，從宋朝就已經開始，由清末到現在特别發展。一般地説，鐘鼎文要比小篆古得多。據目前所知，最早的鐘鼎文是在殷商時期，約在公元前十四世紀至十一世紀。這時的青銅器上的銘文較少，經常只有一兩字至五六字，其中用以標明氏族稱號的字，常常保存着最原始的寫法，魚字就畫一條魚，虎字就畫一只虎。其餘的文字雖和後來的文字差不多，但大都很難認。殷朝末年的銅器銘文較長，到周朝常有長幾百字的銘文，字體和篆書較接近，已經辨認出來的字也比較多了。這些銘文和古代史的關係很密切，所以要研究古代史的人，也必須研究這種文字。書法家也常常臨摹這種字體。

戰國　鑄客罍

春秋　鳥篆　吴侯産戈

商　麟鳳卣　鳳字下有小獸形

春秋後期吴越等國出現一種富於裝飾性的文字，在筆畫中加入一些鳥形，稱爲鳥書或鳥蟲書。戰國時期，秦國的文字大體上還保存西周春秋的形體，即所謂大篆。而東方六國則變化很多，每一國的文字不一樣，又比較簡省，稱爲六國古文。秦漢以後的小篆，是從春秋戰國時代秦國所用的大篆發展而成的，我們根據小篆來辨認古文字時，由小篆追溯大篆以至於西周時期的文字，都比較好懂一些。殷商時期的文字，首先由於時代太遠了，又由於周朝的文字跟它不是一個系統的，所以比較難認。戰國時期的東方文字，則在秦朝統一文字時已被廢棄，所以也比較難認。

鐘鼎文是製造青銅器時用模子（陶製的範）澆鑄出來的。凹下去的文字，一般稱爲陰文，較爲常見；筆畫像綫條一樣突出的，稱爲陽文。陰文又稱爲款，陽文又稱爲識，也可以合起來稱爲「款識」。銅器上的文字大都是用筆寫好刻在模子上再鑄的，所以可以反映出當時的書法藝術。有的銅器文字在凹下處嵌以緑松石或黄金，極爲美麗。戰國時許多銅器文字則是用刀刻成的。那時的刀是鋒利的，有時刻的字很小，但很精工。

周 克鼎

宜侯夨簋圖

宜侯夨簋拓

載《文字改革》一九六二年十一期。

關於「夏鼎」

周代經常講到夏鼎，所謂夏鼎是武王伐紂時得之於殷人的。戰國以後，産生了很多神話。因此，夏代究竟有没有鼎，周代有没有得到過夏鼎，夏鼎的形狀，夏鼎的下落等等，都是值得研究的。無論爲了探討夏代的歷史文化，爲了探討我國青銅器發展的情況，爲了對商以前的考古工作準備好一些文獻資料，這一個老大難問題，都是必須加以清理和解決的。

首先，我們要問夏代有没有鼎？過去有些人曾經懷疑過夏這個朝代，現在的歷史學家和考古學家已經没有懷疑的了。可是如果説夏代還不可能鑄銅爲鼎，那末，一切夏鼎的説法都是虛妄的了。誠然，現在地下發掘還没有發現可以明確指定爲夏代的銅器。但是自從一九五二年在河南鄭州發現了商代前期的文化遺存以後，二十年來對這時期的銅器已經有相當的認識了。如果以小屯式的殷代後期文化來比較，它們確是比較簡單的，但是決不是青銅容器的原始時期，則是可以斷言的。像盉的形制，球狀的弇口，加上管狀的流，這種鑄造技巧，決不是短期間能够達到的。它們一般都很輕薄，但輕薄也是鑄造技術高度發展後的表現。如果開始鑄造銅器時，就要鑄薄胎的器，怎麽能保證它銅液能均匀灌注，而不致出現漏孔呢？商代前期意味着什麽呢？它意味着盤庚遷殷以前的文化。據《竹書紀年》：「湯滅夏以致於受，二十九王，用歲四百九十六年。」而盤庚遷殷到紂的亡國是二百七十三年。那末，商的前期，不過二百二十多年。就照《左傳》的説法，商代「載祀六百」，商的前期也只有三百多年。而小屯的後期文化，一直沿到西周初期，遠不止三百年。可見二里岡型的商代前期文化，應該代表從商湯時代開始的文化，而有些考古家把它叫做商代中期是不恰當的。不錯，由商的部族來説，商湯以前，還可以推到王亥和上甲，商代的祭祀就是從這些先公開始的。但是從歷史年代説，那已經是夏代了。所以我們認爲商代前期文化應該是代表商湯以下到遷殷的一段時期，再向前去就是夏代。商代前期既然有這樣多的技術上比較進步的銅器，夏代就不可能没有銅器，商代前期有銅鼎，上面還有獸面紋，夏代就不可能没有銅鼎，只是現在還没有被發現罷了。當空首布没有發現之前，學者就没有看到過春秋時代的錢；安陽甲骨没有發現，誰也不知道殷代還有卜辭；二里岡文化層没有發現之前，對商代前期銅器，誰也不認識。因此，只要我們眼光不太狹隘，夏代銅器儘管還没有發現，也不能説夏代還没有鑄造青銅容器。解放以後，很多考古工作者在探尋夏代的文化遺址，河南西部的洛達廟型文化，處在商代早期文化遺存的下方，而又屬於河南龍山文化的上方，正相當於夏的時代。儘管現在還只發現一些青銅小刀和魚鈎之類，也已足以證明它已屬於青銅器時代的文化。據《禮記·檀弓》：「夏后氏用明器，示民無知也；殷人用祭器，示民有知也；周人兼用之，示民疑也。」東周時人喜歡講三代損益，大體上是有根據的。那末，夏代墓葬裏是不見得有多少青銅彝器的。至於都市裏，在一個王朝覆滅的時候，這些彝器經常是作爲寶物而被劫掠俘奪的，所以在遺址裏也不大可能有大批的青銅彝器。但是夏的疆域很廣，河北、山西的南部，河南的北部和山東的西部，如果積極探索，總會有所發現的。

探索古代文化，還有一個新的途徑，是過去所没有利用過的。我國的文字，主要是從圖畫發展來的，在商周的銅器銘文裏，在殷虛的甲骨卜辭裏，保留着很多的原始的圖畫文字，即所謂象形文字。這些文字，無論怎樣説，它總是先於歷史記載，因爲歷史正是用文字來記載的。我國的歷史，有王朝世系和年代是從夏代開始的，夏代以前的堯舜，也有一些記載，在《尚書》裏就包括在《虞夏書》裏面。總之，現在所知道的成文歷史，可以上推到公元前二十一世紀，直到公元前二十三世紀的樣子，就是説在那個時期就早已有文字了。在這些文字裏，除了數目字外，十日和十二辰的名號是很重要的，由甲乙丙丁和子丑寅卯等相配合的六十甲子，是我國曆法的主要構成部分。我國的曆法在堯舜時代已經建立。《堯典》説：「曆象日月星辰，敬授人時。」《論語》説：「堯曰：咨爾舜，天之曆數在爾躬。……舜亦以命禹。」如果堯舜時代曆法還没有建立，夏代就不可能有紀年的歷史記載了。但是這二十二個代表干支的文字，都是假借象形文字來寫出它們的稱號的。其中最明顯的，如：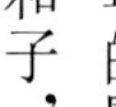和子，都是小孩子的形狀，不過已是能行走的孩子，而子還是手抱的罷了。壬是任，是扁擔。寅是箭，午是杵，申是電，辰是蜃，酉是酒尊，而戊（鉞）和戌是兩種兵器，而且是銅兵器，丁是釘（煉餅黄金）的本字，像一塊銅餅。總之，在製定這二十二個干支稱號之前，在象形文字的構成時期，就早已是銅器時代了。在這些文字裏有鬲的象形和甗的象形，就算這些都是陶器，但爵和斝的象形字，上面都有柱，就不像是陶器了。尤其值得注意的是鼎的象形字（卜辭借爲貞字），上面是兩個耳，下面是兩條尖足，跟鬲甗等字的三足是不同的，就是説那時已有四足的方鼎了。再就員字作鼎，在鼎字上畫一個○形，以代表圓鼎，更可以證明鼎的象形字原來是方鼎。鑄造的鑄，原來作鬻，或作盄，是兩手從爐火上取鬲的形狀。由此可以推測青銅容器的鑄造是由銅鬲開始的。由此逐漸發展，才能製造各種各樣的青銅容器。從這些圖畫文字裏可以看到在文字發生時期的社會生活與文化情況，材料是真實的。比之流傳下來的文獻資料，或者傳聞異辭，或者傳寫錯誤，甚或向壁虛構，不可盡信，大有區別。從這些材料裏可以看到遠在商代以前已有青銅鑄造的彝器，並且已經有方鼎，對於研究周代所傳夏鼎的問題是很有裨益的。

夏代既然可以有銅鼎，我們就可以進一步來研究周代所得的夏鼎。

周人伐商而得鼎，最早見於《逸周書·克殷解》。武王勝殷之後，立了王子武庚，「乃命召公釋箕子之囚；命畢公出百姓之囚，表商容之閭」。「乃命南宮忽振鹿臺之錢，散巨橋之粟」，「乃命南宮百達史佚遷九鼎三巫」，「乃命閎夭封比干之墓」，「乃命宗祝崇賓饗禱之于軍」。辦完了這幾項大事，就班師。《史記·周本紀》也有這段記載，只是「南宮伯達」作「南宮括」，「遷九鼎三巫」作「展九鼎保玉」。徐廣注：「保一作寶。」看來三巫兩字是寶玉兩字的形譌。《尚書·湯誓》説：「夏師敗績，湯遂從之，遂伐三朡，俘厥寶玉；誼伯仲伯作典寶。」商湯伐桀時俘寶玉，武王伐紂，當然也不會放過。《世俘解》説：「凡武王俘商，得舊寶玉萬四千，珮玉億有八萬。」可證。《書序》又説：「武王既勝殷，邦諸侯，班宗彝，作分器。」《史記》作「封諸侯，班賜宗彝，作分殷之器物」。集解引鄭玄云：「宗彝，宗廟樽也。作分器，著王之命及受物。」是伐殷之後，武王曾經把從殷王朝掠奪來的青銅彝器作爲賞賜之用，但九鼎不在此内，顯然是把它們作爲重器的。《左傳·桓公二年》載：「武王克商，遷九鼎于洛邑，義士猶或非之。」可見武王時就已遷到洛邑了。《史記·周本紀》説：「成王在豐，使召公復營洛邑，如武王之意。周公復卜申視，卒營築，居九鼎焉。」太史公曰：「學者皆稱周伐紂，居洛邑，綜其實不然。武王營之，成王使召公卜居，居九鼎焉。」是武王本要營洛邑，所以把九鼎遷到這裏，成王只是本他的意圖而把九鼎定居下來罷了。《左傳·宣公三年》，楚莊王伐陸渾之戎，到了洛水邊上，觀兵周疆，向周大夫王孫滿問鼎的大小輕重。王孫滿説：「昔夏之方有德也，遠方圖物，貢金九牧，鑄鼎象物。……桀有昏德，鼎遷于商。……商紂暴虐，鼎遷于周。……成王定鼎于郟鄏。」這段記載裏提供了很多情況。首先説明九鼎是夏后氏的鼎，遺留到商代，再轉到周人手裏。其次説明「貢金九牧」，就是説夏代鑄鼎的銅是由遠方貢獻得來的。第三是「成王定鼎于郟鄏」。在商湯伐桀時，僅僅説到「俘厥寶玉」，沒有提到銅器，顯然，那時還沒有把銅器當作寶。武王伐紂，把遷九鼎當作一件大事，還放在寶玉前面，這是由於它們是由夏代傳下來的。周人是重視古物的。《尚書·顧命》記成王死後，康王即位的時候，陳設了許多古物。「越玉五重，陳寶、赤刀、大訓、宏璧、琬琰在西序，大玉、夷玉、天球、河圖在東序，胤之舞衣、大貝、鼖鼓在西房，兑之戈，和之弓，垂之竹矢在東房」。《左傳》記成王封伯禽的時候，「分魯公以大路大旂，夏后氏之璜，封父之繁弱」（定公四年）。封唐叔的時候，「密須之鼓，與其大路，文所以大蒐也。闕鞏之甲，武所以克商也。唐叔受之，以處參虛，匡有戎狄」（昭公十五年，又定公四年略同）。除了寶玉以外，舞衣、鼓、戈、弓、竹矢、甲，有很多流傳的所謂某人或某地的古物。那末，對於傳自夏代的九鼎，當然要特別重視的。在王孫滿的話裏，没有指實這是夏代那一個王，而且説明是用貢金來鑄的，這都比較符合於實際情況，還没有夾雜着後來的許多神話。又説「成王定鼎于郟鄏」，郟鄏即王城所在地。《逸周書・作雒》説大邑成周是「南繫于雒水，北因于郟山」，可見郟鄏是郟山下的鄏地。《漢書・地理志》：「河南，故郟鄏地。周武王遷九鼎，周公致太平，營以爲都，是爲王城，至平王居之。」《水經注・穀水》引京相璠説：「郟山名，鄏邑名也。卜年定鼎，爲王之東都，謂之新邑，是爲王城。其城東南名曰鼎門，蓋九鼎所從入也。」《尚書・召誥》正義引服虔注《左傳》：「今河南有鼎中觀。」那末，郟鄏是原來的地名，三城就建在郟鄏，所以也把王城叫做郟鄏。《左傳・昭公二十六年》，王子朝講平王東遷事，就説「用遷郟鄏」，證明郟鄏確是王城。把九鼎定居在王城之内，是把九鼎作爲王權的象徵了。《周易》是西周初年算卦的書，其中含有樸素的辯證觀點，它的卦是兩個兩個地用對立的符號排列的，乾坤代表天地，坎離代表水火，此外如泰和否，剥和復，損和益，既濟和未濟等，都是相對立的。它把革和鼎對立，「革去故也，鼎取新也」。所以《象傳》就指出「湯武革命」。武王革殷紂的命，成王就要定鼎，這是當時統治者的邏輯。周初，每一個王都爲自己取了一個號，武王有武功，所以號爲武，樂舞是大武。成王是指王業已成，所以營建的新邑，叫做成周。「成王不敢康」，而康王就自稱爲康了。那末，定鼎郟鄏是王業已成，天下已經安定的意思，所以楚莊王要問鼎，而王孫滿就用「天命未改」來拒絶他。

正由於九鼎是王權的象徵，同時又是有名的重器，到春秋時周王朝已經衰落，就特别引人注意了。楚國對於周王朝，本來就是敵對的，他們早就自稱爲王，對所謂尊王，楚國是不買賬的。因此對九鼎，既持蔑視態度，又想掠取過來。《史記・楚世家》記楚莊王問鼎時曾説「子無阻九鼎，楚國折鉤之喙，足以爲九鼎」。正説明九鼎並没有什麽了不起，不過是權力的象徵罷了。《左傳・昭公十二年》，楚靈王對右尹子革説他想「使人于周求鼎以爲分」，可見楚國對於九鼎是念念不忘的。《史記・周本紀》威烈王二十三年「九鼎震，命韓、魏、趙爲諸侯」。顯然是當時喜歡講災祥的人把九鼎震作爲周天子大權旁落的象徵而記下來的。當然，戰國時的周王室已經衰微得不像樣子，甚至只稱周君了，九鼎早已不能作爲王權的象徵，但作爲名寶重器，各國還是經常想奪取的。當時，幾個强國還處在均勢中，彼此互相牽制，所以游説之士經常利用九鼎來施展他們的欺騙手段。《戰國策·東周》載「秦興師臨周而求九鼎」，顔率説齊王，僞稱要把九鼎歸齊國，讓齊國出救兵。到齊國去求九鼎時，又提出很多難題，説什麽梁國、楚國都在謀得九鼎，無路可通。又説：「昔周之伐殷，得九鼎，凡一鼎而九萬人挽之，九九八十一萬人。士卒師徒，器械被具，所以備者稱此。」這當然是信口開河。據《春秋後語》記載，這是顯王時事，齊王是齊宣王，那此事當在顯王末年了。又《韓策》説：「宜陽之役，楊達謂公孫顯曰：請爲公以五萬攻西周，得之，是以九鼎印甘茂也。」這是赧王八年時事。又《西周策》載：「韓魏易地，西周弗利。」樊余説楚懷王，魏國所以願意失去二縣，是因爲「盡包二周，多于二縣，九鼎存焉」。《西周策》又説「楚請道于二周之間以臨韓魏」，「蘇秦謂周君曰：除道屬之于河，韓魏必惡之。齊秦恐楚之取九鼎也，必救韓魏而攻楚」。大概都在這一段時間。《史記·楚世家》頃襄王十八年載：「楚欲與齊韓連和伐秦，因欲圖周。周王赧使武公(西周武公)謂楚相昭子曰：三國以兵割周郊地以便輸，而南器以尊楚，臣以爲不然。……西周之地，絶長補短，不過百里，名爲天下共主，裂其地不足以肥國，得其衆不足以勁兵。……然而好事之君，喜攻之臣，發號用兵，未嘗不以周爲終始。是何也，見祭器在焉。欲器之至而忘弑君之亂。今韓以器之在楚，臣恐天下以器仇楚也。……今子將以欲誅殘天下之共主，居三代之傳器，吞三翮六翼，以高世主，非貪而何。」《逸周書》曰：「欲起無先。故器南則兵至矣。」司馬貞索隱説傳器是九鼎，「三翮六翼，亦謂九鼎也」，是對的。事在赧王三十四年。《史記·周本紀》赧王四十二年，馬犯要讓梁王城周，「乃謂梁王曰：周王病若死，則犯必死矣。犯請以九鼎自入于王，王受九鼎而圖犯」。一直到赧王五十九年，秦攻西周，《周本紀》説「西周君奔秦，頓首受罪，盡獻其邑三十六，口三萬。秦受其獻，歸其君于周。周君王赧卒，周民遂東亡。秦取九鼎寶器而遷西周公于單狐」。《秦本紀》説昭襄王五十一年攻西周，「西周君走來自歸，頓首受罪。……五十二年，周民東亡，其器九鼎入秦」。看來《周本紀》是把周民東亡，秦取九鼎和王赧卒年連在一起説了。這兩事應該按照《秦本紀》列入下一年，即公元前二五五年。這是關於九鼎的最後的記載。

九鼎的來踪去脉是很清楚的，它得之於商人，而最後入於秦。在入秦之前的八百多年，一直在東周王城，入秦以後的踪迹就不清楚了。歷史上的古物，後來遺失的是不能計數的，即以近一兩百年爲例，有名重器，象曶鼎、小盂鼎等，也早就無可查考了。

《墨子·耕柱篇》載：「昔者夏后開使蜚廉折金于山川，而陶鑄之于昆吾。是使翁難乙卜于白若之龜曰：鼎成，四足而方，不炊而自烹，不舉而自臧，不遷而自行，以祭于昆吾之虚，上鄉。乙又言兆之由，曰：饗矣。逢逢白雲，一南一北，一西一東。九鼎既成，遷于三國。夏后氏失之，殷人受之；殷人失之，周人受之。夏后殷周之相受也，數百歲矣。」這一段神話是從巫卜方面來的，儘管不炊自烹等話是無稽的，但這段神話的流傳是很早的，所以有些話也反映了當時的情況。折金的折，王念孫讀爲擿，並引《説文》：「硩，上摘巖空青珊瑚墮之，从石折聲。」認爲聲近義同，是很對的。《管子·地數篇》：「上有丹沙者下有黄金，上有慈石者下有銅金，上有陵石者下有鉛錫赤銅，上有赭者下有鐵，此山之見榮者也。苟山之見其榮者，君謹封而祭之。距封十里而爲一壇。是則使乘者下行，行者趨，若犯令者罪死不赦，然則與折取之遠矣。」春秋時人對礦産已有很豐富的知識，所以從礦苗的發現就能知道下面有什麽礦藏，因而封起來，不讓羣衆自由採掘，用死罪來威脅，人們就不敢來「折取」了。而《墨子》所説折金於山川，則還不是大批開礦，而只折取一些自然流露出來的礦石。《尚書·禹貢》裏只有揚州和荆州是貢金三品的，那時北方還不知道有銅礦，那末，除了用遠方貢來的銅外，只有在山川中採集，即折取一些，是很自然的。殷虚小屯的發掘，曾發現過一些孔雀石，並有煉銅殘渣。有些人就去探尋安陽附近的礦銅。其實商代用銅很多，殷虚附近即使有一些銅礦，也遠遠不够用。所以主要還是遠方運來的。《墨子》説「陶鑄之于昆吾」。王念孫要把陶鑄改爲鑄鼎，説「此淺人不曉文義而改之也，金可云鑄，不可云陶」。他不知道鑄銅器必須從陶開始，没有陶製的煉鍋，就不能冶金，没有陶笵，就不可能鑄器。古人開始獲得冶煉和鑄造的知識時，就是從製造陶器中積累經驗，逐漸發展，而後有所發明創造的。《吕氏春秋》的《審分》《尸子》《世本》等篇都説「昆吾作匋」，就是説昆吾氏這個國家，在夏代是以産陶器著名的，它同時能鑄造銅器是不奇怪的。《逸周書·大聚解》：「乃召昆吾冶而銘之金版藏府而朔之。」那末，一直到周初，昆吾還是管冶鑄的。《墨子》又説：「鼎成四足而方。」這是和鼎的象形文字符合的。小屯發掘出來的三個方鼎，外面是牛頭、羊頭和鹿頭的花紋，裏面是牛、羊、鹿的銘文，都是象形文字。雖然還不能證明它們的準確年代，但決不是商紂時期的銅器，而且從這三件方鼎，我們也可以斷定方鼎是很早就有的。由此推測，九鼎應該是方的，《左傳》説：「鑄鼎象物，百物而爲之備。」恐怕也就像安陽的三個方鼎一樣，每一個鼎有一種象物的花紋，但還要簡單得多，而決不是後人所想象的和《山海經圖》一樣的東西，因爲商以前的鼎上還不可能有像春秋戰國那樣複雜的圖畫的。

《史記·楚世家》説：「居三代之傳器，吞三翮六翼以高世主。」從三代傳器來看，確是指九鼎。那末，三翮六翼就是指九鼎形狀。司馬貞索隱：「翮，亦作鬲，同音歷。」《爾雅·釋器》説：「附耳外謂之釴，款足者謂之鬲。」釴就是翼，鬲就是翮或甂。照這樣的説法是九鼎有三個是空足的象鬲形的鼎，六個是附耳鼎。《漢書・郊祀志》講到九鼎時説：「其空足曰鬲，以象三德。」可能也是從三翮六翼的傳説來的。但是《墨子・耕柱篇》説：「和氏之璧，隋侯之珠，三棘六異，此諸侯之所謂良寶也。」宋翔鳳説棘同翮，異同翼，是對的。那末，三棘六翼，只是戰國時代所謂良寶，和珠玉相等，不一定指夏鼎。《楚世家》所載西周武公的話，也是沿用當時游説之士的成語罷了。《吕氏春秋》有五條周鼎，周鼎著饕餮，周鼎著象，周鼎著倕而齧其指，周鼎有竊曲，周鼎著鼠，過去有些人認爲就是九鼎上的。其實它明説是周鼎，就和九鼎或夏鼎有區别了。除了宋人把獸面紋附會爲饕餮以外，在銅器中，我們從未見過倕和鼠的花紋。所謂竊曲，也不知究竟是什麼。容庚把近於古文字乇字的花紋，叫做竊曲紋，也是牽强附會，没有根據的。春秋戰國時在銅器上的淺刻圖畫，其中常見到一些怪異的鳥獸。《吕氏春秋》所謂周鼎，大概是這一時期的東西，其内容應該很複雜，《吕氏春秋》不過略舉一二，這和春秋以前的圖案已完全不同，與夏鼎象形更是絶無關係的。

關於九鼎，更有一些極其荒誕的故事。事情是從秦始皇開始的。《史記・秦始皇本紀》載：「始皇還，過彭城，齋戒禱祠欲出周鼎泗水，使千人没水求之，弗得。」秦始皇要求神仙，因而居然齋戒禱祠，希望出周鼎泗水，這個周鼎顯然是和神仙有關的。它很可能就是《吕氏春秋》津津樂道的周鼎，和九鼎是完全無關的。漢代方士把周鼎和九鼎混爲一談，司馬遷《史記・封禪書》説秦滅周：「周之九鼎入于秦。或曰，宋太丘社亡，而鼎没于泗水彭城下，其後百一十五年而秦併天下。」司馬遷明知這是兩件事，他在《周本紀》、《秦本紀》兩次説九鼎入秦，從《秦本紀》所説「西周君走來自歸，頓首受罪」等話來看，這是根據秦史記録的。既然九鼎西入秦，那末就不可能没於遠在成周之東幾百里的泗水彭城下。《史記・六國表》在周顯王三十三年秦惠文王二年下記宋太丘社亡，是公元前三三六年，到秦始皇二十六年併天下的公元前二二一年正是百一十五年，可見《漢書・郊祀志》説「周顯王之四十二年宋太丘社亡而鼎没于泗水彭城下」是錯的。周顯王三十三年在九鼎入秦前八十一年，《戰國策》和《史記》所記各國想謀得九鼎的故事，正在這一段時期内，根本説不上九鼎没于泗水的話。太丘社亡，《史記》索隱引應劭云「亡淪入地」，司馬貞以爲非也，説「亡謂社主亡也」。但社主亡跟鼎的没入泗水有什麼關係呢？其實，彭城是宋地，當時在泗水旁邊，原有太丘社，因泗水衝擊，社淪入地，這是當時的一件大事，隔八年是宋君偃元年，偃立四十三年（《宋世家》是四十七年）爲齊所滅。喜歡講災異的人，這又是一個很好的談論資料。這個社裏有一個周鼎是隨着社而淪没在泗淵中的，後人就對這個鼎造出許多神奇的故事。《吕氏春秋》所引的五條周鼎，就是根據當時對這種傳説記録的。秦始皇即位時離開九鼎入秦已經九年了，當時他只有十三歲，對於九鼎，恐怕聽都没有聽到過。九鼎在周初是當作古物來寶重，並且用來代表王權的，經過八百多年，這些意義已經失掉了。傳自夏代的鼎不會很華美，到了秦人手裏，也就不會重視。到始皇二十六年併天下以後，唯恐他的政權不鞏固，不惜把三代的詩書禮樂全部廓清，當然不會去顧問到這種古物。但當時正是周鼎的神話流行的時期，秦始皇一定是受方士們的蠱惑，所以從派徐市去入海求仙人以後，回來過彭城而齋戒禱祠要出這個神奇的周鼎了。《秦本紀》張守節正義説「秦昭王取九鼎，然一飛入泗水，餘八入于秦中」，是把這兩件事捏合在一起而製造出來的新的神話，鼎不是淪没而是飛了，不知何所本。

《封禪書》説漢文帝的後元年，新垣平「言曰：周鼎亡在泗水中，今河溢通泗，臣望東北汾陰直有金寶氣，意周鼎其出乎」。文帝「治廟汾陰南，臨河，欲祠出周鼎」。這是新垣平知道這些地方可能出古器物，因而附會周鼎没于泗水的神話，作出這樣的預言。由於他所説的氣神事被揭發是假的而被誅。但是到武帝元鼎四年，汾陰的魏脽后土營旁確實出土了一個文鏤無款識的特大的鼎，於是公卿大夫們議，請尊寶鼎，「有司皆曰：聞昔泰帝興神鼎一，……黄帝作寶鼎三，……禹收九牧之金鑄九鼎，皆嘗亨鬺上帝鬼神，遭聖則興。鼎遷于夏商，周德衰，宋之社亡，鼎乃淪没，伏而不見」。不但把鑄鼎上推到禹，並且再上推到泰帝、黄帝了。接着公孫卿獻鼎書，大談其「黄帝得寶鼎宛朐」，和「黄帝採首山銅，鑄鼎于荆山下，鼎既成」，「黄帝騎龍上天」，「後世因名其處曰鼎湖」等等鬼話。本來汾陰與泗水無關，所以附會周鼎過於勉强。《漢書·吾丘壽王傳》壽王説：「周德始乎后稷，長於公劉，大於大王，成於文武，顯於周公。……上天報應，鼎爲周出，故名曰周鼎。……昔秦始皇親出鼎於彭城而不能得，天祚有德而寶鼎自出。此天之所以與漢，乃漢寶，非周寶也。」説明所謂自出的周鼎並非得於夏商的九鼎，而汾陰自出的鼎，也並非周鼎，所以公孫卿索性以黄帝得寶鼎，黄帝鑄鼎於荆山之下來附會了。

本文可能寫成於一九六二年。

載《文史》第七輯一至八頁一九八〇年二月。
又《唐蘭先生金文論集》第五〇九至五一八頁紫禁城出版社一九九五年十月。

寶晉齋法帖讀後記

元代趙孟頫舊藏宋代曹之格所刊寶晉齋法帖，上海市文物保管委員會藏，一九六〇年中華書局影印出版。這本帖在没有歸上海文管會之前，我曾匆匆翻閲過，當時因惑於寶晉齋帖「于諸帖爲最下」的説法，不很注意它。此次印出後，再一次細讀，才知道這部帖在目前所存宋代法帖中，還是值得重視的。我們經常見到的十卷本寶晉齋法帖，都是明代刻本，除了第四卷是館本十七帖與原本相同外，全帖内容，面目俱非，顯然是明代人得到這一卷殘帖，另外用其它的帖拼湊後翻刻以作僞的。明人所刻叢帖中，如萬曆時章藻所刻墨池堂帖卷二從得告帖至鶻等帖共七帖，還有送梨帖，都在這個原本的第五卷，〔一〕大概也没有看到過全部。清初孔繼涑所刻玉虹鑒真帖，有翻刻寶晉齋帖一卷，所據的是王鴻緒藏本，爲陳繼儒舊藏，董其昌題爲宋搨寶晉齋十本，按其實只是明代的翻刻與僞造本。可見寶晉齋原刻全帙，十分難得。此本又是趙氏舊藏，在第三卷前還曾補題一籤，其可寶重，是不用爭辯的。

寶晉齋法帖元代陳繹曾《翰林要訣》、陶宗儀《書史會要》都説是曹之格模刻，明代屠隆的《考槃餘事》説刊於南宋初紹興年，楊慎的《墨池瑣録》説是曹日新刊，都是錯的。寶晉是米芾齋名，米所作《書史》説：「余白首收晉帖，止得謝安一帖，開元建中御府物，曾入王涯家；右軍二帖，貞觀御府印；子敬一帖，有褚遂良題印，又有丞相王鐸家印記；及有顧愷之戴逵畫净名天女、觀音；遂以所居命爲寶晉齋。」

又《畫史》説：「蓋緣數晉物，命所居爲寶晉齋，身到則挂之。」可見他因藏有四個晉帖與兩件晉畫而題爲「寶晉」。據元陶宗儀《輟耕録》所載宋理宗内府藏蘭亭一百十七刻裏面的循王家藏本有米芾跋説：「壬午閏六月大江濟川亭艤寶晉齋艎，對紫金浮玉羣山，逆快風消暑重裝。」〔二〕又米在所得王文惠家黄素本蘭亭，後題「壬午八月廿六日寶晉齋舫手裝。」壬午是崇寧元年（公元一一〇二），可見米的以寶晉命齋，一定還在其前；而兩個題語，一則説「寶晉齋艎」，再則説「寶晉齋舫」，可以證明「寶晉齋」本來没有一定的地方，即所謂「身到即挂之」，當在船上的時期，就稱爲「艎」或「舫」了。崇寧三年，米氏知無爲，在他所住的地方，也曾挂過寶晉齋的匾，並且就在那裏刻過謝安與王羲之父子的三帖，宋代王象之的《輿地記勝》在無爲軍下説「晉人書法在寶晉齋」，就指此事。岳珂《寶真齋法書贊》所説「方芾無恙，嘗刻寶晉齋帖于無爲」，也就是這些石刻而不是現在曹刻的寶晉齋法帖。

據本帖曹之格跋，宋末時無爲的寶晉齋，只存「謝太傅、王右軍兩帖石，角剥鱗裂，麗暗壁間，漫不可摸索。及觀前守葛祐之之跋，謂得火前善本重刻，則知火前亦僅三帖，舊石之不存者，惟王大令一石耳」。曹跋没有説清楚他所見到的留存下來的兩石，是米芾的原刻，還是葛祐之的重刻，但無論如何，他所見到兩石已很剥裂，而且没有王大令的十二月帖，是十分明白的。現在這本寶晉齋法帖第一卷收録的三帖，有兩種本子：第一種本子較爲完好，王帖後有陶穀等題，謝帖後有米芾爲太宗御書三字所作的贊，大令帖後也有米芾跋，但已不全。第二種則殘損極多，王略帖的標題第一行晉字上方、會稽内史金五字左方、光禄二字右方等處均破損，本帖的末行損「書示」兩字；謝安帖并標題與帖均斷裂爲二，缺字極多；十二月帖無標題，本帖殘存十數字，其後有「陶齋珍玩」及「昌谷」兩印。影印本編者説明以爲前一種本子是曹氏所保留的葛祐之刻本，後一種本子是米芾原刻的殘石，而第三卷中的王略帖，才是曹之格所刻的。如果這個説法可靠的話，那末，這本寶晉齋法帖就保存了北宋時米芾所刻和南宋初葛祐之所刻兩種原石在内了。

但是這個説法似乎出自推測，缺乏事實根據。第一，岳珂在《寶真齋法書贊》中已説米帖兵毁重鎸，原石是否還存在，已是問題；即使原石尚存，曹氏摹刻全部法帖時是否即以殘石充數，又是問題；如果米氏原石確被保存下來，那末在這部法帖内就應該冠於帖首而不應反居第二，也是一個問題。從這三個問題來揆情度理，這第二種本子就不可能是米氏原石。第二，從曹跋語氣來看，他所見到的二石只是南宋初葛祐之重刻的本子，到宋末時又已殘缺不全，「角剥鱗裂」了。至於葛祐之所謂火前善本及許開二王帖所引的寶晉齋舊帖，則只是流傳下來的北宋舊拓本罷了。如果説曹之格在無爲所見到的殘石是米芾原石，此帖的第二種本子也就是這個原石，那末，何以此帖的第二種本子多出了大令十二月帖的殘石，與曹跋所謂「舊石之不存者，唯王大令一石耳」的話，顯然不合。況且據曹跋説，葛祐之的重刻本是根據米氏原石的火前善本重刻的，如果此帖的第一種本子真是葛氏重刻本的原石，而第二種是米氏原刻的原石，那末，何以第一種本子的許多題跋，在第二種本子裏反而都没有；第一種本子在王略帖的標題與本帖之間有一條界綫而第二種本子卻有兩行；第二種本子的謝安帖後剩下來的餘石上有雙綫，綫外殘存一字，下面像是開元斜印，也與第一種本子不同。至於兩種拓本裏字體結構與筆畫大有出入，顯然不出於一源，就更不用詳細説明了。第三，此帖中第二種本子既決非米氏原石，第一種本子也決非葛祐之重刻本的原石，因爲曹之格所見到的舊石只有兩帖，如果把這舊石兩帖説是米氏原刻原石，那末，又從那兒得到葛祐之重刻本三帖的原石呢？至於此帖第三卷裏的王略帖是夾雜在王羲之許多帖中間的，如果説只是這才是曹之格重刻，那末，曹氏爲什麽只刻這一種而不刻其它呢？又爲什麽不附在第一卷兩種本子之後而要插到第三卷中間去呢？

事實上，寶晉齋法帖完全是曹之格募工重刻的，根本没有收入過米芾原刻與葛祐之重刻的原石。那末，爲什麽晉人三帖會有兩種本子，其中王略帖甚至有三個本子呢？理由很簡單，就是他搜集到兩個不同的本子就刻兩個，搜集到三個就刻三個。在這部法帖裏，蘭亭有三本，快雪時晴帖有兩本，都是同一個原因。

照我看來，晉人三帖的第一種本子是從葛祐之重刻本的舊拓重摹的。因爲曹之格跋裏没有提到米芾原刻的舊拓，而只是從葛祐之的跋裏才知道米氏原來只刻過三帖，那末，曹氏不但没有見過米刻原石，就連米刻舊拓也没有接觸過，是很明顯的。曹氏在無爲所見到的石刻只存兩帖，而且已經「角剥鱗裂」，顯然已是葛氏重刻本，他既要重刻，就必須另覓善本，那末，這個善本也就是葛氏重刻之石的舊拓了。葛氏重刻時是以米氏原刻的火前善本上石的，因此後面的題記較爲完備，是別的法帖裏所看不到的。葛刻下米氏原刻一等，而且原在無爲，曹氏重刻時用以冠帖首，也是理所當然的。第一種本子在大令的十二月帖後有缺佚，葛祐之的原跋可能就在所缺的篇幅裏，但是也可能曹氏只在後跋裏提一下就不翻刻了。至於第二種本子，後面有陶齋珍玩和昌谷兩印，都是曹士冕的印，曹士冕曾刻星鳳樓法帖，因之，這個本子顯然是曹之格取之於星鳳樓帖加以模刻的。星鳳樓帖所刻的晉人三帖，所據的不知是什麽本子，刻帖家往往只取本文，删除題記，因之，和翻自葛祐之重刻本的第一種本子頗有異同。曹之格模刻寶晉齋法帖時已在宋末，正由於没有看到米氏的原刻舊拓，而所搜集到的葛祐之與曹士冕兩刻頗有不同，就不得不兩存之了。

影印本編者見到這部法帖的第二種本子殘缺斷裂，就推測爲米氏原刻原石，不知道這種殘缺斷裂的現象是寶晉齋法帖刻成以後才造成的。試檢本帖第二卷内的第三種蘭亭，即瘦本定武蘭亭，也是從星鳳樓帖本重刻的，現在殘損到只存二十幾個字；第四卷的瞻近帖損數字；第五卷送梨帖柳公權跋已裂損；第七卷冠軍帖損數字，積恙帖石裂成三塊；第九卷米臨王略帖損數字，與永仲諸帖最後兩行處裂；第十卷米芾詩損五字，并損及第二行；卷末曹之格自跋也已損壞數字；這些都可以證明是曹之格這一部寶晉齋法帖刻成以後才造成的新的損壞。

寶晉齋法帖採用星鳳樓法帖處，除第一卷的晉人三帖外，其有曹彦約、曹士兖、曹士冕等的題跋印記確屬可據者，如：第二卷中的三本蘭亭和樂毅論，第五卷中的適得書帖、快雪時晴帖與鶻等帖，第六卷中的授衣帖與舊京帖等都是。在三種定武蘭亭後，曹士冕跋明説「鑱之星鳳樓下，與衆共之」，更證明了寶晉的模刻星鳳。第五卷授衣帖後有紹熙單煒跋説明是由臨江帖翻刻的，寶晉此刻後也有陶齋珍玩及昌谷印，可見也是得之星鳳。臨江帖大率與絳帖舊本同，已是重刻，單氏的「模于石」，是三刻，星鳳爲四刻，到寶晉則是五刻了。寶晉帖中此類輾轉翻刻爲數極多，如：卷三的裹鮓帖有薛紹彭跋，説明其源出自薛氏石刻；卷四的十七帖重刻館本；卷九的米芾四帖重刻淳熙張稜本，都是十分明顯的。那末，第三卷中的王略帖只有本帖無米氏標題，顯然也是從別種叢帖中翻刻過來的。

陳繹曾《翰林要訣》説：「寶晉齋帖曹之格模刻。星鳳之子，在諸帖爲最下。今佳帖難得，學者賴此得見晉唐人仿佛耳。」陳氏離曹之格刻帖時不過五六十年，對寶晉齋帖的情況是熟悉的，如果寶晉齋帖中還保存着米芾原刻與葛祐之重刻的原石的話，那在當時就是十分寶貴的下真迹一等的佳拓，就不應該説「在諸帖爲最下」而發「今佳帖難得」之嘆了。

清代程榮《南村帖考》説曹之格是「文簡之後」，文簡就是曹彦約，刻星鳳樓帖的曹士冕與其兄士兖，都是曹彦約之子。曹之格自跋所説「吾家諸父留意書學，蓄晉帖頗多，亦或間有真迹」，大概就指曹士冕等説的。曹之格的籍貫是廬山，而曹士冕是都昌，可見曹士冕弟兄只是曹之格的伯叔輩，並且是較爲疏遠的。

那末，陳繹曾所謂「星鳳之子」，不是從曹之格與曹士冕的行輩出發，而是從寶晉齋帖與星鳳樓帖的關係來説的，正由於寶晉齋帖大都翻刻星鳳樓，所以就説它是「星鳳之子」了。評帖家對星鳳樓帖的評價是很高的。宋趙希鵠《洞天清禄集》説：「雖以衆帖重摹而精善不苟。」陳繹曾則説：「工緻有餘，清而不濃，亞於太清續帖也。」寶晉齋帖大都重翻星鳳，而他給以「最下」的評語，則可能和工匠的巧拙分不開的。

但在今天，寶晉齋法帖全帙的發現，仍是十分可貴的。星鳳樓帖原本全帙已不可見，一般所謂星鳳樓帖，也都是明代雜湊起來的翻刻本，而從這部寶晉帖裏卻還可以看到星鳳的真面目，其中曹彦約、曹士兖、曹士冕、陳時、單煒等許多題跋，都是不容易見到的資料。明代章藻的墨池堂帖于鶻等帖以時爲趙令時，不知其爲陳時，正由於未見寶晉全帙之故。陳繹曾所謂「今佳帖難得，學者賴此得見晉唐人髣髴耳」，在十四世紀初期尚且如此，到現在又經過六百多年了，能看到這樣接近於完整的宋刻法帖，當然是令人興奮的。

《南村帖考》據《景定建康志》曹之格是以寶祐二年差通判無爲軍的，但是據曹之格自跋作於咸淳四年戊辰，是他在無爲已有十多年了。第九卷米芾書章吉老墓志後曹跋則在咸淳五年己巳，他説重刻此志附於帖末，那末，咸淳五年是這部法帖刊成的最後一年了。從咸淳五年（公元一二六九年）到趙孟頫收藏這部法帖的時期，相距至多不過三四十年，而這部法帖如前所記已有相當程度的殘缺與損壞，是很可怪的。我推測這個原因，可能是由於宋元之間的兵亂。寶晉齋帖刊成時，宋已將亡，不知没有損壞時，有無拓本。此本石已損壞，如果我所推測符合事實的話，那末，這個拓本應該是元初拓本，而趙孟頫的收藏它，不過是手頭備用而已。

此本既是趙氏舊藏，時代相接，應該是比較完整的。但從第一卷十二月帖後的跋語來看顯然是有缺佚的。各卷厚薄十分懸殊，可能被帖賈抽出若干種作爲單帖轉賣。章藻墨池堂法帖卷一説，「樂毅論殘本出自秘閣，曹娥碑出自寶晉齋，皆宋搨之善者」。卷二在曾紳本定武蘭亭前又説：「蘭亭帖出自定武本至矣，此本從寶晉齋模出，已與時刻霄壤。」章藻是見過寶晉齋真本的殘帙的，所説當可信。那末，寶晉原本應該還有曹娥碑與曾紳本蘭亭了。本帖第三卷後有「曾氏書籍」等印章四方正是曾紳所用的，可能這本蘭亭原來就在第三卷中。明人所見到的寶晉齋帖真本，見於記載的尚多，如果能繼續有所發現，當更是帖學方面的盛事了。

這篇讀後記是在一九六二年秋間寫成的，後來聽説徐森玉老先生曾寫過《寶晉齋帖考》，因正在印刷中，直至《文物》一九六二年十二期出版後，始得詳讀。徐先生文對寶晉齋帖的重要處發揮詳盡，但在某些方面，與我的意見略有出入。因敢抒其一得以求教正於徐森老，并請當世之治帖學者批評指正。

一九六二年十二月二十一日重録畢記

〔一〕原本還有快雪時晴帖，章藻已採用趙跋本，所以没有翻刻。

〔二〕明王肯堂《鬱岡齋墨妙》第三卷翻刻的張瀫本有此跋。

作者自注：寫成於一九六二年十二月二十一日。

載《文物》一九六三年第三期三〇至三三頁。

春秋戰國是封建割據時代

一、應該以公元前七二〇年爲奴隸社會與封建社會的分界線

我國古代史上奴隸社會與封建社會之間的分界線，在學者間曾有過不少的爭論。最近，一般暫時採用郭沫若同志在《奴隸制時代》一文中提出的意見，以春秋戰國之際公元前四七五年爲分界線。我以爲爲了適應目前各方面的急迫需要，是可以採取這種辦法的，但如果從歷史事實來看，這個分界線應該説是不十分妥當的。

這個分法之所以不妥當，是由於春秋戰國之際，没有什麽重要的歷史發展，足以招致社會性質的根本變革，春秋戰國時代的歷史是很難分割的。既然秦朝是我國歷史上第一個中央集權的封建國家，秦以前又有一個「諸侯割據稱雄」的時代，那末這一個時代也應該是封建國家。從「諸侯割據稱雄的封建國家」到建成「專制主義的中央集權的封建國家」是一個相當長的歷史發展過程。

「諸侯割據稱雄」的時代從什麽時候算起呢？西周時期還是以周王朝爲中心的統一國家，一直到東周初年的平王時期也還是如此。平王時，周王還是諸侯的共主。《尚書》裏的《文侯之命》是周平王賞賜晉文侯時的命辭。《左傳》僖公二十八年，晉國「獻楚俘于王」引用了平王對晉文侯用過的典禮，可見平王時期，還是「禮樂征伐自天子出」。《國語・周語下》王子晉追溯他的祖先的歷史，説「昔我先王厲宣幽平而貪天禍，至于今未弭」，就把平王放在西周末期厲宣幽三個王一起。那末，一直到平王時期，還不能稱爲「諸侯割據稱雄」的時代。

但在平王末年以後，情況就不同了。平王東遷，本就没有實力，又遇到攜王的爭立，靠晉鄭兩國的支持才定下來。其後，晉國分化爲兩種勢力，晉文侯的弟分封在曲沃，比晉還强大。鄭國在平王後期，一直是王朝的執政者，後來由於平王親近虢公，鄭伯怨王，發生了「周鄭交質」的事情，王朝與諸侯交换質子，威信就大大地降落了。到了平王一死，「周人將畀虢公政，四月，鄭祭足帥師取温之麥，秋，又取成周之禾。周鄭交惡」。桓王三年，鄭伯朝王，「王不禮焉」。但他還是王朝卿士，所以在齊國「平宋衛於鄭」以後，他還「以齊人朝王」。桓王六年「宋公不王」，他還「以王命討之」。而到了桓王十三年「王奪鄭伯政」，鄭就不朝了。桓王親自率領了周公虢公和蔡衛陳三國伐鄭，而又「王卒大敗」，對於鄭國的封建割據勢力就已經無可奈何了。在晉國，桓王初年是支持曲沃一方的。不久，因爲「曲沃叛王」，就改而支持晉侯，命虢公伐曲沃。但晉國還是一天一天地削弱，終於在周僖王三年（公元前六七九年）爲曲沃所滅。在這種無可奈何的情形下周王朝就只好收了曲沃武公一批寶器，正式把他封爲晉君。這又是新興的封建國家之一。而這一年也正是齊桓公開始稱霸的一年，離平王末年，已經四十年了。《左傳》隱公十一年引鄭莊公的話，一則説「王室而既卑矣」，再則説「天而既厭周德矣」，這正是平王桓王之間最明顯的局面。

周王室的卑，一方面由於諸侯的割據，另一方面也由於戎狄的交侵。宗周的覆滅，本就由於犬戎，平王東遷「避戎寇」，而戎也跟着進入中原地區。《春秋》隱公七年「冬，天王使凡伯來聘，戎伐凡伯於楚丘以歸」。據《左傳》是由於「戎朝於周，發幣於公卿，凡伯弗賓」的緣故，可見戎對周室的威脅。《左傳》僖公十一年（公元前六四九年）「夏，揚拒泉皋伊洛之戎同伐京師，入王城，焚東門。秦晉伐戎以救周。秋，晉侯平戎於王」。十二年「冬，齊侯使管夷吾平戎於王，使隰朋平戎於晉」。十三年「秋，爲戎難，故諸侯戍周」。十六年「王以戎難告於齊，齊征諸侯戍周」。可見這一次的戎寇，周室幾乎再一次亡滅。當時北方多故，除了戎以外，「狄病邢衛，山戎病燕，淮夷病杞」，在閔公僖公時期，狄是最猖獗的。戎狄在文化上比較落後。《左傳》僖公二十二年説：「初，平王之東遷也，辛有適伊川，見被髮而祭於野者，曰：『不及百年，此其戎乎，其禮先亡矣。』秋，秦晉遷陸渾之戎於伊川。」可見中原文化受到戎的破壞。所以孔子恭維管仲説：「管仲相桓公，霸諸侯，一匡天下，民到於今受其賜。微管仲，吾其被髮左衽矣。」就是歌頌齊桓公和管仲遏止戎狄侵伐的功績。但齊桓公只是霸主之一，是「諸侯割據稱雄」而不再是有統一政權的王朝了。

「周之東遷，晉鄭焉依」，其後，晉國内部分裂而鄭武公莊公父子始終是王朝的卿士，掌握政權，所以平王時期，周王朝還能是諸侯的共主。鄭國是東西周之交新建立起來的，《左傳》昭公十六年子産對韓起説：「昔我先君桓公與商人皆出自周，庸次比耦，以艾殺此地，斬之蓬蒿藜藋而共處之，世有盟誓以相信也。曰：爾無我叛，我無强賈，毋或丐奪。爾有利市寶賄，我勿與知。恃此質誓，故能相保，以至於今。」可見鄭國由於新建國的關係，不得不放棄奴隸主貴族的特權，而與墾荒的商人們訂立盟誓，因此，鄭國的建立，已經具有封建國家的特點了。到了平王末年，「王貳於虢」，以致於「鄭伯怨王」，從「周鄭交質」到「周鄭交惡」，這是新興的封建貴族與舊有的奴隸主貴族之間的一場鬥爭。虢國從西周後期起已經是王朝的執政，東周初期，虢公是支持攜王而與平王對立的，因此，新興的鄭國能獨攬大權。平王桓王之際，秦國是在犬戎覆滅西周以後在周王國的廢墟上新建起來的；由晋國分出來的曲沃，正在企圖吞併晋國；齊國雖然是東方大國，但還不很强，在北戎侵齊時還乞師於鄭；楚國在開始强盛，所以《左傳》桓公二年（公元前七一〇年）説「蔡侯、鄭伯會於鄧，始懼楚也」。這時中原國家，有：宋鄭魯衛陳蔡等，而宋鄭號稱大國，經常爭戰，「宋公不王」，鄭伯用王命來征伐，但到了舊派的奴隸主貴族虢公忌父重新做了卿士，最後「王奪鄭伯政，鄭伯不朝」，鄭國就不代表周政權了。這時周室的執政者，是虢公林父周公黑肩等，到了僖公五年（公元前六五五年）虢國被晋獻公所滅，周王室裏除了王族與周公之外，只有召、毛、單、劉等族，没有大國了。在諸侯中間，《左傳》桓公八年「夏，楚子合諸侯於沈鹿」，已經有爭霸中原的企圖。《春秋》莊公十三年「春，齊侯宋人陳人蔡人邾人會於北杏」，到十五年「春，齊侯、宋公、陳侯、衛侯、鄭伯會於鄄」。《左傳》説：「齊始霸也。」這是周僖王的三年，公元前六七九年，宋國服了齊國。從此以後，見於《春秋》的，有：齊楚爭盟、宋楚爭盟、晋楚爭盟、吴晋爭盟和齊晋爭盟，都想當盟主，掌霸權。一直到戰國中期，周顯王五年（公元前三六四年）秦「獻公稱伯」，「伯」就是「霸」。二十五年「秦會諸侯於周」，二十六年（公元前三四三年）「致伯於秦孝公」，離齊桓公的始霸，已經三百三十六年了。再隔十八年，秦國自稱爲王，才不再需要「致伯」一類的形式，而「諸侯割據稱雄的封建國家」的時代也臨近結束了。《春秋》是一部「相斫書」，經常有戰爭，齊桓稱霸以後主要的是秦晋交兵、晋楚交兵、吴楚交兵、吴越交兵等。當時晋國還强盛，秦國不能越殽函的險要，威脅東方各國，所以一些主要的大戰役，如：城濮之戰、邲之戰與鄢陵之戰等，都是晋楚之爭，從齊桓公的「尊王攘夷」，發展到「尊王攘楚」，晋國始終是重要角色。但其後晋國内部混亂，造成三家分晋的局面，不能再遏止秦國的東向；而南方有吴楚之爭與吴越之爭，越國沼吴，楚國又滅越，所以原來的晋楚之爭，這時已經成爲秦楚之爭了。春秋時的齊晋秦楚四大國，戰國時三家分晋，田氏代齊，又加上了一個燕國。從秦國的角度來説能糾集三晋燕齊，共同對付楚國是「連衡」，而東方六國聯合起來攻西方的秦國，則是「合從」，就又從南北之爭轉變爲東西之爭的一個新局面。最後，秦國以各個擊破的方式，統一天下，而「諸侯割據稱雄」的局面，也就結束了。從公元前七二〇年即周平王的死年起，到公元前二二一年，即秦始皇二十六年，併天下，立爲三十六郡，一共經歷了五百年，是整個「諸侯割據稱雄」的時代。所以《國語·鄭語》説：「及平王之末而秦晉齊楚代興。」《史記·周本紀》也説：「平王之時，周室衰微，諸侯彊併弱，齊楚秦晉始大，政由方伯。」而孔子作《春秋》，始於魯隱公元年（公元前七二二年）比平王之死早三年。這就是説平王桓王之間是歷史發展中一個極爲自然的分界綫。平王以前，政由王朝，桓王以後，政由方伯；所謂「政由方伯」，也就是「諸侯割據稱雄」。因此，毛主席所説「秦以前的一個時代是諸侯割據稱雄的封建國家」應該從平王末年公元前七二〇年算起。

如果按照郭沫若同志的分法，把春秋戰國之際作爲奴隸社會與封建社會的分界綫，那末，只有公元前四七五年以後到秦始皇統一全國時的二五五年才能算是「諸侯割據稱雄的封建國家」。這不僅把封建國家的年代減少了二四五年，更嚴重的是春秋時代這二四五年算什麽呢？難道可以稱爲諸侯割據稱雄的奴隸制國家嗎？如果説，同樣是齊、晉、秦、楚這些大國而前邊的二四五年是奴隸制，後邊的二五五年是封建制，那就應該説出其所以然來；僅僅是陳氏代齊，三家分晉，是不能作爲社會制度的改變的。必須指出，春秋與戰國的分别，並不是歷史發展中的自然分界，它們之所以劃分，常常是極爲偶然的原因。孔子根據魯史作《春秋》，從隱公開始，是有理由的，但是絶筆於獲麟，公元前四八一年，則是極爲偶然的。孔子已經老了，不可能老把《春秋》編下去，借獲麟作一個結束罷了。所以《左傳》本的《春秋經》延長了兩年，直到孔子卒，傳文的紀年還一直到哀公二十七年，公元前四六八年，而記事一直到悼公四年，公元前四六四。至於戰國時代，一般是從七國的成立算起的，所以從三家分晉這一年，公元前四〇三年算起，是和《戰國策》這本書有關的。春秋與戰國時代的歷史，主要是靠這兩本書和《國語》三傳保存下來的，但由於這兩本書不是銜接的，所以從公元前四六四年以後一直到公元前四〇三年的五十多年的歷史是很模糊的。司馬光作《資治通鑑》從韓魏趙三家與田齊的被命爲諸侯開始，這當然是重要的歷史事件，但只是讓擁有虚名的周天子對既成事實加以追認而已。其實，就在春秋初期，周王朝也曾經被迫把曲沃武公封爲晉侯，跟韓魏趙的封侯，究竟有多大區别呢？所以，從我們看來，由春秋到戰國，無論政治經濟和文化，都只有量的變化而還看不到質的變化。春秋時大大小小的諸侯見於經傳的還有一百幾十個，而經過了三百多年以後，大吞小，强併弱，在《戰國策》裏就只有二十來個。到了戰國末年又只剩了最强大的七個國家，而其中的六個國家爲秦所滅，這才是質的變化，結束了諸侯割據而出現了統一的國家。因此，整個春秋戰國時代五百年是這樣的一個過渡時期，即從統一的周王朝奴隸制國家無形中的崩潰，通過代之而興的「諸侯割據稱雄的封建國家」，而逐漸建成一個統一的「中央集權的專制主義的封建國家」。這個過渡時期是屬於封建主義性質的，不應該也不可能分屬於兩個不同性質的社會。

二、從井田制的廢除，鐵的使用，下層超剋上層等問題的分析，説明郭沫若氏新説的不妥當。

郭沫若同志在奴隸社會與封建社會的分界線問題上曾經有過兩種説法。他在寫《中國古代社會研究》時，定爲東西周之交，公元前七七〇，一直到一九五二年才提出現在的新説法，定爲春秋戰國之交，比舊説推遲了約三百年。他以爲舊説「對周室來説，雖然勉强適用，但從當時的整個中國社會來説便很不妥當」。我們對這個新意見是不同意的。我們認爲劃分奴隸社會與封建社會之間的界線，必須從主要方面來決定，周王朝奴隸制政權的崩潰與封建國家的出現是劃出分界線的主要標識。因此，郭氏舊説儘管不太確切，但比起現在的新説來卻較爲妥當。因爲西周東周之間有許多重要的歷史事件，如「厲王革典」，即厲王改變了舊制度，共伯和的起義，宣王的喪南國之師，幽王的被犬戎所殺與宗周的滅亡，平王的東遷，平王與攜王的爭立等，無數的條件累積起來是足以招致社會性質的徹底變革的。而在春秋與戰國之交卻舉不出這一類的重要歷史事件。郭氏只是被他自己提出的一些問題，如：井田制的廢除，鐵的使用，「下層超剋上層」等等所糾纏，把一些推想出來的理由作爲促成奴隸制崩潰的原因，就輕易地把原來的比較還妥當的舊説推翻了。其實他所提出的這些問題并不能成爲奴隸制崩潰的原因，相反，它們都是奴隸制國家崩潰以後，在封建國家建立過程中所發生的新情況，只是郭氏没有經過仔細的考查罷了。

關於井田，歷來衆説紛紜，未有定論。郭沫若同志提出個人的一些新看法，如：商周都有井田，殷代已有牛耕等，這些説法的能否成立，有無可靠的證據，都還是值得研究的。但郭氏卻過於匆忙地在這些未定之論上作出推論，説「井田是公家的俸田，是土地國有制的骨幹」，「公家所授的方田，一律都是公田；在方田外所墾闢出來的土地便是私田」；又説「土地國有制遭受削弱，諸侯和百官們逐漸豪富起來了。私田的畝積逐漸超過公田，因而私家的財富也逐漸超過公家」。

從而得出結論，井田制的崩潰是奴隸制走向崩潰的關鍵。在這裏，我們不想全面地研究井田制，爲了説明郭氏的説法不符合於歷史事實，只從下舉的五個方面加以分析。

第一，從「田」字的象形來看，它本是四塊一組的方田而不是井田。甲骨卜辭中固然有一些特殊的寫法，劃成六個、八個、九個或十二個方塊，但都極其罕見，不能證明這是「方里而井，井，九百畝」的井田制。尤其是劃成四個或八個方塊的寫法，與劃成六塊、九塊等寫法，顯然是兩個系統。從文獻資料來看，西周前期的史料裏根本没有井田。《周易·井卦》説「改邑不改井」，只是汲水的井，有水井的地方，周圍住着若干户人家，成爲自然的聚居點，而邑是行政區域，所以邑有變動而井不需改。這個井決不是田制。井田的名稱，在先秦古書裏，只見於《周禮》《司馬法》和《孟子》。後兩者都是戰國時期的書，《周禮》較早，但總早不到西周前期去。所以郭沫若同志説商周時代已有井田，是無法使人相信的。

第二，井田是象井字形的田制，與西周前期的公田和私田完全是兩回事。《周禮·小司徒》「乃經土地而井牧其田野：九夫爲井，四井爲邑，……以任地事而令貢賦」。所謂「經土地」是劃分土田的疆界。《孟子·滕文公篇》「畢戰問井地」，「井」是動詞，是用「井九百畝」的方法來劃分土地。《孟子》説「經界不正，井地不均」，「經界」也就是「經土地」。井田制以「九夫爲井」，作爲計算單位，本來無所謂公田和私田。《孟子》説：「夏后氏五十而貢，殷人七十而助，周人百畝而徹。」又引《詩經·大田篇》「雨我公田，遂及我私」，而説：「唯助爲有公田，由此觀之，雖周亦助也。」説明只有在殷人的助法才有公田與私田之分，而在周人的徹法是没有的。但《孟子》引《大田篇》證明周朝也還用助法則是不錯的。這説明武王滅商，只是改朝换代，在經濟與文化上並没有立刻加以大變革，所以還沿用殷人的助法。文獻記載，大都是後世追録，説「周人百畝而徹」，並不定是周初，它可以是西周中期以後開始實行，也可以是西周末期甚至是東周時期才開始實行。《爾雅》説紀年的名稱「商曰祀，周曰年」，但金文，西周前期還大都稱祀，是同樣的道理。但孟子本人有一套烏托邦式的平均土地的幻想，希望在滕國能够實現，因而在當時的井田制裏硬塞進了商和西周前期的助法，把「九夫爲井」硬改成「八家皆私百畝，同養公田」，但這只一個輪廓而已，要具體實行起來，這到處一百畝的零星公田，公家如何去管理，根本就没有很好地考慮過。而這樣一個粗疏的方案，卻給後人研究井田制度時造成很大的麻煩。其實，《詩經》裏的公田和私田，都是大片土地，在當時正進行着大規模的農業生産，儘管每一畝的産量是很低的，但由於奴隸主們擁有大片土地，所以剥削奴隸勞動的所得還是很可觀的。《周頌·噫嘻》説「噫嘻成王，既昭假爾」的「爾」是周王的臣下，而且是王族，所以成王之靈能「昭假」到他那裏。「駿發爾私，終三十里」，是他被賞賜了私田方三十里，讓他作大規模的開發。西周初期銅器中的召卣，就記載着賞給臣下以方五十里的地方，可以説明這裏「駿發爾私」的「私」是他被賞賜的私田。按井田的計算方法，方三十里就有九百個井，八十一萬畝土地。可見這是大奴隸主貴族的私田而不是一家私百畝。《大田篇》説「雨我公田，遂及我私」，也可以説明公田與私田都是大片土地並不緊挨在一起，所以詩人見了公田有雨希望私田也下雨。如果只在九百畝中間劃出公田與私田，周圍八百畝是私田，而中間一百畝是公田，古代的一百畝不過現在的三十來畝，那末，這場雨難道就下得這樣巧，只下在中心區域而不及四周嗎？當然，夏天的陣雨，「東邊日出西邊雨」，也是可能有的，但總不是詩人那樣盼雨的心情吧！由此可見，西周時還行助法，有公田與私田之别，與後來的徹法，一夫百畝的井田制全不相同。助法是王公們把大片土地賞給他的臣下，那些大奴隸主，作爲他們的私田而要他們提供大批奴隸勞動力到公田裏來幫助耕種與收穫，所以《噫嘻》説「亦服爾耕，十千唯耦」，就是要用兩萬人來服爾耕。這種制度與什分取一的徹法毫無共同之處。徹法行，助法廢，就無所謂公田與私田了。戰國時人已不懂得助法，不明白公田與私田的性質，也不明白實行助法的社會基礎，但他們還在懷念助法。《孟子》引龍子説：「治地莫善於助，莫不善於貢。」雖然没有直接批評徹法，實際是對徹法也表示了不滿的意思。所以孟子想出這個從九百畝裏抽出一百畝作爲公田的辦法，即「請野，九一而助」的新計劃。這顯然是從小農經濟的基礎上擬訂出來的計劃，跟商周時代的助法大不相同。郭沫若同志雖然也知道孟子的井田計劃是一種空想，但還是上了他的一個大當，把井田與公田等同起來，以「私田畝積超過公田」作爲井田制的崩潰，説成是奴隸制走向崩潰的關鍵。推測越多，距離歷史事實就越遠了。

第三，田制的破壞與賦税的加重是兩回事，郭沫若同志把貢賦的變革説成是井田制的廢除，完全是錯誤的。井田制以「井九百畝，一夫百畝」爲計算單位來徵收貢賦。《孟子》説：「夏后氏五十而貢，殷人七十而助，周人百畝而徹，其實皆什一也。」「徹」以百畝爲單位，可見就是井田制。從田畝劃分來説，「井九百畝」，正象「井」字，所以叫做「井田」，而從徵收貢賦的方法來説，以百畝爲計算單位，十分取一，就叫做「徹」。「井田」與什一之「徹」，在開始時本是同一制度的兩個方面，但田畝的劃分，可以經歷一個相當的時期，不去改變，而貢賦的輕重，則隨時隨地而異，所以改貢賦不等於改田制。《論語》記有若對哀公問，説：「盍徹乎。」哀公説：「二，我猶不足，如之何其徹也。」可見哀公時已經徵收「什二」，比徹法增加了一倍，但這並不妨礙魯國的使用井田制。《春秋》宣公十六年（公元前五九四年）「初税畝」，《左傳》説：「非禮也。穀出不過籍，以豐財也。」《公羊傳》：「譏始履畝而税也。……古者什一而藉。」《穀梁傳》：「古者什一，藉而不税。初税畝，非正也。」三傳都贊美古代的「藉」而反對「税」，《禮記·王制篇》也説：「古者公田藉而不税。」「藉」是什麽呢？據《孟子·公孫丑篇》説「耕者助而不税」，《滕文公篇》説「助者藉也」。可見「藉」法就是「助」法。《國語》記周宣王的「不藉千畝」就是已經廢除「助」法。那末，無論三傳，《禮記》《孟子》，都在援用古代的「助」法來反對新興的「税」。《周禮》裏還没有「税」的名稱，只稱貢賦，[二]「税」這個名稱是這時才開始的。西周末年，已經廢除「助」法而用「徹」法，「徹」以「一夫百畝」的方法來計算。以後，由於開墾荒地，一個夫所佔的田實際上已經不是一百畝，所以魯國的新制，要加以核實，「履畝而税」，就是不再象《周禮》那種辦法，用「夫家」來計算，而按實有畝數來計算，這個徵收方法比舊法繁密了。當時離開「助」法的廢除，還不很久。「助」法只要求出人力到公田去耕種，私家的多種少種是不問的，而行了「徹」法以後，賦税制度越來越繁密，所以要懷想過去的「助」法是很自然的。但《穀梁傳》的作者卻把「助」法跟井田扯在一起，而説：

> 古者三百步爲里，名曰井田，井田者九百畝，公田居一。私田稼不善則非吏，公田稼不善則非民。初税畝者，非公之去公田而履畝十取一也。

《穀梁傳》的成書時間很晚，可能要到秦漢之際，對春秋時的田制已經不清楚，所以就把《孟子》的「九一而助」的空想當成古代的歷史事實了。其實在《孟子》裏本來很清楚，無論夏后氏的五十而貢，殷人的七十而助或周人的百畝而徹，「其實皆什一也」。孔子的門徒本來都主張「什一」，但是孟子卻提出了「請野九一而助，國中什一使自賦」的計劃，既非夏殷舊制，也非周制，他説「所以別野人也」，就是要向野人多收一些税。這是因爲在當時「什一」之税已經很難行得通，所以孟子不呆板地提倡「什一」而提出了「九一」，只在國中還實行什一制。作《穀梁傳》的經師卻不明白他的苦衷，把他的新建議就作爲古制了。如果真照《穀梁傳》的説法，古代九分取一，要取百分之十一强，而魯宣公只取「什一」，即只要百分之十，反比古代爲少，那又有什麽可以非議呢？這顯然是錯誤的。後來經學家大都上了《穀梁傳》的當，把這一條作爲破壞井田制。但是也有學者是不同意的，例如梁啓超的《先秦政治思想史》認爲「税畝」是課地之本身的税。他的新説雖不可信，但把「税畝」與「井田」分爲兩事是對的。郭沫若同志還依照一般的説法，以爲這是「正式廢除井田制，合法地承認公田和私田的私有權而一律取税」，説：「這就是地主制度的正式成立。」不知道既然稱爲「私田」，就是已經有私有權的明證。「周人百畝而徹」是廢除公田與私田的區别的新制度，這個新制度在西周末年時已經實行了。這個新制度，把所有田畝劃成「方里而井，井九百畝」，所以稱爲「井田」。井田通行於春秋時期，一直到孟子時，畢戰的問井地，説明當時還在用「井」的方法劃分土地，孟子所説「經界不正，井地不均」，也只是執行上的毛病而不是制度的廢除。那末，從「初税畝」説到廢除井田制，再進而説「地主制度的正式成立」，顯然是不符合於歷史事實的。

第四，井田與軍賦有密切關係，但軍賦制度也是隨時隨地而異，郭沫若同志把春秋時各國的修軍賦，又都當作廢除井田制，這也是錯誤的。《司馬法》説「六尺爲步，步百爲畝，畝百爲夫，夫三爲屋，屋三爲井」，這是井田制。但所徵收的軍賦就有兩種，一種是：「井十爲通，通爲匹馬，三十家，士一人，徒二人。通十爲成，成百井，三百家，革車一乘，士十人，徒二十人。」一直到十成爲終，十終爲同，同出「革車百乘」。另一種是「四井爲邑，四邑爲丘，丘有戎馬一匹，牛三頭，是曰匹馬丘牛。四丘爲甸，甸出長轂一乘，馬四匹，牛十二頭，甲士三人，步卒七十二人，戈楯具，謂之乘馬」。前一種制度跟《考工記·匠人》的「九夫爲井」，方十里爲成，方百里爲同的制度相同。後一種制度跟《周禮·小司徒》的「九夫爲井，四井爲邑，四邑爲丘，四丘爲甸，四甸爲縣，四縣爲都」的制度相同。但後一種制度所徵的賦顯然要比前一種重得多。前者三十家出一匹馬，後者四十八家就要出一匹馬，三頭牛，增加到一倍以上。前者三百家出一乘革車，連士和徒才三十人，後者一百九十二家就要出一乘長轂，甲士雖然少一些，但連步卒在内要七十五人，要多三倍以上。由此可以看見同是井田，軍賦的徵收是可以不同的。春秋時代整理土田與徵收軍賦，經常緊密結合。《左傳》僖公十五年「晉於是乎作爰田」，接着説「徵繕以輔孺子」，「君臣輯睦，甲兵益多」，「晉於是乎作州兵」，「爰田」是整理土田，而「州兵」是徵收軍賦，事在公元前六四三年，比之魯宣公時的「初税畝」還要早五十年。在魯宣公「税畝」之後，隔了四年，魯成公元年（公元前五九〇年），《春秋》記「作丘甲」，據《左傳》是「修賦，繕完具守備」，用以防備齊國，這是以丘爲單位的徵收軍賦，跟《司馬法》的後一種制度可能差不多。襄公二十五年（公元前五四八年）楚國蔿掩做司馬，子木要他「庀賦，數甲兵」，《左傳》記他「書土田，度山林，鳩藪澤，辨京陵，表淳鹵，數疆潦，規偃豬，丁原防，牧隰皋，井衍沃，量入修賦，賦車藉馬，賦車兵、徒兵、甲楯之數」，而説「既成，以授子木，禮也」。可見爲了「庀賦」，首先要「書土田」，所謂「牧隰皋，井衍沃」，正是《周禮·小司徒》所説「乃經土地而井牧其田野」。那末，楚國所用正是春秋時一般的制度。至於鄭國的情況，據《左傳》襄公十年（公元前五六三年）説：「初，子駟爲田洫，司氏、堵氏、侯氏、子師氏皆喪田焉。」襄公三十年，子產執政以後，「使都鄙有章，上下有服，田有封洫，廬井有伍」，也都是整理土地。子產從政的一年，「輿人誦之曰：『取我衣冠而褚之，取我田疇而伍之，孰殺子產，吾其與之。』」。三年以後，「又誦之曰：『我有子弟，子產誨之，我有田疇，子產殖之，子產而死，誰其嗣之。』」。是在公元前五四〇年，又隔了兩年即魯昭公四年，《左傳》就記「鄭子產作丘賦」，可見他是從整理土田而進一步重定軍賦的。這種新制度，國人謗他爲「蠆尾」，子產説「苟利社稷，死生以之」，引《詩》「禮義不愆，何恤於人言」。而渾罕則説：「君子作法於涼，其敝猶貪，作法於貪，敝將若之何？姬在列者，蔡及曹滕，其先亡乎？偪而無禮。鄭先衛亡，偪而無法。政不率法而制於心，民各有心，何上之有。」是説這種制度比舊的加重了，是不合法的。那末，它雖然稱爲「丘賦」，與魯國的「丘甲」不一定相同。《春秋》魯哀公十二年「春，用田賦」（公元前四八三年），比鄭國的「丘賦」又遲五十五年。季康子叫冉有去問孔子，孔子不對而私下對冉有説：「君子之行也，度於禮。施取其厚，事舉其中，斂從其薄。如是則以丘亦足矣。若不度於禮而貪冒無厭，則雖以田賦，將又不足。且季孫若欲行而法，則周公之典在，若欲苟而行，又何訪焉。」由《左傳》這段記載來看，孔子承認用「丘」爲單位的賦是「周公之典」，而改用「田」爲單位的賦是既不合禮，又不合法，是貪冒無厭。《論語·先進篇》：「季氏富於周公，而求也爲之聚斂而附益之。子曰：非吾徒也，小子鳴鼓而攻之，可也。」就是這一回事。「田」就是「邑」，《周禮》和《司馬法》都以「四井爲邑，四邑爲丘」。那末，過去以丘爲單位來徵賦，現在改爲以田（即以邑）爲單位，比原先增加了四倍。[二]鄭國的丘賦，子產説「禮義之不愆」，就是渾罕也只説他「無法」而沒有説「無禮」，顯然因爲他還用「丘」爲單位，而魯國的「田賦」則連以「丘」爲單位這一點也推翻了。《左傳》哀公十一年，陳國的轅頗爲司徒，賦封田以嫁公女，「有餘以爲己大器」，則是以「田」爲單位來徵賦，在陳國早就實行了。而且陳國徵收的賦是銅，用以做媵器，所以轅頗把餘下來的部分來做自己的大器。這和昭公二十九年（公元前五一三年）「晉趙鞅荀寅帥師城汝濱，遂賦晉國一鼓鐵以鑄刑鼎」的性質是相近的。可以説明這時的賦已不限於軍賦，所徵的實物是銅或鐵，而它的用途則是爲媵器，爲刑鼎，這種橫徵暴斂，遠遠超過春秋初期了。但無論怎樣，這都屬於徵收貢賦的範圍而不是廢除井田制，則是十分明白的。

第五，井田制的廢除，始於商鞅。郭沫若同志由於上了《穀梁傳》的當，把魯國的「初稅畝」作爲廢除井田，又把春秋時各國的徵貢賦都當作廢除井田，因而説：「秦國更遲，直至紀元前三五〇年的秦孝公十二年才廢井田，開阡陌，真正改變了制度。」但事實正相反，公元前三五〇年的廢除井田制只是剛剛開始而不是「最遲」。春秋各國都用井田，就是戰國時代，也只有秦孝公廢井田，別國都没有這樣做。《漢書・食貨志》引董仲舒疏説：「秦用商鞅之法，改帝王之制，除井田，民得買賣。富者田連阡陌，貧者無立錐之地。漢興循而未改。」《漢書・王莽傳》載始建國元年的《王田令》説：「秦爲無道，厚賦税以自奉，罷民力以極欲，壞聖制，廢井田。是以兼并起，貪鄙生，强者規田以千數，貧者無立錐之地。」始建國三年中郎區博諫莽，説：「井田雖聖王法，其廢久矣。周道既衰而民不從。秦知順民之心，可以獲大利也，故滅廬井而置阡陌，遂王諸夏。」董仲舒是今文經學家，王莽是提倡古文經的，可見在漢朝，無論今文經或古文經學都認爲井田是秦國開始廢的。董仲舒離商鞅不過二百多年，等於我們現在回溯清朝的康熙乾隆時代，儘管他對古代井田的詳細情況已經不很清楚，但對廢除井田這樣大事，總不會錯。他把「改帝王之制」的罪名加在商鞅身上，可見商鞅以前没有人廢除過井田。況且，商鞅的廢井田，開阡陌，在歷史上是破天荒的事情，秦國所以富强，「遂王諸夏」，跟這個措施是分不開的。秦國以外，卻始終没有聽見過哪一個國家正式廢除過井田。所以《禮記・王制》説：「古者以周尺八尺爲步，今以周尺六尺四寸爲步。古者百畝，當今東田百四十六畝三十步。」這個「東田」，就是戰國時代東方各國遺留下來的井田。清俞正燮《癸巳類稿》裏有一篇《王制東田名制解義》，説：

> 東田之名，鄭（玄）王（肅）熊（安生）皇（侃）劉（炫）孔（穎達）皆不悉，至以爲「南東其畝」之東。案謂之「東田」者，漢文帝時洛濱以東河北燕趙及南方舊井地，武帝以後即無之。《史記・秦本紀》云「商鞅開阡陌，東地渡洛」，言「開阡陌」者，改井田，以二百四十步爲畝；言「東地渡洛」，則盡秦地井田皆改；而六國仍以步百爲畝，故謂之「東田」，對秦田言之也。「東田」之改在漢武帝時。《漢書・食貨志》云：「武帝末年，詔曰：十二夫爲田，一井一屋，故畝五頃。」案井九百畝，屋三百畝，以千二百畝改五頃，是畝二百四十步也。桓寬《鹽鐵論》云：「先帝制田二百四十步而一畝。」論作於昭帝時，知制田指武帝也。所以知武帝改是「東田」者，西田是秦成制，則漢制是改「東田」。又商鞅主開阡陌，而武帝詔不言十二頃爲五頃，而云一井一屋爲五頃，明是續開商鞅未開之阡陌。井田至此始盡。

這篇文字對井田最後的廢除，提出了確鑿可靠的論據，清末黄以周作《禮書通故》，在《井田通故》裏也用同樣的説法。因此，我們可以確定，井田制的開始廢除是秦孝公十二年，即公元前三五〇年，終結於漢武帝末年，公元前九〇年左右。從商鞅廢除秦國的井田到秦始皇統一六國是一百三十年，而一件十分巧合的事是從秦始皇的統一到漢武帝完全取消東方的井田，也大概是一百三十年。可以看出廢除井田制和秦國的統一全國，建立起「中央集權的專制主義的封建國家」，有重要關係，而對於奴隸制的崩潰則是毫無關係的。

總結這五個方面，商和西周前期所行是「助」法，以七十畝爲基數，有公田與私田之分，都是大片土地。私田是臣下私有的，而公田屬王公所有，借臣下的奴隸勞動力來耕種收穫，所以又稱爲「藉」。在這種制度下是不可能有井田的。井田制以百畝爲基數，方里而井，井九百畝，徵什一之賦，是「徹」法。這種制度最早見於《周禮》。這種制度的推行，最早不能過西周末年。賦有兩種，除什一之賦外，還有軍賦，這兩種賦春秋時各國都在不斷增加，但與田制無關。一直到秦孝公時商鞅才廢井田，開阡陌，民得買賣，到公元前九〇年左右，漢武帝把僅存井田形式的「東田」也改了，井田制才完全消滅。而這時離開秦始皇的建成「中央集權的專制主義的封建國家」也已一百多年了。由此可見，説井田制的廢除是奴隸制走向崩潰的關鍵，是不符合於歷史事實的。

相反，西周後期，井田制的建立，倒真正是奴隸制將走向崩潰的關鍵。助法需要大量的勞動力，《噫嘻》説「十千唯耦」，是這個有方三十里私田的奴隸主能提供兩萬名奴隸來「服爾耕」，「千耦其耘」説明耘一下苗，也要兩千人，這種大規模的農業生產只有在奴隸制社會裏才是可能的。西周初年，奴隸還很多，據銅器銘刻，周康王一次賞賜就是一千幾百名奴隸，但没有多少時候，共王時代的曶鼎就已經爲五個奴隸的買賣而爭訟了。奴隸來源缺乏，用大批奴隸來耕種就逐漸變爲不可能，也覺得不合算了。因此，奴隸主們不再去耕種私田，當然也就不會派奴隸到公田去助耕，使得大量土地荒廢起來了。在這種情況下，出現了招徠一批「甿」（流亡的奴隸）來耕種土地的新辦法，所以在《周禮》裏，有很完整的一套招徠和管理的辦法。當奴隸主們利用大批奴隸來耕種土地的時代裏，奴隸是他們主要的財富。而在招徠大批「甿」來耕種土地的時候，他們的最大財富，已經不是奴隸，而是農具與土地了。厲王時代的散氏盤銘，是矢氏把農具與土地移交給散氏的一件契約，厲王時代的其他銅器，也常常記載重分土田的事情。那末，井田制的開始，很可能就在厲王時期，是厲王所革的「典」的一部分，即在公元前八五〇年左右，到商鞅在秦國廢井田的公元前三五〇年，約計五百年。由使用大批奴隸的「助」法，改變爲使用「甿」的「徹」法，即井田制，是由奴隸佔有制轉變爲土地佔有制的開始。進入了春秋時代，《詩經·衛風》裏「氓之蚩蚩」的「氓」（甿）能够自由地「抱布貿絲」，去訂婚期，就又不同於《周禮》裏面的「甿」了。至於《國語·

晉語》裏所説的「隸農」，有些像是農奴，跟「甿」不同，而《左傳》所謂「僕賃於野」則又有些像近代的傭農。這時期的農民，大都自己備有粗劣的農具，已經由大片土地上的集體耕種者變爲個人耕種或兩人耦耕的小農經濟，就是説已經進入初期的封建社會了。那末，井田制是在奴隸制將要崩潰的時期過渡到封建制社會的一種田制，是無可疑的。

關於鐵的使用問題，跟井田的興廢有類似的地方。究竟是由於鐵器的使用招致了奴隸制的崩潰呢？或者是由於小農經濟的發展而擴大了金屬的使用範圍呢？這兩種不同的看法中，郭沫若同志主張前者，我們主張後者。第一，在奴隸佔有制社會裏，奴隸主役使大批奴隸耕種私田與公田的時候，除了少數高級奴隸（臣——即家内奴隸）之外，一般奴隸是一無所有的。青銅農具本是奴隸主們的財富，《詩經·大田篇》「以我覃耜」的「我」，是奴隸主的自稱。散氏盤銘所記矢氏首先交割給散氏的「田器」，就是農具，它們比田還貴重，可見厲王時期，農具還是奴隸主們的主要財富之一。如果説鐵器在奴隸制社會裏已經發展，那末，它們一定也成爲奴隸主們的財富，只會對奴隸主有好處而不會促成奴隸制的崩潰。第二，在鐵器開始使用時遠不如青銅器的鋒利，所以在管仲時期，還把它稱爲「惡金」而只用以製作農具，在兵器方面就是到戰國時期一般還都是用青銅製造的。早期鐵器不是青銅器的最好的代用品，它如何就能招致奴隸制的崩潰呢？生産工具的改進是可以提高生産力的，但把社會性質的改變，歸之於由青銅變爲鐵，由製造生産工具的原料的改變來起決定作用的論點，顯然是不正確的。

事實上，在奴隸制臨近崩潰的時期，奴隸主招集了大批「甿」來代替奴隸，他們很快就發現爲這批「甿」準備好大批農具是不合算的。《周禮》説「以時器勸甿」，就是勸誘他們自備農具，而奴隸主們則可以把青銅農具出賣或出租，或銷毁後用以改鑄其他銅器。這樣，社會上就發生了對農民們供應農具的問題。春秋時代，封建國家之間的戰爭頻繁了，青銅的主要用途是鑄造兵器。鑄兵器呢？還是鑄農具？是當時的主要矛盾。管仲的決策，把美金鑄兵器，惡金來做農具，爲的是解決這個矛盾。鐵固然不如青銅鋒利，但是用以掘土總是可以的，而且鐵的價值比青銅低得多，無疑地在農村中可以得到廣泛地發展，所以到了孟子時代，「以鐵耕」就成爲普遍的現象了。春秋時期貴族們使用的青銅彝器的鑄造，一天一天地增多，不但用於祭祀與殉葬，爲了出行要做一套行器，爲了嫁女兒，還要做一套媵器，鐘和鼎又都要成套，這都使青銅的消費量擴大；另一方面，由於工商的解放，商業和交通的發展，出現了各種青銅製造的貨幣，也要耗費很多青銅；這都是促使鐵器更加迅速發展的原因。據《國語》和《管子》，首先用鐵的是齊國，春秋末年齊靈公時的叔夷鎛記載靈公賞給叔夷

「陶鐵徒四千」，可見冶鐵工業在這時已十分發展了。那末，鐵器是在奴隸制社會已經崩潰之後由於小農經濟的需要而發展起來的。由於鐵器價廉與適用，促進了農業生産，反過來，也由於鐵器的使用日益擴大，促使鑄造方法不斷改進，終於在工具和兵器方面都完全代替了青銅器。應該説，鐵器在初期封建社會裏是起過很大作用的，但如果把它誇大成爲促使奴隸制崩潰或建成封建社會的因素，顯然也是不符合於歷史真實的。

至於所謂「下層超剋上層」的問題，更不應該提出來作爲改變社會制度的論證。因爲這種現象無論在那個階級社會裏都會發現，商朝末年的周王國，三分天下有其二，是奴隸制國家的現象；戰國末年的四公子信陵君、平原君、孟嘗君與春申君等是封建制國家的現象。這種現象屬於統治階級的内部矛盾，與社會制度的改變並没有直接關係。至於統治階級中間某些人爲了奪取政權而暫時施行的一些小恩小惠，如「大斗斛以出，輕斤兩以内」之類，更説不上是什麼「革命」或「新舊勢力的鬬爭了」。《論語·季氏篇》：「孔子曰：天下有道則禮樂征伐自天子出，天下無道則禮樂征伐自諸侯出。自諸侯出，十世希不失矣；自大夫出，五世希不失矣；陪臣執國命，三世希不失矣。天下有道則政不在大夫，天下有道則庶人不議。孔子曰：禄之去公室五世矣，政逮於大夫四世矣，故夫三桓之子孫微矣。」從孔子的觀點説，這個國家有統一的政權，「禮樂征伐自天子出」，就是「天下有道」。反之，如果政權下逮，分散到諸侯、大夫、陪臣，以至讓庶人來議政，就是「天下無道」。從孔子的時代倒數上去，超過十世以上是春秋初年，可見所謂「天下無道」的時代是春秋時代。春秋初年禮樂征伐已經從諸侯出，春秋中葉已經從大夫出，而到了孔子時代已經是陽貨、南蒯、公山弗擾等陪臣在執國命了，這是孔子作《春秋》的主要原因。《孟子》説「王者之迹熄而詩亡，詩亡然後《春秋》作」，就説明這一點。孔子所處的是齊桓晉文以後的時代，他雖然也稱頌管仲的功績，但並不滿意於這個時代。《禮記·禮運篇》裏孔子所嚮往的「大同」之世，在我們今天來看是原始共産社會，「小康」之世是奴隸制社會。他説：「大道之行也與三代之英，丘未之逮也而有志焉。」所謂「三代之英」就指「禹、湯、文、武、成王、周公」等「六君子」。春秋以前是三代，是奴隸制王朝的統一政權，春秋時代則是「禮樂征伐自諸侯出」的「諸侯割據稱雄的封建國家」。當然這種社會性質的區别在孔子當時是不能理解的。他曾經説過「文獻不足」，説「我猶及史之闕文」，對古代史料掌握得很不完全。他所以不滿於當時而推崇三代，只是希望全國有統一的政權，這種理想一直到荀卿李斯才逐漸實現，但新的統一政權，已經是「中央集權的專制主義的封建國家」，而不再回到夏商周三代那樣的奴隸制國家了。孔子處在春秋時期有史以來變動最大的新局面裏，並没有認識到這些變動的偉大的歷史意義，没有認識到庶人工商等的興起甚至於庶人可以議政的巨大作用，而只着重在政權下逮的一方面，這是他的局限性。他是在初期封建社會裏努力建立封建主義理論的一個大思想家與大教育家，他儘管並不自覺，但在他的言論裏很明顯地把三代與春秋劃分出來了，這就在歷史事實上指明了奴隸制國家的崩潰是在什麽時候。所以從我們看來，春秋時代的一切現象，即郭沫若同志所謂「天子倒楣了，諸侯起來，諸侯倒楣了，卿大夫起來，卿大夫倒楣了，陪臣起來」等等，並不是「上下層相剋的階級鬭爭」，因爲他們都是屬於統治階級的，只能説是統治階級的内部矛盾，而這種矛盾的發生是整個奴隸制國家崩潰以後的必然現象。本來，奴隸制國家的崩潰，不等於奴隸制的全部潰崩，但是在封建國家的出現而發展而鞏固的過程中，奴隸主貴族總是不斷地處在分崩離析的環境中的。我們認爲，從平王末年到秦朝的統一六國的五百年中可以分爲春秋與戰國兩個階段，前一階段是封建國家初步建立，奴隸制還有很多殘餘的時期，而後一階段則是封建國家已經强盛而趨向於建成統一國家的時期。不認清這樣的歷史發展規律而簡單地把「下層超剋上層」歸之於促使奴隸制社會崩潰的因素，是不能符合於歷史的真實的。

總起來説，郭氏先後兩種劃分法，都是不妥當的。但第一種劃分法放在東西周之交的缺點只在過於强調犬戎殺幽王與周室東遷的兩個突然性的歷史事件，而没有考慮到奴隸制國家統一政權的崩潰還在其後，是不精確的。第二種劃分法定在春秋戰國之交則是較大的錯誤，是把二百四十多年的初期封建國家，劃入奴隸制社會，把周王朝政權下逮以後出現的「諸侯割據稱雄的封建國家」這種新局面，攔腰分成兩截了。

三、如何區分奴隸制社會與封建制社會

春秋時代各國之間的發展是不平衡的。有些國家的建成封建國家要早一些，有些國家就比較落後。就是新興的封建國家，如：鄭國、秦國之類，也還或多或少地保留着若干奴隸制的殘餘，如果從局部地區來看是需要進行具體分析的。但我們現在要劃分的是我國古代奴隸社會與封建社會的界綫，就必須從主要方面來劃分，就是奴隸制國家與封建制國家之分。商朝是奴隸制國家是今天大多數學者所同意的，西周也是奴隸制國家，雖然在學者中還有不同意見，但從青銅器銘刻的研究，西周文獻資料的證明與孔子對三代的看法都可以證明（關於這點我將另爲文討論）。犬戎殺幽王，「赫赫宗

周」是覆滅了，還不等於奴隸制國家的終結。但到了平王桓王之際，新興的封建國家鄭國的祭足「帥師取温之麥，秋，又取成周之禾」，因而「周鄭交惡」，接着「曲沃叛王」，「宋公叛王」，「王奪鄭伯政，鄭伯不朝」，説明進入了春秋時代，這個奴隸制國家的政權才真正地解體了。因此，由這條主要分界綫，公元七二〇年，向上看是夏商周三代是統一的奴隸制國家，向下看是春秋戰國時期的「諸侯割據稱雄的封建國家」，是十分清楚的。但要照郭沫若同志所要求的那樣，「從當時整個中國社會來説」，就不可能劃出這條界綫來了。因爲即使是封建制已經很發達的時期，有些局部地區還可能保持着奴隸制，社會發展是不能像一刀兩截那樣整齊的。正如在考古學上劃分青銅時代一樣，我們決不能因爲在某些地區還停留在石器時代或在青銅時代裏還廣泛地使用石器而把已經進入青銅時代的一段歷史劃入石器時代。那末，儘管在某些局部地區内還是奴隸制或者在某些時期内還有很多奴隸制的遺留，我們也不應該把奴隸制的下限向下推；因爲在這種情形下，如果只考慮奴隸制的下限而忘記了封建制的形成，就容易把主要的界綫搞模糊了。在歐洲史上，羅馬帝國的滅亡，異族的侵入與新的封建國家的建立，跟我國的古代歷史有相類似之處。儘管各個民族由於自己的歷史條件，在社會的發展中具有不同之點，在研究古代史時，不應該生搬硬套，但這種主要的發展情況，還是可以供我們參考與比較的。

其實，奴隸社會與封建社會的主要區别，是奴隸佔有制與土地佔有制。前者使用大批奴隸進行大規模的農業生産，是奴隸主對奴隸勞動的全面的剥削關係，而後者是分散經營的小農經濟，是土地佔有者通過土地的租佃對半奴隸式的農民進行徵收穀物與其他實物以及勞役等各種方式的剥削。由西周時期到春秋時期的最大變化有兩個方面，一個是「甿」的身份的變化，另一個是「四民」的固定，這是由奴隸制社會突然轉變爲封建制社會的明顯的證據。「甿」的出現是在「周餘黎民，靡有孑遺」這種情況下爲了組織勞動力來進行大規模農業生産而實行的新制度。《周禮·遂人》説：「凡治野，以下劑致甿，以田里安甿，以樂昏擾甿，以土宜教甿稼穡，以興耡利甿，以時器勸甿，以彊予任甿，以土均平政。」是一套十分完整的招致勞動力的辦法，《旅師》説：「凡新甿之治皆聽之，使無征役，以地之媺惡爲之等。」可見「甿」是新招的。由於土地荒廢缺乏勞動力而不得不招徠大批的「新甿」，是需要給他們很好的條件的，要爲他們安排土地、住處、農具，甚至於還介紹婚姻，《周禮·媒氏》所謂「仲春三月令會男女，奔者不禁」等規定就是在這種情況下擬出來的。「甿」中間比較有能力的讓他們做管理人稱爲「彊予」，就是《詩經·載芟》裏面「侯彊侯以」的「彊以」，[三]可見「甿」是組織起來的，他們的身份與現在社會發展史上所説的「隸農」差不多，就是奴隸社會末期的「甿」比奴隸較爲自由一些，還不是封建社會的農奴的身份。〔四〕但到了春秋時期，「氓」的身份有了很大的變化。《詩經·衛風·氓》説：「氓之蚩蚩，抱布貿絲，匪來貿絲，來即我謀。」後面又説：「女也不爽，士貳其行。士也罔極，二三其德。」又把他稱爲「士」。「士」在春秋時代是平民階級的最高層，是有「禄田」的君子，跟野人的「氓」本有很大區别。但這個「氓」不知由於什麽原因，已經攀升到「士」的一級中去了。從他的「抱布貿絲」來説，可以看出當時農村中的經濟基本上是自足的。他已經有了車，所以説「以爾車來，以我賄遷」，但是他還不是很富足的，所以説「自我徂爾，三歲食貧」。據《詩序》説這首詩是衛宣公時（公元前七一八—前七〇〇年）做的，就是春秋初年，可以看見這個「氓」從「隸農」的身份上升到「士」的行列中去這樣的大變化，是發生在平王桓王之際的。而從這個時期起「氓」的身份一直是比較自由的，像《孟子》上所説「願受一廛而爲氓」，就决不是大規模的農業生産中的一名奴隸了。

郭沫若同志注意到「力於農穡的庶人在周初是人鬲中的最下等，在家内奴隸之下的，而在春秋中葉以後便提高到家内奴隸之上」。他引《左傳》上的：

晉君類能而使之，舉不失選，官不易方，其卿讓於善，其大夫不失守，其士競於教，其庶人力於農穡，商工皁隸，不知遷業。——襄公九年

天子有公，諸侯有卿，卿置側室，大夫有貳宗，士有朋友，庶人工商，皁隸牧圉，皆有親暱，以相輔佐也。——襄公十四年

克敵者下大夫受縣，士田十萬，庶人工商遂，人臣隸圉免。——哀公二年

這幾段話爲證，説：「庶人的地位，至少在晉國，在春秋末年，已經提高到在公卿大夫士之下而在工商皁隸牧圉之上了。這是一個很重大的變革。這就意味着社會的主要生産者——力於農穡的庶人即農民已經從最下賤的奴隸地位解放了出來，而成爲半自由人。社會的主要生産者由奴隸身份解放了出來，這就意味着奴隸制度的崩潰。」這些意見基本上是正確的，但是他把時間搞錯了。其實，這些情況並不是春秋中葉以後或春秋末年才發生的，更不是只在晉國如此，而是在春秋之前或春秋初期，即平王桓王之際産生的新現象。《左傳》襄公十年王叔陳生因爲與伯輿爭政而涉訟，伯輿的大夫瑕禽

說：「昔平王東遷，吾七姓從王，牲用備具，王賴之而賜之騂旄之盟，曰『世世無失職』，若篳門圭竇，其能來東，底乎。且王何賴焉。」可見平王東遷的時候，爲了倚賴一班小貴族的幫忙曾經把他們的地位提高了，以至於可以與王叔爭政。前面已經引過的《左傳》昭公十六年子産答覆韓起的話更可以説明鄭國在建國時期，不得不把農民與工商解放出來爲他開墾。《詩經》裏表現出來的春秋初期鄭衛兩國的男女關係比較隨便，所謂「鄭衛之聲」，顯然也和當時社會的這種大變革有關。在《國語·齊語》裏管子提出了「四民者勿使雜處」的話，「四民」是士農工商，所以説：「昔聖王之處士也使就間燕，處工就官府，處商就市井，處農就田野。」這就是要把解放出來的農民重新束縛在土地上，「士之子恒爲士」，「工之子恒爲工」，「商之子恒爲商」，「農之子恒爲農」。《管子·小匡篇》説：「士農工商四民者國之石民也。」「四民」的確定，意味着封建制的確立，這是西周時代絶對没有的情況。〔五〕齊桓公始霸是公元前六七九年，離周桓王元年才四十年，這個新制度的確立，更可以説明封建社會的開始，應當在平王桓王之際。

「士」在春秋時期是介於貴族與平民之間的。他們有的是出身於貴族家庭的，有的則是從平民中上升的；他們可以上升爲卿大夫，也可以「降在皁隸」。他們有的屬於王公，有的屬於卿大夫，就是所謂私家。據《齊語》，齊國採用「參國伍鄙」的制度，所謂「參國」是「制國以爲二十一鄉，工商之鄉六，士鄉十五」，而把「士鄉十五」分爲三軍，公帥五鄉爲中軍，國子與高子各帥五鄉爲左右軍。這是屬於國家的軍事組織。他們本來是戰士，得到了一份份地，既要出「什一」的賦，又要出軍賦，還得幫王公們去打仗，有一些像歐洲的騎士。他們所以和庶人工商不同的地方，是他們屬於國中，稱爲君子，有政治權利，而庶人卻是屬於野的，稱爲野人或小人，「庶人不議」「禮不下庶人」，就是没有政治權利。這種分「國中」與「野人」的制度，一直到孟子對畢戰問井地的時候還有規定。但是春秋時代平民階級正在起變化，「士」逐漸由戰士變爲文士，另一方面，他們往往變得很貧窮，他們没有奴隸就只好用自己的子弟，所以説「士有隸子弟」，而更窮一些的就只好自己去耕田，也有一些人開始去經商。另一方面，庶人工商逐漸解放，士和庶人工商的界限，到春秋末年時實際上已經打得很亂了。

在管仲時期對農民還是不够重視的，他所注重的主要是軍事，所以對「制國」的考慮要比「制鄙」周密得多，他的「伍鄙」只是把「野」分爲五屬，讓五屬大夫來管理他們。可以看出在封建社會初期，農業是不發展的，大規模的農業生産已經過時了，小農經濟的優點還没有顯示出來，所以春秋時期，貴族們都以有馬多少乘作爲他們的財富。齊景公有馬千駟，就是一例。到了春秋中葉以後，由於個體農民的積極性的發展，又由於使用了鐵農具所起的推動生產發展的作用，農業才逐漸被重視。《左傳》襄公二十七年説：「崔氏之亂，申鮮虞來奔，僕賃於野以喪莊公。」「僕賃」有些像近代的傭農，可以看見野外的農業也有使用傭農了。孔子時代，像長沮桀溺和荷篠丈人等都是隱在農耕中的逸民，他們譏笑孔子「四體不勤，五穀不分」，可見他們對農耕的重視。《論語·憲問篇》南宫適問孔子，「羿善射，奡盪舟」都不得其死，「禹稷躬稼而有天下」。孔子稱贊他是「君子」。《子路篇》樊遲要學稼，孔子説「吾不如老農」，樊遲又要種菜園，孔子説「吾不如老圃」，在樊遲走後，孔子批評他「小人哉樊須也」。這是由於孔子認爲「君子」的責任只是搞政治，即使他自己耕稼，目的也在搞政治，只要政治家能够喜歡禮義與信，「則四方之民襁負其子而至矣，焉用稼」。但從這些記載裏可以反映出當時有一種重農的學派，認爲搞好農業就是搞好政治，到戰國時期就有李悝的盡地力之教，許行的爲神農之言，一直到商鞅的「廢井田，開阡陌」，大大地發展了農業生産，使秦國終於兼併六國，建成了統一的封建國家，這是初期封建社會解放農民的最後結果，但同時卻由於私人可以買賣土地，「富者田連阡陌」，又出現了新的情況了。

根據這些情況，我們可以説農業奴隸的解放，庶人工商的新身份，與士農工商的列爲「四民」，是奴隸社會崩潰與進入封建社會的標幟。這些現象出現於平王桓王之際，所以要把春秋時代列入奴隸制社會是不恰當的。一個時代有一個時代的文化，存在決定意識，如果春秋時代還是奴隸制社會，當時的政治家像：管仲、子産等，思想家像：孔子、老聃等不可能完全没有反映的。歐洲哲學家中如：柏拉圖、亞里斯多德等就擁護奴隸制，但是在孔子的言論中找不到一點痕迹，那末硬要孔子來當奴隸社會的末代聖人，顯然是不適宜的。奴隸社會的文化本來掌握在少數大貴族與巫史一類人手裏，經過春秋時代二百多年的封建社會初期階段，「詩書禮樂」逐漸普及到小貴族與平民，才出現了像孔子這樣的大學者，總結過去，删定六經，爲封建主義建立理論。他的弟子到三千人，有教無類，開創了儒家學派。其後楊朱墨翟等學派興起，成爲戰國時代百家爭鳴的黃金時代。我們又怎麼能把孔子放在奴隸社會，而把楊朱、墨翟、孟軻、荀卿等人放在封建社會呢？

四、簡短的結語

由於這些理由，我們斷言把春秋戰國之際，公元前四七五年作爲我國古代史上奴隸社會與封建社會的分界綫是錯誤的。我們應該實事求是地分析歷史資料，把春秋與戰國都定爲「諸侯割據稱雄的封建國家」。還應當按照我國歷史上傳統的分法，把三代與春秋分開，三代是奴隸制國家，而春秋以後是封建國家。這樣的分法是自然合理的，不需要任何穿鑿與附會。我們建議討論古代史的同志們，必須重視考古資料，尤其是青銅銘刻的資料，才能對西周社會性質有正確的瞭解。同時也必須重視文獻資料，必須使文獻資料得到正確的解釋，才能與考古資料相得而益彰。像在《詩經》中許多資料的時代性與周禮的研究，以及「厲王革典」問題，都是解決我國古代社會發展史的重要關鍵，但關於這些問題，只能另外再詳細討論了。我們建議奴隸制國家與封建國家的分界綫，應放在平王桓王之間，即公元前七二〇年。從那時起到秦始皇統一六國時共五百年，是「諸侯割據稱雄的封建國家」，而從秦朝統一以後，一直到一八四〇年的鴉片戰爭，就一直是「中央集權的專制主義的封建國家」，有二千〇六十年之久。中國的封建社會前後延續了二千五百六十年，〔六〕中國的長期封建社會是中國歷史的一個特點。

〔一〕《周禮·秋官·掌交》説：「以諭九税之利，九禮之親，九牧之維，九禁之難，九戎之威。」掌交的官是邦國之通事，不管收賦税，「九税」在「九禮」之前，也不像是賦税。待更考。

〔二〕《公羊傳》桓公元年説「其稱田何，田多邑少稱田，邑多田少稱邑」可以證明「田」與「邑」相當。《左傳疏》引賈逵注「欲令一井之間，出一丘之税」是錯的，韋昭《國語注》已經説：「此數甚多，似非也。」

〔三〕鄭玄箋《詩經》説「以謂間民，今時傭賃也」，是錯的。「以」與「予」，語音之轉。

〔四〕《國語·晉語》所説「隸農」與此不同。

〔五〕《僞古文尚書·周官篇》説「居四民」，惠棟《古文尚書考》説：「周初士不在四民之列，始於《管子》之士鄉。」説明西周時不會有這種制度。

〔六〕如果一直算到辛亥革命，清朝最後的一個封建王朝的覆滅，則是二千六百三十一年。

載《中華文史論叢》第三輯第一至三二頁一九六三年。

「神龍蘭亭」辨僞

一、前言

「神龍蘭亭」是「南宋時眩人之品」，是清代學者何焯、翁方綱等在《石刻鋪叙》的批語與《蘇米齋蘭亭考》裏久已論定的。一九三六年故宫博物院發現了清高宗内府所藏蘭亭八柱帖的原迹，其中第三種「馮承素臨蘭亭」，前後有「神龍」半璽，屬於所謂「神龍蘭亭」的系統，而與傳世的許多「神龍蘭亭」舊刻本，又有所不同。近日鑒賞家認爲這是唐摹善本，并以爲「距離原本當不甚遠」。但我個人的看法則以爲八柱本「神龍蘭亭」的作僞痕迹是很顯著的，就是從書法來看，也是只注重姿媚，完全看不到骨力，決不是唐宋人的作品。我在書法藝術方面見聞狹隘，這種看法可能是很片面的，或錯誤的，但考慮到僞本流傳容易使學書法的人誤涉迷途，以爲王羲之的書法不過如此，因此，把這些不成熟的意見寫出來以就正於持上述主張的諸位鑒賞家，希望經過討論，對這個問題能有更進一步的瞭解。

二、論八柱本「神龍蘭亭」不是唐摹本

八柱蘭亭墨迹，共有八種，後四種爲明清人臨寫，可以不論，前四種裏面：第一本爲「虞世南臨本」，實即「張金界奴本」，或稱「天曆本」；第二本爲「褚遂良臨本」；第三本爲「馮承素臨本」，實即「神龍半印本」；第四本爲柳公權書《蘭亭詩》。這四種裏，《蘭亭詩》與《蘭亭叙》内容不同，褚臨本是臨寫而非摹拓，又不一定是褚遂良臨的原本，那末，可以作爲唐摹本來比較的只有「張金界奴本」和「神龍半印本」了。

「張金界奴本」黑色晦暗，與米芾《書史》所説趙叔盎所收蘭亭「因重背易其故背紙，遂乏精彩」的情況正相類。筆勢略見鈍滯，則是鈎摹填墨的通病。但從筆法來看，還接近於智永、虞世南等人，是可以定爲唐模的。至於「神龍半印本」則大爲不同。儘管鑒賞家欣賞其「穠纖得體，流美甜潤」，但全無唐人氣息；「流美」則失之軟弱，「甜潤」則失之嫵媚，已經是趙松雪等人的門風了。

辨古人墨迹，必須區别出不同時代的風格。魏晉墨迹的用筆方法，隋唐時人已大不相同，因之唐人模晉帖，間架結構，分行布白，可能保存若干本來面目，但風格已迥然不同，我們只要把晉人墨迹與唐人摹本一比較，就可以看出來。同樣，唐人的墨迹及其摹本與宋元以後的臨摹本，風格上的不同，筆法的各異，也是十分明顯的。清末李文田在跋汪中本定武蘭亭時對王羲之的《蘭亭序》文字與書法都提出了懷疑的意見。〔一〕關於文字方面，古人引用時常改易篇題，減省字句，李氏因《世説新語》注與此不同而懷疑爲後人所托，顯然是錯誤的。但是他以爲「定武石刻未必晉人書，以今見晉碑，皆未能有此一種筆意，此南朝梁陳以後之迹也」，是有一些道理的。現在所見蘭亭，最早也不過隋唐摹本，當然不能完全保留右軍筆意。但李文田要它「與《爨寶子》《爨龍顔》相近而後可」，也是不對的。《蘭亭》是行押書，真書與行書比較還接近，而二爨是銘石書，是八分隸書一類，比起來就遠一些，加以石刻往往經工匠之手，與墨迹又有所不同。所以要認識右軍書迹的真面目，必須從唐以後摹刻本取其外貌，而從傳世魏晉人墨迹推想其筆意。黄山谷《評書》説：「今時學蘭亭者，不師其筆意，便作行勢，正如美西子捧心而不自寤其醜也。余嘗觀漢時石刻篆隸，頗得楷法，後生若以余説學蘭亭當得之。」黄氏時已經很難得到魏晉人真迹，所以要上推篆隸來求右軍筆意，比之只見「蘭亭面」，而不能「换凡骨」的人，當然高明得多了。

從這角度來看唐人所摹的《奉橘帖》《喪亂帖》等右軍墨迹，都還有雄健的風格，而且每一筆都有起倒，意到筆隨，神完氣足，就是「張金界奴本」也是如此。「張金界奴本」第二行「事」字中直筆下端没有趯，而轉筆出鋒，向左作勢，因之極似隸書的方筆，有魏晉六朝遺意。這種筆法在後代是不大有的，也是明清以來刻帖家所刻不出來的。

但是八柱本「神龍蘭亭」，一味追求流美，毫無頓挫，每一筆將寫完的時候，就匆匆忙忙地轉到下一筆去了，正如黄山谷所批評的「學蘭亭者不師其筆意便作行勢」，這種寫法，只能看到字的流美而没有雄健的筆力，在唐代書家裏是看不到的。由於寫得快，每一個字的結體出了很多疵病，如：第一行「暮」字中間「日」字下面與「大」字的一横似乎完全并合了；

第八行「惠」字中間的一畫太偏上了；「和」字右旁「日」形中的畫與末畫較接近，顯得生硬；十行「聽」字「耳」旁下的「壬」形與「悳」的「𠕁」形，都由於匆忙轉筆，破壞體勢；而這種疵病在舊刻本「神龍蘭亭」裏倒反而没有。那末，八柱本「神龍蘭亭」不出於唐人之手是很明顯的。

（右、明豐坊刻石本「神龍蘭亭」，左、八柱本「神龍蘭亭」）

古人作書最注意於分行布白。《後漢書・竇章傳》注引馬融寫給竇章的信裏説「書雖兩紙，紙八行，行七字」，可見每張紙上有幾行是有一定規格的。正由於這樣，行間都留有餘地，在屬稿時可以添注竄改。蘭亭序的「崇山」二字就注在行間，唐顔真卿《爭坐位帖》在行間的添注塗改更有許多，這些添注的字都很大，可見原來的行間都很寬闊。宋以後刻《蘭亭》的人往往爲它加上行格，有些刻本無行格，但行間總都是寬綽的。「神龍蘭亭」的舊刻本行法也很匀稱而且寬綽，只有八柱本「神龍蘭亭」後半十五行，行行密接，縮短篇幅兩行有餘，以致毫無行法；末行「文」字末筆與上行「後」字的首筆幾乎連接起來了，顯然不是《蘭亭》原來的面目，而是移易行款縮短行間寬度所造成的。

梁武帝評右軍書「字勢雄强如龍躍天門，虎卧鳳闕」是描寫他的筆力雄健。[二]《法書要録》引「宋羊欣採古來能書人名」論王獻之「骨勢不及父而媚趣過之」，可見右軍雖變鍾張古法而骨勢尚在獻之之上。韓愈《石鼓歌》説「羲之俗書逞姿媚」這是用真書行書來與篆隸八分對比的原故，并不是羲之的書法只逞姿媚。王僧虔論書説：王珉「筆力過于子敬」，又説「郗愔章草亞于右軍」，「郗超草書亞于二王，緊媚過其父，骨力不及也」。又説「羊欣、丘道護并親授于子敬」，「蕭思話全法羊欣，風流趣好殆当不減，而筆力恨弱」。可見王羲之書法的筆力骨勢是王獻之以下所不能及的。唐人摹本雖不能把王書的真面全保留下來，但總還有奇宕雄逸的筆勢，是宋以後法帖中不容易表達出來的。而八柱本「神龍蘭亭」則恰恰相反，它過分地漂亮了，「流美甜潤」是確實辦到了，而從每一字的筆畫來看，就全没有骨力，這是與唐人摹本截然不同之處。但是有的同志只注意到「流美甜潤」的一方面，而忽略了另一個方面：甚或只注意它的破鋒、賊毫、剥痕、斷筆，而不知這些特點是可以根據舊刻本仿作，也可以根據前人記載而故意造作的。至於對八柱本後半十五行的緊促，認爲是右軍原稿如此，則顯然是未假思索的緣故。右軍原稿二十八行，分爲兩紙，所以在梁朝時曾有徐僧權押縫，定武本、潁上本等均在「欣」字左側作「僧」字，是每紙各十四行。薛紹彭刻硬黄本，除「僧」字外，還有「察」字押縫。米芾所見唐模本極多，其題王文惠本黄素蘭亭説：「黄絹幅至欣字合縫，用證摹刻僧字，果徐僧權合縫書也。」舊刻本「神龍蘭亭」在「欣」字右側有「貞觀」「褚氏」及「紹興」印，説明前幅爲十三行，後幅爲十五行，已經不是蘭亭原本的情況，但行法還是勻稱的。現在八柱本「神龍蘭亭」更把十五行擠在與十三行同樣大小的紙幅内，以致完全打亂了章法，而竟被説爲右軍原本如此，這不能不説是「厚誣前人」了。由於對這一類流美甜潤的風格的愛好，爲所蒙蔽，因此，在這樣重要的漏洞上，也被作僞者輕輕瞞過了。

總之從八柱本「神龍蘭亭」的本身各方面探索上，就可以説明它并不是唐摹本。

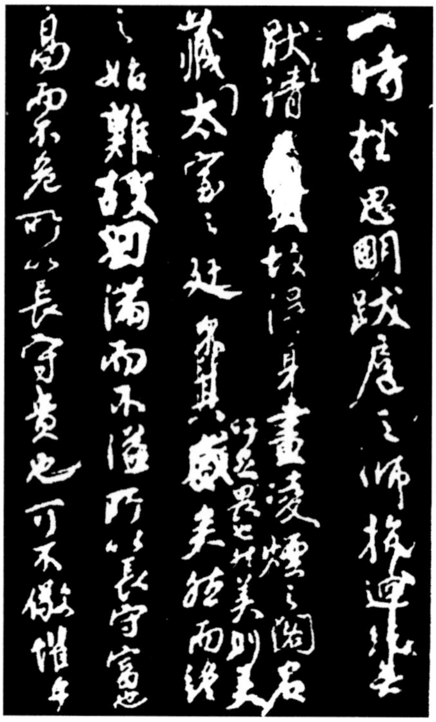

唐顔真卿書《爭坐位帖》拓本（部分）

右圖：定武本「欣」字旁的「僧」字

左圖：薛紹彭刻本上的「察」「僧」兩字

三、「神龍蘭亭」是南宋末年時僞造的，當時所造的還不止一本

所謂「神龍蘭亭」，在元朝以前從没有人談到過。宋寧宗時桑世昌作《蘭亭考》「自中原及渡江諸人題跋網蒐幾徧」。曾漸説：「澤卿彙次《蘭亭考》，凡方册所記，卷軸所題，亦略備矣。其不可致者天上書耳。秘閣藏唐人鈎摹并鍾離景伯三軸皆有跋語，録以遺之。」可見桑氏所録是包括當時内府所藏的。理宗時俞松家收藏《蘭亭》數十，加以見聞所及，作《蘭亭續考》。《輟耕録》記宋理宗内府所藏蘭亭一百一十七刻，都没有神龍蘭亭這一品目。所謂「神龍蘭亭」是由在《蘭亭》模本上鈐有「神龍」小璽而得這個名的，因此，首先應該對這個神龍印加以考查。

唐張彦遠《法書要録》卷三引武平一《徐氏法書記》説蘭亭原本「及太宗晏駕，本入玄宫」，與何延之《蘭亭記》、劉餗《隋唐嘉話》是相同的。《徐氏法書記》又説「神龍中，貴戚寵盛，宫禁不嚴」，安樂公主在内取出有名法書二十餘函，太平公主知道了，「遽于内取數函及《樂毅論》等小函以歸」。徐浩《古迹記》則説安樂公主因没有受賜法書而有怨言，中宗「令開緘傾庫悉與之」，太平公主取五帙五十卷。又説「太平公主愛《樂毅論》，以織成袋盛置作箱裹，到籍没時，被咸陽老嫗投竈下，不可復得」。據兩家所記，中宗神龍時内府法書散落外間時，根本就没有《蘭亭》，當時著名的墨迹只是《樂毅論》。韋述《集賢記》叙述唐太宗搜訪法書的事情説「其後《蘭亭》一本，相傳云將入昭陵玄宫。長安神龍之際，太平、安樂公主奏借出外拓寫《樂毅論》，因此遂失所在」。〔三〕《蘭亭》入昭陵與《樂毅論》因借出拓寫而亡失是兩件事，本來是很明白的。王溥《唐會要》用此文在「長安神龍之際」前面誤加上「又一本」三字，而在「因此遂失所在」前面又失去了「樂毅論」三字，徽宗時董逌作《廣川書跋》更弄錯了，竟説成是「《蘭亭叙》在唐貞觀中舊有二本，其一入昭陵，其一當神龍中太平公主借出拓摹，遂亡」。就爲後來作僞本「神龍蘭亭」的人製造了機會。但是這個作僞的人是比較狡獪的，他知道僞造假的署名和題跋既費事又容易露馬脚，所以只在卷上鈐上一個「神龍」小璽，用以影射《蘭亭》原本在神龍時亡失後又重新出現，而讓收藏家自己去摸索，去發現，以達到他騙人的目的。但他没有考慮到唐代前期收藏印記在《法書要録》裏記載很詳，内府藏書只有太宗的「貞觀」與玄宗的「開元」，并無所謂「神龍」。凡是收藏印記都是由於愛好書畫者鈐此作爲入藏的記録，所以安樂、太平兩公主收藏法書也是有她們的印記的。至於中宗既然對法書的分散，「無復寶惜」，又怎麽會在《蘭亭》上蓋上一個

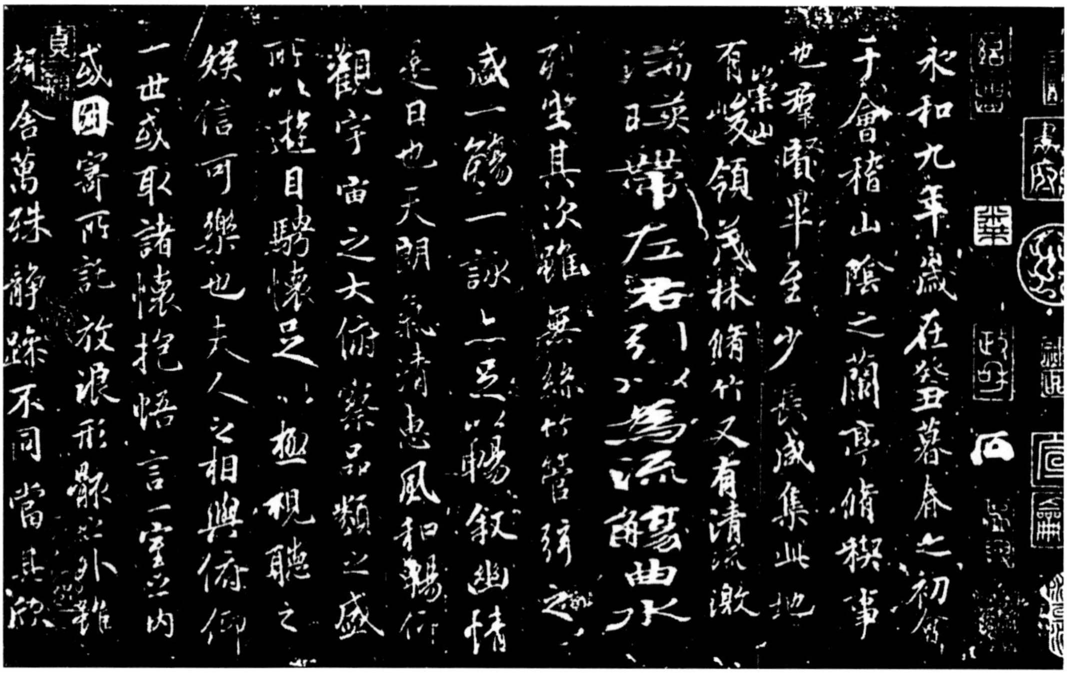

永和九年歲在癸丑暮春之初會
于會稽山陰之蘭亭脩稧事
也羣賢畢至少長咸集此地
有崇山峻領茂林脩竹又有清流激
湍暎帶左右引以為流觴曲水
列坐其次雖無絲竹管弦之
盛一觴一詠亦足以暢敘幽情
是日也天朗氣清惠風和暢仰
觀宇宙之大俯察品類之盛
所以遊目騁懷足以極視聽之
娛信可樂也夫人之相與俯仰
一世或取諸懷抱悟言一室之內
或因寄所託放浪形骸之外雖
趣舍萬殊靜躁不同當其欣

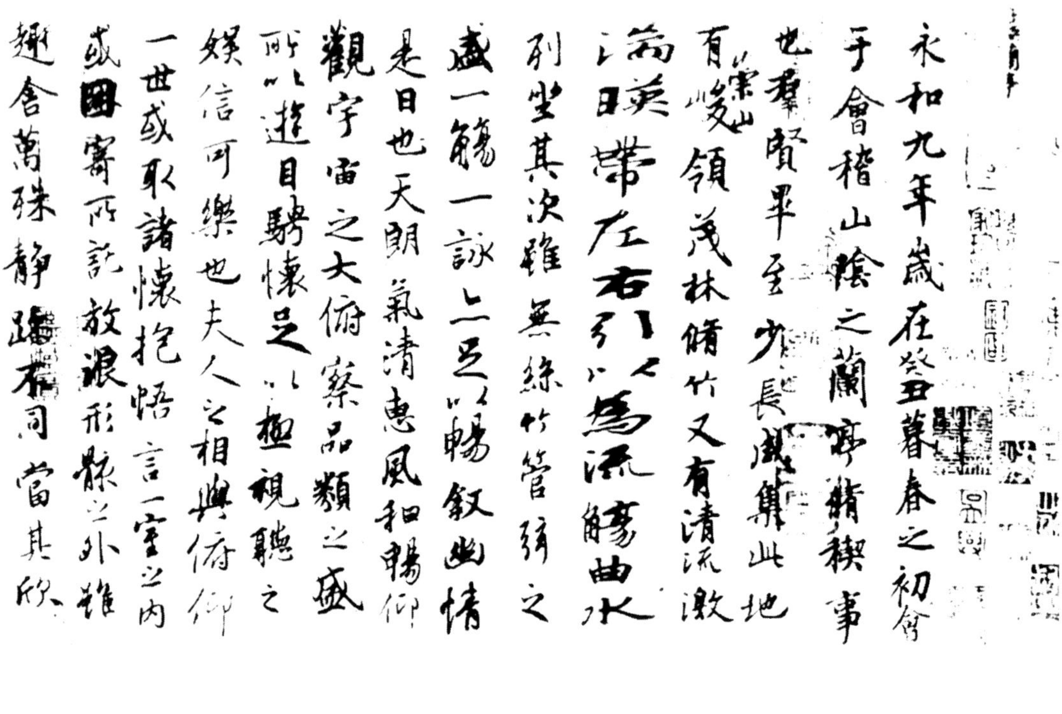

永和九年歲在癸丑暮春之初會
于會稽山陰之蘭亭脩稧事
也羣賢畢至少長咸集此地
有崇山峻領茂林脩竹又有清流激
湍暎帶左右引以為流觴曲水
列坐其次雖無絲竹管弦之
盛一觴一詠亦足以暢敘幽情
是日也天朗氣清惠風和暢仰
觀宇宙之大俯察品類之盛
所以遊目騁懷足以極視聽之
娛信可樂也夫人之相與俯仰
一世或取諸懷抱悟言一室之內
或因寄所託放浪形骸之外雖
趣舍萬殊靜躁不同當其欣

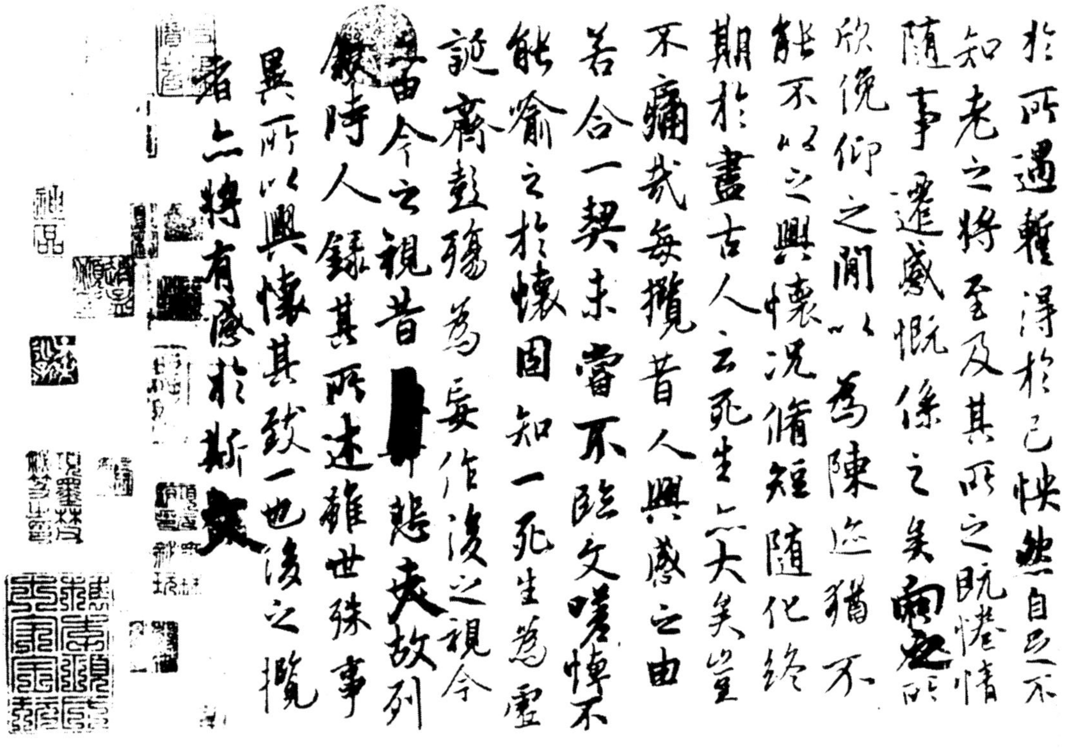

上圖：明豐坊刻石本「神龍蘭亭」
下圖：八柱本「神龍蘭亭」

「神龍」印呢？張彥遠對安樂、太平兩公主的印記尚且記載，如果中宗時曾鈐過「神龍」小璽，哪能不記呢？那末，只以一個「神龍」小璽來説，作僞之迹就是很明顯的。

一個有趣的現象是所謂「神龍蘭亭」出現於南宋末年，並且不止一個本子。據我們現在所知，至少有兩個模本都有「神龍」印，而且都出在宋理宗的駙馬楊鎮的家裏。一個模本爲張斯立藏，一個模本爲郭天錫藏，這兩個人都是元朝初年的大收藏家，周密《雲烟過眼録》裏就把他們兩人叙在一起。張斯立曾收藏過趙子固的「落水蘭亭」，後來歸集賢大學士李叔固；郭天錫則收藏過李山房本唐摹《蘭亭》。

元袁桷《清容居士集》卷四十七《秘閣續帖劉無言雙鈎開皇蘭亭》説：「開皇真本後由榷場復入德壽御府，號『神龍蘭亭』。紙前後角有『神龍』半璽，蓋唐中宗時所用印也。理皇下嫁周漢長公主于駙馬都尉楊鎮，故事奠雁奏進禮物一百二十奩，理皇從復古殿取『神龍蘭亭』爲第一奩以報。宋社亡，楊氏子不能守，歸于濟南張參政斯立，大德末年復歸集賢學士李某，余得見之。以百花蟠龍官作錦爲褾首，前有『希世藏』小璽，真奇物也。」袁氏所謂集賢學士李某就是當時的宰相李叔固，他在那裏親見這個本子，其來源是可靠的。元軍入臨安是至元十三年（公元一二七六年），張氏得此本於宋亡後，大概在至元二十年前後，於大德末才歸李叔固，則又經過二十來年了。[四]

在這個時期中，郭天錫也得到一本「神龍蘭亭」，他的詩跋墨迹説：「前後二小半印，神龍二字，……至元癸巳獲于楊左轄都尉家，傳是尚方資送物。是年二月甲午重裝于錢塘甘泉坊僦居快雪齋。」癸巳是至元三十年（公元一二九三年），當時，張斯立早已把另一本買去了。而且張斯立本以百花蟠龍官作錦爲褾首，裝潢是十分講究的；郭天錫本則在買到手以後就立刻重裝，可見原來的裝潢是不滿他的意思的。張本有高宗「希世藏」小璽而郭本没有。總之，張斯立本與郭天錫本决不是一個本子。

同一時期，同在楊駙馬家，同是所謂「神龍蘭亭」，又同是理宗下嫁公主時的陪嫁妝奩，實在是太巧了。能説這兩個「神龍蘭亭」都是真的「唐模本」嗎？顯然是不能的。那末，兩者之間必有一假，而更有可能的則是兩本都是假的。宋理宗把公主嫁楊鎮是南宋末年一件轟動聽聞的事情。《武林舊事》卷二有「公主下降」一篇專門記載這件事，而且還有很詳細的一張妝奩單子，從「真珠九翬四鳳冠」一直到「錦綉銷金帳幔、陳設茵褥、地衣、步障等物」，并無所謂「神龍蘭亭」，可見楊駙馬的後人在出賣這兩本「神龍蘭亭」時也是在故意製造一些故事來騙人的。

當然，像張斯立、郭天錫、李叔固、鮮于樞、袁桷等人都是當時有名的收藏家和鑒賞家，會受欺騙，把僞造的神龍蘭亭當作奇寶，是有些可怪的。但收藏家經常受欺騙是一件事實。就在南宋後期，姜夔得到了同時人僞造的王獻之書《保母磚志》，就視同至寶，爲它題了累萬言，就是一個極好的例子。只要作僞者的手段高明，就是老眼也經常受欺騙。明代王世貞收到黄素本《蘭亭》，孫鑛就説是「作僞眩離婁」；十九世紀末，廣東新翻刻的《澄清堂帖》，有人用舊紙拓了一份當作宋拓，賣給羅振玉，羅氏就上了當了；方若作《校碑隨筆》，對碑刻可以説是專家，但所收漢石經數十方，完全是僞刻；這例子是不勝舉的。僞造「神龍蘭亭」的人高明之處，所造都是有藍本的。張斯立本據袁桷所記，其底本應爲北宋前朝的秘閣本，在元祐時曾刻過石，南宋時有翻刻本，可能還有别的刻本。郭天錫本據他的跋裏所説「與米元章購于蘇才翁家褚河南檢校拓賜本張氏石刻對之，更無少異」，可見他的底本是蘇才翁本，所謂張氏石刻是南宋嘉熙庚子（公元一二四〇年）張澂的刻本，宋理宗蘭亭一百一十七刻中曾著録。秘府本與蘇才翁本，在北宋時都是煊赫有名的唐摹本，在南宋時又都有石刻流傳，底本既極出色，「神龍蘭亭」的作僞者手段又極高明，就難免許多大鑒賞家都爲所欺了。

四、論張斯立本「神龍蘭亭」所出自的秘閣本

宋太宗時刻《淳化閣帖》没有收《蘭亭序》。董逌《廣川書跋》説：「太宗朝留神書學，嘗出使購求藝文諸書，當時已無《蘭亭》矣。仁祖復尚書篆，求于四方，時關中得《蘭亭》墨書入録，字畫不逮逸少它書。其後秘閣用此刻石，爲後法帖。」按董氏説太宗時「已無《蘭亭》」是錯誤的。當時蘇易簡就收藏一本唐摹《蘭亭》，題有璠字韵的詩。據所題職銜爲翰林學士承旨中書舍人，應該在淳化初年，可見只是當時内府裏還没有《蘭亭》罷了。到仁宗時，才收到了一本，而士大夫之間欣賞《蘭亭》的風氣也盛行起來了。蔡襄在嘉祐元年（公元一〇五六年）時曾題過一個唐拓賜本，有乾符元年延資庫使等名銜，説「詳審如此，決不失真」。但只過了幾年，就覺得這個模本并不太好了。[五]嘉祐壬寅（公元一〇六二年）他跋範文度摹本説：「右軍《蘭亭》最者，今世尚有拓本，秘閣一本，蘇才翁一本，周越一本，猶有氣象存焉。」嘉祐癸卯題拓本又説：「嘗觀拓本秘閣一本，蘇才翁、周越一本，此外無繼者。晚于王公和處得石本，絶有意思。」[六]另外一段跋語説：「《蘭亭》模本，秘閣一本，蘇才翁一本，周越一本，有法度精神，余不足觀也。石本唯此書至佳，淡墨稍肥，字尤美健可愛。或云出于河北李

學究家，今王公和所藏也。」〔七〕據蔡氏這些跋語，可見他在一○五六年還只看到「延資庫本」而隔了六年說發現了他認爲最好的拓本，有「秘閣本」「蘇才翁本」與「周越本」了。所謂「秘閣本」就是董逌所謂仁宗時在關中所得的墨書，蘇才翁本則是後來米芾所稱蘇耆家的第二本，而「周越本」則是宋代十分有名的「周延雋本」。蔡氏在這個唐摹本後的題語說：「禊事文所收石本模本至七軸，未始有同者，然求其意可見其真。嘗于王仲儀家見一本，亦云出于周氏，其點畫微細瘦，不如此書有精神也。」〔八〕到了一○六三年才說到王公和石本，說「絶有意思」，據他說「或云出于李學究家」，可見就是定武本，那末，蔡氏在比較許多模本與石本之後，最後提出三個唐摹本和一個石本是最好的本子。但一般人是見不到唐摹本的，而刻本則可以有許多拓本，因此，定武本就逐漸風行。歐陽修作《集古録》收《蘭亭》石本四種，一本是「流俗所傳」，一本得於王廣淵，一本得於王沂公家，「又有別本在定州民家，二家各自有石，較其本纖毫不異」，可見就是定武本，還有一本得於蔡君謨。後來王子淵說在熙寧初（公元一○六九—一○七一年）所見到歐陽藏四個石本裏「唯定刻最佳」。〔九〕黄山谷說：「褚庭誨所臨極肥而雒陽張景元劉地得缺石極瘦，定武本則肥不剩肉，瘦不露骨，猶可想見其風。三石刻皆有佳處，不必寶己有而非他也。」〔一○〕這一段話常被後人引用以爲定武本優於其他刻本的證據，但是要把蔡君謨與黄山谷兩個大書家的評論合起來看，定武本只是在石刻中的佳本，而秘閣、蘇才翁、和周越三本則在唐摹本裏面「最有法度精神」，是不能據以評論它們之間的優劣的。

蔡襄卒于治平四年（公元一○六七年），歐陽修卒于熙寧五年（公元一○七二年），米芾的《寶章待訪録》成書在元祐元年（公元一○八六年）。在那些時期内，秘閣本藏在内府，一般人既看不到，就是蘇才翁本也只有少數人看到，所以在《待訪録》裏還只有蘇舜欽本。董逌《廣川書跋》所述仁宗時得的蘭亭墨書，「其後秘閣用此刻石爲後法帖」，則元祐年間的事情了。曾宏父《石刻鋪叙》卷下說：「《續閣帖》十卷，元祐五年庚午四月秘省乞以《淳化閣帖》所未刊前代遺墨入石，有旨從之。至徽宗建中靖國元年辛巳八月畢工，歷十一年。」陳思《寶刻叢編》也說：「元祐五年四月十三日秘書省請以秘閣所藏墨迹未經太宗朝摹刻者刊于石，有旨從之。至建中靖國元年四月二十三日内出緡錢十五萬趣其工，以八月旦日畢，厘爲十卷上之。」而《石刻鋪叙》所載《續閣帖》中第五卷是王羲之所書《黄庭經》《樂毅論》《蘭亭叙》，那末，元祐五年後所刻《續閣帖》中《蘭亭叙》也就是仁宗所得蔡襄所見的秘閣本唐摹《蘭亭》是無可疑的。這部帖的摹寫者是待詔邵彰，〔一一〕標題者是劉燾，字無言，〔一二〕到大觀三年（公元一一○九年），《大觀帖》刻成以後，「以建中靖國《秘閣續帖》易其標題去其歲月與官屬名銜以爲後帖，又刻孫過庭《書譜》及貞觀十七帖，總爲二十二卷」，這就是所謂「太清樓帖」。〔一三〕趙希鵠《洞天清禄集》説：「徽宗朝奉旨以御府所藏真迹重刊于太清樓，而參入他奇迹甚多，其中有《蘭亭》者是也。名曰『太清樓帖』。」那末，無論元祐《秘閣續帖》或建中靖國《秘閣續帖》或《太清樓帖》，《石刻鋪叙》所謂「續閣帖」，《黄山谷集》的「續法帖」以及董逌所謂「後法帖」，實際都是同一種帖，其中所收的《蘭亭》只是一個本子，就是「秘閣本」。《寶刻叢編》裏越州有《秘閣續帖》十卷在州學，則是南渡以後的重刊本。

何義門批注《石刻鋪叙》説「《續帖》行最高，曾見殘本，卷首字瘦勁而欹側，亦必蔡京之爲也」，可見他所見的是蔡京換過標題的本子。何又説「丙申見第四卷殘本前題云『晉右將軍王羲之書』，雙行側注『操之等附』，豐肥而有力，然疑其中頗多僞迹。所摹《蘭亭》宜勘校」。那末，在清初時還能看到《續閣帖》的宋拓，而在那個拓本裏是有《蘭亭叙》的。翁方綱《蘭亭考》卷三引「宋刻秘閣本」，自注「劉元言所摹，即神龍本」，好像是見過宋刻的，但又説宋秘閣模褚本，今重翻者如何如何，則又像所見的只是重翻本。楊賓《大瓢隨筆》叙録《蘭亭》的各種本子，有一百數十種，其中有「秘閣法帖神龍本」，「重撫秘閣法帖神龍本」與「海寧陳氏玉烟堂重撫秘閣法帖神龍本」三種，則把秘閣法帖與「神龍本」混爲一談了。秘閣法帖本是没有「神龍」等印的，翁方綱説「惟此《秘閣續帖》原本無此諸印而『羣』『帶』諸字合于定武，合于懷仁集書」，今所見《玉煙堂法帖》中所重撫的秘閣法帖本也正是無印的，那末，以後來加上「神龍」僞印的「神龍本」，硬加在秘閣法帖本身上是錯誤的。但用玉烟堂本來把「神龍蘭亭」比勘，就可以知道他們是出於一源的。故宫博物院藏清代成親王舊藏的《鼎帖》二十卷本裏的《蘭亭》，也正是没有印的秘閣法帖本，跟玉烟堂本十分接近。這部《鼎帖》雖是明拓，但每卷末所書「紹興十一年正月八日以秘閣法帖合參校有無，補其遺逸，釐爲二十卷」等語，以及胡直夫到張斛等名銜都是有根據的。據《石刻鋪叙》《續閣帖》是在徽宗時刻成的，只有「《鼎帖》刻在紹興，故得取以攙入卷帙」，那末，《鼎帖》裏面是可以有《秘閣續帖》本的《蘭亭》的。當然明代所傳宋代的集帖，往往是重刻的，而且往往只有一小部分是由原帖翻刻，而其餘是用别帖來湊數的。但即使是雜湊的帖，也總有所本。故宫博物院還藏有《星鳳樓帖》，也是明拓，其中《蘭亭》正是《鼎帖》的本子，可能就用《鼎帖》的板子再拓一次，由此可見帖賈們是以他帖拼湊而并非僞作。那末，宋拓秘閣法帖本《蘭亭》雖不可見，而《鼎帖》本與《玉烟堂法帖》本都是重撫秘閣法帖本，是可以由之來追尋秘閣原來面目的。〔一四〕

袁桷《清容居士集》卷四十七有《秘閣續帖劉無言雙鈎開皇蘭亭》一文説：「開皇真本後由榷場復入德壽御府，號『神龍蘭亭』。」又説：「此卷爲無言在秘閣親摹，事見無言手跋。」袁氏所見「神龍蘭亭」即張斯立所藏本，所謂劉無言雙鈎「開皇蘭亭」，其真僞不可知，但既然説是「秘閣續帖」，那末總是和秘閣續帖本相同，或大同小異。《秘閣續帖》在元代還不是難見之本，陳繹曾《翰林要訣》就對劉燾的模刻這本帖有過評論。那末張斯立本「神龍蘭亭」與秘閣法帖蘭亭是一個系統，是可以相信的。當然，每一種唐模本經過不同時代的鈎摹刻後，總會有一些變化，所以同出於秘閣本的各種刻本會有一些大同小異，我們所謂同一個本子，只是説它們出於同一祖本罷了。

五、論郭天錫本「神龍蘭亭」所自出的蘇才翁本，并論蘇耆家三本

《秘閣續帖》是在建中靖國元年（公元一一〇一年）八月才畢工的，經過傳拓而流布出去，總還要晚一些時候。在這以前一般人是見不到秘閣本《蘭亭》的，因此，在士大夫中間，蘇才翁本的聲譽特别高。熙寧二年（公元一〇六九年）謝恍題孫秀所藏唐模本説：「《蘭亭》無復真本，獨虞世南輩所臨散在天下，然奇者蓋鮮。獨蘇才翁家所收爲第一，而葛藴仲諶所藏一本次之，與此共爲三本，無與比者。」又元祐丁卯（公元一〇八七年）馬瑊題説：「嘗見唐人模蘭亭本于蘇才翁家，體若淳重而清麗似不及也。」宋高宗時蔡絛爲孫次公本定武蘭亭作傳説：「今天下其可取者，以吾所聞，獨有三焉。其一，褚河南所臨，在蘇才翁家，先入尚方，字勢亦與石不諧。其二硬黄本，乃諸葛所臨，在鄧右轄洵仁家，然藏之秘閣，迄不得一見。或謂亦患肥，蓋古人之臨書咸自存其體，多不徇其步武爲尚故也。其三則定武本者乃江左所傳晉會稽石也。」都極推重蘇才翁本。

蘇才翁是蘇耆之子，蘇易簡之孫。那末，蘇才翁本與蘇易簡題璠字韵詩的本子之間的關係是值得研究的。蘇易簡題璠字韵詩的時候，據所題官銜應在淳化年間（公元九九〇—九九四年），《蘭亭考》卷五説「參政蘇易簡家摹本蘭亭墨彩鮮濃，紙色微紫，蓋名手傳拓也」，不知是誰説的，但從語氣來看，應當在蘇易簡同時或稍後。米芾《書史》則説「蘇耆家有三本」，其第一本就是「參政蘇易簡題贊」的本子，「第二本在蘇舜元房，上有易簡子耆天聖歲跋，范文正，王堯臣參政跋云：『才翁東齋書嘗盡覽焉。』」，就是蘇才翁本。「第三本，唐粉蠟紙摹，在舜欽房」，舜欽即蘇子美。米氏在《寶章待訪録》裏説：「唐粉蠟紙雙鈎撫蘭亭燕集叙本在蘇激處，精神筆力，毫髮畢備，下真迹一等。此幾馮承素輩拓賜大臣者，舜欽父集

賢校理者購于蜀僧元靄，芾與激友善，每過從必一書，遂親爲背飾。」可見舜欽本是別有來源的，跟蘇易簡所得非一本。米氏在《書史》裏極口稱舜元房的第二本，即才翁本，説「少長」字「懷」字，「蹔」字等精妙處，舜欽房第三本所不及，而舜欽本還在蘇易簡題贊本之上，但没有説到才翁本的來歷。才翁本上有蘇耆題「天聖丙寅年正月二十五日重裝」是一〇二六年，離蘇易簡題詩時不過三十年，題爲重裝，可見這一個摹本早在他家裏了。那末蘇才翁本實際上就是蘇易簡所藏的本子。范仲淹題説「才翁東齋」可見其時已歸舜元房，王堯臣題在皇祐己丑，則是一〇四九年，比蘇耆重裝時又晚二十三年了。蘇才翁本聲名藉甚，前文所引蔡襄稱述在嘉祐壬寅、癸卯（公元一〇六二—公元一〇六三年），謝恍則在熙寧二年（公元一〇六九年），但米芾所得蘇才翁本，自范王二跋以後絶無題跋。反之，在蘇易簡題贊一本後，則有「洛陽富弼觀」，「嘉祐丁酉仲夏晦日，正甫過訪東齋，因得請觀。丹陽邵亢興宗題」，「范純禮彝叟觀」，「持國、玉汝、至和元年七月十一日賜書閣下同觀」，「近以唐人臨寫一軸相高下，如魯衛也。公擇書」等題跋。[一五]以時間論，都在范、王兩跋之後，而且嘉祐丁酉（公元一〇五七年），即比王堯臣跋後八年，「正甫過訪東齋，因得請觀」，所謂東齋正是范仲淹題跋中的「才翁東齋」，可見這一些跋語一定也是寫在蘇才翁本後面的。那末，米芾所謂蘇耆家「第一本」與「第二本」，原來只是一本，先爲蘇易簡藏，曾題璠字韵詩，天聖丙寅蘇耆重裝，而自范仲淹、王堯臣以下，則都是在蘇才翁處看到的，因此，蘇才翁本就居當時唐摹本之首。但到米芾的時期，僅僅經過二三十年，這個本子忽然變成兩本了，在原本上僅保留蘇耆和范王兩跋，成爲蘇耆家「第二本」；而把蘇易簡詩與富弼以下題跋分割出來裝在另一個卷本後面，成爲蘇耆家「第一本」。那末，「第一本」的劣於其它兩本是完全可以理解的。這種狡獪變化，大概出於才翁身後，熙寧元豐之間（公元一〇七七年前後）的一段時期。[一六]

在米芾作《書史》時期，蘇耆家三個本子，已經又有了許多模本，所以説「其族人所摹是第二，毫髮不差。世當有十餘本。一絹本在蔣長源處，一紙本在其子之文處，是舜欽本；一本在滕中處，是歸余家本」。[一七]這一段文字似乎有舛誤，米芾所得是「第二本」即所謂「歸余家本」，而前面又説「其族人所摹是第二」，不知何意。但在當時已有十餘摹本，則是很明白的。上文舉蘇易簡本「墨彩鮮濃，紙色微紫」、而南渡後司業汪氏所藏蘇易簡題贊本乃是絹素本，其爲重摹，當無疑義。尤袤跋説：「蘇大令自言家有五本，今不知此是第幾本也。」那末蘇氏各本，在元豐元祐以後，就已真僞紛雜了。

米芾在元符元年（公元一〇九八年）漣漪瑞墨堂題中説：「本朝參知政事蘇太簡所藏，丙寅歲得秘閣子美子志東，志東好事，與予家通書畫，上著邳公之後蘇氏字印。」丙寅是元祐元年（公元一〇八六年），就是《寶章待訪録》成書的一年。

志東就是蘇激，米芾先在他那裏看到舜欽本，這時才從他那裏得到蘇易簡本，但未必是原本。米氏在另一處題語裏説「蘭亭叙第二本爲古今冠，與余所獲蘇中令貞觀名手模無少異」，所謂「第二本」就是蘇才翁本，所以説「爲古今冠」，但那時還没有到他的手裏，所以還提出自己所得的「蘇中令貞觀名手模」而説無少異。一直到了元祐戊辰（公元一〇八八年）他又從蘇才翁的兒子蘇洎那裏换到那「第二本」以後，就盡力吹噓其「毫髮備盡」。「少」「長」字世傳衆本皆不及；「『長』字其中第二筆相近，末後捺筆鈎迴，筆鋒直至起筆處；『懷』字内折筆，抹筆皆轉側褊而見鋒；『暫』字内『斤』字、『足』字轉筆賊毫隨之，于斫筆處，賊毫直出其中；世之摹本，未嘗有焉」。那末這「第二本」與從蘇敏那裏所得的只是一個本子，不過在這幾個字上有些特點罷了。米氏在建中靖國元年（公元一一〇一年）得到泗南山杜氏唐模印本，父子三人重撫刻板，稱爲「三米蘭亭」，在跋語裏説「與家藏蘇太簡中令所收貞觀摹賜王公本一同」，又在崇寧壬午（公元一一〇二年）的跋裏説「與購于蘇太簡家貞觀名手雙勾本微有出入」，都只説蘇太簡本而不説明爲「蘇耆家第二本」或「舜元房本」，更可以證明米氏第一次得於蘇激與第二次得於蘇洎，實際上是同一的本子。陳齊之評唐氏摹本説：「平生三見唐人模本蘭亭叙，一是泗南山杜氏刻者，一是周延雋家本，一是蘇中書家，唯蘇氏本冠諸家本，其傳撫不失真處，決非定武石刻所能及。然不善爲斲，血指汗顔，摸書手未免有之。」他已經看到杜氏木刻，那末，所謂蘇中書家「冠諸家本」就是歸米芾的蘇才翁本是無可疑的。

蘇氏三本，所謂第一本即有蘇易簡題贊的本子，現在有游相蘭亭百種中的廬陵本可考；第三本據米芾《書史》説「一絹本在蔣長源處」，「是舜欽本」，而明代所傳思古齋石刻即潁上蘭亭帖尾有「唐臨絹本」四字及「永仲」印，「墨妙筆精」印，據翁方綱説「永仲」是蔣永仲，就是蔣長源，而「墨妙筆精」印見於有蘇易簡題贊的本子，都可以證明是舜欽本；那末，可以研究的只是舜元房的第二本，也就是真正的蘇才翁本。

蘇才翁本究竟是什麽樣子呢？

《蘭亭八柱帖》的第二種是褚遂良臨本，後面有米芾的七言詩，據《寶晉英光集》，這首詩是米氏題永徽中所撫《蘭亭》的。八柱本墨迹在詩後有天聖丙寅蘇耆及范、王、米、劉四跋爲另一紙，紙墨如新，前人認爲是從蘇氏第二本上搬來，其實，蘇、范、王、米四跋與嶺字從山本同，而劉涇觀款并無依據。我從米題書法與前七言詩全不相類的一點來看，認爲這五個跋全是假的。從這些情況裏可以看出，這個本子決不是蘇才翁本。

明成化時翰林陳緝熙曾刻過一本褚摹本，後面有米氏崇寧壬午題蘇氏第二本的跋。文嘉在神龍本跋所謂「其一藏吴中陳緝熙氏，當時已刻石傳世，陳好鈎摹，遂拓數本亂真而又分散諸跋爲可惜耳」。所指的就是這個本子。故宫博物院藏有孔雩谷舊藏拓本，石上有陳緝熙印，翁方綱《蘇米齋蘭亭考》卷三所引的就是這個本子。〔一八〕從蘭亭的本文來看，是根據秘閣本的一個別本來的，「暮」字中「日」字缺末筆；「崇」字比一般扁得多，「類」字左旁「米」字有誤筆，末行「文」字下有紹興印，和元代錢國衡所刻十種蘭亭裏的一種翻刻本幾於完全相同，元代陸繼善鈎摹的一本也與此合。至於米跋則與《蘭亭考》所録大有出入，後題「元祐戊辰獲此書，崇寧壬午□月大江濟川亭舟對紫金避暑手裝」，則不僅把米氏在王堯臣跋後一條題跋元祐戊辰二月從才翁之子蘇泊那裏得來等話减縮爲「元祐戊辰獲此書」七字，放在這裏，而且崇寧壬午下空了一格，没有寫出那一個月，把「艤寶晉齋艎對紫金羣山迎快風避暑」十五字，縮减爲「舟對紫金避暑」六字；是否米氏原迹已大有可疑，即使是真迹，也決不是蘇才翁本上的原題了。陳緝熙本的墨迹，現在也藏在故宫博物院，《蘭亭》本文顯係陳氏鈎摹亂真之本，米跋則在崇寧壬午下有「六」字，既與陳氏刻石本不合，與《蘭亭考》所謂「閏六月」也不相同。考崇寧元年壬午確有閏六月，《蘭亭考》所引并無錯誤，那末，陳緝熙本的米跋墨迹的來源，也還值得研究。總起來説，陳緝熙本《蘭亭》決非蘇才翁本，其米跋也是拼凑上去的。

南宋理宗所藏蘭亭一百一十七刻中辛集第十三刻是「循王家藏」下注：「米芾跋云：壬午閏六月九日大江濟川亭艤寶晉齋艎對紫金浮玉羣山迎快風消暑重裝。」這個顯然是在蘇氏第二本上的，與《蘭亭考》所不同的只是把「九日手裝」四字中的「九日」兩字移在閏六月下，「手裝」變爲「重裝」在同一個人的手稿中是可以有這樣的小小異同的。循王爲張浚，這個本子是他們後人張澂所刻，郭天錫在他的「神龍蘭亭」跋裏所説「米元章購于蘇才翁家褚河南檢校拓賜本張氏石刻」所指的就是這個本子。《格古要論》卷二引胡儼《書蘭亭模本法帖後》説：「余嘗見此書真迹，云是宋蘇易簡家故物，世傳蘇家《禊帖》三本，此爲第二本，乃舜元字才翁房所藏，題爲唐褚遂良所摹。……今觀刻本，乃宋嘉熙庚子西秦張澂清叔模勒上石。『少長』二字與真迹合，『懷』字『塹』字有不同者，意蓋模勒之不及耳。要之筆活有鋒勢，過他本遠甚。上有易簡子耆天聖歲跋，范文正、王堯臣題識及元章贊辭，人言爲舜欽藏本者非也。」可見張刻拓本，明代還有流傳，所以萬曆時王肯堂曾把它刻入《鬱岡齋帖》。從《鬱岡齋帖》來看，張澂刻本就是所謂「領字從山本」。明代海寧陳氏從董其昌處得到袖珍本墨迹，米芾的跋以及蘇耆、范、王等題跋都完備，刻於《渤海藏真帖》，後歸查氏，查氏又有刻本，山左吴氏也有刻本，還有曾氏滋惠堂本，也都是領字從山本，那末，米芾所得蘇才翁本，應該是領字從山本。

但翁方綱在他的《蘇米齋蘭亭考》裏盡力排斥領字從山本，一則認爲領字從山本出於潁上本之後，而潁上本出土於明嘉靖八年（公元一五二九年）；再則認爲「領字從山諸本皆有蘇耆、米元章題跋而又印記不同，或即是所謂陳緝熙拓數本亂真又分散諸跋者歟」以爲是明人僞造的。但張澂石刻本，張氏的跋在嘉熙庚子（公元一二四〇年）已説明它是宋刻。游相蘭亭百種里甲集第二種是御府領字從山本，孫承澤《閒者軒帖考》和《庚子銷夏記》都曾著録。游相蘭亭明初時爲晉府收藏，明末爲胡菊潭所得，其領字從山本，孫承澤與劉雨若曾刻石，稱爲知止閣本。孫氏在跋中説：「領字從山本，世稱三米蘭亭。」三米蘭亭是米芾父子三人所刻，所根據的是泗南山杜氏木刻本，據米氏跋與蘇氏本相同。翁氏由於排斥領字從山本，因此對游相本也有疑問，説：「游丞相所藏《蘭亭》皆在理宗時，而理宗御府之《蘭亭》藏目皆在《輟耕録》，亦無所謂領字從山之本或宋末時有此一種《蘭亭》帖。」其實翁氏并没有注意到領字從山之本遠在高宗時就已入内府了。桑世昌《蘭亭考》卷十一的蘭亭傳刻裏御府五本，其中第三本「闕：『在癸丑』『稽山陰之蘭亭』『修』『長』『此』『林修竹又有清流激』『之』，[一九]共二十一字，有『紹興』雙印。」顯然是舜欽本即蘇氏第三本。可見嘉靖時潁上發現的思古齋本只是南宋時刻本之一罷了。又第四本「『領』字有山字，『會』字全，無界行，有『紹興』雙印」，則顯然是領字從山本。游相《蘭亭》丙集第三種「向氏刊高廟本」是宋高宗自臨賜給向子諲的，也正是領字從山本。今傳《鬱岡齋帖》翻刻張澂石本及《渤海藏真帖》等所刻領字從山本後面有「紹興八年米友仁恭題」；又蔡絛在紹興丁巳（公元一一三七年）所作《蘭亭傳》説「褚河南所臨在蘇才翁家先入尚方」，都可以證明領字從山本就是蘇才翁本，在宋高宗初年就已入内府，後來曾刻石，翁氏疑爲宋末才有，已經是錯的，至於推測爲明人陳緝熙等僞造等説就更不足辨了。

翁氏説：「米老所得于蘇洎者，則從未有言其是『領』字從山者也。」僅僅因爲米老没有説過「領字從山」，就認爲蘇才翁本「領」字不從山，未免太武斷了。事實上蘇氏三本同出一個系統，在許多地方是有共同特點的，如「激」字從身「僧」字押縫之類大都與定武本合而與秘閣本不同。但是舜欽本所没有的字，才翁本往往很奇特，如：首行的「在癸丑」，次行的「蘭」字，十三行的「因」字，以及「悲夫」的「夫」，「斯文」的「文」等，不但與定武和秘閣本不同，就是其它本子也没有這種寫法。翁氏認爲是根據潁上本補添的，是誤認領從山本出於潁上本之後的緣故。不知米氏《書史》説「觀其改誤數字，多率意爲之，咸有褚體。餘皆盡妙」。崇寧壬午跋説，「觀其意易改誤數字，真是褚法，皆率意落筆所書。餘字皆勾填，清潤有秀氣，轉折毫鋩備盡，與真無異」。說明蘇才翁本有勾填的部分，又有「意易改誤」的部分，勾填是謹依原本，與真無異的，而意易改誤是「率意爲之」，與原本就不一樣。那末「丑」字形長，「蘭」字較矮，「因」字作「」，「文」字作「攵」等，不正是「意易改誤」而「率意落筆」的明證嗎？這些應該是蘇才翁本的特點，如果没有這些特點，米氏的話就無法解釋了。思古齋本（潁上本）的所以缺二十一字，也正由於這些字在蘇才翁本中是「率意落筆」，與真迹有異的緣故，不然也是無法解釋的。何焯所藏舊拓本有宋高宗押及樗史字，何氏以爲高宗臨本，「領」字不從山，而「丑」「蘭」等字的特點與從山本同。十種蘭亭裏的領字從山本，則「丑」「蘭」等字没有具這種特點：而「弦」字右半的「玄」字中間作反紐，〔二〇〕這裏顯然屬於蘇才翁本系統的。元代袁桷稱曾見過十種蘭亭臨本，蘇才翁家本列第三，而說「才翁本則祖神龍」，前文已說明袁氏所見的神龍本是屬於秘閣本系統的，這裏說「才翁本」祖「神龍」，可見與「神龍」不完全相同，但他所見的蘇才翁本特點恐怕要少一些，要是跟張澂所刻的本子一樣的話，就跟秘閣本系統的所謂「神龍」大有距離了。

從上文分析來看，張澂刻本與其它領字從山本，以及樗史本，是蘇才翁本或其別本是無可疑的。米芾是一個作僞的高手，元代袁桷曾說過「米老臨摹詿一世」，所以，南宋以後所傳的蘇才翁本，究竟那一本是真正的蘇才翁家第二本是很難說的。但即使是臨摹本總還保持着蘇才翁本的主要特點。儘管米芾《書史》裏所說的一些鈎摹上的特點除「少」「長」字都已不很明顯，這正如胡儼所已說的「蓋摹勒所不及耳」。或由於臨摹者没有注意到這些方面，或由於刻手較差，没有能惟妙惟肖地保留下來，就無從追求其原因了。

六、論秘閣本與蘇才翁本不是同一系統並且都不是褚臨

翁方綱作《神龍蘭亭考》能够看出所謂「神龍蘭亭」是「南宋時炫人之品」是頗有見地的，但誤信理宗時以神龍本爲妝奩的傳說而認爲是「北宋之末或南宋之初，好事者以秘閣續刻褚帖翻刻，加前後諸印，以冒爲古物」則是没有深入考查的原故。「神龍蘭亭」是南宋末年時僞造之品，不在北宋末南宋初；又所僞造的是摹本，不是石刻；而《秘閣續帖》所刻的是秘閣本，不是褚帖。這三個方面，翁氏都疏忽了。

由於翁氏把秘閣本當作褚臨，又把秘閣本稱爲「神龍本」，造成一系列的重大錯誤。他說「世所傳『神龍蘭亭』者褚臨

本也」，又説：「以神龍本不足信者，謂以今世所行此本，指爲當日神龍年間借出之本，則不可信；乃若就今所行褚臨本言之，則此所號稱神龍本者，尚是褚臨之可信者矣。」他明明知道神龍是僞品，卻偏偏要用「神龍本」爲名字，並且用神龍本來代替秘閣本；正如優孟假爲孫叔敖，卻把孫叔敖也稱爲優孟了，這種名實的淆亂是最容易貽誤後學的。由於他以爲「以定武爲歐臨本，神龍爲褚臨本，自是確不可易之説」，因而把米芾所謂「褚本有勾填極肖者，亦有隨意自運者」認爲「蓋即今所行之神龍本也」。而不知「今所行之神龍本」，出自秘閣本，米芾從未道及。米芾所謂「褚本」，是指褚氏檢校之本，實即蘇氏本。《蘭亭考》卷五引米友仁的一段題跋説：「唐太宗得《蘭亭》命馮承素、諸葛正（貞）之流雙勾模賜左右大臣。昨見一本于蘇國老家，後有褚遂良檢校字。」所以米芾在蘇才翁的跋上説：「唐太宗既獲此書，使起居郎褚遂良檢校，馮承素、韓道政、趙模、諸葛貞之流模賜王公貴人。」那末，所謂「勾填極肖」是指崇寧壬午跋上所謂「余字皆勾填，清潤有秀氣，轉折毫鋩備盡，與真無異」；而所謂「隨意自運」則正是彼跋所謂「觀其意易改誤數字，真是褚法，皆率意落筆所書」，可見所謂褚本，即蘇才翁本，與「今所行之神龍本」，是從秘閣本出的，了無瓜葛。翁氏把這兩本混爲一談，而不悟秘閣本的祖本只是勾填，從哪裏能看到「隨意自運」呢？米氏在《書史》裏所舉「長」「懷」「暫」三字的特點本是指蘇才翁本的勾填部分説的。但除了「長」字中二筆相近，在領字從山本裏還可以看到外，「暫」字賊毫在秘閣本裏的「足」字部份，也可以看到一些痕迹。至於「長」字的「末後捺筆鈎迴，筆鋒直至起筆處」，以及「暫」字的「斤」字部分賊毫，我們在任何模本與拓本中都没有看到過。至於「懷」字，在《蘭亭》裏凡五見，從米所舉在「少長」後「暫」字前的一點來看，應該是第十行「騁懷」或十二行「懷抱」字，所謂「折筆抹筆皆轉側，褊而見鋒」，不知何所指。翁氏對米所云「暫」字賊毫，説「吾聞其語矣，未見其形也」還比較審慎，可是説「獨此舊拓神龍本後『暫』字果具折抹之筆，此其褚本之可驗者矣」，又據他在《蘭亭偶摘五字考》内所説，「末『懷』字『衣』撇折卷向右者，神龍之善本也」，可見他是以秘閣本二十七行「興懷」字來附會米説的。由此，他又進一步説「愚于北宋刻劉無言所勒秘閣本尚可辨『懷』字之折鋒，則以勾填之肖兼自運之活，惟神龍本足仿佛之矣」，則既把勾填與自運混爲一談；又把秘閣本與蘇才翁本混爲一談，指爲褚本；只憑秘閣本最後一「懷」字，就要把神龍本作爲褚臨，真是在捕風捉影了。

翁氏之所以造成這種錯誤的看法，主要原因由於秘閣本在唐摹本中確是「有法度精神」爲一般摹本所不可及的。元祐《秘閣續帖》刊石時爲劉無言等勾摹，基本上還保留它的真面目，與米氏所稱蘇才翁本與杜氏木刻本「有鋒勢筆活」的話是極爲接近的。翁氏所提出的神龍本一些特徵，如「『暢』字左頂上逆曲」，「『和』字右口内卷復」，「『聽』字『耳』下多叠筆」，「『每攬』二字中畫皆分兩層」等，説是「謹依原迹摹之，故于其多出之筆勢絲毫無敢改焉」。這個説法如果用以説明謹依唐摹本的原迹，將是很正確的，但翁氏卻把它説成是謹依「褚臨」原迹，而其它摹本，如「潁上、張金界奴諸本則皆後人稍知書法筆意者別自重摹」就完全錯誤了。

其實，「有鋒勢筆活」是唐摹善本的共同特點。蔡襄以秘閣本、蘇才翁本與周越本同稱，説「猶有氣象存焉」，又説「有法度精神」，總不是隨便譽揚的。米芾説蘇才翁本的勾填部分「清潤有秀氣，轉折毫鋩備盡，與真無異，非真知書不能到。世俗所收，或肥或瘦，乃是工人所作，正以此本爲定」。薛紹跋周延雋本説：「舊見蘭亭書鋒鋩者與所傳石本不類，世多疑之。嘗以唐人集右軍書校之，則出鋒宜爲近真。蓋石本漫天，不類其初也。」[二一]周延雋本就是周越本，可見秘閣本與蘇才翁本、周越本均屬唐摹善本，都是有鋒勢的。薛紹彭題孫秀本説：「蘭亭體類此者宜近真，考之於當時集書者乃可見。」孫秀本則謝悦、馬瑊兩人所題都用以與蘇才翁本相比較的。米尹仁三米蘭亭跋説「此本轉折精彩，殆王承規模也」，[二二]三米蘭亭所翻刻的是泗南山杜氏藏唐刻本，米芾所謂「與家藏蘇太簡中令所收正（貞）觀模賜王公本一同」也就是和蘇才翁本相同。蔡山父題陶安世古本説：「蘭亭葬昭陵，真迹不復出，模勒豈無誤，拓本徒仿佛。能解此意，然後可與語蘭亭也。流俗不察，獨取定武本爲真，妄矣。予頃見唐刻本有二，一是貞觀間石刻，一是泗南山杜氏所藏板本，崇寧初米老嘗模刻于寶晉，號爲三米蘭亭，鋒勢筆法，絶不類他本，區區寶愛定武本者是不知有唐刻本也。」由這些題跋裏可以看到宋代最著名的一些唐摹本與唐刻本總是「有鋒勢筆活」的。翁方綱在《蘭亭偶摘五字考》和《唐懷仁集聖教序内用蘭亭字》兩篇内所舉懷仁集書往往與秘閣本合，正是薛紹彭所説「考之于當時集書者乃可見」和「嘗以唐人集右軍書校之，則出鋒宜爲近真」等説法的最好注脚。但是這些唐摹善本，在米芾、薛紹彭等人來看，只是貞觀時名手的勾填本而不是褚臨。蘇才翁本舊題「褚遂良模」，米氏是不同意的，他認爲只是「意易改誤」的部分有「褚法」罷了。直至米芾獲得王文惠家黄絹上蘭亭以後，他才認爲是褚遂良臨本，在跋裏説「雖臨王書，全是褚法」，與蘇才翁本只是個别改誤字有褚法就全不相同了。翁氏不明白褚遂良檢校的唐摹本與褚遂良自臨本的區别，而説王文惠本「恐即是所傳神龍本而非今世有『神龍』『貞觀』『開元』諸印者耳」，就又把秘閣本與王文惠本混在一起了。其實明代王世貞所收黄絹本雖是假的，而王文惠本的真面目還可以考見，游相所藏百種蘭亭内有「褚臨米跋本」，現存故宫博物院，據其自跋，丙之三的褚河南摹本，也是這個本子，與今所傳神龍本正是風馬牛不相及的。

不但秘閣本和蘇才翁本不是褚臨本，就是定武本也不一定是歐臨本。《蘭亭考》卷五引李之儀跋薛氏本：「貞觀中得蘭亭，上命供奉拓書人趙模、韓道政、馮承素、諸葛貞等各拓數本分賜皇太子諸王近臣，而一時能書如：歐、虞、褚、陸輩人皆臨拓相尚，故蘭亭刻石，流傳最多。嘗有類今所傳者參訂，獨定州本爲佳，似是鐫以當時所臨本模勒，其位置近歐陽詢，疑詢筆也。」這也不過猜測爲歐陽所書罷了。同書又引米尹仁跋三米蘭亭説：「定本懷仁模，思差拙」，則以爲是懷仁所模；而董逌跋成都蘭亭則説「《蘭亭》真本，世不復知，普微典型，猶有存者，今所傳皆本于此，中山者蓋其一也」，所謂「中山」，就是定武本，則又以爲是湯普徹摹本。可見定武石刻的底本究竟出於何人之手，在北宋時是没有定論的。蔡襄在嘉祐時就以定武本與秘閣本，蘇才翁本和周越本并稱，可見在那個時候，定武本的精神面貌跟這些唐摹本是接近的。《蘭亭考》卷五引尤袤跋説：「此本良是定武古本，但定本世以斵損『帶』『流』『右』『天』四字爲真而此獨完好，然精彩乃與勾摹本不異，殆是定武以前未斵損者耶。」由此可以推想蔡襄、黄庭堅等所推重的，應該就是這一類極精彩的本子，實際上，它的底本也只是唐人勾摹本中的一種。唐摹本難得，亦難見到，所以北宋末年定武已經盛行，而定武本身，翻刻極多，已有真贋之辨，所謂「硬黄既不可得，定帖獲其真者亦希矣」，[二三]而見慣定武翻刻本的人，對有鋒勢的唐摹本反而不敢相信了。

由於定武本的盛行，定武本與其它唐摹本就判若兩途。但一般唐摹本與定武本相去不遠，董逌《廣川書跋》説：「余觀世所傳蘭亭書雖衆，其拓摹皆出一本，行筆時有異處，係當時摹書工拙，唯秘閣墨書稍異，更無氣象可求，知後人所爲，不足尚也。」由於董氏以定武本爲標準，所以説秘閣本「更無氣象可見」，與蔡襄所説「猶有氣象存焉」，迥然不同。他又説秘閣本「字畫不逮逸少它書」，「今諸處蘭亭本至有十數，惟定州舊石爲勝。此書雖知皆唐人臨拓，然亦自有佳致。若點畫校量，固有勝力，惟仿像得真爲最佳也」。顯然以定武本爲得真，與書家米芾、薛紹彭等根據唐人集書而以唐人勾摹本爲得真，也迥然不同。但由董説也可以知道除秘閣本之外，其它唐摹本與定武本是比較接近的。蘇才翁本有「意易改誤」的部分，跟定武本也有很多不同，所以蔡絛説「褚河南所臨在蘇才翁家，先入尚方，字勢亦與石不諧」，也正是根據定武本而説的。這兩個本子較之定武本距離較遠，各具自己的特點，儘管他們的傳刻時代較定武本晚得多，但也都有很多傳刻本，能自成派系，足以與定武本相對峙。九百年前蔡襄所推崇的三個唐摹本與一個唐石本，除了周越本已失傳以外，定武舊石翻刻衆多，而秘閣與蘇才翁本經過傳刻，保存下來，影響都比較大，可見蔡氏的評鑑的眼力。

這三種本子之間互有聯繫，而又各具特點，秘閣本與蘇才翁本比較接近，但是像「嶺」字從山，「激」字從身，以及「在癸丑」「蘭」「因」「文」等字是顯然有異的。從「激」字從身與「僧」字押縫等特點來看，蘇才翁本與定武本又比較接近。總起來説，秘閣本與定武本的距離比較遠一些，但從懷仁所集聖教序來看，則又與秘閣本比較接近。翁方綱《蘇米齋蘭亭考》曾從懷仁《聖教序》裏核對他所用的《蘭亭》字，説「用定武者七字，用褚本者三十七字，二本可皆通者十四字」，所謂「褚本」，即指秘閣本，説明秘閣本與《聖教序》所集右軍書相接近，但另一方面，也可以説明懷仁所用的《蘭亭序》摹本，也是界於秘閣本與定武本之間的，所以還是有一部分字與定武派接近的。翁方綱不懂得唐摹本的這種複雜情況，簡單地照明以來一般人的説法，把定武説成是「歐臨」，秘閣本即後來的神龍僞印本説成是「褚臨」，於是把《蘭亭》分成兩大派，即「定武本」與「神龍派」。於所謂「神龍派」中，不但把秘閣本與蘇才翁本混而爲一，不能辨析源流，區分同異，而把蘇才翁本即領字從山本説成是根據潁上本而作僞的。又把不同的唐摹本，如潁上本，張金界奴本等全揉在一起，認爲「褚臨」，與米所稱「褚臨」的王文惠本無所區別，而所謂「神龍派」也者就無所不包了。

其實，臨和摹是有區別的，臨寫時往往自出己意，不拘成法，因之從臨本中是不大能窺見原迹的面貌的。摹本雙勾廓填，大體上總是謹依原本的，但每一個勾摹手，師法源流各有不同，對蘭亭原本的筆法領會也有不同。因之，所摹出的本子有的近似智永、虞世南，有的近似歐陽詢，有的近似褚遂良，後人紛紛推測爲「歐臨」、爲「虞臨」、爲「褚臨」，實際上只是摹本的風格不同罷了。這種風格與摹拓的時間往往有關。隋唐之際，摹拓家所用的歐虞體，褚體盛行，總在貞觀後期以後了。至於字體筆畫的差異，則由於或出原本，或出於重摹之本，所據底本不同，鈎摹者的技巧又有高下等等的緣故。如果底本紙墨渝敝，筆畫不清楚，就又很容易摹錯。因之，我們要探索《蘭亭》的真面目就必須注意各個唐摹本的共同點，而對他們各自的特點尋求其原因。秘閣本與懷仁集書《聖教序》較爲接近，可見所據底本大略相似，但也不能認爲《蘭亭》原本就是這樣。尤其是「暢」「和」「聽」「攬」等字的特點，更只是秘閣本所據的底本如此，與王右軍《蘭亭》原本絲毫無涉。但從翁氏錯誤地把一切唐摹本均歸入「神龍派」，而以所謂「神龍本」所從出的秘閣本作爲褚臨原迹；而近時賞鑒家，又進一步認爲八柱本「神龍蘭亭」是唐摹本中的善本，「距離原本當不甚遠」，把這一類由於轉輾鈎摹所造成的個別特點都歸之於王右軍的原迹了。這種錯誤結論，是由只見樹木枝杈而不見森林所造成的，推原其始，是不能不歸咎於翁氏之引入歧途的。

七、僞造「神龍蘭亭」是由楊鎮開始的

《蘭亭》的本子在北宋時已經很龐雜了。有唐人勾摹本與臨本，也有宋初人的摹本或臨本，還有石刻與板本。其中有的是出於不同來源的；有的是出於轉輾臨摹翻刻的；有的是書家自出機軸，只是録它的文句，與原本無關的；而在這一些本子中更難免有專門製造的假古董用以騙人的。據米芾《書史》，蘇耆家三本就有十幾個重模本，如前文所考，所謂「蘇易簡題贊本」就決不是原本了。《書史》還説王晉卿經常做假古董，把米芾寫的字做成古帖。米氏從蘇激那裏得到的蘭亭就被王晉卿剪去蔡元長的跋，放在別的書軸上。袁桷説「米老臨摹誑一世」，所以米氏父子所跋的本子，也不一定就是真迹。南宋時十分有名的賜元嘉本，有開元時崔液及南唐李後主、徐鉉、紹興時史應物等題跋，但崔液的題銜守秘書監與唐書不同，其真僞就很難辨。而如朱元悔從毛雍玉所藏唐臨本雙勾摹寫的本子，在南宋時也已放在唐臨本中去了。樓鑰（公元一一三七—一二一三年）説：「硬黄極摹寫，唐人苦無稱，贋本滿東南，瑣瑣不足呈。」元人袁桷説：「柯敬仲好法書，而近世輒效米老眩易者十有八九。」可見南宋時期所謂唐摹本裏有很多是僞品。

即以定武本説，在歐陽修作《集古録》的時期就已經有王沂公家與定州民家兩石，據説完全相同，但總不可能都是唐刻原石吧，那末，至少其中之一是翻刻本了。黄山谷在元符三年所題的棠梨板本就是用定武本翻刻的。鄭價説：「後汴京書房亦刊一石，咄咄逼人而摹思差劣，説者謂之贋本。時人鮮克致察，而墨本兹焉可疑。」姜夔所藏《蘭亭》有黄庭堅題：「《蘭亭》乃是舊本，今定州贋本略以十數，亦各有好處，然余輒能辨之。」可見定武贋本之多，在北宋後期已如此了。再加以薛紹彭盗去公庫本另刻一本，而有損本與未損本，肥本與瘦本等區別，就愈加複雜。南宋士大夫從偏旁、點畫、界行等等來區別真假，而不懂得這些都是可以作假的，辨別真假，首先應該看它的精神法度而不在這些末節。李心傳在紹定癸巳（公元一二三三年）跋沈虞卿本説：「余從士大夫家見《蘭亭》石刻多矣。皆號定武本，雖秘府之藏，亦未免雜贋也。」可見當時僞本之充斥。

從這些情況來看，在南宋末期東南地區内，僞造《蘭亭》不知有多少人，那末，神龍僞印本的出現，在這個時期和這個

環境下是絲毫不用奇怪的。

兩本「神龍蘭亭」都出於駙馬都尉楊鎮的家裏。楊鎮是宋理宗時楊太后的侄孫，景定二年（公元一二六一年）尚理宗女周漢國公主。當時公主只有二十一歲，第二年就死了。理宗很寵愛這個女兒，在開慶元年（公元一二五九年）時本來要以進士第一人尚主，由於公主看見新狀元後不滿意而作罷，隔了兩年，才嫁給楊鎮，那末，楊鎮在當時的年齡總不會與公主相距太遠。公主死後，楊鎮官至節度使，而在元兵進入臨安（公元一二七九年）後，其後人出賣「神龍蘭亭」時，他似乎已經死了。看來楊鎮不是享大年的。

柳貫《柳待制文集》卷十九題唐臨吴興二帖説：

「此吴興二帖，方圓轉折，應規入矩，出于能筆無疑。鮮于公謂得之駙馬都尉楊氏。楊氏慕李和文，王晉卿之爲人，好蓄法書名帖。嘗臨其家所藏真迹，銜幅識以『副騑書府』印，刻之第中之清讌堂。此蓋其未臨時本也。」

這段記載很重要，使我們能知道楊鎮的生平。

楊鎮是愛好書法的風雅之士，他「慕李和文、王晉卿之爲人」，李和文大概是李瑋，仁宗女周陳國大長公主的駙馬；王晉卿是王詵，英宗女魏國大長公主的駙馬，都是書家，也都是收藏家，楊鎮的羡慕他們是可以理解的。他曾經把自己臨寫的墨迹蓋以副騑書府印而刻於清讌堂，顯然是一個好事者。王詵是做假古董的好手，他既慕其爲人，當然也接受他這一套衣鉢。

舊刻「神龍蘭亭」上的「神龍」半印及「副騑書府」印等

僞本「神龍蘭亭」上不但有「神龍」半印，並且有「副騑書府」印，「騑」字十分清楚，「副」字右邊從「畐」。《石渠寶笈》釋爲「神龍書府」，以爲唐中宗璽，明張丑《清河書畫舫》釋爲「福祧書府」以爲宋高宗璽，都是錯誤的。「副騑」是駙馬的別稱，米芾説「副車王晉卿」，副車也就是駙馬。那末，僞本「神龍蘭亭」的出於楊駙馬家，可以由這一印章而更加證實了。

問題是在「神龍蘭亭」爲什麼竟有兩本，而且一本是秘閣本系統，一本是蘇才翁本系統，都是赫赫有名之本呢？故宮博物院藏的一本「神龍蘭亭」拓本，字體極瘦，「崇」字有三點，「激」字從「身」，前有神龍半印，副騑書

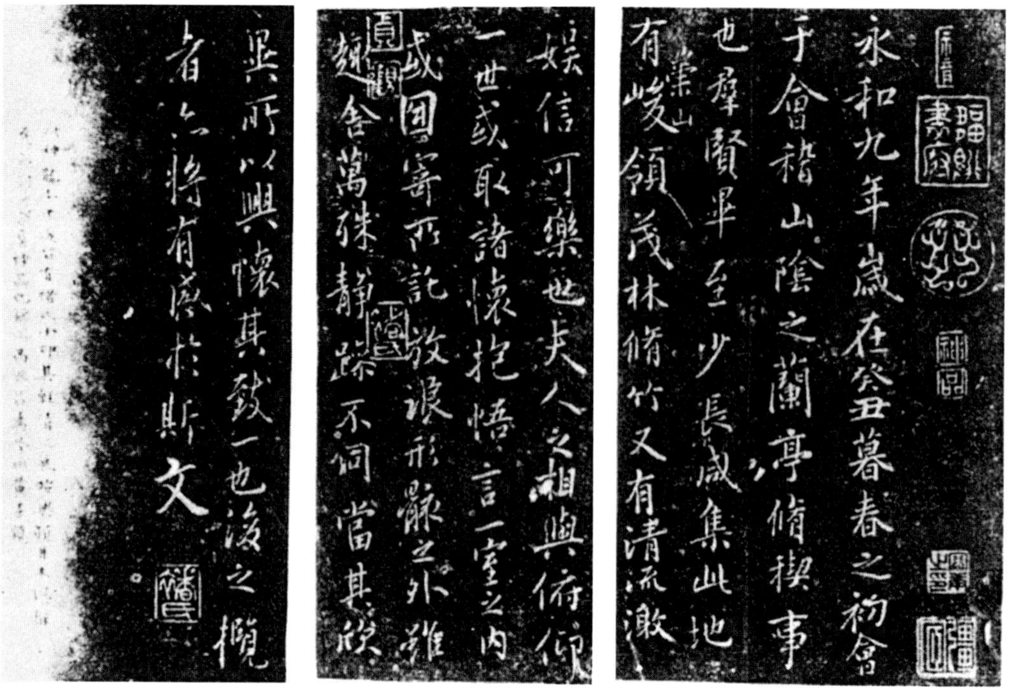

故宮博物院所藏明拓「神龍蘭亭」瘦本（局部）

府印，雙龍圓印，神品連珠印，十三四行間有貞觀及褚氏印，末行下有褚氏印。馮敏昌有跋説：「其輕清之氣，殆與潁井本堪稱爲龍劍之合。」這雖然是明拓本，但很有可能是另有底本的。那末在前述兩本之外，似乎還可能有第三本。〔二四〕

鑒賞家往往只重虚名，看見有「神龍」半印就相信它是唐中宗時太平公主借摹之本了。但張斯立或郭天錫如果在當時把這兩本并幾對校，他們總會感覺到兩本之中必有一本是僞造的，甚至於兩本都是僞造的，而決没有這樣一種可能，即兩本都是真的。如果説這只是楊氏好事在舊摹本上加上「神龍」僞印，那末，何以對這樣兩個赫赫有名之本毫不欣賞，不加一字品題卻都去鈐上一些僞印呢？

其實，傳世各唐摹本都有它自己的特點，從没有完全雷同的，摹拓手不同，所見底本不同。怎麽能完全雷同呢？但所謂兩種「神龍蘭亭」則恰恰與秘閣本或蘇才翁本一樣，單從這一點來看，顯然是重摹本了。從作僞者的角度來説，憑空僞造出一個本子是比較困難的，也是容易露馬脚的。相反，如果找到一個底本，只在某些小節地方改動一下，就容易得多。神龍本所取的是後一種辦法，它的底本如秘閣本，如蘇才翁本，本身就很精彩，只要照樣摹拓下來，只要作僞者在書學上有一定功夫，就很容易顯出本領，可以動人。這種做假，是有本之學，比之向壁虚造要高明得多；但同時也留下一個大漏洞，如果我們能找出它的老家，知道它是根據那一個底本作僞，就原形畢露了。秘閣本與蘇才翁本在南宋時都有刻本，並且很可能有幾個刻本，那末，這些神龍僞本，顯然是從拓本上重摹下來加上神龍僞印以示新奇而作爲「炫人之品」的。

當南宋末年，不但真迹不易得，就是好帖也不易得。《淳化閣帖》和《絳帖》等都已經過若干次的翻刻，單炳文、姜夔、曾宏父等已成爲鑒别法帖的專家。曹士冕作《法帖譜系》，所刻《星鳳樓帖》，以翻刻舊帖而得名，其所翻《定武蘭亭》就有三種，并有「定武審定訣」。這個時候，《蘭亭》的本子有幾百個，有很大一部份是僞造的，僞造《蘭亭》在東南地區，是一時的風氣。那末，象楊鎮這樣「風雅」而又好事的駙馬，「既慕李和文、王晉卿之爲人」，又自己廣蓄法書名帖，善於臨寫，在游戲筆墨的時候，根據董逌《廣川書跋》裏太平公主借摹的説法，别出心裁而造出幾個「神龍」半印的摹本，是極有可能的。

做假古董的人有兩種，一種是爲了營利，另外一種是賣弄自己的本領，帶一些游戲的目的。僞造「神龍蘭亭」如果只是營利的目的，就只能造一種本子，免得露馬脚；但現在楊駙馬家裏出現的「神龍蘭亭」竟有兩種不同的本子，並且很可能還有其它本子，那就顯然是出於游戲的目的，故作狡獪。楊鎮既善於臨摹，臨摹完後，鈐上「神龍」半印，隔了一個時期，誰能料到他所僞做的呢。他身爲駙馬與節度使，又是法書名帖的收藏家，〔二五〕他的作僞，深居駙馬府内，更不易爲人所覺察。他這兩本「神龍蘭亭」又是在他身後，他的後人分别賣出來的。無怪這些大鑒賞家，如張斯立、郭天錫等也上他的當了。

八、「神龍蘭亭」在明代以前就有刻本

「神龍蘭亭」是從楊鎮以後才被世人所知的，張斯立、郭天錫所得的都是墨迹。在楊鎮的清讌堂裏不知曾否刻過石，如果刻過的話，那就可能有宋拓本了。

從清代各家收藏來看，所謂「神龍蘭亭」決不是從明代嘉靖初豐坊刻石以後才開始流傳的。明李日華（公元一五六五——一六三五年）《六研齋筆記》説：「元大德間錢唐錢國衡刻十種蘭亭，筆法咸有異趣。南宋内府五十餘種與韓氏羣玉堂、賈氏悦生堂本，爾時猶有存者，故國衡得選其萃爾。」清孫承澤（公元一五九二——一六七六年）《閒者軒帖考》也説：「元大德間，錢唐錢國衡刻十種蘭亭，筆法咸有異趣，蓋彼時宋人諸善本皆在其家，故國衡得選其粹，余曾見其全帙。」可見在清初時十種全帙已經不大容易見到了。此後只有楊賓《大瓢隨筆》的碑目裏有「元大德間錢唐錢國衡刻十種」的一條目

録，就没有人再談到了。故宫博物院藏有清初陳鵬年（公元一六六三——一七二三年）所藏的十種蘭亭，據陳自跋是康熙癸巳（公元一七一三年）在金陵許氏亂書堆中看到的，隔了五年歸他收藏時已失去兩種，後來由吴見山爲他配了兩本，一本是定武肥本，一本是褚臨本，而「前八種臨摹姓名及年月先後皆不能考索」。嘉慶時這部拓本歸李春湖，曾請翁方綱評次，翁氏在每一種上都有很多評語。

這十種蘭亭裏後配的兩種，出於明初周憲王所刻《東書堂帖》裏面的蘭亭五種，從紙墨來説，確如翁方綱所評「迥不能與前八種相配」。前八種在舊簽中題爲宋拓，墨色沉着，八種相同，決是同時所拓，不是後人所綴集。按集册次序，第一種是「領從山本」，但與張澂刻本略有不同，「在癸丑」及「蘭」字與定武本及秘閣本接近，「因」字只作一外匡。又二行「稽」字右旁缺「旨」字，六行「絃」字右旁「玄」字中作反紐，二十一行缺「人興」兩字。明代王世貞所收王文惠黄絹本，就是根據這一種本子僞造的，但是臨寫而不是鈎摹，所以字迹比拓本大得多，翁方綱説這個拓本重翻黄絹本的僞作，就完全顛倒黑白了。第二種爲「定武五字不損本」，翁方綱説是從重翻本再翻，這是對的。第三種是「向之」「痛」「可」「夫」「文」六字雙鈎本，也就是一般所謂「開皇本」，翁方綱説是「從神龍本之翻本又重翻者」，又説「并非鈎摹，直是不曉蘭亭者另寫之」，是完全錯的。第四種爲蘇易簡題贊本與游相百種蘭亭裏的廬陵本略有一些異同，翁方綱也説成是「重翻神龍本，尚是鈎摹，卻非重寫，但鈎摹有失耳」，顯然也是錯的。第五種是「神龍本」，在第十三、四行間有「貞觀」「褚氏」「紹興」印，在十八、九行間有「大觀」「神龍」等七個半印，末行「文」字下有「褚氏」印。「激」字下「方」字略如行書的「大」字。第六種爲「紹興」印本，「暮」字中「日」字缺末畫，明代陳緝熙所刻和它同一底本，但故宫博物院所藏陳緝熙摹本則略有出入，如：首行「會」字下「日」缺末兩筆，「崇」字較長之類，與清宫舊藏元代陸繼善摹本，刊於三希堂法帖的本子反相近，據陸氏跋是從東昌高公家藏唐人摹蘭亭雙鈎廓填的。曾見另一石刻陸繼善本則又有不同，但也還屬於這一個系統。翁方綱跋説「此更出多次重翻之神龍本，無處不謬」，則由於不知道它也是宋代相傳的另一模本的緣故。第七種是「定武五字損本」，翁氏跋「雖是重翻又重翻之五字損本，然定武舊刻之遺意，尚有借以存者」。第八種是缺二十一字本，與明代發現的思古齋石刻，即所謂穎上本同出一個底本，但第九行「類」字比所見穎上本比較自然。這個本子的底本應該是高宗時御府所刻，翁方綱卻只知道嘉靖初才發現的穎上本而把這一本認爲「重翻之穎井本」，顯然又是搞錯了。總之，這十種蘭亭除了已失去的兩種不知是什麽本子外，現存八種都是根據宋代有名的本子重刻的。宋人翻刻蘭亭較多的，如：宋高宗御府有五本，曹士冕《星鳳樓帖》有三本，何同時彙刻到十種之多，只有元代的錢國衡，錢氏之後，只有周憲王東書堂所刻五種爲有名。陳鵬年和孫承澤時代相及，孫氏既能看到錢國衡所刻蘭亭的全帙，那末，康熙末年的陳鵬年所得的十種蘭亭應該就是錢國衡所刻。從紙墨刻工來說，這八種都遠勝於明初的東書堂；從内容來說，又都是有名之本，與李日華、孫承澤所謂「筆法咸有異趣」與「國衡得選其萃」，正相符合；而且像：缺二十一字本，明代已經不知道，一直到嘉靖初潁上本的發現，才流傳起來；領從山本則被臨寫來僞作王文惠家黄絹本，一直到萬曆以後，才流傳，都可以説明這八種蘭亭決不是明代刻本而是元代錢國衡所刻的本子。翁方綱譏笑陳鵬年不懂得考證，但他自己并不知道這十種蘭亭是什麽時代的刻本，把蘇才翁本、蘇易簡本、開皇本、紹興印本等都歸之於「神龍本」的翻刻，這就是把錢國衡所選之粹，都變成了一團糟了。

錢國衡翻刻的「神龍蘭亭」的最大特點，是在十八、十九行間有「大觀」「神龍」等六個半印，用嘉靖初豐坊刻本來比較，應該是卷末的騎縫印，而在錢氏翻刻舊本時被移到這裏來了。錢刻這一種在清初流傳還比較多，孫承澤特别提出「得見全帙」，也説明當時還容易看到零種。天津博物館藏翁方綱「神龍派卷」的第一種後有翁氏乾隆戊申跋説：「予所見神龍本最佳者凡四本：金壇于景照本即王虚舟所見董玉虬本，江秋史家本與之同，程易疇本則帖尾無褚氏印而『欣』字末脚失之，此二本今皆重入石矣。予所收是顧惟岳舊藏淡拓本當在彼三本之前。」陳鵬年本中的神龍蘭亭，翁氏在嘉慶辛未時所題則説：「愚見江秋史所藏即是此本，嘗與王蒻林所見董玉虬藏本細對，無毫髮差異，秋史已重勒于石矣。此一種神龍本，愚所見晉府本及金壇本及程葺翁、江秋史與小齋藏繆文子本，凡五本，悉同。」從這個兩個題跋來看，翁氏所見就有金壇本和江秋史本，都是錢刻十種的零種。所謂程易疇本，乾隆丁未重刻，我曾從啓功先生處借到原拓照片，實際上也是錢刻另種，而把十三行後的「褚氏」、「紹興」兩印，十八行後的「淳化」「副騑」及龍形等印塗去，又撕去末行「褚氏」印，程氏在重刻本的跋上也已經指出了。翁方綱跋説「余所見神龍蘭亭舊拓，以此本爲最肥，而神致古厚，在王虚舟所見董玉虬本之上」，則只是傳拓有早晚罷了。那末，在乾、嘉時期，這種拓本的零本據目前所知已有三本了。這是由於嘉靖以後「神龍蘭亭」由豐氏石刻而風行一世，因而這一種特别爲人重視的緣故。據程瑶田在「笪江上本」後的跋語説：「江秋史侍御蓄一本，有元人陳彦廉跋，其爲宋拓無疑。」「江秋史本」現在只見翻刻本，陳彦廉跋未見，不知説些什麽，但陳彦廉是元末人，未嘗不可在大德間刻本上作題跋，有陳跋未必即是宋拓，卻正可説明此種「神龍本」是元代所刻的。

翁方綱作《蘭亭偶摘五字考》經常引到的「神龍本」，除了「秘閣本」與「豐刻天一閣本」外，常列舉「晉府所藏神龍本」，

故宮博物院藏舊拓本《蘭亭》（容軒藏本）一

「徽州程氏所藏神龍本」，「儀徵江氏所藏神龍本」和「繆氏所藏神龍舊本」四種，除程氏、江氏兩本就是錢國衡十種蘭亭裏的本子外，繆氏本當即翁在陳鵬年本跋裏所説的「小齋藏繆文子本」，在神龍派卷裏的跋則説「予所收是顧惟岳舊藏淡拓本，當在彼三本之前」，所謂顧惟岳藏的大概就是「繆文子本」，但這個本子現在没有見到。至於晉府藏本則在翁氏神龍派卷裏有手摹本，跋語説「此本王秋坪太守得于山西，册尾有楊學山給諫跋云出自晉府所藏也」。翁舉「金壇本」「江秋史本」「程易疇本」與自藏淡拓本，而後説：「今見此本雖紙墨之古不及前數本，而以中間『激』字從『方』，『騁』字『馬』旁，『聽』字『耳』旁及『未嘗不』『不』字脚與定武相合，可斷其最爲近真，在從前所見四本之上。」這個本子，王禄朋曾刻石，王跋説：「此蘭亭合璧五種之一，太原楊給諫跋云是晉府藏本。」這個本子只在末行下有「褚氏」印而無其它各印，「激」字下的「方」字略如「才」，其它也有一些異同。「晉府」即「晉藩」，爲明太祖的兒子晉定王棡，他的子孫都能書，一直到他的玄孫靖王還刻過《寶賢堂帖》。傳世法帖上常有「晉府書畫之印」等收藏章，不知是哪一代，但總在明初。這一種如果真是晉府藏本就也在嘉靖以前的刻本了。楊賓《大瓢隨筆》列舉蘭亭各本中有「北京報國寺三雅齋本」，次在「真賞齋本」前，而没有説明它是什麽本子，程瑶田在「笪江上本」的跋裏提到它認爲是舊本，翁方綱神龍派卷裏也節摹它的特點，并説「静樂李石農所藏本，稱神龍古本者即此」。這個本子「羣」「畢」等字無杈筆，「崇」字無點，「激」字從「身」，末行「褚氏」印下有

「素閱」二字，「素」雖不知是什麽人，但似乎所閱與「豐刻本」不是一個本子，那末，這個别本的底本也可能出於嘉靖以前。

故宫博物院藏舊拓本蘭亭，原題爲「宋拓神龍蘭亭真本」，内有舊簽爲「宋拓蘭亭」下題「容軒藏本」，有「小芳蘭軒」印。蘭亭本文十三行後有「貞觀」「褚氏」「紹興」印，末行有「褚氏」印。本文後有長樂許將題兩行，有「迺大」「吴生」「士行」等騎縫印及「俞棫氏景文章」印。淡墨拓，字體極肥。帖後有甲戌四月容軒題：「此宋拓『神龍蘭亭』也。奇宕雄逸，字字有飛鳴之勢。嘉禾項氏本雖典型僅存而波拂之妙，去之已遠，玉烟堂從此入石，更輕弱不足言矣。」「容軒」不知是什麽人，從後面查嗣瑮、查昇、陳弈禧、董銓、查慎行、曹三才、項溶、曹曰瑛等題跋，知道是康熙時人，這是在康熙三十三年（公元一六九五年）題的。他所説的「嘉禾項氏本」不知是指八柱本墨迹，還是指項元汴翻「豐坊刻本」或「項德弘刻本」，但不管是哪一本，如果拿來一對比，「典型僅存」的評語是很恰當的。但玉烟堂帖所重摹的是秘閣本，與此略有不同，就不能用以相比了。查昇題「禊帖善本，此爲第一」。陳弈禧題：「予家有『神龍本』，筆法正與此同，褚氏增入己意，遂與定武爭道而馳。昨歲在聲山齋題賞，今忽一年，日月如流，學殖荒棄，對此妙迹，唯有三嘆。」道光時這個拓本歸嘉興徐石卿藏，張廷濟題「此卷紙墨俱古，洵宋拓也。」汪能肅題則説「此帖有握拳透爪之致，是宋拓無疑」。這個拓本從字體、筆法、結構、行款等方面來看與嘉靖初豐坊所刻十分相似，但神情面貌，迥然不同，這個拓本的奇宕雄逸的風格是嘉靖以後摹刻的本子所没有的。這個拓本没有建首各印和後面的一行騎縫印，不知是原刻如此呢，還是裝裱時被剪去了？如果原刻如此，那就没有「神龍」半印，也不能稱爲「神龍本」了。今世所傳「秘閣本」出於元祐《秘閣續帖》是没有印章的，這個本子在十三四行間有「貞觀」「褚氏」「紹興」三印，末行有「褚氏」印，是符合於宋代許多唐摹本所謂「貞觀間褚遂良檢校本」而爲紹興御府珍藏的，可能是南宋時所傳「秘府本」的别本。至於元代錢國衡翻刻的「神龍本」，在十八九行間所有的「大觀」「神龍」等七個半印，則是僞作「神龍本」者所加的。

八柱本「神龍蘭亭」上的長樂許將跋

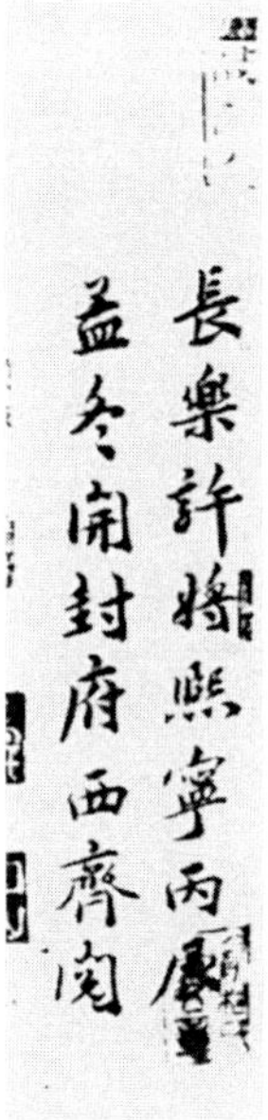

但是本文後面的長樂許將題兩行，與八柱本上的真迹一樣，上面有「吴生」，「士行」等騎縫印，這個北宋人題跋是原在吴炳本上的。「吴生」就是吴炳，「士行」是張紳，都是元代中期以後人。如果這兩行和前面的本文是同時所刻，就排除了宋拓的可能性，最早也只能是元明間刻本了。

現在這兩行題跋是另一紙，有爲後人用後刻本拼凑的可能。但是碑帖方面也有極複雜的情況，在沒有把它的踪迹弄清楚之前很難下斷語。在目前情況下，所能斷定的是這個拓本總還是嘉靖以前的舊本，這是無論從書法的風格，以及紙、墨、刻工都可以下此斷語的。

總之，「神龍蘭亭」在元代大德年間就有翻刻本，元明之間也還有其他的本子，明嘉靖時豐坊刻本，決不是最早的刻本。

九、八柱本神龍蘭亭是明代人僞造的

（一）八柱本不是楊鎮所僞作的原本

八柱本「神龍蘭亭」是僞中之僞，是根據僞本而再次作僞，非但不是唐摹，甚至還不是楊駙馬手摹加上「副騑書府」印的原本。最明顯而又極簡單的一個證據是這個本子的前面「副騑書府」印是押在騎縫上的。如果這印子是真的，這個綾隔水就應該是楊鎮時的舊裱。但何以在這個本子的最後「神龍」和「副騑書府」都是半印了呢？何以在後面的綾隔水上看不到這個騎縫印了呢？據目驗，這個本子前後綾隔水完全相同，前隔水上有「趙」字印，後隔水上有「松雪齋」與「趙孟頫」印，説明前後隔水是同時的，不存在後隔水的補配問題。經請裝裱專家張耀選同志鑒定，也認爲前後隔水，時代同，質地同，并無後配的迹象。那末，何以到了後面的騎縫上，楊氏只蓋了半個印子呢？當然，這種情況和傳世各種「神龍蘭亭」的石刻倒是符合的。對於石刻出現這種情況是可以解釋的，因爲前隔水上有「唐模蘭亭」的標題，必須把下邊的騎縫印全刻出來，而後面就用不着全刻了。但這是墨迹，如果是楊鎮所作的原本，就不會出現這樣的情況。惟一可以解釋的是這個本子根據石刻作僞，作僞的人并不知道「副騑書府」印是誰的印，而只是依樣畫葫蘆，在不知不覺中就留下了這樣一個漏洞，替我們提供一個可以思考的綫索。

（二）八柱本「神龍蘭亭」不是豐坊刻石的底本

八柱本「神龍蘭亭」出自豐坊，卷後題跋中有嘉靖丙戌（公元一五二六年）李廷相的一個跋説：「唐摹真迹則僅見此耳。存禮考功偶出示，爲題其後而歸之。」「存禮」就是豐坊的字，丙戌是嘉靖五年。豐坊在嘉靖二年中進士，這時正在南京任禮部考功郎，所以李廷相的跋是在金陵寓舍裏寫的。豐坊把所謂唐摹本送到李廷相那裏，李氏爲他「題其後而歸之」，可見

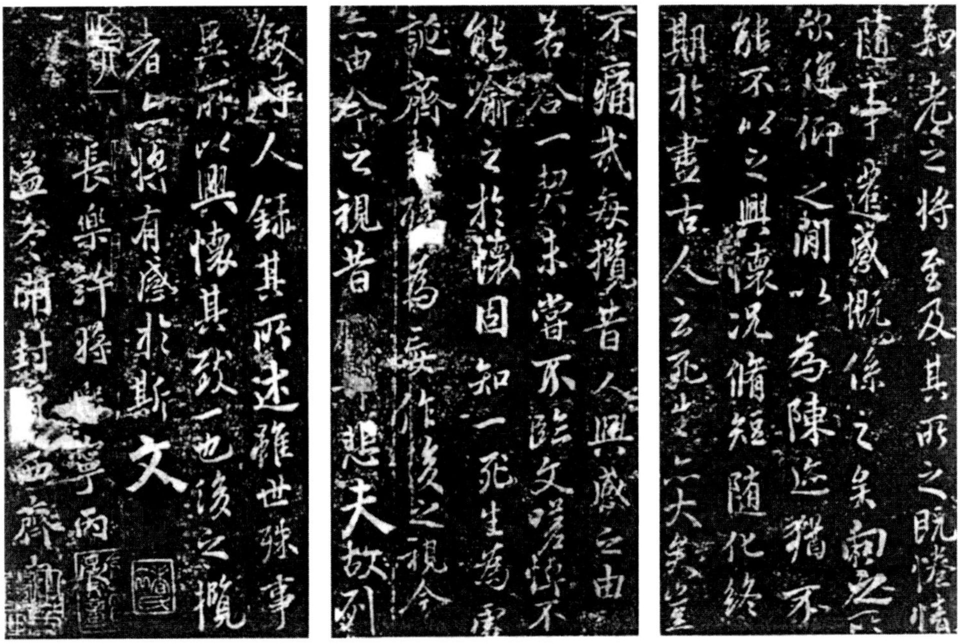

故宮博物院藏舊拓本《蘭亭》（容軒藏本） 二

這個本子是豐坊所有的。豐坊所刻石在帖尾騎縫印前有「晉雲公胄」「豐坊之印」「豐氏存禮」「南禺外史」「平生真賞」「審定真迹」等九印，凡一行，既説是「平生真賞」，也可以説明是他自藏的本子而不是從别人手裏借來的。一直到萬曆丁丑（公元一五七七年），比李廷相作跋晚了五十一年的時候，文嘉爲項子京所作跋，説「嘉靖初，豐考功存禮曾手摹使章正甫刊石於烏鎮王氏」，也只説豐氏以摹本使章正甫在烏鎮王氏處刊石罷了。章正甫與章簡父不知是何關係？章簡父在嘉靖元年爲華夏刊真賞齋法帖，鈎摹者爲文徵明父子。章正甫在這時似是烏鎮王氏的門客，豐坊正在南京做官，所以把手摹本帶到烏鎮去刊石。豐刻本上有「王濟賞鑒過物」印則可以在豐摹本上加蓋的。近啓功先生説：「這一卷明代藏于烏鎮王濟家，四明豐坊從王家鈎摹，使章正甫刊石于烏鎮，見文嘉跋中。」與事實不符，如果不是别有依據，就是記憶上的偶然錯誤了。

豐坊手摹自己的藏本而使章正甫刊石，所刊之石，不應該與墨迹不符。清楊賓《大瓢隨筆》所録有「四明范氏天一閣原石豐南禺刻神龍本」「重摹范氏神龍本」與「項元汴重摹范氏神龍本」三種。天一閣本在卷前有「洗玉池」印，所以一般又名「洗玉池本」。現在所見的天一閣本似乎已是翻刻，日本人所編《書道全集》收録的鐵齋富岡藏本則前四行已極漫漶，也不知是否原石。但兩個本子大體上還是一致的。故宮博物院藏一個刊本前有天籟閣朱印，似即所謂項元汴重摹本，這個本子與笪江上本完全相同，而笪本除長樂許將題兩行外，還有「崇寧紀元十月五日襄陽米芾記」一行是天一閣本所無的。

如果用八柱本「神龍蘭亭」跟現在所存的豐氏石刻或其重摹本來對校，就大不相同了。其中主要的差别有三點：第一，豐本的印章比八柱本多得多，就是兩本都有的印章，位置也大不相同；第二，豐本行列匀整，八柱本前松後緊，最後五行更緊；第三，如果一個字一個字來對校時，就可以發現，八柱本有許多字寫壞了或者是敗筆，而在豐刻本是没有這種毛病的。總起來説，豐刊本與八柱本并不是同一個本子。

首先，從印章來説，豐刻本卷前在「神龍」及「副騑書府」印下有雙龍璽，「神品」印「宣和」印均朱文，在接縫處，下有「洗玉池」印爲白文。「神品」印的「品」字下兩口的直筆都很長，與項元汴的「神品」印不同。次行有「紹興」（小篆）印，朱文；「米芾」印，白文；「政和」印、高宗御押、「吴興」印、「王濟賞鑒過物」印，均朱文。八柱本則在「神龍」與「副騑書府」印下，僅有「神品」印在縫上下方，略偏右是「吴興」印及「王濟賞鑒過物」印，又在首行末「會」字上多出一「趙氏子昂」印，此外都是項元汴的印了。十三四行合縫處，豐本上有「貞觀」，中有「褚氏」，而下有「紹興」（鳥篆）印，而八柱本只在下端有「紹興」（鳥篆）印。末行「文」字下豐本爲「褚氏」印而八柱本爲「紹興」印，與十三行後印同。卷末騎縫處，豐刻本爲「大觀」「神龍」「淳化」「副騑書府」「開元」及雙龍方印等半印，八柱本則只有「神龍」與「副騑書府」兩個半印。

對這些印章的多少與不同的情況，啓功先生簡單地歸之於豐氏刻石時的「妝點僞印」，但這似乎是冤枉的，前面已經説過，元代大德間錢國衡所刊十種蘭亭裏的神龍本，在十三行後的「貞觀」「褚氏」「紹興」三印，末行的「褚氏」印，均與豐本相同，卷末的六個騎縫半印，錢刊本雖移在十八九行之間，但文字次序也和豐本全同，説明這些印章不是豐氏僞加的。那末，只能歸之於豐刻本與現存的八柱本墨迹不是一個本子。

其次，關於行款疏密的問題，其詳已見前第二節。豐刻本是與其它神龍舊刻符合的。我曾目驗八柱本確是用兩張紙，在十三四行之間合縫，兩張紙一般大小，每紙約長三十五・三釐米，而前紙爲十三行，後紙要寫十五行，前松後緊是勢所必至的。有人認爲這種前松後緊是右軍原迹如此，只是豐氏刻石時把它們調劑均匀了，這是疏忽了蘭亭上徐僧權押縫是在十四行「欣」字左側的一點了。

第三，關於字的筆畫結構，一般通例，由真迹到刻石，一定會有很多失真的地方。《閑者軒帖考》説：「余以乙酉于友人處見唐林緯乾墨迹秀宕絶倫，文帖（蘭按：指停雲館帖）於此卷上摹勒者，及一對勘，相去業已甚遠。當日衡山先生父子自摹自刻，而又有門客温恕章簡父爲之周旋，尚有遺憾如此，則摹帖豈易事乎。」這是説摹刻無論怎樣精好總不能如墨迹，所以古人題摹拓或刻本總是説「下真迹一等」。但是八柱本神龍蘭亭的墨迹則并不如此，它在字的筆畫結構以及筆法等方面，常常不如豐刻本，這是十分可怪的。前面我已經舉出八柱本的一些疵病，其實，要是把豐刻本與八柱本一個字一個字對勘一次，就更可以看出墨迹的許多地方不如石本。以第一行來説：「和」字「禾」旁一撇一點，改用行法向右挑出時，石本與上横畫有一定距離而墨迹則挑出處與横畫相并了。「歲」字右撇下端向左挑起時，石本筆微頓再向上一挑，因而有力，而墨迹隨手轉出，顯得很軟弱；右邊的戈法，石本中間轉筆，較瘦硬，墨迹整筆上下肥瘦一致，因而到向右挑出時，筆勢停滯，軟弱無力。這一類的例子是不勝舉的。只要對墨迹的轉筆、趯筆、戈法等處注意一下，就可以看出墨迹本的作者，只追求「流美甜潤」，在表面上下了工夫，而缺乏骨力，不如豐刻石本，還保留一部分唐宋書家的筆意。

總起來説，八柱本墨迹與豐刻石本，決不是同一個本子，也就是説八柱本神龍蘭亭已經不是嘉靖初年豐坊手摹使章正甫刻石於烏鎮王氏時的本子。

（三）八柱本神龍蘭亭的宋元人題跋是雜湊的

八柱本「神龍蘭亭」後面有長樂許將等七條北宋人題名，有息翁及趙孟頫兩跋，又有郭天錫詩跋及鮮于樞詩，至元甲午鄧文原觀款；更下爲天曆二年到至正丁亥吴彦暉與王守誠四條題跋；最後則爲嘉靖李廷相跋，萬曆文嘉跋與項元汴題三則。據文嘉跋，他在嘉靖時没有看到過豐坊本原迹，只抄得郭、鮮兩人詩跋，一直到萬曆丁丑，項子京以重價購於王氏後才見到。那末，現在的八柱本墨迹和它的題跋，只是萬曆五年項氏購得以後的樣子。

八柱本「神龍蘭亭」的題跋是拼湊起來的，這是翁方綱在神龍派卷裏已經注意到了。北宋人七跋與後面吴彦輝、王守誠的四條題記是從吴炳本搬過來的，永陽清叟與趙孟頫跋是一個「定武本蘭亭」上的題跋，所以趙氏説「定武舊帖在人間者如晨星矣，此又落落若啓明者邪」。趙所藏與所見蘭亭極多，鑒定爲「定武本」是不會錯的，與「神龍本」風馬牛不相及，但和八柱本前後隔水上的趙氏三印，倒恐怕有聯繫，是作僞者把「定武本」上的隔水與跋同時搬來了。其所以在第一行末增入「趙氏子昂」印，也就是要把這些隔水與題跋聯繫起來的緣故。郭天錫、鮮于樞的詩跋與鄧文原的觀款，又是一回事，因爲從郭跋中可以看出它原來是在以蘇才翁本爲底本的「神龍蘭亭」後面，與八柱本的出於秘閣本系統完全無關。至於李廷相跋是爲豐坊作的，其時在嘉靖初年，似乎還不是八柱本。文嘉跋是爲項元汴做的，已在萬曆初，則可能就是這個本子了。

吴炳本蘭亭最先著録於明代相傳爲朱存理集的《鐵網珊瑚》，原題爲「蘭亭定武本」，在北宋人七跋後有環潤王容所題兩首絶句。後有「炳記」一條，説：「右定武蘭亭古本，平章冀國文定郝公家故物也。……時公有三本，皆是一石所拓，以此卷有前宋諸公題名，故擇以見付。」這裏的「炳」是吴炳，就是吴彦輝。郝公是郝天挺，卒於皇慶二年（公元一三一三年）。這條跋後有「天曆己巳閲于願學齋，四月十日重識」和「明年暮春三月重閲」兩條，則是一三二九年至一三三〇年。再次爲天曆二年到至正癸亥四條則與北宋人跋同見於八柱本。更後爲至正七年吴彦輝跋説：「郝府所藏二本與此同一石拓者，一本題云『尚書何栗題』，一本則松雪翁、困學鮮于氏之所審定也。此本必嘗爲二公所觀，豈以宋賢題識爲定，遂不復有云以示讓與。」這就説明了吴炳本原來没有趙松雪的印記和題跋，八柱本因爲有趙跋和印記，就没有收這一條跋語。吴炳本吴氏的題跋共七條，其後還有危素、熊夢祥、張紳等跋，其次爲倪瓚、高啓、王彝、張適等跋，倪、王兩跋都在壬子則是洪武五年（公元一三七二年）。總之，從吴炳得到這個拓本，一直到明初，六七十年間收藏題跋是連貫的，而且一直到《鐵網珊瑚》著録時還没有拆散，可是到十七世紀後期或十八世紀初卞永譽（公元一六四五—一七一二年）作《式古堂書畫匯考》則所謂「定武蘭亭古本」在北宋人題記六條下，注「以上皆拓本，下皆墨迹題跋」了。由此可見，八柱本上的北宋人題跋是在正德以後到清初的一百多年裏被人從吴炳本上搬來的。

從嘉靖初年豐坊所刻「神龍蘭亭」後面已經有長樂許將題兩行，而且騎縫章有「吴生」與「士行」來看，吴炳本的北宋人題跋，在當時已經在豐坊所藏本後了。又據文嘉説抄得郭、鮮兩人的詩跋，雖没有説明是在什麼時候抄得的，但總是豐坊本所有的，那末，八柱本題跋的拼凑，大體上是出自豐坊之手的。

（四）豐坊刻石本是從舊刻「神龍蘭亭」的拓本上鈎摹下來的

豐坊在嘉靖初年所刻石本，是據豐坊手摹本上石的，見八柱本文嘉跋。他的手摹本所據的是什麼呢？有些同志以爲他所據的就是八柱本而只是在手摹時，裝飾僞印，調匀行款，但據我們所知則豐刻石本與明以前舊刻本的印章行款基本上是符合的，因之，這種推測很難成立。他使章正甫刻石，不知是在李廷相作跋以前，還是以後。如果在作跋以前很久，我們也可以推測李廷相所跋已經不是刊石之本而可能是八柱本了。但如果在作跋以後，則李廷相所見的應當是與石刻相同的本子而不是現在的八柱本。據文嘉在萬曆五年跋中説：「慨然思欲一見而不可得，蓋往來予懷者五十餘年矣。」從萬曆五年上溯到嘉靖五年李廷相作跋時爲五十二年，到豐坊中進士時爲五十五年，那末，豐氏刻石與李氏作跋的時間大略相當，也就是説當豐氏手摹入石的時候，李氏是看見過這本所謂唐摹本的。如果原本是另一個樣子，豐氏作僞之迹，早就會被人發現了。那末，豐氏刻石的時候一定有一個與石本相符合的底本。

但是這個底本顯然是由舊拓本上鈎摹下來的，所以和故宫博物院所藏的「容軒藏本」在字體筆畫等方面幾乎完全一樣。但舊拓本極肥，豐本較瘦，舊拓本筆力縱肆，豐本變爲姿媚罷了。舊拓本十四行「躁」字「參」旁中間三點的左旁有石花，好象多了一點，在字的右下方又連續作三點；豐刻石本在字中的一點改得隱約一些，而下邊的三點完全刻出來了。這是豐刻本出於這類舊拓本的明證。有人以爲「容軒藏本」是翻豐刻本的，因而誤把「躁」字中間誤刊成四點，但「容軒藏本」無論字勢、風格、紙墨、拓工，均在嘉靖以前，清初鑒賞家驚嘆爲宋拓，雖未必確，決不能出於豐本之後。而且舊拓本二十三行「死」字右上角也有一點，可見出於石花而非筆畫。如果把豐刻本和舊拓本一字一字地對校，就可以發現豐刻本有許多地方是鈎摹得不到家的。如四行「茂」字的左撇，向右反紐時，舊拓本是露出針眼的，八柱本也如此，而豐刻本卻變成一死筆了；五行「以」字舊刻本在右撇上端有縈帶之勢；六行「其」字上横畫有自下而上的縈帶之勢，八柱本也差不多，豐刻本則看不出來；「雖」字「虫」旁卷筆清晰，八柱本也如此而豐刻并在一起；十六行「至」字一點下有分杈，八柱本略同，豐刻本不顯；「情」字左邊一點起筆有轉折，八柱本同而豐刻本没有；十七行「感」字「口」下一畫與「心」上一點，豐刻本把它連起來了；十八行「猶」字「犭」旁向右挑的一筆起筆處有縈帶之勢，則八柱本與豐刻本都是没有的；二十行「矣」字第一横畫起勢轉側，豐刻本只是平畫；二十七行「興」字右「彐」的行勢一筆向左與下横畫相連，八柱本還有此勢，豐刻本不顯；凡此種種，都可以説明豐刻本的不如舊拓本，這或者是鈎摹的缺點，或者是刻手的疏忽，但總起來説，豐刻本的底本是從這一類舊拓本上鈎摹下來的。

「容軒藏本」後面有長樂許將跋兩行，豐刻本也正有這兩行，也説明了它們出於一個底本。現在八柱本後面有北宋人七跋墨迹，其第一跋就是許將的兩行。由此可以看出豐氏從吴炳本上搬這七個北宋人題跋，同時也把它們前邊的蘭亭拓本鈎摹下來冒充唐摹本。吴炳本在《鐵網珊瑚》裏拓本没有加以描述，在卞氏《式古堂書畫匯考》裏則在「定武蘭亭古本」題下注「乃『神龍本』，題籤者乃筆誤耳」。可見豐坊的僞造「神龍蘭亭」是與吴炳本有關的。吴炳本後面有危素跋，而三雅齋本「神龍蘭亭」有「素閱」二字，可能就是危素。吴炳本雖稱爲「定武」，但宋代人往往把别的唐摹本稱爲「定武古本」，當然也有可能是元明間人用「神龍本」換去的。「容軒藏本」是根據這個本子鈎摹重刻的，豐刻本也是根據這一類本子鈎摹的。豐氏好作僞，現在既知吴炳本是拓本，北宋人題跋原來是在拓本後面的，那末，豐坊給李廷相看的本子，他手摹上石的本子，當然決不是真正的唐摹本。

（五）八柱本「神龍蘭亭」是在豐氏刻石以後重新僞造的

豐坊手摹刻石於烏鎮之後，郭天錫與鮮于樞的詩跋就傳播開了，文嘉等已從别人處抄得，可見郭、鮮于詩跋的誘惑力遠比北宋人的幾個題名爲大。但從郭跋來説，與豐氏石刻頗有距離，郭跋只説有「神龍」印，而豐氏石刻有「貞觀」以下纍纍諸印；郭跋説是馮承素等鈎摹，而豐氏石刻有「褚氏」印，因而被認爲「褚遂良摹本」，都和郭跋不相應。豐氏石刻本是從拓本上鈎摹下來的，本來相當忠實於所摹的底本，如果有人獲得這種相同的舊拓，他的作僞伎倆就容易被揭穿。因之，在豐氏嘉靖初刻石之後到萬曆五年項元汴從烏鎮王氏購得之前的五十多年中，這個本子突然改變了，就是從「褚遂良蘭亭」一變而爲「馮承素蘭亭」；從「米芾」印的本子，一變而爲有「趙孟頫印」的本子。

周天球在萬曆初跋王世貞購得的「黄素本」説：「褚摹禊帖宋刻後吴中有二刻，鄞有一刻，其筆法種種差異，因知當時摹本不一也。」周所謂「宋刻」就是張澂本，王世貞曾購得宋拓，所謂「吴中有二刻」，其一爲陳緝熙，另一可能爲石履端刻本，至於「鄞有一刻」則一定是豐坊刻本。宋刻張澂本是嶺從山本即蘇才翁本，陳緝熙本爲「紹興」印本，即「暮」、「類」等字筆畫有誤的秘閣别本，而豐坊所刻則是有「貞觀」「褚氏」等印的「神龍本」，是屬於秘閣本系統的。周氏説「其筆法種種差異」是不錯的。但周氏把豐氏刻本，放在「褚摹禊帖」中間，可見就在項元汴從烏鎮王氏購得這個模本的同時，人們還只知道豐坊本是褚遂良摹本。可見馮承素本的出現是一個很大的新變化。

豐氏石刻裏有「米芾」印，笪江上藏本還有「崇寧紀元十月五日襄陽米芾記」一行，似與郭跋中「與米元章購于蘇才翁家褚河南檢校拓賜本」的一句話有聯繫，但項氏從王氏購得的新本，則既無「米芾」印，米芾題，並且没有「褚氏」印，除了「神龍」、「紹興」「副騑書府」三方印之外，别的舊印全去掉了，這就不是「米元章購于蘇才翁家褚河南檢校拓賜本」，而一下變成了郭跋中的「馮承素等奉聖旨于蘭亭真迹上雙鈎所摹」了。因之，項元汴逕題爲「神龍珍秘，唐中宗朝馮承素奉敕晉右軍將軍蘭亭禊帖」。這個新本出於何人之手是很難斷定的，從作僞的技倆來看，很可能還是豐坊，但也可能是由烏鎮王氏賣給項氏的新僞品。

僞造古摹本最重要的是要用舊紙。豐氏第一個僞造本，據「洗玉池本」從前押縫到後押縫將近八十釐米。八柱本所用的紙確是很好的白蔴紙，至晚是宋紙，可惜這兩張紙太短了一些，兩幅加在一起不過七十多釐米。兩幅長短相等，前幅十三行是够用了，後幅要擠寫十五行，就不得不把行與行密接起來。這本來是作僞者的一件傷腦筋的事，舊紙難得，不能不遷就一些，因而成爲八柱本的一個特點。

據吴其貞《書畫記》説：「聞此卷還有一題跋，是馮承素所摹者，爲陳以御割去，竟指爲右軍書而『神龍』小璽亦爲以御僞增，故色尚滋潤無精采，惟『紹興』璽爲本來物也。」又清人顧復《平生壯觀》説：「金陵陳以御從太平曹氏得之，拆去元人諸詩跋，云是右軍真迹，高價以售延令季因是銓部，銓部亦居之不疑，忻然以爲昭陵殉物，竟出人間也。後知其故，乃索諸跋而重裝。」由這些記載可知八柱本在項氏收藏後，又有若干變化。據項元汴後題明明説「唐宋元明名公題咏」，而今本卻只有宋元明題跋，無所謂唐人，那末，吴其貞所聞原來還有一個馮承素的題跋，可能實有其事，作僞者爲了證實「馮承素奉敕摹」是可以加上這樣一條題記的。

這個新造之本比第一本更爲動人。第一本出自鈎摹，不免板滯，新本除了在某些杈筆賊毫處，固然曲意鈎出，但基本上是臨寫的。儘管有些字寫出毛病來了，在細心核對時能看到它有時反而不如石刻，但如只看表面則流美甜潤，墨彩動人。尤其是把許多印章減去後，與郭跋大體能符合，加上宋元諸名家題跋都是真的，還有蓋了趙孟頫三印的綾隔水，因之，以文嘉的老眼，未經細細察看，就把一些可疑之點放過去而相信爲真的唐摹本了。

賞鑒家的通病，大都只靠個人眼力與經驗，而不作深入的研究，因之，常常爲個人的愛好與先入的成見所蔽。文嘉在萬曆五年七月跋中説唐摹有三本，一爲宜興吴氏本，一爲陳緝熙本，一就是此本。同年閏八月，他又爲王世貞作王文惠本的跋説：「于唐摹惟見宜興吴氏本有宋初諸公所題及蘇公瑫字韵詩者最爲精妙；而『神龍蘭亭』有郭祐之、鮮于太常二詩跋，亦是奇物。然以臨本較之，神韵相去遠甚，況此又有米書跋贊之勝邪。」除陳緝熙本，文氏已説「陳好鈎摹，遂拓數本亂真」外，所謂宜興吴氏本，在成化時爲尹氏所藏，其今本未見；但朱存理《鐵網珊瑚》所録「褚摹禊帖」就是這個本子，其中范仲淹、蔡襄、王堯臣等題跋，都是向壁虚造，與《蘭亭考》及游相蘭亭盧陵本不合；題跋尚且如此，原迹更未必可靠了。至於王文惠本，與游相蘭亭不合，顯係明人僞作，同時孫鑛已有「作僞眩離婁」的評語而文氏也推許備至，可見這些鑒定都是靠不住的。對這個「神龍本」，文氏也只是因「有郭祐之、鮮于太常二詩跋」，就説「亦是奇物」，而對這本墨迹與褚跋的來龍去脈，不再深究；就是擺在面前的豐氏石刻本與墨迹的種種差別，熟視無睹，而只空洞地提出「若其摹拓之精，鈎填之妙，信非馮承素諸公不能也」。由此可見，明代作僞者之多，也正由賞鑒家的識見不高，只能辨認一些拙劣之品，一遇到作僞高手，就毫無辦法了。

八柱本「神龍蘭亭」的作僞者手段的確是很高的，他想出了鈎摹與臨寫相結合的辦法，一方面破鋒、賊毫、剥痕、斷筆、一一具足，而另一方面筆勢流美，神完氣足，真不失爲「好僞物」。如果不是爲時代所限，處處顯示出元明人風格的話，就真是蘭亭的一個好摹本了。「每攬」的「每」字，先以濃筆作一横畫，然後以淡墨增成全字，其意是使人認爲右軍原稿作「一攬」而後改成「每攬」，這是從來没有人道過的，尤其見他的用心之巧，近來很多人認爲是右軍原迹如此，就被其所欺。在「每攬」兩字上，向來就受人注意，翁方綱《蘭亭偶摘五字考》説「前一『攬』字『臣』内小直分兩截者神龍本也」。這個特點是從秘閣本以來各本所同有的，大概是所據唐模本在這裏紙絹破損筆畫不全的緣故，翁氏在《神龍蘭亭考》則説成「每攬」二字中畫皆分作二層。其實「每」字中間本是上下兩點，舊刊本「神龍蘭亭」均如此，鐵齋富岡本下點側鋒起勢還很清楚，現在的洗玉池本起勢稍鈍，而八柱本則起勢像釘頭了；下點如一小撇，諸刊本均直出「」畫外，而八柱本則在撇出時向上逆挑，凡此都適足以證明作僞者只注意了畫分濃淡，而對筆畫細節就顧不到了。元代袁桷《書唐臨蘭亭》説：「此卷濃淡結構，皆出己意，『每攬』二字落筆尤奇媚。」作僞者可能是讀過這一段文字的，袁桷本來是説這一卷唐摹蘭亭的「濃淡結構，皆出己意，」而這個僞本就在「每攬」兩字上下工夫，想出增「一」爲「每」的主意了。如果「每攬」原本作「一攬」，則「一攬昔人興感之由若合一契」的詞句就不通。蘭亭叙原有七個「一」字，不但寫法都不一樣，章法也都安排得很合適。現在「每攬」兩字如果把「每」改爲「一」，就顯得太空蕩了。因爲這裏上邊「哉」字有戈脚，「每」字向左讓一下是有必要的，如果説原來是「一」字，章法就不應這樣安排了。可見增「一」爲「每」，只不過是後人一種出奇制勝的意圖，跟有些本子的「領」字從山，「怏」字改「快」，押縫「僧」字改爲「曾」而加鈎乙之類相同，與右軍起草，全不相干的。

八柱本是萬曆五年才由王氏歸項氏的，所以在萬曆以前没有人知道這個本子。據我所知，只有萬曆二十六年（公元一五九八年）項德弘的鵝羣閣刻本，才大體上與八柱本相符合，「褚氏」「米芾」等印都已删去，項德弘跋説：「蘭亭本乃唐太宗時馮承素奉敕所摹，褚遂良爲之校正，故世以爲褚本。」正道出這個本子與豐氏石刻本的不同之點。項德弘本把宋元人題跋和文嘉跋大部分都刊出來，刊手很精，據説是章藻。但章藻在萬曆三十年到三十八年自刊的《墨池堂帖》則仍用豐氏石刻本，有「褚氏」「米芾」「政和」等印與高宗御押，放在褚遂良書裏面而没有採用項德弘的新本。項德弘的跋極庸俗，説他所用的底本是豐坊爲他父親項元汴鈎摹的，顯然是靠不住的。但他的本子裏在十三行後還有「貞觀」印，則與八柱本也還是有一些區别的。

當然，八柱本從表面上看確有可以欺人之處，所以馮以御把它冒充右軍真迹而無辨别能力的季因是居然信以爲真。八柱本原來有馮承素題，可能是説明他奉敕摹的話，所以項氏父子都斷定它是「馮承素奉敕摹」。原來可能還有「貞觀」印，恐怕都是陳以御用以冒充右軍真迹時去掉了。就是「神龍」半印與其它諸印不同，吴其貞所謂「色彩滋潤而無精彩」，也恐怕是擦去以後又重添的。一直到乾隆時入清内府，列爲「蘭亭八柱」之三，這個本子的形式才算固定下來了。

清嘉慶時錢樾藏一本墨迹，爲萬石堂本，孫星衍在嘉慶丁卯（公元一八〇七年）曾據以刻石，則是據洗玉池刻本僞造的，不但筆法惡劣，所增印章更多。其中有「郭畀」一印，而不知爲「神龍蘭亭」題詩的是郭天錫字佑之，而不是郭畀字天錫，可見這個作僞者的手段是很低的，而孫星衍還爲他刻石，説明鑒别法書碑刻也不是很簡單的。

十、結　論

總結前面的研究，我們得出的結論是：

一、唐中宗神龍時御府收藏中并無蘭亭真迹。唐中宗也没有在法書上蓋過「神龍」印。

二、所謂「神龍蘭亭」是南宋末年宋理宗的駙馬楊鎮所僞造的。

三、楊鎮僞造的「神龍蘭亭」不止一種，至少有兩種是明確可考的。其一是張斯立所得的本子，是根據元祐秘閣續帖曾刻過的秘閣本或其别本僞造的。另一種是郭天錫所得的本子，是根據南宋時張澂刻過的米芾所藏蘇才翁本或其别本僞造的。

四、根據秘閣本系統所造的「神龍蘭亭」，在宋末或元初就有刊本。元大德年間，錢唐錢國衡所刻的《十種蘭亭》裏就已有「神龍蘭亭」的翻刻本。清初容軒藏的「宋拓神龍蘭亭」則是元明間刻本。

五、嘉靖初豐坊刻石的本子是豐坊根據舊刻本鈎摹僞造的，這個本子後面有長樂許將題兩行。項元汴重摹本還有崇寧米芾跋一行。據文嘉追記還有郭天錫和鮮于樞的詩跋。嘉靖五年李廷相曾爲豐氏作跋。由於這個本子有「褚氏」印，當時人都認爲是褚遂良摹本。

六、隔了五十多年，萬曆五年項元汴以五百五十金購於烏鎮王氏的本子，已經不是豐氏石刻的本子。這是經過删改印章、縮并行款、重行摹寫的新本，力求其由褚遂良變爲馮承素以附會郭天錫跋。并盡力附會成趙孟頫曾見過的。這可能還是豐氏所僞造以賣給王氏的，也可能是從王氏賣給項氏時出於另一手的新僞本。這本的宋元諸家題跋是拼湊起來的，據説原來還有馮承素的一條題跋。

七、這個新僞造本在明清之交又被陳以御改變過，用以冒充右軍真迹。最後入清内府，列爲八柱蘭亭第三本，題爲馮承素臨本。

總上七則，可以斷言所謂「神龍」本是僞龍，爲「南宋時炫人之品」，只是過去收藏家往往如葉公好龍，不求甚解，因而真僞難辨。從南宋末年到現在，摹本和刻本，不下二三十種，幾與定武齊名；有些人震其虚名，往往説「定武歐臨，神龍褚臨」，而不知明以來所傳的「神龍本」，大體上出於秘閣本的一個系統，它的祖本應該是一個較好的唐摹本而并非褚臨；至於定爲「馮承素摹」，則是由八柱本附會郭天錫跋才開始的，更不用辨了。有些人只注重外貌，欣賞它的「流美甜潤」，而没有注意到時代風格，下筆方法，就難免爲優孟衣冠所誤。又如破鋒、斷筆等末節，只要有人説過，就可以仿作；題跋裝璜等附加品，可以做假的，也可以採用别處的真品來拼湊，還有專用舊紙舊墨來作假，比起用新紙做舊高明多了；還有印章印泥之類，也都可以假冒；總之，作僞者千方百計以騙人，賞鑒家只要稍一疏忽，就會落到他們的圈套裏去。但是假的總不是真的，在無意中間，必然會留下許多漏洞，只要我們充分掌握資料，不懷成見，實事求是地從各個角度來考查，作僞者的手段無論怎麽高明，也總會原形畢露。比如「神龍蘭亭」如果不是楊鎮作僞，怎麽能在他家裏出現兩本不同體系而又都是北宋時赫赫有名的本子的所謂「神龍蘭亭」呢？八柱本墨迹如果不是嘉靖、萬曆之間所僞造，又怎麽會與豐氏石刻本截然不同，甚至有些字的寫法還比不上石刻本呢？豐氏石刻本原是褚遂良本，有米芾印章；現在變爲馮承素本，有趙子昂印章，這些改變可以與後面拼湊的趙孟頫、郭天錫等跋相附會。但郭天錫跋明明説「與米元章購于蘇才翁家褚河南檢校拓賜本張氏石刻對之，更無少異」，而八柱本偏偏與張澂石刻的蘇才翁本大相徑庭，顯然由於作僞者并没有見過張澂本，没有理解到這一個特點，因而只把秘閣本系統的「神龍本」舊刻略略改頭换面就搪塞過去了。這些漏洞都是十分明顯的，只要我們發現問題就立即窮追下去，真假是可以辨明的。研究美術史的人，必須具有欣賞的能力，但欣賞藝術必須建立在真品的基礎上，所以辨別真僞，斷定時代的工作，也是極其重要的。八柱本「神龍蘭亭」是明代中期的僞品，如果説它是「唐摹善本」，可以從此窺見山陰真面，那是錯了，但如果説它的底本是北宋時期的秘閣本卻是唐摹善本，這是合於事實的；如果説這個本子可以代表明代的書法風格，而且在「流美甜潤」一方面也確有可取之處，則更是合於事實的。實事求是，辨明真僞，還它一個本來面目，是我們藝術史工作者的責任。

一九六一年十二月十三日《北京晚報》的書法欣賞欄裏我曾介紹過這個「神龍本」，當時我還沒有對它作研究，只是懷疑它并非真迹上臨摹，因而推測爲「可能出于薛稷等之手」。這個推測是錯誤的，應糾正。

一九六三年六月補記

〔一〕見汪中本《定武蘭亭》，文明書局影印本。

〔二〕見《淳化閣帖》卷五隋僧智果書。《法書要録》卷二以爲評「蕭思話書」誤。

〔三〕見《蘭亭考》卷三。《法書要録》卷四作唐韋述《叙書録》。「其後蘭亭一本相傳云將入昭陵玄宫」，「一本」兩字作「一時」，可見《唐會要》在後文加上「又一本」三字是錯誤的。

〔四〕見《雲烟過眼録》。這個本子就是《蘭亭考》卷五秘閣三本之一，李山房即李公擇。

〔五〕《蘭亭考》卷五在名銜下注「但此本雖有骨力，而殊失體制，定一時亟于分賜，然亦不應如許疏也。昔周越謂榻本人間往往有之，多非好迹，蓋此類也」。似乎也是蔡氏的話。

〔六〕見《蘭亭考》卷五。

〔七〕見《蘭亭考》卷七。

〔八〕此本曾爲宋敏求所藏，見《蘭亭考》卷五。又卷六有曾伋跋，卷十一會稽一本是紹興時翻刻，有章道宗跋。又有周安惠家本。

〔九〕見《蘭亭考》卷五汪逵家第三本跋。

〔一〇〕見《山谷題跋》卷七《書王右軍蘭亭草後》。

〔一一〕見《石刻鋪叙》卷下。

〔一二〕《山谷集·跋續法帖》："「劉無言箋題，便不類今人書，使之春秋高，江東又出一羊欣薄紹之矣。」

〔一三〕見《法帖譜系》袁桷《清容居士集》卷四十七略同。

〔一四〕明人刊《寶晉齋法帖》中的蘭亭與這兩個重撫本略不同，但也没有印璽，不知何所本。

〔一五〕見《蘭亭考》卷五及故宫博物院藏宋游相蘭亭廬陵本。

〔一六〕蘇舜欽生於一〇〇八，舜元是舜欽之兄到熙寧末年總有八十以上了。謝悦題孫秀本時是熙寧二年，疑舜元之卒在其後。

〔一七〕「其族人所摹是第二」依《蘭亭考》卷五引，今本作「是其族人所摹，蓋第二本」又今本在最後有「一本在之友處」一句。

〔一八〕日本印《書道全集》據吴榮光所藏宋拓褚摹蘭亭叙所印的也就是這個本子。

〔一九〕「之」字原誤「天」，今正。

〔二〇〕明王世貞所收黄素本蘭亭就是根據這個拓本作僞的。

〔二一〕見《蘭亭考》卷五，「薛紹」下似脱「彭」字。

〔二二〕見《蘭亭考》卷五汪氏藏三米本，米尹仁即米友仁。

〔二三〕《蘭亭考》卷七注「清閟堂」三字，似是薛紹彭清閟堂帖中的話。

〔二四〕所謂賜潘貴妃本蘭亭的石刻也有副騑書府印，又故宫博物院藏楊凝式神仙起居法上也有這個印。

〔二五〕袁桷《清客居士集》卷四十六《題薛紹彭帖》説："「客杭見道祖書一巨卷于駙馬都尉楊公家。」考袁氏客杭當在至元乙酉（至元二十二年）及稍後的一段時期，還在郭天錫得「神龍蘭亭」之前，可見楊鎮死後，他家裏還有很豐富的收藏。

作者自注：寫成於一九六三年六月。

連載於《書法》一九八三年第一、二、三期。

《「以意逆志」辨》辨

在《東風》（十一月九日）上讀到吴文治先生的《「以意逆志」辨》，有一些不同的看法，寫出來就正於吴先生。

吴先生對《孟子·萬章》篇所説「説詩者不以文害辭，不以辭害志；以意逆志，是爲得之」這一段話，理解爲「不能因爲個别的字句去曲解整篇的原意；而應該根據整個篇章，探索作者原來的本意，去領會詩篇的主旨所在」，大致上是對的。但是他在「以意逆志」一句話的解釋裏，反對一般的「以讀者之意推測作者之志也」的説法，而據清代吴淇的説法「以古人之意求古人之志，乃就詩論詩」，説所謂「以意逆志」的「意」，指的是作者的原意，而并非指讀者之「意」。在我看來，這個説法是可以商酌的。

這句話裏最重要的一個字是「逆」字，「逆」字在古代當作迎接解釋，在這句話裏有推測或探索的意思。從整句話説，應該解釋爲用讀者的思考來探索作者的原意，而不應解釋爲用作者的原意來探索作者的原意。因此，漢代趙岐的《孟子注》解釋爲「志，詩人志所欲之事，意，學者之心意也。……以己之意逆詩人之志」，這個説法以及朱自清的《詩言志辨》等的見解都是正確的。就是吴文治先生所引王國維的《玉溪生詩年譜會箋序》，吴先生説他「認爲以作者之意去理會詩篇之主旨」，也并不是王國維的本意。王氏原文説：

善哉孟子之言詩也，曰説詩者不以文害辭，不以辭害志，以意逆志，是爲得之。顧意逆在我，志在古人，果何修而能使我之所意不失古人之志乎。

王國維一則説「意逆在我，志在古人」，再則説「我之所意不失古人之志」，可見他從來没有把「意」解釋爲「作者的原意」，而是吴先生理解錯了。

在科學研究中，無論讀什麽作品，必須「好學深思，心知其意」，而不是只看文字的表面。《詩經・北山》篇説：「普天之下，莫非王土，率土之濱，莫非王臣。」從辭句表面上看，可以解釋爲土地人民都爲統治者所佔有，但這并不是詩人的原意，孟子指出詩人是在發牢騷，説誰都是統治者的臣下，爲什麽單要我來效勞呢？所以孟子主張「以意逆志」，也就是以説詩者之意逆推詩人之志。詩人留下來的詩篇是客觀存在的，但是要從作品裏探索出詩人的原意，卻非通過讀者的思考不可。通過正確的思考方法才能得到作品本身的實際内容，反之，思考的方法不正確，用主觀想象牽强附會的方法是不可能探索出詩人的原意的。吴先生没有搞清楚「以意逆志」這句話的意義，以爲「以讀者之意」，就是那種「主觀想象隨意牽强附會」的不正確方法，而不知道這個「意」，是「意會」「意料」的「意」，而不是「臆測」「臆斷」「臆造」等詞的「臆」。通過讀者的思考來探索詩人的原意，是主客觀的結合，而主觀臆測則是不會符合作品的客觀實際的。

所以，對孟子這句話的解釋，決不能把「意」字解釋爲「作者的原意」而必需解釋爲「讀者之意」即「讀者的思考」，但是如何才能探索到作者的原意呢？這就在於正確的思考方法了。孟子在這一方面也曾提出過很好的意見，「誦其詩，讀其書，不知其人可乎？是以論其世也」。這一段話也見於《萬章篇》。清代顧鎮的《以意逆志説》、近人王國維的《玉溪生詩年譜會箋》，都引這一段話來指出「以意逆志」的方法，而要知人論世，更必須經過讀者一番調查研究的辛勤勞動的。當然，孟子還不懂得分析階級，還不懂得歷史唯物主義的正確方法，但是他能提出這樣的方法，顯然是具有歷史眼光的。而吴文治先生所引吴淇的説法，「就詩論詩」，不去作知人論世的工作，就未必見得能探索到作者的原意了。讀古人作品，必須防止主觀主義，但如果忽略了讀者的主觀思考和調查研究，那末儘管强調「以古人之意求古人之志」，在表面上雖則是很客觀的，但實際上是無法接近客觀實際，因之，也決不能真正理解到作者的原意的。

載《光明日報》一九六三年十一月十六日四版。

殷大禾方鼎(人面鼎)

湖南省博物館所藏之鼎被稱爲大禾方鼎,又名人面鼎。

此鼎是一九五八年,湖南省寧鄉縣的農民在寨子山耕田時所發現的。整只鼎色澤濃緑,製作技術非常精良,被認爲是保存至今的青銅器中有特色的優秀作品。

此鼎高三十八・五釐米,兩邊附着鼎耳,有四足,整體呈長方形。

鼎耳是平的,爲易於把持,中間有洞。鼎耳的高度爲七・五釐米。鼎身高十六・五釐米,鼎身的邊緣向外突出。

鼎口長二十三・七釐米,寬二十九・八釐米。鼎腹周圍有四個人面紋。

人面紋高十三・六釐米,器身前後的人面紋幅度較寬,爲十六・四釐米。器身兩側的人面紋寬幅爲十三・八釐米。説起來此人面紋方臉,窄額,兩眉連在一起。顴骨突出,嘴唇豐厚,下巴較長而稍凹。兩邊的耳朵非常大,在離臉稍遠的位置連接。耳朵上方的鉤形紋樣可能表現的是散在額頭旁邊的頭髮。耳朵下方有小的手和手腕。人面紋浮雕的周圍雕着圓圈紋。

器身爲四角形,兩個平面的交接處有突起的稜。器口稍大,器底較小。腹壁厚度爲一・五釐米。四隻鼎足爲圓筒形,上端較粗,其上飾有獸面紋。鼎足上也有向外側突起的小稜。鼎足底部的直徑爲三・七釐米。器身内側的正面靠上的地方寫着「大禾」二字。這大概是鑄鼎人的姓氏。從造型、圖案、銘文來看,此鼎是殷代後期(公元前十二—前十一世紀)的東西。

儘管據文獻所載,夏時已完全能製作方鼎,但現在所能看到的方鼎全都是殷代後期或者西周初時所作,夏朝時代的青銅器尚未發現。

這裏介紹的鼎，足粗而短，也具有殷代鼎的特徵。河南省安陽縣出土的司母戊大鼎（中國歷史博物館藏），也爲方形，鼎耳之處也裝飾着人面紋。這些都表明人面鼎是殷代之物。

在青銅器的裝飾之中，人面紋也不常見。例如在模仿人形的紋樣當中，頭上生角，身體變成蛇等等，不能稱之爲真正的人。日本住友氏所收藏的銅鼓，人形的紋樣刻在鼓的兩面，但這仍然不是人面紋。

除此之外，還有刻着虎人同戲的形象的卣（酒器）。有人看到這個形象，就説這是「饕餮食人」（恐怖的獸吃人）的情狀，「乳虎」（懷胎的老虎，即可怕的老虎）的圖案等等，但這樣的解釋肯定不正確。司母戊鼎的耳上表現着這樣的情狀：人面紋被刻着，而兩側有老虎在吼叫。還有鼎耳兩側以人頭爲裝飾的卣、以三個人形作足的簋（食器）、以人頭爲裝飾的轄（裝在車軸末端以防車轂脱落的楔子）（故宫博物院藏）等等。但是，僅以人面爲鼎的裝飾物的，只有這裏介紹的鼎。

由各種古文獻及出土物綜合判斷，將獸面紋稱作饕餮紋的作法並不妥當。這裏所介紹的人面紋才能説是真正的饕餮紋。

大禾方鼎（年方鼎、人面紋方鼎）

尚處於奴隸制社會的殷周時代，雖然黄河流域的文化已經經過相當的發展，但當時的人們對於邊境地區的情況幾乎一無所知。他們把在邊境的人們叫做「饕餮」「窮奇」等等，並給他們創作了各種想象的故事。因此，成爲銅器裝飾的饕餮也寓於了神秘的風貌。而且，一般認爲，從此鼎上能看到的人面是抓住了邊境地區人們的容貌特徵。

湖南省是殷代文化的繁榮之地，解放後從此地出土了很多殷代的文物。

由於此地位於殷朝南部的邊境，從發掘出來的青銅器上亦可窺見地方色彩。比如用人面紋作鼎的裝飾這一點等等，即是顯著的例子。

載《人民中國》（日文版）一九六五年第十期一二〇頁。

一九六六

西周虺蜴紋尊

一九六二年四、五月之間，在湖南省衡山縣霞流市北郊的胡家灣，因大雨引發山體滑坡，出現了一條長約十數米的地縫。其中出土了幾件銅器，本文所要介紹的虺蜴紋尊，是這幾件出土銅器中非常罕見的器物，現已收藏于湖南省博物館。

此尊爲圓形，器口寬大，圓腹下有圈足。高十九點八釐米，口徑十九點五釐米，底徑十四釐米。整體爲青緑色銹所覆蓋，有光澤。此尊銅質堅硬，敲之可發出清亮的聲音。銅器的紋飾非常繁複，有許多由虺蜴構成的紋飾。器口處有多組兩隻虺蜴交互纏繞的紋飾(其中有一組是三隻),共有四十一隻虺蜴。器口外側刻着鋸齒狀的紋飾，內側刻着三角形的紋飾。其他地方則全部裝飾着渦紋。器身的裝飾一共可分爲四個部分,每一部分都由兩個相對稱的圖案組成。這樣一部分一部分地看,每一部分都呈現出彎曲的池子裏面聚集着很多虺蜴的樣子。虺蜴的數量分别是一組十五至十六隻,十六至十七隻,十六至十九隻,十八至二十一隻,各種不等。加起來總共有一百三十八隻,再加上器口所刻的,虺蜴就達到一百七十九隻。虺蜴與虺蜴之間聯結着渦形紋。除此之外,器頸處有由四個三角形和四個倒三角形組合所成的圖案。這些三角形之間刻着成對的鳥形圖案。而且,在器頸和器身之間,排列着兩個一組互相纏繞的渦形紋。器身的下部,刻着兩個朝内側卷的渦紋,一共有十二組聯結在一起。其下仍是鋸齒形的紋飾,器的圈足没有雕刻紋飾。

尊爲盛酒之器。這裏所介紹的,從形狀上看,與收入日本《白鶴吉金集》的效尊十分相似。它的特徵是短頸,腹部稍膨脹,圈足處陡然收緊。這樣的形狀以西周中期前後的作品居多。採用這種樣式製作器皿,是紀元前十世紀左右的事,至今已有三千年之久。從其圖案繁複這點來看,有人認爲此尊是春秋戰國時代之物。而現在所知道的是,尊所盛行的時代是殷和西周,至西周末期,就已經消失了。

圖案繁複是殷代器物的常例,西周所製作的銅器多具有樸素豪放的風格,此尊作爲西周之物却不似周朝的作風,只能説它保存了殷代的風格吧。但是,這個變化巨大的圖案,與殷和周代中原地方的銅器性質不同,它是中國南方所製作的東西。

此尊出土於衡山縣南部,離西周文化的中心地——西安相當遥遠。春秋時代直到後來,銅器都被當作非常貴重的物品,是貴族之間饋贈所用之物。而且,在統治階級内部的鬥爭中,它也被當成掠奪的對象,因此銅器多收藏在貴族手中。正因爲這樣,銅器出土之地就並不一定是銅器的製作之地。因而,此尊是楚國製作之器呢,或者是南方其他國所作之器?要判定就比較困難。如果爲南方所作,從這精湛的鑄造技術、衆多生動變化的圖案之中,便可見當時中國南方青銅文化的發展面貌。

載《人民中國》(日文版)一九六六年第三期一二〇頁。

對「清官」不要一概而論

討論「清官」問題，首先要弄清什麽叫「清官」？是「清廉」「清正」，還是什麽？所謂「剛正不阿」「平冤獄」，等等，對「清官」的這許多解釋，到底如何？

「清官」這個概念，不是很早就有的。關於包公（包拯）的事迹和傳説，是從元朝以後才慢慢流傳的，那時似乎還没有「清官」這個名詞。明朝的海瑞死後，也只叫他做「忠介」，没有叫他「清官」。他的「忠」，就是忠於皇帝的封建統治。他的「介」，就是自稱爲硬骨頭的這樣一種人。上官來了，他不理；人家逢迎上官，他不逢迎。要説他完全「清」，很難説。他該拿多少錢，還是照樣拿的。海瑞喜好名聲，寫了駡嘉靖皇帝的疏，還要留份稿子，叫朋友們看，爲他留個名聲。由於他敢駡皇帝，所以當時他的名聲大一些。這樣的人，歷史上很多。海瑞是不是「清官」的典型，很難説。

誰是第一個「清官」？清朝有個于成龍，康熙皇帝説他是「清官第一」。大概康熙時提倡「清官」最力，彭鵬、施世綸等都叫「清官」。提倡「清官」，是適應統治階級的需要的。現在有些文章説，「清官」出在封建王朝走下坡路的時候，我看并不都是這樣，康熙時就是「盛世」，不過，那時的貪污可能很厲害。貪官多，不利於維護封建統治，皇帝希望多用幾個「清官」，少用幾個貪官，所以康熙時特别提倡「清官」。比較守法的人，不取「分外之財」的人，皇帝就特别重用。「清官」受到重用，就是由於他們對封建統治者「赤膽忠心」，康熙時的彭鵬、于成龍、施世綸，都是效忠統治階級，鎮壓農民起義，鞏固封建王朝的「清官」。康熙時，一方面有階級矛盾，一方面有民族矛盾，明、清前後兩個王朝間的矛盾也還有留下來的，需要鎮壓的東西更多一些，所以也特别需要提倡對統治者「赤膽忠心」的「清官」，以鞏固它的統治。彭鵬就是因爲耿精忠造反時邀他做官他不做，所以康熙對他特别賞識。

「清官」是封建王朝最忠實的爪牙和奴僕，那麽，「清官」對人民有没有好處呢？這個問題不能籠統地回答。每個「清官」有其具體的情況。一個「清官」所做的某件事，對人民可能有一些些好處，但就他整個的人來説，不過是有利於封建王朝的統治工具，對廣大人民是不利的。離開了具體事情，很難説對人民有利或無利。例如海瑞倡議修吴淞江，一方面是以工程招集飢民，緩和階級矛盾，怕人民造反，是爲了鞏固統治階級的利益；另一方面，修了吴淞江，客觀上對人民是有利的。當然，主要受益的還是中小地主，但是農民也少受一些苦難。至於説，「清官」斷了冤獄就是對人民有利，那也不盡然。《法門寺》裏的劉瑾也斷過獄，豈不也要成大好人了嗎？我們不可以因某人某事對某些人有些益處，就説他有利於人民。「清官」是封建統治的工具，這是肯定的；至於他們做的具體事情，起了什麽作用？對哪些人有好處？這只能具體説，不能籠統地説對人民有利。

至於説貪官比「清官」好，那是不客觀的。「清官」要是真清，對比起來，總比貪官好一點兒，海瑞比嚴嵩總好些。所謂過去人們説某人好，有幾個來源：一是皇帝爲了鞏固自己的統治利益，説他好；一是親戚、朋友、同鄉、同黨，有關係的人捧他。海瑞的許多東西，就是他的朋友捧他的。我們很難據此説他怎麽好。「清官」的同黨總是地主階級，地主階級的一部分人捧他，後來的封建文人也就把他捧上去了。至於老百姓是否説「清官」好呢？在那個時候，在一個地方上，鄉紳説了話，誰敢不依？海瑞死了後，鄉紳叫人們去送喪，誰敢不去。施世綸離任後，有人倡議每人拿出一文錢，給他蓋個亭子做紀念，就叫做「一文亭」。地主階級如此一號召，老百姓誰也不敢不依，好在一文錢也不算什麽，拿就拿吧。當然，也還有些老百姓是受了欺騙而説「清官」好的。但是我們今天卻不能由此就認爲當時的老百姓説他好。「笑駡由他笑駡，好官我自爲之」，那時，老百姓見了縣官總叫「青天大老爺」，但碰到的大都是貪官、贜官。封建時代的「清官」究竟是個什麽情況，很複雜，需要進一步研究。對歷史我們要作具體分析。有些「清官」象海瑞之類，在封建官僚中可能品行略好一些，也没有什麽太大罪惡。但有些「清官」象于成龍之類，鎮壓農民起義最凶，是手上沾滿血的劊子手，那就比貪官還要壞，還要罪大惡極了。不能一概而論。但無論如何，對於整個「清官」，我們應該予以否定，不能把他們作爲我們學習的典範。我們今天應該同歷史上的腐朽東西徹底決裂。

我們同舊時代的道德、宗教、法律等等都是必須決裂的，無産階級怎麽能把封建統治階級的爪牙與奴僕作爲典範呢？但是有些人要説貪官比「清官」更好，這樣講也不好。只從清廉的一點來講，「清官」與貪官儘管只是五十步與百步之差，總還是差一點吧！一鍋煮了，没有區别，也就没有説服力了。

載《新建設》一九六六年第一期。
又《文匯報》一九六六年三月十六日。

論「清官」的實質

在我國長期封建社會裏，地主階級佔有大量土地，剥削農民。地主階級的國家强迫農民納貢稅，服勞役，以養活大批官吏和軍隊。軍隊主要是鎮壓農民起義，官吏管理兵、刑、錢、穀等事，剥削與壓迫農民。皇帝在封建統治機構裏儘管有至高無上的權力，但跟農民直接接觸的主要是官吏，徵收錢糧，役使民夫，清理詞訟，鎮壓人民，都是通過官吏來干的。如果封建統治者有一批得力的爪牙來充任官吏，把這些事情都做了，而人民没有起來造反，這就是「四方無事」，就可以稱爲封建王朝的「太平盛世」，反之，就是「四方多事」，王朝就會覆滅。所以封建官吏是封建王朝的骨干，是這個統治機構裏極爲重要的組成部分。

所謂「清官」與「貪官」，是封建時代官吏中的兩種類型。有官吏就會有種種區别，如「循吏」與「酷吏」、「良吏」與「惡吏」、「能吏」與「凡吏」等等，這是歷史發展的客觀現象。有的同志認爲歷史上根本没有「清官」，從實質上是可以這樣講的，但并不排除封建時代歷史上存在過這種現象。

有些人把「清官」與「循吏」説成是一回事，是不對的，司馬遷在《史記》裏有《循吏列傳》和《酷吏列傳》，是由於漢武帝利用嚴刑來鎮壓反對派，司馬遷本身就是統治階級内部矛盾中的一個受壓迫者，所以在《循吏傳》裏説「奉職循理，亦可以爲治，何必威嚴哉」等話來譏刺。《循吏傳》裏固然包括着孫叔敖等「廉吏」，《酷吏傳》裏也説到「其廉者足以爲儀表，其污者足以爲戒。」另外，他在《滑稽列傳》裏卻從優施的口中，用孫叔敖的事，分别提出了「貪吏」和「廉吏」，這就是後世的「貪官」和「清官」。

歷史上所謂「清官」「廉吏」，都是封建歷史家記載下來的，其來源不外乎這些官吏的家屬、親戚、同鄉、同黨等所標榜和吹嘘，甚至是封建統治者所夸奬過的。這些歷史家都是封建文人或封建士大夫，都是站在封建統治階級的立場上來作鑒定的。勞動人民在那個時期根本没有寫歷史的權利。這種封建歷史家往往片面地只從某一時期、某一事件中的偶然現象，大事宣揚；有時還只是抓到一點傳聞，就隨意夸大，因之，很難説其中有幾分是事實。我們今天來看這些歷史，就必須堅持無産階級立場，對這些歷史人物重新評價。

事實上，貪污是隨着私有財産制而來的，不貪如何能富，在階級社會中，這是先天性的不治之症。《孟子》裏就説「暴君污吏」，也説明隨着封建社會的建立，官吏中就有了貪污。所以封建歷史裏的「清官」和「貪官」，只是在相對的情況下説的，比較少貪一些，就是所謂「清官」。海瑞在隆慶元年（公元一五六七年）剛把嚴嵩比徐階，説「嵩以其貪，階以其廉」，〔一〕才隔了三年，就説徐階的「産業之多，令人駭異」，説他「爲富不仁」了。〔二〕接着又把徐階比高拱，説「存翁（階）爲富，中玄（拱）守貧」，説「中玄是箇安貧守清介宰相」。可是一方面爲徐階開脱，説什麽「害人爲富，彼必不爲；優柔不斷，人爲之彼亦聽之，亦不免掩耳盗鐘之心爾」。一方面卻又説高拱做吏部，「人言嘖嘖，縱中玄果無入己之贓，不能防閑覺察，以致有是。入己入人，其罪不大相遠」。〔三〕那末，徐階和高拱，究竟有多少分别呢？就以海瑞本人論，嘉靖四十一年（公元一五六二年）他做淳安縣知縣時所寫的《興革條例》説他在淳安縣科派里長，「每丁起銀二錢五分，大約每年有銀九百兩上下」，不够用，還「間以紙贖兼之」。〔四〕但是僅僅七年後，他做應天巡撫，就在《督撫憲約》上規定「府縣官侵用里甲及紙贖一分一文，皆是贓犯」。〔五〕那末，從應天巡撫海瑞來看淳安縣知縣海瑞，就應該是贓犯了。海瑞自己編刻過好幾個集子，只做三年知縣，就刻《淳安稿》和《淳安縣政事》，到處送禮，宣傳自己。清朝張伯行刻過《海剛峰先生文集》，序文裏説要「師之法之」。康熙帝説張伯行是「清官」，説他「刻書甚多，刻一部書，非千金不得，此皆從何處來者」，〔六〕這種揭發也適用於海瑞吧！康熙又説：「人當做秀才時，負笈徒步，及登仕版，從者數人，乘馬肩輿而行，豈將一一問其所從來哉？」〔七〕説明封建時代，無官不貪，統治者也明知故縱，決不會有真正徹底的清廉者，至多是比一般官 吏少貪一些，或不那麽明目張膽罷了。所以「清官」與貪官，不過五十步與百步之分罷了。

封建時代對「清官」的歌頌，是從統治階級利益出發的。首先，統治階級殘酷地剥削與壓迫人民，需要用「清官」擺擺樣子，迷惑人民，讓他們以爲統治階級也有「好人」，存在對「清官」的幻想，以緩和階級矛盾。其次，貪官對統治者不利，他們把從人民那裏搜刮來的財富上了腰包，使封建統治者受到損失，是封建統治者所深恨的。況且，封建國家對農民的剥削壓迫，本就够殘酷了，再加上貪官污吏的殺鷄取卵，就爲已經尖鋭的階級斗爭安上導火綫，觸發了農民暴動，封建政權就有垮臺的危險。因此，封建國家的法律，總要嚴懲貪官；同時，封建統治者也要提倡「清官」。

但在封建社會前期、中期，「清官」、「廉吏」還并未過分重視，史書上没有專爲「清官」作傳。「清官」的概念是在元代戲曲中才廣泛傳播的。元代是階級矛盾和民族矛盾都已十分尖鋭的時代。元王朝貴族與官吏的貪污與殘暴，醖釀着一場驚天動地的大風暴，革命農民正紛紛起來用暴力打破封建統治，地主階級的文人們卻寄幻想於「官清法正」，因而出現大量的包公案之類的戲曲，而由於這些作品的深入社會底層，也起了迷惑部分勞動人民的作用。因此，在封建社會後期，「清官」就成爲既被封建統治者所提倡，也被有些勞動人民所盲目崇拜的一種假象。

朱元璋本來是農民起義軍的首領，後來蜕變爲封建統治者，他對於官吏貪污所給予封建統治的危害是最清楚的。因此，他最恨貪官，曾經把貪官的皮剥下來，塞上草；洪武三十年定的律是「枉法八十貫，絞」。在一個時期内，貪污現象略爲少了一些。但是地主階級的政權怎麼能根絶貪污呢？海瑞説「貪官最害之大，犯此者撫按爲甚。撫按容貪，貪可禁乎。京師四方之極，京官藉公費，無一衙門，不趨輦轂下，貪又可禁乎！」〔八〕其實追溯上去，第一貪污的就是封建皇帝。嘉靖時期錢糧貢税的繁重，名目的衆多，是令人驚異的。官吏們還明目張膽地向屬下勒索攤派，在《海瑞集》裏可以看到象淳安縣四萬多人口，每年向里長科派就多到一萬四五千兩銀子。從知縣到房吏，層層都有「當例」，知縣每年可以撈到一千來兩；此外，明收餽贈，暗取賄賂，就更難統計了。其它縣分，據説還要多。在這種重重剥削下，人民無法生活，發生了大量逃亡；有了逃亡，就有虚税，没有逃亡的人，要受攤賠的累。這種現象，必然激起農民暴動，動摇封建國家的基礎。海瑞這樣的「清官」，就是在這種歷史情況下出現的。他在《淳安縣政事》的序文裏就明明説出「瑞自濱海入中州知淳安縣事，初閲册籍，民之逃亡者過半。問之則曰：『憊困不能堪賦役，樸直不能勝奸强使之』」。〔九〕在《興革條例》裏又説：「今人遇談，無不以錢糧繁叠爲嘆。諉曰：『事出朝廷，無奈之何！』百姓亦無不以錢糧爲苦，生悲怨者。」〔一〇〕但是海瑞卻爲封建統治者辯護，説什麼「以天下財養一人，以天下財爲天下用，古今通義」。説：「今日朝廷正差，絹出于桑，糧出田畝，天下未甚病也。」把「近年以來，日漸增益，可損不損，不可增而增」的錢糧，只歸之於「諸臣失于料理」，輕輕地放開一邊，而只是「里役均徭，飛差大户，月日内迫促索銀，民以爲厲」。海瑞的主張裁革「常例」，減輕里役等等，只是要百姓不以錢糧繁重爲苦，減輕對封建朝廷的怨恨，要他們甘心受剥削，「以天下財養一人」。他在應天巡撫時期要鄉官退田；在南京吏部右侍郎任，曾上疏反對對貪官輕刑，都是以鞏固封建王朝的統治爲目的。

正由於「清官」起鞏固封建統治的作用，所以清朝的康熙特别提倡「清官」。康熙對「武弁藉空糧，文官賴火耗」等貪污方法，囑托行賄、營私射利、浮冒開銷等弊端，是有所耳聞的。對貪官很嚴，動不動要處決，在舉行所謂「大赦」時，貪官是不赦的。有些地方因地方官貪暴，人民逃亡，就把貪官帶到當地去殺，以緩和人民的仇恨。當時繼明末農民大起義之後，階級矛盾和民族矛盾都還很尖鋭，所以更要假借「清官」的名聲來欺騙人民。他稱贊過的「清官」很多，如于成龍，據説是「天下清官第一」；如陳瑸，據説「清官朕亦見之，如伊者朕實未見，恐古人中亦不多得」；〔一一〕如張伯行，據説「居官清正，自天下婦孺無不盡知，允稱廉吏」；〔一二〕此外還有趙申喬、張鵬翮、陳鵬年、彭鵬、施世綸等等很多人。值得注意的是清以前的公案戲或公案小説，主要是包拯、海瑞，而清代有所謂《于公案》《彭公案》和《施公案》就是于成龍、彭鵬、施世綸。「清官」本指清廉，不受賄賂，因之就説他們「執法持平」，没有偏袒。事實上，封建時代的法律是爲地主階級設的。真正的農民只有受剥削，受壓迫，除了起來反抗外，那有和地主老爺打官司的權利，所以一般訟案大都是統治階級的内部問題，有財有勢者和無財無勢者之間的斗爭。正由於涉訟雙方有對等的地位，所以希望打贏官司就得行賄。農民既無賄可行，欺壓農民也根本用不到行賄。康熙説施世綸「遇事偏執，百姓與生員訟，彼必庇護百姓，生員與縉紳訟，彼必庇護生員」，〔一三〕所謂百姓，也不過比生員略差一些的中小地主或富商。海瑞説：「事在爭産業，與其屈小民，寧屈鄉宦，以救弊也；事在爭言貌，與其屈鄉宦，寧屈小民，以存體也。」〔一四〕能和鄉宦爭産業和敢和鄉宦爭言貌的「小民」，顯然不是真正的勞動人民。在「八字衙門向裏開，有理無錢莫進來」的時代裏，有些人寄幻想於無所偏袒的「清官」，這種幻想從地主階級影響到勞動人民，所以關於「清官」和「青天」的傳説，大都以審案爲主。離奇曲折的案情，神話般的故事，更增加「清官」的聲名，起迷惑人民的作用。其實，「清官」作爲統治階級的工具，只能是鎮壓人民。海瑞在考舉人時就提出《治黎策》，中舉後，上過《平黎疏》，建議鎮壓黎族人民。清初的于成龍、彭鵬、施世綸等就都鎮壓過農民暴動，手上沾滿鮮血。可見清官作爲統治者的爪牙，除了進行欺騙外，對於敢於起來反抗的人民，就必然是無情的鎮壓。儘管由於每一個人的具體條件不同，有一些人的歷史上没有很大的罪惡，從其階級本質來説，是没有什麽不同的。

由於歷史時代和條件不同，海瑞的一生比起宋代的包拯，清初的于成龍等人，官運最差，做巡撫不過半年，閑住了十六年，只做上兩三年閒官而死。爲什麽這樣「赤膽忠心」替封建王朝保江山的人，爲封建統治階級需要的人，卻遭到他們的冷淡呢？難道真象吴晗同志《論海瑞》所説「海瑞是封建統治階級的左派」而「被大地主階級的代表們所排擠、攻擊」嗎？事情決不是這樣。海瑞對皇帝是那樣奴顔婢膝，把一切壞事都説成官壞，不是皇帝壞，所上《治安疏》不過希望嘉靖不要修醮，振作起來，天天上朝，完全是奴才替主子打算。嘉靖没有接受這份奴才的忠心，反因受到詬詈，幾次要處死他。但在嘉靖死後，他竟至「即大慟，盡嘔出所飲食，隕絶于地，終夜哭不出聲」，〔一五〕這種做作，多麽叫人肉麻。《海瑞集》中，單是「贈序」一類就有五十多篇，都是賀升官或受到上官榮奬的，他往來的信札都是大地主階級的官僚。在什麽地方，能看出他因爲是「統治階級的左派」而被排擠與攻擊呢？

其實，所謂「清官」，大都「沽名釣譽」，希望立大名，得大權。海瑞游説海南道陳雙山「平黎」，説「奇貨可居，無越于此」，〔一六〕是真情流露的話。他看到嘉靖整天修醮，没有人敢説話，又是一個「奇貨可居」的機會，所以上了《治安疏》，還留下草稿，交給同鄉王忠銘。這個「奇貨」確是「居」上了，居然「一日而直聲震天下」。嘉靖儘管想殺他，但是嘉靖的兒子隆慶卻看中了他，海瑞後來追溯説隆慶「特命左右侍臣，傳諭刑部及錦衣衛官，毋加重刑，留臣後用」，〔一七〕所以太監黄錦和宰相徐階都幫他説過話。他本來只是兵部主事，一個六品官，一年工夫升到南京右通政，正四品，隨着做應天巡撫，那時，他是被統治者賞識了的。隆慶初，他是徐階一派，御史齊康劾徐階貪穢，并徐階的「二子多于請及家人横里中狀」，〔一八〕海瑞還上疏説齊康「黨邪」，高拱指使，并説拱「狡且凶」，是「小人」。〔一九〕後來徐階被某些太監所忌，海瑞還有兩封信給他的兒子徐瑛，勸徐階不要「畏首畏尾，自動中官之懼」，要趕緊抓住大權；聽到徐階致仕而駭嘆，希望他再出。這時海瑞在南京，對於徐瑛弟兄們的情況，難道真一無所知嗎？但只隔一年多，隆慶三年的十二月，和高拱的重做宰相同時，他巡歷松江，據説「告鄉官奪産者幾萬人」，因此，「于他府縣告係白奪之狀，間行一二，惟華亭縣告鄉官狀，所准頗多」，〔二〇〕主要矛頭就集中在徐階的兒子們了。這時的海瑞顯然已成了高拱一派，而舒化、戴鳳翔、光懋、成守節等紛紛攻擊他，宰相中象李春芳、張居正等也不滿意他這種舉動，所以高拱一方面繼續和徐階爲難，窮治徐階之弟和兩個兒子的案子，而另一方面卻説海瑞「器小易盈，晚節不終」，説他「志大才疏」，而把他排斥到統治集團之外了。這些統治階級内部的狗咬狗行動，把雙方都揭了底，但海瑞總還得了「搏擊豪强」的虚名，因此，在萬曆時張居正死後，又被起用。在最後幾年裏，他還盡力裝扮出「清廉」的樣子，甚至以三品大官而把一雙破靴，發給上元縣去補完，這種故意做作，是誰都可以看得出來的。

封建時代所謂貧富，是從地主階級的標準來説的。海瑞説：「今雖九品末流，視書生朝虀暮鹽，倍蓰之矣。」〔二一〕書生「朝虀暮鹽」，已經覺得很窮苦，不知真正窮苦農民連飯都吃不上，還説什麽虀和鹽呢。九品末流的生活又比書生高多少倍，九品以上，官越大，生活享受就越高。海瑞説是「清官」，做官日子又很少，可是單是一所房子，就是一百二十兩銀子。

封建官吏是農民養活的，宋以後，在州縣衙門裏立的《戒石銘》上説「爾俸爾禄，民膏民脂」，是封建統治者自己也招認的。「高官厚禄」，本就不應再取分外之財，可是那時無官不貪，所以少貪一些就被認爲「清廉」，而自稱爲「清廉」者，就當自認爲高人一等。沈德符説海瑞「性褊而執，既以清驕人，又以清律人，至形之謾罵，人多不堪」，〔二二〕康熙也時常説「清官」「偏僻固執」，「自恃清廉」以及「多疑」「多刻」「殘酷」等等。統治者提倡清官是擺樣子的，如果因「清官」而使大多數官吏富商感到不滿，也是不高興的。康熙就明白表示：「清乃居官一端之善，苟于地方生事，雖清亦無益也。」〔二三〕海瑞就是因爲准了告鄉官的狀，管了「閒事」而被一脚踢開的。「清官」的另一個特徵，是迂腐、無能、盡力保守舊制度。舒化論海瑞，就説他「迂滯不諳事體，科條約束，切切于片紙尺帛間」。〔二四〕他的言語行動爲當時封建文人所嗤笑。從他的文章裏也可以看到一種酸腐的「頭巾氣」。康熙也説張伯行「糊涂無知，實非堪任巡撫之人」，只配「于錢糧無多之處，令其看守」。〔二五〕所謂「有才者未必有守，有守者未必有才」，是封建統治者選用官吏時最頭痛的，也是永遠不能解決的問題，「清官」往往無能，而「能吏」往往不清；從封建統治者角度來看，所喜歡的還是「能吏」，「清官」只是一種擺設品而已。

討論「清官」，必須看到他們的實質。他們是封建王朝最忠實的爪牙與奴僕，是統治集團的代表之一，是鞏固封建統治最狂熱最頑固的分子。當封建統治階級内部還比較統一的時候，他們是有權有勢的。但當統治集團内部斗爭尖鋭時，他們就往往被廢棄；可是儘管廢棄，統治階級還是要歌頌他們，以迷惑勞動人民。海瑞死後，封建王朝就立刻大捧他，連過去反對他的，也説他的好話了，就是這個道理。

封建時代，農民和地主是對立的階級，地主階級代表的「清官」只能是封建統治者剥削與壓迫人民的工具，怎麽能代表人民的利益呢？至於「清官」是否也曾做過一些客觀上有利於人民的事情呢？那就得按照具體的歷史情況來看，是不能籠統地説的。一般説來，「清官」大都是頑固派，與歷史上的進步力量抵觸，所以在整個封建時代中，「清官」并没有起什麽大作用。但在具體事件上，就得具體分析。象海瑞提出疏浚吴淞江一事，他的主觀上是由於「飢民汹汹」，怕激起暴動，想出利用賑濟來修水利的辦法，是有利於封建統治的。但在客觀上也有有利於生産的一面。得灌溉之利的固然主要是地主們的田産，但年成好了，農民至少也少挨一些餓，是不能一筆抹殺的。我們是實事求是的，就是一點點的客觀效果，我們也是承認的，但是決不能因此而説海瑞的浚吴淞江就是爲了人民。我們決不允許把封建時代的官吏，封建王朝的爪牙和奴僕，封建統治者剥削與壓迫人民的工具——所謂「清官」，歌頌爲人民的「救星」，甚至還要把他們作爲今天革命的無產階級學習的「典範」。我們決不允許跟在地主階級、資產階級學者後面把歷史上的陳舊僵尸抬出來大肆宣揚以玷污社會主義時代的史學。我們是革命者，必須和過去時代一切反動階級的觀念徹底決裂。揭破歷史上的一切假象，暴露「清官」的實質，這是一場嚴肅的階級斗爭，是今天歷史研究者必須積極參加的。

〔一〕《海瑞集》二二六頁。

〔二〕同上四三一頁。

〔三〕同上二二七、二二八頁。

〔四〕同上一〇五頁，又五八頁。

〔五〕同上二四七頁。

〔六〕、〔七〕《清聖祖聖制》四十六卷。

〔八〕談遷《國榷》卷七十三。

〔九〕《海瑞集》三七頁。

〔一〇〕同上六一至六二頁。

〔一一〕《清聖祖文集》四集卷十二。

〔一二〕同上卷一。

〔一三〕《清聖祖聖訓》卷二十三。

〔一四〕《海瑞集》一一七頁。

〔一五〕《海忠介公年譜》《海瑞集》附録。

〔一六〕《海瑞集》二四頁。

〔一七〕《海瑞集》二二二頁。

〔一八〕《明史·徐階傳》。

〔一九〕《海瑞集》二二六頁。

〔二〇〕《海瑞集》二三七頁，《被論自陳不職疏》。

〔二一〕《海瑞集》三〇六頁。

〔二二〕《萬曆野獲編》補遺卷三。
〔二三〕《清聖祖聖訓》卷四十六。
〔二四〕《海忠介公傳》《海瑞集》附録。
〔二五〕《清聖祖文集》四集卷七。

載《文匯報》一九六六年三月十七日。